D1728032

STUDIEN ZUR GESCHICHTE DER KULTURBEZIEHUNGEN IN MITTEL- UND OSTEUROPA

III

herausgegeben vom
Studienkreis für Kulturbeziehungen in Mittel- und Osteuropa

WISSENSCHAFTSPOLITIK IN MITTEL- UND OSTEUROPA

Wissenschaftliche Gesellschaften, Akademien und
Hochschulen im 18. und beginnenden 19. Jahrhundert

herausgegeben von

Erik Amburger, Michał Cieśla und László Sziklay

Redaktion
Heinz Ischreyt

1976

VERLAG ULRICH CAMEN BERLIN

CIP-Kurztitelaufnahme der Deutschen Bibliothek

Wissenschaftspolitik in Mittel- und Osteuropa:
wiss. Gesellschaften, Akad. u. Hochsch. im 18.
u. beginnenden 19. Jh. / hrsg. von Erik Amburger
... Red.: Heinz Ischreyt. - Berlin: Camen, 1976.
(Studien zur Geschichte der Kulturbeziehungen
in Mittel- und Osteuropa; 3)
ISBN 3-921515-00-9

NE: Amburger, Erik [Hrsg.]

Copyright © 1976 by Verlag Ulrich Camen, Berlin
Gesamtherstellung: Buchdruck + Offset Walter Wulf, Lüneburg
Printed in Germany

ISBN 3-921515-00-9

INHALT

AKADEMIEBEWEGUNG UND WISSENSCHAFTSORGANISATION

Formen, Tendenzen und Wandel in Europa während
der zweiten Hälfte des 18. Jahrhunderts.

Von Ludwig Hammermayer

I

Ein derart weitgespanntes Thema, das die europäische Akademiebewegung als Ganzes auf eng begrenztem Raum zu fassen und ansatzweise zu klären sucht, ist methodischen Tücken ausgesetzt, die weder verheimlicht noch verharmlost werden dürfen. Einerseits besteht die Gefahr, sich in Gemeinplätzen zu ergehen, nur noch sogenannte "große Linien" zu zeichnen, das Ganze mit viel Theorie im Jargon einer modischen dialektischen Sozialphilosophie aufzubereiten und damit weitgehend zu verfälschen. Andererseits aber kann man sich allzu leicht ins Fakten- und Datengewirr sowie ins antiquarische Detail verirren und darüber die bedeutenden Perspektiven verlieren. Schließlich soll der Schwerpunkt der Erörterungen auf die Verhältnisse in Westeuropa gelegt werden. Die Probleme Mittel- und Osteuropas sind ja Gegenstand der anderen Abhandlungen in diesem Band.

Die zentrale These, die umrißhaft aufgestellt und belegt werden soll, lautet: Die Akademien der Wissenschaften und die vielfältigen Sozietäten in der Zeit vom 17. bis zum beginnenden 19. Jahrhundert unterscheiden sich institutionell im Niveau und zum Teil auch in ihrer sozialen Schichtung oft erheblich, sind aber wohl nur in einem übergreifenden und übernationalen Rahmen als europäische Akademiebewegung zu verstehen.

Dieser umfassende methodische Zugriff, obwohl von der Forschung bisher nicht oder nur höchst unzulänglich erkannt und realisiert, ist ebenso notwendig wie fruchtbar[1]. Gerade in den beiden letzten Jahrzehnten gelangen wesentliche neue Aufschlüsse zur Geschichte einzelner Akademien und Sozietäten; es erschienen viele Monographien, Spezialstudien, biographische Untersuchungen und Quellenpublikationen, d.h. Korrespondenzen, Denkschriften, Sitzungsprotokolle[2]. Zum anderen erschlossen Historiker, Soziologen und Wissenschaftstheoretiker, vor allem aus dem angloamerikanischen Sprachraum, neue Wege zur Erforschung wissenschaftlicher

Institutionen und Assoziationen [3].Ihre Fragestellung zielt - schlag-
wortartig formuliert - auf folgende Probleme: Wechselbeziehungen zwischen Wissenschaften, Staat und Gesellschaft, sozio-kulturelle Faktoren bei Assoziationsbildung und -aktivität, Ideologie und
Institution, "Science" und "Technology", Religion und moderne Wissenschaft vor allem im entscheidenden 17. Jahrhundert; schließlich
prosopographische methodische Ansätze in Verbindung mit Einzelstudien über biographische und familiengeschichtliche Zusammen-
hänge zur Erschließung der sozialen Strukturen gelehrter Institutionen, in unserem Falle der Akademien und Sozietäten des 17. bis
frühen 19. Jahrhunderts.

Diese Feststellungen bedürfen seitens der Geschichtswissenschaft noch einiger methodischer Vorüberlegungen im Hinblick auf
die Forschungen über Akademien und gelehrte Sozietäten sowie
über Wissenschaftsentwicklung und -organisation. Zunächst ist zu
bedenken, daß der Wissenschaftsbegriff keinesfalls einseitig auf
"Science" eingeengt werden darf, sondern gleichermaßen auch die
Geisteswissenschaften umfaßt, wobei allerdings zwischen natur-
und geisteswissenschaftlichen Methoden niemals streng zu trennen
ist [4].Zwar bleibt für die Naturwissenschaften ("Science") die hypo-
thetisch-deduktive, für die Geisteswissenschaften die hermeneuti-
sche Methode paradigmatisch, doch sind beide Methodenschemata
in der Praxis ineinander verschränkt.

Ferner darf das von Sozialwissenschaften und Wissenschaftstheorie von Max Weber und Karl Mannheim über Talcott Parsons
zu Thomas S. Kuhn, Joseph Ben David u.a.[5] entwickelte Begriffs-
und Methodeninstrumentarium für die Akademie- und Wissenschaftsgeschichte keinesfalls negiert werden trotz der Gefahr der Genera-
lisierung und Schematisierung; es vermittelt zum Teil wichtige
Fragestellungen, Anregungen und Einsichten [6].Das bedeutet indes
nicht, daß die Geschichtswissenschaft sich auf diesem Feld ihres
ausgeprägten Eigencharakters begeben und zur ancilla sociologiae
degenerieren müsse. Im Gegenteil, gerade bei der Erforschung der
europäischen Akademiebewegung, Wissenschaftsgeschichte und
Wissenschaftsorganisation wird deutlich, was die Geschichtswissenschaft jenen im Zeitaufwind geschwellten jüngeren Nachbardis-
ziplinen zu bieten hat: vor allem und immer wieder Quellennähe und
Quellenfülle, Vielfalt und Weite der Aspekte, Distanz und Behutsamkeit im Urteil, Absage an Dogmatismus und rückwärts gewandte
Prophetie, an geschichtsfeindliche und unwissenschaftliche Aktua-
lisierung, etwa in Form inquisitorischer Inpflichtnahme zugunsten
einer sogenannten "Gesellschaftsrelevanz" [7].

Schließlich gilt die Zurückweisung jeden Ausschließlichkeitsanspruches auch für bestimmte methodische Ansätze, Zugänge, Wege, nennen sie sich nun "histoire événementielle" oder "histoire structurelle". Die Akademie- und Wissenschaftsgeschichte wird sich beider Möglichkeiten bedienen, in überlegter und ausgewogener Verbindung und Verflechtung von strukturgeschichtlich-analytischer und narrativ-deskriptiver Methode; hier muß auch das biographische Element, nicht selten prosopographisch erweitert, seinen legitimen Platz behaupten. Nur auf diese Weise können, wie ich meine, für das postfeudale und vorindustrielle 17. und 18.Jahrhundert jene höchst komplexen Wechselbeziehungen zwischen Entfaltung und Institutionalisierung der Wissenschaft, Gesellschaft, Kultur, Wirtschaft und mehr oder weniger absolutistischer staatlicher Herrschaftsordnung erkannt werden und eine Standort- und Funktionsbestimmung der europäischen Akademiebewegung gelingen.

*

Bei aller Vielfalt in der Entstehung und Zielsetzung hat die europäische Akademiebewegung einen gemeinsamen Ursprung, nämlich kleine, oft nur kurzlebige **private** Zirkel und gelehrte Vereinigungen des frühen 17. Jahrhunderts, in denen sich Mathematiker und Astronomen, Naturforscher und Mediziner, aber auch Historiker, Archäologen, Philosophen, Sprachforscher und Literaten zusammenfanden, und das zunächst in den italienischen Territorien[8], bald darauf auch in Frankreich, in England und in einigen Territorien des Deutschen Reiches[9]. Man wollte Erfahrungen austauschen, neue Erkenntnisse methodisch sichern, die Richtigkeit und die praktische Verwertbarkeit von Erfindungen feststellen, Kontakte mit Fachkollegen im In- und Ausland aufnehmen und intensivieren und, nicht zuletzt, Geselligkeit pflegen.

Daß im Zentrum der gelehrten Beschäftigungen dieser frühen Akademien und Sozietäten fast immer die Mathematik, Astronomie und Naturwissenschaften standen, nimmt im Zeitalter eines Galilei und Descartes, eines Pascal und Mersennes, eines Huyghens, Boyle und Newton nicht wunder. Es ist die Zeit des rationalistischen wissenschaftlichen Barock, der mit seiner Mechanik und weitgehend noch mathematisch orientierten Naturwissenschaft erstmals die Welt in klar berechenbarer und klassifizierbarer Gesetzmäßigkeit glaubte erkennen zu können. Hier wurde der Grund gelegt für die revolutionäre Entfaltung der Naturwissenschaften und Technik auf dem

Weg zum industrietechnischen Zeitalter. Die Rolle der Akademiebewegung in diesem Prozeß der modernen Wissenschaft und bei der
geistigen Verschmelzung Europas kann kaum überschätzt werden[10].

Die herrschaftlich-staatliche Obrigkeit wurde schon bald auf
die privaten gelehrten Sozietäten und Zirkel aufmerksam, sowohl
wegen deren wissenschaftlich-theoretischer als auch wegen der unmittelbar aufs Praktische gerichteten Zielsetzung. Die Obrigkeit
glaubte, wichtige Helfer gewonnen zu haben, um ihr inneres und
äußeres Prestige zu mehren, den Ruhm des absoluten Fürsten, die
Wohlfahrt der Untertanen. Das Ergebnis war die "Verstaatlichung"
eines erheblichen Teiles der europäischen Akademiebewegung; sie
begann schon in der zweiten Hälfte des 17. Jahrhunderts und war
natürlich auch finanziell bedingt, da großangelegte Forschungspro-
jekte die Mittel privater Sozietäten in der Regel überstiegen und
allein durch staatliche Hilfe realisiert werden konnten[11].

So entstanden seit den sechziger Jahren des 17. Jahrhunderts
große staatliche, jedenfalls durch fürstliche Protektion abgesi-
cherte, wiewohl keineswegs immer ausreichend dotierte gelehrte
Gesellschaften und Akademien. In Paris traten 1665/67 die Académie des Sciences und die Académie des Inscriptions et Belles Lettres neben die bereits 1635 unter Richelieu zur Pflege von Sprache
und Dichtkunst geschaffene Académie Française[12]. In London entstand 1660/62 die vor allem naturwissenschaftlich orientierte Royal Society[13]; in Dublin entstand 1683 eine mit der Royal Society eng
verbundene Philosophical Society[14], in Berlin 1700 die Kurfürstli-
che Brandenburgische Sozietät der Wissenschaften[15], in St. Petersburg 1724/25 eine Kaiserlich Russische Akademie[16]. Staatlich privilegierte Akademien bildeten sich seit dem zweiten Jahrzehnt des
18. Jahrhunderts auch in Madrid und Lissabon[17], in Uppsala, Stockholm und Kopenhagen[18]. In Frankreich waren seit den siebziger
Jahren des 17. Jahrhunderts auch sogenannte Provinzakademien
entstanden, oft als zunächst private "sociétés littéraires"; den meisten von ihnen aber gelang früher oder später der Sprung zur Königlich privilegierten Akademie. Gerade diese Provinzakademien dokumentieren während des gesamten 18. Jahrhunderts in höchst ein-
drucksvoller Weise die bedeutenden geistig-schöpferischen Kräfte,
den starken Behauptungswillen und die politisch, gesellschaftlich
und wirtschaftlich zentrifugalen Tendenzen der französischen Provinz gegenüber der Anziehungskraft und dem Sog der Hauptstadt
Paris[19].

Im italienischen Raum war 1712 in Bologna, auf dem Territorium des Kirchenstaates, ein naturwissenschaftlich orientiertes Isti-

tuto delle Scienze entstanden; Papst Benedict XIV. errichtete in
Rom in den vierziger Jahren drei Akademien [20]. Auf dem Territorium des Deutschen Reiches konstituierten sich kurz nach 1750
staatlich protektionierte gelehrte Gesellschaften im Kurfürstentum
Hannover und im Erzstift Mainz, allerdings nicht in den Residenz-
orten, sondern in den Universitätsstädten Göttingen und Erfurt [21].
Daneben bildeten sich immer wieder private und zum Teil nur kurzlebige Sozietäten verschiedenster Provenienz und Zielsetzung: im
italienischen Sprachgebiet, in Frankreich, auf den britischen Inseln, in den Generalstaaten, in der Schweiz, in der Habsburger
Monarchie, in Polen und besonders in Danzig [22]. In diesen Rahmen
fügen sich auch die vielfältigen Akademiebestrebungen katholischer
Orden, vor allem der deutschen Benediktiner, sei es innerhalb ihres Ordens oder in einer überkonfessionellen gelehrten Sozietät [23],
wie in der höchst bemerkenswerten "Societas Incognitorum", die
sich 1746/47 in der mährischen Universitäts- und Bischofsstadt
Olmütz bildete [24]. Obwohl diese Gesellschaft nur wenige Jahre tätig war, verdient sie doch unter dem Aspekt einer europäischen
Akademiebewegung Beachtung, denn sie war die erste gelehrte Sozietät eines katholischen Reichsterritoriums, die auch protestantische Mitglieder, unter ihnen Gottsched, aufnahm und somit eine
wesentliche Forderung der übernationalen und überkonfessionellen
Gelehrtenrepublik verwirklichte.

Die Namen Erfurt und Olmütz markieren ein zentrales Problem,
nämlich das Verhältnis zwischen den neuen Akademien und den seit
dem ausgehenden Mittelalter etablierten Universitäten, d. h. zwischen alter Gelehrtenkorporation und freier Assoziation im Rahmen
einer privaten oder staatlichen Sozietät. Als die Akademiebewegung
im 17. Jahrhundert begann, waren die Universitäten in der aristote-
lisch-scholastisch, besser scholastizistischen Wissenschaftstradi-
tion erstarrt, die lutherischen und calvinistischen ebenso wie die
katholischen. So verwundert es nicht, daß führende Repräsentanten
der europäischen Akademiebewegung es ablehnten, an einer Universität zu unterrichten. Grundsätzlich betrachtete man ein zeit- und
kräfteverzehrendes Lehramt als unvereinbar mit freier, konzentrier-
ter Forschung. Naturforscher wie Huyghens und Boyle, der Mathematiker und Kameralist Tschirnhaus [25], Leonhard Euler und Johann
Heinrich Lambert, eine Reihe großer französischer Gelehrter von
Maupertuis bis Lavoisier - sie alle haben, neben vielen anderen,
einen Universitätslehrstuhl weder bekleidet noch erstrebt.

Vornehmstes Beispiel für eine vor allem der Wissenschaft und
der europäischen Akademiebewegung gewidmeten Existenz ist Gott-

fried Wilhelm Leibniz [26]. Fast ein halbes Jahrhundert lang, von
1669 bis zu seinem Tode 1716, schmiedete er immer wieder Akademieprojekte [27]; er wurde die eigentlich treibende Kraft der Berliner Akademie, und auch die St.Petersburger Akademie sollte
ihm die wesentlichen Anregungen verdanken. Leibniz plante Akademien stets dort, wo sich fürstliche oder reichsstädtische Zentren und Zentralbehörden befanden; die Existenz einer Universität
am Ort war demgegenüber belanglos und eher nachteilig. Weder
Berlin noch St.Petersburg, weder Frankfurt am Main noch Dresden waren damals Universitätsstädte, und Wien sollte eine Reichsakademie nicht wegen seiner alten Universität erhalten, sondern
wegen seines einzigartigen Status als Kaiserstadt, landesfürstliche
Residenz und Sitz zentraler Reichsbehörden [28]. Daß gerade hier die
Gründung einer kaiserlichen Akademie weder unter Leibniz und
Prinz Eugen noch zur Zeit Maria Theresias und Josephs II. zustandekam, bleibt ein Kuriosum der europäischen Akademiegeschichte [29].

Status und Funktion von Akademie und Universität waren klar
umrissen und voneinander getrennt. Ein genauer Kenner der Materie in Theorie und Praxis, der große Schweizer Naturforscher,
Staatsmann und Schriftsteller Albrecht von Haller, Universitätslehrer und erster Präsident der Kgl.Sozietät der Wissenschaften zu
Göttingen, hat treffend unterschieden zwischen der Universität als
einer "Akademie zum Belehren" und der Akademie der Wissenschaften als einer "Akademie zum Erfinden" [30]. Mit anderen Worten:
Auch nach Überwindung scholastizistischer Erstarrung im Zeitalter
der Aufklärung und neuer pädagogisch-didaktischer Impulse sollten
die Wege der beiden gelehrten Institutionen getrennt verlaufen, was
Doppelmitgliedschaften und personelle, nicht institutionelle Kooperation natürlich nicht ausschloß [31].

Grundsätzlich sollten sich die Universitäten nur der Lehre widmen und die künftigen juristisch geschulten Beamten sowie die Ärzte und Geistlichen ausbilden, die Akademien aber waren als oberste
wissenschaftliche Forschungsanstalten und als gutachterliche und
schiedsrichterliche Instanzen konzipiert. Sowohl die Universität als
auch die Akademie waren dem postfeudal-absolutistischen Staat eng
verbunden und von ihm weitgehend abhängig. Zunächst bestanden
zwischen Akademien und Universitäten kaum Beziehungen. Erst als
sich letztere unter dem Einfluß von Thomasius und Christian Wolff
der Aufklärung öffneten und reformierten, erfolgte mancherorts
eine begrenzte Zusammenarbeit [32]; Uppsala und Leiden, Göttingen
und Erfurt, Olmütz und Leipzig, später wohl auch Prag waren da-

rin vorbildlich. Indes sollte das Neben- und mehr noch das Gegeneinander beider gelehrter Institutionen doch erst zu Beginn des 19. Jahrhunderts überwunden werden.

Im 17. und 18. Jahrhundert wurde somit das moderne und zukunftsweisende Element in der Wissenschaftsorganisation sowie. Wissenschafts- und Gesellschaftsentwicklung weniger von den Universitäten als von den neuen gelehrten privaten und staatlichen Akademien und Sozietäten verkörpert. Nicht so sehr die Universitäten als vielmehr die Akademien wurden zu einem bedeutenden Katalysator und Promotor der europäischen Aufklärung und des rationalistisch-naturwissenschaftlich-technologischen Denkens und Handelns. Und nur diese modernen Akademien konnten die notwendigen langfristigen, weiträumigen und zum Teil auch übernationalen Gemeinschaftsunternehmen beginnen und bewältigen.

Zwar betrachteten die Akademien nach wie vor die mathematisch-naturwissenschaftliche experimentelle Grundlagenforschung als eine ihrer vornehmsten Aufgaben; daneben aber erheischte die praktisch-technologische Komponente immer größere Aufmerksamkeit und wurde vom Staat entschieden gefördert. Gerade diese Aufgaben waren bedeutend und drängend: Man mußte das Territorium genau vermessen, das Klima erkunden, eine zuverlässige Bevölkerungs-, Berufs- und Einkommensstatistik anlegen, Bodenschätze, Fauna und Flora erschließen, klassifizieren und für Handel und Manufaktur nutzbar machen, und nicht zuletzt mußte die Agrikultur verbessert werden. Wissenschaftliche Expeditionen wurden unerläßlich; die Petersburger Akademie erforschte Sibirien und Mittelasien, die Pariser Académie des Sciences stellte in Westindien und Lappland Beobachtungen an, und Carl von Linné bereiste im Auftrag der Stockholmer Akademie die schwedische Provinz [33].

Doch auch großangelegte geistes- und sprachwissenschaftliche Gemeinschaftsunternehmen bedurften staatlicher Hilfe und konnten nur von einer angesehenen Akademie erfolgreich durchgeführt werden, etwa die bedeutenden archäologischen Kampagnen in der Toskana und bei Neapel, in der Gallia Romana, auch in der Rheinpfalz und in England [34]. Umfangreiche systematische Sammlungen und Editionen historischer Quellen, vorzüglich von Urkunden, wurden staatlicherseits entschieden gefördert. Man wünschte nicht mehr eine barocke Kompilation und Hofhistoriographie triumphalistischer Art, sondern man wollte eine genaue, quellensichere Kenntnis der Vergangenheit, die sehr wohl für aktuelle politisch-staatsrechtliche Zwecke ausgemünzt werden konnte, so zur Legitimierung staatskirchenrechtlicher Bestrebungen und Reformen [35]. Selbst die sprach-

pflegerischen und literarischen Aktivitäten der Akademien, etwa die
langwierigen Arbeiten an normativen Wörterbüchern, dienten letzt-
lich einem im weiteren Sinne politischen Ziel, nämlich dem nationalen Prestige, der Selbstdarstellung und Manifestation eigener kultureller Bedeutung und Überlegenheit, gerade in Frankreich und in
den romanischen Ländern. Nach wie vor galt das Latein auch in der
Akademiebewegung als internationale Gelehrtensprache; doch schon
bald machte ihm das Französische den Rang streitig, und bereits
um die Mitte des 18. Jahrhunderts gewannen andere nationale Sprachen innerhalb der Akademiebewegung und durch sie an Eigenge-
wicht. Die kühle Selbstverständlichkeit, mit der Schweden und Dänen
ihre Muttersprache für akademiefähig erklärten, wirkte stimulie-
rend auch in Deutschland, etwa für die 1759 gegründete Bayerische
Akademie der Wissenschaften zu München [36].

Das Verhältnis von Natur- und Geisteswissenschaften innerhalb
der Akademiebewegung ließ Raum für verschiedene institutionelle
Lösungen. Man konnte voneinander völlig unabhängige Akademien
für Sprache, für Geschichte bzw. für Naturwissenschaften und Mathematik schaffen, wie das in Paris und de facto weitgehend in London und in den meisten italienischen Territorien geschah. In Spanien, Portugal und zum Teil auch im italienischen Raum ergaben
sich dabei häufig Phasenverschiebungen, indem die naturwissenschaftlich orientierten Akademien denen für Sprache, Literatur, Geschichte und Altertümer erst nach längerer oder kürzerer Zeit folgten. Die
andere Möglichkeit bestand in der Vereinigung von Natur- und Geisteswissenschaften in einer einzigen Akademie, die dann wiederum
nach Klassen oder Sektionen unterteilt werden konnte, wobei beträchtliche Varianten und Phasenverschiebungen möglich waren. Bereits
um die Wende vom 17. zum 18. Jahrhundert galt diese Lösung als
zeitgemäß und effektiv, da sie die Koordination aller wissenschaftlichen Kräfte sowie interdisziplinäre Kommunikation und Forschungs-
projekte ermöglichte oder doch erleichterte. Diese Lösung hatte Leibniz bereits 1700 in Berlin durchgesetzt. Wenige Jahre später plädierte
Lodovico Antonio Muratori in seinen "Primi disegni della repubblica
letteraria d'Italia" für eine einheitliche italienische Nationalakademie unter Einschluß sowohl der Natur- als auch der Geisteswissenschaften [37]. Die Akademien zu St. Petersburg, Göttingen sowie die
meisten französischen Provinzakademien folgten dem Berliner Modell, standen also auch in höchst bemerkenswertem organisatorischen Kontrast zu den drei großen Pariser Akademien. In der zweiten Jahrhunderthälfte setzte sich diese Art von Gesamtakademie gerade auch im italienischen Bereich immer mehr, jedoch niemals

vollständig durch, wenngleich nicht in der von Muratori erhofften Form. Die Frage nach der besten Wissenschaftsorganisation im Rahmen einer Akademie blieb während des gesamten Jahrhunderts akut, wie die Reformversuche nach 1789 in Frankreich und in fast ganz Europa beweisen sollten[38].

Nicht nur Institutionen und Projekte der europäischen Akademiebewegung, sondern auch ihre Träger, die Gelehrten, ihre soziale Herkunft, ihre Rolle in der Öffentlichkeit, Ihre Interessen und Abhängigkeiten, verdienen die Aufmerksamkeit der Forschung, und das gilt sowohl für die international angesehenen und wohldotierten Pariser oder St. Petersburger Akademiker als auch für die zahlreichen historisch oder naturwissenschaftlich gebildeten Beamten, Lehrer, Ärzte und Geistlichen in den großen, mittleren und kleineren territorialen, regionalen und lokalen Akademien und Sozietäten von St. Petersburg bis Dublin, von Hermannstadt in Siebenbürgen bis Bordeaux und Lissabon, von Uppsala und Drontheim bis Palermo. Sie alle zählten sich zur europäischen "République des Lettres" bzw. "République des Sciences"[39], betrachteten sich als Vertreter einer großen pädagogischen Mission, wollten die Menschheit im Geiste der Aufklärung und des wissenschaftlich-technologischen Fortschritts erziehen. Sie übten und wahrten dabei einen übernationalen und überkonfessionellen Zusammenhalt, der sich gerade auch in Kriegszeiten bis in die Napoleonische Ära hinein bewährte[40].

Diese europäische Gelehrtenrepublik und Akademiebewegung bedurfte steter Kommunikation, reger Korrespondenz und einer oft bewundernswerten und mit physischen Strapazen erkauften persönlichen Mobilität. Daß angesehene ausländische Gelehrte an eine Akademie berufen wurden, war eine ganz natürliche Angelegenheit und förderte das Prestige beider. Was wären die Berliner, die St. Petersburger, die Mannheimer Akademie ohne ihre ausländischen Gelehrten gewesen? Die Londoner Royal Society vertraute bei ihrer Gründung 1660 die Schlüsselposition eines "Secretarius Perpetuus" dem Deutschen Henry Oldenbourg an[41]. Im folgenden Jahrhundert wirkten Hugenottennachkommen wie Pierre Desmaizeaux[42] und Samuel Formey[43] als Sekretäre der Royal Society bzw. der Kgl. Preußischen Akademie zu Berlin, während an der Bayerischen Akademie in München der Schotte Ildephons Kennedy O.S.B. über vier Jahrzehnte dieses Amt bekleidete[44]. Nach Brüssel berief man den Engländer Theodore Mann[45], und an der Akademie zu St. Petersburg wirkten zahlreiche Sekretäre und Präsidenten deutscher Zunge[46].

In dieser europäischen Akademiebewegung des späten 17. und des 18. Jahrhunderts waren die Gesetze der postfeudalen Herrschafts-

und Gesellschaftsordnung zum Teil außer Kraft: Nicht so sehr Stand und Vermögen als Talent und Leistung galten und entschieden über die Zugehörigkeit; und über diese durften die Akademien in der Regel frei nach Stimmenmehrheit beschließen. Wer zugewählt wurde, dem öffneten sich in der Akademie ein Freiraum für die Diskussion und für den Austausch neuer Ideen und Methoden sowie weitgespannte internationale persönliche und briefliche Kontakte.

Diese Formulierung bedarf indes der Einschränkung, denn die Wirklichkeit war komplizierter, differenzierter, oft weit weniger glänzend und entzieht sich häufig der genauen Analyse. Tatsächlich standen die Träger der europäischen Akademiebewegung in einem schwierigen und vielfältigen Spannungs- und Abhängigkeitsverhältnis [47]. Nach eigenem Selbstverständnis gehörten sie der übernationalen und überkonfessionellen Gelehrtenrepublik an und wirkten für das Wohl der gesamten Menschheit, sei es auch an provinzieller und entlegener Stätte. Gleichzeitig aber fanden sich diese Gelehrten in einen oft bedrückend engen politisch-herrschaftlichen Rahmen gezwängt, abhängig von Gunst und Protektion einer fürstlichen, hochadeligen oder patrizisch-republikanischen Obrigkeit. Gewiß besaßen und genossen die Akademien und Sozietäten erhebliche Freiräume und Freiheiten, aber häufig mußten willkürliche Eingriffe der Obrigkeit abgewiesen oder zähneknirschend ertragen werden.

So hat König Friedrich Wilhelm I. von Preußen die unter seinem Vorgänger gegründete Berliner Akademie gering geachtet und beinahe verkümmern lassen, während sein Nachfolger Friedrich II. die Bedeutung dieser gelehrten Institution zu würdigen wußte und eine wirkungsvolle Neuorganisation erreichte, wobei er sich aber stets als den Herrn und eigentlichen Präsidenten der Akademie betrachtete [48]. Ähnliches galt vom Verhältnis der Zarin Katharina II. gegenüber der St. Petersburger Akademie. Indes auch die Londoner Royal Society mußte sich 1777 autokratischer Allüren Georgs III. erwehren [49]. In der freien republikanischen Schweiz engte 1767 der patrizische Rat zu Bern die höchst erfolgreiche Tätigkeit der Ökonomischen Sozietät aufs empfindlichste ein [50], und Kurfürst Karl Theodor von Pfalz-Bayern löste 1785/86 anläßlich der Illuminatenverfolgung die Belletristische Klasse der Bayerischen Akademie der Wissenschaften zu München kurzerhand auf. Ein ähnliches Schicksal hatte er der Gesamtakademie zugedacht, wurde aber durch couragierte Akademiemitglieder von diesem Vorhaben abgebracht [51]. Daß bei dieser Rettungsaktion ein Schotte und ein loyalistischer Amerikaner, der Akademiesekretär Kennedy sowie Sir Benjamin Thompson, der spätere Graf Rumford, ein bekannter Naturforscher und damals

Chefadjutant Karl Theodors [52], eine wichtige Rolle spielten, mag für die europäische Akademiebewegung jener Zeit als nicht untypisch gelten.

So problematisch diese enge Verflechtung von Akademiebewegung und herrschaftlich-staatlicher Obrigkeit ist, sie war gleichwohl unerläßlich, bot sie doch den Akademikern über den Bereich ihrer gelehrten Institution hinaus zum Teil bedeutende Entfaltungs- und Einflußmöglichkeiten: etwa durch Gutachten, die von der Regierung angefordert wurden, durch Reformvorschläge, die die Akademie einbrachte, vor allem aber durch die verantwortungsvolle Tätigkeit prominenter Akademiemitglieder als Beamte in zentralen, regionalen und lokalen Verwaltungs- und Unterrichtsbehörden.

Wie sehr dabei eine Akademiezugehörigkeit aufstiegsfördernd wirken und bürgerlichen Beamten eine Laufbahn eröffnen oder doch erleichtern konnte, die nicht selten bis zur Nobilitierung führte, diese wichtige Frage steht in engstem Kontext zu der - weithin noch unerforschten - sozialen Struktur der europäischen Akademiebewegung und bliebe jeweils durch genaue prosopographische "Fall-Studien" zu klären. Es scheint indessen, als entstamme die Mehrzahl der aktiven ("ordentlichen") Mitglieder der großen europäischen Akademien wie auch der regionalen und lokalen gelehrten Sozietäten vor 1750/60 vor allem den gehobenen bürgerlichen Schichten [53]. Detaillierte Untersuchungen, etwa über Mitglieder aus dem protestantischen wie katholischen Klerus, könnten allerdings zu differenzierteren Ergebnissen gelangen. Immerhin scheint die Annahme gerechtfertigt, daß die Akademiebewegung, je länger desto intensiver, bereits vor der zweiten Hälfte des 18. Jahrhunderts als wichtiges Vehikel der horizontalen und vertikalen sozialen Mobilität fungierte. Diese hauptsächlich aus dem Bürgertum kommenden Akademiemitglieder genossen innerhalb der postfeudalen und weithin noch vom Adel beherrschten Herrschafts- und Gesellschaftsordnung ein Maß von Freiheiten und Rechten, wie es ansonsten dem aufstrebenden Bürgertum durchaus noch nicht zugestanden wurde. Hieraus erwuchsen im Verlauf der gesellschaftlichen und wirtschaftlichen Entwicklung des 18. Jahrhunderts erhebliche und wachsende Widersprüche. Erstens war es oft schwierig, wissenschaftliche Grundlagenforschung, Verpflichtung gegenüber Staat und Fürst sowie Drang zu popularisierender Aufklärung und Volksbildung auf einen Nenner zu bringen; zweitens ergab sich ein in den Anforderungen der Forschung wie im Selbstverständnis der Akademiker angelegter Widerspruch: Einerseits erfreuten sich diese bürgerlichen bzw. neunobilitierten Gelehrten eines erheblichen "demokratischen" Freiraumes und suchten diesen zu verteidigen und, wenn möglich, sogar zu erweitern. Andererseits aber erstrebten sie innerhalb der Akademie und für sie eine gewisse elitäre, quasi-aristokratische Exklusivität. Überzeugend motiviert wurde diese Haltung jedoch primär weder gesellschaftlich noch "politisch", sondern mit den unabdingbaren Anforderungen wissenschaftlicher Arbeit. Man verstand sich nicht als Geburts-, sondern als Leistungselite im Rahmen einer europäischen Gelehrtenrepublik, als Meritokratie, die wiederum ein bestimmtes Maß an sozialer Mobilität geradezu bedingte. Diese Verbindung von Elitebewußtsein und sozialer Offenheit war nicht unmöglich, da sich das Selbstverständnis der Akademiker keinesfalls einseitig "nach unten" abgrenzte [54].

Um das Niveau der Akademie im territorialen, nationalen und internationalen Rahmen zu wahren, mußten der Zustrom und die Zudringlichkeiten wissenschaftlich nicht ausreichend qualifizierter Personen aus sozial höheren wie sozial niederen Schichten und Gruppen gleichermaßen abgewehrt werden. Krassen Dilettanten, demi-savants, Titeljägern und Projektemachern sollte aktive und verantwortungsvolle Mitarbeit in der Akademie versperrt bleiben, gleichgültig, ob sie aus dem Adel, der Geistlichkeit oder aus den bürgerlichen Schichten kamen. Doch standen für all diese Gruppen gewisse Ventile und Trostpflästerchen bereit: Einflußreiche Adelige und Geistliche konnten auf das wohlklingende Abstellgeleise eines akademischen Ehrenmitglieds geschoben werden [55], und jenen bürgerlichen Kaufleuten, Unternehmern, Kunsthandwerkern, Technikern, Pfarrern, Schulmeistern und Wirten, die oft brennend gern an einer Akademie mitgearbeitet hätten, stand es allemal frei, sich an den jährlichen Preisaufgaben zu beteiligen, Wetterbeobachtungen und statistische Beiträge einzusenden und hierdurch offizielle Anerkennung und Ansehen, wenn auch nicht Mitgliedschaft in irgendeiner Form zu gewinnen. Doch war es eine Frage der Zeit, wie lange sich gerade die aufsteigenden bürgerlichen Schichten mit einer nur indirekten Teilhabe an der Akademiebewegung begnügen würden [56]. In der zweiten Jahrhunderthälfte sollte eine Lösung gefunden werden, die sowohl die institutionelle und gesellschaftliche Basis als auch das wissenschaftliche Potential der Akademiebewegung erheblich erweiterte und kräftigte.

Was hier bisher in generalisierender und verkürzender Form dargelegt oder auch nur angedeutet wurde, sei nun am Beispiel der Bayerischen Akademie der Wissenschaften zu München in gebotener Kürze konkretisiert [57]. Sie entstand 1758/59, also mitten im Siebenjährigen Krieg, aus einer privaten gelehrten Gesellschaft bürgerlicher bzw. neunobilitierter Münchener Gelehrter, Beamter und Geistlicher und hatte sich ganz im Sinne des modernen Akademiegedankens und moderner Wissenschaftsorganisation eng der staatlichen Herrschaftsordnung verbunden: Der Kurfürst war Stifter und Protektor, das Amt des Präsidenten blieb einem seiner Minister bzw. Beamten im Ministerrang vorbehalten. Trotzdam kann diese kurfürstlich bayerische Akademie nicht als "höfisches Attribut" gelten. Sie war nicht der Laune oder Ruhmsucht eines absoluten Fürsten entsprungen und seinem Willen bedingungslos unterworfen, vielmehr frei in ihren Entscheidungen wie in der Wahl ihrer Mitglieder, frei auch von aller obrigkeitlichen Zensur, und sie war bürgerlichen Charakters.

Natur- und Geisteswissenschaften wurden in ausgewogener Weise vereinigt. Die Aufgabengebiete der beiden Klassen, der Historischen und der Philosophischen, waren in den Statuten genau umschrieben und bezeugen eine in der zeitgenössischen Akademigeschichte erstaunliche Weite der Zielsetzung[58]. Die Historische Klasse forderte gründliche Einzelforschung nicht nur zur bayerischen, sondern auch zur deutschen Geschichte und zur Geschichte der deutschen Sprache, dann zur Chronologie, Genealogie, Kirchen- und Verfassungsgeschichte sowie Sammlung der in den weltlichen wie geistlichen Archiven vergrabenen Urkunden zur bayerischen Geschichte. Die Philosophische Klasse definierte "Philosophia" im alten, weitesten Sinne und dehnte ihr Tätigkeitsfeld auf Philosophie, Philosophiegeschichte, Naturwissenschaften und Mathematik, Astronomie, Medizin, Wirtschaftswissenschaften, Landwirtschaft, Statistik und Pädagogik aus. Die Abhandlungen und Preisschriften beider Klassen sollten in jedem Jahr, grundsätzlich in deutscher Sprache, ausnahmsweise auch in Latein oder Französisch, publiziert werden, woran man sich auch gehalten hat.

Von Anfang an vermied diese Akademie Provinzialismus, Konfessionalismus und fachliche Einseitigkeit. Sie wollte die gesamte europäische Akademiebewegung ansprechen: Gelehrte weltlichen wie geistlichen Standes, Protestanten und Katholiken, Geistes- und Naturwissenschaftler aus dem In- und Ausland. Ihr Leitgedanke hieß: freie wissenschaftliche Forschung und zugleich - soweit möglich - praktische Verwertung wissenschaftlicher Erkenntnisse, Aufklärung durch Wissenschaft und Technologie, durch Erziehung und Volksbildung.

II

Um die Mitte des 18. Jahrhunderts befand sich die europäische Akademiebewegung in der Anfangsphase eines tiefgreifenden Strukturwandels, der bereits Mitte der sechziger Jahre einen ersten Höhepunkt erreichen und bis in die achtziger Jahre dauern sollte. Hintergründe und Triebkräfte dieses Prozesses können nur stichwortartig angedeutet werden. Die Intensivierung der staatlichen Herrschaftsordnung durch Rationalisierung, Zentralisierung und Bürokratisierung bedingte den immer stärkeren Einfluß aufgeklärter Beamter meist bürgerlicher Herkunft. Auch griffen die epochemachenden Erfindungen auf dem Gebiet der Naturwissenschaften und Technik tief ins praktische und gesellschaftliche Leben ein. Auf den Britischen Inseln beginnt die sogenannte Industrielle Revolution. Es herrscht ein Neben- und Gegeneinander von traditioneller merkantilistischer und neuerer physiokratischer Theorie und Praxis, während sich bereits präliberale, freihändlerische Strömungen bemerkbar machen. Die Aufklärung als übergreifendes, ursprüngliches und verursachendes Element schreitet rasch fort, wird popularisiert und radikalisiert. In ihrem Gefolge verstärkt sich die Aktivität von Presse und Publizistik, von Freimaurerlogen, Kaffeehauszirkeln und Lesegesellschaften[59].

Diesen säkularen Wandlungsprozeß begleiten ähnlich tiefgreifende Veränderungen der inhaltlichen und gesellschaftlichen Struktur der europäischen Akademiebewegung, ohne daß jedoch stets und in strengem Sinn von einem Kausalnexus gesprochen werden kann. Mit den fünfziger Jahren entstehen allenthalben sogenannte "Ökonomische", "Patriotische", "Naturforschende", "Medizinisch-Physikalische", auch "Deutsche" Gesellschaften, ferner sogenannte "Philosophische" Sozietäten sowie Sozietäten für Manufakturen und "Künste"[60]. Der Begriffsinhalt bzw. Begriffswandel etwa bei "Philosophia" und "Artes" ist bezeichnend; gemeint ist jetzt allemal praktische Philosophie, d.h. Technologie, auf unmittelbaren und allgemeinen Nutzen zielende Erkenntnis und Tätigkeit. Dennoch sind Wurzel und Ziel dieser neuen, sich rapide entfaltenden Kräfte der Akademiebewegung nicht monokausal und ausschließlich horizontal zu interpretieren.

Nur einige von Frankreich ausgehende Strömungen seien kurz erwähnt: Diderots und D'Alemberts "Enzyklopädie" beeinflußte seit Erscheinungsbeginn (1751) nachhaltig die Akademiebewegung, ganz abgesehen von D'Alemberts "Fernwirkung" auf die Berliner Akademie Friedrichs II.[61]. Das gleiche gilt auch von der physiokratischen Bewegung seit der zweiten Hälfte der fünfziger Jahre, die den vorrangigen Wert von Ackerbau, Grund und Boden betonte. Bedeutenden Widerhall fand schließlich das gewaltige technologische Werk der "Description des Arts de Métiers", das nach schier endloser Vorbereitung seit 1761 in Paris publiziert wurde[62]. Die Einflüsse, die von der Jahrhundertmitte an den Strukturwandel der Akademiebewegung auslösten sind indes weit vielschichtiger. Die Formel "utilitaristisch-technologisch und sozialreformerisch" mag als Hilfsbegriff für die Definition ihres Charakters genügen, ohne jedoch diese Wandlung inhaltlich und tendenziell auszuloten.

In den neuen Sozietäten rückten praktische Fragen stärker in das Zentrum: Land- und Forstwirtschaft, Viehzucht und Weidenutzung, Gartenbau und Bienenzucht, Moorkultur und Ödlandbewässerung, Manufakturen, Gewerbe und "Industrie" im weitesten Sinne. Hinzu kam das weite Feld der Sozialpolitik und -fürsorge, also Straßenbau und Wasserversorgung, Arbeitsbeschaffung, Bevölkerungs-, Gewerbe- und Sozialstatistik, Errichtung von Kranken- und Armenhäusern, Einbau von Blitzableitern zur Vorbeugung von städteverzehrenden Feuersbrünsten. Eine zentrale Rolle spielten schließlich Erziehung und Pädagogik, gerade auch auf der Ebene der Volks- und Dorfschule[63]. Gleichwohl wäre dieses Bild zu einseitig, denn etliche dieser neuen Sozietäten befaßten sich teilweise oder ausschließlich mit Geschichte und Altertumskunde, mit Sprache und Literatur[64]. In der Toskana intensivierten lokale Akademien die Etruskerforschung[65], in manchen "ökonomischen" und "philosophischen" Sozietäten fand auch nicht-zweckgebundene naturwissenschaftlich-mathematische Forschung statt, sogar im England der frühen industriellen Revolution[66], und in Leipzig errichtete der polnische Fürst Jablonowski 1769 bzw. 1774 eine gelehrte Gesellschaft, die sich zunächst ausschließlich mit der Geschichte slawischer Völker beschäftigte, nach einigen Jahren jedoch, dem Zeitgeist folgend, auch Naturwissenschaften, Mathematik und Ökonomie zuließ[67].

Wie entfalteten sich nun diese vielfältigen neuen Sozietäten, welche die Struktur der europäischen Akademiebewegung zwischen 1750/60 und 1780/85 so nachhaltig veränderten? Einige chronologische Zahlenangaben sind unerläßlich: Die wenig beachteten und oft nur kurz dauernden ersten Ansätze erfolgten durch Sozietäten in den zwanziger bis vierziger Jahren, und zwar in Dublin und Edinburgh[68], in Paris[69] und Zürich[70], aber auch bereits in Danzig[71]; in diesen Zusammenhang gehört jene Philosophical Society, die 1743/44 im nordamerikanischen Philadelphia unter Benjamin Franklins maßgeb-

licher Beteiligung entstanden war, doch bald wieder für die Dauer
einiger Jahrzehnte einschlief[72].

Für den italienischen Raum wurde 1752 die Florentiner Società
dei Georgofili[73], für West- und Zentraleuropa und darüber hinaus die
Londoner Society for the Encouragement of Arts and Manufactures
von 1754 entscheidend[74]. In Frankreich konstituierte sich 1757 die
erste Sozietät mit ausgeprägt physiokratischer Tendenz, die Société
d'Agriculture zu Rennes in der Bretagne; ihr folgten rasch ähnliche
Zusammenschlüsse in anderen französischen Provinzen sowie in der
Hauptstadt Paris[75]. In der Schweiz erwarb sich die 1759 zu Bern gegründete Ökonomische Gesellschaft über die engen Kantonsgrenzen
hinaus einen Ruf. Einen Höhepunkt dieser Sozietätsbildungen markieren dann die Jahre 1764 bis 1769 mit neuen Ökonomischen oder
Patriotischen Gesellschaften[76], u.a. in St. Petersburg[77], in zahlreichen Städten der Habsburger Monarchie wie Klagenfurt, Graz, Görz,
Laibach, Wien, Innsbruck, Freiburg i.Br. und Prag[78], ferner in
Hamburg[79], Karlsruhe[80], Kaiserslautern[81], Neuötting/Burghausen[82],
unter englischem Einfluß im hannoverschen Celle[83], in Leipzig und
Bautzen[84], schließlich in einer Reihe von französischen Provinzstäd-
ten[85], im spanischen Baskenland und in La Coruña an der Westspitze
der Iberischen Halbinsel[86], in Manchester[87] und sogar zu New York
in Britisch-Nordamerika[88]. Diese Entwicklung setzte sich in den
siebziger und achtziger Jahren fast allenthalben in Europa ziemlich
kontinuierlich fort, unabhängig davon, ob an Ort und Stelle bereits
eine ältere staatliche Akademie der Wissenschaften bzw. eine private gelehrte Sozietät existierte[89].

Erstaunliches ereignete sich innerhalb der relativ jungen spanischen Akademiebewegung[90]. Zwischen 1765 und 1775 hatten sich lediglich zwei Sozietäten konstituiert. 1775 entstand in der Hauptstadt
Madrid eine Ökonomische Gesellschaft, dann aber beschleunigte sich
das Tempo, und im folgenden Vierteljahrhundert wurden im ganzen
Land, auch in entlegenen Städten, an die siebzig Sociedades Econó-
micas de Amigos del Pais gegründet. Dieses Phänomen ist nur auf
dem Hintergrund und als ein Ergebnis der forcierten Reformpolitik
unter Karl III. (1759-1788) verständlich, als Spanien noch einmal
gewaltige Anstrengungen unternahm, um Anschluß an die rasch vor-
anschreitende wirtschaftliche, gesellschaftliche und geistig-kulturelle Entwicklung West- und Zentraleuropas zu finden. Durch umfassende Gewerbeförderung, Verkehrs- und Landesausbau und durch
intensive Schul- und Sozialpolitik sollte ein entscheidender Wirtschafts-
aufschwung erreicht werden und der zerrütete Staatshaushalt gesunden. Ein wichtiges Mittel zu diesem Ziel waren jene neuen Sozietä-

ten. Sie allein konnten auf lokaler und regionaler Ebene die adligen und bürgerlichen Kräfte für den erhofften Erfolg im Manufakturwesen, Ackerbau und Erziehung vereinen und aktivieren.

Eine höchst bemerkenswerte Phasenverschiebung in der Entwicklung der europäischen Akademiebewegung kann in Großbritannien festgestellt werden. Während hier umstürzend neue Technologien entwickelt wurden, konzentrierte sich die britische Akademiebewegung immer noch fast ausschließlich auf die Hauptstädte London und Edinburgh. In der Metropole London befanden sich die wichtigsten institutionellen Typen der Akademiebewegung, die - ungeachtet mancher Doppelmitgliedschaften und Querverbindungen - verschiedene Arbeitsgebiete, wissenschaftliche Qualifikation und soziale Herkunft anzeigten: die traditionsreiche Royal Society, dann Assoziationen von Amateuren und Mäzenen wie die Society of Dilettanti (1733)[91] ; ferner die 1717 gegründete und 1751 mit königlichem Patent begabte Society of Antiquaries und schließlich die wichtige und weit auf den Kontinent ausstrahlende Society for the Encouragement of Arts, Manufactures and Commerce aus dem Jahre 1754[92].

In Edinburgh wirkte bereits seit den zwanziger Jahren eine Society for Improving the Knowledge of Agriculture, seit 1731 eine Medical Society, seit 1737 eine Society for Improving Arts and Sciences, besser bekannt als Philosophical Society[93]. Führende Aufklärer um David Hume sammelten sich seit 1754 in einer Select Society[94]. Das alles spiegelt Schottlands phänomenalen Aufstieg zu einem noch vor England führenden Zentrum der europäischen Wissenschaft in Philosophie, Psychologie und Geschichtsschreibung, in Medizin, Physik und Chemie, bei der Ausformung der klassischen politischen Ökonomie und frühen Soziologie, auch in Technologie und Agronomie. Namen wie David Hume, Adam Smith, Joseph Black, James Watt, Adam Cullen, Adam Ferguson und John Millar stehen hier für viele, ein erstaunlicher Vorgang, der auch in der Entfaltung der Akademiebewegung seinen Niederschlag finden mußte[95].

Ganz im Gegensatz zu Frankreich spielten Provinzsozietäten in England und Schottland zunächst und für längere Zeit nur eine höchst bescheidene Rolle[96]. Dies änderte sich erst Mitte der siebziger Jahre, als sich im entstehenden industriellen Ballungszentrum Birmingham eine allerdings kurzlebige Lunar Society zusammenschloß[97]. Seit 1785 entstand dann eine ganze Kette sogenannter Literary and Philosophical Societies, zunächst in Manchester, dann in Derby, Leeds, Newcastle-on-Tyne, Liverpool, Glasgow usw.[98] .Hier stellt sich nicht nur das der Akademiebewegung immanente Problem des

Neben-, Mit- oder Gegeneinanders von Amateuren und gelehrten Forschern, sondern auch die höchst umstrittene und komplexe Frage nach den Beziehungen, Wechselwirkungen oder gar Kausalitäten zwischen "Science", "Technology" und früher Industrieller Revolution, eine Frage von hoher wirtschafts- sowie wissenschaftsgeschichtlicher und nicht zuletzt auch von sozio-kultureller Bedeutung, die jedoch durch ein simples, lineares, nur die technologisch-ökonomische Dimension berücksichtigendes Erklärungsschema nicht schlüssig beantwortet werden kann [99].

Von England und Schottland aus hatte die Akademiebewegung noch vor der Jahrhundertmitte nach Nordamerika, in die sogenannten Neuenglandstaaten, ausgegriffen. Wenn die 1743/44 konstituierte Philosophical Society zu Philadelphia um 1770 nach langer Stagnation wieder neue Impulse empfing, so ist der Zusammenhang mit den wachsenden Unabhängigkeitsbestrebungen offenkundig[100]. Mitten im Unabhängigkeitskrieg entstand 1780 im Umkreis der im Jahr zuvor gegründeten Universität Harvard die American Academy of Arts and Sciences zu Boston[101]; neben dem ursprünglich vorherrschenden britischen Einfluß trat immer stärker das Vorbild der französischen Akademiebewegung. Dem diplomatischen Aufenthalt des Vorkämpfers der amerikanischen Akademiebewegung, Benjamin Franklin, im Paris Ludwigs XVI. kommt nicht nur symbolische, sondern auch konkrete Bedeutung zu[102]. Gleich den Neuenglandstaaten war auch der südliche Teil des amerikanischen Kontinents bereits vor der Jahrhundertmitte von der Akademiebewegung erreicht worden. Ausgangspunkt war zunächst jedoch nicht Spanien, sondern Portugal: Die ersten Sozietätsgründungen erfolgten seit 1725 in Brasilien[103], während in Spanisch-Süd- und Mittelamerika erst im Laufe der achtziger und neunziger Jahre Akademien erstanden[104]. Auf den asiatischen Kontinent gelangte die Akademiebewegung von vier verschiedenen europäischen Ausgangspunkten: über Spanien nach Manila auf den Philippinen[105], über Haarlem und Rotterdam nach Niederländisch-Ostindien (Batavia), von Großbritannien und von Portugal nach Indien (Kalkutta, Goa).

Auf dem europäischen Kontinent war mit den achtziger Jahren die hektische Gründerzeit der Ökonomischen, Patriotischen oder Philosophischen Sozietäten im wesentlichen abgeschlossen, und es zeigten sich vereinzelt bereits Ermüdungserscheinungen, etwa in den österreichischen Erblanden und in Ungarn, in der Schweiz und in Spanien nach dem Tode Karls III. Doch gab es optimistische Nachzügler, wie die Sozietäten, die nach Hamburger Vorbild 1788/89 in der Hansestadt Lübeck und 1792 in der Reichsstadt Nürnberg

entstanden[106]. Im Jahr darauf bildete sich in der Universitätsstadt
Jena sowie in der geistlichen Residenz- und Universitätsstadt Mainz
eine Medizinische und Physikalische Gesellschaft[107]. In England fanden sich auf provinzieller Basis eine Reihe von Ackerbaugesell-
schaften zusammen[108], und noch zu Beginn des neuen Jahrhunderts
wurden Sozietäten in Riga und Warschau gegründet[109].

Die institutionelle Vielfalt und Zersplitterung dieser Sozietäten in der zweiten Hälfte des 18. Jahrhunderts ist ebenso augenfällig
wie die Unterschiede im Rang, in der Zielsetzung, in der wissenschaftlichen Qualifikation und im sozialen Status ihrer Mitglieder.
All das zwingt zur Frage, ob füglich am Begriff einer "Europäischen Akademiebewegung" festgehalten und die gesamte Entwicklung zwischen 1750 und 1800 als einschneidender Strukturwandel
dieser Akademiebewegung definiert werden darf, oder ob man
nicht besser auf diese so griffige Formel verzichtet bzw. sie
auf die "klassischen" Akademien einengt. Gab es denn zwischen
der Kaiserlichen Akademie zu St. Petersburg, der Gesellschaft
der Wissenschaften in Göttingen, der Pariser Académie des Inscriptions et Belles Lettres, der Kgl. Wissenschaftsgesellschaft
zu Drontheim, der Societas Litteraria Germano-Benedictina, der
Academia Etrusca in Cortona, der Patriotischen Gesellschaft in
Hamburg, der Literary et Philosophical Society zu Manchester,
den Ackerbausozietäten in der Bretagne, den österreichischen Erblanden und in Andalusien - gab es zwischen all diesen Sozietäten
Gemeinsamkeiten und Wechselbeziehungen, die eine Klassifizierung
als "Europäische Akademiebewegung" rechtfertigen?

Diese Frage sei hier eindeutig und ohne Einschränkung positiv
beantwortet. Die neuen Sozietäten der zweiten Jahrhunderthälfte bilden einen integralen Teil einer umfassenden europäischen, in ihren
Ansätzen schon weit nach Übersee ausgreifenden Akademiebewegung.
So verstanden sie sich nach Aussage repräsentativer Vertreter der
großen "alten" Akademien und so stellen sie sich uns heute nach den
Quellen dar. Diese bewußt generalisierend und "idealtypisch" formulierte These soll in sieben Punkten erhärtet werden.

1. Sowohl die alten Akademien wie die vielen neuen Sozietäten
der zweiten Jahrhunderthälfte waren dem Geist des Rationalismus,
einer gemäßigten bis entschiedenen Aufklärung verpflichtet und erfüllt von der pädagogischen Mission der europäischen Gelehrtenrepublik. Damit sollen jedoch die zahlreichen Unterschiede weder verharmlost noch geleugnet werden. In der Tat vereinigte die Akademiebewegung unter dem sehr extensiv interpretierbaren Leitmotiv
der Aufklärung höchst heterogene, ja scheinbar unvereinbare Kräf-

te und Gruppen: etabliertes patrizisches Bürgertum und Adel, aufsteigende mittelbürgerliche Schichten, wohlhabende Bauern, "zweckfreie" gelehrte Forscher höchsten Ranges und reine Utilitaristen im lokalen und regionalen Bereich, sei er städtisch-gewerblich oder ländlich-agrarisch, ferner gläubige Christen, Deisten und Atheisten, Geistliche und Laien aller Konfessionen.

2. Die neuen Sozietäten kopierten das Muster der alten Akademien bis ins institutionelle Detail. Auch in ihnen gab es ordentliche, auswärtige bzw. korrespondierende Mitglieder und Ehrenmitglieder Präsidenten, Vizepräsidenten, Sekretäre und Schatzmeister; auch sie teilten Mitglieder und Arbeitsvorhaben nach Klassen oder Sektionen, stellten Preisfragen, veranstalteten Festsitzungen mit Festreden, publizierten Abhandlungen. Und nicht zuletzt erstrebten und erreichten die meisten Sozietäten eine enge Bindung an die Obrigkeit, sei sie landesfürstlicher, patrizischer oder adligständischer Art.

3. Zwischen den etablierten Akademien der Wissenschaften und den jungen Sozietäten der Jahre nach 1750 entwickelten sich zahlreiche sachliche und persönliche Kontakte, Doppelmitgliedschaften und -funktionen. Prominente Gelehrte und Akademiemitglieder scheuten sich nicht, den neuen Sozietäten beizutreten und in ihnen sogar Verantwortung zu übernehmen. Hierzu vier Beispiele: Angesehene Petersburger Akademiker wie Jakob Stählin, Tobias Lowitz, Leonhard Euler und sein Sohn Johann Albrecht spielten auch in der 1765 gegründeten Petersburger Ökonomischen Sozietät eine wichtige Rolle[110]. Der erste Präsident der Kgl. Sozietät der Wissenschaften zu Göttingen, Albrecht von Haller, übernahm nach seiner Rückkehr in die Schweizer Heimat die Leitung der Ökonomischen Sozietät in Bern[111]; im vorrevolutionären und revolutionären Paris war der Chemiker Fourcroy gleichzeitig auch ein wichtiges Mitglied der Académie des Sciences und Präsident der Société d'Agriculture[112]. Der langjährige Vizepräsident, dann Präsident der Bayerischen Akademie der Wissenschaften Graf Clemens August zu Törring-Seefeld wurde aktives Mitglied der Sittlich-ökonomischen Sozietät zu Burghausen; er gründete 1789 auf seiner Herrschaft am Pilsensee in Oberbayern eine eigene Feldbausozietät, gleichsam als Ökonomische Gesellschaft en miniature; ihr gehörten auch Mitglieder der Bayerischen Akademie und der Burghausener Sozietät an[113].

4. Unter diesen Voraussetzungen ist es verständlich, wenn Thematik und Projekte der Akademien wie der neuen Sozietäten sich häufig ergänzen und überschneiden. Auch die "klassischen" Akademien bemühen sich seit ihren Anfängen im 17. Jahrhundert

um "Realität". (Man denke nur an die Forderungen eines Leibniz!)
Und auch die großen Akademien wollten wissenschaftliche Erkenntnisse in die Praxis, in unmittelbaren Nutzen für Staat, Gesellschaft
und Individuum umsetzen. So könnten etwa die Arbeitspläne und die
Preisfragen der Philosophischen Klasse der Münchener Akademie
teilweise ebensogut einer anspruchsvollen Ökonomischen oder Patriotischen Sozietät entstammen - aber eben doch nur zum Teil;
denn in München wie in allen anderen Akademien der Wissenschaften behielt die reine wissenschaftliche Forschung - theoretische
Physik, Mathematik, Astronomie - einen Vorrang[114].

Noch intensiver widmeten sich die neuen Sozietäten in der
zweiten Jahrhunderthälfte den drängenden technologisch-praktisch-
pädagogischen Fragen und Bedürfnissen. Indes kann von Dominanz
oder Ausschließlichkeit des utilitaristisch-ökonomischen Prinzips in
den meisten Fällen nicht die Rede sein. Im Gegenteil, Faktoren ganz
anderer Art, z.B. soziokulturelle Funktionen oder eine keineswegs
"praxisnahe" gelehrte oder amateurhafte naturwissenschaftliche oder
antiquarische Aktivität, sind in vielen dieser Sozietäten festzustellen,
und gerade auch da, wo man sie am wenigsten vermutet, nämlich bei
den Literary and Philosophical Societies in den Zentren der frühen
industriellen **Revolution** Großbritanniens[115].

5. Akademien der Wissenschaften und neue Sozietäten bemühten
sich gleicherweise um internationales Ansehen, um ausländische Mitglieder, um Informationen aus der gesamten gelehrten Welt. Die bedeutende Madrider Ökonomische Sozietät von 1775 bezeichnete die
Gesellschaften zu Dublin, London und Bern als Vorbilder[116]. Der
Einfluß der letztgenannten Gesellschaft konnte nur deshalb wirksam
werden, weil die Berner Abhandlungen in deutscher und französischer
Sprache erschienen und sich damit eine weite Verbreitung sicherten[117].
Die Kgl. Schwedische Wissenschaftsakademie zu Stockholm veröffentlichte ihre "Handlingar" auf Schwedisch und Dänisch sowie dank der
Hilfe Göttinger Professoren und Leipziger Verleger auch in deutscher
Sprache, wodurch sie im skandinavisch-baltischen wie im gesamten
deutschen Sprachraum, nicht zuletzt auch in der süddeutsch-katholi-
schen Akademiebewegung, bekannt wurde[118]. Ein erklecklicher Teil
der Publikationen der Petersburger Ökonomischen Sozietät erschien
im Verlag Hartknoch (Riga u. Leipzig) in deutscher Sprache[119]. Die
Abhandlungen der 1766 zu Bautzen gegründeten Bienengesellschaft
fanden reges Interesse in Rußland und bei französischen Ackerbauge-
sellschaften[120]; Schriften der Florentiner Accademia dei Georgofili
wurden in München ins Deutsche übersetzt[121], und auch Schweizer Sozietäten wirkten als Mittler zwischen der Akademiebewegung des

deutschen und italienischen Sprachraumes[122]; wichtig ist die Verbreitung
von Preisfragen der großen Akademien sowie einer stattlichen Zahl
neuer Sozietäten lokaler und regionaler Provenienz über fast ganz
Europa[123]. Veröffentlicht wurden die Preisaufgaben nicht nur in gelehrten Periodika und in den neuen wissenschaftlichen Fachzeitschrif-
ten, sondern auch in den auf einen weiteren Leserkreis zugeschnitte-
nen Wochenzeitungen und Intelligenzblättern[124]. Die Presse bot eine
für die Zeit verhältnismäßig breite und wirksame Informationsbasis,
die von der Akademiebewegung nach Kräften genutzt wurde.

6. Eine Reihe dieser Ökonomischen und Patriotischen Gesellschaften der zweiten Jahrhunderthälfte konstituierte sich als Ausgangspunkt und Zentrum lokaler Zweigniederlassungen, wobei institutionelle Formen ebenso variieren wie der Grad der Abhängigkeit
und die Arbeitsintensität der Tochtergesellschaften[125]. So entwik-
kelte die Société d'Agriculture zu Rennes Niederlassungen in anderen Städten der Bretagne, die Ökonomische Gesellschaft in Madrid
wirkte ähnlich in weiten Teilen von Neukastilien einschließlich To-
ledo; die Landwirtschaftssozietät zu Celle gründete Tochtergesellschaften in den Hannoveranischen Landen sowie die Ökonomische Sozietät in Bern im Kanton Waadt; die kursächsische Ökonomische Gesellschaft in Leipzig veranstaltete Sitzungen auch in der Haupt- und
Residenzstadt Dresden sowie in anderen Städten des Landes.

7. Hinzu kommen bedeutende, folgenreiche und von der Forschung erst ansatzweise geklärte soziale Faktoren. Durch die neuen
Sozietäten wurde die europäische Akademiebewegung in der zweiten
Hälfte des 18. Jahrhunderts wesentlich aktiviert, intensiviert und
auch popularisiert, wobei der Begriff Popularisierung der Einschränkung bedarf und keinesfalls in die Nähe eines aktualisierenden Demo-
kratisierungsmythos gerückt werden sollte. Gewiß wurden weite bürgerliche und bäuerliche Schichten durch die neuen Sozietäten erreicht
und beeinflußt[126]. Ob und in welchem Umfang jedoch von einer tätigen Mitarbeit neuer gesellschaftlicher Schichten und Gruppen in der
Akademiebewegung gesprochen werden kann, ist keinesfalls generell
zu beantworten. Vielmehr verhielten sich zahlreiche neue Sozietäten
auch in einem gesellschaftlich-"ständischen" Sinne eindeutig exklu-
siv. So dominierten der Landadel und eine bürgerliche Honoratioren-
schicht in vielen Ökonomischen, Patriotischen oder Philosophischen
Sozietäten. Die sehr verdienstvolle und einflußreiche Hamburger
Patriotische Gesellschaft hat erst in der Napoleonischen Zeit angesehene Handwerksmeister zugelassen[127].

Indes gab es doch eine Anzahl von Sozietäten, die sich auch
breiteren bürgerlichen und wohlhabenden bäuerlichen Schichten öff-

neten. Hier traten neben die "standesgemäßen" Mitglieder wie Ärzte, Pfarrer, Apotheker, Lehrer, Unternehmer und Kaufleute auch
begabte "Techniker", Handwerksmeister, Dorfschulmeister, Gast-
wirte, Bader, größere und mittlere Bauern; z.B. waren in einigen
österreichischen Ackerbausozietäten auch begüterte Bauern vollbe-
rechtigt zugelassen. In der Feldbausozietät des Grafen Törring
verhandelten Bauern von gleich zu gleich mit adligen und bürgerlichen weltlichen und geistlichen Mitgliedern[128]. In manchen britischen Philosophical Societies spielten "artisans", Spezialhandwer-
ker, Techniker, aufsteigende Kleinunternehmer eine wichtige Rolle[129].

Die neuen Sozietäten haben somit in der zweiten Jahrhunderthälfte das Gefüge der traditionellen europäischen Akademiebewegung
in einem doppelten Sinne erheblich verändert, einerseits, indem
sie die fortschreitende Spezialisierung von Wissenschaft und Technologie sowie die bürgerlich-utilitaristische Aufklärung in die Akademiebewegung einbezogen; andererseits, indem sie - allerdings
in begrenztem und höchst unterschiedlichem Maße - die aktive soziale Basis wie auch die "Zielgruppen" der Akademiebewegung erheblich verbreiterten. Gleichwohl blieb die Einheit einer europäischen Akademiebewegung erhalten; die Annahme eines Strukturwandels in ihr aber ist gerechtfertigt.

                                III

Durch das Auftreten und die Entfaltung der neuen Ökonomischen,
Patriotischen und Philosophischen Sozietäten seit 1750/60 verloren die etablierten großen nationalen, territorialen und regionalen Akademien der Wissenschaften und Gelehrten Gesellschaften
keineswegs an Bedeutung. Sie behaupteten sich an der Spitze eines
nach qualitativen und im geringeren Maße nach gesellschaftlichen
Kriterien bemessenen "hierarchischen" Aufbaus der europäischen
Akademiebewegung, der "République des Lettres" und der "République des Sciences". Zwar ging die Zeit der Neugründung von großen Akademien etwa in München 1759, Turin 1761 und Mannheim[130]
1763 allmählich zu Ende, doch entstanden bis in die achtziger Jahre
einzelne Akademien und wissenschaftliche Sozietäten, vor allem in
der Habsburger Monarchie, wenn auch nicht in Wien, dann in Portugal und in der italienischen Staatenwelt.

Die meisten dieser Gründungen folgten dem klassischen Modell,
d.h. ein kleiner Zirkel von Gelehrten fand sich zusammen, erklärte sich als private wissenschaftliche Sozietät, erweiterte sich, ge-

wann Publizität, einflußmächtige adlige Gönner und dann auch das
landesfürstliche Plazet und Privileg. So konnte von den gelehrten
Sozietäten, die sich 1769 in Prag und Brüssel bildeten, die letztere bereits drei Jahre später den Titel einer Kaiserlich-Königli-
chen Akademie der Wissenschaften führen [131] ; in Prag dagegen verblieb es einerseits bei einer Ökonomischen (=Ackerbau-) Sozietät,
andererseits bei einer natur- und geisteswissenschaftlich orientierten, bedeutenden und publizistisch regen, doch privaten Gelehrtenassoziation [132] , die sich erst 1785 als Böhmische Gesellschaft der Wissenschaften konstituierte und fünf Jahre später aus
der Hand Kaiser Leopolds II. das landesherrliche Privileg empfing [133] .

Unverkennbar waren damals allenthalben die Tendenzen zu stär-
kerem Ausgleich von Natur- und Geisteswissenschaften in der Akademiebewegung. So entstand in Lissabon aus den Trümmern der
alten Historischen Akademie 1779 eine moderne Gesamtakademie,
die schon bald durch natur- und geisteswissenschaftliche Preisfragen und Abhandlungen Aufsehen erregte [134] . Im italienischen
Raum erlebte damals die Akademiebewegung, deren antiquarisch-
literarische Einseitigkeit, Provinzialität und Stagnation schon zu
Anfang des Jahrhunderts von Muratori beklagt worden war, im
Zeichen intensiver naturwissenschaftlich- ökonomischer Forschungen einen neuen und unerwarteten Aufschwung. Aus privaten
Gelehrtenzirkeln und Sozietäten, etwa in Neapel, Mantua, Padua
und Verona, wurden bedeutende Akademien [135] . Umgekehrt wurde
an der St. Petersburger Akademie 1763 die Pflege der Geschichte
nach zwanzigjähriger Verbannung wieder in den Arbeitsplan aufgenommen, und an der Münchener Akademie entstand 1776/77 neben
den beiden anderen eine dritte, Belletristische Klasse [136] . Ein ähnlich literarisch-sprachwissenschaftliches Defizit wurde in St. Petersburg und Stockholm 1783 bzw. 1786 durch Gründung eigener gelehrter Institutionen nach dem Vorbild der Academie Française
ausgeglichen und damit eine Lücke in der europäischen Akademiebewegung geschlossen [137] .

Auch auf den Britischen Inseln verstärkte bzw. formierte sich die
historisch-literarische Komponente der Akademiebewegung. Neben
der Londoner Society of Antiquaries (1717) konstituierte sich 1770
in Dublin eine Society of Seven, die sich im Aufwind der Autonomie-
bestrebungen und Identitätssuche der "Irish Protestant Nation" [138]
erfolgreich um weitgespannte Quellenpublikationen zur irischen
Geschichte bemühte. Ein Jahrzehnt später (1780) organisierten sich auch die schottischen Historiker, Literatur- und Sprach-

forscher in einer zahlenmäßig starken Edinburgher Society of Antiquaries [139]. Als dann 1785 die verdienstvolle Dubliner Society for
the Advancement of Agriculture and Manufacture (1731) und die
Edinburgher Philosophical Society (1737) den Charakter einer Königlichen Gesellschaft erhielten, vereinigten sich die irischen Historiker und Literaturforscher mit der neuen Royal Dublin Society und verhalfen ihr damit zu einem die Geistes- und Naturwissenschaften umfassenden Programm nach dem Vorbild vieler großer
kontinentaler Akademien und auch der meisten gelehrten Sozietäten in der französischen Provinz. Die schottische Society of Antiquaries blieb hingegen selbständig, entfaltete eine rege Tätigkeit
und faßte schon bald festen Fuß in der Provinz. Mit dieser gesamten Entwicklung, einschließlich der sich seit 1785 rasch konstitu-
ierenden Literary and Philosophical Societies in den neuen Industrie-
regionen [140], fand die Akademiebewegung auf den Britischen Inseln
um 1790 eine institutionelle wie fachliche Ausgewogenheit und einen
gewissen organisatorischen Abschluß. Die künftige Entwicklung
stand im Zeichen fachspezifischer Differenzierung, die sich in der
Londoner Linné Society (1788) und der Royal Institution (1799) an-
deutete [141].

*

In der zweiten Jahrhunderthälfte spannte die Akademiebewegung
ein immer dichter und bunter werdendes Netz über weite Teile Europas. So offenkundig und eindrucksvoll die Erfolge waren, die Nachteile und Gefahren blieben nicht aus. Wenn aber die Klagen über Spezialisierung und Bürokratisierung in der Akademiebewegung lauter
wurden, so bedarf das einer sorgfältigen Unterscheidung. Der Prozeß rasch voranschreitender wissenschaftlicher und technologischer
Spezialisierung war irreversibel und mußte akzeptiert und integriert
werden. Ein Ausweichen gab es nicht; die Alternative wäre Selbst-
isolierung und Verlust der Existenzberechtigung gewesen. Andererseits bedingte die Institutionalisierung einer gelehrten Sozietät auch
ein gewisses Maß an fester Organisation und bürokratischer Ordnung.
    Gleichwohl ist nicht zu leugnen, daß Spezialisierung und Bürokrati-
sierung innerhalb der Akademiebewegung nicht selten ausuferten und
Überblick, Zusammenhalt und gedeihliche Tätigkeit hemmten. Die
Akademiebewegung war kaum mehr überschaubar; die Namen mancher Sozietäten kennzeichneten nicht ihre Arbeit, schlimmer noch,
Arbeitsgebiete, Projekte, Preisfragen überschnitten sich vielfach;
sogar im lokalen Bereich fehlte es oft an Koordination und Koope-

ration, etwa zwischen einer Akademie der Wissenschaften, einer
Ökonomischen, Patriotischen, Medizinisch-physikalischen oder
Antiquarischen Gesellschaft. Allzumenschliches, wie Ehrgeiz,
Neid, Empfindlichkeit und Standesdünkel, forderte Tribut.
Viel Zeit, Kraft und guter Wille verbrauchte sich in bürokrati-
schem Leerlauf, in kleinlichem Papierkrieg innerhalb der Sozietät, auch im Instanzenkampf mit staatlichen Behörden. Je mehr
sich bürokratische Strukturen im herrschaftlich-staatlichen Be-
reich ausformten, desto stärker und störender war der Nieder-
schlag in der Akademiebewegung, und je enger die gelehrte Sozietät mit Fürst und Staat verbunden war, desto unerbittlicher la-
stete der bürokratische Druck. Experimente oder gar hektische
Reformen auf dem Gebiet der äußeren Organisation stellten die
Kontinuität und Leistungsfähigkeit der Gesellschaften in Frage.
Von Übel waren indes nur das Übermaß und die Hast, nicht aber
Reformen an sich. Diese waren vielmehr oft notwendig, wollte die
Akademiebewegung nicht erstarren und den Anschluß an die Wis-
senschafts- und Gesellschaftsentwicklung verlieren. Unerläßlich
blieb auch ein gewisses Maß an grundsätzlicher Reflexion über Organisation und Funktion von Akademien und Sozietäten. In der Tat
wurden Fragen dieser Art immer wieder bedacht, seit die moderne Akademiebewegung in der zweiten Hälfte des siebzehnten Jahrhunderts entstanden war[142]. Allgemeine Überlegungen wie konkrete
Verbesserungsvorschläge kreisten um folgende Themenbereiche:
äußere Organisation, Umfang und Inhalt wissenschaftlicher Aktivität, Verbindung zur staatlichen Herrschaftsordnung, Kommunikation im Rahmen der europäischen Gelehrtenrepublik, Koordination
im europäischen, nationalen, territorialen oder auch lokalen Bereich, Konzentration und Zentralisation, Auseinandersetzung mit
dem drängenden Problem der Spezialisierung. Verallgemeinernd
und vereinfacht können drei Typen von Reformbestrebungen unterschieden werden.
Erstens handelt es sich um Projekte für eine kosmopolitische,
die gesamte europäische "République des Sciences" und "République des Lettres" mehr oder weniger straff umspannende wissenschaftliche Organisation auf der Grundlage der Akademiebewegung,
in Verbindung mit ihr oder außerhalb ihres Bereiches. Allerdings
verlaufen hier die Grenzen zur Utopie des 17. Jahrhunderts fließend, etwa zur Gelehrtensozietät im Haus des Königs Salomon in
Francis Bacons "Nova Atlantis", auch zur "Républica Literaria"
des Spaniers Diego S. Fajardo im Ausgang jenes Säkulums[143].
Damals hatte bereits Gottfried Wilhelm Leibniz, der durchaus

universalistisch und kosmopolitisch war, konkrete und realistische Akademieprojekte entworfen und auf die feste Basis fürstlicher Protektion und herrschaftlich-staatlicher Bedürfnisse entweder im Rahmen des Reiches oder eines bedeutenden Territoriums gestellt. Von hier aus sollte die Akademie dann übernationale und überkonfessionelle Ausstrahlungs- und Anziehungskraft gewinnen[144]. 1725, elf Jahre nach Leibniz Tod betonte der Neapolitaner Rechtsphilosoph und spätere Historiograph Giovanni Battista Vico in seiner grundlegenden, doch lange verkannten "Nuova Scienza" die Notwendigkeit übernationaler Akademien, ohne jedoch detaillierte Vorschläge zu entwickeln[145].

Zu Beginn der zweiten Jahrhunderthälfte (1752) entwarf der Präsident der Kgl. Akademie der Wissenschaften zu Berlin, der französische Naturforscher Maupertuis, in seiner Schrift "Sur le progrès des sciences" den Plan einer kosmopolitischen Gelehrtenassoziation[146]. Dieses Projekt kam somit von einem Mann der Praxis, einem "Spitzenfunktionär" der Akademiebewegung. Es ist die Reaktion eines Gelehrten, der die wachsenden bürokratischen Routinepflichten eines an sich machtvollen Präsidentenamtes als drückende Bürde und die Gefahr der Bürokratisierung der Akademiebewegung als akut empfand. Aussicht auf Verwirklichung seiner Pläne bestand nicht; zudem hatte Maupertuis in Preußen und Frankreich viele einflußreiche Gegner. Der Protektor und Herr der Berliner Akademie, Friedrich II., rüstete zur machtpolitischen Auseinandersetzung, die 1756 begann und deren Ende sieben Jahre später Maupertuis nicht mehr erleben sollte.

Zur Zeit Maupertuis hatte der Strukturwandel der europäischen Akademiebewegung im Zeichen der vielen Patriotischen, Ökonomischen und Philosophischen Sozietäten noch nicht begonnen. Seit den späten sechziger Jahren aber konnte er nicht länger ignoriert werden und erheischte neue Antworten im Sinne übernationaler Koordination und Kommunikation. Eine solche Antwort versuchte vom Territorium des Deutschen Reiches und von Frankreich aus die 1775/76 in der Landgrafschaft Hessen-Homburg gegründete Société Patriotique. Ihre treibende Kraft war kein Einheimischer, sondern der aus Verdun stammende Hofrat Nicolaus Hyacinthe (de) Paradis[147]. Ziel war eine neuartige Verbindung aller europäischen Akademien und Sozietäten mit der Société Patriotique als Vermittlerinstanz und Zentrale der in allen Ländern zu etablierenden Haupt- und Nebencomités. Die Anfangserfolge waren erstaunlich: In Schweden gewann man mit Carl v. Linné einen Gelehrten europäischen Ranges und das prominenteste Mitglied der Akademiebewegung im skandi-

navischen Raum [148] ; in Frankreich wurde das Unternehmen vom Naturforscher Lacépède und einer zahlenmäßig ansehnlichen Gruppe
von Gelehrten in Paris und in den Provinzakademien wie Dijon und
Toulouse gefördert [149]. In Paris entstand auch eine Art zweiter Zentrale der Gesellschaft, wo 1778 die "Bibliothèque du Nord" herausgegeben wurde. In Zentral- und Ostmitteleuropa knüpfte Paradis
Beziehungen zu Gelehrten und adligen Gönnern im deutschsprachigen Raum und bis nach Mähren und Ungarn[150] . Eine feste Zusammenarbeit schien sich u. a. mit der Sittlich-ökonomischen Gesellschaft im kurbayerischen Burghausen zu entwickeln [151] . Dennoch
scheiterte das Projekt nach wenigen Jahren. Die Gründe sind viel-
fältig: Die personelle wie institutionelle Basis in einem deutschen
Doudez-Fürstentum war zu schmal; bedeutende Akademien wie die
Münchener und Mannheimer versagten sich; die Kontakte nach
Paris scheinen sich schwierig gestaltet zu haben, und die "Bibliothèque du Nord" mußte schon 1778 ihr Erscheinen einstellen; im
gleichen Jahr starb der große Gönner Linné; nicht zuletzt war bei
alledem viel ehrgeiziges Projektantentum mit im Spiele. Dennoch
bleibt das Unternehmen der Erwähnung wert.

Ein zweiter Typus von Reformprojekten verharrte strikt im vor-
gegebenen staatlich-herrschaftlichen Rahmen, der national, terri-
torial bzw. regional oder lokal begrenzt war. Angestrebtes Ziel
auf nationaler Basis, etwa in Frankreich, war eine zentrale Akademie als Mittelpunkt und Schaltstelle, dazu volkserzieherisch aktive Provinzakademien als Dependencen und Befehlsempfänger. In
diesem Sinne versuchte Condorcet als beständischer Sekretär der
Pariser Académie des Sciences 1774 die Provinzakademien der
Kontrolle der großen hauptstädtischen gelehrten Institution zu un-
terwerfen und im Geiste der entschiedenen Aufklärung gleichzu-
schalten [152] . Für ein solches Vorgehen gab es zweifellos einige gute
Gründe: übermäßige institutionelle und fachliche Zersplitterung der
französichen Akademiebewegung, mangelnde Koordination untereinan-
der und mit den nationalen Akademien in der Hauptstadt, erhebliche
Schwierigkeiten für dringende wissenschaftliche Großprojekte im
nationalen Rahmen, allzu einseitige und antiquarische Forschung
an manchen Provinzakademien und ihre Beherrschung durch den
Adel, den höheren Klerus und die bürgerlichen Honoratioren. Der
von Condorcet und seinen Freunden projektierte Zentralisierungs-
prozeß barg indes auch erhebliche Gefahren und Nachteile und war
zudem ein Politikum ersten Ranges, denn mit der echten oder vor-
geblichen Rückständigkeit der Provinzakademien sollte auch der
französische Regionalismus getroffen werden. Am Horizont tauch-

te die Gefahr starrer Zentralisierung und geistiger Verödung in
der Provinz auf. Die teilweise bedeutenden wissenschaftlichen Leistungen mancher ihrer Akademien wurden ebenso verkannt wie
ihre für ganz Frankreich wertvollen Beziehungen ins Ausland [153].
Condorcets Vorhaben scheiterte damals zwar am erbitterten Widerstand der meisten Betroffenen, doch die zentralisierenden und
egalisierenden Pläne waren nur aufgeschoben und sollten in ver-
änderter und radikalisierter Form während der Revolutionszeit
verwirklicht werden.

Ähnliche Projekte wurden bereits Mitte der siebziger Jahre auch
in der sehr regen, aber vielschichtigen und heterogenen Schweizer
Akademiebewegung erörtert; vor allem von dem Basler Publizisten
Isaak Iselin, einem Gesinnungsfreund von Condorcet und Vorkämpfer
des Akademiegedankens [154]. Iselin verfolgte die Fortschritte der
Akademiebewegung in ganz Europa mit Anteilnahme, etwa die von
Madrid ausgehende Etablierung Ökonomischer Sozietäten in ganz
Spanien, wobei Schweizer Einfluß eine Rolle spielte [155]. Wenn Iselin anregte, in sämtlichen Schweizer Kantonen Patriotische Sozietäten zu errichten und der Zürcher Helvetischen Gesellschaft eine
koordinierende, zentralisierende und de facto dominierende Rolle
einzuräumen, dann handelte er gleicherweise als Schweizer Patriot wie als sehr bewußtes Mitglied der europäischen Gelehrtenrepublik [156]. Die von ihm damals in Leipzig herausgegebene Zeitschrift
"Ephemeriden der Menschheit" hätte der neuorganisierten Schweizer Akademiebewegung ein weithin beachtetes Sprachrohr geboten.
Daß alle diese Absichten am Selbstbewußtsein und Unabhängig-
keitswillen der Schweizer Sozietäten zerbrachen, nimmt nicht
Wunder.

Iselin wie Condorcet waren in ihren Projekten möglicherweise
auch beeinflußt von den zielsicheren und erfolgreichen zentralisierenden Tendenzen in der Akademiebewegung der Generalstaaten.
Hier hatte 1772/73 die Hollandsche Maatschappij der Wetenschappen ihr Tätigkeitsfeld durch neue Sektionen für Landwirtschaft, Industrie und Handel erheblich erweitert und aktualisiert und durch
volkserzieherische Aktivität auch in kleineren Städten und auf dem
Lande bedeutendes Ansehen in breiten Schichten gewonnen; 1775 erreichte sie, daß sich die lokalen ökonomischen Sozietäten ihrer
Oberleitung unterstellten [157]. Ausdrücklich zu diesem Haarlemer
Vorbild bekannte sich 1786 der Hannoveraner Aufklärungspublizist
und Pädagoge Joachim Heinrich Campe. Er entwarf damals die
Grundzüge für eine "sich durch das ganze Land verbreitende Patriotische Gesellschaft", angelegt als Mittelpunkt und Schaltstelle

sämtlicher einschlägiger Sozietäten im Reich[158]. Im Kurfürstentum
Bayern, also in territorialstaatlichem Rahmen, gelang eine halb-
wegs befriedigende Arbeitsteilung und Zusammenarbeit zwischen
der Akademie der Wissenschaften zu München und der Sittlich-ökonomischen Sozietät in Burghausen. Beide waren von der Protektion der Landesherren abhängig, erkannten wohl auch die Notwendigkeit begrenzter Kooperation, und so überließ die Akademie der
Provinzsozietät das Feld Ökonomie. Seit 1769 nannte man sich in
Burghausen Churbaierische Landesökonomiegesellschaft[159], seit
1793 sogar Churpfalzbaierische sittlich- landwirtschaftliche Akademie.

Auch auf lokaler Ebene gestaltete sich die Zusammenarbeit und
das Nebeneinander verschiedener Sozietäten, wie schon angedeutet, keineswegs reibungslos. Gerade hier wucherten persönliche
Rivalitäten, Ressentiments, gesellschaftliche Schranken, etwa im
Verhältnis zwischen Akademie der Wissenschaften und Ökonomischer bzw. Patriotischer Sozietät in St. Petersburg und in Stockholm, zwischen Akademie, Ackerbaugesellschaft und Naturforschender Gesellschaft in Berlin, oder zwischen Royal Society, Royal
Antiquarian Society, Royal Society of Arts, Society of Dilettanti
und der Linnéan Society in London[160]. Ähnlich verhielt es sich in
Paris[161]. Einsicht und Vernunft oder der Machtspruch von oben
mag manch Positives bewirkt haben, ebenso oft aber gab es Mißerfolge, etwa in Prag, wo 1788 eine Zusammenarbeit zwischen der
vom Adel beherrschten Ökonomischen Gesellschaft und der bereits
weitgehend von bürgerlichen Kräften bestimmten Böhmischen Wissenschaftsgesellschaft nicht gelang[162].

Ein dritter Typ von Reform- und Gründungsprojekten in der europäischen Akademiebewegung zielte auf eine Erscheinung, die man
als Vorform der Kultur- und Sprachnation bezeichnen kann, vor allem natürlich im deutschen und italienischen Raum. In reiner Gestalt sollte und konnte dieser Typ indes nicht realisiert werden.
Und so bleiben die Übergänge zum zweiten, d.h. national-territo-
rial definierten Typus unscharf und fließend. Eine jede italienische
oder deutsche Nationalakademie hätte eines starken obrigkeitlichen
Rückhaltes bedurft - am Kaiser, an einem einflußreichen Reichsfürsten, an einem bedeutenderen Territorium in Italien. So ist denn
der mächtige fürstliche Protektor eine feste Größe in allen Projekten für eine Reichsakademie, eine Deutsche Akademie und für
sogenannte Deutsche Gesellschaften, stammen sie nun von Leibniz,
seinen Schülern und Epigonen Johann Georg Eckard[163] und Christian
Wolff[164], vom unermüdlichen Johann Christoph Gottsched in Leip-

zig[165] oder von Klopstock in Kopenhagen. Letzterer wollte 1768/69 vergeblich Kaiser Joseph II. gewinnen und konzipierte fünf Jahre später die "Deutsche Gelehrtenrepublik" bewußt als nationale Institution[166]. Zwar stützte man sich auf Kaiser und Fürsten, hoffte man auf breite Wirkung kundiger Helfer oder gar Gründung gleichgesinnter Sozietäten auch jenseits der Reichs- und seiner Territoriengrenzen im gesamten deutschen Sprachbereich und bei den Interessenten deutscher Zunge im Ausland, d.h. im französischen Elsaß[167], in der Schweiz[168], in Ungarn, bes. Siebenbürgen[169], in Polen, bes. Danzig[170], und in dem zu Rußland bzw. zu Polen gehörenden Livland und Kurland mit den Zentren Riga und Mitau[171].

Für die italienische Staatenwelt hatte Lodovico Antonio Muratori bereits zu Anfang des 18. Jahrhunderts eine nationale Akademie jenseits aller politischen Grenzen gefordert. Sie sollte Italiens geistig-kulturelle Einheit und Bedeutung manifestieren und im Rahmen der Gelehrtenrepublik institutionalisieren[172]. Dieses Projekt scheiterte, doch der Gedanke blieb wach. Ansätze zur Konkretisierung gelangen erst in der zweiten Jahrhunderthälfte, im Zeichen verstärkten Einflusses der Aufklärung. In Verona, d.h. auf dem Territorium der Republik von San Marco, entstand 1782 eine gelehrte Gesellschaft deren Name ein Programm umschloß: Societá Italiana di Scienze Geistes- und Naturwissenschaftler aus ganz Italien sollten sich hier in gemeinsamer Arbeit vereinigen[173]. Die Anfänge waren vielversprechend; die Publikationen der neuen Akademie und ihr programmatischer Anspruch fanden weit über Italien hinaus Beachtung[174]. Als sich das Ende der Republik Venedig abzeichnete, verlegte die Akademie ihren Sitz 1795 nach Modena; binnen kurzem sollte indes durch die französische Okkupation für die italienische Akademiebewegung eine völlig neue Lage entstehen.

Jener deutsche Rezensent, der 1788 seinen Landsleuten die Veroneser Societá Italiana di Scienze als Vorbild empfahl, ahnte wohl kaum, daß im gleichen Jahr Johann Gottfried Herder in Weimar eine Deutsche Akademie, genauer ein "erstes patriotisches Institut für den Allgemeingeist Deutschlands" entwarf[175]; sein Auftraggeber war Markgraf Karl Friedrich von Baden-Durlach, der Prototyp eines im besten Sinne aufgeklärten und der Akademiebewegung gewogenen Reichsfürsten. Herder selbst besaß Erfahrungen mit gelehrten Sozietäten. Er hatte Preisfragen der Berliner und der Münchener Akademie bearbeitet und gewonnen, aber auch manche herbe Enttäuschung erlebt[176]. Seine Deutsche Akademie sollte die etablierten territorialen und lokalen Akademien und Sozietäten weder ersetzen noch beeinträchtigen, sie vielmehr gleichzeitig überhöhen,

ergänzen und einen "Vereinigungspunkt mehrerer Provinzen zur allgemeinen praktischen Geistes- und Sittenkultur" schaffen[177]. Wenn
jedoch Herder Sprache, Geschichte und "tätige Philosophie" als
Aufgabengebiete bezeichnete, auch organisatorisch dem überkomme-
nen Akademie- und Sozietätsmuster weitgehend folgte, dann war diese Nationalakademie eben doch als Konkurrentin und potentiell auch
als hegemoniale Institution angelegt. Dieses Fernziel hatte Christoph
Martin Wieland bereits 1780 ausgesprochen, als er beklagte, daß
Deutschland der beherrschende geistig-politische Mittelpunkt fehle
und sich "niemals eine etwaige zukünftige Deutsche Akademie zur
Königin aller Akademien werde aufschwingen können"[178]. Herders
Projekt wäre auch in ruhigeren Zeitläuften nicht zustandegekommen.

In der thüringischen Residenzstadt Gotha, in Herders und Wielands
Nähe, wurde 1793/94 ein weiterer Versuch gemacht, die Akademien
und Sozietäten des deutschen Sprachraumes in loser Form zu verbinden. Das Vorhaben gab sich bescheiden. Ziel war nicht eine Nationalakademie, sondern eine Art nationales Informations- und Korrespon-
denzzentrum, gestützt auf den in Gotha erscheinenden "Kaiserlich
Privilegierten Reichs-Anzeiger". Promotor war der Herausgeber
dieser Zeitschrift, der Hofrat R. Z. Becker, Mitglied der Erfurter
Akademie und der kursächsischen Ökonomischen Gesellschaft in
Leipzig[179]. Beckers Projekt fand Anklang bei der Patriotischen Gesellschaft in Hamburg; diese wollte das Korrespondentennetz auf
ausländische Sozietäten erweitern und suchte entsprechende Verbindungen mit der Londoner Society of Arts, der Ökonomischen Gesellschaft in St. Petersburg und der Gesellschaft der Wissenschaften in
Haarlem. Mangelnde Resonanz verurteilte das Projekt zum Scheitern.

IV

Noch war man in Gotha beim optimistischen Planen, als im revolutionären Frankreich der tödliche Schlag gegen die Akademiebewegung erfolgte. Am 8. August 1793 wurden sämtliche französischen
Akademien und Sozietäten durch Konventsbeschluß aufgehoben. Diese Katastrophe kam nicht unerwartet. Sie war von langer Hand vorbereitet, Ergebnis eines soziokulturellen, politischen und auch wissenschaftlich-technologischen Wandels im Zeichen der Spätaufklärung und einer sich verschärfenden politisch-sozialen Kritik am Ancien Régime[180]. Dieser Wandel hatte bereits um 1770 eingesetzt und
sich zwischen 1789 und 1793 offen artikuliert und rapide radikalisiert;
er umschloß auch neue Denk- und Verhaltensweisen gegenüber der
Wissenschaft und ihrer Vermittlung durch etablierte Institutionen,

Eine Reihe von Faktoren wirkten zusammen: intensive, immer breitere Schichten ergreifende Popularisierung und Vulgarisierung der Wissenschaft, steigendes Informationsangebot und ein ganz neuer grassierender wissenschaftlicher Dilettantismus. Man denke nur an die Wirkungen des Magnetiseurs Mesmer in den achtziger Jahren [181] ! Getragen und vorangetrieben wurde diese Entwicklung von rasch wachsenden intellektuell-technologischen "Unterschichten", bestehend aus drittrangigen Journalisten, Pamphletisten, Schriftstellern, Technikern, Künstlern, Advokaten, unzufriedenen und gescheiterten Existenzen, aber auch einer ganzen Reihe von großen Begabungen, denen der Zugang zur etablierten und institutionalisierten Wissenschaft wie zur Politik verwehrt blieb [182]. Die Akademien in der Hauptstadt und in der Provinz konnten den Andrang echter oder vorgeblicher Talente nicht mehr bewältigen und ihre traditionelle sozio-kulturelle Funktion, nämlich die Integration bürgerlicher Intelligenz in den absoluten Staat, nicht mehr in zureichendem Maße erfüllen [183]. Ähnliches galt gegenüber den technologischen Bedürfnissen, gegenüber der Spezialisierung und neuen wissenschaftlichen Disziplinen wie Anthropologie und Psychologie [184].

Die seit der Jahrhundertmitte entstandenen Sozietäten versuchten dieser Entwicklung zu begegnen, indem sie manchem aufstrebenden Naturforscher und Philosophen ein Tätigkeitsfeld boten. Sie verfügten jedoch nicht über das Prestige und die Macht der großen Pariser Akademien; zudem dominierten an vielen Provinzakademien weiterhin adlig-großbürgerliche Gruppen. So bildeten sich in den siebziger und achtziger Jahren eine Reihe neuer Zentren jener intellektuellen "Unterschichten": sogenannte Lyzées, Musées, Lesezirkel, Kaffeehausgesellschaften, logenähnliche Assoziationen, publizistische Organe, die eine Art von Sub-und Gegenkultur signalisierten [185]. Gemeinsam war ihnen der Haß auf die traditionelle Akademiebewegung, als Symbol einer Symbiose von Wissenschaft und Ancien Régime, als Hort überkommener Privilegien und hierarchisch- elitärer Strukturen und Mentalitäten, als Träger eines angeblich nicht mehr zu rechtfertigenden wissenschaftlichen Informations- und Entscheidungsmonopols.

Hinzu kam, daß die Aufhebung sämtlicher Akademien, wie sie 1793 vom Konvent verfügt wurde, auch von einflußreichen aufklärerischen bzw. radikal-demokratischen Kräften innerhalb der alten Akademien oft unbewußt mitherbeigeführt worden war. So befanden sich die drei bedeutenden Pariser staatlichen Akademien spätestens seit den siebziger Jahren weitgehend unter dem Einfluß entschiedener Aufklärer, auch wenn die meisten von ihnen persönlich durchaus noch dem An-

cien Régime und der herkömmlichen Akademiestruktur verpflichtet
waren. Daß d'Alembert 1772 ständiger Sekretär der Académie Française wurde und Condorcet im Jahr darauf in der Académie des
Sciences die gleiche Schlüsselfunktion erhielt, kennzeichnet die Entwicklung[186]. In den achtziger Jahren wurden dann hochqualifizierte,
jedoch radikal-demokratische Naturforscher wie Monge, Romme
und Fourcroy in die Académie des Sciences zugewählt[187]. Letzterer
übernahm wenige Jahre später auch die Leitung der Pariser Société
d'Agriculture.

So sehr diese Gelehrten nach 1789 die Revolution auch in ihrer republikanischen Phase bejahten, so entschieden wollten sie doch innerhalb der Akademien den notwendigen elitären Freiraum schützen.
Das führte zur unvermeidlichen Konfrontation mit den selbstbewußten
politisierten, intellektuell-technologischen "Unterschichten", jenen
"artistes vrais sansculottes"[188], die sich damals in eigenen freien,
klubartigen Vereinigungen zusammengeschlossen hatten und 1792 einen wahren Sturm gegen die Akademien und Sozietäten als angebliche
Stützpunkte aristokratisch-korporativer, monopolistischer und darum konterrevolutionärer und volksfeindlicher Kräfte entfesselten.
Wenn führende intellektuelle Jakobiner diese Bestrebungen unterstützen, dann mag hier persönliche Aversion und Enttäuschung mit-
hineingespielt haben: Jean Paul Marat, Arzt und Naturforscher von
Rang, war Ende der siebziger Jahre von der Académie des Sciences abgewiesen worden[189]; Lazare Carnot hatte sich erfolglos an
Preisausschreiben der Pariser und der Berliner Akademie beteiligt[190]; Robespierre und sogar Babeuf hatten an der Provinz-
akademie zu Arras mitgearbeitet, ohne jedoch besondere Anerkennung zu erlangen[191].

Zwischen 1789 und 1793 wichen die Vertreter der alten französischen Akademien vor einem übermächtigen Druck Schritt für Schritt
zurück, wobei sie sich zunächst zu notwendigen und vertretbaren
Reformen und Kompromissen, dann aber zu immer fragwürdigeren
Konzessionen im Sinne einer für die Wissenschaft untauglichen entschiedenen "Demokratisierung" bereitfanden, ein Prozeß, der an
den Reformprojekten jener vier Jahre, von La Rochefoucauld und
Talleyrand bis Condorcet und Lavoisier, gut abzulesen ist[192]. Die
traditionelle Akademiebewegung und Wissenschaftsorganisation in
Frankreich war 1793 der revolutionären Egalité zum Opfer gefallen.
Angesehene Gelehrte wurden verhaftet; Condorcet, Lavoisier u.a.
verloren ihr Leben; einige flohen ins Ausland, tauchten in der Provinz unter, oder suchten wie Romme und Fourcroy einen modus vi-
vendi, der die wichtigsten und unverzichtbaren Funktionen wissen-

schaftlicher Organisation in "demokratisierter" Form retten wollte.
Vom Konvent wurde die Wissenschaft auf das dem Volke angeblich
Nützliche reduziert und für den Kampf gegen innere und äußere Feinde mobilisiert [193]. Die Ergebnisse waren relativ bescheiden und wohl
eher negativ. Die kurz zuvor noch führende französische Grundlagenforschung blieb hinter der Großbritanniens zurück [194]; die Industrie-
entwicklung stagnierte, die neuen "demokratischen" Organisationsformen der "sociétés savantes libres" erwiesen sich als untaugliches
Mittel. An der Inpflichtnahme der Wissenschaft für den Staat hatte
sich nichts geändert, sie war eher noch drückender; aus privilegierten Dienern des Ancien Régime waren, falls sie sich anpaßten, Funk-
tionäre der Revolutionsregierung geworden.

Bereits zwei Jahre später zog das (großbürgerliche) Direktorium
die Konsequenz aus einer im großen und ganzen fatalen Entwicklung.
Ende Oktober 1795 kehrte Frankreich zur elitären Akademie- und
Wissenschaftsorganisation zurück. Die neuetablierte Zentralakademie,
das Institut National des Sciences et des Arts realisierte, was einst
Colbert 1666 mit einer Académie Générale sowie Talleyrand und Condorcet in den Jahren 1789/92 erstrebt hatten [195]. Das Institut unterstand strikter staatlicher Kontrolle, war straff und rational organisiert und bot hochqualifizierten Gelehrten einen gutdotierten Freiraum zur Forschung, auch wenn diese an der goldenen Kette des
Staates hing. Das Institut umfaßte drei Klassen: für Naturwissenschaften und Mathematik, für Moral und Politische Wissenschaften, für Literatur und Schöne Künste; jede Klasse hatte bis zu zehn
Sektionen. Auf diese Weise hoffte man, das Problem der Spezialisierung zu lösen.

Napoleon Bonaparte verfolgte die Arbeit des Institut National von
Anfang an mit Anteilnahme; er wurde 1797 Ehrenmitglied und pflegte auch als Konsul und Kaiser enge Beziehungen zu führenden Naturforschern [196]. Die Klasse für Moral und Politische Wissenschaften wurde allerdings 1803 durch Machtspruch des Ersten Konsuls
als "ideologieverdächtig" aufgehoben und das Institut in vier Klassen geteilt. Nach wie vor beanspruchten die Naturwissenschaften und
die Mathematik den ersten Rang; die zweite Klasse, für französische
Literatur und Sprache, sollte Frankreichs kulturelle Hegemonie dokumentieren; die dritte Klasse verschaffte der von den Revolutionären mißachteten Geschichte und den alten Sprachen wieder einen
ehrenvollen Platz; die vierte Klasse blieb den Schönen Künsten vorbehalten.

Das Institut National sollte die durch die Revolution unterbrochene
Tradition der drei großen Pariser Akademien des 17. Jahrhunderts

wieder aufnehmen, alte elitäre und neue egalitäre Grundsätze vereinigen, Anerkennung und Legitimation der Wissenschaft und Künste
durch das postrevolutionäre, bürgerliche Frankreich dokumentieren.
Entscheidende Anstöße für die Wissenschaft gingen jedoch vom Institut nur in geringem Maße aus. Sie kamen eher aus Laboratorien
und Forschungsinstituten, kleinen Zirkeln sowie klub- und vereins-
artigen Gelehrtenassoziationen, wie aus der 1799 gegründeten Société pour l'observation des hommes [197] oder der Société d'Arcueil,
wo sich seit 1807 die Crème der französischen Naturforscher unter
Napoleons besonderer Gunst versammelte [198].

Bereits unter dem Direktorium wurde das Modell des Institut National auf Akademien und Sozietäten der französischen Satellitenstaa-
ten übertragen. So entstand 1797 in Bologna das Istituto Nazionale
della Repubblica Cisalpina, das nach Errichtung des napoleonidischen
Königreiches Italien 1805 nach Mailand verlegt und dort 1811 als
Reale Istituto Italiano di Scienze, Lettere ed Arti konstituiert [199] wurde. Dem entsprach in den ehemaligen Generalstaaten das Nationale
Institut der Batavischen Republik, dann 1808 das Konigklige Neder-
landsche Institut van Wetenschappen, Letterkunde en schone Kun-
sten in Amsterdam.

Auch außerhalb des unmittelbaren französischen Einflußbereiches
wirkte das Vorbild der Pariser Zentralakademie, etwa auf die Royal
Institution, die Graf Rumford 1799 in London gründete [200], auf die
Neuorganisation der Kaiserlich Russischen Akademie zu St. Petersburg 1803 [201], nicht zuletzt auf die nach jahrelangen Reformdiskussio-
nen 1807 neugebildete Königlich Bayerische Akademie der Wissenschaften in München [202]. Wenig später begann im machtpolitisch ge-
demütigten Preußen unter Wilhelm von Humboldt eine vorbildliche
Reform der Wissenschaftsorganisation und des höheren Bildungswesens [203]. Die Gründung der Berliner Universität 1810 und die Neuorganisation der Akademie 1812 eröffneten Möglichkeiten für eine
fruchtbare Zusammenarbeit der beiden gelehrten Institutionen und
damit eine zukunftsweisende Form moderner Wissenschaftsorganisation, ein Weg, der bereits in Göttingen, Erfurt, auch in Leipzig
und Prag beschritten worden war, was aber z.B. in München erst
1826 gelingen sollte, als die Universität aus dem Landshuter Exil in
die Hauptstadt verlegt wurde.

Die europäische Akademiebewegung, wie sie sich zwischen 1750/60
und 1790 entfaltet hatte, bestand damals nicht mehr. Zwar hatten die
meisten bedeutenden staatlichen Akademien die Kriegswirren überdauert oder wurden nach 1815 neu organisiert; so wurde das Institut
National aufgehoben und die drei klassischen Pariser Akademien als

selbständige Körperschaften wiederhergestellt. Doch die vielen Ökonomischen, Philosophischen, Patriotischen Sozietäten, welche die europäische Akademiebewegung der zweiten Jahrhunderthälfte umgestal-
tet und wesentlich geprägt hatten, waren entweder den Stürmen der
Jahre 1789 bis 1815 zum Opfer gefallen oder schleppten sich als Schat-
ten ihrer selbst weiter; nur relativ wenige, wie die Sozietäten in London, St. Petersburg, Bern und vor allem Hamburg, behaupteten sich
mit erstaunlicher Kraft und Verständnis für die Erfordernisse einer
neuen Zeit.

Nach 1815 waren die alten Formen der Akademiebewegung nicht
mehr restaurierbar. Die Voraussetzungen, denen die meisten Sozietäten der zweiten Hälfte des 18. Jahrhunderts ihr Entstehen verdankt
hatten, galten nicht länger. Hatten damals die neuen Sozietäten dringende gemeinnützige Funktionen auf dem Gebiet der Volksbildung und
Sozialfürsorge, der Agronomie und Technologie sowie Sprachpflege
übernommen, die von herrschaftlich-staatlichen Behörden noch nicht
getragen werden konnten, so zog in den ersten Jahrzehnten des 19.
Jahrhunderts der neue zentralistisch-bürokratische Flächenstaat diese
Aufgaben immer mehr an sich und errichtete gerade auch außerhalb
der Zentren Unterrichts- und Volksbildungsbehörden, Ämter für
Arbeitsbeschaffung und Fürsorge, Handels- und Landwirtschafts-
kammern.

So konnte die alte Akademiebewegung nicht wieder entstehen. Doch
zahlreiche Polytechnische, Landwirtschaftliche, Naturforschende,
Medizinische und Historische Gesellschaften und Vereine, die in den
ersten Jahrzehnten nach 1815 errichtet wurden[204], wären ohne die
alten Sozietäten kaum denkbar; die institutionelle und personelle Kontinuität ist offenbar. Das Vereinswesen der ersten Hälfte des 19.
Jahrhunderts, das sich z. T. bis auf unsere Tage erhalten hat[205],
gründet nicht zuletzt auf die Akademiebewegung des vorausgehenden
Säkulums.

Anmerkungen

1 Ansätze bei Martha Ornstein: The Role of Scientific Societies in the seven-
  teenth Century, 4. Aufl. London 1963; Bernard Fay: Learned Societies in
  Europe and in America in the eighteenth Century, in: American Historical
  Review 37, 1932, 255-266; R. Rübbert: Die Ökonomischen Sozietäten. Ein
  Beitrag zur Wirtschaftsgeschichte d. 18. Jh. Diss. Halle 1934; H. Roddier:

Pour une Histoire des Académies, in: Société Française de Littérature
Comparée, Actes du troisième Congrès National, Paris 1960, 45-54;
Hans Hubrig: Die Patriotischen Gesellschaften des 18. Jahrhunderts, in:
Göttinger Studien zur Pädagogik, hrsg.v.Herm. Nohl, H.36, Weinheim
1957; Roger Hahn: The Application of Science to Society: the Societies of
Arts, in: Studies on Voltaire and the eighteenth Century, hrsg.v. Th.Be-
sterman, Bd.24/27, Genf 1963, 829-836; Werner Krauß; Entwicklungstendenzen der Akademien im Zeitalter der Aufklärung, in: Studien zur
deutschen und französischen Aufklärung = Neue Beiträge zur Literaturwissenschaft 16, Berlin (O) 1963, 41-63; Robert K. Schofield: Histories
of Scientific Societies: Needs and Opportunities for Research, in: History
of Science 2, 1963, 70-83; W.H.G. Armytage: The Rise of the Techno-
crats, London 1965, bes. 28-40, 145-151; Kurt Müller: Zur Entstehung
und Wirkung der wissenschaftlichen Akademien und gelehrten Gesellschaften des 17. Jahrhunderts, in: Universitäten und Gelehrtenstand 1400-1800,
hrsg.v. Helm. Rößler und Günther Franz = Deutsche Führungsschichten
in der Neuzeit 4, Limburg 1970, 127-144; Douglas Mc Kie: Scientific Societies to the End of the eighteenth Century, in: Natural Philosophy through
the eighteenth Century, hrsg.v. Alan Ferguson, London 1972 [2], 133-144
(Orig. 1948); allgem. vgl. Albrecht Timm: Einführung in die Wissenschaftsgeschichte (UTB 203), München 1973.

2 Einige Beispiele: Procès-verbaux des séances de l'académie impériale
des sciences depuis sa fondation jusqu'à 1803, 4 Bde., St.Petersburg
1897-1911; Eduard Winter (Hrsg.): Die Registres der Berliner Akademie
der Wissenschaften 1746-1766, Berlin (O) 1957; Eduard Winter und P.
Juškevič (Hrsg.): Die Berliner und die Petersburger Akademie der Wissenschaften im Briefwechsel Leonhard Eulers, 2 Bde.=Quellen und Studien zur Geschichte Osteuropas, hrsg.v. Ed.Winter, Bd.3, Berlin (O)
1959/61; Electoralis Academiae Scientiarium Boicae Primordia. Briefe
aus der Gründungszeit der Bayerischen Akademie der Wissenschaften,
hrsg.v. Max Spindler unter Mitarbeit von G.Diepolder, L.Hammermayer,
A.Kraus, München 1959; Frank Greenaway (Hrsg.): The Archives of the
Royal Institution of Great Britain. First Series: The Minute Books of the
Manager's Meetings, 1799-1900 (Faksimile), 15 Bde., London 1972; René Taton: Projet de publication des registres des séances de l'Académie
Royale des Sciences de Paris, 1666-1793 = Actes du dixième congrès
international de l'Histoire de Sciences, Paris 1964, 283-286; eine entsprechende Edition wird von dem amerikanischen Forscher Roger Hahn
vorbereitet.

3 Vgl. u.a. Robert K. Merton: Science, Technology and Society in Seventeenth Century England. (2. Aufl.) New York 1970 (Orig. in: Osiris 4,
1938); Talcott Parsons: The Social System, Glencoe 1951; ders.: Essays
in Sociological Theorie, Glencoe 1964 (3. Aufl.); ders.: Social Structure and Personality, ebd. 1964; J.B. Conant: Science and Common Sen-
se, Yale 1951; Charles G. Gillispie: The Edge of Objectivity, Princeton
1960; Bertrand de Juvenel: The Republic of Science, in: The Logic of
Personal Knowledge = Essays Presented to Michael Polanyi, Glencoe
1961, 131-141; L.S. Feuer: The Scientific Intellectuals, New York 1963;

Warren O. Hagstrom: The Scientific Community, New York 1965; Joseph Ben-David: The Scientific Role: The Conditions of its Establish-
ment in Europe, in: Minerva 4, 1965, 15-54; ders.: The Scientist's
Role in Society, a Comparative Study, New York 1971; V.P. Zubov:Les
conceptions historico-scientifiques du XVIIe siècle, in: Actes du sympo-
sium international des sciences physiques et mathématiques dans la
première moitié du XVIIe siècle, Paris 1960, 74-97; N.A. Figurovskij:
The Interaction between Scientific Research and Technical Invention in
the History of Russia, in: Scientific Change, hrsg. v. A.C. Crombie,
London 1963, 701-723; A.P. Juškevič: Histoire des sciences et civilisations (XIIe Congrès international d'Histoire des Sciences, Actes I/A)
Paris 1970, 15-27; Suzanne Bachelard: Epistémologie d'histoire des
sciences (ebd. 39-52); Thomas S. Kuhn: The Copernican Revolution,
Cambridge/Mass. 1957; ders.: The Structure of Scientific Revolutions,
Chicago 1969[3] (Orig. 1962); Richard S. Westfall: Science and Religion
in seventeenth century England, New Haven 1959; Michael Polanyi:
Science, Faith and Society, Chicago 1964; R.H. Hooykaas: Religion and
the Rise of Modern Science, London 1972; K. Thomas: Religion and the
Decline of Magic, London 1971; J.G. Crowther: The Social Relation of
Science, London 1967; Lawrence Stone: Prosopography, in: Daedalus
100/1, 1971, 46-79; Steven Shapin und Arnold Thackray: Prosopo-
graphy as a Research-tool in History of Science: the British Scientific
Community, 1700-1900, in: History of Science 12, 1974, 1-28; Thomas
Nipperdey: Verein als soziale Struktur im späten 18. und frühen 19.
Jahrhundert, in: Geschichtswissenschaft und Vereinswesen im 19.Jahr-
hundert = Veröffentlichungen des Max-Planck-Instituts für Geschichte,
Bd.1, Göttingen 1972, 1-44; Frank R. Pfetsch: Zur Entwicklung der
Wissenschaftspolitik in Deutschland 1750-1914, Berlin-München 1974.
Eine Fülle von z.T. sehr bemerkenswerten Einzelstudien enthalten
Sammelbände aus dem anglo-amerikanischen Raum, etwa M. Clagett
(Hrsg.): Critical Problems in the History of Sciences, Madison 1959;
P.G. Frank (Hrsg.): The Validation of Scientific Theories, Boston 1956;
A.C. Crombie: Scientific Change. Historical Studies in the intellectual,
social and technical Conditions for scientific Discoveries and technical
Inventions from Antiquity to the Present, London 1963; Leonard M.
Marsak (Hrsg.): The Rise of Science in Relation to Society, in: Main
Themes in European History, hrsg.v. B. Mazlish, New York-Toronto
1964; Hugh F. Kearney (Hrsg.): Origins of the Scientific Revolution =
Problems and Perspectives in History, London 1966; George Basalla
(Hrsg.): The Rise of Modern Science = Problems in European Civilization, Lexington/Mass. 1968; Peter Mathias (Hrsg.): Science and Society, 1600-1900, Cambridge 1972; A.E. Musson: Science, Technology
and Economic Growth in the Eighteenth Century, London 1972; M. Teich
und R.M. Young (Hrsg.): Changing Perspectives in the History of Science,
London 1973; Ch. Webster (Hrsg.): The Intellectual Revolution of the Seventeenth Century, London 1974. Es handelt sich um Beiträge aus der
Zeitschrift "Past and Present", 1953 bis 1973. Vgl. auch die in Anm. 6
und 10 genannten Titel.

4 Vgl. Gerhard Frey: Gesetz und Entwicklung in der Natur, Hamburg 1958;
  ferner Alwin Diemer (Hrsg.): Studien zur Wissenschaftstheorie im 19.
  Jahrhundert, Bd. 1 Meisenheim/Glan 1968 und "Der Wissenschaftsbegriff. Historische u. systematische Studien", ebenda Bd. 4 1971.
5 Vgl. Anm. 3.
6 Vgl. u. a. Joseph Agassi: Towards an Historiography of Science = History
  and Theory, Beiheft 2, 1962; Gerd Buchdahl: A Revolution in the Historiography of Science = History of Science 4, 1965, 55-65; Mirko Dragen
  Grmek: Prolégomènes à une histoire générale des sciences, in: Annales
  20, 1965, 130-146; Thomas S. Kuhn: The Relations between History and
  History of Science, in: Daedalus 100/1, Philadelphia 1971, 217-304.
7 Vgl. etwa M.B. Hessen: The Social and Economic Roots of Newton's
  "Prinzipia", in: Science at the Cross Roads, London o.J., 151-176, Auszug in: The Rise of Modern Science, hrsg. v. G. Basalla, Lexington/USA
  1968, 31-38; J.D. Bernal: Science in History, London 1954, bes. 345 f.,
  371 f. (dt. Übersetzung Darmstadt 1961, Hamburg-Reinbek 1969 [2]); Figurovskij; Zubov; Juškević (vgl. Anm. 3); zur Geschichtswissenschaft vgl.
  Joachim Streisand: Geschichtliches Denken von der deutschen Frühaufklärung bis zur Klassik, Berlin (O) 1967 [2], bes. 12 ff. (über Akademien).
  So wichtig Erkenntnis und Analyse sozio-ökonomischer und sozio-kultureller Faktoren in und im Umkreis der Akademiebewegung sind, es darf,
  wie ich meine, weder ein absoluter Kausalnexus ("Gesetzmäßigkeit") zwischen Wissenschaftsentwicklung und den "technologischen" Bedürfnissen
  des aufsteigenden Bürgertums in Handel, Manufakturen und früher Industrie konstruiert und akzeptiert noch eine gesellschaftlich "vorwärtsdrän-
  gende Funktion" oder Teilhabe bzw. Nicht-Teilnahme an einem "antifeudalen Kampf" zu einem zentralen Bewertungskriterium der Akademiebewegung erhoben werden. Vgl. Anm. 97 und 99.
8 Etwa die kurzlebige Academia Secretorum Naturae (Neapel ca. 1560/68);
  Accademia dei Lincei (Rom, ca. 1603/30), Accademia del Cimento (Florenz 1657/67) und viele andere. Es fehlen neue Einzelstudien und eine befriedigende Gesamtgeschichte. Knappe Übersicht bei Michele Maylender:
  Storia delle Accademie d'Italia, 4 Bde., Bologna-Triest 1926/30. Heranzuziehen sind auch ältere Darstellungen, etwa J. Stark: Specimen historiae
  Academiarum Eruditarum Italiae, Leipzig 1725; G. Gisberti: Storia delle
  Accademie d'Italia, Venedig 1745; M. Ornstein (vgl. Anm. 1) hat in ihrer
  Darstellung der italienischen Akademien u. a. die von G. Targioni Tozzetti
  herausgegebenen "Atti e memorie inedite dell'Accademia del Cimento"
  (Florenz 1780) benutzt. - An Einzelstudien vgl. u. a. Harcourt Brown:
  Martin Fogel e l'idea dell'Accademia Lincea (Reale Accademia nazionale
  de'Lincei, Estratto dal Rendiconti della classe di scienze morali, storiche e filologiche), Rom 1936; Giuseppe Gabrieli: Per la storia della prima romana Accademia dei Lincei, in: Isis 24, 1935/36, 80-89; Il carteg-
  gio Linceo della Vecchia Accademia di Federico Cesi, 1603-1630 (Memorie della Reale Accademia dei Lincei, classe di scienze morali, storiche
  e filologiche) Rom 1938-1942; über die von Exkönigin Christine von Schweden 1674 in Rom gegründete Accademia Reale und die von ihr favorisierte
  Accademia dell'Esperienze des Giovanni Campini (1677) sowie die Accade-

mia degli Stravaganti (1678) vgl. Maylender IV 394-417; R. Stephan: A
note on Christina and her Academies = Analecta Regenensia 1, Stockholm
1966, 365-377; ferner W.E.K. Middleton: The Experimenters. A Study on
the Academia del Cimento, Baltimore 1972; V. Fael: Più secoli di storia
dell'Accademia di scienze, lettere ed arti di Udine (1669-1969), Udine
1970; allgemein mit weiterer Lit. vgl. Ludwig Hammermayer: Europäische Akademiebewegung und italienische Aufklärung = Historisches Jahrbuch 81, 1962, 247-263. Vgl. Anm.11, 37, 73, 122, 135, 173, 174.

9 Neben den in Anm.1 genannten Arbeiten von Ornstein, Armytage, Müller
und Krauß vgl. Guillaume Bigourdan: Les premières sociétés de Paris
au XVIIe siècle (Comptes rendu 164) 1917, 129-134, 159-162; 216-220;
ders.: Les premières sociétés scientifiques de Paris au XVIIe siècle et
les origines de l'Académie des Sciences, Paris 1920; Harcourt Brown:
Scientific Organizations in seventeenth-century France, 1620-1680, Baltimore 1934; Cay v. Brockdorff: Gelehrte Gesellschaften im 17. Jahrhundert, Diss. Kiel 1940; F. Petri: Die Spanheimgesellschaft in Berlin,
1689/97 (Festschrift des Wilhelmsgymnasiums) Berlin 1908; Leo Stern:
Zur Geschichte der wissenschaftlichen Leistung der Deutschen Akademie
der Naturforscher "Leopoldina", Berlin (O) 1956. - In einem weiteren
Sinne gehören hierher auch die sog. "Sprachgesellschaften", vgl. neuerdings Richard van Dülmen: Sozietätsbildungen in Nürnberg im 17. Jahrhundert = Gesellschaft und Herrschaft, Festgabe für Karl Bosl, München 1969,
153-190; Ferdinand von Ingen: Die Sprachgesellschaften des 17. Jahrhunderts. Versuch einer Korrektur = Daphnis 1, 1972, 14-28; interessante
methodische Bemerkungen bei Martin Bircher: Soziologische Aspekte der
Fruchtbringenden Gesellschaft = Neue Zürcher Zeitung, Fernausgabe
Nr.43, 1972, 49 f.; Karl F. Otto: Die Sprachgesellschaften des 17. Jahrhunderts = Sammlung Metzler 109, Stuttgart 1972; Christoph Stoll:
Sprachgesellschaften im Deutschland des 17. Jahrhunderts, München 1973;
grundlegend, über den Rahmen der Sprachgesellschaften hinaus, bleiben
die zwischen 1895 und 1911 meist in den Monatsheften der Comenius-Ge-
sellschaft erschienenen Beiträge von Ludwig Keller. Wichtige Edition:
Quellen und Dokumente der Fruchtbringenden Gesellschaft, hrsg. v. M.
Bircher, 4 Bde., München 1969/73. - Über die Entwicklung in England,
die frühen privaten Zirkel in Oxford und London, die sich dann 1660 zur
Royal Society vereinigten, vgl. neben den älteren Studien von Robert T.
Gunther: Early Science at Oxford. The Philosophical Society, Oxford 1925;
ders.: Dr. Plot and the correspondence of the Philosophical Society of
Oxford, ebd. 1939, vor allem den von Ch. Webster 1974 edierten Sammel-
band (vgl. Anm.3) sowie die Lit. in Anm.12.

10 Neben in Anm.3 genannten Werken vgl. u.a. René Taton: Histoire générale des Sciences, Paris 1957; Albrecht Timm: Kleine Geschichte der Technologie, Stuttgart 1964; E.J. Dijksterhuis: Die Mechanisierung des Welt-
bildes, Berlin (W) 1963 (engl. Orig. 1961); Jürgen Mittelstraß: Neuzeit
und Aufklärung, Berlin (W) 1970; Alex. Koyré: Les origines de la science
moderne = Etude d'Histoire et de la Pensée scientifique, Paris 1966, 48-
72; A.R. Hall: Die Geburt der naturwissenschaftlichen Methode 1630-1720,
Gütersloh 1965 (engl. Orig. 1963); Herb. Butterfield: The Origins of Mo-

dern Science 1300-1800, London 1962[2]; H. F. Kearney: Und es entstand
ein neues Weltbild, München 1971 (engl. Orig. 1967); A.R. Hall: On the
Singularity of the Scientific Revolution of the seventeenth century = The
Diversity of History. Essays in Honour of Sir Herbert Butterfield, London
1970, 199-221; ders.: Science, Technology and Utopia in the seventeenth
century, in: Science and Society, 1600-1900, hrsg. v. P. Mathias, Cambridge 1972, 33-53; P.M. Rattansi: The Social Interpretation of Science
in the seventeenth century, ebd., 1-32; Peter Mathias: Who unbound Prometheus? Science and technology 1600-1800, ebd., 54-80. - Zu Newton
vgl. neuerdings u.a. Alex. Koyré: Newtonian Studies, Cambridge/Mass.
1968; Frank Manuel: A Portrait of Newton, ebda. 1968; Fritz Wagner:Dis-
kussionen um Newtons Wissenschaftsbegriff = Bayer. Akademie d. Wissenschaften, Phil.-Hist. Klasse, Heft 4, München 1968; derselbe: Zur Apotheose Newtons. Künstlerische Utopie und naturwissenschaftliches Weltbild im 18. Jahrhundert = Philos.-Hist. Klasse der Bayer. Akademie d.
Wissenschaften, Heft 10, München 1974; Ronald S. Calinger: The Newto-
nian-Wolff Controversy 1740/59 = Journal of the History of Ideas 30,
1969, 319-330; Valentin Boss: Newton in Russia. The early Influence,
1698-1796, Harvard-Oxford 1973. - Ferner vgl. J.O. Wade: The intellectual Origins of the French Enlightenment, Princeton 1971; Christopher
Hill: The intellectual Origins of the English Revolution, Oxford 1965; Beiträge in dem von Ch. Webster edierten Sammelband (vgl. Anm.3).

[11] Dieser Prozeß ist an der Vor-, Gründungs- und Frühgeschichte der staat-
lichen bzw. staatlich privilegierten Akademien Europas gut abzulesen.
Frühes Modell einer durch obrigkeitlichen Einfluß bewirkten Veränderung
einer privaten Gelehrtenassoziation aus der Mitte des 16. Jahrh. bei M.
Pleissance: Une première affirmation de la politique culturelle de Côme
Ier: la transformation de l'Académie des "Humidi" en académie florentine
= Les écrivains et le pouvoir en Italie à l'époque de la Renaissance, Paris
1973, 56-75; vgl. auch die treffenden Ausführungen von J. Ben-David über
"the reconquest of science by the non-scientific culture in Italy", in: The
Scientific Role, 34 ff., vgl. Anm.3; doch scheint Ben-Davids Urteil über
die italienischen Akademien des späten 17. Jahrhunderts ("unimportant re-
plicas of the literary academies, consisting of local amateurs and notables")
zu negativ, wie m.E. Gründung und Aktivität etwa des Bologneser Istituto
delle Scienze beweisen (vgl. Anm. 19). - Allgemein vgl. G.N. Clark:
Science and Social Welfare in the Age of Newton, Oxford 1970; Howard
M. Solomon, Public Welfare, Science and Propaganda in seventeenth-century France. The Innovations of Theophrast Renaudot, Princeton 1973.

[12] Grundlegend jetzt Roger Hahn: The Anatomy of a Scientific Institution: the
Paris Academy of Sciences, 1666-1803, Berkeley-Los Angeles-London
1971 (mit ausführlichen Literatur- und Quellenangaben); hierzu R. Taton
in: Revue d'Histoire de Sciences 26 (1973) 70-77, und D. Roche in: Annales 29 (1974) 738-748; eine entsprechende Darstellung der anderen Pariser Akademien fehlt; vgl. u.a. Les Travaux de l'Académie des Inscriptions et Belles-Lettres, histoire et inventaire des publications, Paris
1947; L'Académie des Inscriptions et Belles-Lettres 1663-1963 (Archives
de France), Paris 1963; Lionel Gossmann: Medievalism and the Ideolo-

gies of Enlightenment; the World and Work of La Curne de Sainte-Palaye,
Baltimore 1968; Jürgen Voss: Das Mittelalter im Historischen Denken
Frankreichs (Veröff. d. Histor. Instituts d. Universität Mannheim 3), Mün-
chen 1972, 230-262 (auch Lit.); Jack A. Clarke: Abbé Jean Paul Bignon.
Moderator of the Adademies and Royal Librarian = French Historical Stu-
dies 8, 1973, 213-235.

13 Ausführliche Literatur- und Quellenangaben bei W.U. Sachse: Restoration
England. Bibliographical Handbook, Cambridge 1971, 56-63. - Unentbehrlich, z.T. selbst bereits Quelle, sind die älteren Darstellungen von
Th. Sprat: History of the Royal Society, edited with critical apparatus by
J.J. Cope u. H.W. Jones, Baltimore 1958; die erste Auflage dieses klassischen Werkes der europäischen Akademieliteratur war 1667 in London
erschienen, die dritte und letzte 1734 (Nachdruck London 1967); ferner
Th. Birch: History of the Royal Society of London, 4 Bde. London 1756/
57, jetzt in Faksimile-Reprint mit Einführung von A.R. Hall (New York
1967); schließlich R.C. Weld: History of the Royal Society, 2 Bde., London 1848. - Ferner Quentin Skinner: Thomas Hobbes and the Nature of
the Early Royal Society (Historical Journal 12) 1969, 217-239; Arnold
Thackray: The Business of Experimental Philosophy. The Early Newtonian Group at the Royal Society (Actes du XIIe Congrès International
d'Histoire des Sciences, Paris 1968), 1971, 155-159; Margery Purver:
The Royal Society. Concept and Creation, Oxford 1967; Kroker 24 ff.
(vgl. Anm.66). Eine wichtige Quelle ist die von A.R. Hall und L. Tillig
edierte Newton-Korrespondenz (Cambridge 1965 ff., Bd.5, über die Jahre 1709/13, erschienen 1974). Vgl. Anm.41; 68; 74.

14 K.T. Hoppen: The Royal Society and Ireland (Royal Society of London,
Notes and Records 18) 1963, 125-135; ebenda 20 (1965), 78-99; ders.,
The Common Scientist in the Seventeenth Century. A Study of the Dublin
Philosophical Society, 1683-1708, London 1970.

15 Standardwerk, wiewohl z.T. veraltet, auch methodisch überholt, bleibt
Adolf v. Harnack: Geschichte der Kgl. Preußischen Akademie der Wissen-
schaften, 4 Bde., Berlin 1900; Petri (vgl. Anm.9); ferner Wilh. Dilthey:
Studien zur Geschichte des deutschen Geistes (Gesammelte Schriften 3),
Leipzig 1927; Werner Conze: Leibniz als Historiker, Berlin (W) 1951;
Eduard Winter: Frühaufklärung = Beiträge zur Geschichte des religiösen
und wissenschaftlichen Denkens 6, Berlin (O) 1966, bes. 70-94 u. passim;
Werner Krauß: Eine politische Preisfrage im Jahre 1780, in: Studien zur
deutschen und französischen Aufklärung = Neue Beiträge zur Literaturwissenschaft 16, Berlin (O) 1963, 63-71; ders.: Entwicklungstendenzen
(s.o. Anm.1); Carl Hinrichs: Die Idee des geistigen Mittelpunkts Europas, in: Preußen als historisches Problem, Berlin (W) 1964; Sieglinde
C. Othner: Berlin und die Verbreitung des Naturrechts in Europa = Ein-
zelveröff. der Histor. Kommission zu Berlin, Bd.10, Berlin (W) 1969;
Horst Möller: Aufklärung in Preußen: Friedrich Nicolai (ebd. Bd.15),
1974.

16 Zur Akademiegeschichte vgl. u.a. Quellen und Studien zur Geschichte Osteuropas, Berlin (O) 1958 ff., wo sich viel neues Material befindet; ferner
Anm. 2, 43, 46, 48; außerdem P.P. Pekarskij: Istorija Imp. Akademii

nauk, 2 Bde. St. Petersburg 1870/72; M.I. Suchomlinov (Hrsg.): Materjaly dlja istorii Imp. Akademii nauk. 10 Bde. ebenda 1885-1900, hierzu die in Anm. 3 genannte Edition der Sitzungsprotokolle; I.I. Ljubimenko (Hrsg.): Učenaja korrespondencija Akademii nauk XVIII veka, Moskau-Leningrad 1937; Istorija Akademii nauk SSSR, Bd.1 (1724-1803), Moskau 1958; allg. vgl. Ed. Winter: Frühaufklärung 247-269 (s.o. Anm.15); Ferner Hammermayer: Süddeutsch-russische Wissenschaftsbeziehungen im 18. Jahrhundert (Festschrift für Max Spindler), München 1969, 503-528; Manfred Goczol: Personalbibliographien von Mitgliedern der Kaiserl. Akademie der Wissenschaften zu St. Petersburg unter bes. Berücksichtigung der Anatomie, Physiologie u. Botanik, 1725-1875, med. Diss. Erlangen 1971; Valentin Boss: Newton in Russia (s.o. Anm. 10); Barbara Krzemienska: Založeni Akademie, věd v Petrohradě v letech 1724/25 = Československý časopis historický XXII/5, Prag 1974, 629-662; ferner Erik Amburger: Die Gründung Gelehrter Gesellschaften in Rußland unter Katharina II, und Gert Robel: Die Sibirienexpeditionen und das deutsche Rußlandbild im 18. Jahrhundert (vgl. S. 271 ff. in diesem Band); vgl. weiter Literatur in Anm. 2, 24, 46, 77, 110, 119, 120, 132.

17 Real Academia Española o de la Lingua (Madrid 1714), Real Academia de la Historia (Madrid 1738, aus einer privaten Gelehrtenassoziation im Umkreis der Kgl. Bibliothek). - In Lissabon bildete sich um 1690 eine mit Geschichte und Literatur befaßte private Academia das conferencias discretas, die sich seit 1717 Academia Portugueza und seit 1720 Academia Real de Historia nannte, sich im Palast des Herzogs von Braganza versammelte, jedoch um 1736 einging. Im Augustiner-Chorherrenstift Santa Cruz in der Universitätsstadt Coimbra konstituierte sich unter dem Patronat des Papstes Benedikt XIV. 1747 eine Academia liturgica pontificia, die 1767 von der Regierung des Marquis Pombal aufgehoben wurde. - Zum Ganzen vgl. u.a. F. Gil Ayuso: Nuevos documendos sobre la fundación de la Real Academia Española (Boletin de la Real Academia Española), Madrid 1927, 593-624; Gregorio Maranon: Nuesto siglo XVIII y los academias (Vide e historia 185), Madrid 1952; A.G. de Amezua: Lope de Vega en sus cartas II, Madrid 1940, 69 ff. (über Literaturakademien). - Luis Cabral de Moncada: Mistica e Racionalismo en Portugal no sécolo XVIII, Coimbra 1952; Emile Appolis: Mystiques portugais du XVIIIe siècle (Annales 19), 1964, 38-54. - Die Lissaboner Academia Real da Historia Portuguesa hielt intensiven Kontakt mit den Missionaren in den portugiesischen Überseegebieten, vor allem in Indien; vgl. hierzu J.F. Schütte bzw. J. Wicki im: Archivum Historicum Societatis Jesu 31 (Rom 1962), 232-249; ebenda 39 (1970), 102-167. Über die Akademiebewegung in Spanien und Portugal vgl. weiterhin Anm. 90, 103-105, 134.

18 Artur Almhult: Academies in Sweden = Baltic and Scandinavian Countries III/2, Gdynia 1937, 305-317; S. Lindroth: Kungl. Svenska Vetenskapsakademiens historia 1739-1813, 3 Bde., Stockholm 1967; Tore Frängsmyr: Wolffianismens genombrott i Uppsala (Acta Universitatis Upsaliensis, ser. C, Nr.26), Uppsala 1972; ders.: Swedish Science in the Eighteenth Century = History of Science 12, 1974, 29-42. - Zur Kopenhagener Akademie vgl.: Det Kongelige Danske Videnskabernes Selskab 1742-

1942. Samlinger til Selskabets Historie, 5 Bde., Kopenhagen 1942-1973; vgl. Anm. 33, 89, 118, 123, 137, 138.

19 Einige Namen und Gründungszeiten: Soissons 1674, Nîmes 1682, Angers 1685, Lyon 1700 bzw. 1724, Caen 1705, Montpellier 1706, Bordeaux 1712, Périgueux 1718, Pau 1720, Marseilles 1726, Toulouse 1729, La Rochelle 1732, Arras 1738, Dijon 1740, Rouen 1744, Clermont-Ferrand 1747, Auxerre 1749, Amiens, Nancy und Chalons-sur-Marne 1750, Besançon 1752, Metz 1757, Grenoble (Académie Delphinale) 1772, Mulhouse (Société Littéraire) 1775. Gründungsdaten bei P. Levis: Les resources du travail intellectuel en France, Paris 1921, 143-218. - Allgem. vgl. Alexandre Fréron: Les Académies Provinciales, Salons ou Sociétés Savantes?, Rouen 1934; P. Barrière: La vie Académique au XVIIIe siècle = Revue d'Histoire littéraire de la France 52, 1952, 11-24; Daniel Roche: Milieux académiques provinciaux et société des lumières, in: Livre et Société dans la France du XVIIIe siècle, Bd. I, Paris/den Haag 1965, 93-184. - An Einzelstudien seien genannt J. Leffz: Gelehrte und literarische Gesellschaften im Elsaß vor 1870, Heidelberg 1931; Louis Trénard: L'Académie de Lyon et ses relations étrangères au XVIIIe siècle = Société Française de Littérature Comparée, Actes du troisième Congrès National, Paris 1960, 65-86; P. Barrière: L'Académie de Bordeaux. Centre de culture international 1712-1792, Bordeaux 1958; Daniel Roche: La diffusion des lumières. Un exemple: L'Académie de Chalons-sur-Marne = Annales 20, 1965, 887-922; R. Tisserand: Au temps de l'encyclopédie. L'Académie de Dijon de 1740 à 1793, Paris 1936; Jean Cousin: L'Académie des Sciences, Belles Lettres et Arts de Besançon, 1752-1952, Besançon 1954; Pierre Marot: Les origines de la Société Royale de sciences , belles lettres et arts de Nancy, in: Lorraine dans l'Europe des lumières, Nancy 1968, 261-327; Jacques Proust: L'Encyclopédisme dans le Bas-Languedoc au XVIIIe siècle, Montpellier 1968 (über Akademien in Montpellier, Nîmes u.a.); Roger Chartier: L'Académie de Lyon au XVIIIe siècle. Etude de sociologie culturelle = Etudes lyonnaises, Lyon 1969, 133-250; zur Akademie von Arras vgl. Anm. 191. Eine zusammenfassende Studie über die französischen Provinzakademien von Daniel Roche: Le siècle des Lumières en Province, ist in Kürze zu erwarten (Paris 1975) .

20 Accademia di storia ecclesiastica (1741), Accademia di storia di liturgia (1748), Accademia di storia Romana e antichità (1754); in diesen Rahmen fügt sich auch die entsprechende Akademiegründung zu Coimbra (s.o. Anm.17). Papst Benedikt XIV. nahm 1745 zum ersten Mal persönlich an einer Sitzung der römischen Akademie für Kirchengeschichte teil. - Über das von diesem Papst sehr geförderte Bologneser Istituto delle Scienze fehlt eine moderne zusammenfassende Darstellung; vom berühmten Naturforscher Fernando Marsigli (1688-1730) gegründet, übte es auf die europäische Akademiebewegung bedeutenden Einfluß aus; vgl. die zeitgenössische Studie von Giuseppe Bollatti: Dell' origine et de'progresso dell'Istituto delle scienze di Bologna e di tutte le accademia ad esso unite, Bologna 1769; M. Medici: Memorie storiche intorno le accademie scientifiche e letterarie della città di Bologna, 1852; Maylender II, 375-385;

E. Gualandi: Il cardinale Filippo Maria Monti, papa Benedetto XIV e la biblioteca dell'Istituto delle Scienze di Bologna, Parma 1921; Ettore Bartolotti: Origine e progressi della Reale Accademia delle Scienze dell' Istituto di Bologna (Supplemento delle Memorie della R. Accademia delle Scienze dell'Istituto di Bologna, ser. 8, vol. 1) 1923/24. - Seit 1718 hielt Francesco Maria Zanotti (1692-1777) im Institut Vorlesungen über Descartes und Newton, er wurde 1723 Sekretär und 1766 Präsident. Hauptwerk: De Bononiensi scientiarum et artium Instituto atque Academia commentarii, 8 Bde., Bologna 1731/50; vgl. Enciclopedia Cattolica XII (1954) 1771 f. Weitere Lit. in Anm. 199.

21 Neue Gesamtdarstellungen sind ein Desiderat. Zur Erfurter Sozietät vgl. Rudolf Thiele: Die Gründung der Akademie nützlicher Wissenschaften zu Erfurt (Jahrbücher der Kgl. Akademie gemeinnütziger Wissenschaften zu Erfurt, Neue Folge 30), Erfurt 1904, 1-138; D. Oergel: Die Akademie nützlicher Wissenschaften zu Erfurt 1776-1816 (ebd.) 139-225; J. Biereye: Geschichte der Akademie gemeinnütziger Wissenschaften zu Erfurt, 1754-1929, Erfurt 1930; Hubrig (s.o. Anm. 1) 41-46. - Zu Göttingen vgl. Friedrich Leo: Heyne (Festschrift zur Feier des 150jährigen Bestehens der Kgl. Gesellschaft der Wissenschaften zu Göttingen), Berlin 1901, 153-224; Gustav Roethe: Göttingische Zeitungen von gelehrten Sachen (ebd. 567-688); H.A. Oppermann: Die Göttinger gelehrten Anzeigen, Göttingen 1844; Johannes Joachim: Die Anfänge der Kgl. Sozietät der Wissenschaften zu Göttingen (= Abhandlungen der Philosophisch-Historischen Klasse der Gesellschaft der Wissenschaften zu Göttingen, 3. Folge), Berlin 1936; Rudolf Smend: Die Göttinger Gesellschaft der Wissenschaften (Festschrift zur Feier des 200jährigen Bestehens der Akademie der Wissenschaften), Göttingen 1951, S. I-XIX. - Über Geschichtsforschung u.a. an den Erfurter und Göttinger Sozietäten vgl. Andreas Kraus: Vernunft und Geschichte. Die Bedeutung der deutschen Akademien der Wissenschaften für die Entwicklung der Geschichtswissenschaft im späten 18. Jahrhundert, Freiburg 1963.

22 Zur Akademiebewegung in Polen und Danzig vgl. allgemein Eduard Winter: Frühaufklärung, 225-267 (vgl. Anm. 15); ferner u.a. E. Schumann: Geschichte der naturforschenden Gesellschaft zu Danzig (= Schriften der Naturforschenden Gesellschaft 8), Danzig 1895; L. Kurdybacha: Stosunki kulturalne polsko-gdańskie w XVIII wieku, Gdánsk 1937; ders.: Die wissenschaftliche Zusammenarbeit Schlözers mit Polen (Lomonosov-Schlözer-Pallas. Deutsch-russische Wissenschaftsbeziehungen im 18. Jahrhundert = Quellen und Studien zur Geschichte Osteuropas 12), Berlin (O) 1962, 198-214. - Die von den Brüdern J.A. und A.S. Zaluski von den vierziger bis in die siebziger Jahre verfolgten Pläne für eine Warschauer gelehrte Sozietät oder Akademie der Wissenschaften orientierten sich z.T. an der Petersburger Akademie, der Pariser Académie des Inscriptions et Belles Lettres, der Akademie in Boulogne (!), schließlich der Londoner Royal Society. Vgl. hierüber grundlegend Heinz Lemke: Die Brüder Zaluski und ihre Beziehungen zu Gelehrten in Deutschland und Danzig (= Quellen und Studien zur Geschichte Osteuropas 2), Berlin (O) 1958, bes. 58-74, 119-134, 171-183. - Wenig bekannt ist die Tatsache, daß der kgl. Leibarzt J.F. v. Her-

renschwand, ein gebürtiger Schweizer, 1766/68 in Warschau eine medizi-
nisch-ökonomische Gesellschaft errichten wollte, das Plazet des Parla-
ments erhielt, seinen Plan dann aber doch nicht realisieren konnte; vgl.
Hans Jenzer: Dr. med. Johann Friedrich v. Herrenschwand. Ein Berner
Arzt des 18. Jahrhunderts, Bern 1967, bes. 55-113; über die vom Fürsten
Jablonowski in Leipzig errichtete Sozietät und deren Beziehungen zu Danzig vgl. Anm. 67. Zum Gesamtthema vgl. neuerdings Jacek Staszewski:
Die ersten wissenschaftlichen Gesellschaften in Polen und ihre Bedeutung
für die Entwicklung der Aufklärung (in diesem Band S. 309 ff.).

23 Über die vielfältigen benediktinischen Akademiebestrebungen und die 1752
von Oliver Legipont gegründete Societas Litteraria Germano-Benedictina
vgl. Ludwig Hammermayer: Die Benediktiner und die Akademiebewegung
im katholischen Deutschland 1720 bis 1770 (= Studien und Mitteilungen zur
Geschichte des Benediktinerordens 70), 1960, 45-146, bes. 65-92; ders.:
Marianus Brockie und Oliver Legipont. Zur benediktinischen Wissenschafts-
und Akademiegeschichte des 18. Jahrhunderts (ebd. 71), 1961, 69-121; Al-
bert Siegmund: Die bayerische Benediktinerakademie, ihre Vorväter und
ihre Wiedergründer (ebd. 82), 1971, 365-368; vgl. auch Eduard Winter:
Die katholischen Orden und die Wissenschaftspolitik im 18. Jahrhundert,
(in diesem Band S. 85 ff.); L. Hammermayer: Die Forschungszentren der
deutschen Benedektiner u. ihre Vorhaben (Pariser Hist. Studien 16) 1976.

24 Christian d'Elvert: Die gelehrten Gesellschaften in Mähren und österrei-
chisch Schlesien (= Schriften der histor.-statist.Sektion der Schlesischen
Gesellschaft, Bd.5), Brünn 1853, 102-136; Olderich Králik: Olomoucká
Societas Incognitorum, Olomouc 1947; Eduard Winter: Der Josephinismus,
Brünn-Wien-München 1943, 26 ff. (Berlin (O) 1962²); Josef Hemmerle: Anreger und Begründer der Geschichtsforschung in den Sudetenländern zu Beginn der Aufklärung (Stifter-Jahrbuch 5), München 1957, 73-101; ders.:
Die Olmützer Gelehrtenakademie und der Benediktinerorden (= Studien und
Mitteilungen zur Geschichte des Benediktinerordens 67), 1957, 298-305;
L. Hammermayer: Akademiebewegung (vgl. Anm.23), 59-64; Jaroslav Vávra: Die Olmützer Societas Incognitorum und die Petersburger Akademie
der Wissenschaften (Ost und West in der Geschichte des Denkens, Fest-
schr. für Eduard Winter = Quellen und Studien zur Geschichte Osteuropas
15), Berlin (O) 1966, 278-289; Werner Rieck: Gottsched und die Societas
Incognitorum zu Olmütz (= Forschungen und Fortschritte 40), Berlin (O)
1966, 82-86; Eleonore Zlabinger: Muratori und Österreich (= Veröffentlichungen der Universität Innsbruck, Studien zur Rechts-, Wirtschafts-
und Kulturgeschichte, hrsg. v. Nikolaus Graß Bd.6), Innsbruck 1970,
53-61, 125 f. u. passim; V. Kotrba: Landespatriotismus und vaterländi-
scher Historismus in der Vergangenheit Mährens (Stifter-Jahrbuch 9)
1971, 51-98; Václav Burian: Břehled literárněhistorické produkce o Olomoucké společnosti neznámých učencou (Zpravy Vlastivědného ústavú v
Olomouci 152) 1971, 7 ff.; Eduard Wondrák: Die Olmützer Societas Incognitorum, in: Die Aufklärung in Ost- und Südosteuropa = Studien zur Geschichte der Kulturbeziehungen in Mittel- und Osteuropa 1, Köln-Wien
1972, 215-228; A. Waldstein-Wartenberg: Gelehrte Gesellschaften und
Akademien (in: Bohemia Sacra 973-1973. Das Christentum in Böhmen,

hrsg. v. Ferdinand Seibt) Düsseldorf 1974, 444-449; allgem. vgl. Ed.
Winter: Frühaufklärung 151-192 (s.o. Anm. 15). Ders.: Barock, Absolutismus und Aufklärung in der Donaumonarchie, Wien 1971, bes. 124 ff.
25 M. Teich: Tschirnhaus und der Akademiegedanke (in: E.W.v. Tschirnhaus und die Frühaufklärung in Mittel- und Osteuropa, hrsg. v. Eduard
Winter = Quellen und Studien zur Geschichte Osteuropas 7), Berlin (O)
1960, 93-107.
26 Die kaum mehr übersehbare Leibniz-Literatur ist verzeichnet bei Kurt
Müller: Leibniz-Bibliographie (Veröffentlichungen des Leibniz-Archivs
1), Frankfurt 1967, bes. 105-111, 420, sowie die laufenden Anzeigen in
den "Studia Leibnitiana" (Wiesbaden 1969 ff.); zur Chronologie vgl. Kurt
Müller und G. Krönert: Leben und Werk von Gottfried Wilhelm Leibniz,
Frankfurt 1969.
27 Vgl. etwa seinen "Grundriß eines Bedenkens von Aufrichtung einer Societät in Deutschland zur Aufnahme der Künste und Wissenschaften", in:
G.W. Leibniz, Sämtliche Schriften und Briefe IV/1, Berlin 1928, 535-
547; ferner: "Ermahnung an die Teutschen, ihren Verstand und Sprache
besser zu üben, samt beigefügtem Vorschlag in einer teutschgesinnten
Gesellschaft", in: G.W. Leibniz. Politische Schriften, hrsg. v. H.H.
Holz, Bd.II, Frankfurt-Wien 1967, 60-85. - Allgem. vgl. Harnack I,
1-64 (vgl. o. Anm.15); Wilh. Totok: Leibniz als Wissenschaftsorganisa-
tor (in: Leibniz, sein Leben, sein Wirken, seine Welt, hrsg. v. W. Totok
und C. Haase), Hannover 1966, 293-320; Ed. Winter: Frühaufklärung
56 ff., 60-65, und passim (vgl. Anm.15), vgl. Anm.28.
28 Eine zusammenfassende Darstellung fehlt; Übersicht bei Richard Meister: Geschichte der Akademie der Wissenschaften in Wien, 1847-1947,
Wien 1949, 10-15; wichtige Quellen in älteren Teileditionen von Leibniz-
korrespondenzen, etwa von Chr. Kortholdt (1734 ff.), Ludw. Dutens
(Bd.V, 1768), J.G. Feder (1805), M. Doehner (1881), M. Canzoni (1891)
(= Korrespondenz mit L.A. Muratori). Grundlegend bleiben die von J.
Bergmann 1854/58 in den Sitzungsberichten der Philos.-Histor. Klasse
der Wiener Akademie publizierten Quellen über die langjährigen Wiener
Kontakte und Akademiebestrebungen von Leibniz; darauf aufbauend Onno
Klopp: Leibniz' Plan einer Societät der Wissenschaften in Wien (Archiv
für Österreichische Geschichte 40), 1869, hier auch die wichtige Denk-
schrift vom 18.8.1714 (246-250); vgl. ferner Max Braubach: Geschichte
und Abenteuer. Gestalten um den Prinzen Eugen, München 1950, 302 ff.,
367 ff.; ders.: Prinz Eugen von Savoyen, Bd.V, München-Wien 1965;
neuerdings Notker Hammerstein: Leibniz und das Hl.Römische Reich
deutscher Nation (Nassauische Annalen 85), 1974, 87-102; G. Hamann:
Leibnizens Plan einer Wiener Akademie der Wissenschaften (Akten d. II.
Internationalen Leibniz-Kongresses Bd.1) Hannover 1972, 205-227; ders:
G.W. Leibniz und Prinz Eugen. Auf den Spuren einer geistigen Begegnung (Beiträge zur neueren Geschichte Österreichs, Festschrift für
Adam Wandruszka = Veröffentlichungen des Instituts für Österreichische Geschichte 20), Wien 1974, 206-225.
29 Folgende Etappen nach dem Tode von Leibniz (1716): Projekte italienischer Gelehrter in Wien, österreichischer Staatsmänner und Benedikti-

nerhistoriker um Bernhard Pez (Melk) für eine historisch-literarische
Akademie, gleichzeitig Projekte für eine "Akademie der Manufakturen
und Wissenschaften" unter Leitung von Christian Wolff (vgl. Anm.164);
Gründung privater Sozietäten in Innsbruck (1738/40), Olmütz (s.o. Anm.
24) und Rovereto (1751), benediktinische Projekte u.a. in Prag (1744/
45), Versuch Klopstocks 1768/69 (vgl. Anm.166). - Vgl. u.a. L. Hammermayer: Gründungs- und Frühgeschichte 4-26, 314 ff. (vgl. Anm.57);
ders.: Benediktinische Akademiebewegung 12 ff. (vgl. Anm. 23); Zlabinger 18-23 (vgl. Anm. 24); J. Feil: Versuche zur Gründung einer Akademie der Wissenschaften unter Maria Theresia (Jahrbuch für vaterländische Geschichte 1), Wien 1861, 327-357; Walter Pillich: Staatskanz-
ler Kaunitz und die Archivforschung (Festschrift des Haus-, Hof- und
Staatsarchivs 1), Wien 1949, 95-117; Josef Peter Ortner: Marquard
Herrgott (= Österreichische Akademie der Wissenschaften, Veröffentlichungen der Kommission für Geschichte Österreichs Bd.5), Wien 1972,
44 ff. - Noch nicht untersucht sind die Akademieprojekte der siebziger
Jahre, die, soweit umrißhaft bekannt, teils von frühjosephinistischen
Gelehrten- und Beamtenkreisen um J. v. Sonnenfels, teils von dem bedeutenden Jesuiten-Astronomen Maximilian Hell ausgingen. Letzterer
nahm in den von ihm herausgegebenen "Ephemerides astronomicae"
1775/76 zum Akademieprojekt Stellung und erwähnte Schwierigkeiten wegen der Finanzierung (zit. nach Göttingischen Gelehrten Anzeigen, 30.
11.1775, S.1229, und 6.1.1777, S.24). Das Churbayerische Intelligenzblatt berichtete am 10.1.1775: "Schon oft war die Rede von einer k.k.
Akademie der schönen, höheren und nützlichen Wissenschaften, welche
in Wien errichtet werden sollte. Nun wird versichert, daß der dortige
berühmte Hofastronom Herr Hell, Exjesuit, den allerhöchsten Auftrag dazu wirklich empfangen habe, um eine solche Akademie zustande
zu bringen, davon er Direktor sein soll." Einem anderen, nicht zeitgenössischen Bericht zufolge habe Hell für die zu schaffenden Akademie-
positionen ausschließlich Exjesuiten vorgeschlagen, und Maria Theresia
das Projekt mit der Bemerkung zurückgewiesen: "Ich halte den P. Hell
zu schwach zur Ausführung eines solchen Geschäfts" (Carl Ludwig Litt-
row: P. Hells Reise nach Wardoe bei Lappland und seine Beobachtung
des Venus-Durchganges im Jahre 1769, Wien 1835, 11); Zu Hell (1720-
1792) vgl. Bernhard Duhr: Geschichte der Jesuiten in den Ländern deutscher Zunge IV/2, München-Regensburg 1928, 135 ff., die wichtige
Briefedition von Franz Pinzger: Hell Miska Emléketete, 2 Bde., Budapest 1920/27, ist für das Akademieprojekt unergiebig. - Auf aufkläre-
risch-"josephinistischer" Seite berichtete der Staatsrat Tobias Philipp
Frhr. v. Gebler am 15.7.1775 an Friedrich Nicolai in Berlin: "...das
aber weiß ich, wenn unsere Akademie der Wissenschaften zu Stande
kömmt, und ich etwas dazu beytragen kann, Wien eine so große Zierde
zu verschaffen, ich es gewiß nicht unterlassen werde..."; vgl. Richard
M. Werner (Hrsg.): Aus dem Josephinischen Wien. Geblers und Nicolais
Briefwechsel während der Jahre 1771-1786, Berlin 1888, 67.

30 Kleine Hallerische Schriften II, Bern 1772[2], 194; zu Haller vgl. neuerdings Karl S. Guthke: Haller und die Literatur, Göttingen 1962; Chri-

stoph Siegrist: Albrecht von Haller (Sammlung Metzler 57), Stuttgart
1967; Otto Sonntag: A. v. Haller on the Future of Science (Journal of the
History of Ideas 35), 1974, 313-322. Die Rolle Hallers in der deutschen,
Schweizer und europäischen Akademiebewegung bedarf weiterer Klärung.
Seine aufschlußreichen (Reise)Tagebücher und publizierten Korrespon-
denzen sind bisher kaum genutzt worden; vgl. etwa A. v. Haller: Episto-
larum ab eruditis viris ad Alb. Hallerum scriptarum collectio, 6 Bde.,
Bern 1773/75; H.E. Sigerist (Hrsg.): A. v. Hallers Briefe an Joh. Geß-
ner (Abh. d. Kgl. Gesellschaft d. Wissenschaften, Math.-Phys. Klasse,
Neue Folge XI/2), Berlin 1923; U. Boschung (Hrsg.): Zwanzig Briefe
A. v. Hallers an Joh. Geßner (Berner Beitr. z. Geschichte d. Medizin u.
Naturwiss. NF 6), Bern 1972.

31 Zum bayerischen Exempel vgl. Ludwig Hammermayer: Die Beziehungen
zwischen der Universität Ingolstadt und der Bayerischen Akademie der
Wissenschaften in München, 1759 bis 1800 (Sammelblatt des Histor.
Vereins Ingolstadt 81) 1972, 58-139.

32 Zu Uppsala und Olmütz vgl. Anm. 18 u. 24; zu Erfurt und Göttingen vgl.
Anm.21; für Leipzig müßte die Rolle Gottscheds im Kontext von Universität und Akademiebewegung untersucht werden (vgl. Anm.165). Allgem. vgl. Notker Hammerstein: Zur Geschichte der deutschen Universität im Zeitalter der Aufklärung (in: Universität und Gelehrtenstand 1400
- 1800 = Deutsche Führungsschichten in der Neuzeit, Bd.IV, hrsg. v.
H. Roessler und G. Franz), Limburg 1970, 142-182 (reiche Lit.); zur
Wolff-Rezeption und zur Rolle Erfurts vgl. L. Hammermayer: Aufklärung im katholischen Deutschland des 18. Jahrhunderts. Werk und Wirkung von Andreas Gordon O.S.B. (1712-1751), Professor der Philosophie an der Universität Erfurt (Jahrbuch des Instituts für Deutsche Geschichte 4), Tel-Aviv 1975, 53-109. - Mit Schwerpunkt im angloamerikanischen Bereich vgl. Lawrence Stone (Hrsg.): The University in
Society, 2 Bde. Princeton 1974.

33 Zu den Akademien in St.Petersburg und Paris vgl. Anm.12 und 16. Zu
Carl v. Linné vgl. u.a. S. Lindroth: Linné-legend och verklighet (Lych-
nos) 1965/66, 56-122; Gunnar Erikson: Botanikens historia i Sverige
intill ar 1800 (Lychnos-Bibliotek Nr.17/3), Uppsala 1970; J.J. Larson:
Reason and Experience. The Representation of Natural Order in the
Work of Carl von Linné, Berkeley 1972; F.A. Stafleu: Linnaeus and
the Linnaeans. The Spreading of their Ideas in systematic botany, 1735-
1789 (Regnum vegetabile Bd.79), London 1971; vgl. auch Anm.18.

34 Vgl. etwa Eric W. Cochrane: Tradition and Enlightenment in the Tuscan Academies, 1690-1800 (Edizioni di Storia e Letteratura), Rom 1961;
Peter Fuchs: Palatinatus Illustratus. Die historische Forschung an der
Kurpfälzischen Akademie der Wissenschaften (Forschungen zur Geschichte Mannheims und der Pfalz, Neue Folge 1), Mannheim 1963, bes.
147-181 u. passim; Joan Evans: A History of the Society of Antiquaries,
Oxford 1956.

35 Vgl. u.a. Anna Coreth: Österreichische Geschichtsschreibung in der
Barockzeit, 1620-1740 (Veröffentlichungen der Kommission für neuere
Geschichte Österreichs 37), Wien 1950; Andr. Kraus: Vernunft und Ge-

schichte (vgl. o. Anm.21); J. Voss (vgl. Anm.12); Antonio Corsano:
Bayle, Leibniz e la Storia, Neapel 1971; Henri Leclerq: Dom Mabillon,
2 Bde., Paris 1953/57; zurück in die "Renaissance" des 16. Jahrhunderts in Italien, England, Frankreich und den Niederlanden führt die
Argumentation von Sergio Bertelli: Ribelli, libertini e ortodossi nella
storiografia barocca, Florenz 1973; für den deutschen Raum vgl. auch
Joachim Streisand: Geschichtliches Denken (vgl. Anm.7) und Notker
Hammerstein: Jus und Historie. Ein Beitrag zur Geschichte des historischen Denkens an deutschen Universitäten im späten 17. und im 18. Jahrhundert, Göttingen 1972.

36 Gemäß § 46 der Akademiestatuten mußten die Abhandlungen "in reiner
deutscher Sprache verfasset seyn oder übersetzet werden", womit sich
die Münchener Akademie in geradezu revolutionären Gegensatz zu den
älteren Akademien stellte, an denen als offizielle Sprachen nur Latein
(Göttingen, Erfurt) oder Französisch (Berlin) galten. Dieser Entschluß
der Münchener Akademie trug zu einer Vereinheitlichung der deutschen
Literatursprache bei. - Vor dem "mauvais exemple", das die Akademie
mit dieser Neuerung gegeben habe, warnte der Straßburger Rechtslehrer
Joh. Daniel Schöpflin, Präsident der neuerrichteten Mannheimer Akademie (an Akademiesekretär Andr. Lamey, 24.12.1763, bei R. Fester:
J.D. Schöpflins brieflicher Verkehr mit Gönnern, Freunden und Schülern,
Tübingen 1906, 143); die Mannheimer Abhandlungen erschienen in der
Tat in lateinischer Sprache. - Allgem. vgl. Eric A. Blackall: Die Ent-
wicklung des Deutschen zur Literatursprache 1700-1775, Stuttgart 1970 2
(engl.Orig. 1959); zur Münchener Akademie vgl. Anm.57. - Die Lage
änderte sich gegen das Jahrhundertende; angesichts der lateinischen
Mannheimer Akademiepublikationen, speziell auch der meteorologischen
Ephemeriden, äußerten die Göttingischen Anzeigen von gelehrten Sachen:
"Am natürlichsten wäre es, jeden Aufsatz in der Sprache, in der er über-
sandt wird, drucken zu lassen. Selbst das Deutsche ist ja jetzt ausländischen Gelehrten nicht so unbekannt mehr, und die, denen es unbekannt
ist, mögen allenfalls entbehren, was ein Deutscher lehrt..." (14.10.1784,
p.1654). An der Berliner Akademie aber durften durch Vermittlung des
Kurators und Ministers Graf Hertzberg in Zukunft die deutschen Abhandlungen deutsch und abgesondert von den französischen gedruckt werden;
Hinweis in der Oberdeutschen Allgemeinen Literaturzeitung, Salzburg
1.10.1792, S.638.

37 [Lamindo Pritanio]: I primi disegni della repubblica letteraria d'Italia,
rubati al segreto e donati alla curiosità degli altri eruditi da Lamindo
Pritanio ai generosi letterati d'Italia, Neapel (= Venedig) 1703. Neuge-
druckt in dem unter gleichem Pseudonym veröffentlichten Werk "Delle
Riflessioni sopra il buon gusto" (Venedig 1708, 1742 2); vgl. Fiorenzo
Forti: L.A. Muratori fra antichi e moderni, Bologna 1953, bes.45-70;
Tommaso Sorbelli: Benedetto Bacchini e la Repubblica Letteraria del
Muratori (in: Benedictina 6), Rom 1962, 85-98. - Ausführliche bio-
bibliographische Hinweise bei Sergio Bertelli: Erudizione e storia in
L.A. Muratori, Neapel 1960 (hierzu Rezension von Andr. Kraus in: Hi-
stor.Jahrbuch 86, 1966, 448-451); Giorgio Falco und Fiorentino Forti

(Hrsg.): Muratori. Opere, Mailand-Neapel 1964; Franco Venturi: Settecento Riformatore. Da Muratori a Beccaria, Turin 1969; ders.: History and Reform in the Middle of the Eighteenth Century (in: The Diversity of History, Essays in Honour of Sir Herbert Butterfield), London
1970, 223-244; E. Zlabinger (vgl. Anm.24) mit ausführlicher Literatur
und Quellenverzeichnis; A. Garms-Cornides: L.A. Muratori und Österreich (Römische Historische Mitteilungen 13), Wien-Rom 1971, 333-351;
neuerdings Beiträge von Andr. Kraus, E. Zlabinger u.a. in: La Fortuna di
L.A. Muratori (= Atti del Convegno Internazionale di Studi Muratoriani,
Modena 1972), Florenz 1975, vgl. auch Anm. 8.

38 Vgl. S. 32 f.

39 Neben den in Anm. 3 und 10 genannten Arbeiten vgl. auch Franco Venturi:
Europe des lumières (Civilisations et Sociétés 23), Paris-Den Haag 1972;
ders.: Italy and the Enlightenment. Studies in a cosmopolitan Century,
London 1972; ausführlich und mit wertvoller erklärender Bibliographie
Peter Gay: The Enlightenment. An Interpretation, 2 Bde., New York
1967 und 1969 (Bd.1: The Rise of Modern Paganism, Bd.2: The Science
of Freedom).

40 Vgl. etwa für das Verhältnis der politisch meist verfeindeten Mächte
Großbritannien und Frankreich u.a. Jean Jacquot: Le Naturaliste Sir
Hans Sloane (1660-1753) et les échanges scientifiques entre la France
et l'Angleterre, Paris 1953; J.D. Bernal: Les rapports scientifiques entre la Grande-Brétagne et la France au XVIIIᵉ siècle (Revue d'Histoire
des Sciences 9) 1956, 289-300; Harcourt Brown: Buffon and the Royal
Society of London (Studies and Essays in the History of Science and Learn-
ing offered to George Sarton), New York 1947; A. Hunter Dupree: Nat-
ionalism and Science. Sir Joseph Banks and the Wars with France (Festschrift für F.B. Artz, hrsg. v. H. Pinkney u. Th. Rabb), Durham/USA
1964, 37-51.

41 Zu Henry Oldenbourg (ca. 1618-1677) vgl. neben den in Anm.13 genannten Werken vor allem Marie Boas-Hall: Oldenbourg and the Art of scientific Communication (British Journal of the History of Science 2) 1965,
277-290; dies.: Sources for the History of the Royal Society - the seventeenth Century (History of Science 5) 1966, 62-76; vor allem A.R. Hall
u. M. Boas-Hall (Hrsg.): Correspondence of Henry Oldenbourg, Milwau-
kee 1965 ff. (bisher sieben Bände).

42 Vgl. J.H. Broome: Bayle's Biographer: Pierre Desmaizeaux (French
Studies 9) 1955, 1-17; Leo Pierre Courtines: Bayle's Relations with
England, New York 1936; in den größeren Kⁿtext der internationalen
hugenottischen Emigration gestellt bei Erich Haase: Einführung in die
Literatur des Refugé, Berlin (W) 1959, 402 ff.; vgl. auch Anm. 13.

43 Zu Samuel Formey (1711-1797), protestantischer Theologe und 1746 bis
zu seinem Tode Sekretär der Akademie, fehlt eine ausführliche biographische Studie; in A. v. Harnacks repräsentativer Akademiegeschichte
(vgl. Anm.15) wird er unzureichend und oft zu negativ beurteilt (etwa
Bd.I, 447 ff., dort auch ältere Lit.); neuerdings vgl. W.H. Barber:
Leibniz in France, Oxford 1955, 131 ff.; E. Marcu: Un encyclopédiste
oublié (Revue d'Histoire littéraire de la France 53) 1953, 290-298;

J. Voisine: J. Formey (Mélanges d'histoire littéraire offerts à Daniel
Mornet), Paris 1951, 141-153; ausgewogene Bewertung bei Werner
Krauß: Ein Akademiesekretär vor 200 Jahren: Samuel Formey (Studien
zur deutschen und französischen Aufklärung = Neue Beiträge zur Literaturwissenschaft 16), Berlin (O) 1963, 53-62, 483-486.

[44] Über Ildephons Kennedy (1722-1804) vgl. Ludwig Hammermayer: Academiae Scientiarum Boicae Secretarius Perpetuus: Ildephons Kennedy
O.S.B. (in: Großbritannien und Deutschland, Festschrift für J.P.W.
Bourke), München 1974, 195-246; ferner die in Anm.57 genannten Werke.

[45] Theodore Augustus Mann, genannt Abbé Mann (1735-1809), stammte aus
Yorkshire, konvertierte 1754 in Paris zum Katholizismus, war Offizier
in Spanien, wurde 1757 Mönch, später Prior der englischen Kartause im
niederländischen Nieupoort, 1775 war er sogar als Bischof für Antwerpen
im Gespräch. - Er wurde 1774 Mitglied, 1786 ständiger Sekretär der
k.k. Akademie in Brüssel, nachdem er sich einen Namen durch ökono-
misch-technologische wie durch historische Werke gemacht hatte. Die
französische Okkupation 1794 zwang ihn zur Flucht nach Böhmen; er
starb in Prag. Die Londoner Royal Society, die Society of Antiquaries
und die British Agricultural Society wählten ihn zum Mitglied; vgl. Dic-
tionary of National Biography 36 (1893), 44 ff. sowie die Literatur zur
Brüsseler Akademie, Anm.131. Eine Monographie ist ein Desiderat.

[46] Neben den in Anm.16 genannten Werken vgl. Eduard Winter: L. Blumen-
trost d.Ä. und die Anfänge der Petersburger Akademie der Wissenschaften (Jahrbuch der Geschichte der UdSSR und der volksdemokratischen
Länder Europas 8) 1964, 247-269; Karl Stählin: Aus den Papieren Jacob
v. Stählins, Königsberg-Berlin 1926; Paul Stäckel: J.A. Euler (Vierteljahresschrift der naturforschenden Gesellschaft Zürich, Heft 55) 1910,
63-90; Wilh. Stieda: J.A. Euler in seinen Briefen 1766-1790 (Sächsische
Akademie der Wissenschaften, Philos.-Histor.Klasse 84), Leipzig 1932,
5-44; Nikolaus Fuß war Schwiegersohn J.A. Eulers; Briefe von ihm bei
Wilh. Stieda in: Oberbayer. Archiv 65 (1925), 64-83 (Korrespondenz mit
Th.S. Soemmering); vgl. auch Erik Amburger: Geschichte der Behörden-
organisation Rußlands von Peter dem Großen bis 1917, Leiden 1960.

[47] "...équilibre délicat entre la reconnaissance des valeurs d'Ancien Régime et l'autonomie de ses travaux, entre l'élection des talents et l'in-
tervention du gouvernement, entre le respect des puissances sociales
et l'affirmation de l'indépendence des mérites" - dieses Urteil von Daniel Roche (Annales 29, 1974, 742) über die Pariser Académie des Sciences dürfte für weite Teile der Akademiebewegung gelten, bedarf aber jeweils genauer Untersuchung; vgl. Anm.57 über die Münchener Akademie.

[48] Vgl. Anm.15 und 43; ferner Harcourt Brown: Maupertuis philosophe.
Enlightenment at the Berlin Academy (= Studies on Voltaire and the eighteenth Century, hrsg. v. Th. Besterman, Bd. 24), Genf 1963, 255-269.

[49] G.J. van Treese: D'Alembert and Frederick the Great, a Study of
their Relationsship (= Philosophical Questions Bd. 9) Louvain 1974; -
Georg III. stellte sich aus politischen Gründen gegen die von der Royal

Society akzeptierte Blitzableiterkonstruktion Benjamin Franklins; vgl.
R.C. Weld: History of the Royal Society II, London 1848, 101.
50 Vgl. Conrad Bäschlin: Die Blütezeit der Ökonomischen Gesellschaft in
Bern 1759-1766, Laupen 1917; G. Strahm: Die Ökonomische Gesellschaft
von Bern, Bern 1947; Enid Stoye: Vincent Bernard de Tscharner. A
Study of Swiss Culture in the eighteenth Century, Fribourg 1954, bes.
126-140; Kurt Guggisberg u. Herm. Wahlen: Kundige Aussaat, köstliche
Frucht. Die Ökonomische Sozietät von Bern, Bern 1958; Hubrig, 67-92
(vgl. Anm.1); Hans R. Rytz: Geistliche des alten Bern zwischen Merkantilismus und Physiokratie (Basler Beiträge zur Geschichtswissenschaft
121), Basel 1971; vgl. auch Anm.30 u. 70.
51 Vgl. Anm.57.
52 Zu Kennedy vgl. Anm.44 und 57; zu Sir Benjamin Thompson, seit 1792
Reichsgraf zu Rumford, vgl. K. Th. v. Heigel: Benjamin Thompson, Graf
von Rumford (Akademische Festrede), München 1915; S.C. Brown: Count
Rumford, Physicist Extraordinary, London 1964; Egon Larsen: Graf Rumford, Ein Amerikaner in München, München (2. Aufl.) 1973; Wolf. D. Gruner:
Benjamin Thompson, Reichsgraf Rumford, seine Londoner Mission 1798
(in: Großbritannien und Deutschland. Festschrift für J.W.P. Bourke),
München 1974, 74-92; weitere Lit. Anm.200.
53 Für Frankreich vgl. vor allem die in Anm.15 genannten Arbeiten von Daniel Roche; ferner N.T. Philipson: Culture and Society in the eighteenth
century Province: the case of Edinburgh in the Scottish Enlightenment
(in: University and Society, hrsg. v. Lawrence Stone), Princeton 1974;
S. Shapin: Property, Patronage and the Politics of Science: the Founding
of the Royal Society of Edinburgh (The British Journal of the History of
Sciences 7), 1974, 1-41; ders.: The Audience for Science in eighteenth
century Edinburgh (History of Science 12), 1974, 95-121; vgl. Anm.93-
95.
54 Aufschlußreich wäre der Vergleich zwischen Pierre-Louis Moreau de
Maupertuis: Les devoirs de l'Académie (Histoire de l'Académie Royale
des Sciences et Belles-Lettres de Berlin depuis son origine jusqu'à pré-
sent), Berlin 1752, 137-147, und Samuel Formey: Considérations sur
ce qu'on peut regarder aujourd'hui comme le but principale des Académies, et comme leur effet est la plus avantageux (Histoire de l'Académie
Royale des Sciences et Belles-Lettres de Berlin, Bd.23), Berlin 1767.
55 Vorbildlich gelöst etwa in der Studie von D. Roche über die Akademie von
Chalons-sur-Marne (vgl. Anm. 15); für die Münchener Akademie vgl. fürs
erste die statistischen Angaben bei L. Hammermayer: Gründungs- und
Frühgeschichte a.a.O., 131-135, 361-369 (vgl. Anm. 57). Es fehlen für
die europäische Akademiebewegung noch zahlreiche "Fallstudien", die
dann eine zusammenfassende Analyse ermöglichen würden.
56 Zur krisenhaften Zuspitzung in den siebziger und achtziger Jahren in Frankreich vgl. S.
57 Lorenz Westenrieder: Geschichte der Bayerischen Akademie der Wissenschaften, 2 Bde., München 1784 u. 1807; Ludwig Hammermayer: Grün-
dungs-und Frühgeschichte der Bayerischen Akademie der Wissenschaften
(Münchener Hist. Studien, Abt. Bayerische Gesch., hrsg. von Max Spind-

ler, Bd. 4) 1959; Andreas Kraus: Die historische Forschung an der Chur-
bayerischen Akademie der Wissenschaften, 1759-1806 (= Schriftenreihe
zur bayerischen Landesgeschichte 59), München 1959; Max Spindler
(Hrsg.): Primordia (vgl. Anm. 2); Ulrich Thürauf: Gesamtverzeichnis
der Mitglieder der bayerischen Akademie der Wissenschaften in den ersten beiden Jahrhunderten ihres Bestehens, 1759-1959 (Geist und Gestalt. Biographische Beiträge zur Geschichte der Bayerischen Akademie
der Wissenschaften, Ergänzungsband, erste Hälfte), München 1963;
Wolfgang Zorn: Bayerisch-Schwaben in der Geschichte der Münchener
Akademie der Wissenschaften (= Zeitschrift für Bayerische Landesgeschichte 27) 1964, 286-301; Max Spindler: Johann Georg Lori und die
Gründung der Bayerischen Akademie der Wissenschaften (in: Erbe und
Verpflichtung. Aufsätze und Vorträge zur Bayerischen Geschichts, hrsg.
v. Andr. Kraus), München 1966, 87-101; Andreas Kraus (Hrsg.): Die
Briefe Roman Zirngibls von St. Emmeram in Regensburg (Verhandlungen des Historischen Vereins für Oberpfalz und Regensburg 103-105)
1965 Sonderdruck ; Wolf Bachmann: Die Attribute der Bayerischen Akademie der Wissenschaften (=Münchener Historische Studien, Abt. Bayerische Geschichte, Bd. 8) 1966; Hans Graßl: Aufbruch zur Romantik. Bayerns Beitrag zur deutschen Geistesgeschichte 1765/85, München 1968,
passim.; Ludwig Hammermayer: Sammlung, Edition und Kritik der Monumenta Boica 1763/68 (Oberbayerisches Archiv 80) 1955, 1-45; ders.:
Benediktinische Akademiebewegung (vgl. Anm. 23); ders.: Süddeutsch-
russische Wissenschaftsbeziehungen (vgl. Anm. 16); ders.: Universität
Ingolstadt und Bayerische Akademie der Wissenschaften (vgl. Anm. 31);
ders.: Secretarius Perpetuus (vgl. Anm. 44); die Darstellung der Akademiegeschichte für die Jahre 1770 bis 1807 steht vor dem Abschluß.

58 Vgl. das Verzeichnis der Preisaufgaben 1759/59 und der Arbeitspläne
der Philosophischen Klasse von 1761 bei Hammermayer: Gründungs-
und Frühgeschichte 370 ff., 378-381.

59 Vgl. Anm. 180-186.

60 Neben den in Anm. 1 genannten knapp zusammenfassenden Angaben von
Rübberdt, Hahn, Armytage und der gediegenen Studie von Hubrig vgl.
auch Hermann Noack: Die geistesgeschichtlichen Grundlagen der patriotischen Gesellschaften (in: Die Patriotische Gesellschaft zu Hamburg
1765-1965, Festschrift der Hamburgischen Gesellschaft zur Beförderung der Künste und nützlichen Gewerbe), Hamburg 1965, 9-33; W. Kroker: Wege zur Verbreitung technischer Kenntnisse zwischen England
und Deutschland in der zweiten Hälfte des 18. Jahrhunderts (=Schriften
zur Wirtschafts- und Sozialgeschichte, hrsg. v. Wolfram Fischer, Bd.
19), Berlin (W) 1971; vgl. Anm. 74. - Zu "philosophia" auch im nicht-
akademischen Bereich italienischer Technologen und Kunsthandwerker
der Renaissance vgl. J. Ben-David (vgl. Anm. 3). Zum Begriff "artes"
bemerkte 1767 der schottische Philosoph und Soziologe Adam Ferguson:
"We speak of art as distinguished from nature, but art itself is natural to man. He is in some measure the artifice of his own frame as well
as his fortune..." (An Essay on the History of Civil Society, ed. Dun-
can Forbes), Edinburgh 1966, 6.

61 R. Grimsley: Jean d'Alembert (1717-1783), Paris 1963; Jacques Proust:
Diderot et l'Encyclopédie, Paris 1962; ders.: Questions sur l'Encyclopédie (Revue d'Histoire littéraire de la France 72) 1972, 36-52; ferner
Eberhard Weis: Die Geschichtsauffassung der Enzyklopädie, Wiesbaden
1956; Franco Venturi: Le Origini dell'Enciclopedia, Turin 1963 [4]; Pao-
lo Casini: Filosofia dell'Enciclopedia, Bari 1968; John Lough: The Encyclopedie in eighteenth century England, Newcastle 1970; ders.: The
"Encyclopedie", London 1971; Herb. Dieckmann: Diderot und die Aufklärung (=Studien zur allgemeinen und vergleichenden Literaturwissenschaft 5), Stuttgart 1972.

62 Vgl. u.a. A.H. Cole und G.B. Watts: The Handicrafts of France as re-
corded in the Description des Arts et Métiers, 1761-1788 (Kress Library of Business and Economics 8), Harvard 1952; G.B. Watts: The
Encyclopedie and the Description des Arts et Métiers (The Frech Review 23), 1952, 444-454; F.G. Healey: The Enlightenment   view of
"homo faber" (Studies on Voltaire and the eighteenth century, hrsg.
v. Th. Besterman, Bd.25), Genf 1963, 837-859.

63 Dies läßt sich exemplarisch aufzeigen an der 1765 gegründeten Patriotischen Gesellschaft zu Hamburg, die auch durch die Forschung bereits befriedigend erschlossen ist; vgl. u.a. Hildegard Urlaub: Die
Förderung der Armenpflege durch die Hamburger Patriotische Gesellschaft bis zu Beginn des 19. Jahrhunderts, Berlin 1932; Hubrig 46-55
u. passim (vgl. Anm.1); Hans Schimank: Die Patriotische Gesellschaft
als Förderin von Naturwissenschaften und Technik 1765-1815 (in: Die
Patriotische Gesellschaft zur Beförderung der Künste und nützlichen
Gewerbe) 1965, 77-91; Rudolf Sieverts: Die Patriotische Gesellschaft
und ihre Bedeutung für die Geschichte der sozialen Fürsorge (ebd. S.
77-90); H. Mathei: Untersuchungen zur Frühgeschichte der deutschen
Berufsschule, dargestellt am Wirken der Patriotischen Gesellschaft in
Hamburg im achtzehnten Jahrhundert. Dissertation Hamburg 1967;
Herbert Freudenthal: Vereine in Hamburg, Hamburg 1968, 40-63; Ger-
hard Ahrens: Caspar Voght und sein Mustergut Flottbeck. Diss. Ham-
burg 1968. - Über den englischen Einfluß vgl. W. Kroker, 29-40 (vgl.
Anm. 60); H.J. Braun (vgl. Anm. 74). Weitere Literatur in Anm.79.

64 So wurde in der landgräflichen Residenzstadt Kassel 1777 eine Gesellschaft der Altertümer errichtet, bezeichnenderweise kurz nach Rückkehr
des Landesherrn von einem Italienbesuch; als Sekretär wirkte der damals in Kassel als Bibliothekar tätige französische Aufklärungspublizist
Jean-Pierre Louis Marquis de Luchet; vgl. J. Bernhard: Kurzer Abriß
der Geschichte der Gesellschaft der Altertümer zu Kassel (Zeitschrift
des Vereins für Hessische Geschichte und Landeskunde 1), Kassel 1837;
O. Berge: Beiträge zur Geschichte des Bildungswesens und der Akademie unter Landgraf Friedrich II. von Hessen-Kassel (Hessisches Jahrbuch für Landesgeschichte 4) 1954, 229-261; aufschlußreiche Hinweise
auch aus den zeitgenössischen Kasseler Briefen Georg Forsters, etwa an
J.R. Forster, 8.12.1778 (Georg Forster, Werke in vier Bänden, hrsg.
v. Gerhard Steiner, Bd.4, Frankfurt 1970, 79 f.); über Luchet hier
189 ff. Landgraf Friedrich II. wandte sich auch an die Londoner Society

of Antiquaries mit der Bitte um Zuwahl als "honorary Fellow" und versprach "literary communication" (6.6.1778; zit. nach Evans 152, vgl.
Anm.34). Eine 1778 vom Landgrafen geplante "Académie des Sciences
et Beaux Arts" nach Berliner Vorbild und mit sieben (!) Klassen kam,
vor allem aufgrund entschiedenen Widerstandes der Gesellschaft der
Altertümer, nicht zustande (Berge 256 f.).

65 Cochrane: Tuscan Academies (vgl. Anm.34); vgl. Anm.73.

66 Für die 1785 in Manchester konstituierte Literary and Philosophical
Society hat das m.E. schlüssig erwiesen Arnold Thackray: Natural
Knowledge in Cultural Context: The Manchester Model (American Histo-
rical Review 79) 1974, 672-709.

67 Eduard Merian: Die Jablonowskische Gesellschaft unter besonderer Berücksichtigung der Slawistik, Phil.Diss. Leipzig 1965 (Masch.); ders.:
Zur Gründungsgeschichte der Jablonowskischen Gesellschaft in Leipzig
(Wissenschaftliche Zeitschrift der Humboldt-Universität zu Berlin, Ge-
sellschafts- und sprachwissenschaftliche Reihe, XVII/2), Berlin (O)
1968, 269-273; M. Cieśla: Literatur- und Wissenschaftsberichts aus Polen in der Leipziger Zeitschrift "Neue Zeitungen von gelehrten Sachen"
(in: Die Aufklärung in Ost- und Südosteuropa = Studien zur Geschichte
der Kulturbeziehungen in Mittel- und Osteuropa 1), Köln-Wien 1972,
87-118, bes. 110-115; vgl. auch die Angaben zur Akademiebewegung in
Polen und Danzig in Anm.22.

68 Society for the Advancement of Agriculture and Manufacture (Dublin
1731), Society for improving Arts and Sciences = "Philosophical Society" (Edinburgh 1737); vgl. Henry F. Berry: A History of the Royal Dublin Society, London 1915; Desmond Clarke: Thomas Prior (1681-1751),
Founder of the Royal Dublin Society, Dublin 1951; ders.: A Bibliography
of the Publications of the Royal Dublin Society from 1731 to 1951. (2. Aufl.)
Dublin 1953; vgl. auch T.C. Barnard: The Hartlib Circle and the Origin
of the Dublin Philosophical Society (Studies 73) 1974. - Zu Edinburgh vgl.
S. Shapin (Anm. 53); John R. D. Christie: The Origins and Development
of the Scottish Scientific Community, 1680-1760 (History of Science 12)
1974, 122-141; ferner die Literatur in Anm. 14.

69 R. Hahn: Societies of Arts, 834 (vgl. Anm. 1) verweist auf das Règlement
de la Société des Arts formée à Paris, 1730.

70 Zu der 1746 von dem Arzt, Naturforscher und Chorherrn Johann Geßner
(1709-1790) gegründeten Naturforschenden Gesellschaft vgl. O. Hunziker:
Geschichte der Schweizerischen Gemeinnützigen Gesellschaft, Zürich 1897;
Anita Stiefel-Bianca: Das Wirken der ökonomischen Kommission in der
Zürcherischen Landschaft, Zürich 1944; Schweizer Lexikon 3 (1946) 1023;
Historisch-biographisches Lexikon der Schweiz 3 (1952), 500. Eine moder-
ne zusammenfassende Darstellung fehlt (vgl. Anm.30 u. 50).

71 Vgl. Anm.22, 67.

72 In seinem vom 14.Mai 1743 datierten "Proposal for Promoting Useful
Knowledge among the British Plantations in America" erklärte Benjamin
Franklin u.a.: "... that one Society be formed of Virtuosi or ingenious
Men residing in the several Colonies, to be called the American Philoso-
phical Society who are to maintain a constant correspondence... that at

Philadelphia there be always at least seven Members, viz. a Physician, a Botanist, a Mathematician, a Chemist, a Mechanician, a Geographer, and a general Natural Philosopher, besides a President, Treasurer and Secretary" (Reproduktion des Originaldrucks in: Proceedings of the American Philosophical Society 87, Philadelphia 1943, Tafel III u. IV; vgl. auch J. van Doren: The Beginnings of the American Philosophical Society (ebd.) 277-312. Weitere Lit. in Anm. 100-103.

73 Marco Tabarrini: Degli studi e delle vicende della Reale Accademia dei Georgofili nel primo secolo di sua essistenza, Florenz 1856; Cochrane, 36 ff., 45-49 u. passim (vgl. Anm. 34). Auf das englische Vorbild berief sich der Gründer der Sozietät, Ubaldo Montelatici, in seiner programmatischen Schrift "Ragionamento sopra i mezzi più necessari per far riformare l'agricoltura" (Florenz 1752); für den europäischen Kontext vgl. E. W. Cochrane: Le accademie toscane nell'Illuminismo e i loro rapporti con l'Inghilterra (Atti dell'Accademia Lucchese 8) 1952, 225-233; ders.: Le relazioni delle accademie toscane del Settecento con la cultura europea (Archivio storico italiano 111) 1953, 78-108.

74 H. T. Wood: A History of the Royal Society of Arts, London 1913; G. K. Menzies: The Story of the Royal Society of Arts, London 1935; D. Hudson und K. W. Luckhurst: The Royal Society of Arts, 1754-1954, London 1954; Hubrig, 31-35 (vgl. Anm. 1); D. G. C. Allan: William Shipley, London 1968. - Über das Vorbild für die Hamburger Patriotische Gesellschaft (1765) und andere Sozietäten in Deutschland vgl. K. Kowalewski: William Shipley und die erste Patriotische Gesellschaft (Jahrbuch der Hamburger Patriotischen Gesellschaft) 1907, 1-25; W. Kroker (vgl. Anm. 60); Hans-Joachim Braun: Technologische Beziehungen zwischen Deutschland und England von der Mitte des 17. bis zum Ausgang des 18. Jahrhunderts, Düsseldorf 1974.

75 Louis de Villers: Histoire de la Société d'Agriculture, du commerce et des arts établie par les états de Brétagne (Bulletin archéologique de l'Association brétonne 16), Rennes 1897, 312-352; Louis Passy: Histoire de la Société nationale d'Agriculture de la France, 1761-1793, Paris 1913; Emil Justin: Les Sociétés royals d'agriculture au XVIIIe siècle, 1757-1793, Saint Lô 1935; allgem. vgl. A. J. Bourde: The Influence of England on the French Agronoms, 1750-1789, Cambridge 1953, ferner die Literatur über die französischen Provinzakademien in Anm. 19.

76 Für die im folgenden genannten Sozietäten knappe, in den Zeitangaben teilweise widerspruchsvolle Angaben bei Rübberdt; Hahn: Societies of Art; Armytage; Hubrig (vgl. Anm. 1). Eine zusammenfassende Darstellung bedarf noch vorbereitender quellennaher Detailstudien, wäre aber dringend zu wünschen.

77 Michael Confino: Les enquêtes de la société libre d'économie de Saint Pétersbourg, 1765-1820 (Revue Historique 227) 1962, 155-180; ders.: Domaines et seigneurs en Russie vers la fin du XVIIIe siècle, Paris 1963; V. V. Oreškin: Vol' noe ekonomičeskoe obščestvo v Rossii, 1765-1917, Moskau 1963; Paul Dukes: Catherine the Great and the Russian Nobility, Cambridge 1967, 86, 92 f., 99-104; Heinz Mohrmann: Studien über russischdeutsche Begegnungen in der Wirtschaftswissenschaft, 1750-1825 (Quellen und Studien zur Geschichte Osteuropas 5), Berlin (O) 1959, 19 ff., 110-

119 (Mitgliederverzeichnis); L. Hammermayer: Süddeutsch-russische
Wissenschaftsbeziehungen (vgl. Anm.16); Erich Donnert: Zum Wirken der
Petersburger Freien Ökonomischen Gesellschaft im 18. Jahrhundert (Jahr-
buch für Geschichte der sozialistischen Länder Europas 17), Berlin (O)
1973, 161-183; Erik Amburger: Die Gründung gelehrter Gesellschaften in
Rußland unter Katharina II. (in diesem Band S. 259). Vgl. Anm. 46, 119.

[78] Viktoria Full: Die Agrikultursozietäten und ihr Einfluß auf die Landwirtschaft in der österreichischen Monarchie, Phil. Diss. Wien 1937 (Masch.);
Lothar Brauneis: Die k.k. niederösterreichische Ökonomische Gesellschaft
(Unsere Heimat 20), Wien 1949, 69-78; Gustav Otruba: Die Wirtschaftspo-
litik Maria Theresias, Wien 1963, 112 ff.; zur Prager Sozietät vgl. Anm.
133.

[79] Neben den in Anm.63 genannten Arbeiten vgl. auch die Studie über den
langjährigen Sekretär der Gesellschaft von Karl Veit Riedel: F.J.L. Meyer,
1760-1844 (Veröffentlichungen des Vereins für Hamburgische Geschichte
17) 1963; Otto Brunner: Die Patriotische Gesellschaft in Hamburg im Wandel von Staat und Gesellschaft (in: Neue Wege zur Verfassungs- und Sozialgeschichte), Göttingen 1968[2], 335-344.

[80] Der vom Regierungsrat Johann August Schlettwein Anfang 1767 initiierte
Karlsruher Plan ist publiziert in Schlettweins "Archiv für den Menschen
und Bürger in allen Verhältnissen, oder Sammlung von Abhandlungen, Vorschlägen, Plänen, Versuchen... welche das Wohl und Wehe der Menschheit und der Staaten angehen", Bd.1, Leipzig 1780, 430-467. Markgraf
Karl Friedrich erklärte in einer Proklamation seinen Entschluß, "eine Gesellschaft zur Beförderung nützlicher Wissenschaften und des gemeinen
Besten zu gründen, welche mit zusammengesetzter Wissenschaft ihrer
Mitglieder für das Wohl des Landes nachdenken, die Unterthanen in nützlichen Dingen unterrichten und zu würdigen Beschäfftigungen ermuntern soll.
Der Plan dieser Societät wird auf höchsten Befehl im ganzen Land hierdurch vor Augen geleget, und es wird Ihre Hochfürstl. Durchlaucht zu gnä-
digstem Wohlgefallen gereichen, wenn Höchstderoselbe Oberbeamte, auch
sämmtliche geistliche und weltliche Dienerschaft und alle Unterthanen und
Eingesessene an den gemeinnützlichen Absichten dieser Gesellschaft An-
theil nehmen..." (Schlettwein, 431-438, zit. nach Hubrig, 24 f.). Die Sozietät tagte in der Regel unter dem Vorsitz des Markgrafen, kam aber
schon Ende 1765 zum Erliegen; allgemein vgl. Helen P. Liebel: Enlightened Bureaucracy versus enlightened Despotism in Baden, 1750-1792 (Transactions of the American Philosophical Society, New Series 55/5), Philadelphia 1965.

[81] Die Entwicklung gerade hier ist bemerkenswert: aus einer privaten physikalisch-ökonomischen Bienengesellschaft (1768) wurde 1774 eine Ökonomische Schule, 1777 eine kurfürstlich privilegierte Kurpfälzische Hohe Schule der Kameral- und Staatswirtschaft; sie wurde 1784 nach Heidelberg verlegt und als Staatswirtschaftsschule der Universität angegliedert; es erschienen in Kaiserslautern: Bemerkungen der kurpfälzisch physikalisch-
ökonomischen Gesellschaft (1769-1783); vgl. H. Webler: Die Kameral-
Hohe-Schule zu Lautern (Mitteilungen des Historischen Vereins der Pfalz
43) 1927; über Kontakte zu den Naturforschern der Mannheimer Akademie

vgl. Adolf Kistner: Geschichte der Kurpfälzischen Akademie der Wissenschaften, Bd. I: Geschichte der Naturwissenschaften, Mannheim 1931.
[82] Karl von Reinhardstöttner: Die sittlich-ökonomische Gesellschaft zu Burghausen (Forschungen zur Kultur- und Litteraturgeschichte Bayerns 3),
Ansbach 1895, 48-151; Karl Einhorn: Wirtschaftliche Reformliteratur in
Bayern vor Montgelas (Forschungen zur Geschichte Bayerns 16), München
1908; Wilhelm Stieda: Das Projekt zur Errichtung einer Kameralhoch-
schule (Forschungen zur Geschichte Bayerns 16), München 1908, 85-108;
Hans Scharold: Naturwissenschaftliche Anschauungen der sittlich-ökonomischen Gesellschaft zu Burghausen (Archiv für die Geschichte der Naturwissenschaften und Technik 5) 1913, 113-126; ders.: Die sittlich-ökonomische Gesellschaft zu Burghausen und die Aufklärung in Bayern (Gymna-
sialprogramm) Burghausen 1917; Heinz Haushofer: Die Anfänge der Agrarwissenschaft und des landwirtschaftlichen Organisationswesens in Bayern
(Zeitschrift für Bayerische Landesgeschichte 29) 1966, 269-280.
[83] Titel der Sozietät und ihrer Publikationen sind wichtig: Neueste Sammlung
der Kgl. Großbritannischen und Kurfürstl. Braunschweigisch-Lüneburgi-
schen Landwirtschaftsgesellschaft Nachrichten; vgl. Kroker (vgl. Anm. 60).
[84] Die Gründung der Leipziger Ökonomischen Sozietät (1764) und der Ober-
lausitzer Bienengesellschaft zu Bautzen (1766) fügt sich in den Rahmen
der umfassenden Behörden- und Staatsneuorganisation Kursachsens; 1764
wurde die "Commerziendeputation" eine "Landes-Ökonomie-, Manufaktur-
und Commerziendeputation", vgl. Anm. 120.
[85] Vgl. Anm. 75.
[86] Vgl. Anm. 90 (Shafer).
[87] Hinweis bei A. Thackray: Natural Knowledge, 682 f. (vgl. Anm. 66).
[88] H. True: The early Development of Agricultural Sciences in the United
States (Annual Report of the American Historical Association for 1920),
1925.
[89] So konstituierten sich in Schweden 1770 eine Patriotische Gesellschaft in
Stockholm, 1772 eine Physiographische Gesellschaft in Lund, 1773 eine
Philosophische Sozietät in Göteborg. - In der Reichsstadt Nürnberg
scheint um 1770 eine Fränkische physikalisch-ökonomische Bienengesellschaft entstanden zu sein.
[90] J. Lesen: Historia de la Sociedad Economica de Amigos del Pais de Madrid, Madrid 1863; J. de Urquiho e Ibarra: Los Amigos del Pais, Madrid
1929; Robert J. Shafer: The Economic Societies of the Spanish World,
1763-1821, Syracuse/New York 1958. - Allgem. vgl. Antonio Dominguez
Ortiz: La sociedad española en el siglo XVIII, Madrid 1955; Jean Sar-
railh: L'Espagne éclairée de la seconde moitié du XVIIIe siècle, Paris
1954; Jaime Vicens Vives: Economic History of Spain, Princeton 1969.
Vgl. Anm. 155.
[91] Lionel Cust: History of the Society of Dilettanti, London 1898; Sir Cecil
Harcourt-Smith: The Society of Dilettanti, its Regalia and Pictures, London 1932.
[92] Vgl. Anm. 34; 74.
[93] Vgl. die in Anm. 53 und 68 genannten neuesten Publikationen von N. T.
Philipson, S. Shapin und J. R. D. Christie; ferner J. D. Holmes: Early

Years of the Medical Society of Edinburgh (Edinburgh University Journal
23) 1968, 333-340.

94 Ernest C. Mossner: The Life of David Hume, Edinburgh 1954, 281 ff.

95 Vgl. u.a. Gladys Bryson: Man and Society. The Scottish Inquiry of the
eighteenth Century, Princeton 1945 (New York 1968[2]); William C. Lehmann: John Millar of Glasgow, Cambridge 1960; S. W. F. Hallo-
way: Sociology and History (History 48) 1963, 157-161; Hugh Trevor-Ro-
per: The Scottish Enlightenment (Studies on Voltaire and the eighteenth
Century Bd.58), Genf 1967, 1635-1658; Charles Ryle Fay: Adam Smith
and the Scotland of His Day (Publications of the Department of Social and
Economic Research = University of Glasgow Social and Economic Studies
3), Cambridge 1956; A. Santucci: Sistema e ricerca in David Hume, Bari
1969; N.T. Philipson und T. Mitchison (Hrsg.): Scotland in the Age of Improvement, Edinburgh 1970; W.C. Lehmann: Henry Home, Lord Kames
and the Scottish Enlightenment, Den Haag 1971; B. und V. Bullough: Intellectual Achievers: a Study of eighteenth Century Scotland (American Journal of Sociology 72) 1971, 1048-1063; F. Ellenberger: La métaphysique
de James Hutton (1726-1797) et le drame écologique du XXe siècle (Revue
du Synthèse 67) 1972, 267-283; Pasquale Salvucci: Adam Ferguson, socio-
logia e filosofia politica, Urbino 1972 (hierzu W.C. Lehmann in: History
and Theorie 13, 1974, 165-171); W.B. Todd (Hrsg.): Hume and the Enlightenment (Essays in Honour of E.C. Mossner), Edinburgh 1974; J.B.
Morell: Reflections on the History of Scottish Science (History of Science
12) 1974, 81-94. - Nicht zugänglich war mir D.D. Mc Elroy: The Literary
Clubs and Societies of eighteenth Century Scotland and their Influence in
the Literary Productions of the Period from 1710-1800 (Ph.D. Thesis
Edinburgh, 1952).

96 R.K. Schofield: Histories of Scientific Societies 76 - (vgl. Anm.1) - weist
wohl mit Recht darauf hin , daß diese Ansicht möglicherweise partiell re-
visionsbedürftig ist, und nennt Assoziationen in Spalding, Peterborough,
später auch in Bath; vgl. H.J.J. Winter: Scientific notes from the early
Minutes of the Peterborough Society, 1720-1740 (Isis 31) 1939, 51-59;
ders.: Scientific Associations of Spalding Gentleman's Society, 1710-1750
(Archives internationales d'histoire des sciences 29) 1950, 77-88; zu Bath
vgl. J. L.E. Dreyer (Hrsg.): The Scientific Papers of Sir William Herschel, London 1912.

97 Eric Robinson: The Lunar Society and the Improvement of Scientific In-
struments (Annals of Science 12) 1956, 296-304; ebd. 13 (1957) 1-8; Robert E. Schofield: The Industrial Orientation of Science in the Lunar Society of Birmingham (Isis 48) 1957, 408-415; ders.: The Lunar Society
of Birmingham. A Social History of Provincial Science and Industry in
eighteenth Century England, Oxford 1963; ebenso die einschlägige Aufsatz-
sammlung im University of Birmingham Historical Journal 11 (1967). Die
sehr verdienstvollen Studien von Schofield spiegeln jedoch m.E. noch einen
einseitig technologisch-horizontalen Blickpunkt bei der Analyse der Wissenschaftsentwicklung, der sowohl die rein wissenschaftliche, die geistesgeschichtliche wie die im weiteren Sinn "gesellige" Dimension negiert;
vgl. Anm.99.

98 Erste Hinweise bei Mc Kie und Schofield: Histories (vgl. Anm. 1); ferner
A. E. Musson u. E. Robinson: Science and Industry in the eighteenth Century (Economic Historical Review, 2nd ser., Bd. 13) 1960, 222-244;
E. Robinson: The Derby Philosophical Society (Annals of Science 9) 1953,
359-367; E. Kitson Clark: History of 100 Years of the Leeds Philosophic-
al and Literary Society, Leeds 1924; Robert Spence Watson: History of
the Literary and Philosophical Society of Newcastle-upon-Tyne, London
1897; J. D. Holmes: Early Years of the Medical Society of Edinburgh
(Edinburgh University Journal 23) 1968, 333-340; A. B. Shaw: The oldest
Medical Societies in Great Britain (Medical History 12) 1968, 232-244;
Peter Mathias: Who unbound Prometheus? (in: Science and Technical
Change, 1600-1800, hrsg. v. P. Mathias), Cambridge 1972, 54-81; zu
Manchester vgl. A. Thackray (vgl. Anm. 66); ders.: John Dalton, a critic-
al Assessment of his Life and Science, Cambridge/Mass. 1972.

99 Die "internalistischen" und "externalistischen" Erklärungsschemata, Die
der Debatte um das Verhältnis von "Science", "Technology" und "Industry"
seit den dreißiger Jahren entwickelt, lassen sich keinesfalls auf das Ge-
gensatzpaar "nichtmarxistisch" und "marxistisch" reduzieren. Gleiches
gilt von einer Problemstellung, die unter dem heute wieder aktuellen Begriff der "Modernisierung" eine Verbindung zwischen der "Wissenschaftlichen Revolution" des 17. und der "Industriellen Revolution" des späten
18. bzw. der ersten Hälfte des 19. Jahrhunderts herzustellen sucht. -
Neben den in Anm. 3, 10 und 95 genannten grundlegenden Arbeiten vgl. Robert S. Cohen: Alternative Interpretations of the History of Science (in: Validation of Scientific Theories, hrsg. v. P. F. Frank), Boston 1956, 58-102;
S. Lilley: Social Aspects of the History of Science (Archives internationales d'Histoire de Sciences II/6) 1949, 45-67; ders.: Cause and Effect in
the History of Science (Centaurus 3, 1-2) 1953; A. E. Musson: The Diffusion of Technology in Great Britain during the Industrial Revolution (in:
Science, Technology and Economic Growth in the Eighteenth Century,
hrsg. v. A. E. Musson), London 1972, 97-114; Charles C. Gillispie: The
Natural History of Industry (ebd. 121-135) und seine Auseinandersetzung
mit R. E. Schofield (vgl. Anm. 97); ferner P. Mathias (vgl. Anm. 98);
A. E. Musson / E. Robinson: Science and Technology in the Industrial Revolution, Toronto 1969; David Landes: The Unbound Prometheus, Cambridge
1969; A. Ferguson (Hrsg.): Natural Philosophy through the eighteenth Century, London 1972[2]; Robert E. Schofield: Mechanism and Materialism.
British Natural Philosophy in an Age of Reason, Oxford 1970; Neil Mc Ken-
drick: The Role of Science in the Industrial Revolution (in: Changing Perspectives in the History of Science, hrsg. v. M. Teich und R. M. Young),
London 1973, 274-319; Bruce R. Williams (Hrsg.): Science and Technology
in Economic Growth, London 1973; A. Thackray (vgl. Anm. 66).

100 Eine zusammenfassende Untersuchung über die frühe amerikanische Akademiebewegung, ihre europäischen Wurzeln und Kontakte fehlt; neben den
in Anm. 72 genannten Arbeiten vgl. R. S. Bates: Scientific Societies in the
United States, New York 1958[2] (skizzenhafte Darstellung); The Early Proceedings of the American Philosophical Society, 1744-1838, Philadelphia
1884; J. G. Rosengarten: The American Philosophical Society, Philadel-

phia 1908; Peter S. Du Ponceau: An Historical Account of the Origins and
Foundation of the American Philosophical Society, Philadelphia 1914; F.E.
Brasch: The Royal Society of London and its Influence upon Scientific
Thought in the American Colonies (Scientific Monthly 33) 1931, 337-355;
448-456; Michael Kraus: Scientific Relations between Europe and America
in the eighteenth Century (ebd. 55) 1942, 259-272; B. Fay (vgl. Anm.1);
I.B. Cohen: Franklin and Newton, Philadelphia 1956. Vgl. Anm.101, 102,
176 (Herder!).

101 R.S. Bates: The American Academy of Arts and Sciences, 1780-1840,
Boston 1940.

102 Leonie Villard: La France et les Etats-Unis: échanges et rencontres
1524-1800, Lyon 1952; A.O. Aldridge: Franklin and his French Contempo-
raries, New York 1957; S. Moravia: Il Tramonto, 77 ff. (vgl. Anm.180);
französische Diplomaten nahmen häufig an Sitzungen der American Philosophical Society teil, französische Gelehrte wurden hier Mitglieder. Während Franklins Pariser Mission verstärkten sich die Kontakte. An der
Preisfrage der Akademie zu Lyon über die Nützlichkeit der Entdeckung
Amerikas 1782/83 beteiligte sich u.a. auch Condorcet, der ständige Sekretär der Pariser Académie des Sciences (Fay 262, 284, vgl. Anm.1).
Vgl. Anm.181.

103 Academia dos Esquezidos (Bahia 1724), Sociedada Brazileira dos acade-
micos (Bahia 1752), Academia dos Felices (Rio de Janeiro 1736, im Palast des Gouverneurs), Academia dos Selectos (Rio de Janeiro 1752), Academia Scientifica (Rio de Janeiro 1772), Sociedada Litteraria (Rio de Janeiro 1780).

104 Shafer, 154-235 (vgl. Anm.90), mit ausführlichen Quellen- und Literatur-
angaben.

105 Die 1780 in Manila gegründete Ökonomische Sozietät hatte elf Mitglieder
aus den Reihen der obersten spanischen Beamtenschaft; sie plante vier
"Kommissionen": für Naturgeschichte, Handwerk, Innen-und Außenhandel,
Industrie und Volkserziehung (Shafer, 149-153). - Über die Verbindung
der Gelehrten in Lissabon nach Indien vgl. Anm. 17.

106 Initiatoren der Lübecker wie der Nürnberger Sozietät waren protestantische Geistliche, hier der Stadtpfarrer Roth, dort der Prediger J.F. Suhl.
Während in Lübeck eine Entwicklung von einer "Litterarischen Gesellschaft" (1788/89) zur "Gesellschaft zur Beförderung gemeinnütziger Tätigkeit" (1793) stattfand, konstituierte man sich in Nürnberg 1792 sogleich
als "Gesellschaft zur Förderung der vaterländischen Industrie". Träger
waren in beiden Städten Geistliche, Lehrer, Kaufleute (welche Rolle spielten die Gelehrten der reichsstädtischen Nürnbergischen Universität Altdorf in dieser Gesellschaft?). Auch die praktischen Resultate ähneln sich:
Errichtung von Zeichen-, Industrie- bzw. Hauswirtschaftsschulen, Unter-
stützungskassen usw. - Für Lübeck vgl. Hubrig, 123 ff., 199 ff. (vgl.
Anm.1); zu Nürnberg ebd. kurze Erwähnung S.59, ebenso bei Herb. Pfisterer, 132 ff. (vgl. Anm.205); allgemein wichtig Th. Nipperdey, Verein
als soziale Struktur (vgl. Anm.3).

107 Zur Jenaer "Societas Physica" vgl. Hinweis bei O. Feyl: Die Rußlandbe-
ziehungen der Universität Jena im 18. Jahrhundert (in: Die deutsch-russi-

sche Begegnung und Leonhard Euler, hrsg. v. Ed. Winter = Quellen und
Studien zur Geschichte Osteuropas 1), Berlin (O) 1958, 170-176; eine genaue Darstellung fehlt. Das gleiche gilt von der Mainzer Gesellschaft, deren Protektor Kurfürst Erzbischof Karl Th. v. Dalberg und deren Sekretär der Kameralist B.S. Nau waren; die Statuten scheint der Ingolstädter (!) Naturforscher und Universitätslehrer F.P. Schrank entworfen
zu haben; vgl. kurzer Hinweis bei L. Hammermayer: Universität Ingolstadt und Bayerische Akademie der Wissenschaften (vgl. Anm.31), 115.
- Zu Mainz allgem. vgl. François H. Dreyfus: Société et mentalités à
Mayence dans la seconde moitié du XVIIIe siècle, Paris 1968; T.C.W.
Blanning: Reform and Revolution in Mainz, 1743-1793, Cambridge 1974,
ferner die in Anm.64 genannte Edition der Briefe Georg Forsters.

108 Hinweis auf die Canterbury Agricultural Society, Oldham Society, London
Veterinary College und auf ähnliche Sozietäten in Bath, Norfolk u.a. bei
P. Mathias: Who unbound Prometheus? (vgl. Anm.98), 74.

109 Nik. Busch: Geschichte der literarisch-praktischen Bürgerverbindung in
Riga, 1802-1902, Riga 1902; Hubrig, 59 (vgl. Anm.1).

110 So wurde z.B. Johann Albrecht Euler 1766 Mitglied und bereits 1769 per-
manenter "Konferenzsekretär" der Kaiserlich Russischen Akademie, während er in der Freien Ökonomischen Sozietät ebenfalls 1766 zugewählt,
1780/89 Schatzmeister und 1792 Sekretär wurde. - Neben den in Anm.16,
46 und 77 genannten Arbeiten vgl. N.A. Figurovskij: Leben und Werk des
Chemikers Tobias Lowitz (= Quellen und Studien zur Geschichte Osteuropas 4), Berlin (O) 1959, bes. 7 f. - Zur beherrschenden Rolle Stählins
auch in der Ökonomischen Sozietät vgl. Confino: Les enquêtes 167 f. (vgl.
Anm.77).

111 Vgl. Anm. 30 und 50.

112 Zu Antoine François Fourcroy (1755-1809) vgl. William A. Smeaton: Fourcroy, Chemist and Revolutionary, Cambridge 1962; Hahn: Anatomy, 89,
92 u. passim, neueste Lit. ebd. 345 f. (vgl. Anm.12).

113 Anton Graf zu Törring: Gesätze und Regeln des Feldbaues und der Jagd-
sozietät zu Seefeld unter dem Titel: Treue Freunde im Acker und auf der
Jagd, errichtet im Jahr 1789, München 1790 (gedruckt bei Anton Franz,
kurfürstl. Hof-, Akademie- und Landschaftsdrucker). Bereits 1790 gab
sich die Sozietät ein eigenes publizistisches Organ, den "Bayerischen
Landbot", der allerdings bereits 1791 sein Erscheinen einstellte; vgl.
Heinz Haushofer: So kann Baiern zum Paradies von Deutschland werden
- Wurzeln wissenschaftlicher Landwirtschaft an Ammer und Loisach
(Lech-Isarland), Weilheim 1960, 55-79; ders.: Bauer und Grundherr im
Ammerseegebiet im Jahr der Französischen Revolution, ebd. 1969, 63-
83. Über den Promotor Graf Joseph Anton zu Törring-Seefeld (1725-1812)
wird in der Fortsetzung der Geschichte der Bayerischen Akademie (ca.
1770-1807) ausführlich gehandelt. Vgl. Anm.57 und 82.

114 Zwei Beispiele: Welche ist die vorteilhafteste Bauart der Öfen und Pfan-
nen bei Salzsudwerken (Preisfrage der Philos. Klasse 1759); Wie ist der
Abstand des Mondes mit seiner Schwere gegen die Erde, und diese Schwere mit derjenigen, welche die Körper auf der Erdfläche haben, dergestalt
zu vergleichen, daß dadurch dieser Abstand in einem bestimmten Maß,

und, dafern es sein kann, eben so genau gefunden wird, als er bisher
durch die Paralaxen gesucht worden? (Preisfrage 1761/62); vgl. Hammermayer: Gründungs- und Frühgeschichte, 377 (vgl. Anm.57).

115 Thackray, 686, 692 f. (vgl.Anm.66). Eine ähnliche Beobachtung zeigt die
wissenschaftliche Entwicklung des als Akademiesekretär in München tätigen schottischen Naturforschers Kennedy; die utilitaristisch-technologi-
sche Komponente, zunächst durchaus im Zentrum, tritt immer weiter zugunsten "reiner" Wissenschaft (Paläontologie, "Verhaltensforschung" an
Tieren u.a.) zurück, wobei selbstverständlich die Methode exakter Beobachtung und Klassifizierung beibehalten wird; vgl. L. Hammermayer: Academiae Scientiarum Boicae Secretarius Perpetuus (vgl. Anm.44), bes.
214-220. - Erhellend für die Konfrontation zwischen utilitaristisch-tech-
nologischer und "rein" wissenschaftlicher, zunächst leicht als abseitig zu
diffamierenden, jedoch potentiell stärker die Zukunft bestimmender Haltung ist ein Bericht des schwedischen Botanikers Daniel Carl Solander, eines Linnéschülers, über eine Sitzung der Londoner Royal Society im Jahre 1762: "... last night I was at the Royal Society. It was a long meeting,
but very few things of consequence. One Rev. Dr. Foster had sent two let-
ters; in one he will prove against Mr. Collison, that swallows really,
during winter, immerse themselves in water. He says he has observed
them to assemble in large flocks in autumn, fly very high out of sight, and
then plunge into the water... in the second letter he says it is the Forfi-
cula auricularia (Earwig) of Linnaeus which makes the labyrinth, like
furrows under the bark, upon old trees, because he has found several of
these insects in such holes..." (Solander an Ellis, 5.3.1762; bei J.D.
Smith: Correspondence of Linnaeus and other Naturalists, Bd.I, London
1821, 74).

116 Shafer, 45 (vgl. Anm.90).

117 Abhandlungen und Beobachtungen durch die Ökonomische Gesellschaft zu
Bern gesammelt, 20 Bde., Bern 1760/73; Recueil de mémoirs concer-
nant l'oeconomie rurale par une Société établie à Berne en Suisse, Zürich
1760 ff. - Vgl. Anm.50.

118 Vgl. z.B. Der Kgl. Schwedischen Akademie der Wissenschaften neue Abhandlungen aus der Naturlehre, Haushaltungskunst und Mechanik auf das
Jahr 1788, übersetzt von A.G. Kästner und Dr. J.D. Brandes, Bd.IX/1
Leipzig 1789. - Für die Gründer der Münchener Akademie z.B. waren
diese Abhandlungen ebenso vorbildlich wie der von der Stockholmer Akademie herausgegebene Kalender (vgl. M. Spindler: Primordia, 110; vgl.
Anm.3). In der krisenhaften Zeit um 1788 zählten die Stockholmer Abhandlungen zu den wenigen Publikationen, die von der Bayerischen Akademie
weiterhin bezogen wurden (Sitzungsprotokolle v. 1.7.1788, Akademiear-
chiv München). - Die deutsche Edition der Abhandlungen wurde 1796 eingestellt. Der führende Göttinger "Technologe" und Universitätslehrer Johann Beckmann berichtete darüber an den Salzburger Naturforscher und
Montanisten Carl Ehrenbert Frhr. v. Moll: "...die Schwedischen Abhandlungen kommen jetzt schon oft und wohlfeil in Auctionen vor, sind durch
Auszüge schon zu sehr bekannnt... aus Mangel des Absatzes ist die Übersetzung... auf immmer aufgegeben worden. Künftig wird es ein Verdienst

seyn, aus den neuesten Heften einzelne Übersetzungen bekannt zu machen.
Die Stockholmer Akademie hat sie mir bis Ende Junius 1796 schon geschickt, aber seitdem Wargentin, Bergius und Wilke gestorben sind, hat
die Akademie nicht mehr die Achtung für Auswärtige; ich habe ihr sonst
jährlich teutsche Sachen senden müssen, dagegen sie Schwedische schickte. Jetzt komme ich dabey sehr zu kurz und werde mich zurückziehen..."
(29.5.1797; vgl. C.E. v. Moll: Mittheilungen aus seinem Briefwechsel,
Bd.I, Augsburg 1830, 38 f.); ganz ähnlich lautete das Urteil des Göttinger
Mediziners und Chemikers Johann Friedrich Gmelin (an Moll, 29.7.1799;
ebd. 230).

[119] Abhandlungen der Freyen Ökonomischen Gesellschaft zu St.Petersburg,
zur Aufmunterung des Ackerbaues und der Hauswirtschaft in Rußland, Bd.1
Mitau, Riga 1767, Bd.2-11 St.Petersburg, Riga, Leipzig 1768 ff.; J.G.
Georgi (Hrsg.): Auswahl ökonomischer Abhandlungen,welche die freye ökonomische Gesellschaft in St.Petersburg in deutscher Sprache erhalten hat,
2 Bde., St.Petersburg 1793; Kurze Nachricht von der Verfassung, den Beschäftigungen und Veränderungen der freyen ökonomischen Gesellschaft zu
St.Petersburg von der Stiftung bis 1790, St.Petersburg 1790. Vgl. Anm.
77, 110, 120.

[120] Hinweis in der von F.X. Kohlbrenner herausgegebenen Monatsschrift "Materialien für die Sittenlehre, Literatur, Landwirthschaft, zur Kenntnis der
Geschichte alter und neuer Zeiten" (München, 1.6.1773, S.91). Es handelt
sich wohl um die "Abhandlungen und Erfahrungen der physikalisch-ökonomischen Bienengesellschaft in Oberlausitz" (Leipzig 1766 ff.); über die
französische Übersetzung ist m.W. nichts Näheres bekannt. Dagegen entsandte die St.Petersburger Freie Ökonomische Gesellschaft 1771 einige
junge russische Gelehrte nach Klein-Bautzen, damit sie praktische Erfahrungen beim "Bienenvater" A.G. Schirach sammelten; Hinweis bei E. Amburger: Beiträge zur Geschichte der deutsch-russischen kulturellen Beziehungen, Gießen 1961, 225.

[121] So übersetzte der Münchener Hofkammerrat und spätere Salinendirektor
Joseph Utzschneider 1794 das als Preisfrage der Florentiner Sozietät entstandene Werk von Mengotti: Il Colbertismo ossia della libertá di com-
mercio de' prodotti della terra (1791). Vgl. Anm. 34, 73.

[122] Wichtig waren zunächst die von dem führenden Mitglied der Berner Ökonomischen Sozietät, dem Historiker Vinzenz Bernard v. Tscharner, zusammen mit dem Italiener F.B. de Felice herausgegebenen Zeitschriften
"Excerpta totius Italicae necnon Helveticae literaturae" (1758/62, 16 Bde.)
und "Estratti della letteratura Europea" (1758/68, 36 Bde.); vgl. E. Mac-
cabez: F.B. de Felice et son encyclopédie, Genf 1903; E. Stoye (vgl. Anm.
50); L. Hammermayer: Europäische Akademiebewegung und italienische
Aufklärung (vgl. Anm.8). - Mehr Beachtung verdienten die von dem ins
Erzstift Salzburg emigrierten Freisinger Weltgeistlichen Joseph Wismayr
herausgegebenen "Ephemerides Litteraturae Italianae" (Salzburg 1793/99).

[123] Dies für die Erhellung der europäischen Akademiebewegung zentrale Problem der Preisfragen hat die notwendige Aufmerksamkeit bisher nochnicht
gefunden; die eindringende Analyse etwa der historischen Preisfragen der
Münchener Akademie bzw. der wichtigsten deutschen Akademien durch

Andreas Kraus (vgl. Anm.21 u. 57) bleibt eine Ausnahme; informative Ansätze auch bei P. Barrière: La vie académique (vgl. Anm.17), während
die sonst vorzügliche Darstellung der Pariser Académie des Sciences
durch R. Hahn (vgl. Anm.12) sich über die Preisaufgaben weitgehend aus-
schweigt. Einen aufsehenerregenden Einzelfall, die Berliner philosophische Frage 1779/80 "Est-il utile de tromper le peuple?" behandelt Werner Krauß (vgl. Anm.15). Wünschenswert wäre eine vergleichende Analyse
der Preisfragen, etwa nach folgenden Kriterien: 1. Thematik und konkrete Funktion, d.h. zunächst Erstellung einer Art Typologie, vielleicht nach
rein wissenschaftlichen, technologisch-utilitaristischen, volkserzieherisch-
pädagogischen, politisch-staats(kirchen)rechtlich aktuellen und ausmünzba-
ren, ferner nach deklamatorisch "affirmativen" Fragen, wobei allemal der
politisch-staatsrechtliche, wissenschafts- und geistesgeschichtliche sowie
ökonomische Hintergrund bedacht werden muß; 2. die akademieinterne Bedeutung der Preisaufgaben, ihre Genese, Begutachtung, äußere Einflüsse
usw.; 3. Wirkung der Preisfragen auf Wissenschaft, Technologie, in die
staatlich-politische Praxis; Diskussion in der gelehrten Welt und in der
Öffentlichkeit; 4. Bedeutung der Preisfragen als Vehikel intensiver Kommunikation im Kontext der europäischen "Republique des Lettres" und
"Republique des Sciences", wobei nicht nur Gewinner, sondern - soweit
durch archivalische Recherchen erschließbar - auch sämtliche Teilnehmer einbezogen werden sollten. - Daß z.B. 1779 der Augsburger Ma-
schinenbauer G.F. Brander einen Preis der Kopenhagener Akademie
und 1785 der St.Petersburger Naturforscher J.E. Schröter, Sohn eines Handwerksmeisters aus Riga, den Preis der Philosophischen Klasse der Münchener Akademie gewannen, daß der Artillerie-Unterleut-
nant Napoléon Buonaparte in Valence sich 1788/89 an einer moralphi-
losophischen Preisfrage der Lyoner Akademie versuchte, das läßt regen Austausch auf relativ breiter sozialer Basis vermuten. In diesem Zusammenhang ist es wichtig, daß die Preisaufgaben nicht nur in den bedeutenden wissenschaftlichen Periodika angezeigt wurden; sogar das "Churbayerische Intelligenzblatt" in München hat stets die Aufgaben zahlreicher,
wiewohl nicht aller Akademien, Ökonomischen und Patriotischen Sozietäten veröffentlicht, so etwa 1776 aus St.Petersburg, Mantua, Brüssel, Leiden, Berlin, Stockholm, Warschau, Kopenhagen, Kassel, Paris, Amsterdam, Leipzig, Genf, Chalons-sur-Marne, Mannheim, Bordeaux und Bern;
am 11.4.1778 gab das Blatt einen Überblick über sämtliche Ökonomischen
Sozietäten Europas. - Bemerkenswert, doch bisher kaum erschlossen,
ist die Rezeption der Preisfragen in den gelehrten Zeitschriften Europas
(vgl. Anm.124). Zur Lyoner Aufgabe von 1782/83 ("Ist die Entdeckung
Amerikas dem Menschengeschlecht vorteilhaft oder schädlich gewesen?")
bemerkten die "Göttingischen Anzeigen von gelehrten Sachen": "...bei einer so wenig bestimmten Frage von so unermeßlichem Umfang können wir
uns auf schöne Deklamationen gefaßt machen" (16.11.1782, S.736). Die
Salzburger "Oberdeutsche Allgemeine Literaturzeitung" bemerkte anläßlich einer Kontroverse um eine philosophische Preisfrage der Münchener
Akademie: "Eigentlich darf die Preiserteilung eine gekrönte Abhandlung
gar nicht canonisieren, und die Preisgewinnung beweiset nichts weniger

als die absolute Güte oder Wahrheit einer Abhandlung oder des behaupteten Satzes, sondern 1. daß die Commissarien einerlei Meinung mit dem
Verfasser schon vorher gehabt hatten, folglich leicht zu überzeugen waren,
oder daß 2. unter den Abhandlungen keine Wahl zu treffen war, weil sie in
geringer Zahl vorhanden waren und die vorhandenen einerlei Meinung ver-
teidigten, oder 3. daß die unrichtige Meinung mit vieler Beredsamkeit
verteidiget ward" - wobei die Zeitung auf den Erfolg Rousseaus in Dijon
1751 verweist (28.9.1791, S.609). - Zusammenstellungen von Preisfragen
auch bei J. Delantine: Couronnes académiques ou recueil des prix prope-
rées par les Sociétés Savantes, Paris 1787 [Bibl. Nationale Z 28 459] ;
William Whevell: On the Transformation of Hypotheses in the History of
Sciences, London 1856.

[124] Die Wechselbeziehungen zwischen Presse und Publizistik einerseits und
Akademiebewegung andererseits sind bisher nur ansatzweise bzw. punk-
tuell geklärt worden. Als allgemeine Übersicht vgl. Douglas Mc Kie:
Scientific Periodicals from 1665-1798 (in: Natural Philosophy through
the eighteenth Century, herausgegeben von A. Ferguson) 2. Aufl. London
1972, 122-132 (Original 1948); D. A. Kronick: A History of Scientific and
Technical Periodicals. The Origin and Development of the Scientific and
Technological Press, 1665-1790, New York 1962; für Frankreich vgl. :
L. Trénard: La presse française des origines à 1789 (Histoire générale
de la Presse française, Bd. 1) Paris 1969, 251-311; J. Ehrard und Jac-
ques Roger: Deux periodiques français du XVIIIe siècle: La Journal des
Savants et les Mémoires de Trevoux (in: Livre et Société dans la France
du XVIIIe ciècle) Paris 1965, 33-59; für Italien vgl.: A. Cosatti: I perio-
dici e gli atti accademici italiani dei secoli XVII et XVIII (Accademia dei
Lincei), Rom 1962; für Deutschland vgl.: Joachim Kirchner: Das deutsche
Zeitschriftenwesen, seine Geschichte und seine Probleme, Bd. 1, 2. Aufl.
Wiesbaden 1958; Wilmont Haacke: Die politische Zeitschrift 1665-1965,
Bd. 1 Berlin (W) 1968; Kurt Kosyk: Vorläufer der Massenpresse. Ökonomie
und Publizistik zwischen Reformation und Französischer Revolution, Mün-
chen 1972; E. Bogel und E. Blühm: Die deutschen Zeitschriften des 17.
Jahrhunderts (Studien zur Publizistik, Bremer Reihe 17), Bremen 1971;
Wolfgang Martens: Die Botschaft der Tugend. Die Aufklärung im Spiegel
der deutschen Moralischen Wochenschriften, 2. Auflage Stuttgart 1971;
Peter Schmidt und Paul Hocke: Literarische und politische Zeitschriften
1789-1805 (Sammlung Metzler 121), Stuttgart 1975.
vgl. ferner die Beiträge von Herbert Göpfert, Wolfgang Martens und Paul
Raabe in den von Günther Schulz herausgegebenen Wolfenbütteler Studien
zur Aufklärung, Bd. 1 Bremen 1975; Elisabeth Müller-Luckner: Die publizistische Wegbereitung der Bayerischen Akademie der Wissenschaften,
phil. Magisterarbeit München 1976 (Maschinenschrift). - Ein auch die Verflechtungen zur Akademiebewegung betonendes lokal-regionales Beispiel
bei Ludwig Hammermayer: Ingolstädter gelehrte Zeitschriftprojekte im
Rahmen der bayerisch-süddeutschen Publizistik der zweiten Hälfte des 18.
Jahrhunderts (Sammelblatt des Historischen Vereins Ingolstadt 83), 1974,
S. 241-283.

[125] Vgl. Anm. 50, 75, 81 und 90.

126 Dies bedarf von Fall zu Fall genauer quellensicherer Untersuchungen; allgem. vgl. Reinhard Wittmann: Der lesende Landmann. Zur Rezeption aufklärerischer Bemühungen durch die bäuerliche Bevölkerung im 18. Jahrhundert (in: Der Bauer Mittel- und Osteuropas im sozio-ökonomischen Wandel des 18. Jahrhunderts = Studien zur Geschichte der Kulturbeziehungen in Mittel- und Osteuropa 2), Köln-Wien 1973, 142-196 (reiche Lit.). - In unserem Zusammenhang stellt sich die Frage, wieweit die Preisfragen der Ökonomischen, d.h. der Ackerbau-Sozietäten von einer bestimmten bäuerlichen (Ober-?) Schicht aufgenommen wurden oder sogar aktive Mitarbeit stattfand, und sei es auf indirektem Wege. Während etwa die Fragen wie die nach dem "besten Elementarbuch über die physikalischen Grundsätze des Ackerbaues zum Gebrauch des Landvolkes" (Bern 1772/73) oder über die "beste, kürzeste und für den Landmann faßlichste Anleitung, wie ein Hopfengarten im sandigen, leimichten und tonigten Acker oder im Moorgrund anzulegen sei und wie der Hopfen könne mit Vorteil gebauet werden" (Danzig 1773/74) eindeutig "von oben" gestellt waren, forderte die Kasseler Ökonomische (= Ackerbau) Sozietät 1787/88 eine mindestens mittelbare Teilnahme von Bauern geradezu heraus, indem sie fragte: "Welche von den sog. alten Bauernregeln, die in deutschen Landen überhaupt, in Hessen und seiner Nachbarschaft allenfalls insbesondere, vom Landmann beim Ackerbau, der Viehzucht, und im gemeinen Haushalt beobachtet werden, sind aus angeführten Gründen schädliche Vorurteile oder als nützlich bestätigte Erfahrung?" (Hinweis in den Göttingischen Anzeigen von gelehrten Sachen, 23.8.1787, S.1336).

127 Vgl. Anm.63 und 79; Nipperdey, 14 (vgl. Anm.3).

128 Die erste Ökonomische Sozietät in der Habsburger Monarchie, die 1764 zu Klagenfurt gegründete k.k. Gesellschaft des Ackerbaues und der nützlichen Künste, bestimmte: "Die Gesellschaft soll ohne auf den Unterschied der Stände zu sehen, solche Mitglieder wählen, die gründliche Begriffe von Landwirtschaft haben, im Stande sind, durch ihr Beispiel das Landvolk zu belehren und diese Eigenschaft vorher bereits bei der Sozietät durch eine gesetzte Tat beweisen konnten" (§4); bei den Versammlungen sollte keinerlei Rangordnung beobachtet, und alle sollten sich um einen runden Tisch einfinden (§ 5; zit. nach Full, 16; vgl. Anm.78). - Ebenso bestimmte die 1766 entstandene "Agrikultur-Sozietät" in Graz, daß man in den Sitzungen "keinen Rang oder Distinction beobachten" werde (§ 17; Full, 34). Die Ökonomische Sozietät zu Laibach ließ 1774 dem Bauern Lorenz Sotely ein Denkmal setzen, weil er den Bau einer Steinbrücke über die Reche veranlaßt habe (Full, 66 f.). Zur Sozietät des Grafen Törring-Seefeld vgl. Anm. 113.

129 Vgl. Anm.96-98.

130 Zur Kurpfälzischen Akademie der Wissenschaften in Mannheim vgl. die grundlegenden Arbeiten von Fuchs und Kistner (vgl. Anm.34 und 81); ferner Andreas Kraus: Vernunft und Geschichte (vgl. Anm.21) sowie die Studie von Jürgen Voss: J.D. Schöpflins Wirken und Werk (Zeitschrift für die Geschichte des Oberrheins 119), 1972, 281-321. - Über die Kurbayerische Akademie zu München vgl. Anm. 57. - Über die Turiner Akademie vgl. die in Anm. 8 genannten zusammenfassenden Werke, ferner T. Val-

lauri: Delle società letterarie del Piemont, Torino 1844. Eine moderne Studie fehlt.

131 Vgl. E. Mailly: L'Histoire de l'Académie impériale et royale des Sciences et Belles Lettres de Bruxelles 1769-1794 (in: Mémoires couronnées..... 35 u. 36), Brüssel 1883; Paul Pelsener: L'Académie royale de Belgique depuis sa fondation, 1772-1922, Brüssel 1922; Chr. de Clerq: Simon-Pierre Ernst C.R. (1744-1817) et ses correspondents (Annales du XXXIV congrès - Féderation Archéologique et Historique de Belgique), 1954, 67-153; Fuchs, 131 (vgl. Anm. 34). Zum 200jährigen Jubiläum erschienen: L'Académie Impériale et Royale des Sciences et Belles Lettres de Bruxelles, 1772-1794. Sa Fondation. Ses Travaux, Brüssel 1973; Jacques Lavalleye: L'Académie Royale des Sciences, des lettres et des beaux arts de Belgique 1772-1972. Esquisse historique, Brüssel 1973; W.W. Davis: Joseph II, an Imperial Reformer for the Netherlands, Den Haag 1974.

132 Es erschienen: Abhandlungen einer Privatgesellschaft in Böhmen, zur Aufnahme der Mathematik, der vaterländischen Geschichte und der Naturgeschichte, 6 Bde., Prag 1775-1784. Treibende Kraft war Ignaz Frhr. von Born (1742-1791), der eine bedeutende und längst noch nicht voll erschlossene Rolle in der Akademiebewegung, Wissenschaftsentwicklung, in Publizistik und Aufklärung der Habsburger Monarchie spielte; vgl. A. Deutsch: Ignaz von Born (Das Freimaurer-Museum 6), 1931, S. 149-218; E. Zellwecker: Das Urbild des Sarastro: Ignaz von Born, Wien 1953; ferner die aufschlußreichen Quellenpublikationen von Jiří Beran: Dopisy Ignáce Borna a J.Ch.D. Schreberum (Fontes scientiarum in Bohemia florentium historiam illustrantes 1), Prag 1971; Heinz Ischreyt (Hrsg.): Johann Jacob Ferber: Briefe an Friedrich Nicolai aus Mitau und St. Petersburg (= H.7 der Schriftenreihe Nordostarchiv), Herford-Berlin 1974; J. Haubelt: Studie o Ignáci Bornovi, Prag 1973; Borns Korrespondenz mit der St. Petersburger Akademie 1774/91 ist vorbildlich ediert bei Jaroslav Vávra: Osvicenská éra v česko-ruských vědeckých stycích (Studie ČSAV, Bd. 10), Prag 1975; ferner die entsprechenden Aufsätze in diesem Band.

133 F.J. Studnicka: Bericht über die mathematischen und naturwissenschaftlichen Publikationen der Kgl. Böhmischen Gesellschaft der Wissenschaften, Prag 1884; J. Prokes: Počátky Cešče společností nauk do konce XVIII stoleti I (1774-1789), Prag 1938; Václav Vojtisek: Sto osmdesát let Královské češké společností nauk (Vestnik Kralovské češké společností nauk. Třída filosoficko-historicko-filologiká), Prag 1951, 1-23; M. Teich: The Royal Bohemian Society of Sciences and the first Phase of organised Scientific Advance in Bohemia (Historica 2), Prag 1960, 161-181; Joseph F. Začek: The Virtuosi of Bohemia: the Royal Bohemian Society of Sciences (East European Quarterly 2), 1968, 147-159. - Zur 1769 gegründeten Ökonomischen (= Ackerbau) Sozietät vgl. F. Fuß: Geschichte der k.k. ökonomisch-patriotischen Gesellschaft, von ihrer Entstehung bis 1795 (in: Abhandlungen, die Verbesserung der Landwirtschaft betreffend), Prag 1797; Full, 92-112 (Anm. 78); über das Verhältnis der beiden Sozietäten vor 1788 vgl. J. Beran: O poměru mezi Vcenou společností a Hospodářskou společností před rokem 1788 (Sborník historický), Prag 1962, 239-296. Zur einschlägigen böhmischen Publizistik vgl. die Studien von Helmut Klocke und Nor-

bert Angermann in: Der Bauer Mittel- und Osteuropas im sozio-ökonomischen Wandel des 18. und 19. Jahrhunderts (= Studien zur Geschichte der Kulturbeziehungen in Mittel- und Osteuropa 2), Köln-Wien 1973, 253-273 bzw. 274-280.

134 Die Academia Real das Ciéncas de Lisboa - ihr Präsident war der Herzog von Braganza - stellte z.B. für das Jahr 1781 folgende Preisaufgaben: 1) Untersuchungen der physikalischen Ursachen, welche die Fruchtbarkeit des Landes ausmachen, 2) Pläne und Vorschläge, einen Fluß in Portugal schiffbar zu machen, 3) Plan einer "philosophischen Grammatik" der portugiesischen Sprache (zit. nach Göttingischen Anzeigen von gelehrten Sachen, 16.11.1780, S.1195 f.). - In Verantwortung der Akademie erschienen u.a.: Almanach de Lisboa (1782-1826); Ephemerides Nauticas (65 Bde., 1788-1862); Memorias de Agricultura (2 Bde., 1788/90); Memorias Economicas (3 Bde., 1789-1815); Memorias de Litteratura Protuguesa (8 Bde., 1792-1814); Colleccao de Livros Ineditos da Lingua Portugueza (5 Bde., 1790-1824); Diccionario da Lingua (1793).

135 Accademia delle Scienze e Belle Lettere (Mantua, gegründet 1704, reorganisiert 1777); Accademia Reale di Scienze e Belle Lettere (Neapel 1779), Accademia di Scienze, Lettere ed Arti (Padua 1779), Accademia dei Rinovati (Venedig 1779), Societá Italiana di Scienze (Verona 1782). - Die Preisfragen und Publikationen dieser Akademien wurden von deutschen Gelehrten und gelehrten Zeitschriften in wachsendem Maße beachtet; vgl. etwa die sehr positiven Rezensionen der Paduaner "Saggi Scientifiche e letterari" in den Göttingischen Anzeigen von gelehrten Sachen (5.1.1788, 19.2.1790 u.a.), ähnlich gute Aufnahme fanden die "Commentarii" des Istituto delle Scienze zu Bologna und der Florentiner Societá dei Georgofili (ebenda 3.1. 1784, 20.1.1785 und öfters). Das Churbayerische Intelligenzblatt betrachtete die Preisfragen aus Mantua als vorbildlich. In der Tat umfassen die Fragen der vier Klassen dieser Akademie - der Klasse der Weltweisheit, der Mathematik, der Naturkunde und der Schönen Künste - ein weites Spektrum, das bei aller technologischen Aktualität und aufklärerischen Deklamatorik nicht einer soliden historischen Dimension entbehrte. So forderte die Akademie für 1777 Preisschriften über die Frage, "ob man das jetzige Jahrhundert mit Recht das philosophische nennen kann", über den Humanisten Balthasar Castiglione aus dem 16. Jahrhundert, über "Säuberung schiffbarer Kanäle von Schlamm und Unrat" und darüber, "wie man das Wachstum des Reises vor dem Brand bewahren kann" (Churbayerisches Intelligenzblatt, 2.3.1776). - Der in Göttingen lehrende angesehene "Technologe" Johann Beckmann erklärte 1797, die italienischen Akademieabhandlungen verdienten Aufmerksamkeit, "davon wünschen auch die Gelehrten Übersetzungen, weil auch sie nicht einmal italienische Bücher erhalten können. Freylich ist die lästige Weitschweifigkeit der Italiener hinderlich, aber ihre Sachen haben doch in Teutschland den Reiz der Neuheit..." (an C.E. Frhr. v. Moll in Salzburg, 29.5.1797; vgl. Anm.118). - Vgl. Anm.173, 174.

136 Vgl. Anm.16, 57.

137 G. Ljunggren: Svenska Akademiens historia, 1786-1886, 2 Bde., Stockholm 1886. Über die 1753 gegründete und 1786 neuorganisierte Antiqua-

rische Sozietät vgl. H. Schück: Kgl. Vitterhets historie och antikvitets
akademier, Bd. 5, Stockholm 1936. Zur Akademiebewegung in Schweden vgl. ferner die Literatur bzw. Hinweise in Anm. 18 und 89. - Zur
St. Petersburger Akademie von 1783 vgl. Erik Amburger (Anm. 77).

[138] W. D. Love: The Hibernian Antiquarian Society, a forgotten Predecessor
to the Royal Irish Academy (Studies 50), Dublin 1962, 419-431; ders. :
Edmund Burke and an Irish Historiographical Controversy (History and
Theorie 3), 1962, 180-198; hierzu auch die Korrespondenz zwischen E.
Burke und Charles Vallancy, in W. F. Copeland (Hrsg.): The Correspondence of Edmund Burke, Bd. V, Cambridge 1965. Es erschienen "Collec-
tanea de rebus Hibernicis" (6 Bde., 1770-1804), Ch. Vallancy: A Vindi-
cation of the Ancient History of Ireland, Dublin 1786. In diesem Zusammenhang aufschlußreich und m. W. noch nicht beachtet ist die historische
Preisfrage der Kopenhagener Akademie 1779/80: Quae in Hibernia exti-
terint vel adhuc supersint aedificia, tumuli, inscriptiones, locorum no-
mina aliave ejus generis monumenta, in quibus incolarum septentrionis
nostri speciatim Danorum et Norvegorum vestigia apparuere vel etiam
nunc apparent" (zit. nach Göttingischen Anzeigen von gelehrten Sachen,
30. 8. 1779, S. 848). Vgl. Anm. 14, 68.

[139] B. Brog-Watson: Notes an the early History of the Society of Antiquaries
of Scotland (Proceedings of the Society of Antiquaries of Scotland 43 und
45), Edinburgh 1909 und 1911 ; G. Macdonald: The minor Society of Scottish Antiquaries (ebd. 53), 1919; Anthony Ross: Three Antiquaries: General Hutton, Bishop Geddes and the Earl of Buchan (Innes Review 15), Glasgow 1964, 122-140; allgemein vgl. auch Evans (vgl. Anm. 34); R. D. Thorn-
ton: The Influence of the Enlightenment upon eighteenth century British
Antiquaries, 1750-1800 (Studies on Voltaire, ed. Th. Besterman, Bd. 27),
Genf 1963, 1593-1618; ferner die in Anm. 53, 68, 93-95 genannten neueren Werke zur schottischen Aufklärung und Wissenschaftsentwicklung.

[140] Vgl. Anm. 96-98.

[141] Vgl. Anm. 161 und 200.

[142] Vgl. S. 3 ff.

[143] Neben den in Anm. 10 genannten Arbeiten vgl. u. a. Benjamin Farrington:
Francis Bacon, Philosopher of Industrial Science, New York 1949; M. E.
Prior: Bacon's Man of Science (in: The Rise of Science in Relation to Society, hrsg. v. L. M. Marsak), New York 1964, 41-54; P. Rossi: Francis
Bacon, London 1968; Lisa Jardine: Francis Bacon, Discovery and the Art
of Discourse, Cambridge 1974. Ferner vgl. P. M. Rattansi: Social Interpretation Science (vgl. Anm. 10); A. R. Hall: Science, Technology and Utopia in the Seventeenth Century (in: Science and Society, 1600-1800, hrsg.
v. P. Mathias), Cambridge 1972, 33-53; L. M. Marsak: Bernard de Fontenelle. The Idea of Science in the French Enlightenment, Philadelphia 1959;
über Fontenelles posthum 1768 erschienenes Werk "La République des Philosophes ou Histoire des Ajaciens" vgl. Werner Krauß: Fontenelle und die
Republik der Philosophen (Perspektiven und Probleme zur französischen
und deutschen Aufklärung), Neuwied 1965 [2], 285-295. - Bezeichnend für
Bacons Wirkung ist das Werk: La Nouvelle Atlantide de François Bacon,
Chancelier d'Angleterre, Traduite en François, et continuée: Avec des

Reflexions sur l'Institution de les Occupations des Académies Francaises
des Sciences, et des Inscriptions, Paris 1702; vgl. auch Hefter in Anm. 145

144 Vgl. Anm. 26-28.

145 Vgl. u.a. M.Z. Hefter: The Enlightenment's Interpretation of D. Fajardo
(Hispanic Review 41), 1973, 639-653; O.F. Anderle: Die Neue Wissenschaft G.B. Vicos. Vom Anachronismus zur Aktualität (Saeculum 19), 1969,
414-427; A. Caponigri: Time and Idea. The Theory of History in G.B. Vico, London 1953. - Deutsche Übersetzung: Die Neue Wissenschaft über
die gemeinschaftliche Natur der Völker (Rowohlt Klassiker 196/97), Hamburg-Reinbek 1966.

146 In seiner Schrift "Les devoirs de l'Académie" (vgl. Anm.54) berief sich
Maupertuis ausdrücklich auf Bacon; vgl. Harcourt Brown: Maupertuis
Philosophe. Enlightenment and the Berlin Academy (Studies on Voltaire
and the eighteenth century, hrsg. v. Th. Besterman, Bd.24), Genf 1963,
255-269. Über die skeptische Aufnahme der Thesen Maupertuis durch Albrecht von Haller, einen anderen führenden Repräsentanten der zeitgenössischen Wissenschaft und Akademiebewegung, vgl. O. Sonntag, 315 f. (vgl.
Anm.30). - Allgem. vgl. M.L. Dufrenoy: Maupertuis et le progrès scientifique (Studies on Voltaire 25), Genf 1963, 519-587.

147 Da eine abschließende, auch die internationalen Verflechtungen und Projekte voll berücksichtigende Darstellung fehlt, vgl. Ph.A.F. Walther: Die patriotische Gesellschaft in Homburg (Archiv für Hessische Geschichte 13),
1874, 28-49; W. Rüdiger: Über die Société Patriotique de Hesse-Hombourg
sowie ihren Begründer Nikolaus Hyazinth Paradis (Nassauische Annalen 38),
1900, 244-269; Heinrich Jacobi: Goethes Lila, ihre Freunde Leuchsenring
und Merck und der Homburger Landgrafenhof (Mitteilungen des Vereins für
Geschichte und Landeskunde in Bad Homburg v.d. Höhe 25), 1957, 47-64;
Hubrig, 62 ff. (vgl. Anm.1).

148 Vgl. Anm.33.

149 Zu B.G. de Lacepède vgl. u.a. Louis Roule: Lacepède et la sociologie hu-
manitaire selon la Nature, Paris 1932; Sergio Moravia: Beobachtende Vernunft. Philosophie und Anthropologie in der Aufklärung. München 1973,
62 ff. sowie die einschlägige Literatur in Anm.184-193.

150 Denis Silagi in: Südost-Forschungen 20 (1961), 144-147.

151 Vgl. Anm.82.

152 Francisque Bouillier: Divers projets de réorganisation des anciennes académies (Séances et travaux de l'Académie des Sciences Morales et Poli-
tiques 115), Paris 1881, 636-673; Keith Baker: Les débuts de Condorcet
au secretariat de l'Académie Royale des Sciences, 1773/76 (Revue d'Histoire des Sciences 20), 1967, 229-286; Hahn: Anatomy, 122 ff. (vgl.
Anm.12). - Zu Marie-Jean-Antoine de Condorcet (1743-1793) vgl. K. Baker: Scientism, Elitism and Liberalism. The Case of Condorcet (Studies
on Voltaire and the 18th century, Bd.55), 1967, 129-165; ausführliche Li-
teraturangaben bei Hahn, 340 ff., ferner Herberth Lüthy: Geschichte und
Fortschritt (in: Das Problem des Fortschritts heute, hrsg. v. P.W. Meyer), Darmstadt 1969, 1-28; Rolf Reichardt: Reform und Revolution bei
Condorcet. Ein Beitrag zur späten Aufklärung in Frankreich (Pariser Historische Studien 10), Bonn 1973.

153 Vgl. Anm. 19, bes. die Studien von Roche und Trénard.

154 Grundlegend Ulrich im Hof: Isaak Iselin und die Spätaufklärung, Zürich 1967.

155 So veröffentlichte Iselin in seinen "Ephemeriden der Menschheit" auch die Pläne des spanischen Staatsmannes und Reformers Petro Rodriguez de Campomanes für Etablierung Ökonomischer und Patriotischer Sozietäten in Spanien (Ephemeriden 1778, 8.Stück, S.58-81; zit. nach Hubrig, 162 f.)

156 "... in jeder Hauptstadt der Eidgenossenschaft, in jedem Hauptorte der Cantonen, der zugewandten Orte und der gemeinen Vogteyen und in jeder Municipalstadt" (Ephemeriden der Menschheit 1776, 8.Stück, 3.Teil, 98 ff.). Ausdrücklich wurde die Londoner Royal Society of Arts and Manufactures als Vorbild bezeichnet (vgl. Anm.74), ebenso wie bei dem Projekt einer Gesellschaft der Wissenschaft und Künste, das Iselin anonym bereits 1756, also in der Entstehungsphase der Schweizer Akademiebewegung, in der Baseler Zeitschrift "Der Helvetische Patriot" (Bd.2, 2.Stück, Nr.3) veröffentlicht hatte. - Iselin gehörte 1762 zu den Gründern der Helvetischen Gesellschaft zu Schinznach und erreichte 1777 die Konstituierung der Baseler Gesellschaft zur Beförderung des Guten und Gemeinnützigen. - Zur Schweizer Akademiebewegung vgl. neben den in Anm.50 (Bern) und 70 (Zürich) genannten Werken Leo Altermatt: Die Ökonomische Gesellschaft von Solothurn (Jahrbuch für Solothurner Geschichte 8), 1935; Siegfr. Viola: Aus den Anfängen der Schweizerischen Gemeinnützigkeitsbewegung, Diss. Zürich 1941; Robert Vogeli: Die Anfänge des landwirtschaftlichen Bildungswesens unter besonderer Berücksichtigung des Aargaus, Diss. Zürich 1962; Hans Nabholz: Die Helvetische Gesellschaft, 1761-1848, Zürich 1961; Rudolf Reinhardt: Zur Akademiebewegung in der katholischen Schweiz (Zeitschrift für Schweizer Kirchengeschichte 21), 1967, 341-350. Vgl. Anm.30, 50, 70.

157 Hubrig, 98 ff. (vgl. Anm.1).

158 J.H. Campe: Über einige verkannte, wenigstens "ungenützte" Mittel zur Beförderung der Industrie, der Bevölkerung und des öffentlichen Wohlstandes. Erstes Fragment, Wolfenbüttel 1786 (zit. nach Hubrig, 183). - Mangels einer modernen Biographie vgl. D. Leyser: Johann Heinrich Campe, 2 Bde., Braunschweig 1877; Hinweise bei Helmut König: Zur Geschichte der Nationalerziehung in Deutschland (Monumenta Paedagogica I), Berlin (O) 1960, 336-340 u. passim; Heinz-Joachim Heydorn u. Gernot Koneffke: Studien zur Sozialgeschichte und Philosophie der Bildung. I. Zur Pädagogik der Aufklärung (List TB d.Wiss. 1666), München 1974, 83-130 (Koneffke).

159 Vgl. Anm.82. - Vgl. die zeitgenössische "Rede von dem Ursprunge, der Fortsetzung und der dermaligen Lage der churpfalzbaierisch-sittlich-landwirthschaftlichen Akademie zu Burghausen" von Max Joseph Frhr. Göhl v. Porthorstein (1792); neues Material bei Richard Messerer (Hrsg.): Briefe an den Geh.Rat Johann Caspar von Lippert in den Jahren 1758 bis 1800 (Oberbayerisches Archiv 96), München 1972, Nr.314-316 u.a. In meiner Fortsetzung der Geschichte der Bayerischen Akademie der Wissenschaften wird auch das Verhältnis zur Burghausener "Akademie" eingehender behandelt.

160 A. Th. Gage: A History of the Linnean Society of London, London 1938. Im gleichen Jahr 1788 wurde in Paris ebenfalls eine Société Linnéenne gegründet, die sich seit 1791 Société d'Histoire Naturelle nannte; vgl. Hahn, Anatomy, 112 ff. (vgl. Anm. 12). Zu Linné und seiner europäischen Wirkung vgl. Anm. 33; zur Londoner Society of Dilettanti vgl. Anm. 91.

161 Vgl. die in Anm. 133 genannten wichtigen Studien von M. Teich u. J. Beran.

162 Vgl. Anm. 26-28.

163 Zu Johann Georg Eckhardt (1664-1730) vgl. Neue Deutsche Biographie 4 (1960), 270 f.; Eduard Katschthaler: Über Bernhard Pez und dessen Briefnachlaß (Programm Melk) 1889, 57-63; Fuchs, 18, 35 u. passim (vgl. Anm. 34); Hermann Leskien: Johann Georg v. Eckhardt. Das Werk eines Vorläufers der Germanistik, phil. Diss. Würzburg 1965. Unter dem Protektorat Kaiser Karls VI. plante Eckhardt eine "Teutsche Akademie", die jedoch über das erste Projektstadium nicht hinausgelangte (Leskien, 159-169).

164 Über Christian Wolff (1679-1754), den Protagonisten der deutschen Aufklärung, Staats- und Naturrechtslehrer, Mathematiker und Philosoph, seit 1706 an der Universität Halle, 1723 im Marburger Exil, seit 1740 wieder im preußischen Halle, fehlt eine moderne zusammenfassende Untersuchung. - Stärker noch als Leibniz betonte Wolff in der Akademiefrage das Element des Staatsnutzens, vor allem in seinen "Vernünftigen Gedanken vom gesellschaftlichen Leben der Menschen" (Halle 1721, 224-253, Kap. 3: "Was bei Einrichtung eines gemeinen Wesens zu beachten ist", §§ 270-400, über Akademien §§ 299-311). Auch im Wolff-Nachlaß fand sich ein Akademieplan, gedruckt in "Des Weyland Reichs-Freyherrn von Wolff über theils noch gefundene Kleine Schriften aus einzelnen Betrachtungen zur Verbesserung der Wissenschaften" (Halle 1755, I. Abt., Nr. XI). - Über beinahe gelungene Bemühungen, Wolff 1722 als Präsident einer in Wien zu etablierenden Akademie der Manufakturen und Wissenschaften zu gewinnen, vgl. A. Fischel: Studien zur österreichischen Reichsgeschichte. Ch. J. v. Schierendorff, ein Vorläufer des liberalen Zentralismus unter Josef I. und Karl VI., Wien 1906; Ed. Winter: Frühaufklärung 133 ff. (vgl. Anm. 15); ders.: Barock, Absolutismus und Aufklärung in der Donaumonarchie, Wien 1971, 99 ff.; vgl. auch Werner Frauendienst: Christian Wolff als Staatsdenker (Historische Studien 171), Berlin 1927, bes. 166 ff.; Hubrig, 29 f. (vgl. Anm. 1). Eine Berufung an die Akademie nach St. Petersburg hatte Wolff 1727 ausgeschlagen, blieb aber mit führenden dortigen Gelehrten in engstem Kontakt; vgl. E. v. Kunik (Hrsg.): Briefe von Chr. Wolff aus den Jahren 1719 bis 1753. Ein Beitrag zur Geschichte der Akademie der Wissenschaften zu St. Petersburg, St. Petersburg 1860; hierzu die wichtigen Beiträge von Eduard Winter und V. P. Zubov in: Die deutsch-russische Begegnung und Leonhard Euler (Quellen und Studien zur Geschichte Osteuropas 1), Berlin (O) 1958, 1-19 und 20-48; über Wolffs Einfluß auf die junge polnische Akademiebewegung vgl. Lemke, bes. 152-172 (vgl. Anm. 22). - Zu Wolff und zur Wolff-Rezeption vgl. neuerdings W. Lenders: Die analytische Begriffs- und Urteilstheorie von G. W. Leibniz und Christian Wolff, Hildesheim 1971; Tore Frängsmyr: Wolffianismens genombrott i Uppsala (1972; vgl. Anm. 18); Werner Schneiders: Leibniz, Thomasius, Wolff.

Die Anfänge der Aufklärung in Deutschland (Studia Leibnitiana, Supplement
XII/1, Wiesbaden 1973; Fritz Kreh: Leben und Werk des Reichsfreiherrn
J.A. v. Ickstatt (Rechts- und Staatswissenschaftliche Veröffentlichung d.
Görres-Gesellschaft, Neue Folge, Heft 12), Paderborn 1974; L. Hammer-
mayer: Aufklärung im katholischen Deutschland (vgl. Anm. 32).

165 Johann Christoph Gottscheds (1700-1766) vielfältige Bemühungen innerhalb
der Akademiebewegung, besonders deren sprachpflegerisch-literarischer
Zweig, sind bisher noch nicht zusammenhängend gewürdigt worden. Wesentliche Stationen: die Gründung der Deutschen Gesellschaft in Leipzig
(1727/38), geplant als Zentrum vieler Tochtersozietäten, Deutsche Gesellschaft Königsberg (1742), Mitgliedschaft in der Olmützer Societas Incognitorum (1746/50), vergeblicher Akademiegründungsversuch in Wien
1748, Gründung der Gesellschaft der Freien Künste in Leipzig (1752),
Kontakte mit der Akademiebewegung im süddeutschen Raum, Mitgliedschaft in der Bayerischen Akademie von 1759. - Vgl. Ludwig Danzel: Gottsched und seine Zeit, Leipzig 1848, bes. 290-314 (Deutsche Gesellschaft);
Erich Reichel: Gottsched, 4 Bde. Leipzig 1908; Felix Freude: Die Kaiserlich Französische Akademie der Freien Künste und Wissenschaften (Zeitschrift des Historischen Vereins für Schwaben und Neuburg 34), 1908, 1 ff.
Feil (vgl. Anm. 29); P. Neumann: Gottsched und die Leipziger Deutsche
Gesellschaft (Archiv für Kulturgeschichte 18) 1928, 194-212; Rieck (vgl.
Anm. 24); Hammermayer: Gründungs- und Frühgeschichte, 11 f., 29 f.,
121 f. und passim (vgl. Anm. 57). - Allg. vgl. Fritz Brüggemann: Gottscheds Lebens- und Kunstreform in den zwanziger und dreißiger Jahren,
Leipzig 1935; Gerhard Schimansky: Gottscheds deutsche Bildungsziele,
Königsberg 1939; Werner Rieck: Johann Christoph Gottsched, Berlin (O)
1972; Hans Freier: Kritische Poetik. Legitimation und Kritik der Poesie
in Gottscheds Dichtkunst, Stuttgart 1973; Marylin Torbruegge: Johann
Christoph Gottsched (Sammlung Metzler 125), Stuttgart 1975. - Vgl. auch
die wichtigen Studien von Blackall und Martens (vgl. Anm. 36 u. 124) und
Gerard Koziełek: Aufgeklärtes Gedankengut in der Tätigkeit der Deutschen
Gesellschaft in Königsberg (in diesem Band).

166 Die auf das Wiener Akademieprojekt bezüglichen Briefe Klopstocks an den
österreichischen Gesandten in Kopenhagen, Graf Wellsperg, an den Dichter
Michael Denis und den Minister Graf Dietrichstein in Wien - soweit nicht
in die "Deutsche Gelehrtenrepublik" aufgenommen - sind sämtlich verzeichnet bei H.T. Betteridge: Klopstocks Briefe, Glasgow 1963; wichtig
sind aber auch einschlägige Korrespondenzen unter Zeitgenossen; so schrieb
etwa Gleim an Lessing: "... der Kaiser, sagt man, wolle eine deutsche
Akademie der schönen Wissenschaften stiften, Klopstock soll ihr Präsident
sein. Katholiken, Protestanten, Preußen, Sachsen sollen zu Mitgliedern aufgenommen werden. Zwölfe zu Wien gegenwärtig, sollen ein jeder 2000 Taler
haben. Vierundzwanzig auswärts in deutschen Landen ohne Unterschied jeder 1000 Taler. Jene zwölfe sollen die ersten Genies sein; diese vierundzwanzig von jenen zwölfen durch die Mehrheit der Stimmen erwählt werden
(Halberstadt, 3. März 1769; nach K. Kindt: Klopstock, Berlin 1941, 613). -
Klopstocks "Deutsche Gelehrtenrepublik" liegt neuerdings vor in: F.G. Klopstock, Ausgewählte Werke, hrsg. v. K.A. Schleiden, München 1962, 875-929.

- Allgem. vgl. hierüber A. Pieper: Klopstocks deutsche Gelehrtenrepublik, Diss. Marburg 1915; mit gleichem Titel eine verdienstvolle Studie von Max Kirschstein (Berlin-Leipzig 1928); K. Kindt (s. o.); H. Pape: Die gesellschaftlich-wissenschaftliche Stellung F. G. Klopstocks, Diss. Bonn 1962; ders.: Klopstocks Autorenhonorare und Selbstverlagsgewinne (Archiv z. Geschichte des Buchwesens 10), Frankfurt 1970, 122-134; U. Dzwonek, C. Ritterhoff u. H. Zimmermann: Bürgerliche Oppositionsliteratur zwischen Revolution und Reformismus: F. G. Klopstocks "Deutsche Gelehrtenrepublik" und Bardendichtung als Dokumente bürgerlicher Emanzipationsbewegung in der zweiten Hälfte des 18. Jahrhunderts (in: Deutsches Bürgertum und literarische Intelligenz 1750-1800 = Literaturwissenschaft und Sozialwissenschaften 3), Stuttgart 1974, 277-328; diese aus einem Göttinger Seminar hervorgegangene Gemeinschaftsstudie wertet u. a. Klopstocks Subskribentenliste aus und bietet eine Reihe anregender Fragestellungen; ihren Prämissen wie ihren zentralen Thesen muß jedoch meines Erachtens entschieden widersprochen werden. - Eine gültige Analyse der "Gelehrtenrepublik" fehlt noch.

167 Vgl. die Studien von J. Leffz (vgl. Anm. 19) und J. Voss (vgl. Anm. 130).

168 Zur reich differenzierten und im europäischen Rahmen bedeutsamen Schweizer Akademiebewegung fehlt eine zusammenfassende Darstellung; vgl. die Lit. in Anm. 30, 50, 70, 117, 122, 154-156.

169 Über die von dem Preßburger Aufklärer Karl Gottlieb von Windisch 1761 gegründete kurzlebige Gesellschaft der Freunde der Wissenschaften vgl. Fritz Valjavec in: Ungarische Jahrbücher 16 (Berlin-Leipzig 1936), 264-267; ders.: Karl Gottlieb von Windisch, 1725-1793. Das Lebensbild eines südostdeutschen Bürgers der Aufklärungszeit, München 1936, bes. 102-106. Valjavec verweist auf eine von Tersztyánszky 1771 in Nachfolge von Windisch gegründete gelehrte Gesellschaft in Preßburg. - Im Zusammenhang mit der Belebung der ungarischen Sprache, der Errichtung einer Universität in Ofen 1777 (1784 nach Pest verlegt) begann eine national-ungarische, stark von der Aufklärung beeinflußte Akademiebewegung. Gyorgy Bessenyei forderte damals u. a. die Gründung einer Ungarischen Akademie der Wissenschaften und Sprache; vgl. György Bessenyei: Egy magyar társaság iránt való jámbor szándék (ein frommes Vorhaben gegenüber der ungarischen Gesellschaft), in: Magyar irodalmi ritkaságok, Budapest 1931; allgem. vgl. B. Kiraly: Hungary in the late eighteenth Century, New York, 1969; Georgy Baranyi: Hoping against Hope. The Enlightened Age in Hungary (American Historical Review 76), 1971, 332-376. - Allgemein Emanuel Turczynski: Gestaltwandel und Trägerschichten der Aufklärung in Ost- und Südosteuropa (in: Die Aufklärung in Ost- und Südosteuropa = Studien zur Geschichte der Kulturbeziehungen in Mittel- und Osteuropa 1), Köln-Wien 1972, 23-45. - Zu Siebenbürgen vgl. u. a. Heinz Stanescu: Eine geplante siebenbürgisch-literarische Gesellschaft (in: Korrespondenzblatt des Arbeitskreises für siebenbürgische Landeskunde, 3. Folge, Nr. 1-2), 1972; ders.: Die Lesegesellschaft in Herrmannstadt und der Freimaurerorden (in diesem Band S. 187 ff.). Auf eine im ausgehenden 18. Jahrh. in Siebenbürgen gegründete Philosophische Gesellschaft des rumänischen Volkes (Societate filozoficească a neamului românesc) verweist Dan Berindei: Die Vorläufer der Rumänischen Akademie der Wissenschaften (ebd. S. 175).

[170] Vgl. Anm. 22.

[171] Vgl. hierzu u.a. Heinz Ischreyt: Zwischen Paris und Mitau. Die Geschichte der Verlagsbuchhandlung Lagarde und Friedrich (Deutsche Studien 39), 1972, 319-336; ders. Johann Jacob Ferber: Briefe an Friedrich Nicolai (vgl. Anm. 132).

[172] Vgl. Anm. 37; ferner die in Anm. 8 und 20 genannte Literatur.

[173] Treibende Kraft bei der Akademiegründung war Cav. Antonio Maria Lorgna, Direktor der Militärschule. Ein erster Band "Mémorie di Matematica e Fisica della Società Italiana" erschien 1782; vgl. Maylender, IV 234-256 (vgl. Anm. 8). Vgl. Anm. 174.

[174] Deutschland habe "kein gleich großes und rühmliches Institut, wie wohl bei ungleich vorteilhafteren Zuständen" (Oberdeutsche Allgemeine Literaturzeitung, Salzburg 6.4.1789, S. 641-645).

[175] "Idee zum ersten patriotischen Institut für den Allgemeingeist Deutschlands" (in: Herders sämtliche Werke, hrsg. v. Bernhard Suphan, Bd. 16), Berlin 1908, 600-616. Herder hat den Plan unmittelbar vor seiner Italienreise verfaßt. - Zu Baden-Durlach vgl. Anm. 80.

[176] Rudolf Haym: Herder, Bd. 2, Berlin 1885, 123 ff.; Franz Muncker: Herders Briefwechsel mit Kennedy (Vierteljahresschrift für Literaturgeschichte 2), 1889, 139-146. Bezeichnender Weise hat Herder in seinen "Briefen zur Beförderung der Humanität" die Projekte des jungen Amerikaners Benjamin Franklin für eine "Gesellschaft zur Beförderung der Humanität" veröffentlicht; zit. nach Hubrig, 168 (vgl. Anm. 1). Herders Beziehungen zur Bayerischen Akademie der Wissenschaften, ihrer "Belletristischen Klasse" und dem Akademiesekretär Ildephons Kennedy, werden in meiner Fortsetzung der Akademiegeschichte behandelt (vgl. Anm. 57).

[177] Nach Berufung auf Leibniz, seinen Erfolg in Berlin, seinen Mißerfolg in Dresden und Wien, erklärt Herder:"Das Bedürfnis der Zeit hat sich seitdem geändert, indes es an Akademien und Societäten der Wissenschaften in unserm Vaterlande weniger, als an einem Vereinigungspunkt mehrerer Provinzen zur allgemeinern, praktischen Geistes-und Sittenkultur fehlet. Die Teutsche Akademie tritt also keinem der schon vorhandenen ruhmwürdigen und verdienten Institute in den Weg: sie läßt jeder Akademie und Societät die Erweiterung und Bearbeitung der Wissenschaften, die für sie gehören; vielmehr hoffet sie von ihren Bemühungen selbst Nutzen zu ziehen, sofern solche zu ihrem Zweck dienen. Dieser ist kein andrer, als Vereinigung der geteilten, zum Teil unbekannten und zerstreuten Kräfte zu Einem Ziel der patriotischen Aufklärung. Alles was dahin abzweckt, gehört für diese Akademie; es betreffe solches das Werkzeug unsrer Gedanken, die Sprache, oder jede Wissenschaft, sofern sie nach der jetzigen Zeitenlage zum Wohl unseres Vaterlandes gehöret. Alle kleinfügige Parteilichkeit, jede Verachtung andrer Provinzen und Religionen wird von ihr ausgeschlossen sein: denn Alles was in Deutschland lebt, kann und soll für Deutschland wirken und denken..." (vgl. Anm. 175, S. 606 f.)

[178] Wieland betont die Vorteile der kulturellen Territorialisierung Deutschlands: "...wir werden keine deutsche Akademie haben, die sich anmaße über Werke des Genius ex cathedra zu entscheiden..." (Chr.M. Wieland: Gesammelte Schriften, I. Abt. Bd. 14, Berlin 1928, S. 268-279.

179 Rudolf Zacharias Becker: Der Reichs-Anzeiger, oder Allgemeines Intelli-
genz-Blatt zum Behuf der Justiz, der Polizey und der bürgerlichen Gewerbe im Deutschen Reich, wie auch zur öffentlichen Unterhaltung der Leser
über gemeinnützige Gegenstände aller Art (Nr. 28 v. 3.2.1794, S. 241 ff.;
zit. nach Hubrig 175 vgl. Anm. 1). Zu Beckers publizistischer Tätigkeit
vgl. Reinhard Wittmann: Der lesende Landmann, 118 (vgl. Anm. 126);
Kroker, 40 (vgl. Anm. 60). Im "Reichs-Anzeiger" Nr. 120 v. 15.11.1793
veröffentlichte Becker eine von der Forschung bisher nicht beachtete,
keineswegs vollständige und korrekte, aber bemerkenswerte Liste von
Akademien und Sozietäten im deutschen Sprachraum: Augsburg (Kaiserlich Franziskanische Akademie der freyen Künste); Berlin (Kgl. Preußische Akademie der Wissenschaften, Kgl. Preußische Akademie der Künste, Churmärkische Ökonomische Sozietät, Gesellschaft der Naturforschenden Freunde); Bern (Ökonomische Gesellschaft); Bremen (Physikalische Gesellschaft); Burghausen (Gelehrte Sozietät); Kassel (Gesellschaft
des Ackerbaues); Celle (Landwirtschaftsgesellschaft); Klagenfurt (Gesellschaft zur Beförderung des Ackerbaues und nützlicher Künste); Danzig
(Naturforschende Gesellschaft); Erfurt (Akademie nützlicher Wissenschaften); Frankfurt a.d.Oder (Gesellschaft zum Nutzen der Wissenschaften und
Künste); Göttingen (Kgl. Sozietät der Wissenschaften); Halle (Gesellschaft
der naturforschenden Freunde); Hamburg (Gesellschaft zur Beförderung
nützlicher Gewerbe); Hamm (Westfälische Ökonomische Sozietät); Heidelberg (Ökonomische Gesellschaft); Kaiserlich Leopoldinische Akademie der
Naturforscher (ohne Ortsangabe, da der Sitz wechselte, ab 1769 in Nürnberg, ab 1791 in Erlangen); Königsberg (Deutsche Gesellschaft); Laibach
(Agrikultur-Gesellschaft); Leipzig (Ökonomische Sozietät); Mannheim
(Akademie der Wissenschaften, Deutsche Gesellschaft); München (Akademie der Wissenschaften); Nürnberg (Gesellschaft zur Beförderung der Industrie); Oberlausitzische Gesellschaft der Wissenschaften (ohne Ortsangabe!); Olmütz (Gelehrte Gesellschaft der Incogniti); Prag (Ackerbau-Ge-
sellschaft); Zürich (Ökonomische Sozietät, Physikalische Gesellschaft). -
Diese Liste ist, ungeachtet aller Unzulänglichkeiten, hochbedeutsam, weil
sie die Akademiebewegung als Einheit begreift, jenseits aller institutionellen, fachlichen und niveaumäßigen Divergenzen und sozialen Unterschiede.
180 Zum folgenden vgl. grundlegend R. Hahn: Anatomy, 158-313 (vgl. Anm. 12).
Allgemein vgl. Eberhard Weis: Frankreich von 1661 bis 1789 (in: Handbuch
der europäischen Geschichte, hrsg. v. Theodor Schieder, Bd. 4 = Europa
im Zeitalter des Absolutismus und Aufklärung, hrsg. v. Fritz Wagner),
Stuttgart 1968, 166-308, bes. 239-303; Sergio Moravia: Il Tramonto dell'
Illuminismo. Filosofia et politica nella società francese 1770-1810, Bari
1968; weitere Literatur in Anm. 181-193.
181 Gute Analyse bei Robert Darnton: Mesmerism and the End of the Enlightenment in France, Cambridge/Mass. 1968. Erste Anerkennung in der gelehrten Welt und in der Akademiebewegung hatte Mesmers "natürliche" Heilmethode bereits 1775/76 durch die Bayerische Akademie der Wissenschaften erhalten, an der er Experimentalvorträge hielt und deren Mitglied er
wurde (vgl. Graßl: Aufbruch zur Romantik, 154-162; vgl. Anm. 57). - Zur
Situation von Kultur, Gesellschaft, Geistesleben in dem vorrevolutionären

Frankreich vgl. u. a. Suzanne Delorme: Académies et Salons (La Synthèse. Idée Force dans l' évolution de la pensée), Paris 1951, 115-133; C.A. Lopez: Mon cher Papa: Franklin and the Ladies of Paris, New Haven 1966; Irene Himburg-Krawehl: Marquisen, Literaten, Zeitkommunikation im französischen Salon des 18. Jahrhunderts (Dialogos 4), 1970; über theosophisch-mystische Strömungen, Geheimgesellschaften vgl. etwa René Le Forestier: La Franc-Maçonnerie Templière et occultiste au XVIIIe et XIXe siècle, hrsg. v. Antoine Faivre, Paris-Louvain 1970; Antoine Faivre: L'ésoterisme au XVIIIe siècle en France et en Allemagne, Paris 1973. Ferner das klassische Werk von Daniel Mornet: Les origines intellectuelles de la Révolution francaise 1715-1789, (7. Aufl.) Paris 1967.

[182] Interessante Ansätze zu einer Verortung dieser Gruppen bei Robert Darnton: The Grub Street Style of Revolution: J. P. Brissot, Police Spy (Journal of Modern History 40), 1968, 301-327; ders.: High Enlightenment and Literary Low Life in pre-revolutionary France (Past and Present 51), 1971, 81-115; Hinweise bei Jules Bertaud: La vie littéraire qu XVIII siècle, Paris 1954. - Für Deutschland und England vgl. Klaus Gerteis: Bildung und Revolution. Die deutschen Lesegesellschaften am Ende des 18. Jahrhunderts (Archiv für Kulturgeschichte 53), 1971, 127-140; Marlies Prüsener: Lesegesellschaften im 18. Jahrhundert, Frankfurt 1973; Nipperdey, 2 ff. (vgl. Anm.3); für Mainz vgl. Dreyfus u. Blanning (vgl. Anm. 107); John Morney: Taverns, Coffee Houses and Clubs: Local Politics and popular activity in the Birmingham Area in the Age of the American Revolution (Historical Journal 14), 1971, 15-48. Vgl. auch Anm.185.

[183] Vgl. u. a. Charles C. Gillispie: The Encyclopedie and the Jacobin Philosophes of Science: a Study of Ideas and Consequences (in: Critical Problems in the History of Sciences, hrsg. v. M. Claggett), Madison 1959, 255-289; ders.: Science and the French Revolution (Behavioral Science 4), 1959, 67-73; Hahn: Anatomy 135 ff., 150-155 (Fall Marat, Brissot).

[184] Maurice Crosland: The History of French Science (French Historical Studies 8), 1973, 157-172; J. Roger: Les sciences de la vie dans la pensée française du XVIII siècle, Paris 1963; René Taton (Hrsg.): Enseignement et diffusion des sciences en France au XVIIIe siècle, Paris 1964; G. Bachelard: La formation de l'esprit scientifique, Paris 1965; Sergio Moravia: La scienza dell' uomo nel settecento, Bari 1970 (deutsche Übersetzung: Beobachtende Vernunft. Philosophie und Anthropologie in der Aufklärung, München 1973); ders.: Philosophie et médecine à la fin du XVIIIe siècle (Studies on Voltaire and the eighteenth Century, hrsg. v. Th. Besterman, Bd.89), Genf 1972, 1084-1152; ders.: Il tramonto (vgl. Anm.180); M. Dudet: Anthropologie et histoire au siècle des lumières, Paris 1971; G. Gusdorf: Les sciences humaines et la pensée occidentale, Bd.5: Dieu, la nature et l'homme au siècle des lumières, Paris 1972.

[185] "The musées of Court de Gébelin and P. C. de la Blancherie seem even to have served as counter-academies and anti-salons to the multitude of philosophes who could not get a hearing elsewhere" (R. Darnton: High Enlightenment and Literary Low Life 100, vgl. Anm.182). An Court de Gébelin, Verfasser eines siebenbändigen Werkes "Le monde primitif comparé avec le monde moderne" (Paris 1773/82) läßt sich auch die Verbindung von prä-

revolutionärer Wissenschaft und mystisch-spiritualistischen Geheimgesellschaften nachweisen (vgl. Le Forestier, 518 f., 530, 734-737, 626; vgl. Anm.181). - Über Pahin de Champlaid de la Blancherie, Herausgeber einer populärwissenschaftlichen Zeitschrift "Les nouvelles de la Republique des lettres et des arts" (Paris 1777/87), vgl. Fay, 265 (Anm.1); Hahn: Anatomy, 107; Arthur Birembaut: A propos d'une publication récente sur Lavoisier et le Lycée des Arts (Revue d'Histoire des Sciences 11), 1958, 267-273. Zu den gleichzeitig bzw. wenig später anzusetzenden ersten deutschen "Museums"- bzw. Lesegesellschaften vgl. Anm.182. Eine vergleichende Studie wäre zu wünschen.

186 Allgemein vgl. Werner Krauß: Entwicklungstendenzen der Akademien, 45, 481 (vgl. Anm.1), der m.E. zu Recht von einer "planmäßigen Eroberung der Akademien durch die Aufklärung" spricht, ebenso P. Gay: Enlightenment 11, 79-83 (vgl. Anm. 39).

187 Zu Caspar Monge (1746-1818) vgl. die Angaben bei Hahn: Anatomy, 359 f. (vgl. Anm. 12); eine moderne Biographie von Gilbert Romme fehlt; vgl. Hahn, 218 f., 248-255, 262-266; zu Fourcroy vgl. Anm.112.

188 Hahn: Anatomy, 217; vgl. dort auch die Darstellung 195-251; ferner Darnton: High Enlightenment and Literary Low Life, 113 f. (vgl. Anm.182).

189 Charles W. Burr: Jean Paul Marat. Physician, Revolutionary, Paranoic (Annals of Medical History 11), 1919, 248-261; Louis R. Gottschalk: J.P. Marat, a Study in Radicalism, New York 1927; Hahn: Anatomy, 150-155 (vgl. Anm.12); S. Moravia: Il tramonto (vgl. Anm.180).

190 Carnot hatte 1777/78 und 1779/80 Preisfragen der Berliner Akademie über Infinithesimalrechnungen und 1784/85 die Frage der Pariser Académie des Sciences zur "théorie des machines simples" bearbeitet. Vgl. Charles C. Gillispie: Lazare Carnot, Savant, Princeton 1971.

191 Marcel Reinhard: Correspondance de Babeuf avec l'Académie d'Arras 1785-1787, Paris 1961; Léon-Noel Berthe: Dubois de Fosseux, sécretaire de l'Académie d'Arras 1785/92 et son bureau de correspondance, Arras 1969; ders.: Le Problème de l'âge et climat révolutionnaire: le cas de l'Académie d'Arras 1789/94 (Mélanges de sciences religieux 28), Lille 1971. - Robespierre war am 15.11.1783 in die Akademie zugewählt worden und hatte 1784 und 1786 Vorträge zur Gesetzgebung über illegitime Kinder gehalten. Babeuf stand mit der Akademie 1785/88 in Kontakt und behandelte eine Preisfrage über Handel und Straßen im Artois. Am 14.4. 1787 schrieb er an die Akademie: "... à quelque moment de loisir j'aurai l'avantage de vous dire ce que je pense sur le changement du monde entier" (Reinhard, 80).

192 Hahn: Anatomy, 159-225 (vgl. Anm.12); vgl. auch Louis Hautecour: Pourquoi les Académies furent-elles supprimées en 1793? (Revue des Deux Mondes 240), Paris 1959, 593-604. - Zu Condorcet vgl. Anm.152; zu Antoine-Laurent Lavoisier (1743-1794) vgl. Literatur bei Hahn: Anatomy, 353 ff., vor allem L. Scheler: Lavoisier et la Révolution française, 2 Bde. Paris 1956/60; L. Velluz: La Vie de Lavoisier, Paris 1966; René Fric (Hrsg.): La Correspondance de Lavoisier, Paris 1955 ff.

193 René Taton: The French Revolution and the Progress of Science (Centaurus 3), 1953, 73-89; L.P. Williams: Science, Education and the French

Revolution (Isis 44), 1953, 311-330; grundlegend jetzt Joseph Fayet: La Révolution française et le science 1789-1795, Paris 1960; James A. Leith: French Republican Pedagogy in the Year II (Canadian Journal of History 3), 1968, 52-67; S. Moravia: Il tramonto (vgl. Anm.180), bes. 171-181; A. Léon: La Révolution française et l' éducation technique, Paris 1968; P. Huard: Science, Médicine et Pharmacie de la Révolution à l' Empire, Paris 1970; Hahn: Anatomy, 252-286 ("Democratic Science").

194 Fr. Crouzet: Bilan de l' économie britannique pendant les guerres de la Révolution et de l'Empire (Revue Historique 234), 1965, Seite 71-110;

195 W.O. Henderson: Britain and Industrial Europe, 1750-1871, (2. Aufl.) Leicester 1972; Comte de Franqueville: Le premier siècle de l'Institut de France, 2 Bde., Paris 1895; Hahn:Anatomy, 263-313 mit weiterer Literatur. Das Institut wurde auf der letzten Sitzung des Nationalkonvents am 25. 10. 1795 gegründet.

196 Georges Lacour-Gayet: Bonaparte, Membre de l'Institut, Paris 1921; Frank G. Healey: The Literary Culture of Napoleon, Genf 1959; J. C. Herold: Bonaparte in Egypt, London 1962; J.P. Williams: Science, Education and Napoleon I (in: The Rise of Science in Relation to Society, herausgegeben von L. M. Marsak), New York 1964, 80-91; Raymond I. Maras: Napoleon, patron of sciences (The Historian 21), 1958, 46-62; Paul V. Aubry: Monge, Le Savant Ami de Napoléon Bonaparte, Paris 1954; M. Crosland (vgl. Anm.198); ferner R. Tresse: Le Conservatoire des Arts et Métiers et la Société d'Encouragement pour l'Industrie nationale au debut du 19e siècle (Revue d'histoire des Sciences 5), 1952, 246-264.

197 Sergio Moravia: Beobachtende Vernunft, München 1973 (ital. Orig. Bari 1970; vgl. Anm.184).

198 Maurice Crosland: The Society of Arcueil. A View of French Science at the Time of Napoleon I, London 1967; hierzu René Taton in: Revue d'Histoire des Sciences 26 (1973), 77 ff. - Gründer dieser Sozietät waren Laplace und Berthollet; Hauptattraktion wurde das bereits 1801 von Berthollet eingerichtete chemische Laboratorium, in dem Gay-Lussac als "Assistent" tätig war. Die Gesellschaft umfaßte fünfzehn Mitglieder, von denen neun gleichzeitig der Londoner Royal Society (und selbstverständlich dem Pariser Institut) angehörten.

199 Ettore Bartolotti: L'Accademia delle Scienze di Bologna durante l'epoca Napoleonica e la restaurazione pontificia, Bologna 1936; auf Geheiß Napoleons wurde in Florenz die Accademia della Crusca auch 1811 erneuert.

200 Zu Rumford vgl. die in Anm. 52 genannten Werke, ferner J. Tyndale: Count Rumford, Originator of the Royal Institution, London 1883; zur jüngsten großen Publikation aus dem Archiv der Royal Institution vgl. Anm. 3.

201 Vgl. Anm. 12.

202 Die Geschichte dieser Neuorganisation ist noch nicht geschrieben; wichtige Hinweise bei Bachmann (vgl. Anm.57); ferner bei Philipp Funk: Von der Aufklärung zur Romantik, München 1925; Helmut Rößler:Österreichs Kampf um Deutschlands Befreiung, Bd.1, Hamburg 1940, 441-465; Franz Dobmann: Georg Friedrich Frhr. v. Zentner als bayerischer Staatsmann 1799-1821. (Münchener Historische Studien, Abt. Bayer. Geschichte, hrsg. v. Max Spindler, Bd. 6), 1961.

203 Grundlegend bleibt Harnack (vgl. Anm. 15); sich mit den anregenden, aber
auch zum Widerspruch herausfordernden Thesen von Frank R. Pfetsch:
Zur Entwicklung der Wissenschaftspolitik in Deutschland 1750 bis 1914
(Berlin (W) 1974) auseinanderzusetzen, ist hier nicht der Ort; vgl. bes.
im 5. Kapitel die "Analyse der ersten wissenschaftlichen Organisationen
im Hinblick auf Status und geopolitische Reichweite" (S. 218-225). - Bemerkenswert ist, daß auch während dieser spannungsgeladenen Experi-
mentierphase 1799 bis 1815 in Wien eine Akademie der Wissenschaften
wiederum nicht zustandekam; trotz aller Projekte, etwa von Fr. Chr. Per-
thes (1809), Friedrich Schlegel (1810 "Hoher deutscher Rat für Wissenschaft und Kunst") und J. Kopitar (Akademie der Wissenschaften für die
slawischen Völker mit Sitz in Wien); vgl. die Hinweise bei Eduard Winter:
Frühliberalismus in der Donaumonarchie. Religiöse, nationale und wissenschaftliche Strömungen von 1790 bis 1868 (Beiträge zur Geschichte
des religiösen und wissenschaftlichen Denkens, hrsg. von E. Winter und
H. Mohr, Bd. 7), Berlin (O) 1968, 40 f., 47 f. Zu älteren Wiener Plänen
vgl. Anm. 29, 164 f.

204 Vgl. Anm. 74 (London), 77 (St. Petersburg), 50 (Bern) und 63, 79 (Hamburg).

205 Da diese Thematik den Rahmen vorliegender Studie weit übersteigt, sei nur
kurz verwiesen auf Thomas Nipperdey: Verein als soziale Struktur in
Deutschland im späten 18. und frühen 19. Jahrhundert (in: Geschichtswissenschaft und Vereinswesen im 19. Jahrhundert = Veröffentlichungen des
Max-Planck-Instituts für Geschichte 1), Göttingen 1972, 1-44; Hermann
Heimpel: Geschichtsvereine einst und jetzt (ebenda 45-73); ders.: Organisationsformen historischer Forschung in Deutschland (Historische Zeitschrift 189), 1959, 133-222 (mit überscharfer Kritik an der Leistung der
Akademien des 18. Jahrhunderts); Manfred Erdmann: Die verfassungspoli-
tische Funktion der Wirtschaftsverbände in Deutschland 1815-1871, Hamburg 1968; Frank R. Pfetsch (vgl. Anm. 203). - Die Zahl genauer Untersuchungen über historische bzw. naturwissenschaftlich-technische oder landwirtschaftliche Vereine des frühen 19. Jahrhunderts reicht keineswegs aus;
es ließe sich eine teils personale, teils sachliche Kontinuität zur Akademie-
und Sozietätsbewegung des 18. Jahrhunderts feststellen, gerade auch was
die ursprüngliche Breite des Arbeitsbereiches betrifft. So hatte der 1830
gegründete Historische Verein von Regensburg und Oberpfalz bis 1861 auch
Naturgeschichte und Mineralogie in sein Programm aufgenommen; vgl. G.
Völkl: Werden und Wirken des Historischen Vereins für Oberpfalz und Regensburg (Verhandlungen des Historischen Vereins für Oberpfalz und Regensburg 96), 1955, 7-70; vgl. auch Ignaz Zibermayr: Die Gründung des
oberösterreichischen Musealvereins (Jahrbuch des oberösterreichischen
Musealvereins 85), Linz 1933, 100 ff.; Gertrud Stetter: Die Entwicklung
der historischen Vereine in Bayern bis zur Mitte des 19. Jahrhunderts,
Phil. Diss. München 1963. - Während für die österreichischen Lande die
Kontinuität zwischen manchen ökonomischen (Ackerbau-) Sozietäten des 18.
und den landwirtschaftlichen Vereinen des frühen 19. Jahrhunderts geklärt
ist, fehlt für die Burghausener sittlich-ökonomische Gesellschaft (vgl.
Anm. 82) eine entsprechende Studie über die Spätphase. - Auf naturwis-
senschaftlich-technischer Seite vgl. neuerdings Herbert Pfisterer: Tech-

nisch-wirtschaftliches Denken und Wirken im vorindustriellen Bayern im
Spiegel des Polytechnischen Vereins (Miscellanea Bavarica Monacensia
41, hrsg. v. K. Bosl und M. Schattenhofer) 1973; über die Frühzeit der
Gesellschaft Deutscher Naturforscher und Ärzte 1820/28 handelt Pfetsch,
252-258 (vgl. Anm. 203). Vorbildliche Studien bei A. D. Orange: Philosopher and Provincials. The Yorkshire Philosophical Society from 1822 to
1844, York 1973, sowie in der von Th. Nipperdey angeregten Magisterarbeit
von Ingo Tornow: Das Münchener Vereinswesen im frühen 19. Jahrhundert
(1800-1830), München 1974.

Nachträge

Zur holländischen Akademiebewegung vgl. u.a.: R.J. Forbes (Hrsg.): Mar-
tinus van Marum, Life and Works (1750-1837), Bd.3, Haarlem 1971, bes.
S. 1-66 (u.a. über Preisfragen!).
C. Ricci: L'Accademia dei Fisiocritici in Siena 1671-1971. Siena 1972;
J. Laglstorfer: Der Salzburger Sykophantenstreit um 1740. Diss. Salzburg
1971 (Masch.); J.Chr. Lebreton: Le Société Royale des Sciences et des Arts
de Metz 1757-1793. Paris 1973; A. Blanpied: Notes for a study on the early
scientific Work of the Asiatic Society of Bengal, Kalkutta 1784. In: Paedagogica Historica 12, 1973, S. 121-144; G. Ricuperati: Pio Nicolò Garelli, pre-
decessore del van Swieten nella Hofbibliothek. In: Gerard van Swieten und
seine Zeit a.a.O., S. 137-153; F. Nicolini: Della Società Nazionale di Scienze, Lettere e Arti e di talune accademie napoletane che la precederono. Neapel 1974; C.B. O'Keefe: Contemporary Reactions to the Enlightenment, a
Study of three critical Yournals, 1728/62. Genf 1974; W. Stone Bruce: The
Role of Learned Societies in the Growth of Scientific Boston. Diss. Univ. of
Boston 1974 (Masch.); Ch. Webster: New Light on the Invisible College. In:
Transactions of the Royal Historical Society 24, 1974, S. 18-42; P. und J.
de Demerson/F. Aguilar Pinal: Las sociedades economicas de amigos del
pais en el siglo XVIII. San Sebastian 1974; F. Castelo-Branco: Significado
cultural das Academias de Lisboa no seculo XVIII. In: Bracara Augusta 28,
1974, S. 31-57; O. Sonntag: The Motivation of the Scientist. The Self-Image
of Albrecht v. Haller. In: Isis 66, 1974, S. 336-351; ders.: A. v. Haller on
Academies and the Advancement of Science: the case of Göttingen. In: Annals
of Science 32, 1975, S. 379-391; J.R. Jacob: Restoration, Reformation and
the Origins of the Royal Society. In: History of Science 13, 1975, S. 155 ff.
T. Mc Claughlin: Sur les rapports entre la compagnie de Thévenot et l'Académie royale des Sciences. In: Revue d'histoire des sciences 28, 1975, Seite
235-242; L. Hammermayer: Die Forschungszentren der deutschen Benediktiner und ihre Vorhaben. In: Historische Forschung im 18. Jahrhundert =
Pariser Historische Studien 13, Bonn 1976, S. 122-191; ders.: Barock und
frühe Aufklärung. Zur Wissenschafts- und Geistesentwicklung in Bayern
ca. 1680-1730. In: Kurfürst Max Emanuel und seine Zeit. München 1976.

DIE KATHOLISCHEN ORDEN
UND DIE WISSENSCHAFTSPOLITIK IM 18. JAHRHUNDERT

Von Eduard Winter

Über die Rolle der katholischen Orden während der Aufklärungszeit in der Wissenschaftspolitik der Staaten, die in meinen Arbeiten [1] ausführlich dargestellt worden ist, können im Rahmen dieses
Aufsatzes nur Hinweise und einige besonders eindrucksame Beispiele gegeben werden, die vor allem den Jesuitenorden betreffen, weil
er unter den katholischen Orden in dieser Beziehung besonders her-
vorragt. Dabei sind verschiedene Faktoren in Betracht zu ziehen, unter ihnen vor allem aber die gesellschaftliche Entwicklung.

Die Aufklärung ist aufs engste mit dem Aufstreben des Bürgertums verbunden. Diesen Übergang vom Feudalismus zum bürgerlichen Nationwerden hat der Jesuitenorden zu wenig berücksichtigt.
Er war ganz im Sinne seines Stifters Ignaz von Loyola ein aristokra-
tischer Orden, der die Aufgabe hatte, Eliten im Geist der römisch-
katholischen Kirche als Kämpfer heranzuziehen. Diesen Eliten gehörte die Macht, und sie sollten sie mit der entschiedenen ideologischen Hilfestellung des Ordens behalten. Auf dieser Feudalmacht
beruhte wieder die Macht der katholischen Kirche. Das waren die
einfachen Gedankengänge, und es genügt, die Jahresberichte der ma-
rianischen Kongregationen an den katholischen Universitäten durch-
zusehen, um diese auch für die Wissenschaftspolitik des 18. Jahrhunderts wichtigen Überlegungen zu erkennen.

Aber natürlich war es nicht nur die politische Macht, an die sich
der Orden anlehnte, sondern er suchte vor allem eine geistige Entsprechung zu schaffen. Die mittelalterliche Scholastik wurde in zeit-
gemäßer Anpassung als Neuscholastik unter großem Aufwand an
Kraft und Geschick so aufgebaut, daß selbst an protestantischen Universitäten im 17. und 18. Jahrhundert nach Suares Philosophie vorgetragen wurde. Diese Philosophie wurde gepflegt und verteidigt gegen eine immer stärker werdende neue Auffassung, die vor allem
von der Entwicklung des Wissens über die Fortschritte in der Physik stärkste Impulse erhielt. Hier ist vor allem Cartesius zu nennen.
Jeder Einfluß, der von diesem neuen Weltbild ausging, sollte mit aller Kraft verhindert werden, wenn es nicht anders ging, durch Spitz-
findigkeiten und selbst durch Verleumdung der Gegner. Die ewigen
Mittel, um die Macht zu bewahren, wurden skrupellos auch auf dem
Gebiete des Denkens angewandt.

Diese Methode hat Pascal in seinen achtzehn Provinzialbriefen eingehend analysiert [2] . Der Kapuziner Valerian Magni, ein Schüler Keplers, der in Prag, Wien und Warschau im 17. Jahrhundert gewirkt
hat, war ein frühes Beispiel und eines der spektakulärsten Opfer dieser Methode. Seine Auseinandersetzung mit dem Jesuitenorden, die
1631 mit seiner Schrift "Judicium de acatholicorum regula credenti"
begann und mit seinem Tode auf dem Wege zur Inquisition nach Rom
1663 aufhörte, war ein wichtiges Vorgefecht für die Wissenschaftspolitik der katholischen Orden im 18. Jahrhundert. Schon in seiner
ersten Schrift 1631 bekämpfte der mutige Kapuziner die Meinung, daß
ein neues Denken, welches von veränderten gesellschaftlichen Voraussetzungen getragen wird, mit Gewalt unterdrückt werden könne. Auch
in dem Verharren bei der Neuscholastik, wie es der Jesuitenorden
ganz folgerichtig pflegte, konnte Valerian Magni bei den Fortschrit-
ten der Welt- und Naturerkenntnisse, wie er in seiner Schrift "Prin-
ceps specimen philosophiae" (1652) darlegte, keine geeignete philosophische Grundlage für die wissenschaftliche Weiterentwicklung sehen. In diesem Punkt war er zu sehr ein Schüler Keplers. Er kämpf-
te deswegen auch gegen das Bildungsmonopol des Jesuitenordens an
der Universität Prag, das mit dem Monopol für das gesamte Bildungswesen in Böhmen verbunden war. Um es zu brechen, gelang es dem
Kapuziner schon 1627, eine von Nicht-Jesuiten geleitete Nebenuniver-
sität, das Ernestinianeum, zu errichten. Das forderte die Jesuiten
heraus; ein so gefährlicher Gegner sollte mit allen Mitteln vernichtet
werden, so daß Valerian Magni den Aufschrei tat: "Ihr lügt unver-
schämt", einen Ruf, den Pascal geradezu als Motto seiner Provin-
zialbriefe auffaßte und die Aufhebung des Ordens forderte. Aber
1660 war die Entwicklung noch nicht so weit fortgeschritten, und Valerian Magni wurde durch die Inquisition gewaltsam zum Schweigen
gebracht. Dieses Vorspiel im 17. Jahrhundert erklärt vieles in der
Wissenschaftspolitik der katholischen Orden während der folgenden
Zeit.

Um den Jesuiten das Bildungsmonopol zu entwinden, setzte dann im
18. Jahrhundert die österreichische Universitätsreform an, indem
sie versuchte, Geometrie, Geographie, Arithmetik und Geschichte
entweder auf neuen Grundlagen oder in ganz neuer Form unterrichten
zu lassen, und nicht nur von Jesuiten. Wie sehr sich diese gegen die
Maßnahmen, welche ihre Monopolstellung gefährdeten, und gegen jede Abkehr von der neuscholastischen Grundschulbildung sträubten,
zeigen die Berichte [3] über die Auseinandersetzungen in der Universität Olmütz im Jahre 1751 an den Oberstkanzler Graf Haugwitz, der
versuchte, den ganzen Verwaltungsapparat in der Donaumonarchie

neu aufzubauen. Vor allem in den Vorschlägen der von Haugwitz ein-
gesetzten Studienreformkommission, die Naturwissenschaften auf
der Grundlage einer nichtscholastischen Philosophie vortragen zu
lassen, sahen die Jesuiten einen "Kunstgriff des Teufels". Das Scheitern der Societas incognitorum in Olmütz hingegen war nicht zuletzt
den Kunstgriffen der Jesuiten zuzuschreiben.

Nach dem Prinzip: "Wer die Jugend hat, dem gehört die Zukunft",
stand die Jugenderziehung für den Jesuitenorden im engsten Zusammenhang mit der Erhaltung der Macht. Das ganze Erziehungssystem
des Ordens war, wie die "Ratio studiorum" (endgültige Fassung 1599)
deutlich ausspricht, darauf zugeschnitten, gefügige Mitglieder der
katholischen Kirche heranzubilden. An ihr hielt die Ordensleitung bis
kurz vor der Aufhebung des Ordens eisern fest. Der Jesuitenorden
glaubte an die Macht, und diese schien den adeligen Herren zu gehören, die die Schlüsselpositionen im Staat beherrschten. Diese adeligen Herren im Geiste der katholischen Kirche mit dem Papst an der
hierarchischen Spitze zu erziehen, war das Hauptanliegen des Ordens.
Dazu glaubte er sich allein berechtigt, denn nur ein weltanschauliches
und erprobtes System durfte herrschen, wenn die Macht erhalten bleiben sollte. Das war dann auch der Grund dafür, daß es so viele Adels-
konvikte und Adelskongregationen gab, denen von den Vätern die größte Sorgfalt gewidmet wurde. Kaum hatte z.B. der Orden 1820 aus
Rußland, wo er unter dem Protektorat der Kaiserin Katharina II.
weiterexistierte, weichen müssen, so gründete er schon an der russischen Grenze in Ostgalizien ein Gymnasium mit Adelskonvikt, und
das, obwohl sich inzwischen die Zeiten sehr geändert hatten.

Mit dem Bewußtsein der Macht verbindet sich immer ein Gefühl
der Überheblichkeit, besonders, wenn alles nur zur größeren Ehre
Gottes geschieht. Die geistigen Urväter des Ordens wie etwa Rodri-
gues waren sich dieser Gefahr bewußt und empfahlen deswegen die
Demut. In der Praxis wurde sie dann aber doch zu einer "buckligen
Demut", hinter der nur zu oft um so deutlicher die Überheblichkeit
des Machtbewußtseins meist recht naiv hervorschaute. Diese naive
Überheblichkeit brachte dem Jesuitenorden entschiedene Feinde ein,
und zwar besonders unter den anderen Orden, bei denen noch der Neid
auf die scheinbaren Erfolge mitspielte. Und diese Überheblichkeit
(Gott ist mit uns!) ließ die Jesuiten viele Gefahren, die ihrem Macht-
system drohten, überhaupt nicht oder zu spät erkennen. Das Repertoire der Macht ist eben, wie jedes menschliche Repertoire, sehr
eng und hat seine negativen Seiten.

Unter diesen Voraussetzungen wurden im 18. Jahrundert die Auseinandersetzungen um die Unterrichtsstätten zwischen den katholi-

schen Orden besonders hart: Wo ihr Unterrichtsmonopol gefährdet
schien, waren die Jesuiten äußerst empfindlich. Dieses glaubte der
Orden unbedingt für sich beanspruchen zu müssen, um eine von Rom
geleitete einheitliche katholische Weltanschuung garantieren zu können. Der katholische konfessionelle Absolutismus, an dem nach Auffassung des Ordens Fürsten wie Adel interessiert sein mußten, schien
nur durch ein einheitliches, nach der "Ratio studiorum" vom Jahre
1599 ausgerichtetes Denken gesichert. Jede Konkurrenz auf diesem
Gebiet erschien untragbar und wurde vom Jesuitenorden aufs entschie-
denste bekämpft. Im Vordergrund stand dabei der Widerstand gegen
die vordringende Aufklärung, die als große Gefahr für die geistige
Herrschaft der Kirche von den gläubigen Katholiken unbedingt und in
jedem Falle abgewehrt werden sollte. Da nun aber Aufklärung und
Wissenschaftpolitik im 18. Jahrhundert aufs engste zusammenhän-
gen, spielen diese Auseinandersetzungen in und zwischen den katholischen Orden für letztere eine so wichtige Rolle.

Vor allem waren es die Benediktiner, die sich in Deutschland, Österreich und Böhmen, wenigstens in einigen ihrer Klöster, um den Durchbruch der Aufklärung in einer milden Form - der katholischen Aufklärung - bemühten. Da sie sich gleichzeitig in sogenannten Ritterakademien um die Bildung des Adels kümmerten, wurden sie von den Jesuiten als besonders gefährlich für das Bildungsmonopol angesehen und
dementsprechend bekämpft. Schon 1715-1717 waren österreichische
Benediktinerklöster, vor allem Melk, Göttweig und Kremsmünster,
zu Mittelpunkten maurinischer Gelehrsamkeit geworden, welche am
Durchbruch der Aufklärung in Europa nicht wenig beteiligt war. Sympathien mit dem Jansenismus verband diese mit einer kritischen Geschichtsforschung, die vor allem der barocken Heiligenverehrung auf
Grund einer sorgsam gepflegten Quellenkunde energisch und ganz entschieden entgegentrat.

So ist die Einladung eines solchen Erzketzers, wie es la Croze war,
durch den Benediktinerabt Bessel im Jahre 1731 nach Göttweig, um
dort der Stiftsbibliothek vorzustehen, gar nicht so merkwürdig, wie
es im Augenblick scheinen mag. La Croze hatte 1696 das Mauriner-
kloster St. Germain des Prés in Paris heimlich verlassen und war
in Berlin äußerlich Calviner geworden. Das französiche calvinisti-
sche Konsistorium in Berlin hielt ihn freilich wegen seiner aufgeklärt kritischen Auffassungen über Religion und Kirche auch für einen
Ketzer. Er hatte sich als Orientalist und Kirchenhistoriker einen Namen gemacht. Vor allem in seiner Geschichte des Christentums in
Indien (1729) hatte er die Missionspraktiken der katholischen Orden,
vor allem der Jesuiten, mit ätzender Kritik bedacht. Trotzdem er-

folgte zwei Jahre später diese Einladung, auf Grund deren er in der
Stiftsbibliothek Göttweig seine letzten Lebensjahre sehr angenehm
verbringen konnte. Die einzige Voraussetzung dafür war, daß er wieder katholisch würde. An seiner radikal aufgeklärten Gesinnung nahm
der gelehrte Benediktinerabt offensichtlich keinen Anstoß, im Gegenteil - sie war ihm eine Empfehlung. Dieses Beispiel zeigt, wie tief
schon die Risse waren, die die verschiedenen katholischen Orden voneinander trennten.

Wenn wir dieses berücksichtigen, verstehen wir auch die heftigen
Kämpfe, die die 1741 reorganisierte Universität Salzburg, welche sich
in den Händen des Benediktinerordens befand, umbrandeten. Mit ihr
im Zusammenhang, oder jedenfalls von ihr geistig gespeist war eine
Reihe von sogenannten Ritterakademien der Benediktinerstifte wie
Ettal in Bayern und Kremsmünster in Österreich, Institute, die eine
höchst gefährliche Konkurrenz für das Bildungsmonopol des Jesuitenordens darstellten. Gegen die Versuche der Benediktiner, auch in
Prag-Břevnov in Böhmen und in Olmütz in Mähren gleichfalls solche
Akademien um die Mitte des 18. Jahrhunderts durchzusetzen, wehrte
sich der Jesuitenorden freilich mit Erfolg.

Die von den Benediktinerklöstern Österreichs und Süddeutschlands
beschickte Universität Salzburg wurde von großer Bedeutung für den
Einbruch der Aufklärung in Österreich. Bis zur Mitte des 18. Jahrhunderts war sie noch von der Neuscholastik als philosophischer Grundlage nicht nur der Theologie, sondern auch des konfessionellen Absolutismus geprägt, aber schon 1740 zeigte der sogenannte Sykophantenstreit einen deutlichen Umschwung an. Süddeutsche Benediktiner, so
z.B. Desing und Zellwein, gründeten mit adeligen Studenten, die später Vorkämpfer der katholischen Aufklärung in Österreich werden
sollten, wie die Firmian und Thun, eine wissenschaftliche Gesellschaft
ähnlich der Societas incognitorum in Olmütz, die sich dem Studium
der Schriften Muratoris widmete [4].

Der Gleichklang von Murarii (Muratorianer) und Muraii (Freimaurer) verleitete übrigens die in die Defensive gedrängten Vertreter der
Neuscholastik zur Anzeige, daß hier eine Freimaurerloge gegründet
worden sei, die von der katholischen Kirchenleitung in Rom unter der
Strafe der Exkommunikation verboten war. Die Aufdeckung dieses Miß-
verständnisses erregte das Gelächter des gebildeten Europa. Inzwischen war es schon 1741 an der Universität Salzburg zu einem Umschwung zu Gunsten der Rezeption der Philosophie von Christian Wolff
gekommen. Von 1744 bis 1759 amtete hier der Benediktiner Vogl aus
dem Stift Kremsmünster als Rektor, der die Physik nach Newton und
eine eklektische Philosophie nach Leibniz und Wolff durchsetzte.

Parallel zu der Universität Salzburg wurde 1744 im Benediktiner-
stift Kremsmünster eine Ritterakademie gegründet, die das Schulmo-
nopol der Jesuiten für das höhere Schulwesen ernstlich bedrohte. Auch
hier wurde 1745 stillschweigend die Philosophie Wolffs gelehrt. Neben körperlichen Übungen pflegte man an dieser Anstalt vor allem Geschichte, die deutsche Sprache und die Naturwissenschaften. 1749
entstand hier auch eine Sternwarte, die der Professor für Astronomie
leitete, und Desing schrieb für die höheren Schulen ein Lehrbuch der
Geographie. Von 1744 bis 1747 lehrte hier auch ein besonders ein-
drucksamer, leider immer noch viel zu wenig bekannter Wissen-
schaftspolitiker, I.S.B. Popowitsch, ein gebürtiger Slowene, der sich
aber auch um die Pflege der deutschen Sprache große Verdienste erworben hat. Als universaler Geist wirkte er nicht nur als Slawist und
Germanist, sondern auch als Historiker, Zoologe und Botaniker. Um
die Pflege der deutschen Sprache systematisch zu betreiben, ging er
1747 nach Leipzig zu Gottsched. Dessen Sprachmeisterei erschien
ihm zu eng für eine Pflege der deutschen Sprache zu sein, die deren
ganze Lebendigkeit, wie sie sich in den zahlreichen Dialekten offenbart, erfaßt, und so begründete er eine eigene deutsche Sprachkunst
die gerade den Mundarten die größte Beachtung schenkt. Seine Schrift
"Vom Meer" (1750) gab dazu eine erste Einführung. 1753 wurde er,
der als Lehrer an der Ritterakademie des Benediktinerstiftes Kremsmünster begonnen hatte, der erste Professor für deutsche Sprache
an der Universität Wien. Diese neuen Lehrversuche in Kremsmünster
legten den Grund für die österreichische Schulreform, die sich unter
der Ägide van Swietens in den Jahren 1750-1755 Bahn brach.
  Aber auch in den böhmischen Ländern wird im 18. Jahrhundert die
wissenschaftliche Bedeutung einiger Orden offensichtlich. Hier sind
es vor allem die Piaristen, die sich, wie auch andernorts, als Bahnbrecher der Aufklärung gerade auf wissenschaftlichem Gebiet her-
vortaten. So widmete sich am Anfang des 18. Jahrhunderts der aus
Landskron an der böhmisch-mährischen Grenze stammende Piarist
Langer mit Erfolg astronomischen Studien, die sich auf Newton
stützten. Der aus Auspitz in Mähren gebürtige Piarist A.Th. Sackl
kam, ähnlich wie Leibniz, von der Philosophie zur Mathematik.
Leibniz schätzte Sackls Arbeiten hoch ein und setzte sich mit ihm
1711 in den "Acta eruditorum" auseinander.
  Langer und Sackl begründeten eine mathematische Schule, die weit
über die böhmischen Länder hinauswirkte. Im Piaristenorden interessierte man sich sogar frühzeitig für die Atomistik. Freilich erhielt der Piarist Lainkor in Nikolsburg durch den Ordensgeneral zur
Druckgenehmigung eines Manuskripts, das der Atomistik gewidmet

war, noch 1703 die sonderbare Auflage, wenigstens in der Vorrede zu betonen, daß er mit seiner Schrift nicht Thomas von Aquin widersprechen wolle. 1753 hingegen bescheinigte der Piaristengeneral der Wolffschen Philosophie aber schon ganz offiziell, daß sie ein wichtiger Bundesgenosse im Kampf gegen den Atheismus sei.

Der Piaristenorden bemühte sich um eine tüchtige Mittelschulbildung für die bürgerliche Klasse, die wissenschaftlich begründet sein sollte. Diese Tätigkeit wurde auch von den Jesuiten geduldet; aber dadurch, daß die Piaristen den Realienunterricht besonders bevorzugten - dazu gehörten Mathematik als Grundlage, die Pflege der Muttersprache als Sprache der Bürger und eine von der Scholastik nicht gehemmte Beschäftigung mit der Physik als Voraussetzung für eine zeitgemäße Naturerkenntnis - , wurden sie im 18. Jahrhundert für die Wissenschaftspolitik in Mittel- und Osteuropa bedeutsam. Der Piaristenorden drang um die Mitte des Jahrhunderts in Böhmen und Polen durch Errichtung von Gymnasien und Akademien immer mehr auch in den höheren Unterricht ein. Die Pflege der Geschichtswissenschaft im Orden beflügelte Historiker wie Gelasius Dobner zu kritischen Quellenausgaben in den "Annales Boemorum", deren erster Band 1761 erschien.

Für die Entwicklung der Geschichtswissenschaft war auch der Augustinerorden wichtig. In diesem Zusammenhang sind X. Schier in Wien und C. Schmalfus in Prag zu nennen, von denen der erste mit seiner Societas Litteraria Augustiniana (1770) und der zweite durch seine vierbändige Kirchengeschichte im Geiste Muratoris anregend hervortraten. Durch seine Rückkehr zu Augustinus half der Orden, die das fortschrittliche Denken hemmende Scholastik zu überwinden. Er wurde deswegen von den Männern der österreichischen Studienreform als "Prellbock" benutzt.

Scharfe Kämpfe spielten sich auch in Polen um das Collegium nobilium ab, das der Piaristenorden 1740 in Warschau zu eröffnen gewagt hatte. Der Kopf dieser Anstalt war St. Konarski, und mit ihrer Hilfe setzte sich die Aufklärung auch in Polen durch. Im Collegium nobilium ging es nicht allein um eine exklusive Adelserziehung, denn es wurden auch bürgerliche Schüler aufgenommen; Anton Konarski, der Bruder Stefans, gründete ganz folgerichtig sogar ein Erziehungsinstitut für Handwerker. Gerade durch die Pflege der Naturwissenschaften, der Muttersprache und Geschichte liefen die Piaristenschulen den Jesuitenanstalten nicht nur in Polen den Rang ab. Auch hier gab es heftige Auseinandersetzungen um die Philosophie Wolffs.

In diesem Zusammenhang ist es interessant zu beobachten, wie das Erziehungssystem des Jesuitenordens im 18. Jahrhundert durch die

Entwicklung zum bürgerlichen Nationwerden immer schneller veraltet und trotzdem zäh an der "Ratio studiorum" festgehalten wurde.
Die Adeligen, die die gesellschaftliche Weiterentwicklung ahnten,
wollten ihre Kinder nun nicht mehr in die Schulen der Jesuiten schik-
ken, weil deren Erziehung ihnen nicht zeitgemäß erschien. Sie ließen
also ihre Kinder lieber entweder durch Hauslehrer und in französischer Sprache unterrichten, oder sie schickten sie in die Akademien
und anderen Anstalten der Benediktiner und Piaristen. Dort wurde
auch die Volkssprache gelehrt, die bei der wachsenden Bedeutung
des Bürgertums immer größere Aufmerksamkeit beanspruchte. Für
eine zeitgemäße Erziehung war auch der bisher vernachlässigte Unterricht in der Geschichte und in den Naturwissenschaften unbedingt
erforderlich.

So entstanden in diesen modernen Erziehungsstätten wichtige Zentren der sogenannten katholischen Aufklärung, die aber vom Jesuitenorden als Brutstätten des neuen Gedankengutes entschieden bekämpft
und also nicht nur wie eine unerwünschte Konkurrenz, sondern vor
allem auch aus weltanschaulichen Gründen abgelehnt wurden. Eine
katholische Aufklärung erschien der Leitung des Jesuitenordens als
ein für die Kirche gefährlicher Widerspruch in sich. Nach ihrer
Meinung mußte die Aufgabe des neuscholastischen Denkens und die
Annahme einer anderen Philosophie nicht nur zur Lauheit im Glauben,
sondern schließlich auch zum Atheismus führen.

Diese Auffassung litt an einer gefährlichen Unterschätzung der
wirtschaftlichen und sozialen Bewegungen, die sich damals unauf-
haltsam vollzogen. Der Grund, auf dem ihr ideologisches Gebäude
stand, wurde immer defekter. Die ständig größer werdenden Risse
schreckten wohl, aber der Glaube an die alte politische und ortho-
dox-geistliche Macht war größer. Dennoch darf nicht übersehen
werden, daß kluge und mutige Jesuiten schon sehr früh diese Risse
sahen und unter dem Einsatz aller ihrer Kräfte zu überwinden versuchten, indem sie z.B. das bürgerliche Nationwerden unterstützten,
wofür der Tscheche Balbin, der in der zweiten Hälfte des 17. Jahrhunderts wirkte, ein glänzender Beweis ist.

Auch fand die nichtscholastische Philosophie, freilich zuerst verboten, allmählich Eingang in die Häuser des Jesuitenordens, obgleich
dieser noch wesentliche Arbeit für die Rückkehr der Scholastik
(Suares) leistete und seine Leitung bis zur Aufhebung des Ordens
auf der Pflege der Neuscholastik konsequent bestand. Die ihr wider-
sprechenden neuen philosophischen Gedanken von W.G. Leibniz und
mehr noch von Christian Wolff drangen in die Häuser der Jesuiten
ein, und das ist ein wichtiges Merkmal für das Vordringen der Auf-

klärung. Sie traten zuerst im Gefolge der mathematischen und physikalischen Studien von Leibniz und Wolff, aber auch von Bacon und Newton auf, so daß es nicht wunder zu nehmen braucht, wenn es unter den Jesuiten hervorragende Naturforscher und Vertreter der modernen Philosophie gab.

Dieser Prozeß ist von so großer Bedeutung für die Wissenschaftspolitik des 18. Jahrhunderts in Mittel- und Osteuropa, daß ihm etwas ausführlicher an einem besonders eklatanten Beispiel, nämlich dem Jesuiten Stepling [5] in Prag, nachgegangen werden soll. Stepling stammte aus der Ehe eines hohen Beamten am Ständigen Reichstag in Regensburg mit einer Pragerin. 1716 in Regensburg geboren, wuchs er in Prag auf. Die frühe Liebe zur Mathematik erregte sein Interesse auch für die experimentelle Physik und die Astronomie. Die Herstellung von Maschinen zum praktischen Gebrauch, zur Hebung der Wirtschaft und Agrikultur entsprach den Bedürfnissen der Zeit, und deswegen beschäftigte sich Stepling auch damit. Sogar über die Verbesserung des Baues von Hochöfen dachte er nach. Da ihn seine wohlhabende Mutter auch noch nach seinem Eintritt in die Gesellschaft Jesu mit Geldmitteln zur Anschaffung von Instrumenten ausstattete, konnte er seine Studien auf dem Gebiete der experimentellen Physik nach Belieben fortsetzen. 1751 errichtete er sogar mit Hilfe des mütterlichen Vermögens ein astronomisches Observatorium an der Universität, welches ihm ganz neue Forschungsmöglichkeiten eröffnete. Daß er es wagen konnte, einerseits eine Philosophieprofessur an der Universität, die ihm die Oberen zuwiesen, mit der Begründung, daß die vom Orden bisher in der Philosophie streng gepflegte scholastische Methode seinem besseren Wissen widerspräche, abzulehnen, andererseits aber mit einem protestantischen Philosophen, der wegen seines angeblichen Atheismus schimpflich aus Halle vertrieben worden war, nämlich Christian Wolff, in einen gelehrten Briefwechsel zu treten, offenbart tiefgehende Sprünge im geistigen Gefüge der Böhmischen Provinz des Ordens.

Bereits am 10. August 1743 wandte sich der junge Pater an Wolff mit der Bitte, ihm mathematische und physikalische Probleme, die ihn besonders beschäftigten, vorlegen zu dürfen. Vor allem aber wollte er auch über Schwierigkeiten in der Philosophie von Leibniz Auskunft haben. Schließlich tauschten die beiden so verschiedenen Männer, der junge Jesuit und der alte protestantische Philosophieprofessor, ihre Gedanken über Newton aus. Selbstverständlich verwies Wolff sofort auf die Ausgabe seiner Werke in Genua, die unter der Aufsicht der Inquisition erfolgte, eine Feststellung, die für Stepling natürlich sehr wichtig war, wenn er innerhalb des Ordens und

in der Öffentlichkeit für Wolff eintrat. So entspann sich ein für
die Geschichte des Denkens in Mitteleuropa - und besonders in Böhmen - höchst bemerkenswerter Briefwechsel, der uns bis 1754 erhalten ist.

Die Briefe Steplings zeigen aber auch, daß im ganzen Orden, jedenfalls diesseits der Alpen, die Angehörigen der Gesellschaft Jesu
danach strebten, die neueren Philosophen - die Recentiores, wie sie
damals genannt wurden - gründlich kennenzulernen und sich als Lehrer und Forscher ihrer Erkenntnisse eklektisch zu bedienen. In dieser Beziehung ist es bemerkenswert, daß sich Stepling 1745/46 mit
Ordensgenossen über Wolff unterhielt, die - ebenso wie er - diesen
nicht nur als Mathematiker, sondern auch als Philosophen schätzten.
Der Briefwechsel Steplings mit Ordensgenossen reichte von Madrid,
wo Pater P. Wendlingen an einer physikalischen Geographie Indiens
arbeitete, über Ingolstadt (P. Hiss) bis nach Wilna, wo die Jesuiten
P.Th. Zebrowski und P.J. Bohomolec an der Universität wirkten.

Nach dem Briefwechsel Steplings zu urteilen, machte sich also
in den vierziger Jahren des 18. Jahrhunderts im Orden nach und
nach eine Richtung bemerkbar, die die bisher apologetisch abgewer-
teten Recentiores ernstlich kennenzulernen wünschte und soweit wie
möglich zu akkomodieren suchte. Unter den Recentiores standen
Wolff und Newton an erster Stelle.

Selbstverständlich trat Stepling auch sehr früh mit jenen berühmten Ordensgenossen in Verbindung, die sich um die Mathematik und
Astronomie Verdienste erworben hatten. Es handelte sich in erster
Linie um R.J. Boskovich in Wien, später in Rom, und um M. Hell
in Tyrnau, später in Wien. Bei ihnen suchte er Unterstützung gegenüber der Ordensleitung, denn seit Ende der fünfziger Jahre, also
nicht lange vor der Aufhebung des Ordens, erlahmte sichtlich der
Widerstand der Ordensleitung gegen diese Bestrebungen, wie auch
aus den Briefen hervorgeht. So wird denn auch die wichtige Stellung,
die Stepling in den Kämpfen um die Studienreform in der Habsburger
Monarchie einnahm, verständlich.

Am 25. Juli 1752 wurde der Philosophischen Fakultät der Universität Prag ein neuer Lehrplan vorgelegt, in dem Geschichte und experimentelle Physik als besonders wichtige Fächer erschienen. Das
bisherige Festhalten am geozentrischen Weltbild wurde als überholt
bezeichnet. Es sei ungereimt, wenn die Gesellschaft Jesu in den
böhmischen Ländern mehr um die Religion besorgt sein wolle als
der Heilige Stuhl, der keine Bedenken trage, größere Freiheiten zu
gestatten, heißt es wörtlich im kaiserlichen Dekret. Durch ein zweites kaiserliches Dekret vom 19. August 1752 wurde auch für die

Theologische Fakultät ein neuer Lehrplan vorgelegt, in dem Liturgie, Patristik, Kirchengeschichte, orientalische Sprachen und geistliche Beredsamkeit neu vorgesehen waren. Das bedeutete einen völligen Wandel. So ist es auch verständlich, daß der Jesuitenorden Gegenvorschläge machte, die, wenn sie durchgedrungen wären, die Studienreform illusorisch gemacht hätten. Aber die Kaiserin wies am am 4. November 1752 alle Einwände zurück und befahl, daß vom Studienjahr 1752/53 an nach den neuen Lehrplänen vorzutragen sei.

Das war das Ende des konfessionellen Absolutismus in den böhmischen Ländern. Der aufgeklärte Absolutismus trat selbstherrlich an seine Stelle. Am 2. November 1752, zwei Tage vor der Ablehnung der von der Ordensleitung der Jesuiten erhobenen Einsprüche, wurde Stepling zum Direktor der Philosophischen Fakultät ernannt. Daß die Wahl gerade auf diesen Mann fiel, der weder an der Universität noch im Orden eine besondere Stellung einnahm, ist kennzeichnend: Die Regierung erkannte in ihm einen Mitkämpfer für die Aufklärung.

Stepling und die Ordensleitung waren nun in einer schwierigen Lage: Stepling, weil er wußte, daß er der Ordensleitung nicht genehm werden konnte und sichtlich, wie er bereits bewiesen hatte, auch nicht wollte, weswegen es für seine Klugheit spricht, daß er den Ordensprovinzial bat, ihn nicht in diesem Amt zu bestätigen; die Ordensleitung, weil sie die aufgeklärte Gesinnung Steplings kannte und sie bisher in der Absicht, den Druck von innen her zu vermindern, toleriert hatte. Aber Stepling die Leitung der Philosophischen Fakultät zu übertragen, war für den Provinzial P. Frantz sichtlich eine sehr schwere Verantwortung. Da andererseits bei einer Ablehnung Steplings höchst wahrscheinlich ein Nichtjesuit Direktor der Philosophischen Fakultät geworden wäre, wählte er das kleinere Übel: Er beauftragte Stepling, das Amt, zu dem er ernannt worden war, anzunehmen.

Notwendigerweise mußte es sehr bald zu Zusammenstößen zwischen Stepling und der Ordensleitung kommen. Dem General des Ordens wurden Besorgnisse über die Entwicklung an der Prager Universität in bezug auf den Philosophieunterricht gemeldet, die ihn zum Eingreifen zwangen. Stepling gelang es jedoch, in einem Brief an den Generalvikar des Ordens vom 17. April 1758 die Besorgnisse, die man in Rom gegenüber der Entwicklung zur Aufklärung hegte, zu zerstreuen. Vor allem verteidigte er die neuen philosophischen Lehren, in erster Linie die von Wolff, als ein Mittel, um dem immer mehr vordringenden Atheismus zu begegnen: Die gemäßigte Aufklärung müsse dazu dienen, die radikale zurückzudrängen. Immerhin war es ein großer Fortschritt, daß von der Ordensleitung keine

weiteren Einsprüche gegen die Tätigkeit Steplings erhoben wurden.
Der Aufklärung war ein großer Schritt vorwärts gelungen. Aber
auch das Ende der Gesellschaft kündigte sich damit an. Der Jesuitenorden ist entweder so, wie er ist, oder er ist nicht (est ut sit,
aut non sit), lautete ein Wahlspruch der Ordensleitung, oder wurde
ihr untergeschoben, um ihre konservative Haltung zu kennzeichnen.

Die Aufklärung siegte im Zuge der gesellschaftlichen Entwicklung.
Der Papst selbst löste 1773 den Jesuitenorden auf. Das war ein spek-
takuläres Ereignis für die Wissenschaftspolitik, wenn auch die sogenannten Exjesuiten noch harte Rückzugsgefechte leisteten und sogar eine "Überwinterung" des Ordens, zeitweilig in Preußen unter
Friedrich II., länger andauernd unter Katharina II. und ihren Nachfolgern in Rußland, gelang. Das erklärt sich daraus, daß die Vertreter des preußischen und russischen Feudalabsolutismus im Jesuitenorden mit Recht einen wichtigen Bundesgenossen im Kampf gegen
bürgerlich-revolutionäre Bewegungen sahen. Besonders galt das für
Rußland, solange die Ordensleitung im Lande war. Die Wiederher-
stellung des Ordens erfolgte 1815 im Zusammenhang mit der politischen Restauration in Europa.

Da die katholischen Orden im 18. Jahrhundert noch eine große
geistige und moralische Kapazität besaßen, waren die Auseinandersetzungen in ihnen in bezug auf die Aufklärung von großer Bedeutung.
Die Geschichte des Denkens in Mittel- und Osteuropa kann deswegen
ohne gründliche Kenntnis der Geschichte dieser Auseinandersetzungen nicht geschrieben werden. Obwohl ich in meinen Arbeiten diesem
Phänomen stets große Aufmerksamkeit gewidmet habe, müßten vor
allem auf Grund der 1773 von den Staaten übernommenen Ordensar-
chiven, von denen viele erhalten sind, Spezialarbeiten angefertigt
werden, um die Geschichte des Denkens in den katholischen Ländern
Mittel- und Osteuropas besser zu verstehen.

Anmerkungen

1 Vgl. vor allem: Frühaufklärung in Mittel- und Osteuropa, Berlin 1966, und
  Barock, Absolutismus und Aufklärung in der Donaumonarchie, Wien 1971.
2 Vgl. E. Winter: Über die Perfektibilität des Katholizismus, Berlin 1971.
3 Vgl. Sammlung Cerroni im Landesarchiv Brünn.
4 Vgl. E. Zlabinger: L.A. Muratori und Österreich, Innsbruck 1970.
5 Vgl. Commercium litterarum J. Steplingii, Breslau 1782.

DIE BILDUNG DES PHILOSOPHEN UND DES PATRIOTEN

Eine komparatistische Überschau

Von Alexandru Duțu

Wir erinnern uns der im Jahr 1778 von Houdon geschaffenen Büste Voltaires, an seine feinen Züge voller Bewegung, die auf den Beschauer den Eindruck machen, als ob der Philosoph sich nur für einen Augenblick aus einem Gespräch mit einer Gruppe von Verehrern zurückgezogen habe, um sich ganz seinen Gedanken hinzugeben. Seine forschenden Augen, besonders aber sein Lächeln sind unvergeßlich. Die Leidenschaft des Forschens, verbunden mit einer Skepsis gegen althergebrachte Theorien und schnell gefaßte Lösungen beeindruckt den Beschauer. Ihm prägt sich die von Houdon geschaffene Büste ebenso ein wie den Generationen, die Voltaire folgten. Alfred de Musset stellte einige Jahrzehnte später die Frage, ob das "häßliche Lächeln" noch immer auf den fleischlosen Knochen des Philosophen weile.

Wir ahnen nicht, wie ein Dichter des 21. Jahrhunderts das aus einigen Kreisen, Dreiecken und Farbflecken bestehende Bildnis des zeitgenössischen Gelehrten deuten wird. Sicher ist aber, daß die Gestalten, die die Träger von Haupttendenzen des geistigen Lebens einer Epoche sind, im Laufe der Jahrhunderte verschiedene Wirkungen auslösen. Und auch das ist ein Zeichen dafür, daß sich das Bild des exemplarischen Menschen im Laufe der Zeit ändert.

Zu den Porträts, die reale Gestalten[1] lebensnah widerspiegeln wollen, gehören die Bildnisse der Aufklärungsphilosophen, jener Persönlichkeiten, die aktiv die Kenntnisse der Menschen zu erweitern und ihre Erziehung zu verbessern suchten. Sie bilden eine Galerie von Berühmtheiten, die den Menschen des 18. Jahrhunderts, der Nachwelt und uns vertraut ist. Die Büsten, Gemälde und Stiche zeigen uns leibhaftig die Gestalten, die die Unruhe und die Wünsche eines ganzen Jahrhunderts in sich vereinigen. Die Schlichtheit und Strenge Kants gesellt sich zu dem träumerischen Blick und aufgewühlten Gefühlsausdruck J.J. Rousseaus, zu dem festlichen Antlitz von Leibniz und der konzentrierten Aufmerksamkeit der Augen Newtons[2].

Der Philosoph suchte in den Proträts der Künstler sein ideales Bild. Er fand sich zwar in ihnen, aber nicht das, was er zu sein versuchte. Diderot war unbefriedigt von Greuzes Porträt. Er schrieb: "Ich habe eine Maske, die den Künstler irreführt; sei es, daß zu viele

Dinge miteinander verschmelzen, sei es, daß die Eindrücke einander
zu schnell folgen und gleichzeitig auf meinem Gesicht erscheinen: das
Auge des Malers findet mich von einem Augenblick zum andern nicht
wieder, und seine Aufgabe ist viel schwieriger, als er es sich vorgestellt hat. Ich bin nur von einem elenden Maler namens Garand richtig abgebildet worden, der mich richtig erfaßte, genauso wie ein Dum-
mer manchmal einen Geistesblitz von sich gibt. Derjenige, der das
Porträt Garands betrachtet, sieht mich. Ecco il vero Pulcinella." [3]
Noch mehr als das: Die Philosophie selbst wird zum Bild, etwa zur
Gestalt einer Frau, wie im Gemälde "Schlafende Philosophie" von
Greuze, das die Gattin des Malers darstellt; sie nimmt eine allego-
rische Gestalt an, die den Schleier der Dunkelheit vom Gesicht der
Wahrheit zieht. Sie erscheint als Kraft, die die alte Mythologie zer-
stört, um die unmittelbare Wirklichkeit ins Leben zurückzubringen [4].
Sie kleidet sich in Licht und macht sich siegesbewußt auf den Weg,
die Finsternis aus dem Denken der Menschen, die Jahrhunderte lang
in Apathie und Unterdrückung lebten, zu vertreiben.

Das Vertrauen der Philosophen in die von ihnen selbst geprägten
Auffassungen, ihre Überzeugung, daß ihre Tätigkeit geeignet sei,
den Gang der Geschichte zu beeinflussen, finden Ausdruck in den
klaren Aussagen über die Rolle der Aufklärung im Leben der Menschen. Im 18. Jahrhundert zeigt die Gruppe der Intellektuellen ein
deutliches Selbstbewußtsein [5], und diese Gruppe, die die "la société
des gens de lettres" ist, hat zum Programm, das Leben der Gesellschaft durch die Darstellung einer neuen Auffassung von Welt und
Staat sowie durch die Erziehung eines neuen, dem Ebenbild des Philosophen entsprechenden Menschen zu bestimmen.

Für das Ende des 18. Jahrhunderts und für den Beginn des 19. Jahrhunderts ist eine immer raschere Differenzierung des europäischen
Geisteslebens kennzeichnend. Das läßt sich sowohl darauf zurück-
führen, daß sich das gesellschaftliche Leben in Europa viel schneller als früher zu verändern beginnt, als auch auf die verschiedenen
Traditionen, welche den Auffassungen im Rahmen der Ideologie der
Aufklärung und der kommenden Romantik unterschiedliche Züge
verleihen.

Auf Grund dieser Voraussetzungen lassen sich auch die Unterschiede der Ideen interpretieren, die während dieser Zeit in den
verschiedenen Kulturgebieten des europäischen Kontinents zum Ausdruck kommen und welche die Art und Weise widerspiegeln, in der
die Ideologien auf die Wandlungen in der Lebensweise, in der sozialen Struktur und in dem gesellschaftlichen Leben sowie auch auf
die Veränderungen der Kulturtraditionen einwirken. Das Bildungs-

modell ergab sich also aus den Bemühungen der Denker, die in Gesellschaften mit einem in wirtschaftlicher und sozialer Hinsicht unterschiedlichen Entwicklungsrhythmus lebten und die ihre Arbeit auf Ziele richteten, die von sozialen und politischen Zielen abhängig waren. Ihre geistige Tätigkeit wurde andererseits von Kulturtraditionen angeregt, die im Laufe der Jahrhunderte entstanden waren. Eine allgemeine Überschau der sich bildenden Gruppen von Intellektuellen in Europa zeigt, daß von der zweiten Hälfte des Jahrhunderts an sich deren Aktionsmöglichkeiten merklich verändern. In seiner ersten Hälfte hatten sich die Tendenzen des 17. Jahrhunderts noch deutlich fortgesetzt.

Die im Jahre 1662 gegründete Royal Society in England festigte ihr Ansehen zwar auch mit Hilfe des königlichen Hofes vor allem aber durch ihre anerkannte Unabhängigkeit, die dadurch gestärkt wurde, daß die Mitglieder der Gesellschaft Beiträge zahlten und keiner Unterstützung bedurften. Seit 1665 spiegeln "The Philosophical Transaktions" die Tätigkeit dieser Gesellschaft. Die im Jahre 1665 gegründete Académie Française zu Paris war allerdings mit dem königlichen Hof wesentlich enger verbunden und das "Journal des savants" veranschaulicht nur teilweise die Tätigkeit der Akademiemitglieder. Leibniz war es zu verdanken, daß seit 1682 in Leipzig die "Acta eruditorum" [6] zu erscheinen beginnen. Weil alle diese Zeitschriften die Ergebnisse der wissenschaftlichen Arbeit veröffentlichen und die neuerscheinenden Werke besprechen, erlangen sie eine große Bedeutung für das europäische Geistesleben. Auch die Beziehungen der Intellektuellen zueinander werden enger. Vor allem der Briefwechsel, der Austausch von Veröffentlichungen und die Zunahme gegenseitiger Besuche, die in gewissem Sinne die Vorläufer der wissenschaftlichen Kongresse sind, tragen dazu bei. Es handelt sich auch um dauerhafte Beziehungen, die durch den institutionellen Rahmen der wissenschaftlichen Gesellschaften und Akademien gesichert werden.

Aber zum Unterschied der Gelehrten im Geistlichenstand, die über einen festumrissenen Status innerhalb der Kirche verfügten, konnten sich die weltlichen Intellektuellen keine autonome Stellung in der Gesellschaft erwerben. Der geistliche kulturelle Rahmen wurde zerstört, aber an seine Stelle trat kein neuer Rahmen für die Existenz der Intellektuellen; und die "Republik der Gelehrten" zeigte zu Beginn des 18. Jahrhunderts noch keine ausgeprägten sozialen Züge, was Leibniz dazu veranlaßt haben mag, diese Republik als unsichtbar zu betrachten [7]. Weil er kein großes Publikum hatte, konnte der Intellektuelle nicht von seinen Veröffentlichungen leben, wobei de-

ren Erscheinen auch von der Genehmigung kirchlicher Behörden ab-
hing. Deshalb verbanden die meisten Schriftsteller ihre publizistische Tätigkeit mit dem Amt eines Hauslehrers in adeligen oder zuweilen auch bürgerlichen Familien oder mit einem Staatsamt. Der
Philosoph wird zwar ein geehrter oder gefürchteter Berater, aber
er verfügt nicht über die Aktionsmittel, die er sich wünscht.

Dort, wo sie sich der Unterstützung des aufstrebenden Bürgertums
erfreuen wie in England, treten die Intellektuellen selbstbewußter auf,
und die Aussichten auf wissenschaftliche Forschung sind vielfältiger,
jedoch passen sie sich dort, wo die Umwandlung der Gesellschaftsstruk-
tur langsamer vor sich geht, den vorhandenen Arbeitsbedingungen an.
Die von Leibniz als Forum für eine Auseinandersetzung mit Problemen der Erziehung und der wissenschaftlichen sowie kulturellen Entwicklung konzipierte Berliner Akademie der Wissenschaften wird z.B.
von Friedrich dem Großen in die Richtung philosophischer Spekulati-
onen und gelehrter Diskussionen [8] gesteuert.

Den Akademien, die 1776 in Prag, 1825 in Pest und 1836 in Zagreb
ins Leben gerufen wurden, folgte übrigens in Wien [9] erst 1848 eine
ähnliche Institution, so daß dem Habsburgerreich ein institutionelles
Zentrum moderner wissenschaftlicher Betätigung überhaupt fehlte.
Andere Gruppierungen in Form verschiedener Gesellschaften spielten auf dem Wege der Intellektuellen zu einem festeren sozialen Status eine bemerkenswerte Rolle, auch wenn sie von kurzer Dauer waren.
Hier sei nur an die 1747 gegründete "Societas incognitorum" in Olmütz [1]
erinnert. In dem sich unter türkischer Herrschaft befindlichen Teil
Südosteuropas war der Widerstand gegen die gelehrten Gesellschaften beharrlicher. Hier fanden die Intellektuellen vor allem in den
Druckereien eine Basis für ihre Tätigkeit sowie in den Schulen, die
im Osmanenreich auf örtliche Initiative, in der Donaumonarchie jedoch auf Grund der theresianischen Schulreform entstanden waren.

Mit der fortschreitenden Zeit wurde die Reaktion gegen das politische Programm der Aufklärung immer deutlicher. Versuchte die
Staatsadministration unter Joseph II. durch ihre Kontrolle die kulturelle Tätigkeit zu kanalisieren und in den Dienst der reformberei-
ten Behörden zu stellen, so schlägt die Kulturpolitik in der Periode
der napoleonischen Feldzüge und der Heiligen Allianz in eine offene
Feindschaft gegen neue Ideen um. 1821 bringt Kaiser Franz vor
Professoren seine Abneigung gegen Neuerungen mit folgenden Worten zum Ausdruck:"Mit den sogenannten Genies und Gelehrten kommt
nichts heraus; sie wollen immer alles besser wissen und halten die
Geschäfte auf oder die Alltagsgeschäfte wollen ihnen nicht gefallen.
Gesunder Menschenverstand und brav Sitzfleisch, das ist das beste." [11]

Die Veränderungen der Lehrpläne, die zunehmend die Verbreitung neuer wissenschaftlicher Ergebnisse spiegelten,zogen zahlreiche Studenten aus Mittel- und Osteuropa an die deutschen Hochschulen in Göttingen, Halle, Jena und Leipzig. Sie beteiligten sich später an der Erneuerung des geistigen Lebens in ihren Ländern. Eine ähnliche Wirkung hatten das berühmte Theresianum in Wien, die Universitäten von Wien, Prag und Buda (Ofen), nachher in Pest sowie später auch die von Graz und Innsbruck, die ihren Status als Universitäten 1826 und 1827 zurückerworben hatten. Auch die von Joseph II. eingerichteten Gymnasien trugen das ihre zu dieser Entwicklung bei.

Weil während dieser Zeit in der Donaumonarchie keine vollständigen Philosophischen Fakultäten bestanden [12] und das höhere Schulwesen im allgemeinen auf die Ausbildung von Geistlichen, Beamten und Ärzten gerichtet war, wurden wissenschaftliche Ergebnisse immer in enge Beziehung zur Praxis gebracht. Diese Tendenz fand ihren Niederschlag auch in der Tätigkeit der Druckereien, wie z.B. der von Buda (Ofen) . Dennoch bedarf die im Vergleich zum Westen viel kleinere Rolle der Wissenschaften im Leben Südosteuropas einer zusätzlichen Erklärung. Sie ist zum größten Teil aus der sozialen Lage und dem Entwicklungsstand, den das geistige Leben am Ende des 18. und zu Beginn des 19. Jahrhunderts hier hatte, zu erklären.

*

Wenn wir uns eine von Hamburg nach Istanbul verlaufende imaginäre Linie vorstellen, so scheint die Struktur des Kulturniveaus in einer Bewegung zu sein, die, je mehr wir uns der südöstlichen Grenze nähern, an Stärke abnimmt. Aber je weiter wir ins 19. Jahrhundert hineingelangen, seinem vierten Jahrzehnt und damit dem Ende der hier zu betrachtenden Periode nähern, gewinnt überall das Buch- und Unterrichtswesen an Bedeutung. In Preußen und in den deutschen Fürstentümern entsteht schon seit der zweiten Hälfte des 18. Jahrhunderts eine Literatur, die weite bürgerliche Kreise anspricht, als kennzeichnend für die deutsche Kultur angesehen werden kann und also den Charakter einer Nationalliteratur erhält; die Belletristik gewinnt an Bedeutung. Auch in der Donaumonarchie erfahren die Nationalliteraturen in der hier behandelten Epoche einen Aufschwung; dieselbe Erscheinung läßt sich überall in Südosteuropa konstatieren. Die Revolutionen auf dem europäischen Kontinent seit 1789 haben in dieser Entwicklung eine katalysierende Wirkung. Sie spornen die geistigen Auseinandersetzungen an und bringen Leben in das erstarrte Denken.

In den ersten Jahren des 19. Jahrhunderts flammt bei den deutschen
Schriftstellern das Nationalgefühl auf und sie werden sich 1813 der
tiefen Kluft bewußt, der die Nation von den Staaten und das Volk von
den Fürsten trennt [13]. Zu dieser Zeit nimmt die Gestalt des vorbildlichen Menschen in der Literatur Mittel- und Südosteuropas, die sich
besonders auf die Pflege der Nationalsprachen konzentriert und die
ruhmreichen Epochen der Vergangenheit wiederzubeleben sucht, die
Züge des Patrioten an. In Frankreich kristallisierte sich der Begriff
Nationalgeist während der Jahre des Kampfes heraus und wurde von
"la Grande Nation" getragen. Der Ausdruck "Nationalismus" war zuerst in den Schriften des berühmten Gegners der Revolution, des Ab-
tes Barruel, der 1799 behauptet hatte, daß der Nationalismus an die
Stelle der allgemeinen Liebe getreten sei, verwendet und in einem Artikel von Guiseppe Mazzini in "La Jeune Suisse" [14] präzisiert worden.
Nun wurde er vor allem bei denjenigen Völkern zu einem Schlüssel-
begriff, die nach nationaler Einheit und Beseitigung der Fremdherrschaft strebten. Die Eintracht, die mit Hilfe der Erziehung zu aufgeklärten Menschen, der sogenannten Nationalbildung, nach dem Willen
der Politik des Kaiserlichen Hofes in Wien geschaffen werden sollte,
wurde nun durch das sich an dem Vorbild des Patrioten orientieren-
de Programm einer nationalen Betätigung ersetzt. Im Osmanischen
Reich vollzieht sich eine ähnliche Entwicklung, die in den mit dem
Westen enger verbundenen Gebieten, im südslawischen Raum, in Griechenland und in den Rumänischen Fürstentümern, die niemals vollständig in das Osmanische Reich einverleibt gewesen waren, an Intensität
zunimmt. Die serbische, rumänische und griechische Revolution geben dem Kulturleben einen besonderen Antrieb.

Unter diesen Bedingungen wächst in der ersten Hälfte des 19. Jahrhunderts die Zahl von Gruppen der Intellektuellen, und ihre Aufmerksamkeit richtet sich auf die Verbesserung des Schulwesens und die
systematische Erfassung der Bücher, um den "aufgeklärten Patrioten" durch Kenntnisse besser zu wappnen. Besonders wenn sie praktisch anwendbar sind, werden die Ergebnisse der wissenschaftlichen
Arbeit schnell aufgenommen, wobei man insbesondere die Verbesserung der materiellen Produktion und der Lebensbedingungen im Auge hat. Der effektive Beitrag Südosteuropas zum Fortschritt der Wissenschaften ist vorläufig allerdings gering, aber auch hier wächst das
Interesse an den Wissenschaften ständig, da sie sich als wichtigstes
Mittel zur Selbstbestätigung der Völker in diesem Raum Europas erweisen.

An der ganzen vorher genannten imaginären Linie von Hamburg
bis Istanbul gewinnen, je weiter wir in das 19. Jahrhundert vor-

stoßen, sowohl der Zusammenschluß von Intellektuellen in gelehrten Gesellschaften und Akademien als auch das Hochschulwesen an Bedeutung. Diese Entwicklung wird offenbar von den Veränderungen in der Struktur und in dem Niveau der Kultur beeinflußt. Aber die Ausbildung der Menschen war auch abhängig von den Beziehungen zwischen den Kulturen mit entwicklungsbedingt unterschiedlichem Niveau, die verschiedene Werte in die Kultur dieser Epoche einbrachten.

Die Veränderungen der Kulturstrukturen stehen sicher in Verbindung mit dem Strukturwandel der Gesellschaft, der in Mitteleuropa, besonders aber in Südosteuropa, nicht schnell vor sich ging. Die Vorherrschaft der Landwirtschaft, die geringen Fortschritte der Industrialisierung in der Habsburger Monarchie und in gewissem Maße auch in Preußen bewirkten, daß das kulturelle Leben von der Administration des absolutistischen Staates [15] kontrolliert wurde. Die heftige Unruhe, die in England und Frankreich in sozialen Revolutionen endete, nahm hier meist die Form von Reformbewegungen an, die vor allem auf die Freiheit der Person, die Toleranz, die richtige Anwendung der Gesetze und die wirtschaftliche Freiheit [16] gerichtet waren. Das Schulwesen förderte den Aufstieg von Angehörigen der mittleren und unteren Stände, um sie in die Reihen der Intellektuellen einzugliedern, deren ganze Energie in den Dienst des Staates gestellt werden sollte. In diesem Zusammenhang stellt Hajo Holborn fest: "Bis zu welchem Grad die Universität die Funktion gesellschaftlicher Auslese erfüllt, läßt sich an der Tatsache erkennen, daß die Buchstaben 'Dr.' offiziell als Teil des Namens gelten, als eine Art Ersatz für 'von', das Symbol des Adels." [17] Die fürstlichen Akademien von Bukarest und Iași spielten eine ähnliche Rolle, da ihre Absolventen zum größten Teil in der Administration der Fürstentümer oder in der türkischen Bürokratie angestellt wurden. Ihre Rolle änderte sich erst, als sie 1814 in Iași und 1818 in Bukarest durch Nationalschulen ersetzt wurden. Dennoch wandelte sich das nationale Bewußtsein unter dem Druck revolutionärer Impulse; und der exemplarische Mensch, dessen Aufgabe im 18. Jahrhundert darin bestanden hatte, durch sein Wissen zur Vervollkommnung des Staatslebens beizutragen, fühlte sich nun in der zweiten Etappe der hier behandelten Zeitspanne, also etwa seit Beginn des 19. Jahrhunderts, dazu berufen, sein Leben dem Vaterland zu widmen. Aber ebenso wie die Gestalt des Philosophen sich nicht immer gleicht, zeigt auch die Gestalt des Patrioten nicht überall in dem Bereich, den wir behandeln, die gleichen Züge. Die unterschiedlichen Beziehungen zwischen Tradition und Erneuerung innerhalb der verschiedenen Kulturen bieten uns dafür die Erklärung.

Der Philosoph sprach das Selbstvertrauen der sich in der Aufklärungsepoche durchsetzenden Intellektuellen aus. Die Errungenschaften der Wissenschaft waren aber die Grundlagen dieses Selbstvertrauens. Sie waren der Beweis für die Möglichkeit, in die Geheimnisse der Natur einzudringen und das menschliche Wesen zu erklären.
Dort, wo die Forschungsarbeit von gesellschaftlichen Gruppen, die
an den praktischen Ergebnissen unmittelbar interessiert waren, unterstützt wurden, konnten Fortschritte schneller erzielt werden als
andernorts. Wo aber die an Handel und Industrie beteiligten Gruppen
wenig Einfluß hatten, wie z. B. im Osmanischen Reich, da entbehrten
die Forschungen der Systematik und Kraft.

Freilich zogen die Veränderungen des materiellen Lebens in Westeuropa die Augen der Intellektuellen aus aller Welt auf sich. Ob sie
an wissenschaftlicher Forschung unmittelbar beteiligt waren oder
ob sie sich nur deren Ergebnisse anzueignen versuchten, sie alle
wurden sich allmählich ihrer Rolle in einer Welt bewußt, in der das
exakte Wissen, die Mechanik, die Mathematik und später die Biologie, immer mehr an Bedeutung gewann. Das Ansehen der Wissenschaft in der Gesellschaft setzte sich allmählich durch, weil sie die
neueren Kenntnisse älteren Auffassungen einverleibte und damit praktischen Erfolg hatte und weil sie durch neue Ergebnisse neue Tätigkeitsbereiche für den menschlichen Verstand [18] erschloß.

Während der Aufklärungszeit entstand unter dem Einfluß der Wissenschaft ein neues Denkmodell [19]. Ihr enger Zusammenhang mit
dem Greifbaren begründete die Vorstellung, daß die praktische Bestätigung ein Beweis der Wahrheit sei, den man nicht bestreiten könne. Die Aufklärung riß die Maske des Aberglaubens von dem Antlitz
dessen, was sie als Wahrheit betrachtete. Condorcet behauptete siegesbewußt, daß unter den Vorzügen der Wissenschaft der wichtigste
darin bestehe, daß sie die Vorurteile zerstöre und die menschliche
Vernunft wiederherstelle, welche gezwungen gewesen sei, sich unter
die falsche Leitung zu beugen, die ihr der in der Kindheit von einer
Generation zur anderen überlieferte absurde Glaube sowie der Schrekken des Aberglaubens und die von der Tyrannei eingeflößte Furcht aufzwangen [20]. Condorcet war in seinen Ansichten vom Fortschritt besonders
abhängig von den neuen Ergebnissen jener Wissenschaften, die das Leben und die Erde erforschen. Es eröffnete sich die Perspektive des Evolutionismus, der das Konzept Mensch grundlegend verändern sollte.

*

Das wissenschaftliche Denkmodell setzte sich bei den Intellektuellen, die am Fortschritt der rationalen Forschungen beteiligt waren oder sie akzeptierten, durch. Aber für die stärkere oder schwächere Profilierung des Philosophen war nicht nur ausschlaggebend, wie weit er selbst an der Wissenschaftsausübung teilhatte, sondern vor allem die Art und Weise, in der das wissenschaftliche Denkmodell in die verschiedenen Denktraditionen eingefügt und wie die neuen Errungenschaften durch die verschiedenen von der "langen Dauer" getragenen Konzeptionen auf eine neue Grundlage gestellt wurden. Das ist von allgemeiner Gültigkeit, weil die Formen eines jeden neuen auf dem Wege der "kurzen Dauer" hervorgebrachten Modells von den Beziehungen, die es zu den hervorragenden, von der "langen Dauer" getragenen Modellen herstellt [21], mitbestimmt werden.

Die radikale Bilanz im Zuge einer umfassenden Umwertung der Aufklärungsperiode in der Zeit der Romantik hob die "lange Dauer" hervor. Die auf Grund wissenschaftlicher Beweise getroffenen Entscheidungen berücksichtigten nun die von den tiefen Denkströmungen ausgehenden Impulse, die auch in die moderne Welt übernommen worden waren. So manifestierte sich im westlichen Kulturkreis zwischen dem 11. und 14. Jahrhundert die sich vollziehende Spaltung zwischen der geistigen und der materiellen Welt. Die Erscheinung zweier paralleler Welten als Ergebnis der langwierigen und folgenschweren Auseinandersetzung zwischen der geistigen Macht des Papsttums und der materiellen Macht des Kaiserreichs setzte sich in der Form von zwei "civitates permixtae" fort, wobei nach Otto Brunner jede von ihnen metaphysische Würde anstrebte [22]. Der ständige Rückzug des katholischen Dogmatismus ermöglichte die schnelle Entwicklung von metaphysischen Systemen auf Grund wissenschaftlicher Ergebnisse sowie in der Nachfolge philosophischer Strömungen, die versucht hatten, das Universum und den Menschen zu erklären, und dabei von der Vorstellung geleitet wurden, daß allein der Geist der Materie Leben verleihe. Dieser Idealismus ist charakteristisch für die westliche Welt und nach Otto Brunner weder in der byzantinischen, noch in der altrussischen Geschichtsschreibung sowie im Islam[23] nachweisbar, wo tatsächlich kein ideologischer Konflikt zwischen geistlicher und zeitlicher Macht entstanden ist [24]. Zwischen höfischer und kirchlicher Literatur gab es hier keinen entscheidenden Gegensatz. Deshalb folgt auch auf den byzantinischen Fresken der Asket dem Ritter und deshalb wurden auch die Werke des griechischen Altertums zunächst in die Sammlungen der Patriarchen und Bischöfe aufgenommen, so daß diese weltlichen Denker nun Persönlichkeiten anregen konnten, denen der Aufschwung der italienischen Renaissance zu verdanken ist. Die zunehmende Säkularisierung der byzantinischen Zivilisation wurde in den südosteuropäischen Gesellschaften fortgesetzt. Sie folgten treu dem byzantinischen Kulturmodell und vervollständigten es durch neue Elemente, so daß sich vor allem in der rumänischen und neugriechischen Zivilisation allmählich die Umrisse eines neuen Kulturmodells herausbildeten.

In den meisten südosteuropäischen Ländern vollzog sich die Entwicklung der Kultur ohne Bruch und ohne ein Auf und Ab, wie etwa in Reformation und Gegenreformation. Die "lange Dauer" war für die kulturelle Kontinuität ausschlaggebend und die Errungenschaften der westlichen Kulturen wurden besonders im Humanismus, in der zweiten Hälfte des 17. Jahrhunderts und in der Aufklärung ohne große Erschütterungen in die sich in einem Säkularisierungsprozeß befindende Tradition eingegliedert. Zwar forderte die Entwicklung die Opposition der feudalen, auf die Erhaltung der überlieferten Denkstrukturen gerichteten Anschauungen heraus, und die Säkularisierung erschien wie in jeder Kultur als Folge dramatischer Spannungen, wesentlich aber ist die Tatsache, daß Humanismus und Aufklärung in ihrer Ablehnung der feudalen Anschauungen hier nur eine Auswahl aller von der "freien Behauptung des Geistes" angeregten Lehren aufnahmen. In dieser Beziehung ist die Rolle der in kirchlichen Schulen ausgebildeten Intellektuellen bei der Aneignung wissenschaftlicher Ergebnisse während der Aufklärungsperiode zu erläutern.

*

Die hier behandelten sechs Jahrzehnte des 18. und 19. Jahrhunderts waren auch für Südosteuropa eine Zeit der Bilanz und der zukunftsträchtigen Entscheidungen. Ebenso wie die westlichen Philosophen ordneten die Intellektuellen dieses Gebietes die Wahrheit der Zweckmäßigkeit und dem Wohlstand unter, indem sie für alle Mitglieder der Gesellschaft eine Ethik mit pädagogischem Zweck für verbindlich erklärten. Aber da sie die Überlieferungen der Vergangenheit nicht zu Gunsten der Gegenwart ablehnten, fanden sie ein großes Auditorium für ihre Lehre und verhinderten eine mechanische Eingliederung in die europäische Welt, die zu einer Gleichschaltung geführt hätte. Ebenso wie in den westlichen Kulturen macht die Verweltlichung Fortschritte, doch entstand an dem Platz, den die Theologie einnahm[25], keine Lücke, an deren Stelle eine Metaphysik der "zeitlichen Kultur" hätte treten können. Das stete Interesse für die Elemente der Homogenität der Weltanschauung, die von den Historikern der rumänischen Kultur als "Enzyklopädismus" bezeichnet

wurde, verhinderte sogar in der Periode einer sich schnell auffächern-
den geistigen Tätigkeit, daß die Spezialisten die Ergebnisse einzelner wissenschaftlicher Fachrichtungen verabsolutierten. Wie in den
westlichen Kulturen, trat auch hier im Bereich der kollektiven Solidarität die Kunst an die Stelle der Religion, aber sie blieb mit der
politischen und sozialen Problematik verbunden. Die allmähliche Säkularisierung der Tradition darf deshalb nicht als schnelle, "wider-
standslose" [26] Anpassung an die westliche Aufklärung gewertet werden.

Die Fortschritte der westlichen Zivilisation waren zweifellos ein
wichtiger Orientierungspunkt, der eine große Anziehungskraft ausübte. Aber wegen des Engagements der aufstrebenden gesellschaftlichen Kräfte an den brennenden politischen und sozialen Fragen wurde deren Aufmerksamkeit vor allem auf die Lösung ähnlicher Probleme im Westen gerichtet. Das war die Voraussetzung, unter der
sich Intellektuelle, die unmittelbar gesellschaftliche Ziele verfolgten, oder in Schulen und Druckereien mittelbar diesem Ziel dienten,
in Gesellschaften zusammenfanden, die gleichermaßen kulturelle und
politische Zwecke hatten. Deswegen war ihren Bedürfnissen auch der
Wissenschaftsbegriff von Leibniz, der auf die Annäherung der Freien
Künste [27] an die Naturwissenschaften zielte, eher angemessen als
die französische oder englische Auffassung, für die ausschließlich
die Natur Gegenstand der Wissenschaft war. Sie eigneten sich insbesondere die Theorien Herders [28] und die Gedanken Vicos [29] an.

Die weite Verbreitung der didaktischen Literatur im Südosten Europas weist hin auf Parallelen zwischen dem deutschen Humanitätsideal und der Lehre von der menschlichen Persönlichkeit, wie wir
sie in den südosteuropäischen Kulturen vorfinden [30]. Freilich wurde die in der ersten Hälfte des 19. Jahrhunderts unter dem Gesichtspunkt einer Neubewertung des wirtschaftlichen und kulturellen Lebens getroffene Auswahl so erweitert, daß die neuen Elemente die
einheimischen Traditionen zu überdecken begannen. So entstand auch
hier die für den westlichen Idealismus charakteristische Spannung
zwischen Geist und Materie, weil viele Werte der mittelalterlichen
Kultur unter dem Einfluß der westlichen Kulturen verloren gegangen
waren. Diese Entwicklung begünstigte den Individualismus und führte zur Betonung von Eigentümlichkeiten in den Nationalkulturen, die
den Vorrang oder jeweiligen größeren Wert im internationalen Vergleich motivieren sollten.

*

Im Laufe der hier behandelten sechs Jahrzehnte verlief die kulturelle Entwicklung in Südosteuropa im allgemeinen organisch. So bereitete der Philosoph den Betätigungsbereich des Patrioten vor, der
dann auch später die Anschauungen seines Vorgängers nicht angriff.
Auch wenn sie nicht zu den berühmten Werken der Weltliteratur gehören, bieten die Schriften dieser Zeit fesselnde Lösungen aktueller
Probleme an. Weil sie den Hauptfragen gerecht werden, befriedigen
sie den Leser, der in den Texten das Abenteuer der Menschheit
sucht; und für das geistige Leben der Gesellschaft haben diese Texte eine Bedeutung, die nicht außer Acht gelassen werden darf.

Dēmētrios Katartzēs schrieb in "Erkenne dich selbst", wie andere Philosophen auch, in der Sprache des Volkes, um dadurch erzie-
herisch zu wirken und um dem griechischen Volk "seine eigenen Bücher, so wie sie alle Europäer haben", zu geben. Er will aber auch
die Werke der anderen Völker kennenlernen, um "die Wissenschaften und Freien Künste besser erfassen können und um auf diese Weise Philosoph und braver Bürger zu werden"[31]. Daß ein guter Bürger
sein Leben in den Dienst des Vaterlandes stellen solle, wurde auch
von Rigas Valestinlis, der in der Umgebung der aufgeklärten Phana-
rioten ausgebildet worden war, wiederholt betont. Dositej Obradović
wollte durch seine Bücher das Volk aufklären und meinte, alle Schriften hätten den Zweck, das menschliche Geschlecht weiser und reicher[32] zu machen. Verbunden mit der kulturellen Entwicklung in allen drei rumänischen Gebieten erringt Ion Budai Deleanu eine reprä-
sentative Bedeutung für die rumänische Kultur und nimmt dadurch
eine Stellung ein, die ihm in der Weltliteratur nicht zukommt, wenn
sein Werk isoliert betrachtet wird. Sein satirisches Poem verurteilt
mit westlicher Schärfe den Fanatismus, die Korruption und die Unterdrückung und veranschaulicht den Heldenmut der Kämpfer für
das Vaterland und für die von der Tradition überlieferten menschlichen Ideale: Großmut, Toleranz und Freiheitsliebe[33].

Übrigens spiegeln die "Bücher der Weisheit", die sich in Südost-
Europa weiter Verbreitung erfreuten, und die zur Bildung der Menschen viel beitrugen, einen allmählichen Übergang vom Bildungsmodell des Philosophen zu dem Bildungsmodell des patriotischen
Bürgers. Dieser Übergang wird durch die Gestalt des "aufgeklärten
Patrioten", des Menschen, der sich bildet, um dem Vaterland zu dienen, veranschaulicht. Die Erforschung der Naturgesetze hat zur Folge, daß nicht nur eine Vervollkommnung des gesellschaftlichen Lebens, sondern auch die Überprüfung der gesellschaftlichen Strukturen
sowie ein Programm für die moralische und intellektuelle Bildung der
Patrioten gefordert wird. Ion Voinescu, ein wenig bekannter Schrift-

steller, der enge Beziehungen zu Eufrosin Poteca hatte, dem Initia-
tor der in rumänischer Sprache an der Bukarester Schule gehaltenen
Philosophievorlesungen, unterbreitet einen besonders interessanten
Vorschlag. Er spricht von dem wohltätigen Einfluß der Schule auf
alle Mitglieder der Gesellschaft und äußert die Hoffnung, daß die
Menschen von der Philosophie einen Adel erhalten würden, den die
feudale Rangordnung nicht bieten könne, denn sie würden die großen
Ziele erkennen, nach denen der "Philosoph und Mensch" stets strebe [34].

Diese Bemühungen, die menschlichen Möglichkeiten zu entwickeln
und die Errungenschaften der Wissenschaft in den Dienst eines Menschen zu stellen, der sich innerhalb einer ihre Rechte und Pflichten
kennenden Gemeinschaft frei durchsetzt, scheinen uns auf den bedeutenden Forschungen dieser Zeit gegründet zu sein. Die wissenschaftlichen Gesellschaften, Akademien und Universitäten Europas waren
im Grunde genommen bestrebt, das Erkenntnisvermögen zu entwickeln und den Menschen mit neuen Mitteln zu bilden. So trugen
sie zu einem Fortschritt bei, dessen Bedeutung wir heute richtig
einschätzen und verstehen können. Aus der Vielfalt verschiedener
Bildungsmodelle treten einerseits diejenigen hervor, die auf der
Vorstellung einer illusorischen Freiheit des Geistes beruhen und
die Gesellschaft in die Starre abstrakter Systeme zwängen, und andererseits diejenigen, die das "nationale Genie" in den Himmel heben.
Aber alle Theorien gehen in verschiedener Weise in den aktiven Er-
ziehungsprozeß des Menschen durch den Unterricht ein. Deswegen
ist für uns vor allem die Unterscheidung zwischen denjenigen, die
die Wissenschaften für eine Sache der Privilegierten hielten, und
jenen anderen, die engagierte Erzieher der Massen waren, wichtig.

*

Der Philosoph wie auch der Patriot wurden nicht überall auf dieselbe Weise definiert; wenn aber geschehen soll, was wir uns vorgenommen haben, nämlich die in jedem einzelnen Modell kondensierte
menschliche Erfahrung herauszulösen, so dürfen wir nicht bei dem
bleiben, was die Denker und Künstler vorschlugen, sondern wir müssen zu entdecken versuchen, welches Modell von den sozialen Gruppen bejaht wurde oder sogar zur Veränderung der Gesellschaftsordnung beitrug. Natürlich hat jede wissenschaftliche Gesellschaft oder
Universität im geistigen Leben Europas eine gewisse Bedeutung gehabt, trotzdem dürfen wir uns nicht auf die Tätigkeit der durch sie
repräsentierten Gruppe beschränken, obgleich diese vor allem wegen
ihres wachsenden Selbstbewußtseins für die weitere Entwicklung
wichtig war. Diese Gruppe gliederte sich ja in eine soziale Struktur

ein, stieß auf Widerstand und wirkte gerade deswegen – weil sie nämlich in einer bestimmten Umwelt entstanden war und diese veränderte.

Wenn wir uns auf Südosteuropa und Mitteleuropa beziehen, müssen
wir vor allem das Kulturniveau des Volkes in Betracht ziehen, ohne
dessen Berücksichtigung die damals entstehenden Doktrinen und Bildungsmodelle unverständlich bleiben. Dabei wird hier die Volkskultur
gemeint, die als ein Produkt der Massen und in ihrem Einfluß auf die
städtische Kultur zu erforschen ist, und nicht die Schöpfungen, die
einer romantischen Sensibilität entstammen. Die Erforschung der
zeitlichen Differenzierung im Kulturniveau kann durch Vergleiche im
Bereich der Einflüsse, der Übernahme und Parallelismen den Mecha-
nismus der Entscheidungen und die Ausarbeitung gemeinsamer Kul-
turentwürfe beschreiben. So läßt sich dann auch das von einer Gesellschaft unter dem Einfluß des wissenschaftlichen Fortschritts gebilligte
Kulturmodell jenem anderen gegenüberstellen, das auf dem Wege der
"langen Dauer" durch Anhäufung einander folgender Erfahrungen entstanden ist. Diese methodischen Andeutungen schließen die Forderung
ein, die Erforschung von Einzelheiten fortzuführen. Wenn sich nämlich das Interesse von deutlichen Bekundungen abwendet und die Erfahrungen eines großen Kulturraumes insgesamt anvisiert, besteht
die Gefahr, daß über dem Wunsch nach Synthese der größte Teil der
konkreten Erfahrungen verloren geht.

Die hier behandelten sechs Jahrzehnte des europäischen Geisteslebens sind besonders wichtig, weil damals die immer reger werdenden
Kulturbeziehungen eine radikale Revision der Kulturtraditionen beförderten. Durch das von der Wissenschaft angebotene Denk- und Kulturmodell kommen sich die einzelnen Gesellschaften näher und beginnen
die gleichen Ziele anzustreben. Sie ziehen gemeinsam Bilanz. Der
Philosoph und der Patriot als exemplarische Gestalten erhalten eine
umfassendere Verbindlichkeit, als il corteggiano, l'honnête homme
und the gentleman hatten, waren diese Leitbilder doch in einem engeren Kreise verankert und von unterschiedlicher Ausstrahlung. Der
Philosoph und Patriot sollen hingegen Vorbild aller Menschen sein
ebenso wie die Modelle im Mittelalter oder in der Renaissance.

Vom subtilen Denker, dessen Heimat die Welt der Salons war, bis
zum Volkserzieher, der den neuen Staatsbürger ankündigt, reiht sich
die Kette der Porträts zu einer Galerie, die wir uns gewärtig halten
müssen, wenn wir alle Möglichkeiten des erzieherischen Vorbilds in
jener Zeit erfassen wollen, um den Weg unserer eigenen von Gleichschaltung und Anarchie gleichermaßen bedrohten Persönlichkeit fest-
zulegen. Deshalb fragen wir uns, welche Züge die Büste des "Philosophen und Menschen" hätte tragen müssen.

Anmerkungen

1 Vgl. E.H. Gombrich: The Story of Art, London 1972, S.373, wo die Büste
  Houdons reproduziert und kommentiert wird. Über das "psychologische
  Portrait" im 18. Jahrhundert spricht Galienne Francastel in "Le Portrait"
  (rumänisch) Bucureşti 1973, S. 150 ff.
2 Vgl. Pierre Chaunu: La civilisation de l'Europe des Lumières. Paris 1971
  S. 228-229.
3 Charly Guyot: Diderot par lui-même. Paris 1966, S. 94.
4 Vgl. Georges May: Diderot et l'allégorie. In: Studies on Voltaire and the
  eighteenth century, 1972, S. 1049-1076.
5 "Das 18. Jahrhundert ist zweifellos das erste Jahrhundert in der Geschichte des kollektiven Bewußtseins, das sich selbst als spezifische Entität definiert hatte und das über einen eigenen Willen verfügte und nach der Verwirklichung klar formulierter Ziele strebte. Nie wieder findet man bei den
  Denkern eines Jahrhunderts die Durchsetzung einer derartigen Solidarität
  gleichzeitig mit einer ebenso scharfen Wahrnehmung ihrer Situation in der
  Geschichte, selbst wenn diese 'Situation' dem abstrakten ideologischen Rahmen und dem weiterhin traditionell gebliebenen Konnex verpflichtet geblieben ist", behauptet Roland Mortier in seiner hervorragenden Abhandlung
  "Lumière et Lumières. Histoire d'une image et d'une idée au XVIIe et au
  XVIIIe siècle". In: Clartés et ombres du siècle des Lumières. Genève, 1969
  S. 13. Ähnlich bei Otto Brunner: Das Zeitalter der Ideologien. Anfang und
  Ende. (Zitiert nach der italienischen Übersetzung in: Per una nuova storia
  costituzionale e sociale. Milano 1970, S. 221, 229.
6 Pierre Chaunu a.a.O. S. 241 f.
7 Robert Mandrou: Des humanistes aux hommes de science. XVIe et XVIIe
  siècles. Paris 1973, S. 229-230.
8 H. Holborn: Deutsche Geschichte in der Neuzeit. Bd. 2, München 1970, S. 5.
9 Mayer/Kaindl/Pirchegger/Klein: Geschichte und Kulturleben Österreichs.
  Bd. 3, Wien, Stuttgart 1965, S. 124.
10 Vgl. V.L. Tapié: Monarchies et peuples du Danube. Paris 1969, S.221 f. ;
   Eduard Wondrák: Die Olmützer "Societas incognitorum". In: Die Aufklärung in Ost- und Südosteuropa. Köln, Wien 1972.
11 Mayer/Kaindl/Pirchegger/Klein a.a.O. S. 102
12 Ebenda S. 101. Für die vorhergehenden Jahrzehnte vgl. Victor L. Tapié:
   L'Europe de Marie Thérèse. Du baroque au lumières. Paris 1973.
13 Geoffrey Barraclough: The Origins of Modern Germany. Oxford 1972, S.409.
14 Jacques Godechot: Les Révolutions de 1848. Paris 1971. Interessant ist
   die Tatsache, daß der Nationalismus in seinem Anfangsstadium als eine
   Kraft erscheint, die imstande ist, die sich unter Fremdherrschaft befin-
   denden Völker zu vereinigen; daher die Pläne über einen Bund der Balkan-
   staaten am Ende des 18. Jahrhunderts, oder die Behauptung Herders:
   "Vaterländer gegen Vaterländer im Blutkampf ist der ärgste Barbarismus
   der menschlichen Sprache". (Zitiert nach Georg G. Iggers: Deutsche Geschichtswissenschaft. München 1971, S. 59.)
15 Vgl. Holborn a.a.O. S. 3-5; Ákoš Paulinyi: Der sogenannte aufgeklärte Absolutismus und die frühe Industrialisierung. In: Die Aufklärung in Ost-und

Südosteuropa, a.a.O.; Kálmán Benda: La société hongroise au XVIIIe
siècle. In: Les Lumières en Hongrie... Budapest 1971. Die Lage der Bauern in Mittel- und Südosteuropa ist schwer, und die Lage der rumänischen
Bauern in Siebenbürgen stellt sogar einen Sonderfall dar, da sie sich nicht
der gleichen Rechte mit den übrigen "receptae" Nationalitäten erfreuten,
obwohl sie die Mehrheit der Bevölkerung des Fürstentums bildeten. Der
Aufstieg des Bürgertums und der Schicht der Intelligenz in dieser Epoche
spielt eine entscheidende Rolle bei der Veränderung der bestehenden Situation; vgl. Keith Hitchins: The Rumanian National Movement in Transilvania,
1780-1840. Harvard University Press 1969. Für den südosteuropäischen
Raum vgl. auch: Structure sociale et développement culturel des villes bal-
kano-adriatiques aux XVIIe - XVIIIe siècles. Actes du Colloque organisé à
Venise, mai 1971. București 1973.

[16] Georg G. Iggers a.a.O. S. 32.

[17] H. Holborn a.a.O. S. 6.

[18] Vgl. z.B. Jacques Marx: Alchimie et Palingénésie. In: Isis 62 (1971), 213,
S. 275-289.

[19] Jacques Roger: Science et lumières. In: Revue de l'Université de Bruxelles
1972, 2-3, S. 159.

[20] Ebenda S. 163.

[21] Vgl. Fernand Braudel: Écrits sur l'Histoire. Paris 1969, S. 41-83.

[22] Ebenda S. 64

[23] Ebenda S. 69

[24] Vgl. Hans Georg Beck: Byzanz. Der Weg zu seinem geschichtlichen Verständnis. In: Saeculum, 1954, S. 87-103. In den Lobesliedern, die in den orthodoxen Kirchen am Tage des Kaiserpaares Konstantin und Elena gesungen
werden, heißt es übrigens, daß der Kaiser die Berufung so wie Paul nicht
von den Menschen erhalten habe, d.h. er verfügt über eine Gabe, die derjenigen gleicht, welche den Aposteln und ihren Nachfolgern verliehen worden ist. Eine tiefgreifende Analyse der Umstände, die die Anbetung der
Nationalführer bei den slawischen Völkern (nicht aber bei den Rumänen!)
begünstigte, findet man bei Dimitri Obolenski: The Byzantine Common-
wealth. Eastern Europe, 500-1453. London 1971, S. 308-313. Kennzeichnend ist auch die Tatsache, daß "the conviction, widely held in the Middle
Ages in France and England, that the king possesses in his life-time certain
healing powers, has no parallel either in Byzantium or in the other lands
of Eastern Europe" (S. 313). Das ist bezeichnend, weil die Gabe des Wun-
dertäters die Beanspruchung von Prädikaten seitens der um den "gladius
martialis" gruppierten Welt erforderte, von denen der "gladius spiritualis"
behaupten konnte, sie besäßen sie in exklusiver Weise. "Die Fürsten verliehen sich alle königlichen Vorrechte mit Ausnahme der Wunderkraft",
stellt Georges Duby für die Zeit der Herausbildung feudaler Beziehungen
fest.
Vgl. auch Georges Duby: L'image du Prince de France au début du XIe
siècle. In: Cahiers d'Histoire 1972, 3, S. 211-216. Über die beiden Bildungsmodelle (Ritter und Geistlicher) in der französischen Kultur des Mit-
telalters, deren Bedeutung als "Faktor der Geschlossenheit in gewissen
Gruppen und ihrer Isolierung anderen Gruppen gegenüber" vgl. Georges

Duby: La vulgarisation des modèles culturels dans la société féodale. In:
Niveaux de culture et groupes sociaux. Paris 1967, S. 38 f.

25 Jean Stengers: L'église et la science. In:Revue de l'Université de Bruxelles 1971, 4, S. 446-464.

26 Diese Meinung von Fritz Valjavec (Ausgewählte Aufsätze. München 1963,
S.66) habe ich in: Coordonate ale culturii române în secolul XVIII. (Koor-
dinaten der rumänischen Kultur im 18. Jahrhundert) Bucureşti, S. 360 ff.
kommentiert. Über die Ideenbewegung im 17. Jahrhundert vgl. auch Vir-
gil Cândea: Les intellectuels du Sud-Est européen au XVIIe siècle. In: Revue des études sud-est européennes. 1970, Nr. 2 u. 4; vgl. auch William
Harvey: Anthime Gazis et les débuts de la science rumaine moderne. In:
Balkan Studies, 1964.

27 G. Iggers a.a.O. S. 49.

28 Vgl. z.B. Holm Sundhaußen: Der Einfluß der Herderschen Ideen auf die
Nationalbildung bei den Völkern der Habsburger Monarchie, München 1973.
Für den rumänischen Bereich gibt es Angaben über die Präsenz Herders
bei D. Popovici: Romantismul românesc. (Die rumänische Romantik), Bucureşti, 1969 und Zoe Dumitrescu- Buşulenga: Herder şi paşoptiştii români. (Herder und die rumänischen Anhänger der Revolution von 1848) In:
Zoe Dumitrescu- Buşulenga: Valori şi echivalenţe umanistice. (Humanisti-
sche Werte und Gleichwertigkeiten) Bucureşti 1973, S. 21-27. Hier wird
festgestellt, daß "die ganze Generation von 1848 mittelbar oder unmittelbar die Herder'sche Ideologie über Sprache und Folklore kennt".

29 Vgl. C.Th. Dimaras: L'heure de Vico pour la Grèce. In: Dimaras: La Grèce
au temps des Lumières. Genève 1969, S. 133-152.

30 Über das Humanitätsideal vgl. G. Iggers a.a.O. S. 44,49,54; über die Kontakte der in Gesellschaften organisierten rumänischen Intelligenz mit den
deutschen Ideen habe ich einige Anmerkungen gemacht in: A. Duţu: Cărtile de
înţelepciune în cultura română (Die Bücher der Weisheit in der rumänischen
Kultur). Bucureşti 1972, S. 131-136.

31 Der Text wurde von C.Th. Dimaras 1964 mit einem umfassenden Vorwort
herausgegeben.

32 Wir beziehen uns auf: Sfaturile întelegerii sănătoase.(Ratschläge des gesunden Menschenverstandes), 1802 von D. Ţichindeal ins Rumänische übersetzt.

33 Vgl. bes. den Anfang des 11. Gesanges von Ţiganiada (Zigeunerepos),
Neudruck Bucureşti 1973, S. 295 ff.

34 Vgl. N.Isar: Un iluminist necunoscut din epoca de la 1821: Stolnicul Voinescu. (Ein unbekannter Aufklärer aus der Zeit um das Jahr 1821: der
Mundschenk Voinescu) In: Studii,1972, 1, S. 125-135. Für die "Weisheits-
bücher" verweisen wir auf Alexandru Duţu: Les livres de sagesse dans la
culture roumaine. Introduction à l'histoire des mentalités sud-est européennes. Bucureşti 1971; vgl. auch C.Th. Dimaras: Dix années de culture
grecque dans leur perspective historique (1791 - 1800).

DIE AKADEMIE VON MOSCHOPOLIS UND IHRE NACHWIRKUNGEN IM GEISTESLEBEN SÜDOSTEUROPAS

Von Max Demeter Peyfuss

Das heute etwa hundert Häuser, eine Schule, ein Museum und eine LPG umfassende Dorf Voskopojë [1], eine der interessantesten Ortschaften Albaniens, liegt wenige Kilometer westlich von Korçë, unweit der griechisch-jugoslawisch-albanischen Dreiländerecke und der makedonischen Seen von Ohrid und Prespa, in einer jener fruchtbaren Kontaktzonen, wo politische, kulturelle und geistige Strömungen verschiedener Provenienz aufeinandertreffen und nach verschiedenen Rezepten amalgamiert werden.

Das zeigt sich schon an seiner geographischen Lage, deren Beschreibung meist die Sympathien des Autors andeutet. Der politische Begriff Albanien und die geographischen Begriffe Makedonien und Nordepirus stehen zur Auswahl; in mitteleuropäischen Quellen des 18. Jahrhunderts, das uns hier interessiert, ist sowohl von Albanien als auch von Macedonien die Rede [2].

Ähnliche Verhältnisse zeigt die Ethnographie: Zum großen Teil von Aromunen bewohnt [3], umgeben von orthodoxen und islamischen Tosken sowie von orthodoxen Makedoniern [4], neigte Moschopolis im 18. Jahrhundert der griechischen Kirche und Kultur zu, freilich im Rahmen jener Oikoumene, die erst im 19. Jahrhundert nationalstaatlichen Machtansprüchen zum Opfer fallen sollte.

Wann der zwischen dem 12. und dem 14. Jahrhundert gegründete Ort [5] die Ausmaße und Privilegien einer Stadt erreichte, ist nicht bekannt; aber man weiß, daß Moschopolis im 17. Jahrhundert, gleichzeitig mit dem nahegelegenen Sipischa (auch Upeschia, heute Shipske), eine hohe wirtschaftliche Blüte erreichte - ein Phänomen, das uns auch der Aufschwung anderer Handelsstädte in Makedonien (Kleisoura oder Blacho-Kleisoura und Siatista), in Thessalien (Ampelakia und Turnabos) oder am Pindos (Metsobon und Kalarritai) vor Augen führt [6].

Grundlage dieser Entwicklung waren in erster Linie die Handelsbeziehungen, die Moschopolis - ebenso wie z.B. das südlichere Iŏannina - über die Adria mit dem Westen angeknüpft hatte. Vor allem Venedig, aber auch Brindisi und das ganze westliche Mittelmeer waren die Ziele der kaufmännischen Expansion. Aber neben die Ausfuhr von Produkten der traditionellen Fernweidewirtschaft trat auch der

Export gewerblicher Erzeugnisse und der einträgliche Transithandel: Venedig bezog via Moschopolis etwa Kaffee aus dem Orient und Wachs aus der Walachei und lieferte westliche Luxuswaren, die nicht nur in Moschopolis abgesetzt wurden [7].

Diese Handelsbeziehungen prägten auch den kulturellen Interessen ihre Richtung auf, aber am Wohlstand, an der materiellen Basis kultureller Blüte waren in vielleicht noch größerem Ausmaß die Zünfte (esnaf, rufet) von Moschopolis beteiligt, die sich besonderer Privilegien der Selbstverwaltung erfreuten und um die Mitte des 18. Jahrhunderts siebzehn [8], nach neueren Forschungen vierzehn an der Zahl waren [9].

Moschopolis, "urbs amplissima" in der ganzen Türkei, wie ein ungarischer Beleg aus dem 18. Jahrhundert hervorhebt [10], zählte mindestens fünf- bis siebentausend Häuser [11], mehr als zehn Kirchen und eine Reihe sozialer Einrichtungen. Eine oder mehrere griechische Elementarschulen müssen schon im 17. Jahrhundert in Moschopolis bestanden haben. Die dortigen Kaufleute bedienten sich wie überall am südlichen Balkan fast ausschließlich des Griechischen in ihrer Korrespondenz und ihren Aufzeichnungen, und wenn auch die Orthographie schauderhaft ist, sie war damals in dieser Form weit verbreitet und verrät wenigstens Spuren von Schulbildung [12].

Überdies gab es in Moschopolis eine Druckerei [13], die in den zwanziger Jahren des 18. Jahrhunderts von dem vielseitigen Mönch Grēgorios o Kōnstantinidēs, der auch Moschopolitēs hieß, aus Venedig angeschafft wurde. Zwischen 1731 und 1765 wurden insgesamt 19 Titel gedruckt, und zwar 13 Akoluthien (Meßtexte für einen bestimmten Heiligen, dem Proprium der römischen Kirche entsprechend) und sechs andere Bücher [14], auf die wir noch eingehen werden. Die Druckerei scheint, solange sie von Grēgorios geleitet wurde, zunftmäßig organisiert gewesen zu sein. Nach der Ernennung ihres Leiters zum Metropoliten von Durrachion (Durrës) im Jahre 1748 dürfte sie in den Besitz des Klosters vom Heiligen Naum am See von Ohrid übergegangen sein.

Auch die Bibliothek von Moschopolis erlangte Berühmtheit [15]. Sie enthielt nicht nur Ausgaben griechischer und römischer Klassiker, sondern auch neuere westliche Literatur, darunter Bücher von Racine und Corneille, und überlebte zwar die dreimalige Zerstörung der Stadt in den Jahren 1769, 1772 und 1788/89 (sie wurde danach sogar noch durch Donatoren wie den neuen Metropoliten von Durrachion und den bekannten Wiener Simon Freiherrn von Sina[16] bereichert), nicht jedoch die Wirren im ersten Weltkrieg [17]. Nur wenige Bände befinden sich heute in der Bibliothek der Metropolie von Korçë [18].

Schon aus diesen wenigen Hinweisen auf die wirtschaftlichen und kulturellen Gegebenheiten an diesem Ort geht hervor, daß hier eine höhere Schule in fruchtbarer Weise ihre Tätigkeit entfalten konnte. Leider ist das Archiv dieser Schule nicht erhalten, so daß wir auf einige wenige Handschriften und Eintragungen in Kodizes der Klöster und Kirchen der Stadt angewiesen sind, die auch nicht mehr im Original sondern nur noch in seinerzeit verfertigten Exzerpten und Abschriften erhalten sind.

*

Die Neue Akademie von Moschopolis ging aus einer Art Untermittelschule hervor, die bereits um 1700 bestand und von einem Mönch des Klosters des Propheten Elias in der Nähe der Stadt, dem in der Gelehrtengeschichte nicht unbekannten Chrusanthos o Epeirotes aus Zitsa bei Iōannina geleitet wurde [19]. Dort unterrichtete 1724 der Grammatiker Nikolaos Stigne aus Iōannina [20].

1744 wurde die Schule dann durch eine "Oberstufe" ergänzt und von nun an entweder "Ellēnikon Phrontistērion" oder aber "Neue Akademie, hoher Schmuck der Stadt, Zierde der Sitten und Licht der Kirche" genannt [21]. Ähnliche Akademien bestanden in verschiedenen Städten Südosteuropas, in Bukarest und Iaşi, in Konstantinopel, Iōannina, Metsobon, auf Patmos und am Athos; diese wurde ein Dutzend Jahre nach der Akademie von Moschopolis ins Leben gerufen.

Von wem die Initiative zur Gründung der Neuen Akademie ausging, ist nicht bekannt, doch haben wir allen Grund anzunehmen, daß einerseits die Kirche, andererseits das Bürgertum von Moschopolis daran Interesse hatten, denn wir besitzen eine recht aufschlußreiche Quelle über die Finanzierung eines Neubaues der Akademie, der 1750 errichtet wurde; und zwar in Gestalt einer Eintragung im Kodex des Klosters vom Heiligen Johannes dem Täufer unweit der Stadt. Auf Initiative des Erzbischofs von Ohrid und Patriarchen der Prima Iustiniana, Iōasaph, der selbst aus Moschopolis stammte und dort die Schule besucht hatte, wurde die Kollekte zugunsten der Akademie veranstaltet; sie brachte den ansehnlichen Betrag von 634.000 Asproi – das waren kleine Silbermünzen geringen Wertes – ein. Der zuständige Metropolit von Kastoria hatte 60.000 gegeben, der Abt des Klosters vom Heiligen Naum 12.000, die Notabeln von Moschopolis 250.000 und die Zünfte der Stadt nicht weniger als 312.000 Asproi [22]. Freilich repräsentierten die esnafe einen weit größeren Anteil an der Stadtbevölkerung als die wenigen reichen Notabeln, aber das Ergebnis bleibt eine beachtliche Leistung.

An der Unterstufe dieser Akademie unterrichtete zunächst der gelehrte Drucker Grēgorios, vermutlich nach jener "Egkuklopaideia philologikē" des Iōannēs Patousas [23], die auch an anderen Schulen als Handbuch Verwendung fand. Der Lehrer und Drucker tat sich auch als Schriftsteller und Übersetzer hervor: Er verfaßte eine Reihe von Akolouthien, veranstaltete die dritte Ausgabe des Briefstellers und der Rhetorik des Korudalleus in Moschopolis 1744 [24], finanziert vom Erzbischof Iōasaph, und übersetzte aus der Heiligen Schrift ins Albanische.

Leiter der Akademie und Professor an der Oberstufe war bis gegen 1750 der berühmte Redner Sebastos Leontiadēs, der 1690 in Kastoria zur Welt gekommen war und bei Methodios Anthrakitēs und in Padua studiert hatte. Wie sein berühmter Lehrer führte er gegen seine peripatetischen Gegner ein analytisches und kritisches Denken ins Treffen, wobei ihm aber das Schicksal seines vor Gericht gestellten Lehrers erspart blieb. Für eine pädagogische Tätigkeit des Anthrakites in Moschopolis fehlen bisher die Beweise [25]. In den vierziger Jahren unterrichtete aber auch der Neuaristoteliker Iōannēs Chalkeus in Moschopolis, ein Kenner des Lateinischen, der später an der Schule von San Giorgio dei Greci in Venedig tätig war [26].

Die bedeutendste Persönlichkeit der Neuen Akademie war zweifellos Theodor Anastasios Kaballiōtēs [27]. Obgleich von seinen Werken relativ viele erhalten sind, herrscht doch Unklarheit über seinen Werdegang. Mit Kaballiōtēs deutschem Zeitgenossen Johann Thunmann hatte man bisher unanimo darüber hinweggesehen, daß er als angeblich Zweiundzwanzigjähriger die Leitung der Neuen Akademie 1750 übernommen hatte[28] und damals schon als "weisester und gelehrtester und bester aller Lehrer"[29] gefeiert worden war. Aber 1966 trat der albanische Historiker Alfred Uçi mit der Behauptung auf den Plan, ein von dem sonst recht verdienten, aber im allgemeinen eher fragmentarisch informierten Ilo Mitke Qafëzezi in Vithkuq, unweit von Moschopolis aufgefundenes und bis heute nicht ediertes Manuskript einer Logikvorlesung sei ein Autograph des Kaballiōtēs und trage unzweifelhaft das Datum 1743, während die vor Jahren in Rumänien entdeckte Logik des Kaballiōtēs von 1755 nur eine Kopie sei [30]. Nun muß man zweifellos immer mit Fehlern rechnen, sei es, daß die Angabe in der Bukarester Hs. der Logik, die die Athentizität der Handschrift betrifft, eine Mystifikation ist, sei es, daß die mit griechischen Buchstaben geschriebenen Jahreszahlen falsch interpretiert oder auch nur falsch abgeschrieben worden sind; und schließlich ist es nicht unwahrscheinlich, daß Kaballiōtēs lange vor 1728 geboren worden war und bereits längere Zeit in Moschopolis unterrichtet hatte, bevor er auf

einen so wichtigen Posten berufen wurde. Die Versicherung Thunmanns, daß Kaballiōtēs bei Eugenios Boulgarēs in Iōannina studiert
habe [31], wäre dann hinfällig, obgleich betont werden muß, daß die
Informationen Thunmanns quasi aus erster Hand stammen, nämlich
von einem Schüler des Kaballiōtēs, auf den wir noch näher eingehen
werden. Andererseits ist es aber auch möglich, daß es sich beim
Manuskript von Vithkuq nur um eine absichtlich mystifizierte Kopie
handelt; einen Handschriftenvergleich kann man nicht anstellen, solange es keine gesicherten Autographen des Kaballiōtēs und auch keine kritische Edition seiner Werke gibt [32].

Das Fehlen solcher Editionen der Handschriften über die Logik,
die Physik und die Metaphysik erschwert aber nicht nur die Chronologie, sondern auch das Verständnis des philosophischen Systems
von Kaballiōtēs. Fest steht nur, daß er ein Verfechter des Philoso-
phierens war, ein Gegner jener "hassenswerten Leute", die da mein-
ten, daß die Philosophie den Glauben behindere und daß man streng
zu unterscheiden habe zwischen Wahrheiten philosophischer und religiöser Natur. Aber die Interpretationen, die von dem Rumänen
Victor Papacostea und dem Albaner Alfred Uçi stammen, gehen insofern auseinander, als Papacostea deutlich den Einfluß von Eugenios Boulgarēs erkennt, während Uçi Kaballiōtēs eher in die Tradition
Malebranche - Anthrakitēs stellt [33]. In unserem Zusammenhang ist
es jedenfalls von Bedeutung, daß Moschopolis ein Zentrum des Kritischen Geistes und der Erneuerung war.

Neben der Philosophie und den Naturwissenschaften - Kaballiōtēs
beschäftigte sich auch mit der Mathematik - wurde das Studium des
Altgriechischen in Moschopolis gepflogen, auch Boulgarēs hatte ja
die Bedeutung dieses Faches unterstrichen. Eine ganze Reihe form-
vollendeter Epigramme auf Kaballiōtēs von seinen Schülern belegen
die Lebendigkeit humanistischer Traditionen. Sie wurden im Anhang
zu einer Grammatik des Altgriechischen aus der Feder des Kaballiōtēs publiziert, die 1760 in Moschopolis und 1774 in Venedig gedruckt
wurde [34]. Der Verbreitung des Griechischen als Bildungssprache
diente auch seine 1770 in Venedig erschienene Protopeiria, ein Lehrbuch für Albaner und Aromunen [35]. Außerdem soll Kaballiōtēs eine
leider nicht erhaltene Schrift über die Akademie von Moschopolis
verfaßt haben. Nach einer Reise durch Deutschland und Italien soll
er 1786 in Moschopolis gestorben sein.

Daß wir keinerlei Quellen über den theologischen Unterricht an der
Neuen Akademie besitzen, soll nicht zur Vermutung Anlaß geben, daß
man diese Wissenschaft in Moschopolis nicht pflegte. Ganz im Gegenteil: Viele namentlich bekannte Schüler traten in den Kirchendienst.

Aus welchen sozialen Schichten die Schüler der Akademie kamen,
ist in den wenigsten Fällen bekannt, doch weiß man, daß die esnafe
viele Schüler unterstützten und deren Studienreisen finanzierten [36].
Kaballiōtēs selbst hat auf diese Weise seine Studien in Iōannina vollenden können. Andererseits finden wir unter den Schülern die Namen
so mancher wohlhabender Kaufleute, denen wir später nach der Zerstörung der Stadt auf den großen Handelsplätzen Mitteleuropas wieder begegnen.

Die Zusammenstellung eines Verzeichnisses der Schüler der Neuen
Akademie erfordert ein gewisses Maß an kritischer Genauigkeit. So
zählt der verdiente griechische Historiker und Mönch der Laura am
Athos, Eulogios Kourilas Lauriotēs, 32 Akademiker - Schüler wie
Lehrer [37]. Zieht man jene fünf Lehrer ab, die nicht selbst Schüler
der Akademie waren, so bleiben 27; davon können der Patriarch
Iōasaph und Nektarios Terpos, dessen theologische Bücher in Venedig erschienen, das erste davon (eine orthodoxe Glaubenslehre) schon
1732 [38], und Demetrios Prokopiou Pamperis, der bekannte Sekretär
des Fürsten Nicolae Mavrocordat, aus chronologischen Gründen ebensowenig Schüler der Akademie gewesen sein wie Dionusios Mantoukas,
der im 17. Jahrhundert Metropolit von Kastoria war, Dēmētrios Chalkeus oder Chalkia, der schon 1706 in Rom promoviert hatte, und Kōnstantinos Agionaoumitēs, ein Schüler der Athener Akademie [39], dessen "Suntagmation Orthodoxōn"[40] 1746 in Moschopolis erschien, so
daß sich die Zahl der Schüler zunächst auf 21 reduziert.

Darunter gab es neun Kleriker verschiedenen Ranges. Kaballiōtēs,
Protopop und Prediger des Erzbistums Ohrid, haben wir schon genannt. Der Metropolit Nikēphoros von Sisanion, der nach der Auflösung der autonomen Prima Iustiniana die Metropolie von Ohrid
übernahm, und der Metropolit Polukarpos von Larissa waren ebenso
Schüler der Akademie wie der Mönch Kuros und der Priester Geōrgios Papa Simos. Von größerem Interesse sind jene Kleriker, die
sich auch als Schriftsteller hervorgetan haben. Da ist in erster Linie ein Schüler des Kaballiōtēs, der bekannte Ambrosios o Pamperis
(geb. 1733 in Moschopolis[41]) zu nennen, der nach einem Aufenthalt
im Kloster des Heiligen Naum[42] Reisen durch Ungarn und die Moldau
unternahm und schließlich Ephemerios der griechischen Kapelle in
Leipzig wurde, wo er Lobgesänge auf den Fürsten Alexander Ypsilanti schrieb[43] und die vierte Ausgabe des Briefstellers von Korudalleus veranstaltete [44]. Er verfaßte ferner das 1802 in Wien erschienene "Poiēma Karkinikon", das enorme Ingeniosität beweist und
übrigens jenem Baron Christodoulos Kirleand von Langenfeld (Cîm-
pulung!) gewidmet ist, der in der Affäre des armen Rēgas Belestin-

lēs die Rolle eines österreichischen Spions gespielt hat [45]. Die angeblich von Ambrosios verfaßte vulgärgriechische Übersetzung
der Geschichte des russisch-türkischen Krieges von 1768-1774 von
Chesarie von Rîmnic ist meines Wissens bisher ebensowenig aufge-
funden worden wie dieses Geschichtswerk selbst [46].

Für die Anfänge der Albanologie und Rumänistik in Europa spielte
das Buch eines anderen Schülers der Neuen Akademie im Priester-
gewand eine ähnlich wichtige Rolle wie die "Prōtopeiria" des Kaballiōtēs. Es handelt sich um die mehrmals nachgedruckte "Eisagōgikē
Didaskalia" des Daniēl Moschopolitēs [47].

Zu nennen ist ferner Michaēl Gkoras Upischiōtēs, ein Schüler des
Sebastos Leontiadēs, Priester in Shipskë und Korrektor der Druckerei von Moschopolis, deren Bücher er überdies mit vielen Epigram-
men und mit Einleitungen versah [48]. Dann jener Theodor, Priester
in Elbasan und Übersetzer des Neuen Testaments ins Albanische, den
Hahn in seinen "Albanesischen Studien"[49] und mit ihm eine Reihe von
Historikern, darunter auch Victor Papacostea [50], mit Kaballiōtēs
identifizierten, während er Theodor Chatzēphilippidēs hieß [51].

Kourilas übersah in seiner Liste jene Schüler des Kaballiōtēs, die
in seiner "Eisagōgē Grammatikēs" als Epigrammisten aufscheinen;
unter ihnen finden sich neben Ambrosios zwei weitere Kleriker: Bre-
tas "iereus kai nomophulax" und Sabbas "ieromonachos"[52].

Übrigens kann die Vermutung nicht einfach von der Hand gewiesen
werden, daß auch Kōnstantinos Oukoutas, Verfasser einer aromunischen Fibel und am Ende des 18. Jahrhunderts Protopop der griechischen Gemeinde in Posen, ein Schüler der Neuen Akademie gewesen
ist, zumal er aus Moschopolis stammte [53].

Auffällig ist hier das völlige Fehlen theologischer Schriften unter
den Publikationen dieser doch z.T. recht schreibfreudigen Kleriker.
Es steht dies in merkwürdigem Gegensatz zur Aktivität früherer
moschopolitanischer Gelehrtengenerationen, eines Nektarios Terpos
oder eines Dēmētrios Chalkeus, und sogar in gewissem Gegensatz
zu den Veröffentlichungen der Druckerei von Moschopolis, wo außer
dem bereits genannten "Suntagmation Orthodoxōn", dessen italienische Übersetzung durch einen Korfioter Schüler des später in Rußland weilenden Nikēphoros Theotokēs der Propaganda Fide in Rom
1759 einiges Kopfzerbrechen bereitete [54], auch noch einige weitere
Schriften erschienen, die der antikatholischen Propaganda dienten [55],
aber auch der Entgegnung protestantischer Häresien.

Auffällig ist ferner, daß unter den Absolventen der Neuen Akademie
zwölf Kleriker (samt Oukoutas) immerhin vier Ärzten gegenüberstehen.
Drei von ihnen haben in Halle studiert, nämlich der bereits erwähnte

vielseitige Schüler Thunmanns Kōnstantinos Tzechanēs [56], der mit
seinen Eltern 1760 nach Wien kam [57], in Modor, einer kleinen Stadt
Nordwestungarns, das Gymnasium besuchte und in Wien und Halle
Medizin, Philosophie und Mathematik studierte, ganz Europa bereiste und eine Reihe größerer und kleinerer Werke verfaßte, darunter
sehr viele Epigramme, Oden, aber auch eine Mathematik (1769), eine
Theorie zur Quadratur des Kreises sowie Übersetzungen. Thunmann
hob ausdrücklich hervor, daß er eine aufgeklärte Denkungsart gehabt
habe.

In Halle studierte auch Iōannēs Adamēs [58], der dort 1772 ein medizinisches Handbuch aus dem Lateinischen des David Samuel Madai [59]
ins Griechische übersetzte, und dessen Familie später in Wien belegt
ist [60]. 1760 promovierte Kōnstantinos Zoupan in Halle mit einer Arbeit über den Puls [61]. Wir finden ihn wie Adamēs dann in Wien als
eifrigen Käufer griechischer Bücher [62] und später in der Walachei [63].

Der vierte Mediziner war Iōannēs Nikolidēs [64] aus Gramosta (1737
bis 1828), der in Wien studierte und "1791 für seine Verdienste um
das Gesundheitswesen der Griechen in Wien von Kaiser Leopold II.
in den Adelsstand erhoben wurde" [65], und zwar mit dem Prädikat
"de Pindo". Er übersetzte die "Erfahrungen über die Lustseuche"
des Wiener Hofarztes Baron Störck ins Griechische und war weit
über die Grenzen seiner Wahlheimat hinaus bekannt [66]. Sein gleichfalls nobilitierter Neffe Stergios war, wie wir aus Subskriptionslisten
entnehmen können, ein sehr belesener Mann [67].

Zu den bisher genannten 16 Schülern der Neuen Akademie kommen
noch acht bei Kourilas namentlich genannte hinzu: Athanasios Dēmētriou Stērias, Nikolaos Kōstikas, Geōrgios Kōn, Sakellarios Koza-
nitēs, Iōannēs Eustratiou Buthkoukiōtēs, Geōrgios Dēmētriou, Polu-
zōēs Spuros, Kōnstantinos Oikonomou Tzelechourēs, Alexandros
Basileiou [68]. Dann sieben Schüler des Kaballiōtēs, die in seiner
Grammatik als Epigrammisten verzeichnet sind: Terpos Nakou, Nikolaos Samsalas, Naoum Ngoustas, Geōrgios Nikolaïdēs Tourtas,
Naoum Nikolaou Tourtas, Thōmas Anastasiadēs, Iōannēs Posamas
(hinzu kommen dann noch die beiden schon genannten Kleriker und
Ambrosios o Pamperis) [69]. Schließlich ist jener Naoum Anastasios
Ntata zu nennen, der als jüngster Schüler des Kaballiōtēs dessen
"Physik" und "Metaphysik" kopierte und dadurch für deren Ver-
breitung in den Donaufürstentümern Sorge trug [70].

Aller Wahrscheinlichkeit nach war auch Naoum Athanasiou Gkikas,
der sich "o ek Moschopoleōs" nennt, ein Schüler der Neuen Akademie. Er publizierte 1807 in der von Basileios Papa Euthumios, einem griechischen Schullehrer in Wien, übersetzten kurzgefaßten grie-

chischen Geschichte zwei Epigramme an den Leser und an den Übersetzer [71], die ganz jene in Moschopolis gelehrte und so oft unter Beweis gestellte Kunstfertigkeit verraten. Das Buch wurde seinerzeit
von Iorga entdeckt, aber nur unzulänglich beschrieben [72].

Für die nur ein Vierteljahrhundert bestehende Akademie von Moschopolis im unwegsamen Bergland Albaniens ist die Zahl von 33 namentlich bekannten und vielfach publizistisch tätigen Schülern recht
beachtlich, zumal ja mit Sicherheit anzunehmen ist, daß noch viele
andere in der Namenlosigkeit von Berufen aufgingen, die keine Veröffentlichungen erforderten. Überdies muß aber schon die bloße
Existenz einer solchen Institution wie der Neuen Akademie in Moschopolis einen gewissen Eindruck auf die Mentalität des dortigen Bürgertums gemacht haben.

*

Um die Mitte des 18. Jahrhunderts vollzog sich in den moschopolitanischen Handelsbeziehungen ein tiefgreifender Wandel. Hatte von
1600 bis gegen 1750 der Handel auf der Adria und dem Mittelmeer
vorgeherrscht, so gewann nun mit der zunehmenden Sicherheit der
kontinentalen Handelsstraßen und mit der Konsolidierung der Handelsbeziehungen zwischen der Türkei und dem deutschen Sprachraum die nordöstliche Richtung immer größere Anziehungskraft [73].
Auch die Emigrationswelle nach den Zerstörungen der Stadt ergoß
sich nach Osten und Nordosten: Makedonien lag plötzlich näher als
die alte Heimat. Und so ist es zu erklären, daß viele Moschopoliten
nun Makedonien als Herkunftsland angeben. Während die ärmeren
Schichten der Stadtbevölkerung sich in der Umgebung von Monastir
(Bitola) niederließen, zogen die reicheren Kaufleute nach Serbien,
in die Walachei, nach Ungarn und Österreich, in jene Orte, in denen
sie bereits Vertrauensleute, Verwandte oder Handelsagenten hatten.

Reiche Wiener Moschopoliten wie Kazantzēs, Michaēl Kiopeka, Simon Sina, Adam Nikarussi unterstützten weiterhin ihre Vaterstadt
mit Geldbeträgen und sonstigen Spenden: Ihre Namen wurden in Moschopolis in die Liturgie aufgenommen [74]. Und andere reiche Kaufleute hatten in ihrer Heimatstadt begriffen, daß Ruhm und Ehre nicht
nur durch Unternehmergeist erlangt werden, sondern auch durch
aufklärerische Bildungstätigkeit. - Oder sollten sie sich nur aus Sno-
bismus dazu entschlossen haben, den Druck gelehrter Werke zu finanzieren, um ihren Namen auf dem Titelblatt oder in der Widmung
gedruckt zu sehen?

Die Tatsache, daß so mancher reiche Kaufmann - wie jener Geor-
giōs Trikoupas, der in Polen mit ungarischen Weinen handelte und

die "Prōtopeiria" des Kaballiōtēs finanzierte [75], oder wie Demeter
Nikolaus Edler von Nitta[76] - trotz ihres öffentlich dokumentierten
Bildungsstrebens - kaum jemals in Subskribentenverzeichnissen anderer Werke zu finden sind, verleitet zur angedeuteten Skepsis. Aber
mit dieser ersten Phase war schon viel getan, weil diese Kaufleute
auch Wert darauf legten, daß ihre Nachkommen den Zugang zu höherer Bildung hatten, so daß spätestens nach zwei Generationen die
Mentalität der Nouveaux Riches überwunden war. Als Nachwirkung
der Neuen Akademie von Moschopolis kann man die große Zahl der
moschopolitanischen Kaufleute in ganz Europa interpretieren, die
mit großem Eifer den Fortschritt der Wissenschaften und die Entfaltung der nationalen Kulturen der Balkanvölker verfolgten, indem
sie - über alle sprachlichen Schranken hinweg - griechische, serbische, rumänische, deutsche und ungarische Bücher subskribierten.
Die Neue Akademie von Moschopolis entfaltete ihre Tätigkeit an
einem Wendepunkt, der durch den Sieg des kritischen Denkens über
die Aristoteliker gekennzeichnet ist; von Korudalleus, dem fortschrittlichsten Aristoteliker und Begründer des "freien Denkens am
Balkan" (Cl. Tsourkas), werden nur noch der Briefsteller und die
Rhetorik nachgedruckt, und dem Sebastos Leontiadēs bleibt das Ge-
richtsverfahren des Anthrakitēs erspart. Kennzeichnend ist ferner
der Niedergang der orthodoxen Theologie, die sich in defensiven Bemühungen gegen die katholische Propaganda erschöpft und unter den
Schülern der Akademie keinen Gelehrten mehr zu wissenschaftlicher
Tätigkeit anregt. Die in der nationalen aromunischen und albanischen
Historiographie wiederholt aufgestellte Behauptung, die Prima Iustiniana habe mit der Neuen Akademie von Moschopolis Zwecke verfolgt, die sich gegen die Vorherrschaft des griechischen Klerus und
der griechischen Kultur in jenen Gebieten richteten, entspringt natio-
nalem Wunschdenken. Es gibt, soweit wir die Tätigkeit der Neuen
Akademie im Auge haben, keinerlei Indizien dafür. Und schließlich
gewann die Neue Akademie ganz allgemein große Bedeutung dadurch,
daß sie zur Hebung des kulturellen Niveaus der balkanorthodoxen
Emigration in Mitteleuropa ganz erheblich beitrug und so indirekt
an der nationalen Renaissance aller Balkanvölker im 19. Jahrhundert
mitwirkte.

Anmerkungen

1 Zur allgemeinen Geschichte von Voskopojë (griech. Moschopolis, Boskopo-
lis, aromun. Muscopole, Voscopol'a) gibt es folgende Arbeiten: K.Ch. Skenderē: Istoria tēs archaias kai sugchronou Moschopoleōs. En Athēnais 1928.
Eul. Kourilas Lauriōtēs: Ē Moschopolis kai ē Nea Akadēmeia autēs. E kata-
gōgē tōn Koutsoblachōn kai ē eggrammatisis tēs glōssēs autōn. In: Theologia, Athen, 12, 1934. S. 69-84, 149-161, 314-355. I. Martinianou: Sumbolai
eis tēn istorian tēs Moschopoleōs. A'. Ē Iera Monē tou timiou Prodromou
kata ton ev autē kōdika 1630-1875. Athen 1939. Ders.: Ē Moschopolis 1330-
1930. Epimeleia Stilpōnos P. Kuriakidou. En Thessalonikē 1957. = Etaireia
Makedonikōn Spoudōn, Makedonikē Bibliothēkē 21. Ph. Michalopoulos: Moschopolis - ai Athēnai tēs Tourkokratias. 1500-1769. En Athēnais 1941. I.M.
Qafëzezi: Voskopoja e vjetërë edhe rrebeshimi i pare (1338-1769). In: Minerva, Tiranë 1933, 16, S. 23-25; 1934, 17, S. 22-24. Val. Papahagi: Moscopole.
Metropola comercială şi culturală a Românilor din Peninsula Balcanică în
secolul al XVIII-lea. Roşiorii de Vede 1939.

2 Siehe z.B.: P.K. Enepekides: Griechische Handelsgesellschaften und Kaufleute in Wien aus dem Jahre 1766 (Ein Konskriptionsbuch). Thessalonikē 1959.
Passim. = Etaireia Makedonikōn Spoudōn, Idruma Meletōn Chersonēsou tou
Aïmou, 27. - Sowohl bulgarische als auch griechische Autoren zählten auf
dem Höhepunkt der makedonischen Krise das Kaza von Körice (Korce) zum
Territorium Makedoniens, vgl. z.B.: D.M. Brancoff: La Macédoine et sa
population chrétienne. Paris 1905. S. 8; Cl. Nicolaïdès: La Macédoine. La
question macédonienne dans l'antiquité, au moyen-âge et dans la politique
actuelle. Berlin 1899, S. 26.

3 Vgl. J. Thunmanns ... Untersuchungen über die Geschichte der östlichen
europäischen Völker. T.1, Leipzig 1774, S. 178; K. Thesprōtou kai A. Psal-
lida: Geōgraphia Albanias kai Ēpeirou (1824). Ekd. Etaireias Ēpeirōtikōn
Meletōn. Iōannina 1964, S. 14.

4 Die ethnographischen Verhältnisse haben sich seit dem Zweiten Weltkrieg
verändert. Voskopojë ist heute von Aromunen, Albanern und Sarakatsanen
bewohnt, während der seinerzeit von Makedoniern besiedelte Geburtsort des
rumänischen Dichters Victor Eftimiu (vgl. dessen: Portrete şi amintiri. Bucureşti 1965, S. 93 ff.), Boboshticë, heute eine albanische Majorität und
eine aromunische Minorität aufweist.

5 Vgl. I.M. Qafëzezi: Voskopoja e Qëmoçme. Problemi i themelimit të qytetit
1100 apo 1330-1380. In: Shkëndija, Tiranë 3, 1943, 4, S. 11-16; 5, S.11-17.

6 Siehe Tr. Stoianovich: The Conquering Balkan Orthodox Merchant. In: Journal
of Economic History 20, 1960, S. 234-313; F.-K. Kienitz: Städte unter dem
Halbmond. München 1972, S. 260-264.

7 Val. Papahagi: Aromânii moscopoleni şi comerţul veneţian în secolele al
XVII-lea şi al XVIII-lea. Bucureşti 1935, S. 47-82.

8 V. Papacostea: Despre corporaţiile moscopolene. SA aus: Revista Istorică
Română 9, 1939. Bucureşti 1940.

9 Z. Shkodra: Esnafet shqiptare (shek. XV-XX). Tiranë 1973, S. 7, 297.

10 Vgl. Gh. Alexici: Macedoromânii. In: Convorbiri literare. Iaşi, 37, 1903,
10. S. 950-955.

11 Vgl. Shkodra, Esnafet a.a.O. S. 6

12 Vgl. die bei Papahagi, Aromânii a.a.O. abgedruckten Dokumente.

13 Sie bleibt in A.Ch. Rafikov: Očerki istorii knigopečatanija v Turcii. Leningrad 1973, unerwähnt. - Die Veröffentlichungen dieser Druckerei wurden bisher nirgends systematisch gesammelt und haben großen Seltenheitswert. Noch Fr. Miklosich bezweifelte in seinen Rumunischen Untersuchungen, I. Istro- und Macedo-Rumunische Sprachdenkmähler. 2. Abt., Wien 1882, S. 44 = SA aus Denkschriften der phil.-hist. Classe der Kaiserl. Akademie d. Wiss., Band 32, überhaupt die Existenz dieser Druckerei.

14 Vgl. Kourilas Lauriotēs, Moschopolis a.a.O. S. 70 f.; L. Mile: Voskopoja - vatër e rilindjes sonë kombëtare. In: Korça e Re, Korçë 1966, 6-7, S.199 ff.

15 Skenderë, Istoria a.a.O., S. 19.

16 Vgl. Sp. Lampros: Ē Moschopolis kai ē oikogeneia Sina. In: Neon Ellēnomnēmōn, KA' 1927. S. 159-194.

17 Skenderë, Istoria a.a.O. S. 19.

18 Historia e letërsisë shqipe. Ed. Universiteti Shteteror i Tiranës, Instituti i historisë dhe i gjuhësisë. Bd. 1, Tiranë 1959, S. 305

19 Vgl. G. Chassiotis: L'instruction publique chez les Grecs depuis la prise de Constantinople par les Turcs jusqu'a nos jours. Paris 1881, S. 53; Eul. Kourilas: Grēgorios o Argurokastritēs. In: Theologia, Athen, 7, 1929, S. 348-363; 8, 1930, S. 53-71, 170-224, 253-272; 9, 1931, S. 46-63, 138-326; 10, 1932, S. 233-249; 11, 1933, S. 43-58, 210-239; hier 1931, S. 53. - 1710 als Gründungsjahr dieser Schule wird angegeben in: Historia e popullit shqiptar. Ed. Universiteti shteteror i Tiranës, Instituti i historisë dhe i gjuhësisë. Nachdruck Prishtina s.a., Bd. 1, S. 387.

20 Chassiotis, L'instruction a.a.O., S. 54; Michalopoulos, Moschopolis, S. 17.

21 Skenderë, Istoria a.a.O., S. 17.

22 Ebenda, S. 16. - Über Iōasaph vgl. N. Iorga: Un moscopolean Patriarh de Ohrida. In: Revista Istorică 18, 1932, S. 10 ff.; Kourilas, Grēgorios, a.a.O. 10, 1932, S. 238-243. Über das neue Gebäude der Akademie siehe Michalopoulos, Moschopolis a.a.O., S. 18.

23 Patousas war Leiter der griechischen Schule in Venedig, vgl. V. Papacostea: Teodor Anastasie Cavalioti. Trei manuscrise inedite. SA aus Revista Istorică Română. Bucureşti 1932, S. 20, Anm. 19.

24 Vgl. Cl. Tsourkas: Les débuts de l'enseignement philosophique et de la libre pensée dans les Balkans. La vie et l'oeuvre de Théophile Corydalée (1570-1646). Thessalonique 1967. S. 98 f. = Etaireia Makedonikōn Spoudōn, Idruma Meletōn Chersonēsou tou Aimou, 95. - Die Historia e letërsisë nennt S. 305 unter den Werken des Ambrosios auch eine Akoluthie auf die Heiligen Kyrill und Method, leider ohne nähere Angaben. In der gesamten übrigen Literatur findet sich dazu kein Hinweis. Befindet sich das Manuskript oder Buch in Albanien in einer Bibliothek? Trotz der gelegentlich angedeuteten russophilen Haltung der Notabeln von Moschopolis ist eine besondere Verehrung für diese beiden Heiligen, wie sie etwa in den übrigen Akoluthien zum Ausdruck kommt, in der Gegend von Moschopolis nicht gerade alltäglich. Die bisher bekannten 13 Akoluthien sind folgenden Heiligen gewidmet: Theodōra von Thessalonikē (1731), Charalampos (der Pestheilige, 1734), Osiomartus Nikolaos o Neos (1736), Serapheim Erzbischof von Phanar (1740),

Naum der Wundertäter (1740 und 1741), Kliment Ohridski (1742), Fünfzehn
Märtyrer von Stroumnitsa (1741), König Ivan Vladimir (ihm war ein Kloster
in der Nähe von Elbasan geweiht, 1741), Erasmus von Ohrid (1741), Nikodē-
mos von Berat (1741), Sieben Märtyrer (1741), Bēssariōn Erzbischof von
Larissa (1744).

25 Historia e popullit, 1, S. 388, ohne nähere Angaben. - Zu Leontiadēs vgl.
Papacostea, Cavalioti, a.a.O., S. 25. - Zu Anthrakitēs vgl. K. Th. Dē-
mara: Istoria tēs neoellēnikēs logotechnias. Athen 1968; Pan Chrēstou:
Methodios Anthrakitēs. Iōannina 1953; Chassiotis, L'instruction, a.a.O., 54.

26 Papacostea, Cavalioti a.a.O., S. 25; Kourilas, Grēgorios, a.a.O. 10, 1932,
S.238; Val. Papahagi: Cum s-a format conştiinţa latinităţii la Aromâni. In:
Revista istorică 24, 1938, 1-3, S. 43-49; M. Ruffini: Scrittori aromeni del
secolo XVIII. SA aus: La Rassegna Italo-Romena, Ottobre 1941 - XX, S. 9.

27 Über Kaballiōtēs siehe: Papacostea, Cavalioti a.a.O. passim; A. Uçi: T.A.
Kavalioti. Un representant Albanais des Lumières. In: Studia Albanica 3,
1966, 2, S. 185-196; V. Papacostea: Povestea unei cărţi. Protopiria lui Cavalioti. SA aus: Omagiu lui Const. Kiriţescu. Bucureşti o.J.; M.D. Peyfuss: Rom oder Byzanz? Das Erwachen des aromunischen Nationalbewußtseins. In:Österreichische Osthefte 12, 1970, 6, S. 337-351.

28 Thunmann, Untersuchungen a.a.O. S. 178.

29 Kodex des Prodromos-Klosters, bei Skenderē, Istoria, S. 17.

30 Uçi, Kavalioti a.a.O. passim.

31 Dort war er ein Kollege des aromunischen Gelehrten Iosēpos Moisiodax, vgl.
B. Knös: L'histoire de la littérature néo-grecque. La période jusqu'en 1821.
Stockholm 1962, S. 482, 544; Michalopoulos, Moschopolis a.a.O., S. 18.

32 Wenn auch manches an der Argumentation Uçis einleuchtend scheint, so
wird man zum einen den Mangel schlagender Beweise (Faksimiles), zum
anderen aber auch die Tendenz der neueren albanischen Historiographie in
Betracht ziehen müssen, alle Ergebnisse der "bürgerlichen Geschichtsforschung" nicht nur in Zweifel zu ziehen, sondern womöglich auch zu wider-
legen. Solange die Resultate aber so wenig überzeugend sind wie z.B. in
der Historia e letërsisē shqipe, Bd.1 S. 303, wo unter den Gelehrten aus
Moschopolis ein Dhimitër Bojaxhiu, 1817 Gräzist an der Wiener Universität, angeführt ist, solange wird man sich trotz aller Vorbehalte an die Ergebnisse der "bürgerlichen" Geschichtsschreibung zu halten haben. Jenen
Dhimitër Bojaxhiu, der ominöserweise auch bei H. Boissin: Les Lumières
et la conscience nationale en Albanie. In: Les Lumières et la formation de
la conscience nationale chez les peuples du Sud-Est Européen. Bucarest
1970, S. 44, zu Ehren kommt, hat es nämlich nie gegeben. Es liegt hier
sichtlich eine Verwechslung mit dem bekannten Michael Bojadschi, Lehrer
an der griechischen Nationalschule in Wien (am Fleischmarkt), vor, welcher Verfasser der ersten Grammatik des Aromunischen, einer griechischen Grammatik und einer serbischen Fibel war, vgl. Peyfuss, Rom, S.344.

33 Vgl. Papacostea, Cavalioti a.a.O., S. 44-49.

34 Ebenda S. 35, 43; Die Epigramme sind abgedruckt bei Kourilas, Grēgorios
a.a.O. 9, 1931, S. 318-324.

35 Peyfuss, Rom a.a.O., S. 340; Papacostea, Povestea a.a.O. passim.

36 Historia e popullit, 1, S. 386.

37 Siehe Kourilas Lauriōtēs, Moschopolis a.a.O. - Diese Aufstellung umfaßt ausdrücklich nur Personen, die selbst aus Moschopolis und den umliegenden Dörfern stammten. Vermutlich hat es daneben noch weitere Schüler gegeben, von denen aber nichts bekannt ist.

38 N. Terpos: Bibliarion kaloumenon Pistēs. Venedig 1732 und 1750; vgl. auch Vl. Drimba: Asupra unui text aromîn din anul 1731. In: Studii și Cercetări lingvistice 6, 1955, 3-4. S. 341-344.

39 Chassiotis a.a.O. S. 54.

40 Vgl. Ch. K. Papastathē: To Moschopolitiko "Suntagmation Orthodoxon" kai ē italikē tou metaphrasē apo mathētē tou Nēkēphorou Theotokē. In: Ellēnika 25, 1972, S. 192-199.

41 Vgl. Kourilas, Grēgorios a.a.O. 9, 1931, S. 139-141.

42 Er verfaßte zwei Epigramme in der Eisagogē Grammatikēs des Kaballiōtēs.

43 Vgl. N. Iorga: Istoria literaturii romàne în secolul al XVIII-lea (1688-1821). 2 Bde. Bucureşti 1969. Hier Bd. 2, S. 23 f.

44 Tsourkas, Les débuts a.a.O. S. 99.

45 Vgl. P.K. Enepekidē: Rēgas-Upsilantēs-Kapodistrias. Athen 1965, S. 49 ff. = Quellen und Forschungen zur Geschichte des Griechentums seit 1453, 1.

46 Iorga, Istoria a.a.O. Bd. 1, S. 431.

47 Vgl. Peyfuss, Rom a.a.O. S. 340.

48 Kourilas, Grēgorios, 9, 1931, S. 55 ff.; 11, 1933, S. 43-45; Papastathē a.a.O. S. 194.

49 J.G. von Hahn: Albanesische Studien. Wien 1853, Bd. 1, S. 296.

50 Papacostea, Cavalioti a.a.O. S. 30 ff.

51 Kourilas Lauriōtēs, Moschopolis a.a.O. S.72.

52 Papacostea, Cavalioti a.a.O. S. 59-61.

53 Peyfuss, Rom a.a.O. S. 341. - Kourilas kennt den Namen sichtlich gar nicht; das einzige erhaltene Exemplar des Buches befindet sich in der Bukarester Akademiebibliothek.

54 Vgl. Papastathē a.a.O. passim.

55 Patēr Bentzonē: Ē alētheia kritēs. 1769 (vgl. Kourilas Lauriōtēs a.a.O. S. 325-331); K. Agionaoumitē: Peri ekporeuseōs tou Agiou Pneumatou. Moschopolis 1746 (nur bei K.N. Satha: Neoellēnikē Philologia. Athēnai 1868, S. 602; ein Exemplar ist nicht auffindbar; vermutlich handelt es sich um die erste Auflage des Suntagmation, vgl. Papastathē, Suntagmation a.a.O. S.193).

56 Thunmann, Untersuchungen a.a.O. S. 179; A. Dēmētrakopoulou: Epanorthōseis Sphalmatōn paratērēthentōn en tē Neoellēnikē Philologia tou K. Satha. Tergestē 1872. S. 38; Skenderē, Moschopolis a.a.O. S. 24 f.; Kourilas, Grēgorios, 10, 1932, S. 245-249, 11, 1933, S. 43.

57 Vgl. Enepekides, Handelsgesellschaften a.a.O. S. 35 f.. - Der Vater, Chatzē Geōrgios Tzechanēs importierte Baumwolle und war noch 1831 in Wien.

58 Skenderē, Moschopolis a.a.O., S. 32; Kourilas, Grēgorios a.a.O. 10, 1932 S. 244-245.

59 I. Adamē: Suntomos ermēneia. Halle 1772.

60 1807 subskribierte die Firma Iōannēs Adamēs & Co. die griechische Geschichte von Basileios Papa Euthumios (vgl. Anm. 71); 1808 subskribierte Anast. Geōrg. Adamēs die "Untersuchungen über die Romanier oder sogenannten

Wlachen..." von G.C. Rosa (Pesth 1808. Vgl. dazu Peyfuss, Rom S.343).

[61] Skenderē a.a.O. S. 32; Kourilas, Grēgorios a.a.O. 10, 1932, S. 244 f.

[62] Er subskribierte z.B. 1807 die griechische Geschichte von Basileios Papa Euthumios (vgl. Anm. 71); Dēmētrios K. Zoupanou subskribierte 1809 die erste Auflage des griechischen Lexikons von Anthimos Gazēs (Venedig 1809-1816).

[63] Vgl. Th. Capidan: Macedoromânii. Bucureşti 1942, S. 202.

[64] D. Russo: Studii istorice greco-române. Bucureşti 1939, Bd. 1, S. 329 ff. V. Bologa: Cîteva precizări biografice pentru istoria medicinei româneşti. In: Anuarul Institutului de Istorie Naţională, Bd. 9, S. 422-429; Kourilas, Grēgorios a.a.O. 10, 1932, S. 236-238.

[65] E. Turczynski: Die deutsch-griechischen Kulturbeziehungen bis zur Berufung König Ottos. München 1959, S. 129 = Südosteuropäische Arbeiten 48.

[66] Vgl. V.L. Bologa: Medici aromâni în Monarhia Habsburgică. SA aus: Inchinare lui N. Iorga cu prilejul împlinirii vârstei de 60 de ani. Cluj 1931 S. 5-8.

[67] Er subskribierte u.a. das griechische Lexikon von K.M. Koumas (Wien 1926), die Enzyklopädie von D.N. Darbaris (Wien 1829) sowie Werke von G.C. Rosa und Basileios P. Euthumios.

[68] Vgl. Kourilas Lauriōtēs a.a.O. S. 72.

[69] Vgl. Papacostea, Cavalioti a.a.O. S. 59 ff.

[70] Ebenda S. 16.

[71] Basileiou P. Euthumiou: Istoria sunoptikē tēs Ellados... Wien 1807. Widmung vor S. 1.

[72] N. Iorga: O nouă carte privitoare la Românii din Balcani. In: Revista Istorică 9, 1923, 7-9, S. 113 ff.

[73] Vgl. Papahagi, Aromânii a.a.O. S. 45.

[74] Skenderē, Moschopolis a.a.O. S. 74.

[75] Thunmann, Untersuchungen a.a.O. S. 178.

[76] Ihm ist die aromunische Grammatik von Michael Bojadschi gewidmet, vgl. Peyfuss, Rom a.a.O. S. 344.

WISSENSCHAFT UND KULTUR IM BEFREITEN FÜRSTENTUM SERBIEN

Von Zoran Konstantinović

Am 10. August 1806 sandten Bischof St. Stratimirović, das Oberhaupt der serbischen orthodoxen Kirche, und der sonst der Kirche nicht gewogene unermüdliche Verfechter der Aufklärung und gebildetste Serbe seiner Zeit D. Obradović aus Sremski Karlovci (Karlowitz), der Stadt, die zum geistigen und politischen Mittelpunkt der auf das habsburgische Gebiet geflüchteten Serben geworden war, ein gemeinsames umfangreiches Schreiben an die Führer ihrer Landsleute im serbischen Kernland, das sich gegen die Türken erhoben hatte. Sie entwickelten darin einen Plan für den politischen und kulturellen Aufbau des Landes und kündigten an, daß Obradović und sein Schüler P. Solarić zur Durchführung dieses Planes nach Serbien kommen würden[1].

Zur allgemeinen Volkserhebung, die in der Geschichtsschreibung als Erster serbischer Aufstand bezeichnet wird, war es im Februar 1804 gekommen. Die Insurgenten hatten rasch die Gebiete des gesamten Paschalik von Belgrad befreit; die bedeutendsten Festungen des Landes befanden sich aber noch immer in türkischer Hand. Das große organisatorische Geschick, das die Führer der Aufständischen bewiesen hatten, ließ aber eine günstige Entwicklung erhoffen. Als nun das vorher erwähnte Schreiben eintraf, mußte es ihnen vorgelesen werden, weil kaum einer dieser zweifellos begabten Männer des Lesens und Schreibens kundig war.

In den Jahrhunderten türkischer Herrschaft waren die Serben immer mehr von der großen Verbindungsstraße, die von Konstantinopel nach Belgrad führte, abgedrängt worden, besonders nach den mißglückten Feldzügen der Kaiserlichen, die sie jedesmal als Freischärler unterstützt hatten. So lebten sie nun in bäuerlichen Familiengemeinschaften, in kleinen zwischen den Wäldern versteckten Dörfern ohne engere Verbindung miteinander. Es wurde hier zwar etwas Handel getrieben, aber dieser hatte nur einen bescheidenen Umfang und war - der Lage entsprechend - ein sehr unsicheres Unterfangen. Auch die den griechischen Bischöfen unterstellten Priester waren ihrer Lebensweise und ihrer Auffassung nach Bauern. Die Bevölkerung der Städte bestand aus türkischem Militär und griechischen, aromunischen sowie jüdischen Kaufleuten; um die Städte sammelten sich zumeist Zigeuner[2]. Wenn es hier dennoch etwas gab, was man als Unterricht und Pflege der Bildung bezeichnen kann, so spielte es sich fast ausschließlich in den wenigen verbliebenen Klöstern ab. Nur ganz sporadisch tauchten innerhalb des ehemaligen serbischen Kernlandes auch weltliche Schulen auf. Sie werden seit dem Ende des 17. Jahrhunderts erwähnt, bestanden aber nur während ganz kurzer Zeit, und die Bedingungen, unter denen sie arbeiteten, sowie ihr äußeres Bild können kaum mit europäischen Vorstellungen von Schule und Schulwesen in Einklang gebracht werden. So bestand im 18. Jahrhundert eine kurze Zeitlang in Belgrad eine kleine griechische Schule, die offenbar von griechischen Kaufleuten unterhalten wurde; und bei bestimmter Gelegenheit wird auch eine kleine serbisch-slawische Schule erwähnt. Alles hing von den augenblicklichen Verhältnissen und dem Geschick ab, mit dem man in den Machtkämpfen zwischen dem türkischen Pascha von Belgrad und den Janitscharen ein Privileg für eine kleine Hausschule herauszuschlagen verstand. Die seit 1727 bestehende russisch-slawische Schule mit Maksim Suvorov als Leiter und zwei weiteren russischen Lehrern war das Ergebnis einer Vereinbarung zwischen dem russischen Kaiser und der Pforte. Bis zu ihrer durch die politischen Verhältnisse erzwungenen Übersiedlung nach Sremski Karlovci (Karlowitz), also auf das Gebiet der Habsburger Monarchie, sollen sie insgesamt 50 Schüler beendet haben[3].

Die Führer der Aufständischen waren sich mit großer Einmütigkeit der Tatsache bewußt, daß es zu einer wahren Befreiung nur durch systematische Schulbildung kommen könne. Wie verbreitet der Wunsch nach Bildung gewesen sein muß, beweist auch der Umstand, daß die Bevölkerung unmittelbar nach der Befreiung, ja sogar schon während der ersten geglückten militärischen Operationen auf eigene Faust Schulen zu gründen begann. Im Dezember 1806 eroberte Karadjordje die obere Festung von Belgrad, im Januar 1807 zog er in die untere Stadt ein; im August des gleichen Jahres wurde Obradović feierlich im befreiten Belgrad begrüßt und zum Direktor aller serbischen Schulen ernannt. Und dem "Moniteur" vom 3. Januar 1808 können wir entnehmen, daß er bereits im November 1807 in seiner Wohnung eine Schule "nach deutscher Art" eingerichtet habe[4]. Nach ihrem Vorbild entstanden während kürzester Zeit in allen Distrikten weitere Schulen, so daß zu Beginn des schicksalsschweren Jahres 1813 in Serbien vierzig ständige Volksschulen, daneben einige nur zeitweise geöffnete und von Wanderlehrern betreute Schulen vorhanden waren. Nach dem ersten Unterrichtsplan von 1811 sollte im ersten Schuljahr die Fibel, im zweiten das Stundenbuch und im dritten das Psalmenbuch und der Katechismus gelehrt sowie der Kirchengesang gepflegt werden.

Im September 1808 wurde die sogenannte Große Schule gegründet, die Vorläuferin der Belgrader Universität. Ihre Aufgabe sollte es sein, in kürzester Frist Beamte für den Dienst im neuen Staat vorzubereiten. An ihr wurden Geschichte und Geographie, Recht, Staatskunde, Statistik, Mathematik, Morallehre, Stilistik und als Fremdsprache Deutsch gelehrt[5]. So handelte es sich also um den planmäßigen Aufbau eines Bildungswesens, vor allem des Schulwesens. Die Bemühungen von Obradović, eine Druckerei zu gründen, gingen hingegen nicht in Erfüllung, und so scheiterte auch sein Plan, neben der Bibel eine allgemeine Geschichte der Serben und Werke über Landbau, Handel und Kunst herauszugeben und unter das Volk zu bringen[6]. Derartige Bücher mußten vor allem aus Österreich und Ungarn geschmuggelt werden.

Die offizielle österreichische Politik stand nämlich dem Aufstand auch schon in seiner ersten Phase, in der es sich ausschließlich um eine Empörung gegen die Dachien, die Anführer der Janitscharen, zu handeln schien, abwartend gegenüber. In der zweiten Phase, als die Erhebung sich zum Krieg gegen die regulären türkischen Truppen ausweitete, nahm Wien eine ablehnende Haltung ein. Die Hofkanzlei war offenbar nicht an der Errichtung eines selbständigen serbischen Staates interessiert, ja lehnte sie sogar ab. Aber auch wenn diese Vorbehalte nicht bestanden hätten, wäre Wiens Handlungsfreiheit im Hinblick auf das Bündnis Napoleons mit der Türkei beschränkt gewesen. Außerdem lehnte Franz II. jede Unterstützung einer Revolution und aller Rebellen ab, und der serbische Aufstand hatte sehr rasch die Züge eines Kampfes gegen das Feudalsystem angenommen. Andererseits war man sich in Wien aber auch dessen bewußt, daß man bei einigen Führern des Aufstandes mit Sympathien für Österreich rechnen konnte, die man nicht verspielen durfte, wollte man nicht dem russischen Einfluß zu großen Raum überlassen. So begann ein diplomatisches Spiel auf allerhöchster Ebene, von dem die Bildungspolitik nicht unberührt blieb.

Obradović war davon unmittelbar betroffen. Zu Beginn des Jahres 1808 in die höchste Körperschaft des jungen Staates, den Senat, gewählt und 1811 zum ersten serbischen Unterrichtsminister ernannt, wurde er mit den politischen Fragen konfrontiert. Sein geistiges Rüstzeug hatte der nun siebzigjährige vor Jahrzehnten in Halle erhalten, wo er mit dem ihm eigentümlichen Wissenshunger die Philosophie Christian Wolffs in sich aufnahm. Mit den geistigen und politischen Wirkungen der Aufklärung war Obradović vor allem in Wien bekannt geworden. Von der Persönlichkeit Josephs II. fasziniert, beeinflußte Joseph von Sonnenfels, der Polyhistor, Schriftsteller und Erzieher der Beamtenschaft am Theresianum sein Denken. Als Staatsmann mahnte er sowohl die Anhänger Rußlands als auch die Österreichs zur Zusammenarbeit und stand denen nahe, die eine Unabhängigkeit anstrebten. Sein Tod am 28. März 1811 bewahrte ihn davor, den Untergang des Staates und aller Schulen, die er begründet hatte, erleben zu müssen, denn mit der erneuten Besetzung Serbiens durch die Türken im Jahre 1813 mußten alle Schulen bis auf eine in Belgrad ihre Arbeit einstellen. Diese Ausnahme wurde wahrscheinlich durch Bestechung erreicht; die Situation unter türkischer Herrschaft ist überhaupt nur dann verständlich, wenn man das Ausmaß der Korruption berücksichtigt.

Im Unterschied zu dem ungeheuren Schwung, von dem der Aufbau Serbiens nach dem ersten Aufstand getragen war, muß das Zögern nach dem zweiten erfolgreichen Aufstand von 1815 überraschen. Auch die Wiederbelebung des Schulwesens verlief behutsam, was der Politik des Fürsten Miloš entspricht. Zu dem einzigen Lehrer in Belgrad, der mit seiner Schule den Zusammenbruch überdauert hatte, gesellte sich erst 1819 ein zweiter und volle neun Jahre später (1828) ein dritter. 1833 wurde so etwas wie ein Grundschulgesetz verkündet, das in einer neuen Fassung von 1844 die Grundschulen zu Gemeindeinstitutionen erklärte[7].

Die sogenannte Große Schule wurde 1830 erneuert. Der des Lesens und Schreibens unkundige Landesfürst wünschte in ihr "etwas Europäisches" zu haben, und so wurde sie eine Art Gymnasium. Aus diesem entstand 1839 eine noch höhere Schulform, das Lyzeum: Der Unterricht in ihm schloß an das Gymnasium an, dauerte zwei Jahre, wovon das erste philosophischen, das zweite juristischen Studien gewidmet war. Von 1838/39 bis 1852/53, also in der ersten Phase seines Bestehens, erwarben an dem Lyzeum 222 Hörer ein Abschlußdiplom. Sie waren die ersten eigenständig ausgebildeten Intellektuellen Serbiens. Der Ausbau dieser Anstalt zur Universität und deren Wirken ist höchst bedeutsam für die Geschichte der serbischen Kultur[8].

Wichtige Entscheidungen für Wissenschaft und Kultur im befreiten Fürstentum wurden zum Teil aber auch außerhalb Serbiens getroffen, in Wien und Ofen (Buda), die damals gleichfalls Zentren des serbischen kulturellen Lebens waren. In Wien bestand eine starke serbische Kolonie; hier lebte Vuk Karadžić, und in der Druckerei Joseph Kurzböcks wurden zahlreiche serbische Bücher gedruckt[9]. Seit 1826 wirkte in Ofen (Buda) außerdem die Matica srpska; hier war die Zahl der serbischen Kaufleute noch größer als in Wien und die Universitätsdruckerei gab gleichfalls serbische Bücher heraus[10].

Eine entscheidende Voraussetzung für die weitere Entwicklung der Wissenschaft und Kultur war eine einheitliche moderne serbische Schriftsprache. In diesem Zusammenhang spielte die Matica srpska, die vor allem von den Serben in der Vojvodina getragen wurde, eine erhebliche Rolle. Die dort dominierende Literatursprache war eine als Slaveno-serbski bezeichnete Zwitterform, die sich im Laufe des 18. Jahrhunderts als Resultat linguistischer Veränderungen und politischer Bedingungen entwickelt hatte [11]. Diese Mischung aus russischem Kirchenslawisch und dem Serbischen war die Sprache der gebildeten Serben in der Vojvodina. Ihr Mangel war, daß sie nur von einer Minderheit der serbischen Bevölkerung gesprochen wurde und auch nicht kodifiziert war, so daß sie in ihrer Form variierte, und zwar in Abhängigkeit vom Dialekt und von den Kenntnissen des russischen Kirchenslawisch. Die Entwicklung dieser Sprache zur Schriftsprache wurde in den beiden letzten Jahrzehnten des 18. Jahrhunderts durch Obradović und einige seiner Anhänger gehemmt, weil diese die gewöhnliche serbische Sprache mehr zur Geltung kommen lassen wollten [12]. Diesen Versuchen jedoch widersetzte sich die Kirche und verteidigte mit ihrer ganzen Autorität das Slaveno-serbische. Die Kirche tat das aus politischen Gründen, denn von Wien aus trug man sich mit der Absicht, katholisches Propagandamaterial in der Sprache des Volkes und in lateinischen Lettern zu drucken [13]. In gewissem Sinne bedeutete das für die Kirche einen Kompromiß, doch war sie sich dessen bewußt, daß die Möglichkeiten des russischen Kirchenslawisch als Literatursprache der Serben begrenzt waren.

Gegen diese Bemühungen wandte sich Vuk Karadžić. Er forderte eine volkstümliche Literatursprache nach dem Grundsatz: "Schreibe, wie Du sprichst, und sprich, wie es geschrieben steht!" Die erbitterte Gegnerschaft der Kirche zog er sich jedoch durch Aufnahme des lateinischen Buchstabens "j" in das zyrillische Alphabet zu und wegen seiner engen Verbindung mit dem Wiener Zensor und Hofbibliothekar, dem katholischen Slowenen J. Kopitar.

Es ist nicht unsere Aufgabe, hier im einzelnen den Kampf um die neue Schriftsprache zu verfolgen [14]. Er wurde jedenfalls zwischen Vuk Karadžić vorwiegend von Wien aus und der Matica srpska in Buda geführt. Zum endgültigen Sie Karadžićs (das Organ der Matica srpska "Letopis" entschied sich 1864 für Karadžićs Orthographie und in Serbien wird diese 1868 gesetzlich vorgeschrieben) haben sicher auch die 1846 in Wien erschienenen Gedichte von Branko Radičević beigetragen. Diese hielten sich an die neue Orthographie und bestätigten durch ihren poetischen Wert Karadžićs Gedanken über die Volkssprache.

Die 1842 in Belgrad begründete Serbische wissenschaftliche Gesellschaft (Društvo srpske slovesnosti), die Vorläuferin der späteren Akademie der Wissenschaften, nimmt in diesen Auseinandersetzungen

vorerst eine periphere Stellung ein. Im ersten Entwurf für die Statuten der Gesellschaft, der noch aus dem Jahre 1835 stammt, werden
folgende Aufgaben genannt: 1. die slawische Sprache der Kirchenbü-
cher nicht nur in ihrer Reinheit zu erhalten, sondern sie auch vor der
Vermischung mit Fremdwörtern und vor neuen Regeln zu bewahren;
2. die serbische Umgangssprache zu bearbeiten und zu vervollkommnen, sich um eine normierte Rechtschreibung zu bemühen, eine Grammatik und eine Syntax der serbischen Sprache auszuarbeiten und ein
Wörterbuch zusammenzustellen, sodann rechtzeitig die entsprechenden Regeln für eine serbische Verskunst und Stilistik zu untersuchen
und alle "irgendwie gelehrten Gegenstände in dieser Sprache zu veröffentlichen"; 3. unerschütterlich den Glauben, die ethischen Gesetze
und die Pflicht gegenüber dem regierenden Fürsten zu pflegen und Mittel und Hilfe sicherzustellen für die Bildung und Kultur des Volkes [15].

Zur Gründung der Gesellschaft kam es erst sieben Jahre später.
Bei der ersten Sitzung wurden die ordentlichen, korrespondierenden
und Ehrenmitglieder gewählt und Beschlüsse über die Gründung einer
Nationalbibliothek und über die Rechtschreibung gefaßt. Seit 1832 gab
es in Belgrad eine Druckerei, und dem gleichen Jahr entstammt auch
eine fürstliche Verordnung über die Rechtschreibung, "die strengstens
dieser Druckerei vorschreibt, welcher Buchstaben sie sich zum Druck
serbischer Bücher bedienen und welcher sie sich nicht bedienen darf" [16].
Die gelehrte Gesellschaft schlug gleich zu Beginn ihres Bestehens dem
Unterrichtsministerium ein Alphabet von 35 Buchstaben vor, dieses
aber beharrte auf den Bestimmungen von 1832. Der Gegensatz wurde
beigelegt, indem die Gesellschaft die vorgeschriebene Orthographie
akzeptiert, aber an der Volkssprache als Schriftsprache unter der
Voraussetzung festhält, daß diese durch Termini ergänzt wird.

So kam es alsbald zum sogenannten "Schmieden" neuer Wörter oder
zur Serbisierung von Ausdrücken aus anderen Sprachen. Man nahm
ein deutsches oder lateinisches Wörterbuch, um daraus Begriffe zu
entlehnen, die in der serbischen Sprache bis dahin unbekannt gewesen
waren. Diese neugeschaffenen Wörter sollten als Beilage zu den "Novine srbske" und zur "Podunavka" veröffentlicht werden, um auf diese Weise zu einem terminologischen Wörterbuch zu gelangen [17]. Den
Professoren des Lyzeums wurde es zur Aufgabe gemacht, Lehrbücher
vorzubereiten und bei dieser Gelegenheit die besonderen Ausdrücke
ihres Faches zu bearbeiten. Bei der Bildung von neuen Wörtern rechnete die Gesellschaft also mit der Hilfe der Öffentlichkeit, stieß aber
nur auf Kritik. Man warf ihr vor, die serbische Sprache zu vergewal-
tigen, so daß die Gesellschaft letzten Endes von solchen Versuchen
Abstand nahm. Sie widmete sich nun dem Sammeln von Dokumenten

aus der serbischen Geschichte und serbischen Büchern, empfahl und
rezensierte Manuskripte und Übersetzungen aus allen Gebieten der
Wissenschaft und veröffentlichte in ihrem Organ, dem "Glasnik", Arbeiten ihrer Mitglieder. Die sprachliche Entwicklung wurde zunehmend
durch das Wörterbuch von Vuk Karadžić beeinflußt.

*

Seit 1804 war Serbien in den Prozeß der europäischen Entwicklung
einbezogen , und die mitgeteilten Angaben über den seit dieser Zeit
erfolgten Aufbau von Wissenschaft und Kultur im befreiten Fürstentum Serbien lassen sich zu einem Modell zusammenfügen, das sich
auch auf die anderen Länder des Südostens, deren Befreiung erst spät
erfolgte, anwenden läßt. Angehörige dieser Völker bereiten im Auslande die geistige Erneuerung vor und führen sie dann auch durch. Sie
befinden sich dabei inmitten von Spannungen und Auseinandersetzungen
der Großmächte, da die Entscheidungen im Bildungswesen nicht nur
die kulturelle, sondern auch die politische Stellung dieser kleinen Länder bestimmt. Eine besondere Rolle spielt dabei die Kodifizierung der
Sprache. Durch Jahrhunderte aus dem europäischen Kulturleben ausgeschlossen, verfügt keines dieser Völker über eine genormte Schriftsprache, so daß ein erheblicher Nachholbedarf besteht. Aber die Bemühungen um eine Literatursprache waren nicht nur von philologischen,
sondern vor allem von erbitterten politischen Auseinandersetzungen
gekennzeichnet, die sich zwischen den konservativen und progressiven
Kräften sowie zwischen den Anhängern verschiedener Großmächte und
Konfessionen abspielten. In allen diesen Völkern fällt schließlich die
Entscheidung gegen die Sprachtraditionen kirchlichen oder urbanen Ur-
sprungs und für die Sprache des einfachen Bauern.

Bestimmte Institutionen scheinen die Vorbedingung für ein eigenes
kulturelles Leben in modernem Sinne und für die Eingliederung in den
europäischen Austauschprozeß zu sein: Hochschule, wissenschaftliche
Gesellschaft, Druckerei, Tageszeitung. Eine Druckerei beginnt in
Serbien 1832 zu arbeiten, eine Tageszeitung ("Novine srpske") erscheint seit 1834, die Hochschule, das Lyceum, wird 1839 gegründet
und eine wissenschaftliche Gesellschaft (Društvo srpske slovesnosti)
besteht seit 1842. Diese chronologische Reihenfolge scheint in rück-
wärtiger Betrachtungsweise durchaus folgerichtig zu sein. Und so waren etwa drei Jahrzehnte notwendig, um zu diesen Institutionen und zu
dem Anschluß an die europäische Entwicklung zu gelangen. Ihrer Sub-
stanz nach sind es drei Jahrzehnte aufklärerischer Bemühungen, ro-
mantischer Wünsche und höchst realistischer Kämpfe.

Anmerkungen

[1] Erstmals veröffentlicht von N. Radojčić: Dositejevo pismo o uredjenju i prosvećenju Srbije. In: Letopis Matice srpske, Bd. 300, 1921, S. 20. Aus einer genauen Einsicht in die Situation werden in diesem Schreiben zugleich auch die einzelnen Schwerpunkte gesetzt und zwar in einer Weise, die auf ein großes organisatorisches Talent seiner Verfasser schließen läßt. P. Solarić, ein Schüler von Obradović, hatte zu diesem Zeitpunkt in Venedig das erste geographische Werk in serbischer Sprache herausgegeben (Novo graždansko zemljeopisanije, 1804), und das literarische Werk von Obradović war schon abgeschlossen. Seine Autobiographie "Život i priključenija" war 1783, seine aufklärerischen Ratschläge "Sovjeti zdravoga razuma" waren 1784 erschienen, die belehrende Sammlung "Sobranije raznih nravoučitelnih veščej" 1794 in Druck gegangen und als letztes Werk die "Etika" 1803 veröffentlicht worden. Nach seiner Überfahrt über die Donau nach Serbien hatte Obradović keine Zeit mehr zu schriftstellerischer Tätigkeit, und er verfaßt nur noch einige Strophen und ergänzende Kapitel sowie sein Testament. Dafür konnte er seine aufklärerischen Theorien nun in die praktische Arbeit umsetzen.

[2] Als Beispiel sei Belgrad angeführt. Sogleich nach dem Fall der Stadt (1521) wurde die gesamte Einwohnerschaft geschlossen nach Konstantinopel deportiert und dort angesiedelt (Beligrad-mahala). Im 16. und 17. Jahrhundert entstehen kleine Armenviertel mit christlicher Bevölkerung. Die Christen unter den reicheren Kaufleuten sind ausschließlich Ragusäer, Juden, Griechen und Armenier. Die reichsten darunter sind die Ragusäer, deren kleine Gemeinde durch den türkisch-ragusäischen Vertrag gesichert ist. Die Armenier und Aromunen entwickeln als Kaufleute die Handelsbeziehungen zwischen den türkischen Ländern und den Städten Mitteleuropas, in denen sich starke armenische und aromunische Kolonien befinden. Ein starker jüdischer Zustrom beginnt sogleich nach der Eroberung Belgrads. Der türkische Bevölkerungszuwachs muß aber andererseits zu einem nicht unbeträchtlichen Teil durch islamisierte Christen erfolgt sein, denn nach Angaben des türkischen Reisebeschreibers Evlia Chelebi aus dem 17. Jh. ist das Serbische die gemeinsame Sprache aller Bewohner. Im 18. Jahrhundert, in den Jahren der österreichischen Herrschaft, siedeln sich in Belgrad auch deutsche, ungarische, italienische und französische Familien an, aber die Veränderung der Machtverhältnisse führt zu neuen Dezimierungen. Das beginnende 19. Jahrhundert trifft Belgrad in einem Zustand kriegerischer Auseinandersetzungen zwischen dem Pascha und den Janitscharen an, wobei der größte Leidtragende die christliche Bevölkerung im Lande ist.

[3] M. Dj. Milićević: Škole u Srbiji od početka ovoga veka do kraja školske 1867. godine. In: Glasnik Srpskog učenog društva, Bd. 24, 1868, S. 102-122. Suvorovs Schule arbeitete nur vier Jahre (1727-1731), aber unter dem Einfluß der Schulbücher, die Suvorov aus Rußland mit sich gebracht hatte, wurde die russische geistige Einwirkung auf die Serben bedeutend gestärkt und die russische Version des Kirchenslawischen begann die serbische Version zu verdrängen.

4 M. Kostić: Dositej Obradović u istorijskoj perspektivi XVIII. i XIX. veka, Beograd 1952, S. 42. Lehrer konnte jeder werden, der des Lesens und Schreibens kundig war. Da es im Fürstentum wenige gab, die über solche Kenntnisse, auch in bescheidenem Maße, verfügten, war der Lehrermangel äußerst akut. Obradović stellt daher 1811 auf der ersten Sitzung des Ministerrates den Antrag, geschulte junge Menschen aus der Vojvodina nach Belgrad zu bringen und sie dort in allerkürzester Zeit für den Lehrerberuf auszubilden. Nach Angabe von M. Živković befanden sich unter ihnen auch Leute, die - von österreichischer Seite mit bestimmten politischen Aufgaben betraut - eingeschleust wurden (M. Živković: Dositej Obradović, Bukarest 1972, S. 199).

5 A. Gavrilović: Beogradska Velika škola 1808-1813, Beograd 1902, S. 13. Als Lehrer dieser Schule wurden zehn ehemalige Schüler des Gymnasiums zu Sremski Karlovci berufen. Im Laufe der fünf Jahre ihres Bestehens dürften ungefähr fünfzig Hörer durch diese Schule hindurchgegangen sein, darunter auch einige, die später bedeutende Stellungen einnahmen, ohne eine weitere Ausbildung erhalten zu haben. Zu den Hörern dieser Schule gehörte auch Vuk Karadžić.

6 A. Banović, Pedagoško-prosvetiteljsko delo Dositeja Obradovića, Beograd 1956, S. 136.

7 T. Djordjević: Iz Srbije kneza Miloša. Kulturne prilike od 1815-1839. godine, Beograd 1922, S. 22-37. Man nimmt an, daß es am Ende der ersten Regierungsperiode des Fürsten Miloš ungefähr achtzig Volksschulen in Serbien gab, die von ungefähr 3000 Schülern besucht wurden. Die Organisation des Bildungswesens übernimmt wieder eine bedeutende Persönlichkeit des serbischen Geisteslebens, nämlich J. St. Popović.

8 K. Branković: Razvitak Velike škole. In: Glasnik srpskog učenog društva, Bd. 1, 1865. Das Lyzeum arbeitet zuerst zwei Jahre in Kragujevac, der damaligen Hauptstadt Serbiens, und verfügt nur über einen einzigen Raum.

9 Diese Druckerei verdankt ihr Entstehen dem Entschluß der österreichischen Behörden, den Handel mit unerwünschten russischen Büchern zu unterbinden. Es wird eine strenge Zensur der eingeführten Bücher vorgesehen, ein hoher Einfuhrzoll ausgeschrieben und der Wiener Verleger Joseph Kurzböck erhält für zwanzig Jahre das ausschließliche Privileg, zyrillische Bücher drucken zu dürfen. Im Jahre 1791 übernimmt St. Novaković, der auch die erste serbische Zeitung herausgibt, diese Druckerei (St. Novaković: Srpska knjiga - njeni prodavci i čitaoci u XIX veku, Beograd 1900).

10 Sie übernimmt die Druckerei des St. Novaković. Da das intellektuelle Leben der Serben in Buda aber sehr entwickelt ist, die Zahl der Schriftsteller wächst und auch die Nachfrage nach serbischen Büchern steigt, gründet 1830 J. Milovuk noch eine Druckerei in Buda und bald darauf melden sich zwei Verleger in Novi Sad (D. Stefanović und J. Janković) und einer in Zemun, der Grenzstadt zu Serbien (G. Kovačević). In Belgrad selbst besteht eine Buchhandlung (G. Vozarević) erst seit 1827. Sie ist ein Sammelpunkt der wenigen Intellektuellen (St. Novaković, o.c., S.92).

11 J. Skerlić: Srpska književnost u XVIII. veku. In: Sabrana dela Jovana Skerlića, Bd. 9, Beograd 1966, S. 166-183.

[12] P. Ivić: Srpski narod i njegov jezik, Beograd 1971, S. 167.

[13] Daß es nicht gelungen ist, ist zu einem großen Teil das Verdienst von T. Janković Mirjevski, der zum Zeitpunkt der großen Schulreform unter Maria Theresia Leiter der orthodoxen Schulen im Oberen Banat wurde. In seinen Übersetzungen vieler Schulbücher in die serbische Sprache bediente er sich des Slaveno-serbischen, so daß diese Sprache auch amtliche Schulsprache wird. Diese Bücher werden zudem in zyrillischen Lettern gedruckt, unter Ergänzung durch einen zyrillischen Buchstaben für den Laut "dj", den dann auch V. Karadžić übernimmt (D. Kirilović: Teodor Janković Mirjevski. In: Glas Matice srpske, 1939, 5).

[14] Vgl. M. Kostić: Stratimirovićeva kritika jezika i pravca "Novina serbskih" 1816. godine. In: Zbornik u čast A. Belića, Beograd 1937, S. 285-295.

[15] B. Peruničić: Društvo srpske slovesnosti, Beograd 1973, S. 3.

[16] Ebenda, S. 207.

[17] Es handelt sich in diesem Falle um eine besondere Form des Purismus, worauf R. Auty in seinem Referat auf dem VII. Internationalen Slawistenkongreß hingewiesen hat; vgl. The Role of Purism in the Development of the Slavonic Literary Languages. In: The Slavonic and East European Review, Bd. LI, 124, S. 335-343.

DIE HÖHEREN LEHRANSTALTEN UND DIE ANFÄNGE DER WISSENSCHAFTLICHEN GESELLSCHAFTEN BEI DEN SERBEN IN DER DONAUMONARCHIE ENDE DES 18. UND ANFANG DES 19. JAHRHUNDERTS

Von Strahinja K. Kostić

Das hier abzuhandelnde Thema umfaßt einen Teil der Kulturgeschichte derjenigen Serben, die seit dem Frieden von Sremski Karlovci (Karlowitz) 1699 bis zum Zerfall der Donaumonarchie 1918
220 Jahre lang in der Habsburgermonarchie nördlich der Save und
Donau, also im Süden der Pannonischen Ebene, lebten. Diese dort
entweder seit Jahrhunderten ansässigen oder 1690 unter dem Patriarchen Arsenije Čarnojević zugewanderten Serben siedelten
größtenteils in der Militärgrenze im Gebiet von Save, Donau und
Theiß, in einigen freien königlichen Städten oder im Provinzial.
Auf Grund der ihnen Ende des 17. und Anfang des 18. Jahrhunderts
verliehenen, ihre innere Organisation betreffenden Privilegien hatte der größte Teil von ihnen die Aufgabe, ein Bollwerk gegen die
Türken zu bilden. Die serbischen und kroatischen Soldaten aus der
Militärgrenze stellten längere Zeit hindurch mehr als die Hälfte
der gesamten kaiserlichen Streitmacht. Serbische Soldaten beteiligten sich bereitwillig an allen Türkenkriegen, mußten aber auch
an den Kämpfen teilnehmen, die die Habsburger anderweitig führten[1].

Die Serben behielten in der Habsburgermonarchie für gewisse
Zeit ihre sowohl auf dem Balkan als auch sonst unter der türkischen Herrschaft bestehende gesellschaftliche Struktur bei, die
sich natürlich mit der Zeit derjenigen der Donaumonarchie anpaß-
te. Die Führungsrolle der serbischen orthodoxen Kirche war an
der Schwelle des 18. Jahrhunderts im allgemeinen anerkannt, was
rechtlich dadurch gestützt wurde, daß der schon 1691 unter türkischer Herrschaft neugewählte serbische Patriarch von Peć (Ipek),
Kalinik, die Selbständigkeit der serbischen orthodoxen Kirche
im Habsburgerreich, die damals der ausgewanderte Patriarch
Arsenije repräsentierte, anerkannt hatte.

Zu Anfang der hier behandelten Epoche, also um die Mitte des
18. Jahrhunderts, bildeten sich in diesem Gebiet sowohl Zentren
als auch Schichten heraus, die von entscheidender Bedeutung für
das serbische Kulturleben wurden. Die orthodoxe Kirche mit ihrem
Oberhaupt in Sremski Karlovci (Karlowitz) und ihren acht Diözesen

war im 18. Jahrhundert die politische und geistige Säule der Serben. Ihr zur Seite stand das reiche und nationalbewußte Bürgertum, das sich größtenteils aus Handwerkern sowie Kauf- und Handelsleuten zusammensetzte und für die Errungenschaften der europäischen Zivilisation sehr empfänglich war. Auch die Berufssoldaten müssen in diesem Zusammenhang erwähnt werden, insbesondere die Gemeinen, Unteroffiziere und Offiziere der unteren Chargen, die nationalbewußt blieben, während sich die Nachkommen insbesondere der geadelten höheren Offiziere oft in der zweiten oder dritten Generation nicht mehr als Serben fühlten. Den zuverlässigen nationalen Boden aber bildete das Bauerntum. Zur Charakteristik der Zeit gehört auch der Hinweis auf die letzten Wellen der Katholisierung, der Rekatholisierung und die Unionsbestrebungen, die in die serbische öffentliche Meinung hineinwirkten. Diese Vorgänge wurden von der serbischen Kirchenführung beobachtet, und sie bestimmten auch deren Verhältnis zum säkularisierten serbischen Schulwesen während der theresianischen Schulreform.

Nach den mißlungenen Bemühungen des Patriarchen Arsenije Čarnojević, eine höhere Lehranstalt und eine Druckerei zu errichten - sein letzter Versuch wurde durch eine schriftliche Eingabe in Wien am 16. Juli 1706 gemacht -, gründete die serbische Kirchenführung schon in den zwanziger Jahren des 18. Jahrhunderts in Sremski Karlovci (Karlowitz) höhere Lehranstalten mit russischer Hilfe, die in erster Linie Geistliche ausbilden sollten[2]. Gegen diese russische Hilfe und die russischen Lehrer wandte man sich bald von Staats wegen. War das aus staatspolitischen Gründen auch verständlich, so konnten doch andererseits an den von den Jesuiten beherrschten Universitäten des Reichs nur Katholiken studieren bzw. promovieren. Dasselbe galt auch für die anderen höheren Lehranstalten. In seiner Autobiographie schreibt Simeon Piščević, wie ihn sein Vater nach Szeged ins Gymnasium, das unter Leitung der Piaristen stand, geben wollte, ihm aber geantwortet wurde, es könnten nur katholische Kinder aufgenommen werden[3].

Es handelte sich nicht um einen vereinzelten Fall, daß Kinder und Eltern vor der Alternative standen, entweder den Glauben zu ändern oder auf eine weitere Schulbildung zu verzichten. So ist es verständlich, daß im 18. Jahrhundert viele orthodoxe Serben oft unter großen Schwierigkeiten an deutschen evangelischen Universitäten oder in Rußland studierten[4]. Und nicht wenige von ihnen fanden dann im Ausland und besonders in Rußland auch ihr Wirkungsfeld. Unter ihnen findet man Mitglieder gelehrter Gesellschaften und Professoren, denen zu Hause trotz aller Bemühungen nicht ein-

mal eine Druckerei zur Verfügung stand. Diese Situation spiegelt
sich auch in einem Promemoria von Zacharias Orfelin (1726-1785)
an Maria Theresia aus dem Jahre 1778. Hier heißt es: "Wir haben
bis dato die allerhöchste Kays. Königl. Gnade nicht haben können,
zu den Staats-Diensten, ob wir gleichwohl in aller Treye zu dem
Staat leben, keines wegs zu gelassen werden." [5]

*

In den folgenden Ausführungen wird die Zeitspanne von 1778, also dem Beginn der theresianischen Schulreform bei den Serben, bis
1826, dem Gründungsjahr der Matica srpska, berücksichtigt, wobei
die Schulreform ausgeklammert werden kann, weil sie sich nur
auf das Volksschulwesen bezog. Unerwähnt bleiben ferner auch die
zahlreichen mißlungenen Versuche der serbischen Kirchenführung,
höhere Schulen und Hochschulen zu gründen, doch sei angemerkt,
daß bis zum Zusammenbruch der Donaumonarchie die Serben keine
weltlichen Hochschulen (Universitäten oder besondere Fakultäten)
erhielten, d.h.: Die zuständigen kaiserlichen Stellen erteilten keine
Genehmigung zur Errichtung derselben. Ende des 18. und Anfang
des 19. Jahrhunderts verfügten sie über zwei Gymnasien und eine
Lehrerbildungsanstalt; dazu kam noch eine theologische Hochschule.
Diese Lehranstalten spielten in der Kulturgeschichte des ganzen
serbischen Volkes, und nicht nur der Serben im Habsburgerreich,
eine wichtige Rolle, weswegen darauf eingegangen werden muß.

Das erste serbische Gymnasium wurde auf Initiative des gebildeten und energischen Metropoliten Stefan Stratimirović sowie einiger
reicher Bürger in der Residenzstadt des Kirchenoberhauptes Sremski Karlovci (Karlowitz) errichtet. Der Gründung ging eine fast hundert Jahre währende Vorgeschichte voraus, in der vor allem die
Schule von Maksim Suvorov und seinen Mitarbeitern aus Rußland und
die Lateinschule (Pokrovo - Bogorodična arhiepiskopsko - mitropo-
litska škola u Karlovcima), die von 1749 bis 1768 unter dem Metropoliten Pavel Nenadović bestand, besonders zu erwähnen sind. Nach
dem Tode dieses Metropoliten im Jahre 1768 hörte die Lehranstalt,
an der ausschließlich serbische Mönche und weltliche Priester als
Lehrer tätig waren, zu bestehen auf. Zehn Jahre später lehnte Maria Theresia den Antrag des Metropoliten Vikentije Jovanović Vidak
auf Gründung eines serbischen Gymnasiums ab. Der Plan wurde
aber serbischerseits weiterverfolgt.

So beschlossen die serbischen Nationalkongresse in Karlovci
(1781) und Temesvár (1790) die Gründung eines serbischen Gymnasiums. Hinzu kam, daß sich das allgemeine Klima in Wien än-

derte: Der österreichisch-russische Krieg gegen die Türken
(1788-1791) machte die Serben zu unentbehrlichen Kampfgenossen,
und die Revolution in Frankreich brach aus. Das alles trug dazu
bei, daß Kaiser Leopold II. am 11. Oktober 1791 die Urkunde zur
Gründung eines Gymnasiums bestätigte, für das der Karlowitzer
Bürger Dimitrije Atanasijević Sabov am 14. August 1791 20 000
Gulden zur Verfügung gestellt hatte.

Der Unterricht begann am 1.November 1792; und die Schule besteht bis auf den heutigen Tag. Sie begann mit einem Vermögen von
40 000 Gulden, die von serbischen Bürgern und Geistlichen gespendet worden waren, und erhielt ebenso wie die anderen serbischen
höheren Lehranstalten damals und auch später in der Habsburger
Monarchie keine staatlichen Gelder, sondern wurde aus eigenen
Mitteln unterhalten. Schon im 18. Jahrhundert gründete man dafür
einen besonderen Fonds, der im 19. Jahrhundert den Namen Narod-
ni crkveno-školski fondovi (Nationale Kirchen- und Schulfonds) erhielt und zu dem Geistliche, Klöster und wohlhabende Bürger beitrugen. Über diese Mittel konnte ein Ausschuß (Patronat) verfügen,
an dessen Spitze der jeweilige Metropolit (seit 1848 Patriarch) stand.

Das Gymnasium in Sremski Karlovci unterrichtete anfangs nach
einem den serbischen Verhältnissen angepaßten Lehrplan für ungarische Gymnasien, der auf Theodor Janković Mirijevski zurück-
ging; Janković war zwar schon seit 1782 in Rußland, unterhielt aber
rege Kontakte zu seiner Heimat. Der Hofkriegsrat in Wien war die
oberste Aufsichtsbehörde. Unterrichtet wurde in den ersten Jahren
in deutscher und lateinischer Sprache; dann gesellte sich das Serbische hinzu, das in der ersten Hälfte des 19. Jahrhunderts die allei-
nige Unterrichtssprache wurde. Die ersten Lehrer waren Serben
und evangelische Slowaken. Zum ersten Direktor wurde Dr. Johannes Groß - gebürtig aus der Slowakei und von evangelischer Kon-
fession - gewählt, der in Jena Vorlesungen bei Friedrich Schiller
gehört hatte und auch dort zum Doktor promoviert worden war.
Fast alle Lehrer betätigten sich literarisch oder wissenschaftlich.
Diese Anstalt wurde zu einer Pflegestätte des nationalen Gedankens
und der nationalen Kultur. Obgleich unter dem Patronat des Erzbistums, hatte sie einen weltlichen Charakter und leistete der Nation
große Dienste [6]. So wurde sie auch zum Vorbild des ersten Gymnasiums im befreiten Serbien, das im Jahr 1833 in Kragujevac gegründet werden sollte.

Auch das zweite serbische Gymnasium in der Donaumonarchie,
das 1810 in Novi Sad (Neusatz) gegründet wurde, konnte auf eine
lange Vorgeschichte zurückblicken, denn hier hatten die Serben ein

halbes Jahrhundert lang seit 1731 eine orthodoxe Lateinschule (Petrovaradinska roždestvobogorodična škola latinsko-slovenska). Sie begann ihre Tätigkeit auf Initiative des orthodoxen Bischofs Visarion Pavlović, nachdem die Metropoliten Mojsije Petrović (1726 bis 1730) und Vikentije Jovanović (1731-1737) vergeblich versucht hatten, nach russischem Vorbild eine Geistliche Akademie (Duhovna Akademija) zu errichten, und blieb unter dem Patronat der orthodoxen Kirche. An dieser Schule war zwölf Jahre lang in den dreißiger und vierziger Jahren der Slowake Matej Jellinek tätig, was - soviel man heute weiß - auf die Versuche einer engeren Zusammenarbeit zwischen deutschen evangelischen und serbischen orthodoxen Kreisen zurückzuführen ist[7].

Von 1789 bis 1796 bestand in Novi Sad ein katholisches Gymnasium, das auf Anordnung Josephs II. gegründet worden war. Die überwiegende Mehrheit der Schüler in ihm waren jedoch orthodoxe Serben, was übrigens der nationalen Zusammensetzung der Stadt entsprach. Die siebenjährige Tätigkeit dieser Anstalt kann also nur als Zwischenspiel in der allgemeinen Entwicklung betrachtet werden. Daß Novi Sad um die Jahrhundertwende eine wichtige kulturelle Rolle zu spielen begann, hat seine guten Gründe. Seit dem Karlowitzer Frieden (1699) war und hieß die Ansiedlung Peterwardeiner Schanze (Petrovaradinski šanac). Nach dem österreichischen Rückzug aus Nordserbien entwickelte sich diese Ansiedlung durch den Zuzug vieler Flüchtlinge (Handwerker, Kauf- und Handelsleute) besonders aus Belgrad sehr rasch, so daß sie 1748 auf Ansuchen (und für viel Geld) ihrer Bürger durch Maria Theresia zur freien königlichen Stadt erklärt wurde, wobei sie den lateinischen Namen Neoplanta erhielt, was ins Serbische durch Novi Sad, ins Deutsche durch Neusatz, ins Ungarische durch Ujvidék übersetzt wurde. Schon 1817 nannte sie Vuk Stefanović Karadžić (1787-1864) "die größte serbische Gemeinde" (najveće srpsko opštestvo)[8], und etwa seit dem Ende der dreißiger Jahre des 19. Jahrhunderts bürgerte sich als ihr Beiname "Serbisches Athen" (Srpska Atina) ein. Bis gegen Ende der sechziger Jahre befanden sich in Novi Sad die wichtigsten serbischen Kulturinstitutionen (das Nationaltheater, die Matica srpska usw.), in den siebziger Jahren wurde aber Belgrad zum serbischen Zentrum. Wenn man sich die Vergangenheit der Stadt vor Augen hält, ist es verständlich, daß serbische Bürger von Novi Sad, beraten von dem damaligen Bischof Jovan Jovanović, um 1795 die Gründung eines eigenen Gymnasiums verlangten, das aber die kaiserliche Bewilligung nicht erhielt, ja nicht einmal die Anlage eines Fonds zu diesem Zweck wurde genehmigt. Erst das Schreiben

vom 21. Jänner 1810 des geadelten Kauf- und Handelsmannes Sava
Vuković (geb. in Mostar 1740, gest. in Novi Sad 1811) an den orthodoxen Bischof von Novi Sad Gedeon Petrović, in dem er 20 000
Gulden zur Gründung eines Gymnasiums, und zwar, wie er wörtlich
betonte, "nach dem Vorbild des Gymnasiums in Sremski Karlovci",
spendete, führte dann schließlich zum Ziel. In diesem Schreiben
wurde bestimmt, daß diese Anstalt sich für immer in Novi Sad zu
befinden habe - und sie wirkt bis heute noch hier -, daß die Aufsicht darüber beim jeweiligen Metropoliten in Sremski Karlovci und
beim Episkop in Novi Sad liege, im Unterrichtsplan besonderer Wert
auf die serbische Sprache und Literatur gelegt werden solle und die
Lehrer in der Regel orthodoxe Serben zu sein hätten, die sich der
serbischen Sprache im Unterricht bedienen müßten.

Zusammen mit anderen Spenden stand der Lehranstalt die Summe
von 70 000 fl zur Verfügung, doch reichte das wegen der Inflation
von 1811 nicht aus. Nachdem die Bürger von Novi Sad die notwendigen zusätzlichen Mittel aufgebracht hatten, verzögerten die Kämpfe
gegen Napoleon die Gründung. So wurde erst am 31. Jänner 1816 die
Gründungsurkunde ("Osnovno pismo") vom Kaiser unterzeichnet
und damit der Beginn des Unterrichts ermöglicht. Am 15. Oktober
1818 erteilte der Kaiser das Privileg, womit die Schule als öffentliche Lehranstalt anerkannt war, und zwar unter dem Vorbehalt,
daß sie sich an die Vorschriften hält, die für die Gymnasien in den
kaiserlichen Staaten galten.

Am serbischen Gymnasium in Novi Sad wirkten bedeutende Lehrer. Vor allem sei hier der evangelische Slowake P.J. Šafařík genannt, der am 8.5.1819 zum Professor und Direktor gewählt wurde und trotz mancher Unannehmlichkeiten bis 1833 als Professor in
Novi Sad blieb. Diese ergaben sich nämlich, als die Statthalterei
1824 den Rücktritt von seinem Direktorposten wegen seiner Zugehörigkeit zur evangelischen Kirche nachdrücklich verlangte. Das Patronat mußte nach langem Tauziehen dieser Forderung Folge leisten,
doch beließ es dem Gelehrten sein Direktorengehalt. Safarik schuf
in Novi Sad die letzte Fassung seiner wichtigen "Geschichte der sla-
vischen Sprache und Literatur nach allen Mundarten" (Ofen 1826);
hier arbeitete er ferner an dem südslawischen Teil, der erst nach
seinem Tode von seinem Schwiegersohn Josef Jireček unter dem Titel "Geschichte der südslavischen Literatur" (1864/65) herausgegeben wurde. Ferner findet man unter den ersten Lehrern auch den Gelehrten und Schriftsteller Georgije Magarašević, der sich als Begründer des "Letopis Matice srpske" Verdienste erwarb, und andere bedeutende Persönlichkeiten des serbischen Kulturlebens [9].

Die erste serbische Lehrerbildungsanstalt wurde 1812 in Szentendre, nördlich von Ofen und Pest, im Zuge einer Reorganisierung
der Normalkurse gegründet, die seit 1778 in der freien königlichen
Stadt Sombor unter der Leitung von Avram Mrazović zur Ausbildung
von Lehrern abgehalten wurden. Auf Grund einer Verordnung von
Franz I. (II.) begann die Lehrerbildungsanstalt am 15. November
1812 in Szentendre ihre Tätigkeit [10]. Bald stellte es sich aber heraus,
daß dieser Standort ungünstig war, und die Statthalterei gestattete
die Verlegung des Instituts nach Sombor. Am 3. November 1816
zog das "serbische Pädagogium" feierlich in das Gebäude ein, in
dem Mrazović seine Normalkurse abhielt. Die Ausbildung der Lehrer dauerte bis 1815 anderthalb Jahre und erfolgte in drei Kursen
zu je fünf Monaten, dann bis 1871 drei Jahre.

Die Lehrerbildungsanstalt entstand im Rahmen der österreichischen Schulgesetzgebung, jedoch auf Initiative von Vertretern der
jungen serbischen bürgerlichen Intelligenz, deren Wünsche in Wien
in dem Augenblick auf Verständnis stießen, als die Auseinandersetzung mit Napoleon dem Höhepunkt entgegenging. Ihre Tätigkeit wurde von der serbischen orthodoxen Kirche erheblich unterstützt. So
schenkte die Kirchengemeinde in Sombor das Gebäude und notwendige Inventar, und bis zum Zusammenbruch der Donaumonarchie
wurde die Anstalt auch von der orthodoxen Kirche finanziert. Von
1812 bis 1850 wurden an der Anstalt 584 Lehrer ausgebildet; bis
1920, also bis zur Verstaatlichung, insgesamt 2332 Lehrer und
von 1866 bis 1920 1442 Lehrerinnen. Viele von ihnen spielten im
serbischen Kulturleben, auch im Fürstentum bzw. Königreich Serbien und in Montenegro, eine hervorragende Rolle. Bis 1850, also
während der in dieser Darstellung behandelten Zeit, aber auch später, waren die Lehrkräfte einheimische Serben. Fast alle von ihnen betätigten sich als Wissenschaftler oder Schriftsteller [11].

Außer den drei genannten weltlichen Schulen ist die hohe theologische Lehranstalt in Sremski Karlovci zu erwähnen. Sie wurde
vom Metropoliten Stefan Stratimirović gegründet. Dieser entstamm-
te einer geadelten Offiziersfamilie, ging in Novi Sad, Szeged und
Vác zur Schule, studierte dann Philosophie sowie die Rechte in Buda und Wien, Theologie aber 1783 privat in Sremski Karlovci bei
dem bedeutenden serbischen Theologen und Historiker Jovan Rajić
(1726-1801). In seinen jungen Jahren Bruder der Freimaurerloge
in Osijek und später Mitglied verschiedener gelehrter Gesellschaften, wurde er schon mit 33 Jahren Oberhaupt der orthodoxen Kirche in der Donaumonarchie, die er geschickt, wenn auch in späteren Jahren sehr konservativ verwaltete [12]. Nicht nur die Gründung

des ersten serbischen Gymnasiums geht - wie bereits gesagt - auf ihn zurück, sondern auch eine Neuordnung der Priesterausbildung.

Seit mehr als einem Jahrzehnt klagten die staatlichen Schulaufseher in ihren Berichten über Schwierigkeiten, die ungebildete Geistliche den neugegründeten Schulen verursachten, und Stratimirović erkannte deutlich, daß die vorhandenen Ausbildungsmöglichkeiten, die mehr oder weniger improvisierten Schulen an den Bischofsresidenzen, nicht ausreichten. So beschloß der serbische National-kongreß 1790 in Temesvár die Gründung der Bogoslovija als theologische Lehranstalt [13], und Leopold II. erteilte am 23. April 1791 die Genehmigung zu ihrer Errichtung in Sremski Karlovci. Stratimirović schuf für die Anstalt eine solide materielle Grundlage: Entsprechende Geldmittel (Fonds), Gebäude, eine Bibliothek usw. standen zur Verfügung. Drei Jahre später wurde die kostenlose Speisung armer Studenten (Blagodjejanje) eingeführt. An dieser Lehranstalt, die einer theologischen Hochschule entspricht und an der seit der Einführung der Maturitätsprüfung in der Donaumonarchie (an serbischen Gymnasien in Sremski Karlovci 1873, in Novi Sad 1868) nur Studenten mit der Reifeprüfung aufgenommen wurden, wirkten einheimische gelehrte Geistliche, die eine rege wissenschaftliche Tätigkeit entfalteten. Die Bogoslovija existierte bis zum Zusammenbruch der Donaumonarchie. Obgleich eine gründliche Geschichte von ihr leider immer noch nicht vorhanden ist, so kann man doch sagen, daß an ihr zahlreiche tüchtige Priester ausgebildet wurden, die nicht nur in der Donaumonarchie wirkten, daß sehr viele ihrer ehemaligen Studenten in Serbien, Montenegro und an anderen Orten hervorragende Posten bekleideten und sie besonders in der ersten Epoche ihrer Tätigkeit ein erfolgreiches Instrument in der Auseinandersetzung mit den letzten Unionsbestrebungen darstellte.

Die hier genannten Lehranstalten hatten für das kulturelle Leben der Serben eine weit größere Bedeutung, als man das normalerweise bei ihrer Rangstufe vermuten würde. Eine serbische Universität gab es ja in der Donaumonarchie nicht, obgleich Pläne dafür vorhanden waren. Als Beispiel sei hier nur der vom Patriarchen Josif Rajačić unterzeichnete Entwurf vom 6. Februar 1854 genannt, der eine serbische Universität mit einer theologischen, philosophischen, juristischen und medizinischen Fakultät vorsah [14]. Weil es sich also um die höchsten damaligen Lehranstalten der Serben im Habsburgerreich handelte und weil es von ihnen nur so wenige gab, ist es verständlich, daß ihre Lehrkräfte die damalige geistige Elite unter den Serben in der Donaumonarchie darstellten. Ferner verfügten sie über gute Bibliotheken, deren Bestände meist von wohlhabenden Bürgern und von Priestern gespendet worden waren. Šafařík schreibt z.B., in Novi Sad sei ein jedes serbische Buch vorhanden. Daß diese Schulen, obgleich sie sich nach dem allgemeinen Unterrichtsplan für entsprechende Staatsschulen richten mußten, ihren nationalen Charakter behielten, sei nur am Rande erwähnt. Alle hier charakterisierten Anstalten, vor allem aber die Gymnasien und die Lehrerbildungsanstalten verdankten ihre Entstehung den gesellschaftlichen Notwendigkeiten und einer Initiative, die von der serbischen orthodoxen Kirche im Zusammenwirken mit dem wohlhabenden serbischen Bürgertum ausging.

Diese Lehranstalten bildeten auch eine Voraussetzung für die Gründung der ersten serbischen gelehrten Gesellschaften. Einen allerersten Anasatz dazu finden wir schon um das Jahr 1800 in dem sogenannten "Karlovački krug" (Karlowitzer Kreis). Der schon mehrfach erwähnte Metropolit Stratimirović versammelte nämlich um diese Zeit einige Professoren der Lehranstalten von Sremski Karlovci in seiner Residenz zu Gesprächen. Es handelte sich also nicht um eine Gesellschaft mit Statuten und Verpflichtungen, sondern um Gelehrten-Zusammenkünfte, von denen wir aus dem Briefwechsel zeitgenössischer slawischer Persönlichkeiten, vor allem zwischen Dobrowský und Kopitar, sowie aus dem Briefwechsel von Stratimirović selbst erfahren. Letzterer war auch die zentrale Gestalt dieses Kreises. Bei seinem Interesse für geschichtliche Studien - er ist auch Verfasser einiger historischer Arbeiten - zog er vor allem historisch, philologisch und literarisch interessierte Persönlichkeiten heran, so z.B. den Gymnasialprofessor Jovan Lazarević, den gleichfalls damals am Gymnasium tätigen Dichter Lukijan Mušicki, den Altphilologen und Historiker Gavrilo Hranislav usw. Die Zusammenkünfte fanden im ersten Jahrzehnt des 19. Jahrhunderts statt; die Teilnehmer traten jedoch nicht als Gesellschaft an die Öffentlichkeit und hatten auch anscheinend keinerlei Ambitionen, öffentlich zu wirken. Sie kamen zu den von dem Metropoliten jeweils einberufenen Sitzungen, lasen einander ihre Arbeiten vor, diskutierten über sie und publizierten sie gelegentlich, aber dann ganz privat. Nicht nur Stratimirović, sondern auch die anderen Mitglieder des Kreises standen im Briefwechsel mit ausländischen, vor allem russischen und deutschen Gelehrten. Die jugoslawische Wissenschaft hat mit Recht im "Karlovački krug" die Vorstufe "einer jugoslawischen oder serbischen Akademie" gesehen [15]. "Dieser Kreis ..... trug zum Fortschritt der Wissenschaft nicht bei, er ist aber interessant als erster Versuch einer organisierten wissenschaftlichen Tätigkeit bei uns, ein Versuch mit guten Absichten, aber doch di-

lettantisch, obwohl die Mitglieder des Kreises nicht ohne Wert und
Talent waren." [16]

Die wichtigste Gesellschaft mit kulturellen Aufgaben der Serben
im Habsburgerreich ist die am 16. Februar 1826 in Pest gegründete Matica srpska, die seit 1864 in Novi Sad ihren Sitz hat. Man
sollte sich nicht darüber wundern, daß die Matica srpska in Pest
gegründet wurde. Nach der zweiten Belagerung Wiens und der Ver-
treibung der Türken aus Pest bildeten die Serben in dieser Stadt
eine verhältnismäßig starke Gruppe, was auch noch in den zwanziger Jahren des 19. Jahrhunderts der Fall war. Ihre Gemeinde war
zahlreich und wohlhabend und bestand - was noch weit wichtiger
ist - nicht nur aus Staatsbeamten in meist bescheidenen Verhältnissen, sondern auch aus unabhängigen, oft reichen Kaufleuten. Als
1825 der Ungarische Reichstag die Gründung der Ungarischen gelehrten Gesellschaft, der späteren Ungarischen Akademie der Wissenschaften, beschloß, war das für das serbische Bürgertum ein
nachahmungswürdiges Beispiel. Der unmittelbare Anlaß entstand
aber bei den Serben selbst.

Als 1822 die "Novine srbske" (Serbische Zeitung, Wien 1813-1822)
ihr Erscheinen einstellte, hatten die Serben keine Tageszeitung und
keine Zeitschrift mehr. Junge Schriftsteller und ein Lesepublikum
gab es aber schon bei den Serben in der Donaumonarchie. Die Zahl
der Studierten, die aus dem wohlhabenden Bürgertum kamen, nahm
zu. Durch das Toleranzpatent von 1781, das den Nichtkatholiken
das Promotionsrecht gab, war ein erhebliches Hindernis aus dem
Weg geräumt. Als Beispiel sei hier die Zahl der serbischen Juristen genannt. Jovan Muškatirović (geb. um 1743, gest. 1809) wurde 1773 in Pest der erste serbische Rechtsanwalt. Bis 1793 erreichten dieses Ziel nur fünf Serben; in den zehn folgenden Jahren waren
es aber 56, und 1827, also etwa zur Zeit der Gründung der Matica
srpska, gab es 227 serbische Rechtsanwälte, die meisten von bürgerlicher Herkunft. Außerdem sollte man die Lehrer und Priester
mit höherer Bildung nicht vergessen.

Šafařík, Magarašević und Mušicki kamen zu der Überzeugung,
daß eine literarische Zeitschrift notwendig sei. Am 12. Mai 1824
erhielt Magarašević, damals Professor am serbischen Gymnasium
in Novi Sad, von der Zensur das Imprimatur für den ersten Band
seiner Zeitschrift "Serbska letopis"; dieser erste Band hatte ja
schon 1823 vorgelegen, erschien aber erst 1825. Unter der Redaktion von Magarašević sollte die Zeitschrift viermal im Jahr her-
auskommen. Das Programm wurde im Vorwort zum ersten Band
entwickelt: "Alles, was das slawische Volk vom Adratischen Meer

bis zum Eismeer, vom Baltischen zum Schwarzen Meer im allgemeinen und insbesondere, was uns Serben in literarischer Hinsicht betrifft, das wird der Gegenstand der Serbska letopis sein." Die Zeitschrift geriet aber schon im ersten Jahr in materielle Schwierigkeiten, und die Gefahr ihres Unterganges beschleunigten die schon seit einiger Zeit geführten Gespräche über die Gründung einer Gesellschaft. Ihre Stifter waren serbische patriotisch gesinnte und wohlhabende Bürger: Kauf- und Handelsleute, die die ersten Geldmittel spendeten. Aber in ihren Reihen und unter ihren Anregern befanden sich auch junge Intellektuelle, die aus der bürgerlichen Schicht kamen. "Serbska letopis" wurde nun zum Organ der neugegründeten Matica srpska. Beide existieren bis heute, und so ist der "Letopis" wahrscheinlich eine der ältesten noch heute erscheinenden europäischen literarischen Zeitschriften.

Bei der Konstituierung des ersten Verwaltungsausschusses der Matica wurde der siebenundzwanzigjährige Jovan Hadžić, der einige Monate später zum Doktor juris der Pester Universität promovierte, zum Präsidenten gewählt; er war das einzige Verwaltungsmitglied mit Universitätsbildung. Die übrigen Mitglieder waren junge serbische Kaufleute aus der ungarischen Hauptstadt. Außer Hadžić waren zwei weitere Mitglieder des Verwaltungsausschusses 27 Jahre alt, eines 32 Jahre und drei etwas über vierzig Jahre alt. Im Gründungsdokument heißt es u. a.: "Anlaß zur Gründung dieser Gesellschaft ist einzig und allein die Liebe und der Eifer für das allgemeine Wohl; und die Absicht besteht in der Verbreitung der Literatur und Aufklärung des serbischen Volkes, das heißt, daß serbische Bücher gedruckt und verbreitet werden, und zwar jetzt und von nun an unaufhörlich für immer." Nach dem Programm - welches übrigens mit dem Gedanken im Vorwort zum ersten Band des "Letopis" im Einklang steht - gehörte es zu den Aufgaben der Matica, "daß serbische Bücher gedruckt und verbreitet werden", ungeachtet dessen, ob deren Verfasser der Matica angehören oder nicht.

Die Zahl der Matica-Mitglieder wuchs rasch, und schon im Gründungsjahr finden wir unter ihnen den regierenden Fürsten von Serbien, Miloš Obrenović. Einige von ihnen betätigten sich schriftstellerisch oder wissenschaftlich, besonders wichtig aber waren die materiellen Beiträge und Geldspenden der frühen Mitglieder, durch die eine literarische und wissenschaftliche Tätigkeit erst möglich gemacht wurde. Und diese Tätigkeit begann bald, sowohl in dem "Letopis" als auch in vielen Publikationen [17]. Wenn die Matica zu Anfang ihrer Tätigkeit keine wissenschaftliche Gesellschaft war und

das auch gar nicht sein konnte, so regte sie doch bald zu wissen-
schaftlichen Forschungen im literarischen, philologischen und hi-
storischen Bereich an [18]. Diese Tätigkeit entwickelte sich in dem
Maße, wie wissenschaftliche und literarische Kräfte heranwuchsen.
Ihre Zahl nahm vor allem in den von Serben bewohnten Gebieten im
Süden der Panonnischen Ebene, der heutigen Wojwodina, zu.

Hadžić kehrte gleich nach seiner Promotion nach Novi Sad zurück,
wo er als Präsident (bis 1833) der Matica lebte; in derselben Stadt
wohnte auch der Herausgeber des "Letopis", Magarašević, während
die Zeitschrift in Buda gedruckt wurde. Bald tauchte der Gedanke
auf, die Matica nach Novi Sad zu verlegen. Dieser Wunsch wurde
nach dem Zusammenbruch der Revolution 1848/49 besonders stark,
doch lehnten die zuständigen Staatsstellen alle entsprechenden Vorschläge ab. Erst 1864 konnte sie nach Novi Sad übersiedeln, wo sie
bis heute wirkt.

Hier muß darauf verzichtet werden, die Schwierigkeiten zu schildern, die der Matica von Seiten der Staatsobrigkeit oft gemacht wurden, und Konflikte innerhalb der Institution darzustellen [19]. Es sei
nur noch einmal zusammenfassend unterstrichen, daß die Matica
srpska auf Initiative des serbischen Bürgertums entstand, wobei
die junge serbische Intelligenz mit den für die europäische Zivilisation empfänglichen serbischen Kauf- und Handelsleuten zusam-
menging. Ihre Tätigkeit im Sinne des Gründungsdokuments (Verbreitung der Literatur und Aufklärung), ihre frühen Veröffentlichungen stellen einen wichtigen Teil jener Kontinuität dar, die die
Tätigkeit während der Gründungszeit mit den wissenschaftlichen Aufgaben der späteren Jahrzehnte (bis in die neueste Zeit) verbindet.

Abschließend noch eine Bemerkung: Bei der Betrachtung der
Entstehung der hier besprochenen serbischen Institutionen fällt
auf, daß sie im 18. Jahrhundert auf Initiative der orthodoxen Kirche gegründet wurden. Die Kirche war damals nämlich die führende Macht. In den ersten Jahrzehnten des 19. Jahrhunderts aber
übernimmt das Bürgertum die Führungsrolle. Das gilt gleichermaßen für die Serben in der Donaumonarchie, im neuentstandenen
serbischen Staat südlich der Save und der Donau wie im ganzen
Habsburgerreich - sowie auch im übrigen Europa, wenn auch nicht
überall zur selben Zeit.

Anmerkungen

1 Zur Geschichte der Serben im Habsburger Reich vgl. u.a. A. Ivić: Istorija Srba u Vojvodini (Geschichte der Serben in der Wojwodina). Novi Sad 1929; D. Popović: Srbi u Vojvodini (Die Serben in der Wojwodina), Bd. 1 - 3, Novi Sad 1957-1963.

2 Über die Schulen unter der Leitung von Maksim Suvorov und Emanuel Kozačinski vgl. u.a. Popović a.a.O., Bd. 2, S. 391-395.

3 Simeon Pišćević: Memoari. Novi Sad, Beograd 1972, S. 44. Der Serbe Pišćević (geb. 1731 in Šid, gest. 1797 in Rußland) verließ 1753 als Offizier die Donaumonarchie, trat in russische Dienste und brachte es bis zum Generalmajor. Er schrieb seine Autobiographie in russischer Sprache. In serbokroatischer Übersetzung erschien sie erst kürzlich.

4 Vgl. u.a. M. Kostić: Serbische Studenten an den Universitäten Halle, Leipzig und Göttingen im 18. Jahrhundert. Südostdeutsche Forschungen, Bd.3, H.2, München 1938; H. Peukert: Die Slawen der Donaumonarchie und die Universität Jena 1700-1848. Berlin 1958.

5 Zaharija Orfelin: Predstavka Mariji Tereziji. Novi Sad 1972, S. 148.

6 Kosta Petrović: Istorija Karlovačke gimnazija (Geschichte des Gymnasiums in Karlowitz). Novi Sad 1951.

7 Vgl. R. Grujić: Prva srpska gimnazija u Novom Sadu 1731-1775 (Das erste serbische Gymnasium in Novi Sad 1731-1775). In: Letopis Matice srpske. Bd.313, H.1, 2 (1927), S.364; E. Winter: Die Pflege der west- und südslawischen Sprachen in Halle im 18. Jahrhundert. Berlin 1954.

8 J. Skerlić: Istorija nove srpske književnosti (Geschichte der neuen serbischen Literatur). Beograd 1914, S.214.

9 Vasa Stajić: Srpska pravoslavna velika gimnazija u Novom Sadu (Das serbische orthodoxe vollständige Gymnasium in Novi Sad). Novi Sad 1949.

10 Zur selben Zeit wurden für die Orthodoxen in der Donaumonarchie noch zwei Lehrerbildungsanstalten gegründet, eine rumänische in Arad und eine griechische in Pest.

11 Zur Schulgeschichte vgl. Konstantin T. Kostić: Iz prošlosti Učiteljske škole u Somboru (Aus der Vergangenheit der Lehrerbildungsanstalt in Sombor). Novi Sad 1938; Spomenica Učiteljske škole u Somboru 1778-1953 (Festschrift der Lehrerbildungsanstalt in Sombor 1773-1953). Sombor 1953. Diese älteste serbische Lehrerbildungsanstalt wurde am 6.September 1973 Pädagogische Akademie, also höhere Lehranstalt zur Ausbildung von Lehrern für den Klassenunterricht.

12 Über Stratimirović vgl. Enciklopedija Jugoslavije Bd.8 (1971), S.192. Dort auch die einschlägige Literatur. - Stratimirović (geb. 1757) wurde am 25.3.1784 zum Diakonus, am 15.4. desselben Jahres zum Archimandriten des Klosters Krušedol ordiniert und 1786 als Episkop von Buda bestätigt; als Krušedoler Archimandrit befand er sich 1785 unter den Brüdern der 1773 vom Grafen Niczky in Osijek gegründeten Loge "Vigilantia", die aber schon im folgenden Jahre aufgelöst wurde. Vgl.: L. Abafi, Geschichte der Freimaurerei in Österreich-Ungarn, I-V, Budapest 1890-1899, Bd.II, 263-264 und Bd.V, 295-298; Viktor Novak, Maksimilijan Vrhovac (1752-1827). In: Brastvo XXII (1928), Bd. 36, S.200-224; Nikola Radojčić:

Oko Mitropolita Stefana Stratimirovića. Glasnik Istoriskog društva u Novom Sadu 1937, Bd. 10. H. 2, S. 175-177.

[13] Vgl. Temišvarski sabor 1790 (Der Temesvárer Nationalkongreß 1790). Novi Sad, Sremski Karlovci 1792, bes. S. 432 f., 610, 642 f.

[14] Dimitrije Ruvarac: Pozivi i odzivi ili radnja pojedinih srpskih arhiepisko-
pa u Mitropoliji karlovačkoj oko podizanja srpskih škola i stvaranja fondo-
va za njihovo izdražavanje (Aufforderungen und Antworten, oder die Bemühungen einzelner serbischer Erzbischöfe im Erzbistum von Karlowitz
um die Errichtung serbischer Schulen und Gründung von Fonds für ihre
Erhaltung). Zemun 1894.

[15] J. Skerlić: Istorija nove srpske književnosti (Geschichte der neueren serbischen Literatur). Beograd 1914, S.125.

[16] T. Petrović: Karlovački krug mitropolita Stratimirovića (Der Karlowitzer
Kreis des Metropoliten Stratimirović). In: Zbornik Matice srpske za
književnost i jezik, Bd.8 (1960), S.55-65.

[17] Die Publikationstätigkeit der Matica ist zu ersehen u.a. in: M. Maletin:
Sadržaj Letopisa MS 1825-1950 (Der Inhalt des Letopis MS 1825-1950),
Novi Sad 1968, S. XLIX, 498; J. Nikolić: Bibliografija Matice srpske
1950-1965 (Bibliographie der MS 1950-1965), Novi Sad 1973, S.682; J. Ni-
kolić: Bibliografija MS, III, 1966-1970, Novi Sad 1974, S. 344; J. Nikolić:
Bibliografija MS, I, 1826-1950 (im Druck).

[18] Bis in die neueste Zeit, in der sie zum Mittelpunkt der wissenschaftlichen
Tätigkeit geworden ist, spielte die Matica in der serbischen und jugoslawischen Kultur eine hervorragende Rolle. So wurde 1953 und 1954 im Rahmen
der Matica srpska und Matica hrvatska (Zagreb) unter Beteiligung zahlreicher berufener Fachleute aus dem gesamten serbokroatischen Sprachbereich nach gründlichen Diskussionen die heutige gemeinsame Rechtschreibung der serbokroatischen Sprache beschlossen, womit dasjenige, was Vuk
Karadžić, Ivan Kukuljević, Dura Daničić, Ivan Mažuranić und Dimitrija
Demeter, also die repräsentativen Vertreter der damaligen kroatischen
und serbischen Literatur, schon 1850 in Wien beschlossen (Bečki dogovor),
auf den heutigen Stand der Sprache gebracht wurde.

[19] Zur Geschichte der Matica srpska vgl. das Buch von Živan Milisavac:
Matica srpska. Novi Sad 1965, S.312 (serbokroatisch).

WISSENSCHAFTLICHE UND LITERARISCHE GESELLSCHAFTEN IN OFEN-PEST AM ANFANG DES 19. JAHRHUNDERTS

Von László Sziklay

Das heutige Budapest wurde 1873 aus drei Kleinstädten, aus Pest, Ofen und Alt-Ofen, vereinigt und zur Hauptstadt Ungarns erklärt. Von diesem Zeitpunkt an begann der Prozeß, durch den aus den bisher provinziellen, an beiden Ufern der Donau liegenden vereinigten drei Kleinstädte - parallel mit der kapitalistischen Entwicklung des Landes - eine Weltstadt entstand. Budapest ist heute mit einer Einwohnerzahl von zwei Millionen die größte städtische Siedlung Südosteuropas.

Wer mit diesen Fragen nicht sonderlich vertraut ist, könnte den Eindruck gewinnen, daß es sich hier um eine Stadt ohne Tradition, ohne Vergangenheit handelt. Das Gegenteil ist richtig: Ofen war schon im 15. Jahrhundert unter der Regierung des Königs Matthias ein bedeutendes Kulturzentrum Europas und zog auch ausländische Gelehrte an. Und für die Hauptstadt Ungarns war bereits während ihrer ersten Blütezeit typisch, daß hier neben dem damals offiziellen Latein mehrere Sprachen gesprochen wurden; so außer dem Ungarischen das Deutsche, Italienische, Tschechische und auch noch andere Sprachen.

Die einhundertfünfzig Jahre lang währende türkische Herrschaft machte Pest und Ofen zu unbedeutenden Städten am Rande des Sultanreiches. Als die zwei bzw. drei Kleinstädte dann 1686 durch die Habsburger befreit worden waren, wurden sie auch weiterhin nur als Militärbasis für die Feldzüge gegen die Türken betrachtet. Im 18. Jahrhundert wurde aber dank der Kapitalisierung, die bald auch im Habsburgerreich ihren Anfang nahm, die große Bedeutung der Lage dieser Städte sowohl für den Handel zwischen Ost und West als auch für die damals noch sehr primitive Industrie erkannt.

Zwischen den vierziger und fünfziger Jahren des 18. Jahrhunderts wuchs die damals noch sehr spärliche Bevölkerungszahl rasch an; der Zustrom kam aus fast allen Gegenden des Landes und aus allen Klassen der damaligen Gesellschaft. Die große Bedeutung von Pest und Ofen und ihre bessere Eignung als Hauptstadt Ungarns als das am westlichen Rande des Landes liegende Preßburg wurden von den Herrschern Karl III. (VI.) und Maria Theresia erkannt und die zentralen Staatsbehörden hier angesiedelt. Auch die einzige, 1635 in Tyrnau gegründete Universität des Landes wurde von Maria Theresia hierher verlegt - 1777 nach Ofen, dann 1784 nach Pest.

Der bedeutende tschechische Hungarist Richard Pražák wies in seiner Arbeit über die Beziehungen Josef Dobrovskýs zu Ungarn darauf
hin, daß die Universität in Ofen, später in Pest, zu dieser Zeit nicht
in dem Sinne einen nationalen Charakter hatte wie die französischen,
italienischen oder deutschen Universitäten. Dieser Ansicht können
wir uns nur teilweise anschließen. Es stimmt zwar, daß unter den
Professoren der damals schon sehr bedeutenden Universität fast alle Nationen des Landes vertreten waren: die Ungarn z.B. durch Miklós Révai und Ferenc Czinke, die Deutschen durch Martin Schwartner
und Ludwig Schedius, die Tschechen durch Anton Wyrožil und die
Slowaken durch Anton Ottmayer; dasselbe läßt sich auch von der nationalen Zusammensetzung der Hörerschaft feststellen. Solange aber
die offizielle Sprache des Unterrichts im allgemeinen das Latein war,
wurden sowohl Professoren als auch die Hörer - abgesehen von ihrer
ethnischen Abstammung und ihrer Muttersprache - durch einen gemeinsamen Patriotismus verbunden, der - um Mißverständnisse zu
vermeiden - auf meine Anregung im allgemeinen "Hungarus" genannt wird. Als gerade in der zweiten Hälfte des 18., bzw. in der
ersten Hälfte des 19. Jahrhunderts sich dieser gemeinsame Patriotismus aufzulösen begann, als das Selbstbewußtsein der im historischen Ungarn lebenden Nationalitäten erwachte, gingen sie allmählich
zur Verwendung ihrer eigenen Nationalsprache über.
Der Lehrstuhl für ungarische Sprache und Literatur wurde seit
1802 von Miklós Révai geleitet; die slowakischen Hörer der Universität baten in Übereinstimmung mit den serbischen und anderen slawischen Studenten schon recht früh (1824) um die Errichtung eines
slawischen (slowakischen) Lehrstuhls. Ihre Bitte wurde zuerst abgelehnt und erst 1851 erfüllt, als Joséf Ferenč, der wahrscheinlich
südslawischer Abstammung war, seine Vorlesungen über Sprache
und Literatur begann. Aus dem zeitgenössischen Stundenplan der Universität wissen wir, daß sie sich u.a. sowohl mit Šafařík und Štúr
als auch (schon am Anfang der sechziger Jahre!) mit Tolstoj und mit
einer frühen, bis heute unbekannten Übersetzung der "Tragödie des
Menschen" von Madách ins Serbische beschäftigten.
Die Pester Universität war also ein verbindendes Organ aller Nationen, die zur Zeit des erwachenden Nationalbewußtseins im Lande
bzw. in den drei schon damals eine Einheit bildenden Kleinstädten
lebten. In dieser Rolle wurde sie durch ihre Druckerei unterstützt,
die seit Gründung der Universität bis zum heutige Tage, vor allem
aber in der genannten Epoche, Bücher u.a. in lateinischer, ungarischer, ukrainischer, kroatischer und serbischer Sprache veröffentlichte. Nach dem bisher Gesagten ist es nicht verwunderlich, daß

hier eine Reihe kultureller Organisationen entstand. Wir können allerdings nur diejenigen der drei wichtigsten Nationalitäten, der Ungarn, Serben und Slowaken, behandeln.

An anderer Stelle haben wir schon ausgeführt, daß es während dieser Epoche im Entstehungsprozeß des Nationalbewußtseins der südosteuropäischen Nationen das Hauptziel der Schriftsteller dieser Nationen war, die nationale Literatursprache auf ein höheres, ein europäisches Niveau zu heben, bzw. bei den weniger entwickelten Nationen eine neue Literatursprache erst zu schaffen. In dieser Hinsicht hatten alle Gesellschaften, die hier behandelt werden müssen, eine wichtige Aufgabe. Ihr Bestreben ging dahin, mit den Mitteln der Literatur und Wissenschaft die moderne Nationalsprache und Nationalkultur herauszubilden. Die drei bzw. vier Gesellschaften, die hier behandelt werden, hatten zudem alle Vorläufer, auf die aber nicht näher eingegangen werden kann.

Der Plan einer Ungarischen Gelehrten-Gesellschaft zur Pflege der ungarischen Sprache und Kultur wurde an der Ständeversammlung von 1825 durch eine führende Persönlichkeit der Reform-Opposition, Pál Felsöbüki Nagy vorgebracht. Es ist allgemein bekannt, daß der führende Politiker der ungarischen Reformzeit, Graf István Széchenyi, den Lajos Kossuth "den größten Ungar" nannte, sein Jahreseinkommen, das er später auf 60 000 Forint festlegte, für diesen Zweck stiftete. Mehrere Großgrundbesitzer folgten seinem Beispiel. Als gesellschaftliche Grundlage der Ungarischen Gelehrten-Gesellschaft und später, von den vierziger Jahren an, der Ungarischen Akademie der Wissenschaften, können also die Vertreter des hohen und mittleren Adels angesehen werden. Unter den Mitgliedern der Vorbereitungskommission, die 1827 gebildet wurde, gab es aber neben Schriftstellern und Wissenschaftlern aus dem hohen und mittleren Adel auch zahlreiche Intellektuelle aus dem Kleinbürgertum. Zum Vorsitzenden der Kommission wurde der Geschichtsschreiber der Familie Hunyadi, Graf József Teleki, ernannt. Als Mitglieder gehörten ihr neben den vier Stiftern (István Széchenyi, Ábrahám Vay, György Andrássy und György Károlyi) anerkannte Gelehrte und Schriftsteller an, unter ihnen Ferenc Kazinczy und József Dessewffy. Unter dem Gesichtspunkt der Nationalitätenfrage ist es - ohne auf Detailfragen einzugehen - bemerkenswert, daß Ludwig Schedius, dessen Muttersprache das Deutsche war und der als ein bedeutender Förderer der deutschsprachigen Kultur in Ungarn gelten kann, auch zu den Mitgliedern der Kommission gehörte. Wir haben schon früher betont, daß die Deutschen, die in Ungarn, vor allem in Ofen-Pest, in beträchtlicher Anzahl lebten, eine vermittelnde Rolle unter den hier lebenden Natio-

nalitäten spielten. Sie äußert sich in verschiedenen Abstufungen.
Als extrem kann die völlige "Magyarisierung" angesehen werden:
Der Sohn des aus der Zips stammenden Postbeamten Schedel wurde
der erste ungarische Literaturhistoriker und unter dem Namen Ferenc Toldy zwischen 1835 und 1861 Sekretär der Akademie. Schedius vertritt die andere, weniger extreme Spielart. In seiner Sprache und seinem Bewußtsein blieb er deutsch, sein Patriotismus aber
band ihn in vollem Maße an Ungarn. Zwischen seiner nationalen Zugehörigkeit und seiner Tätigkeit in der Organisation der Ungarischen
Akademie der Wissenschaften sah er keinen Widerspruch. Es gab
deutsche Kulturschaffende, wie z.B. Mauritius Kolbenheyer oder
Karl Kertbeny (Benkert), die ihrer Sprache und Nationalität treu
blieben und durch Übersetzung ungarischer Werke, durch Rezensionen usw. die wichtige Arbeit der Vermittlung leisteten.

Die Ungarische Akademie wollte alle Wissenschaftszweige in sich
vereinigen. Dem damaligen Erkenntnisstand entsprechend, begann
sie ihre Arbeit in sechs Abteilungen (Sprachwissenschaft, Philosophie, Historie, Mathematik, Rechtswissenschaft und Naturwissenschaften). Wir halten es für wichtig, daß die erste Abteilung der
Sprachwissenschaft gewidmet war. Sie war bemüht, daß Werk Ferenc Kazinczys an der Wende des 18. zum 19. Jahrhundert, die
Spracherneuerung, durch die er die ungarische Sprache auf dem Gebiete der künstlerischen und wissenschaftlichen Ausdrucksweise auf
das Niveau der großen europäischen Sprachen erhoben hatte, nicht
nur zu sanktionieren, sondern auch in ein System zu fassen und solche sprachwissenschaftlichen Werke zu schaffen, die ein abgesondert
in provinzieller Einsamkeit lebender Schriftsteller zu schreiben
nicht imstande war. So wurden 1832 - nach dem System des schon
erwähnten Miklós Révai - die ersten orthographischen Regeln geschaffen. Dann folgte 1834 und 1847 (in einer verbesserten Form)
eine Grammatik der Akademie unter dem Titel "System der ungarischen Sprache". Bald wurde auch die Arbeit an einem Wörterbuch begonnen. Die Anregung dazu kam von dem Dichter Mihály Vörösmarty
und dem schon erwähnten Literaturhistoriker Ferenc Toldy. Allen
sechs Abteilungen der Akademie wurde vorgeschrieben, die Spezial-
ausdrücke ihres Fachs zu sammeln. Das Resultat dieser Arbeit war
(1834) das Material des philosophischen und des mathematischen
Fachwörterbuchs und (1847) des geschichtswissenschaftlichen Wörterbuchs. 1839 wurde der Plan des großen Wörterbuchs der ungarischen Sprache entworfen, und 1844 erhielten Gergely Czuczor und
János Fogarasi den Auftrag, die Arbeit in Angriff zu nehmen. Sie
dauerte mehrere Jahrzehnte lang, und das erste Wörterbuch der un-

garischen Sprache erschien von 1861-1874 in sechs Bänden. Diesem Wörterbuch gingen unter anderem das ungarisch-deutsche (1838) und das deutsch-ungarische (1843) Wörterbuch von Vörösmarty und Toldy voraus. Unter den anderen sprachwissenschaftlichen Arbeiten der Akademie sind die Ausgaben alter ungarischer Sprachdenkmäler hervorzuheben. Schon die Gelehrten-Gesellschaft (seit 1831 dann die Ungarische Akademie der Wissenschaften) begann auch die Sammlung und Abschrift von Material in ausländischen Archiven über ungarische Beziehungen zu anderen Ländern.

An dieser Stelle muß noch die seit 1834 unter der Redaktion von Ferenc Toldy erscheinende Zeitschrift der Ungarischen Akademie der Wissenschaften, das "Wissenschaftsmagazin", erwähnt werden, in dem in- und ausländische wissenschaftliche Literatur besprochen wurde. Sie berichtete auch alljährlich über literarische Preise, über die Unterstützung von Studienreisen zu den finnisch-ugrischen Völkern, über verschiedene periodische Publikationen und Neuerscheinungen. Unter der Redaktion von József Bajza wurde auch eine Reihe "Ausländische Bühne" begonnen, um für die Schauspielertruppen gute Stücke bereitzustellen. 1832 setzte die Akademie einen Preis von 100 Dukaten für ungarische Originaldramen aus. Die preisgekrönten Werke wurden in der Reihe "Originale Bühne" veröffentlicht.

Die Wissenschaftler wurden aufgefordert, auch praktische Probleme zu lösen, so z.B. auf dem Gebiet der Flußregulierung, des Maschinenbaus, der Bekämpfung verschiedener Epidemien und der Veterinärmedizin. Unter den Studienreisen zu den finnisch-ugrischen Völkern ist vor allem diejenige von Antal Reguly hervorzuheben, zu deren Unterstützung Ferenc Toldy eine Sammlung veranstaltete und die Schriftsteller aus dem Verkauf eines Almanachs mit dem Titel "Reguly-Album" Mittel bereitstellten. Die Akademie unterstützte die Studien von Sándor Körösi Csoma in Tibet und die Reise von János Jerney nach Südrußland. Beide suchten die ungarische Urheimat. Wir heben hier die sprachwissenschaftliche Tätigkeit der Akademie besonders hervor, weil die ungarische Spracherneuerung durch diese Arbeit gekrönt wurde und weil wir sie im Zusammenhang mit unseren Erörterungen für sehr wichtig halten.

Was die Ungarische Gelehrten-Gesellschaft, später die Ungarische Akademie der Wissenschaften, auf dem Gebiet der Wissenschaft leistete, fand seine Entsprechung für den Bereich der Belletristik in der Arbeit der zu Ehren von Károly Kisfaludy benannten Kisfaludy-Gesellschaft. Sie schenkte der ungarischen Literatur zahlreiche wertvolle Werke; ihre Zeitschriften - die Jahrbücher der Kisfaludy-Gesellschaft und die 1847 gegründete Ungarische Belletristische

Rundschau - geben ein treues Bild der literarischen Strömungen und
Richtungen der Zeit. Die Gesellschaft unterstützte die "Sammlung
ausländischer Romane" unter der Redaktion von Ignác Nagy (in 24
Bänden) und die "Neue Sammlung ausländischer Romane" in 10 Bänden. Als erster Band der Sammlung ausländischer Romane sollte
George Sands "Mauprat" erscheinen, was die Zensur aber verhinderte. Tatsächlich erschien dann Balzacs "Eugénie Grandet", herausgegeben und mit einem inhaltsreichen Balzac-Aufsatz versehen von Ignác Nagy. In dieser Reihe sind auch die zwei Romanübersetzungen
Petöfis erschienen.

Die Kisfaludy-Gesellschaft begann vor dem Freiheitskrieg noch mit
zwei weiteren größeren Reihen, die Werke der Übersetzungslitera-
tur enthielten: mit der "Hellenischen Bibliothek" , Werken von So-
krates, Sophokles und Euripides, und einer prachtvollen Sammlung
von ästhetischen Schriften, theoretischen Werken des Aristoteles,
Longinus und Horaz. In diesen Zusammenhang gehören noch die in
den Jahresheften erschienenen Pope- und Boileau-Übertragungen.
Ferner edierte die Kisfaludy-Gesellschaft die ästhetischen Werke
von Ágost Greguss und beschloß entsprechend den Bestrebungen Ferenc Toldys die Herausgabe einer "Nationalen Bibliothek". In dieser
erschienen Werke von Károly Kisfaludy, Mihály Csokonai Vitéz und
Mihály Vörösmarty.

Die ungarische Literatur trat während der Tätigkeit der Kisfaludy-
Gesellschaft in ihre romantische Periode, die sich vor allem der
Pflege der Volkspoesie widmete. An anderer Stelle habe ich im ein-
zelnen ausgeführt, welch außerordentlich wichtige Rolle die Samm-
lung der Volksdichtung im Erwachen des nationalen und literarischen
Selbstbewußtsein der Völker Südosteuropas spielte. Das gilt für die
Sammlungen des Serben Vuk Karadžić, des Slowaken Ján Kollár, der
Tschechen Karel Jaromír Erben und František Čelakovský sowie des
Rumänen Vasile Alecsandri ebenso wie für die "Volkslieder und Volks-
sagen" von János Erdélyi, die zwischen 1846 und 1848 in drei Bänden
von der Kisfaludy-Gesellschaft herausgegeben wurden. Am Rande
sei vermerkt, daß der Deutsche Ludwig Schedius, der auch in der
Ungarischen Gelehrten-Gesellschaft eine Rolle spielte, zeitweise
Vizepräsident der Kisfaludy-Gesellschaft war.

Nicht von dieser Gesellschaft sondern von Károly Kisfaludy selbst
wurde von 1821 bis 1830 ein Almanach mit dem Titel "Aurora" herausgegeben, der in der Spracherneuerung zwar Kazinczy unterstützte, aber mit der klassizistisch-sentimentalen Richtung der früheren
Generation brechen und der neuen romantischen Literatur den Weg
bereiten wollte.

Etwa zur selben Zeit, als diese zwei bedeutenden Institutionen entstanden, wurden auch die kulturellen, wissenschaftlichen und literarischen Gesellschaften der Serben und Slowaken in Ofen-Pest gegründet. Serbien und Montenegro (Crna Gora) im heutigen Jugoslawien sind die Urheimat der Serben. Die Zentren ihres kulturellen Lebens entstanden aber während der Zeit des nationalen Aufschwungs in Städten, die außerhalb der einheitlich serbisch besiedelten Territorien lagen, so u.a. in Wien und Ofen-Pest. Hier kann nicht näher darauf eingegangen werden, auf welche Weise die Mehrheit der Serben in Ungarn auf der Flucht vor den Türken am Ende des 17. Jahrhunderts nach Ungarn gekommen war und hier aufgenommen wurde, weil man sie militärisch gegen die Türken einzusetzen gedachte. Es sei auch nur angedeutet, daß zu Beginn des 18. Jahrhunderts, als die Kriegszeiten zuende gingen, viele Serben nicht die militärische Laufbahn wählten, sondern Kaufleute, Geistliche und Lehrer wurden. Zu Reichtum gelangt, spielten sie im Leben von Erlau, Pomáz, Ofen, Szentendre und der heutige Wojwodina eine wichtige Rolle.

Diese reiche Kaufmannsschicht - eine interessante Variante des europäischen Bürgertums in der ersten Hälfte des 19. Jahrhunderts - übernahm die Führung des kulturellen Lebens der Serben, dessen gesellschaftliche Grundlage, anders als bei den Ungarn, nicht adeliger sondern bürgerlicher Art war. Unter den ungarischen Siedlungen, in denen eine größere Zahl von Serben lebten, ragte ohne Zweifel Ofen hervor. Zu Beginn des 18. Jahrhunderts wohnten hier ungefähr 20 000 Serben. Darum ist es nicht verwunderlich, daß Ofen zu einem kulturellen Mittelpunkt wurde. Nachdem 1822 ihr bisher einziges Presseerzeugnis, die "Novine srpske" (Serbische Zeitung) das Erscheinen eingestellt hatte, wurde die Gründung einer neuen Zeitschrift "Serbski Letopis" (Serbisches Jahrbuch) beschlossen, deren erster Band am 12. Mai 1824 das Imprimatur erhielt. Charakteristisch für die Verhältnisse im damaligen Ungarn ist es, daß diese Zeitschrift viermal im Jahr zur Zeit der Jahrmärkte erschien, damit sie in allen Teilen des Landes abgesetzt werden konnte.

In linguistischer Hinsicht erlebte der "Letopis" eine interessante Metamorphose, die die Veränderungen in der Matica Srpska, deren offizielles Organ er war, spiegelt. Dabei muß angemerkt werden, daß nach der Theorie Kollárs über die "Slawische Wechselseitigkeit" (vzajemnost) die meisten Kulturgesellschaften der slawischen Völker im 19. Jahrhundert den Namen "Matica", also Mütterchen oder Bienenkorb, erhielten.

Die Bestrebungen der von Anfang an mit dem fortschrittlichen Bürgertum sympathisierenden Matica srpska gerieten mit denen des

konservativ-klerikalen Patriarchen von Karlowitz, Stefan Stratimirović, in Gegensatz. Das offizielle Organ der Gesellschaft, der
schon früher gegründete "Letopis", erhielt ein streng wissenschaftliches Gesicht, während die Matica sich vor allem der Belletristik
zuwandte. Die beiden ersten Ausgaben der Zeitschrift enthielten je
einen Beitrag von Milovan Vidaković und Jovan Sterija Popović. Die
führende Persönlichkeit der Serben zu dieser Zeit, Jovan Hadžić,
legte besonderen Wert auf populärwissenschaftliche Schriften im Dienste der Volksbildung. Georgije Magarašević formulierte das 1828
folgendermaßen: "... die Matica srpska ist keine literarische Gesellschaft, sondern ein von volkstreuen Serben, vor allem Kaufleuten,
geschaffenes Fundament, das gegründet wurde, um Bücher herauszugeben und diese mit populärwissenschaftlicher Absicht zu verkaufen."
    Wir zitieren diesen Satz von Magarašević, um dadurch auch die von
der Ungarischen Akademie der Wissenschaften abweichende Klassen-
basis der Matica zu unterstreichen. Hier kam ein Handelsgeist zum
Ausdruck, der zum Teil auch von dem serbischen Buchhändler Josif
Milovuk, der alle slawischen Bestrebungen unterstützte, vertreten
wurde und der die Tätigkeit der Gesellschaft von Anfang an in eine
praktischere Richtung als die der Ungarischen Akademie leitete. Sie
mußte die Aufgabe mehrerer Institutionen übernehmen, was ihr aber
dank guter materieller Verhältnisse ihrer Gründer auch gelang. Als
der 1828 in Temesvár von Dimitrije Tirol, einem Freunde von Vuk
Karadžić, gegründete Verlag seine Arbeit einstellte, war die Matica
auch der einzige serbische Verlag.
    Wir erwähnten schon die Metamorphosen der Matica. Sie zeigen
sich am deutlichsten in ihrem Verhältnis zu Vuk Karadžić, und zwar
in einer für die nationale Entwicklung höchst wichtigen Frage: Es handelt sich um den sprachwissenschaftlichen Streit zwischen den Vertretern der auch in der Kirche gebrauchten slaveno-serbischen Sprache
der Konservativen, die viele russische und altkirchenslawische Elemente enthielt, und dem historisch-etymologischen Prinzip der Rechtschreibung, sowie andererseits den Anhängern der aus serbischen
Mundarten geformten neuen Literatursprache von Vuk Karadžić und
dem phonetischen Prinzip der Rechtschreibung.
    Die Matica arbeitete in der ersten Phase ihrer Tätigkeit mit Vuk eng
zusammen, entfernte sich aber von ihm nach dem Tode von Georgije
Magarašević (1830), bzw. nach der Sanktionierung ihrer Satzungen
durch die ungarische Hofkanzlei im Jahre 1836, als einer der reichsten Serben in Ungarn, ihr Führer in Politik, Wirtschaft und Kultur,
Seva Tekelija, die Leitung der Gesellschaft übernahm. Dieser spielte in der serbischen Entwicklung eine äußerst wichtige Rolle. Er un-

terstützte mit seinem gewaltigen Vermögen alles, was seinem Volke dienen konnte. Er kümmerte sich um die Ausbildung der Jugend an den Mittelschulen und Universitäten und sorgte für die Studenten in Heimen (Tekelijanum). Die Leitung der Matica übernahm er, als sich eine neue Intelligenz nicht nur aus dem Bürgertum, sondern auch aus den unteren Schichten zu formen begann. Auf dem Gebiet der Orthographie und des Sprachgebrauchs war Tekelija aber unbeugsam konservativ. Er lehnte die Reformbestrebungen von Vuk konsequent ab und bestand auf der slaveno-serbischen Sprache. Das führte zum Widerstand bei den jüngeren Mitgliedern und zu Spannungen in der Gesellschaft und behinderte so ihre Entwicklung.

Zur selben Zeit, also unter der Präsidentschaft von Tekelija, wurde auch die Zusammenarbeit mit der Ungarischen Akademie der Wissenschaften und ihre Ausweitung auf alle Gebiete der Kultur (Literatur und Wissenschaft) geplant. Dazu kam es zwar nicht, aber es ist nicht zu leugnen, daß die Arbeit der Matica unter Tekelija an Bedeutung und Gehalt gewann und ihre Tätigkeit fast alle Zweige der Kultur betraf. Im Zuge dieser Entwicklung wurde 1838 eine Bibliothek und 1847 ein Museum gegründet.

Nach dem Tode von Tekelija im Jahr 1842 begann auch innerhalb der Matica ein heftiger Kampf zwischen den Anhängern der veralteten slaveno-serbischen Sprache, die immer mehr zurückgedrängt wurden, und den Vertretern von Vuks Reform. Nach dem Erfolg der weltbekannten Sammlung von Werken der Volkspoesie und dank der Unterstützung durch den bisherigen Redakteur des "Letopis", den Matica-Sekretär Teodor Pavlović, siegte schließlich die neue Literatursprache und die neue Rechtschreibung. Von dieser Zeit an entwickelte sich die Gesellschaft, und die Zahl ihrer Mitglieder stieg. Es wurden Preise ausgesetzt: für eine Grammatik der serbischen Sprache, für eine Geschichte der Serben in Österreich, für Biographien hervorragender griechisch-orthodoxer Persönlichkeiten in Ungarn und für eine populäre Geschichte des serbischen Volkes.

Jovan Subotić gewann 100 Golddukaten mit seiner "Srpska Grammatika", die auf der modernen, volkstümlichen serbischen Sprache basierte. Er bestätigte die "Azbuka" Vuks, hielt aber an der etymologischen Rechtschreibung fest. Der sprachwissenschaftliche Streit war also entschieden, wenn auch noch mit Vorbehalten. Seinen endgültigen Abschluß fand er erst 1864 nach der Übersiedlung der Matica aus Ofen nach Neusatz (Novi Sad).

Für die Entwicklung der modernen slowakischen Sprache und Literatur spielte die 1834 gegründete Gesellschaft der Freunde der slowakischen Sprache und Literatur (Spolok Milowníkow Reči a Litera-

túri Slowenskég) eine wichtige Rolle. Sie wurde von Martin Hamuljak,
einem Angestellten des Ungarischen Statthalterrats, angeregt und
zehn Jahre lang am Leben erhalten. Ihre Gründer und Mitglieder waren vor allem Priester und Lehrer, gehörten also der kleinbürgerli-
chen Intelligenz an. Sie waren wenig begütert im Unterschied zu den
Angehörigen des Hoch- und Mitteladels, die die Ungarische Akademie
der Wissenschaften gründeten, oder den Gönnern der Matica srpska.
Dennoch gleicht die Bedeutung dieser Gesellschaft für die Entwicklung
der slowakischen Literatur derjenigen der beiden anderen Gesellschaften. Sie trug gleichfalls zur Herausbildung der Literatursprache und
der Entwicklung der Literatur bei, mußte aber von anderen Voraussetzungen ausgehen als die anderen Gesellschaften.

Als die Gesellschaft entstand, bedeutete die konfessionelle Spaltung
der Slowaken auch eine sprachliche Spaltung. Die Lutheraner schrieben ihren kirchlichen Traditionen getreu in tschechischer Sprache,
die Katholiken gebrauchten eine von Bernolák aus der westslowakischen
Mundart entwickelte Literatursprache. Hamuljak wollte die Schriftsteller beider Konfessionen sammeln und zeigen, daß die konfessionelle
Spaltung überwunden werden müsse, auch wenn er noch nicht eine einheitliche Literatursprache anstrebte. Deswegen forderte auch der
slowakische Katholik Hamuljak den slowakischen evangelischen Pastor
in Pest, Ján Kollár, den Schöpfer der slawischen "Wechselseitigkeits-
theorie", auf, das Amt des Vorsitzenden in der Gesellschaft zu übernehmen.

Die Mitglieder warb er vor allem unter der katholischen Intelligenz
in Pest. Unter ihnen aber gab es auch Lutheraner und Männer aus der
Provinz. Eine sprachliche Einheit konnte er aber noch nicht schaffen.
Das gelang erst Štúr, Hodža und Hurban im Jahr 1843. Hamuljak förderte aber die Entwicklung einer slowakischen Literatur, indem er die
Epen des spätklassizistischen, in verschiedener Hinsicht die Romantik
vorwegnehmenden Dichters Ján Hollý bzw. vier Jahrgänge des Almanachs "Zora" (Morgendämmerung) herausgab. Dieser Almanach hat
mit dem von Kisfaludy (Aurora) nicht nur den Namen gemeinsam, sondern die Schriften, die in diesen beiden Almanachen publiziert wurden,
sind Zeugnisse des Übergangs vom Klassizismus zur Romantik. 1844
löste sich die Gesellschaft der Freunde der slowakischen Sprache und
Literatur auf, weil sie ihre Aufgabe erfüllt hatte. Ihre Nachfolgerin,
die 1863 gegründete Matica slovenská, begann ihre Tätigkeit in Martin
auf rein slowakischem Gebiet.

Das Zusammenleben der verschiedenen Nationen, das wir für die geschilderte Periode festgestellt haben, hörte auf, in Ofen-Pest und danach in dem 1873 vereinigten Budapest charakteristisch zu sein. Wie

bereits angedeutet wurde, siedelten die Serben und Slowaken in die Teile des alten Ungarns um, in denen schon größere Gruppen von ihnen lebten. Warum sie das taten, ist nicht leicht zu beantworten. Eine Monographie über das mehrsprachige Ofen-Pest, die in den kommenden Jahren erscheinen soll, wird versuchen, diese Frage zu lösen.

In der Zeit, die hier dargestellt wurde, lebten die drei Gesellschaften friedlich zusammen. Es ist zwar anzunehmen, daß es auch nationale Spannungen, vielleicht sogar Konflikte gab, aber ihre Ziele waren auf Grund der gegebenen gesellschaftlichen Situation einander ähnlich: Sie wollten ihre Literatursprache und ihre Nationalliteratur entwickeln, allerdings eine jede auf ihre Art, die der Entwicklungsstufe der jeweiligen Literatur entsprach.

Die zwei ungarischen Gesellschaften betrieben bereits die Spracherneuerung mit den Mitteln der Wissenschaft und der schöngeistigen Literatur; im serbischen Bereich stößt die alte Kirchensprache mit der neuen, in der Volkssprache wurzelnden Literatursprache von Vuk Karadžić zusammen; die slowakische Gesellschaft will der konfessionell begründeten Zweisprachigkeit ein Ende setzen, sie verwirklicht zwar die Zusammenarbeit der Schriftsteller, die neue Literatursprache aber wird erst zu einem späteren Zeitpunkt geschaffen. In der Entwicklung der drei Literaturen gibt es also eine Zeitverschiebung (décalage chronologique), jedoch auch zahlreiche ähnliche Züge, die sich in der Tätigkeit der Gesellschaften spiegeln.

Literaturverzeichnis

A Magyar Tudományos Akadémia elsö évszázada (Das erste Jahrhundert der Ungarischen Akademie der Wissenschaften). 2 Bde, Budapest 1925/1928.
Ambruš, J.: Korešpondencia Jána Hollého. Bratislava 1967.
Chrobák, D./Čeppan, O.: Rukovät' dejín slovenskej literatúry (Handbuch der Geschichte der slowakischen Literatur). Bratislava 1949.
Csahihen, K.: Pest-Buda irodalmi élete 1780-1830 (Das literarische Leben in Ofen-Pest 1780-1830), Budapest 1931.
Divald, K.: A Magyar Tudományos Akadémia palotája és gyüjteményei (Der Palast und die Sammlungen der Ungarischen Akademie der Wissenschaften). Budapest 1917.
Döbrentei, G.: A Magyar Tudós Társaság története (Die Geschichte der Ungarischen Gelehrten-Gesellschaft). In: A Magyar Tudományos Akadémia Évkönyvei. I, Pest 1833.
Fischer, V.: A Kisfaludy Társaság története a szabadságharcig (Die Geschichte der Kisfaludy-Gesellschaft bis zum Freiheitskrieg). Budapest 1928.

164 László Sziklay

Kéky, L.: A Kisfaludy Társaság története (Die Geschichte der Kisfaludy-Gesellschaft). Budapest 1936.
Mat'ovčik, A.: Listy Martina Hamuljaka (Die Briefe M.H.s) Bratislava 1969.
Mat'ovčík, A.: Martin Hamuljak. Bratislava 1970.
Milisavac, Ž.: Matica srpska. 1826-1964. Novi Sad 1965.
Pišút, M./Rosenbaum, K./Kochol, V.: Literatúry národného obrodenia (Die Literaturen des nationalen Aufschwungs) Prag 1960.
Popović, D.J.: Srbi u Vojvodini (Die Serben in der Wojwodina).Novi Sad 1957.
Schwicker, J.H.: Politische Geschichte der Serben in Ungarn. Pest 1880.
Skerlić, J.: Istorija nove srpske književnosti (Geschichte der neuen serbischen Literatur). Beograd 1953.
Sőtér, I.: A magyar irodalom története (Geschichte der ungarischen Literatur). Budapest 1965.
Szász, K.: Gróf Széchenyi István és az Akadémia megalapítása (Graf I. Sz. und die Gründung der Akademie). Pest 1880.
Sziklay, L.: Die Anfänge der ungarischen Slawistik. Zeitschrift für Slawistik, 1959.
Sziklay, L.: Rôle de Pest-Buda dans la formation des littératures est-européennes. In: Littérature hongroise - littérature européenne. Budapest 1964.
Sziklay, L.: Ján Kollár magyar kapcsolatai Pesten (Die ungarischen Beziehungen Ján Kollárs in Pest). In: Tanulmányok a csehszlovák-magyar irodalmi kapcsolatok köréből. Budapest 1965.
Sziklay, L.: Das Zusammenleben und Zusammenwirken mehrerer südosteuropäischer Kulturen in Ofen-Pest zu Beginn des 19. Jahrhunderts. In: Die Stadt in Südosteuropa. Struktur und Geschichte. München 1968.
Sziklay, L.: Wege der deutsch-slowakisch-ungarischen Kulturvermittlung zur Zeit des Auflebens der slawischen Literatur. In: Studien zur Geschichte der deutsch-ungarischen Beziehungen. 1969.
Sziklay, L.: La formation de la conscience nationale moderne dans les littératures de l'Est de l'Europe Centrale. In: Les Lumières en Hongrie, en Europe Centrale et Orientale. Budapest 1971.
Szinnyei, J.: A magyar Tudományos Akadémia és a magyar nyelvtudomány (Die Ungarische Akademie der Wissenschaften und die ungarische Sprachwissenschaft). Budapest 1925.
Szentpéteri, I.: A bölcsészettudományi kar története. 1635-1935 (Geschichte der Philosophischen Fakultät). Budapest 1935.
Vyvíjalová, M.: Hamuljakove snahy o literárny časopis a politické noviny (Hamuljaks Bestrebungen, eine literarische Zeitschrift und eine politische Zeitung zu gründen). In: Historické štúdie. Prag 1958.
Vyvíjalová, M.: Snaha slovenských vzdelancov založit' katedru na peštianskej univerzite roku 1824 (Die Bestrebungen slowakischer Wissenschaftler, 1824 an der Pester Universität einen Lehrstuhl zu gründen). In: Historický časopis 1969.
Waldapfel, J.: Ötven év Buda és Pest irodalmi életéből 1780-1830 (50 Jahre aus dem literarischen Leben von Ofen und Pest. 1780-1830). Budapest 1935.

DER BEITRAG DER SIEBENBÜRGISCHEN AUFKLÄRUNG UND DES FANARIOTISCHEN REFORMISMUS ZUR ENTSTEHUNG DES HÖHEREN SCHULWESENS IN RUMÄNISCHER SPRACHE

Von Florin Constantiniu

Die Geschichte des mittelalterlichen Schulwesens in den rumänischen Ländern ist ein Beispiel für die enge Verknüpfung origineller
Schöpfung mit der Assimilation fremder Einflüsse durch das Aufeinandertreffen der großen kulturellen Strömungen aus dem Abendland
und der Levante im Donau-Karpaten-Raum. Während die historische
Forschung lange Zeit durch die Vorherrschaft einiger historiographi-
scher Klischees behindert war, nämlich durch die Vorstellung von
der entscheidenden Rolle der äußeren Umstände oder von dem "de-
miurgisch-messianischen" Charakter der siebenbürgischen Gelehrten
bei der Begründung des höheren Schulwesens in rumänischer Sprache,
hatte sie in den letzten zwei Jahrzehnten bedeutende Fortschritte zu
verzeichnen, und das sowohl hinsichtlich des Zuwachses an neuen Informationen als auch in bezug auf die Auffassungen und Untersuchungs-
methoden, die jenseits der Persönlichkeiten die bestimmenden ökonomischen Realitäten und sozialen Kräfte offenlegten, deren Interessen diese großen kulturgeschichtlichen Figuren vertraten. Aufgabe
dieses Aufsatzes ist es, die historischen Umstände am Ende des 18.
und am Anfang des 19. Jahrhunderts darzustellen, die ein höheres
Schulwesen in rumänischer Sprache in der Moldau und Walachei möglich und auch notwendig gemacht haben.

*

Wenn man die kurze Existenz des Lateinischen Kollegiums zu Cotnari (1561-1563) außer acht läßt, das von dem zum Fürsten gewordenen Abenteurer, dem Despoten Vodă, gegründet wurde und durch den
deutschen Gelehrten Johannes Sommer Berühmtheit erlangte, wobei
die Tätigkeit des Kollegiums selbst das Ergebnis und die rumänische
Antwort auf den erneuernden Atem der Reformation[1] ist, so liegen
die Ursprünge des höheren Schulwesens in der Moldau und Walachei
in der ersten Hälfte des 17. Jahrhunderts. Gemeint ist die Gründung
des Kollegiums zu Jassy durch Fürst Vasile Lupu (1644) und die Tätigkeit des griechischen Gelehrten Panteleimon Ligaridis seit 1646
in Tîrgoviște, zu dem sich der Grieche Ignatios Petritis gesellt[2].
Die Gründung der Fürstlichen Schule von Sf. Sava (Kloster in Bukarest) durch die Herrscher Șerban Cantacuzino (1678-1688) und Con-

stantin Brîncoveanu (1688-1714) kennzeichnet die Vorrangstellung
des Griechischen im höheren Schulwesen der beiden Donauländer [3] .
Die neue Institution wurde von den Anhängern des großen Gelehrten
Theophylos Korydaleos organisiert, angeführt von Sevastos Kymini-
tis, dem einstigen Rektor der Akademie im Fanar, im Geiste der an
der Universität Padua von P. Pomponazzi und C. Cremonini [4] geför-
derten neuaristotelischen Strömung. Bald wurde sie nicht nur ein
Zentrum fortgeschrittenen Denkens sondern auch eine der besten
Schulinstitutionen des ganzen Orients [5] .

Die Gründung der Fürstlichen Schule von Sf. Sava stellt sowohl den
Endpunkt einer Entwicklung dar als auch den Anfang einer neuen Etappe in der Geschichte des Schulwesens der beiden rumänischen Länder.
Sie krönt eine erste Kontaktphase zwischen der rumänischen Kultur
und der nachbyzantinischen Gräzität und eröffnet die Periode des höheren Schulwesens in griechischer Sprache in der Moldau und Walachei, welche 1711 bzw. 1716 unter die Herrschaft der fanariotischen
Fürsten gelangt waren.

Bevor wir die Entwicklung dieses Schulwesens verfolgen, scheint
es uns notwendig zu sein, den Platz und die Wesenszüge der fanariotischen Epoche in der rumänischen Geschichte zu skizzieren, um
eine Reihe von Vorurteilen und irrigen Ansichten auszuräumen, gegen
die schon Ende des vorigen Jahrhunderts der große rumänische Historiker N. Iorga einen nachdrücklichen Kampf geführt hat.

Die Einführung der Fanariotenherrschaft war die neue politische
Formel, durch die die ottomanische Pforte sich die Kontrolle über
die Moldau und Walachei sicherte, und zwar unter den Bedingungen
der verstärkten nationalen Emanzipationsbewegung und der wieder-
holten militärischen Mißerfolge des osmanischen Heeres nach der
Entsetzung Wiens, durch welche Mißerfolge die kaiserliche Armee
den Grenzen der beiden Länder nähergerückt war. Um dem Osmanischen Reich seine Versorgung mit Getreide und anderen Erzeugnis-
sen und besonders um die Steuererhebung sicherzustellen, welche den
Bedarf der Pforte an Geldmitteln deckte, mußten die fanariotischen
Herrscher wegen des demographischen Niedergangs, der Krise im
Steuerwesen und der Opposition des Großbojarentums neue Lösungen
für die inneren Einrichtungen finden. Die Reformpolitik im Bereich
des Steuerwesens ergriff nach und nach das ganze öffentliche Leben
und auch das Schulwesen. Als rumänische Variante des aufgeklärten
Absolutismus war diese Politik ein Versuch zur Festigung des Feudalismus, zur Stärkung der Zentralgewalt, aber auch zur Ausscheidung
der unzeitgemäß gewordenen Strukturen, um einen sich mit dem Feudalsystem vertragenden Fortschritt zu sichern [6] .

Viele der Fanarioten waren hochgebildete Fürsten. Die Bibliothek Mavrocordats, des ersten Fanariotenherrschers, war in ganz Europa berühmt. Sie standen mit der kosmopolitischen Welt der Gesandtschaften in Konstantinopel in Verbindung und kannten die Geistesströmungen in Europa. Die durch die inneren rumänischen Realitäten hervorgerufene fanariotische Reformpolitik hatte ihre Quelle in der Aufklärungsphilosophie und ihre Vorbilder in der Politik der aufgeklärten Despoten Europas.

Es verdient deutlich unterstrichen zu werden, daß die fanariotischen Fürsten keine kulturelle Gräzisierungspolitik betrieben haben. Erstens waren nicht alle Fanariotenherrscher Griechen - die Fürsten aus der Familie Callimachi z.B. führen ihren Ursprung auf einen kleinen rumänischen Bojaren, Ioan Calmaşul, zurück -, und zweitens wurden auch die griechischen Herrscher in die rumänische Gesellschaft integriert, so daß Constantin Mavrocordat einen Provinzbeamten tadeln konnte, der einen griechischen Bericht an ihn gerichtet hatte, indem er von ihm verlangte, denselben in rumänischer Sprache abzufassen. Allerdings war die griechische Sprache das beste Mittel, tiefe und subtile Gedanken auszudrücken; die griechische Kultur hatte das Prestige ihrer großen und berühmten Persönlichkeiten. Also war es natürlich, daß die höheren Lehranstalten in Bukarest und Jassy in das griechische Lehrwesen integriert wurden, ohne daß dies eine nationale Entäußerung bedeutete. Die Parallele zum abendländischen mittelalterlichen Lehrbetrieb in lateinischer Sprache ist also offensichtlich. Im Schulwesen,wie übrigens auch auf allen anderen Gebieten, bildete die Fanariotenepoche keine Zäsur. Diese Tatsache wird augenscheinlich in der Tätigkeit der Schule von Sf. Sava, die unverändert fortgesetzt wurde.

Nicolae Mavrocordat begann die Schulpolitik der Fanariotenfürsten mit der Gründung der Fürstlichen Akademie zu Jassy im Jahr 1714. Das wichtigste Ereignis aber war sicher, daß Grigore Ghica 1766 die Akademie der Gelehrsamkeit und der Wissenschaften (epistimii) schuf, die N. Iorga wegen der vielen westlichen Einflüsse als zur "neuen europäischen Schule" gehörend bezeichnete [7].

Unter der Leitung von Nikephoros Theotokis, einem namhaften Gelehrten, der in Padua und Leipzig studiert hatte, verfügte die Schule über Lehrer für das Altgriechische, Kirchengriechische, Latein und Rumänische. Sie hatte eine Bibliothek und wahrscheinlich auch ein Laboratorium, da laut Gründungsurkunde von den Einkünften "mathematische Organe" (Versuchsgeräte) beschafft werden sollten. Es verdient, erwähnt zu werden, daß unter den Kuratoren der Schule neben dem Erzbischof und Bojaren auch vier Kaufleute waren, was sowohl das soziale Gewicht des städtischen Elements als auch die ansehnliche Zahl der Schüler aus dem städtischen Milieu widerspiegelt [8] .

In der Walachei war die Reorganisation der Fürstlichen Akademie
durch die vom russisch-türkischen Krieg von 1768-1774, der sich ja
auf dem Territorium der beiden rumänischen Länder abspielte, hervorgerufene Krise notwendig geworden und wurde von Fürst Alexandru
Ypsilanti durchgeführt. Die neun Professoren sollten den Schülern
zwölf Jahre lang Unterricht erteilen, von denen die sechs letzten die
Oberstufe waren, welche wieder in zwei Unterzyklen zerfiel. Im ersten Unterzyklus wurden Poetik und Rhetorik, mit Übungen in lateinischer und altgriechischer Sprache, die Ethik des Aristoteles und die
italienische und französische Sprache gelehrt, im zweiten Unterzyklus
Arithmetik, Geometrie, Geschichte, historische Geographie, aristotelische Philosophie und Astronomie. Neben den klassischen Sprachen
schenkte man, wie schon gesagt, dem Französischen und dem Italienischen besondere Aufmerksamkeit, und in diesen Sprachen wurden
auch Vorlesungen abgehalten.

Der Klassencharakter der Akademie ist offensichtlich. Die in die
Elementarzyklen aufgenommenen siebenjährigen Kinder hatten zu sein
"adelig, und zwar entweder Söhne von bedürftigen Bojaren oder Nachkommen von Bojaren, die mazil ('Bojaren außer Dienst') genannt werden, oder auch arme Fremde; nicht aber Bauern, denen man die Feldarbeit und das Hirtentum anvertraut hat und denen die Sorge der Bearbeitung des Feldes und der Viehzucht zusteht..... die Kinder der Handelsleute und Handwerker aber soll man, wenn es einige wünschen,
nachdem man sie bloß in Grammatik unterrichtet hat, aus der Schule
entlassen, und ein jedes soll in das von seinen Eltern nach seinen körperlichen Kräften gewählte Handwerk eintreten" [9] . Der von dem Patent festgesetzte soziale Filter ließ also während der Schuljahre nur die
Bojarensöhne in den Oberzyklus aufsteigen. Der zweite charakteristische Zug dieser Fürstlichen Akademie ist das völlige Fehlen der rumänischen Sprache als Lehrgegenstand.

Der Klassencharakter und der kosmopolitische Geist, welche die Reformen von 1776 auszeichnen [10] , können durch die Bojarenreaktionen
erklärt werden, die sich sowohl in der Moldau als auch in der Walachei manifestierten. Wir erinnern in diesem Zusammenhang an die
Anstrengungen der großen Grundbesitzer, die Pflichten der Fronbauern beträchtlich zu erhöhen. Die Großbojaren versuchten, sich ein
Monopol auf die höhere Bildung zu sichern, das ihnen eine unangefochtene Überlegenheit über die städtischen Konkurrenten verlieh.

Trotz dieser Mängel machten die Maßnahmen des Fürsten Alexandru
Ypsilanti aus der Bukarester Akademie eine moderne Lehranstalt.

N. Iorga bezeichnet die Reform als "eine Tat von größter Wichtigkeit, die der damaligen Auffassung vom Schulwesen in unseren Ländern zur Ehre gereicht. Das traditionelle Griechisch gibt den Sprachen, die den gleichen Ursprung wie die unsere haben, breiten Raum, was den Weg zu westlicher Gelehrsamkeit und modernem Denken öffnet, indem die Lektüre auf dem weiten Feld der Philosophie des 18. Jahrhunderts ermöglicht wird... Die abstrakten Wissenschaften, der Stolz des Jahrhunderts, werden in die Lehrpläne aufgenommen.... So kann man den walachischen Lehrplan von 1776 neben den berühmten polnischen Erziehungsplan stellen, mit dem er zeitgenössisch ist"[11].

Jenseits der Karpaten, in Siebenbürgen, zog das rumänische Schulwesen aus dem günstigen Klima Gewinn, das von der aufgeklärten Politik Josephs II. geschaffen wurde, obgleich die rumänische Bevölkerung in untergeordneter Stellung verblieb. Von allen europäischen Monarchen war Joseph II. sicher der überzeugteste und wohl auch aufrichtigste Anhänger eines aufgeklärten Absolutismus. Die siebenbürgischen Rumänen sahen in der josephinischen Politik ein Mittel zur Erreichung der Ziele ihres nationalen Befreiungskampfes und zur Verbesserung ihrer unbefriedigenden politischen Stellung. "Die josephinischen Reformen", schreibt D. Prodan, der beste rumänische Kenner des Problems, "beseitigen also gerade diejenigen Hindernisse, die der Aufwärtsentwicklung des rumänischen Volks im Wege standen, verkündeten gerade mit der Gleichheit der Nationen, mit dem Recht auf Ämter, auf Schule, auf Handwerk, auf Bürgerrecht, auf Mitbürgerschaft alle Ziele des rumänischen politischen Kampfes, die schon von Inochentie Micu vorgezeichnet worden waren."[12]

Neben den Maßnahmen zur Reorganisation des siebenbürgischen Schulwesens auf der Grundlage der Aufklärung, niedergelegt in den beiden Gesetzen Ratio educationis (1777) und Norma regia (1781), verdient auch erwähnt zu werden, daß die rumänischen Jugendlichen Wiener höhere Schulen besuchen konnten, wo sie mit den neuen Strömungen und der Aufklärungsphilosophie in Berührung kamen. So besuchte Samuil Micu - einer der Führer der Siebenbürgischen Schule - , 1766 nach Wien gekommen, an der Universität die Vorlesungen von Sonnenfels. Wahrscheinlich hat er dort auch die Philosophie Christian Wolffs kennengelernt, dessen Anhänger er werden sollte. Er übersetzte das Lehrbuch Baumeisters, eines Anhängers von Wolff, und die Schriften des Juristen Martini, eines Förderers der aufgeklärten Politik[13]. Die beiden anderen Koryphäen der Siebenbürgischen Schule, Gheorge Şincai und Petru Maior, waren Stipendiaten des Instituts De propaganda fide in Rom und Studenten in Wien[14].

In dem vom Wiener Hof geprägten Geist und durch die vereinten
Bemühungen der rumänischen Intellektuellen erfährt das rumänische
Schulwesen in Siebenbürgen am Ende des 18. und zu Beginn des 19.
Jahrhunderts eine Periode rascher Entwicklung. Es genügt, daran
zu erinnern, daß in den zwölf Jahren, als Gheorghe Şincai Direktor
der rumänischen Trivialschule Siebenbürgens war (1782-1794), die
Zahl der Schüler auf 300 stieg [15]. Diese kulturelle Selbstbehauptung
der Rumänen, in deren Rahmen die Entwicklung des Schulwesens in
der Zeit der auf den Tod Josephs II. folgenden Reaktion nur ein Aspekt ist, darf nicht verwundern. "Der leopoldinische Nachjosephinis-
mus verlangte unserer Kultur eine neue Haltung ab, neue Mittel, eine Verlagerung vom Politischen auf das Kulturelle, eine Verlegung
der Politik aus dem Felde der offenen konstitutionellen Aktionen oder
auf Landtagsebene ins Feld des geistigen Lebens... Durch die Ver-
schließung der Möglichkeiten für offene politische Aktionen wird einer 'Revolution' in der Kultur Platz gemacht." [16]
Die kulturelle Tätigkeit der Siebenbürgischen Schule hatte also eine politische Zielsetzung; sie war unlösbar mit dem nationalen Be-
freiungskampf verbunden. Und diese Wechselbeziehung gab der rumänischen siebenbürgischen Aufklärung einen demokratischen und
bürgerlichen Charakter. Das von der Siebenbürgischen Schule vertre-
tene Ideal betraf in erster Linie die Aufklärung der rumänischen
Volksmassen, die durch ihre Unwissenheit vom öffentlichen Leben
ferngehalten wurden [17]. Bezeichnend ist Gh. Şincais Vorwort zu dem
"Großen Katechismus" (Blasendorf/Blaj 1783), in dem er erklärt,
daß er sich kurz fassen wolle, damit das Buch nicht zu teuer werde
"und so die Ursache dafür entsteht, daß die Armen, von denen es in
unserem Volke mehr als Reiche gibt, es nicht kaufen können" [18].
Aus diesem Kreis der Volksaufklärer kommt auch Gheorghe Lazăr.
Nach dem Studium am Kgl. Akademischen Lyzeum in Klausenburg
und an der Universität Wien sah er sich genötigt, wegen Meinungs-
verschiedenheiten mit dem Bischof Vasile Moga und wegen eines nicht
unbegründeten Mißtrauens der Behörden aus Siebenbürgen in die Walachei zu ziehen. Am 9. Juni 1815 hatte er z.B. im Park zu Hermannstadt , während auf Kaiser Franz II. ein Hoch ausgebracht wurde,
"Es lebe Napoleon!" gerufen [19].
Als Gh. Lazăr nach Bukarest kam, hatte das höhere Schulwesen
diesseits der Karpaten, besonders in der Moldau, wichtige Wandlungen durchgemacht. Schon 1792 richtete der Metropolit Iacov Stamati
eine Denkschrift über die Tätigkeit der Akademie zu Jassy an den
Fürsten, in der Gedanken von großer Bedeutung geäußert wurden.
Von Pestalozzi inspiriert, forderte er, daß man im Unterricht "vom

Bekannten zum Unbekannten" fortschreiten solle, und betonte die
Wichtigkeit der Mathematik, die er als "göttliche Wissenschaft" bezeichnete, besonders aber der praktischen Geometrie im Hinblick
auf die Ausbildung von Vermessungsingenieuren; schließlich hob er
die Bedeutung der lateinischen Sprache "zur Berichtigung und Ver-
schönerung" der rumänischen Sprache hervor. Einige der Forderungen des Metropoliten Iakov Stamati sollte die Tätigkeit von
Gheorghe Asachi erfüllen, der durch die Eröffnung eines Kursus
für theoretische und praktische Geometrie "mit aus Paris und Wien
gebrachten Instrumenten" im Herbst 1813 zum Begründer des höheren Unterrichts in rumänischer Sprache wurde [20].

Das rege Interesse für die Ausbildung von Vermessungsingenieuren
in beiden Ländern steht in Verbindung mit den Bemühungen der Großgrundbesitzer, die Gutswirtschaft einer für den Markt bestimmten
Getreideproduktion anzupassen. Sie wollten ihren Grund von den feudalen Bindungen entlasten und ihn in bürgerlichem Besitzrecht behalten.

Ein Jahr nach der Ankunft Gh. Lazărs in Bukarest machte die
Schulbehörde, zu deren Mitgliedern auch der patriotische und aufgeklärte Bojar Iordache Golescu und der spätere Fürst Grigore Ghica
gehörten, dem Fürsten Ioan Caragea den Vorschlag, eine rumänische Schule zu gründen, in der drei Professoren tätig sein sollten,
von denen einer Unterricht in Arithmetik, Geometrie, Geographie
und Ackerbau erteilen würde. Diese Stelle wurde im Frühjahr 1818
Gh. Lazăr anvertraut. Der siebenbürgische Gelehrte hatte jedoch
viel ehrgeizigere Pläne. Er strebte einen höheren Unterricht in rumänischer Sprache an, der allen offenstehen sollte, mit anderen
Worten die Auswertung der Erfahrungen an der Fürstlichen Akademie, also einer höheren Schule mit griechischer Unterrichtssprache,
im Geiste der demokratischen Aufklärung der Siebenbürgischen
Schule.

Mit Unterstützung der Bojaren C. Bălăceanu und I. Văcărescu legte Gh. Lazăr den Grundstein für das, was er selbst "eine Akademie
der Wissenschaften in der eigenen Muttersprache" nannte und zu der
er alle einlud: "Kommt alle, von überall und jeglichen Standes." [21]
Die Schule, die im Kloster Sf. Sava eingerichtet worden war, hatte
Gh. Lazăr als vollständige Lehranstalt angelegt, d.h. mit einer Volks-
schule und höherem Unterricht in vier Zyklen, "Tagmata" genannt.
Der Lehrplan orientierte sich an österreichischen Modellen.

Genau wie in Jassy, wo der Leiter der Akademie, der griechische
Gelehrte Demetrios Gobdelas, sich der Initiative Gh. Asachis widersetzte, versuchte in Bukarest die griechische Akademie die Entwick-

lung der Anstalt von Sf. Sava zu behindern, aber in dem, was N. Iorga "die nationale griechische Schule im Kampf mit der nationalen
Schule der Rumänen" [22] nannte, war der Sieg auf der Seite der letzteren. Lazărs Schule leerte die Klassenräume der anderen Schulen und
versammelte die bildungshungrige Jugend, aus deren Reihen die künftigen Professoren kamen, wie z.B. I. Heliade-Rădulescu und Eufrosin Poteca.

In Gh. Lazăr den Stifter des rumänischen Schulwesens zu sehen,
der wie Georg den Drachen des griechischen Unterrichts tötet, hieße
ein seinerseits ebenfalls der Wirklichkeit nicht genau entsprechendes
Bild von seiner Endphase auf den ganzen langwierigen Entwicklungs-
prozeß des rumänischen Schulwesens auszudehnen. "Man kann nicht
davon sprechen", schrieb N. Iorga, "daß das nationale Leben, das durc
den Zauber der griechischen Musen eingeschläfert worden war, auf der
aus Siebenbürgen gebrachten Grundlage wiederbelebt worden wäre." [23]
Die richtige Deutung lautet anders und wurde gleichfalls von diesem
großen rumänischen Historiker formuliert: "Die rumänische Kultur
des 18. Jahrhunderts hat uns vorbereitet, die Worte der siebenbürgischen Propheten verstehen zu können." [24]

Wir finden also, wenn wir die Entstehung der höheren Schulen mit
rumänischer Sprache in der Moldau und Walachei verfolgen, zwei Kom-
ponenten, einerseits die Schulpolitik des aufgeklärten fanariotischen
Despotismus, wie sie sich in den von den Fürsten zu Jassy und Bukarest getroffenen Maßnahmen darstellt, und andererseits die siebenbürgische Aufklärung, die sich zu Beginn im günstigen Klima des Josephinismus entwickelte und die wegen der lokalen Umstände auf die Volksmassen ausgerichtet war, auf deren kulturelle Hebung sie zielte. Die
Ankunft Gh. Lazărs in Bukarest hat also eine symbolische Bedeutung,
denn er erscheint uns als das beide Richtungen einigende Band und ist
zugleich der Vorgänger einer Reihe von siebenbürgischen Intellektuellen, die auf seinen Spuren die Karpaten überschreiten und in den Schulen der Moldau und Walachei unterrichten. In diesem Donau-Karpaten-
Becken treffen fanariotische, josephinische und siebenbürgische Aufklärung aufeinander und tragen durch ihre von lokalen Voraussetzungen
abhängenden Verbindungen und eine entsprechende Rezeption mit unterschiedlichem Gewicht zur Entstehung des höheren Schulwesens in rumänischer Sprache bei.

Anmerkungen

1 Şt. Bîrsănescu: "Schola latina" de la Cotnari. Bukarest 1957.
2 V. Papacostea: Originile învăţămîntului superior în Ţara Românească. In: Studii XIV (1961), 5, S.1139-1164.
3 Die einschlägige Arbeit zur Geschichte der Fürstlichen Akademien in den beiden rumänischen Fürstentümern schrieb Ariadna Cameriano-Cioran: Academiile Domneşti din Bucureşti şi Iaşi (Bukarest 1971), an die sich unsere Darstellung weitgehend anlehnt.
4 Zum paduanischen Neu-Aristotelismus und zu seiner Verbreitung in Südosteuropa vgl. C. Tsourkas: Les débuts de l'enseignement philosophique et de la libre pensée dans les Balkans. 2. Aufl. Thessalonic 1967.
5 Vgl. V. Papacostea: Doi bursieri ai lui Petru cel Mare la şcolile din Bucureşti. In: Studii XIV (1961), 1, S.115-121.
6 F. Constantiniu/Ş. Papacostea: Les réformes des premiers phanariotes en Moldavie et en Valachie: essai d'interprétation. In: Balkan Studies 13 (1972), 1, S.89-118.
7 N. Iorga: Istoria învăţămîntului românesc. Bukarest 1971, S.46 f.
8 Istoria României. Bd. 3, Bukarest 1964, S.529.
9 Hurmuzaki: Documente XIV/2, S.1270 ff.
10 Istoria României a.a.O., S. 1044.
11 N. Iorga a.a.O., S. 52-54.
12 D. Prodan: Supplex Libellus Valachorum. 2. Aufl. Bukarest 1967, S. 259. Micu war rumänischer unierter Bischof und setzte sich für die nationale Emanzipation der Rumänen in Siebenbürgen ein.
13 D. Ghişe/P. Teodor: Fragmentarium iluminist. Cluj 1972, S. 32.
14 Ebenda
15 Ebenda S.125.
16 Ebenda S.19.
17 Vgl. R. Munteanu: Contribuţia Şcolii Ardelene la culturalizarea maselor. Bukarest 1962.
18 Bibliografia românească veche. Bd. 2, S.282.
19 Über Leben und Tätigkeit Gh. Lazărs vgl. G. Bogdan-Duică/G. Popa-Lisseanu: Vieaţa şi opera lui Gh. Lazăr. 1924; D. Popovici: Studii literare. Bd.1 Cluj 1972, S. 323-349, 366-368; T. Chelafiu: Gheorghe Lazăr. In: Din istoria pedagogiei româneşti. Bd. 1 Bukarest 1966, S.99-142.
20 C.C. Giurescu: Istoria românilor. Bd.3, Teil 2, Bukarest 1964, S.925 f.
21 G. Bogdan-Duică: Gheorghe Lazăr. In: Anal. Acad. Rom., Mem. Secţ. Lit. S. III, Bd. 1 (1924), S. 82-83.
22 N. Iorga: a.a.O., S. 76.
23 N. Iorga: Istoria românilor. Bd. 8, Bukarest 1938, S. 242.
24 N. Iorga: Cultura românească supt fanarioţi. In: Două conferinţe 1898, S.106.

DIE VORLÄUFER DER RUMÄNISCHEN AKADEMIE
DER WISSENSCHAFTEN

Von Dan Berindei

Auf kulturellen und künstlerischen Traditionen beruhend, die zum Teil von universalem Wert waren[1], begann sich um die Mitte des 18. Jahrhunderts die rumänische nationale Kultur zu entfalten. Das geschah vor allem unter dem Einfluß der Siebenbürgischen Schule, einer Bewegung unter den Gelehrten, die bei unbegründeter Verneinung einer Symbiose von Rumänen und Daziern nur die lateinische Abstammung der ersten hervorhob und gleichzeitig den Weg für die moderne Kultur bereitete[2]. Die Koryphäen dieser Schule wirkten in Siebenbürgen. Ihr Einfluß war aber auch östlich und südlich der Karpaten, also in der Moldau und Walachei zu spüren; und diese beiden Länder, die sich eines Autonomie-Statuts erfreuten, obwohl sie vom Beginn des 18. Jahrhunderts bis 1821 dem Fanariotensystem unterworfen waren, erlebten nun während des Verfalls der feudalen Gesellschaft eine intensivere kulturelle Entwicklung. Die Keime der rumänischen nationalen Kultur zeigten eine wachsende Kraft und verdrängten allmählich in den rumänischen Fürstentümern die Institutionen der neuhellenischen Kultur, die vor, besonders aber während der Fanariotenherrschaft entstanden waren[3].

Die in Entwicklung begriffene nationale Kultur, die das gesamte von Rumänen bewohnte Territorium erfaßte und den nationalen Idealen diente, war während der ersten Hälfte und in der Mitte des 19. Jahrhunderts eine Waffe derjenigen, die für die Gestaltung des modernen Rumäniens eintraten. Zugleich trug sie zur Bekundung und Konsolidierung der rumänischen Nation als einer Entität bei. Auf die Vereinheitlichung und Modernisierung der von den Rumänen gesprochenen Sprache durch ein Wörterbuch, die Fixierung des orthographischen Systems und eine wissenschaftlichen Ansprüchen genügende Grammatik sei in diesem Zusammenhang besonders hingewiesen. Ferner wurde eine der Entwicklung der Gesellschaft und den Bedürfnissen der Nation entsprechende literarische und wissenschaftliche Tätigkeit und eine nationale Geschichtsschreibung angestrebt.

Unter diesen Vorbedingungen war eine "wissenschaftliche Gesellschaft" oder sogar eine "akademische Gesellschaft" der notwendige Rahmen, in dem sich die nationale Kultur entwickeln konnte. Pläne und deren Realisierung erschienen in dieser Hinsicht als natürlich. Diesen Gesellschaften fiel die Aufgabe zu, sowohl dem kulturellen

und politischen Fortschritt zu dienen als auch das allgemeine Bemühen zur Erneuerung der rumänischen Gesellschaft zu fördern. Deshalb standen die Gesellschaften, die mehr als ein halbes Jahrhundert
vor der Societatea Academică Română (Rumänische Akademische Gesellschaft) von 1866 entstanden waren, stets auf fortschrittlichen,
meist antifeudalen Positionen, die die Errichtung der modernen rumänischen Gesellschaft begünstigten und im vorigen Jahrhundert im
Kampf für die nationale und soziale Befreiung der Rumänen eine erhebliche Rolle spielten.

Der Anfang wurde während der folgenreichen Periode der Französischen Revolution gemacht, deren Widerhall bis in die rumänischen
Länder reichte, auch bis nach Siebenbürgen, wo die Vertreter der
rumänischen Aufklärung die Schaffung einer Societate filosoficească
a neamului românesc în Mare Principatu Ardealului (Philosophische
Gesellschaft des rumänischen Volkes im Großfürstentum Siebenbürgen) planten [4]. In ihrer Bekanntmachung, die uns erhalten geblieben
ist, wird unter anderem gesagt, daß "die Aneignung des Wissens das
Wesen vieler Nationen bis zu den Gipfeln der Unsterblichkeit erhoben
hat" [5]. Durch ihr Programm bekundete die Gesellschaft, zu deren
Mitgliedern auch der walachische Gelehrte Ienăchiţa Văcărescu gehören sollte, die deutliche Tendenz, in ihrer Tätigkeit über die Grenzen
Siebenbürgens weit hinauszugehen und alle rumänischen Länder ein-
zubeziehen. In der geplanten Sammlung "Vestiri filosoficeşti şi mo-
raliceşti" (Philosophische und moralische Mitteilungen) sollten unter
anderem "die Biographien der Fürsten der Walachei und der Moldau"
sowie "die ausführliche Geschichte der Rumänen, gesammelt nach
alten wahren Quellen" [6] erscheinen. Aber das fortschrittliche Programm der Gesellschaft wurde von den habsburgischen Behörden
nicht akzeptiert, so daß "die Feinde des rumänischen Fortschritts",
wie 1869 einer der ersten rumänischen Akademiker, der Siebenbürger Alexandru Papiu Ilarian, schrieb, diese erste rumänische Gesellschaft akademischen Charakters "bereits bei ihrer Geburt er-
würgten" [7].

Bedeutend war auch die in Bukarest erfolgte Gründung der - wenn
auch ephemeren - 1810 bis 1812 bestehenden Societatea literară gre-
co-dacică (Literarische griechisch-dazische Gesellschaft), die auf
Anregung des Metropoliten Ignatie die griechische, aber in gewissem
Maße auch die rumänische Kultur pflegen sollte. Ihr Präsident war
übrigens der walachische Großbojar Grigore Brâncoveanu. Zu den
ausländischen Mitgliedern dieser Gesellschaft gehörten Adamantios
Korais, Bartolomäus Kopitar und Johann Kapodistrias. Kopitar veröffentlichte 1810 in Wien einen Aufsatz über diese Gesellschaft [8].

Auf der ersten Sitzung der Gesellschaft erklärte der Metropolit
Ignatie: "Ich sehe, daß die Griechen und die Rumänen, welche die
heilige Religion und dieselbe Richtung lange Zeit hindurch vereint
hat, heute durch andere Bande vereint sind, durch die der hehren
Philosophie. Da die Griechen für die von Dazien gebotene Gastfreund-
schaft sehr dankbar sind, bemühen sie sich, diese heilige Schuldig-
keit durch das Licht des Wissens und der Philosophie zu begleichen.
Da die Dazier edelmütig sind, wollen sie nicht nachstehen. Somit bemühen sich die zwei in der neuen Gesellschaft vereinten Seiten, ihr
Licht Dazien und Griechenland zu übermitteln ..."[9]. Unter anderem
hatte die Literarische griechisch-dazische Gesellschaft beschlossen,
Rousseaus Émile ou de l'éducation[10] in die rumänische und griechische Sprache zu übersetzen. Sie veranlaßte auch, daß vom 1. Januar
1811 an die erste griechische literarische Zeitschrift in Wien erschien, die Kopitar als "eine der interessantesten und wichtigsten
Erscheinungen der neugriechischen Literatur"[11] bewertete.

Ein Jahrzehnt nach Einstellung der Tätigkeit der Literarischen
griechisch-dazischen Gesellschaft wurde in Siebenbürgen, in Brașov
(Kronstadt), eine Societate literară (Literarische Gesellschaft) gegründet. Hierher nach Siebenbürgen waren eine beachtliche Zahl von
Bojaren, aber auch Angehörige des Mittelstandes, vor allem Ge-
schäftsleute, aus der Walachei geflüchtet, weil sie sich vor den re-
pressiven Aktionen der Türken gegen die revolutionären Bewegungen
in den Fürstentümern fürchteten. Diese Gesellschaft wurde dann nach
einem halben Jahrzehnt in Bukarest reorganisiert, und zwar von ihrem Anreger und Gönner, dem fortschrittlichen walachischen Bojaren
Dinicu Golescu, der auch in die revolutionären Ereignisse von 1821
verwickelt war. Unter dem Patronat dieser Gesellschaft veröffentlichte Ioan Eliade Rădulescu, die wichtigste Persönlichkeit im Kulturleben der Walachei in der ersten Hälfte des XIX. Jahrhunderts,
seine "Gramatica", in der er auch die Gründung einer akademischen
Gesellschaft[12] in den rumänischen Ländern empfahl.

Als im vierten Jahrzehnt des 19. Jahrhunderts im Zusammenhang
mit dem Verfall des Feudalsystems in den rumänischen Ländern der
Vertrag von Adrianopel (1829) die Autonomie der Fürstentümer ga-
rantierte und die Modernisierung der Institutionen erleichterte, waren die Verhältnisse für die Entwicklung des kulturellen Lebens gün-
stiger. Es entstanden nun in der Walachei und in der Moldau neue
Gesellschaften kulturellen Charakters. 1833 wurde in Bukarest die
Societatea Filarmonică (Philharmonische Gesellschaft) gegründet,
die das Erbe der Societate literară antrat und sich laut Art. 5 ihrer
Statuten vornahm, "die Kultur der rumänischen Sprache und die Ent-

wicklung der Literatur, die Verbreitung der Vokal- und Instrumentalmusik in den Fürstentümern und so die Bildung eines Nationaltheaters" zu stimulieren [13]. Diese Gesellschaft, die die "Gazeta Teatrului National"[14] (Blatt des Nationaltheaters) herausbrachte, hatte umfassendere Aufgaben, als der relativ knappe Inhalt der Statuten das widerspiegelt. Die Philharmonische Gesellschaft, deren Vorsitzender Oberst Ion Cîmpineanu, Führer der Nationalen Partei der Walachei, war, verflocht ihre kulturelle Tätigkeit mit der politischen und bildete eigentlich nur die kulturelle Fassade der von Cîmpineanu angeführten Befreiungsbewegung, die die Verwirklichung eines einheitlichen und unabhängigen rumänischen Staates und, in gewissen Grenzen, die soziale Befreiung des rumänischen Volkes zum Ziele hatte [15].

Während sich in Bukarest die Philharmonische Gesellschaft betätigte, wurde in Iaşi die Societatea de medici şi naturalişti (Gesellschaft der Ärzte und Naturkundler) gegründet, die ursprünglich den aufschlußreichen Titel Societatea literară a medicilor şi naturaliştilor (Literarische Gesellschaft der Ärzte und Naturkundler) tragen sollte. Gemäß ihren Statuten wollte diese Gesellschaft "sämtliche Naturwissenschaften erfassen". Zu diesem Zweck bildete sie Sektionen für Medizin, Naturwissenschaften und Agrarwissenschaft [16]. Unter dem Patronat der Gesellschaft entstand und entwickelte sich das Naturgeschichtskabinett in Iaşi, die erste museale Einrichtung dieser Art in den Rumänischen Fürstentümern. Eine wichtige Rolle bei der Gründung der Gesellschaft spielte Dr. Jakob Czihak, ein deutscher Arzt, der Jahrzehnte in der Moldau verbrachte. Als Vizepräsident vertrat er die Gesellschaft 1838 bei einem Kongreß europäischer Naturkundler in Freiburg, dem er einen "Bericht über die Fortschritte der Civilisation in dem Fürstenthum Moldau" unterbreitete [17]. Ein Jahr vorher hatte Czihak in Iaşi den über 500 Seiten umfassenden Band "Istoria naturală, întîia oară în limba românească compusă" (Naturgeschichte, zum erstenmal in rumänischer Sprache verfaßt) herausgegeben [18]. Ein weiteres ausländisches Mitglied der Gesellschaft, I.N. von Meyer, veröffentlichte 1835 in Bonn die Broschüre "Über die Fortschritte der Kultur in den Fürstenthümern Walachei und Moldau" [19]. Zu den ausländischen Mitgliedern dieser Gesellschaft gehörte auch Alexander von Humboldt, dem die Societas Medicinalis et Naturae Curiosorum in Moldavia das Diplom eines Korrespondierenden Mitglieds verliehen hatte und dem auch der von Constantin Sturdza verfaßte Rechenschaftsbericht "Relation de la Société de Médicine et d'Histoire naturelle en Moldavie" (Iaşi, 1836) zugeschickt wurde [20]. Unter der Ägide der Gesellschaft unternahm

der Wiener Botaniker Julius Edel 1835 eine Studienreise durch die
Moldau. Er widmete sich insbesondere der Flora und verfaßte ein
wertvolles Reisejournal. Außer in diesen Aufzeichnungen, die heute
in Iași im Archiv der einstigen Gesellschaft aufbewahrt werden, faßte Edel seine Beobachtungen in endgültiger Form auch in einem Bericht, den der Bukowinaer Eudoxiu von Hurmuzaki der Zoologisch-
botanischen Gesellschaft in Wien mit dem Titel "Bemerkungen über
die Vegetation der Moldau. Nach eigenen im Jahre 1835 gemachten
Beobachtungen entworfen ..."[21] unterbreitete. Die Gesellschaft der
Ärzte und Naturkundler aus Iași vereinte die intellektuellen Kräfte
der Moldau, sie förderte die kulturelle Tätigkeit, war ein Bindeglied
zur wissenschaftlichen Welt des Auslands und zugleich ein Vorläufer
der rumänischen akademischen Gesellschaft.

Im fünften Jahrzehnt des 19. Jahrhunderts wurde in der Walachei
eine neue Societate Literară gegründet, die so wie die Societate filarmonică des vorherigen Jahrzehnts den legalen Rahmen für die Tätigkeit einer revolutionären Gesellschaft abgab, nämlich der "Frăția"
(Bruderschaft), deren Mitglieder an der Revolution von 1848 beteiligt waren. Zwei Jahre nach ihrer Gründung, also 1845, nahm die
Gesellschaft den Namen Asociația literară a României (Literarische
Gesellschaft Rumäniens) an. Die Statuten von 1847 nannten als Ziele
der Gesellschaft "die Verbreitung der Kenntnisse, und vor allem der
elementaren, die Förderung der wahren Literatur und die Ermutigung der Verfasser und Übersetzer von Büchern, die dazu beitra-
gen"[22]. Diese verhältnismäßig bescheidenen Ziele wurden durch den
nationalen Charakter der Gesellschaft aufgewertet. Es war vorgesehen, daß sie von einem walachischen Komitee geleitet wurde, das
durch Komitees aus der Moldau und aus Siebenbürgen ergänzt werden
sollte[23]. So weist die Asociația literară a României schon auf die
nationale Zusammensetzung der zukünftigen akademischen Gesellschaft hin. Übrigens gehörten zu ihren Mitgliedern, außer Kulturschaffenden der Walachei auch moldauische Schriftsteller wie der
Historiker Kogălniceanu, der Dichter Vasile Alecsandri oder der
Prosaschriftsteller Costache Negruzzi. Der einheitliche rumänische
Charakter der Gesellschaft und ihre Teilnahme an der Bewegung zur
Befreiung der Nation unterstreichen ihre Bedeutung.

Außer den erwähnten Gesellschaften, die eine effektive, längere
oder kürzere Tätigkeit ausübten und im allgemeinen die Entwicklung
des kulturellen Lebens anstrebten, verdienen auch die Pläne für eine
akademische Gesellschaft erwähnt zu werden, die sich vor allem mit
der Sprache beschäftigen sollte. Bereits zu Beginn des 19. Jahrhunderts war der Siebenbürger Constantin Diaconovici für die Gründung

einer Societate pentru cultivarea limbii române (Gesellschaft für die
Pflege der rumänischen Sprache) eingetreten [24]. Dieser Gedanke wird
auch im Vorwort ausgesprochen, das Ioan Eliade Rădulescu seiner
"Gramatica" vorausschickt; sie wurde 1828 in Sibiu (Hermannstadt), also in Siebenbürgen, herausgebracht und war der Societate literară
der Walachei gewidmet. Hier heißt es über die Aufgabe, die Sprache
zu vervollkommnen und sicher zu entscheiden, welche neuen Ausdrük-
ke bevorzugt werden sollten: "Das ist nur möglich, wenn eine aus einigen Männern bestehende Akademie gegründet wird, die sich nur mit
der rumänischen Literatur beschäftigen und mit der Zeit die Sprache
durch die Ausarbeitung eines Wörterbuchs in Ordnung bringen und
vollenden". [25] Einige Jahre später schlug Iordache Golescu eine ähnliche Lösung vor; er forderte, daß "aus jedem Land", in dem die rumänische Sprache gesprochen wird, "je ein oder zwei der gelehrte-
sten Professoren" zusammentreten, um eine Grammatik und ein Wörterbuch (um die "Unregelmäßigkeit" der Wörter auszuschalten) zu
verfassen und zugleich das lateinische Alphabet einzuführen [26]. Um
das zu bewerkstelligen, faßte auch der Verwaltungsrat der Schulen
in der Walachei den leider nicht verwirklichten Beschluß, ein "litera-
risches Komitee" zu gründen, das eine Grammatik und ein Wörterbuch ausarbeiten sollte [27]. Es ist aufschlußreich, daß der rumänische
Gelehrte George Barițiu aus Brașov in seiner Zeitschrift diesen Beschluß des Bukarester Verwaltungsrates veröffentlichte [28]. Zu erwähnen ist auch die Initiative mehrerer junger Intellektuellen aus der
Moldau, die sich im Dezember 1839 "in einer literarischen Gesellschaft versammelten" und sich vorgenommen hatten, zwei Schriften
zu übersetzen [29]. Drei Jahre später schlug Professor Seulescu den
Schülern der Academia Mihaileană, der höchsten Lehranstalt der
Moldau, vor, "Aufsätze" vorzubereiten, die "in der Versammlung
der Akademie....deklamiert" werden sollten [30]. Es bestanden also
Tendenzen, akademische Debatten zu veranstalten und eine akademische Gesellschaft zu gründen.

Dennoch war es um die Mitte des Jahrhunderts, nach den revolutionären Ereignissen von 1848, die fast das ganze von Rumänien bewohnte Territorium, die Moldau, Siebenbürgen und die Walachei, erfaßt hatten, noch immer nicht gelungen, eine rumänische akademische Gesellschaft mit einheitlichem Charakter zu gründen, obwohl
die Zeit dazu reif erschien: In den rumänischen Ländern gab es Kulturgesellschaften, die an ihrer Tätigkeit auch rumänische Intellektuelle jenseits der engen Territorialgrenzen beteiligten; und es gab Bestrebungen, die Sprache durch die Herausgabe einer Grammatik und
eines Wörterbuchs, in das auch die neuen Wörter aufgenommen wer-

den sollten, zu vereinheitlichen, zu modernisieren und zu stabilisie-
ren. Dazu sollte auch die Annahme des "urväterlichen" lateinischen
Alphabets, wie die fortschrittlichen Publizisten damals schrieben,
dienen, wobei sie sich auf den lateinischen Ursprung der Rumänen
bezogen. Hinzu kam noch eine steigende Aktivität in der Geschichtsschreibung und in den Naturwissenschaften.

Im Jahrzehnt nach der Revolution von 1848 gab es zwei Initiativen,
die, obwohl nicht verwirklicht, zur Vorbereitung der Gründung der
akademischen Gesellschaft beigetragen haben. Der Moldauer Dimitrie
A. Sturdza, der später Jahrzehnte hindurch Generalsekretär der Academie Română (Rumänische Akademie) sein sollte, stiftete 1850 einen
Preis für eine Arbeit "über ein Thema der Sprache", der von einer
Kommission verliehen werden sollte, die in Blaj, in Siebenbürgen,
zusammenzutreten und der Gelehrte aller rumänischen Regionen an-
zugehören hatten [31]. Im selben Jahr schlug in Wien Paul Körnbach in
seiner Arbeit "Studien über die französische und daco-romanische
Sprache und Literatur, nebst einem Anhange, enthaltend historische,
statistische, geo- und ethnographische Skizzen über die Moldau" die
Gründung einer rumänischen Akademie mit vorrangig philologischem
Anliegen und mit Mitgliedern, deren Namen er suggerierte, aus allen
rumänischen Ländern vor [32]. Sieben Jahre später empfahl Constantin
C. Florescu aus der Walachei die Bildung einer "Kommission von
Gelehrten" mit der Aufgabe, ein Wörterbuch, vor allem auf Grund
einer Sammlung der vom Volke "gesprochenen" Sprache, sowie eine
Grammatik zu verfassen [33]. Im selben Jahrzehnt war auch das Erscheinen einiger neuer Gesellschaften kulturellen Charakters zu verzeichnen, die sich ähnlich betätigten wie die Societatea de medici și
naturaliști din Iași, welche übrigens die einzige vor der Revolution
von 1848 gegründete Gesellschaft war, die ihre Tätigkeit weiter fortsetzte. Zu erwähnen sind die 1854 in Iași gegründete Societatea pentru încurajarea junilor români la învățătură în străinătate (Gesellschaft zur Unterstützung der rumänischen Jugendlichen zum Lernen
im Ausland), die mittellosen Jugendlichen ein Auslandsstudium ermöglichte [34], sowie die Societatea medicală stiințifică din România
(Medizinische wissenschaftliche Gesellschaft in Rumänien), die 1857
in Bukarest gegründet wurde, übrigens im nächsten Jahr gefolgt von
der Societatea medicală stiințifică din București [35]. Durch diese Gesellschaften sollte in der Walachei die Organisation für Bestrebungen
geschaffen werden, wie sie in der Moldau schon zwei Jahrzehnte lang
bestand. Das waren weitere Schritte im Verlauf eines Prozesses, der
letzten Endes zur Gründung einer Rumänischen Akademie führen sollte.

Die Doppelwahl des Obersten Alexandru Ioan Cuza zum Fürsten der Moldau und der Walachei stellte eine Konkretisierung der Bestrebungen der rumänischen Nation nach staatlicher Einheit dar und war auch die Grundlage des Aufbaus des modernen rumänischen Staates, in dessen Rahmen neue Möglichkeiten zur Entwicklung des kulturellen Lebens geschaffen wurden. Jetzt mußte die Forderung nach einer akademischen Gesellschaft einheitlichen nationalen Charakters noch dringender erscheinen. Sie hatte einigen vorrangigen kulturellen Bedürfnissen zugleich aber auch der zukünftigen staatlichen Einheit der Nation zu dienen, wobei die einheitliche Kulturorganisation die Überwindung der Grenzen in den von Rumänen bewohnten Territorien ermöglichen sollte [36].

1862 wurde in Bukarest die Societatea de stiinţe (Gesellschaft der Wissenschaften) mit dem Zweck gegründet, "zur Kultur und zum Fortschritt der Wissenschaften in Rumänien" beizutragen. Sie befaßte sich zunächst mit Mathematik, Physik und Naturwissenschaften. Die Regierung der Vereinigten Rumänischen Fürstentümer versprach ihr Unterstützung "bei jedwelcher Forschung und Investigation, die sie in rein wissenschaftlichem Bereich unternehmen will" [37]. Am 31. Oktober 1865 wurde in Bukarest die Societatea de stiinţe naturale (Gesellschaft der Naturwissenschaften) mit dem Ziel ins Leben gerufen, zum wissenschaftlichen Fortschritt, aber auch zur Verwertung der Naturreichtümer des Landes beizutragen [38]. Die Gesellschaft Ateneul Român (Rumänisches Athenäum), die 1865 in Bukarest ihre Tätigkeit aufgenommen hatte [39], folgte auf eine Vorgängerin mit ähnlichem Namen, die bereits 1860 in Iaşi auf den Plan getreten war und über drei Sektionen verfügte: für moralisch-politische Wissenschaften, für Naturwissenschaften und für Literatur und schöne Künste [40]. Alle diese Gesellschaften trugen zur Vertiefung eines Geistes der Organisation im Bereich der Kultur bei, und Elemente ihrer organisatorischen Struktur sowie einige ihrer Ziele können in der Societatea Literară (Literarische Gesellschaft) von 1866 wiedergefunden werden, aus der dann die Societatea Academică Română hervorging. Die Asociatia pentru literatura romậna şi cultura poporului român din Transilvania (Astra - Gesellschaft für die Literatur und Kultur des rumänischen Volkes in Siebenbürgen), die 1861 mit drei Sektionen (Philologie, Geschichte, Physik und Naturkunde) begründet wurde und zu deren Ehrenmitgliedern Gelehrte aus der Walachei und der Moldau zählten [41], die Societatea pentru cultura şi literatura română din Bucovina (Gesellschaft für rumänische Kultur und Literatur in der Bukowina), die 1862 aus einer Reuniune română de lectură (Rumänischer Verein für Lektüre) [42] entstanden war, sowie die Asociaţia naţională din Arad

pentru cultura şi conservarea poporului român (Nationale Gesellschaft in Arad für die Kultur und Erhaltung des rumänischen Volkes) [43]
waren ebenfalls Etappen auf dem Weg zur Gründung einer akademischen Gesellschaft auf einheitlicher nationaler Grundlage. "Gebe der
Himmel", sagte 1862 der Kanoniker Timotei Cipariu auf der konsti-
tuierenden Generalversammlung der Asociaţia pentru literatura română şi cultura poporului român din Transilvania in Braşov, "daß
wir, da wir von einem Blute sind, an der Brust unserer Mutter mit
denselben süßen Worten ernährt wurden und alle Brüder sind - wie
weit uns Gebirge und Täler und politische sowie konfessionell-religi-
öse Stände auch trennen mögen - alle ein Ganzes werden, eine Nation, eine Sprache, eine Literatur ..."; "... der Geist der Nation..",
fügte er hinzu, "wird seine Schwingen über alle Söhne Trajans er-
strecken und sie in Bezug auf den Frieden, die Bruderschaft und die
nationale Einheit vereinen". [44]

Während der Herrschaft Cuzas (1859-1866) stand die Frage der un-
verzüglichen Gründung einer akademischen Gesellschaft auf der Ta-
gesordnung. Und nicht zufällig wurden auf einer der ersten Sitzungen
der neugegründeten Gesellschaft, auf der ersten Tagung von 1867, Dan-
kesworte an ihre Mitglieder gerichtet, an alle Kulturschaffenden, die
sich seit 1860 mit der Idee der Gründung einer wissenschaftlichen Gesellschaft, d.h. also der akademischen Gesellschaft, beschäftigt hätten [45]. So wurde also das Jahr 1860 von den Zeitgenossen als ein Mark-
stein auf dem Weg zu dieser Gesellschaft betrachtet.

Zu den Vorkämpfern für eine akademische Gesellschaft in dieser Ent-
wicklungsetappe gehören V.A. Urechia, einer der prominentesten Förderer der Kultur, der Dichter George Sion, der 1860 in der "Revista
Carpaţilor" forderte, "eine Akademie, bestehend aus kompetenten
Männern, Gelehrten der positiven als auch abstrakten Wissenschaften,
gewählt nach dem Wert ihrer Werke, aus jeder rumänischen Provinz"
zu gründen, der Siebenbürger August Treboniu Laurian, der bereits
1859 vorgeschlagen hatte, drei parallele Gesellschaften zu bilden, die
"einander helfen sollten", eine lexikographische, eine historische und
eine für die Naturwissenschaften, Ioan Maiorescu, gleichfalls ein sie-
benbürgischer Gelehrter, der wie Laurian in die Fürstentümer überge-
siedelt war und sich im Sommer 1860 für "eine akademische und literarische Gesellschaft als Konzentrationspunkt der Tätigkeit der rumänischen Gelehrten für die Kultur der Sprache und für das Studium der
nationalen Geschichte" ausgesprochen hatte [46]. Zu ihnen gesellten sich
der Siebenbürger George Baritiu, der Dichter George Cretianu, die
Schriftstellerin Constanţa Dunca u.a. [47]. 5000 Dukaten, die der Phil-
antrop E. Zappa zur Unterstützung einer literarischen Gesellschaft

gestiftet hatte, bildeten ebenfalls einen Impuls [48]. Genannt werden
muß auch die Kommission des Ministeriums für Öffentlichen Unterricht in der Walachei - die Ministerien waren in den Fürstentümern
noch nicht vereinigt -, die im Herbst 1860 einen Statutentwurf der
zukünftigen Gesellschaft ausgearbeitet hatte. Ihre Position geht aus
dem dazugehörenden Bericht hervor, in dem es heißt: "Heute, da ihre
[der Rumänen - D.B.] politische Stellung sich von Tag zu Tag festigt,
wird auch ihre intellektuelle Entwicklung schneller und solider erfolgen. Das ist eine Bedingung sine qua non, damit sie tatsächlich den
Titel einer europäischen Nation verdienen können ..." [49]

Aber die Gründung einer akademischen Gesellschaft hatte mit
Schwierigkeiten zu kämpfen, da man in ihre Reihen Kulturschaffende
nicht nur aus den Vereinigten Rumänischen Fürstentümern, einem
autonomen Staat, der sich noch unter der Suzeränität der Osmanischen Pforte befand, aber vor der Erringung der Unabhängigkeit
stand, zu berufen hatte, sondern auch aus Gebieten, die unter anderer Herrschaft standen. Deshalb konnte das Vorhaben während der
Herrschaft Cuzas nicht verwirklicht werden, obwohl dieser durch
die Schaffung eines Fonds von 1000 Dukaten zur materiellen Grundlage der zukünftigen Gesellschaft beigetragen hatte [50]. Im Sommer
des Jahres 1864 initiierte Nicolae Crețulescu, Minister für Öffentliche Erziehung, die Ausarbeitung eines Reglements "hinsichtlich einer
rumänischen literarischen Gesellschaft, die sich mit der Abfassung
eines Wörterbuchs, einer Grammatik und der rumänischen Orthographie beschäftigen soll" [51]. Die offiziellen Dokumente konnten, vor allem wegen außenpolitischer Gründe, erst im März 1866 ausgefertigt
werden, als durch ein Dekret die Societatea Literară gegründet wurde, deren Mitglieder man aus den Reihen der Gelehrten der gesamten
Nation wählte [52]. Die erste Tagung fand dann im Sommer des Jahres
1867 statt, bei welcher Gelegenheit auch der neue Name Societate
Academică Română gebilligt wurde [53]. 1879, nach Erringung der Unabhängigkeit Rumäniens, nahm die Gesellschaft die Bezeichnung Academie Română an [54]. Auch heute ist die Academie Republicii Socialiste România [55] das höchste akademische Forum Rumäniens, dem die
bedeutendsten Wissenschaftler und Kulturschaffenden des Landes angehören.

Anmerkungen

1 In diesem Zusammenhang sei nur an Dimitrie Cantemir, den Fürsten der
  Moldau und bedeutenden Wissenschaftler erinnert, der 1714 zum Mitglied
  der Berliner Akademie gewählt wurde und der erste Rumäne war, der einer
  Akademie angehörte, ferner an die Werke der moldauischen Kunst des 15.
  bis 17. Jahrhunderts und an die Brîncoveanu-Architektur vom Ende des 17.
  und Beginn des 18. Jahrhunderts.
  Vgl. Emil Pop: Dimitrie Cantemir şi Academia din Berlin (Dimitrie Cantemir und die Berliner Akademie). In: Studii, Bukarest, XXII (1969), Nr. 5,
  S. 825-847.
2 Über die Siebenbürgische Schule vgl. die umfassende Bibliographie bei:
  Aurel Nicolescu: Scoala Ardelană şi limba română. (Die Siebenbürgische
  Schule und die rumänische Sprache), Bukarest, 1970, 3 Bde.
3 Für die neugriechische Kultur in den rumänischen Ländern vgl. die Bibliographie bei: Ariadna Camariano-Cioran: Academiile domneşti din Bucureşti
  şi Iaşi. (Die fürstlichen Akademien von Bukarest und Jassy), Bukarest 1971,
  S. 279-291.
4 Ştefan Pascu: Centenarul Academiei (Die Hundertjahrfeier der Akademie).
  In: Anuarul Institutului de Istorie din Cluj IX (1969), S.7 f.; vgl. ferner
  Emil Pop: Societatea filozofească... In: Transilvania, Sibiu, 77 (1946),
  Nr. 1-4, S. 1-15.
5 Antologia gîndirii româneşti. Secolele XV - XIX. (Anthologie aus rumäni-
  schem Denken. 15. - 19. Jahrhundert.), Hrsg. C.I. Gulian, T. 1, Bukarest 1967, S. 136.
6 Ebenda, S. 136-137.
7 Alexandru Papiu Ilarian: Viaţa, operele şi ideile lui Gheorghe Şincai. (Das
  Leben, die Werke und die Ideen von Gheorghe Şincai), Bukarest 1869.
8 Vaterländische Blätter IV (1810), S. 160-162, vgl. Nestor Camariano: Sur
  l'activité de la "Société littéraire gréco-dacique". In: Revue des Etudes
  Sud-Est Européennes, Bukarest VI (1969), Nr. 1, S. 42.
9 Ebenda, S. 44.
10 Ebenda, S. 46 f.
11 Ebenda, S. 52, Anm. 52
12 Vgl. Anibal Teodorescu: Gînduri şi planuri pentru înfiinţarea Academiei
  Române. (Gedanken und Pläne in bezug auf die Gründung der Rumänischen
  Akademie), Bukarest 1947, S. 8 f.
13 V.A. Urechia: Istoria şcoalelor de la 1800-1864. (Geschichte der Schulen
  von 1800 bis 1864), Bd. 1, Bukarest 1892, S. 434; vgl. auch D.C. Olănescu:
  Societatea filarmonică 1833-1837. (Die Philharmonische Gesellschaft 1833-
  1837). In: Literatura şi arta română, Bukarest, Bd.3 (1898), S. 4-22, 85 ff.,
  175-180.
14 Gazeta Teatrului Naţional erschien in Bukarest von 1835 bis 1836. Nerva Ho-
  doş/ Al. Sadi-Ionescu: Publicaţiunile periodice româneşti. (Die rumänischen
  periodischen Veröffentlichungen), Bd.1, Bukarest 1913, S.300 f.
15 Vgl. P.P. Panaitescu: Planurile lui Ioan Cîmpineanu pentru unitatea naţională a românilor; legăturile lui cu emigratia polonă. (Die Pläne von Ioan
  Cîmpineanu für die nationale Einheit der Rumänen; seine Beziehungen zu

der polnischen Emigration). In: Anuarul Institutului de Istorie Naţională,
Cluj III (1925), S. 63-106; Cornelia Bodea: Lupta românilor pentru unitatea naţională, 1834-1949 (Der Kampf der Rumänen für nationale Einheit.
1834-1849). Bukarest 1967, S. 11 f.; Constantin Vlăduţ: Ion Cîmpineanu
précurseur de l'Etat roumain unitaire. In: Revue Roumaine d'Histoire XII
(1973), 4, S. 763-784.

16 Über diese Gesellschaft vgl. N.A. Bogdan: Societatea medico-naturalistă şi
muzeul istorico-natural din Iaşi (Die medizinisch-naturwissenschaftliche
Gesellschaft und das natur- geschichtliche Museum von Jassy), Jassy 1919;
Jean Livescu: Rolul societătilor ştiinţifice din Moldova în dezvoltarea ştiin-
din ţara noastră (Die Rolle der wissenschaftlichen Gesellschaften in der Moldau bei der Entwicklung der Wissenschaft in unserem Lande). In: Studii şi
cercetări ştiinţifice, Jassy I (1950) I, S. 426-450; I. Lăzărescu: Societatea
de medici şi naturalişti din Iaşi între anii 1830-1850 (Die Gesellschaft der
Ärzte und Naturwissenschaftler in Jassy von 1830 bis 1850). In: Studii şi
cercetări ştiinţifice, Jassy III, Reihe V (1954), Nr. 1/2, S. 483-508; V. Răş-
canu/Gh. Năstase/D. Ciurea: Istoricul societătii de medici şi naturalişti din
Iaşi, 1830-1960 (Die Geschichte der Gesellschaft der Ärzte und Naturwissenschaftler in Jassy, 1830-1960). Bukarest 1961.

17 Paul Cornea/Elena Piru: Documente şi manuscrise literare (Literarische
Dokumente und Manuskripte) Bd. 2, Bukarest 1969, S. 238, Anm. 36.

18 Ebenda

19 Dimitrie Ciurea: Ştiri istorice relative la Moldova din Jurnalul inedit al bo-
tanistului Iulius Edel, 1835 (Historische Nachrichten über die Moldau in dem
unveröffentlichten Tagebuch des Botanikers Julius Edel, 1835). In: Studii şi
cercetări ştiinţifice, Jassy III, Reihe VI (1955), Nr. 1/2, S. 55, Anm.2.

20 Henry Stevens: The Humboldt Library. A Catalogue of the Library of Alexander von Humboldt with a bibliographical and biographical Memoir. London
1863, S. 343, 489.

21 Dimitrei Ciurea a.a.O., S. 55 f.

22 Anul 1848 în Principatele Române (Das Jahr 1848 in den Rumänischen Fürstentümern). Bd. 1, Bukarest 1902, S. 44.

23 Ebenda S. 45

24 Anibal Teodorescu a.a.O., S. 8.

25 Ebenda S. 8 f.

26 V.A. Urechia a.a.O., Bd. 1, S. 219.

27 Ebenda S. 338.

28 Foé literară, Nr. 4 vom 22. Januar 1838, S. 27-30.

29 V.A. Urechia a.a.O., Bd. 2, S. 81.

30 Ebenda Bd. 2, S. 226.

31 Axente Banciu: Primele cărămizi la temelia Academiei Române (Die ersten
Bausteine in der Grundmauer der Rumänischen Akademie). Braşov 1936 S. 6

32 N.Iorga: Incă un călător german la noi: Paul Körnbach (Noch ein deutscher
Reisender bei uns: Paul Körnbach). In: Revista istorică, Bukarest XIII (1927)

33 V.A. Urechia a.a.O., Bd. 3, S. 220.

34 Anastasie Fetu: Incercările pentru dezvoltarea scientilor naturali în România
(Die Versuche zur Entwicklung der Naturwissenschaften in Rumänien). Bukarest 1874, S. 86.

35 Ebenda S. 86 f.

36 Über die Projekte der Akademischen Gesellschaft während der Zeit des
Fürsten Cuza vgl. Dan Berindei: Proiecte de înfiinţare a unei societăţi
academice în vremea lui Alexandru Ioan Cuza. (Gründungsprojekte einer
akademischen Gesellschaft während der Zeit Alexandru Ioan Cuzas). In:
Studii şi articole de istorie, Bukarest, III (1961), S. 203-233.

37 Ebenda S. 213

38 Anastasie Fetu a. a. O., S. 15

39 Dan Berindei a. a. O., S. 229 f.

40 V. A. Urechia: Opere complete. Didactica. (Sämtliche Werke. Didaktika),
Bd. 1, Bukarest 1883, S. 25-28.

41 Über alle diese Gesellschaften vgl. vor allem V. Curticăpeanu: Die Rumänische Kulturbewegung in der Österreichisch- Ungarischen Monarchie, Bukarest 1966.

42 Ebenda S. 39-48; O. Loghin: Societatea pentru cultură şi literatură română în Bucovina, 1812-1912. (Die Gesellschaft für rumänische Kultur
und Literatur in der Bukowina, 1812-1912), Czernovitz 1943.

43 Curticăpeanu a. a. O., S. 52-55.

44 A. Odobescu: Asociaţiunea transilvană pentru literatură română şi cultura poporului român. Sesiunea din iulie 1862 în Braşov. (Der Siebenbürgische Verein für rumänische Literatur und für Kultur des rumänischen Volkes. Die Juli-Session 1862 in Kronstadt). In: Revista Romă-
nă, Bukarest 1862, S. 575.

45 Analele Sozietăţii Academiei Române, Bukarest, Bd. 1 (1869), S. 27.

46 Details siehe bei Dan Berindei a. a. O., S. 220-222.

47 Ebenda S. 222 f.

48 Ebenda S. 223 f.

49 Instrucţiunea Publică, Bukarest, November 1860, S. 321.

50 Dan Berindei a. a. O., S. 227.

51 Ebenda S. 232

52 Dan Berindei: Infiinţarea Societăţii Literare (Academice) (1866) şi sesiunea din 1867. (Die Gründung der Literarischen (Akademischen) Gesellschaft (1866) und die Sitzung von 1867). In: Studii, Bukarest, IX (1956),
Nr. 5, S. 21-44.

53 Ebenda

54 Über die Aktivität der Rumänischen Akademischen Gesellschaft siehe
Dan Berindei: Societatea Academică Română, 1867-1878. (Die Rumä-
nische Akademische Gesellschaft, 1867-1878). In: Studii, XIX (1966),
Nr. 6, S. 1069-1089.

55 Als allgemeiner Überblick vgl. A. Oţetea/ Dan Berindei/ I. Goliat:
L'Académie de la République Socialiste de Roumaine 1866-1966. Bref
historique, Bukarest 1966.

DEUTSCHSPRACHIGE WISSENSCHAFTLICHE UND LESEGESELLSCHAFTEN DER ACHTZIGER JAHRE DES 18. JAHRHUNDERTS IN SIEBENBÜRGEN UND IM BANAT

Von Heinz Stanescu

Zur Zeit des Josephinismus, genauer zwischen 1780 und 1790, wurde das rationalistische Gedankengut der Aufklärung nach den Worten Carl Göllners "von Innsbruck bis Kronstadt" vorherrschend. Die folgende Mitteilung, die sich auf wenige und lokal bedingte, allerdings kaum bekannte Aspekte der fortschrittlichen Bemühungen der aufgeklärten Intellektuellen beschränkt, ist ein kleiner Beitrag zur Erforschung, auf welchen Wegen und auf Grund welcher Voraussetzungen das geschah.

In der untersuchten Zeitspanne reicht der Bogen des wissenschaftlichen Optimismus von Paris über Göttingen und Wien bis Temeswar und Hermannstadt. Auch als Reaktion gegen ein Jahrhundert Frömmelei und Gutheißung des Feudalabsolutismus setzt sich eine den Idealen des aufstrebenden Bürgertums entsprechende "Physiologie" durch, mit deren Hilfe man die Natur endgültig zu entschlüsseln glaubt und auch die menschliche Gesellschaft, das Wirtschafts- und Geistesleben zu systematisieren versucht. Das erklärt wohl neben den literarischen Qualitäten den großen Erfolg der "Monachologie" (lat. 1782) des aus Muramesch stammenden Ignaz von Born (gest. 1791), deutsch der "Neuesten Naturgeschichte des Mönchtums, beschrieben im Geiste der Linnäischen Sammlungen" (1783); und es zeigt sich auch in der Planung und Verwirklichung von naturwissenschaftlichen Institutionen, auch von Bibliotheken und Lesegesellschaften. Die Hermannstädter Freimaurer widmen sich alsbald der 1784 geplanten mineralogischen Sammlung, während der gleichzeitig angeregte Lesezirkel erst fünf Jahre später entstehen sollte.

Leider ist wenig über den 1784 existierenden Temeswarer "Verein patriotischer Freunde" bekannt; er hängt wohl mit der Banater Loge zusammen, deren Mitglieder sich traditionsgemäß den "Profanen" gegenüber "Freunde" nannten. Leider sind wir bisher nur mittelbar und lückenhaft über die komplexe Tätigkeit der Temeswarer Freimaurer informiert. Aktenmäßig war 1882 festzustellen, daß der genannte Verein die Temeswarer kaiserliche Postdirektion 1784 bat, die geplante "Banater Zeitung" gegen eine Jahresgebühr von einem Florin zum Versand anzunehmen, und daß es diese Behörde ablehnte, "aus eigener Befugnis eine solche Begünstigung" zu bewilligen, gleichzei-

tig aber versprach, die Angelegenheit der "hohen Stelle in Wien vorzulegen und die Petenten von dem Ergebnis" zu verständigen.

Interessanterweise scheint es sich dabei um den dritten Versuch
in demselben Jahr zu handeln, ein zweites Banater Periodikum nach
den sicherlich kurzlebigen "Temeswarer Nachrichten" von 1771
herauszubringen. Es wurde damals ein "Banater Merkur", vom Wiener Verleger Trattner eine "Temeswarer Zeitung" und von den "Freunden" eben die "Banater Zeitung" geplant, doch ist nicht bekannt, ob
und welches dieser Projekte in die Praxis umgesetzt wurde. Zieht
man auch die diesbezügliche Lage in Siebenbürgen in Betracht, wo
es damals, d.h. 1784, zur Herausgabe der "Siebenbürger Zeitung"
kam, so kann man schlußfolgern, daß die vom Josephinismus geförderte "Gründungswelle" rund zwei Jahre gebraucht hat, um von Wien
aus diese Peripherie zu erreichen.

In derselben Zeitspanne, genauer vom 27. Juli 1784 bis zum 30. Dezember 1785, hält die Hermannstädter Loge St. Andreas zu den drei
Seeblättern 57 Sitzungen ab. Das beweist eine Steigerung der Aktivität, verglichen mit den seltenen Zusammenkünften und oft jahrelangen Unterbrechungen seit 1767, dem Gründungsjahr, und 1776, als
eine eigentliche Leitung, ein templerisches Kapitel, eingesetzt wurde. Es erübrigt sich fast hinzuzufügen, daß auch diese Loge von Anfang an übernational organisiert war und daß zu ihren Mitgliedern
spätere siebenbürgisch-sächsische Superintendenten wie Johann Au-
relius Müller und Georg Daniel Neugeboren gehörten oder gehören
sollten, Rumänen wie Dimitrie Marcu, k.k. Dolmetsch, Ungarn wie
der spätere Gouverneur von Siebenbürgen Graf Georg Bánffi, Italiener wie der Hauptmann Jakob Bonacina, zwielichtige Fanarioten wie
der durch unentwegte Bettelbriefe seinen Logenfreunden lästige Abenteurer, der sich Alexander Murusi-Maurokordato, Fürst aus der Walachei, nannte, und Ausländer wie Christian Friedrich Hahnemann,
damals Bibliothekar Samuel von Brukenthals und späterer Begründer
der homöopathischen Heilmethode. Und während dieser Periode höherer Aktivität werden die uns hier interessierenden Vorschläge gemacht und teilweise auch verwirklicht.

Dem Logenprotokoll vom 30. September 1784 ist u.a. folgendes zu
entnehmen:"Es wurde der von dem hochwürdigen Bruder Löffler ge-
machte Vorschlag wegen der Anschaffung einer aus den Produkten
unseres Landes bestehenden Naturalien- und Kräutersammlung, wie
auch wegen Errichtung einer eigenen Bibliothek von allen Brüdern
mit Freude aufgenommen und dabei beschlossen, daß nicht nur die
hier in loco befindlichen Brüder alle Kräfte zu diesen zweckmäßigen
Arbeiten anzubieten brüderlich ersucht werden, sondern daß an die

im Lande Befindlichen ein Zirkular mit dem Verzeichnis, was jede
ihrer Gegenden für Produkte darreicht, abgeschickt werden solle."

Das damals in Aussicht gestellte Zirkularschreiben ist in Hermannstadt bei Hochmeister gedruckt worden, trägt das Datum des 9. April
5785 (d.h. 1785) und hebt mit dem bedeutsamen Passus an: "Es hat
diese sehr ehrwürdige Loge, welche die Vorbereitung der Kenntnisse
ihrer Brüder, der Erforschung der Natur und überhaupt jede Ausdeh-
nung von Aufklärung als ihre Pflicht und als Mittel zum Erhabnen
Endzwecke unseres Ordens nützlich zu arbeiten ansieht, den Entschluß gefaßt, eine vollständige Sammlung von den von der Natur in
die Eingeweide unseres Landes so verschwenderisch gelegten Mineralien anzulegen." Außer Angaben über die Art, in der die Herkunft
der Mineralien gekennzeichnet werden sollte, und über die bestehenden Möglichkeiten, alles auf eine nicht zu kostspielige Weise nach
Hermannstadt transportieren zu lassen, enthält dieser Sendbrief noch
den Hinweis auf geplante konkrete Organisationsformen: "...die Zu-
versicht auf die Bereitwilligkeit unserer Brüder zu der Ausführung
dieses maurischen Instituts, dem noch mehr ähnliche zum Besten
der Loge folgen werden, (da wir schon die Errichtung einer Bibliothek
und die Anlegung eines botanischen Gartens im Werke haben) läßt uns
den besten Fortgang für unsere Sammlung hoffen."

In den darauf folgenden Jahren ist die Sammlung durch Geschenke
und Tausch gewachsen, und es wurden in den Logensitzungen des öf-
teren Aufsätze über mineralogische Themen verlesen. Man kann
zweifelsohne Zieglauer zustimmen, wenn er in diesem Aspekt der
Tätigkeit der Hermannstädter Freimaurer "die unleugbaren Keime
des (im 19. Jahrhundert gegründeten) naturwissenschaftlichen Vereins
und dessen Sammlungen" sieht.

Gedankengut des künftigen Vereins für siebenbürgische Landeskunde ist hingegen in nuce in der "Einladung zu einer siebenbürgisch-
literarischen Gesellschaft zu finden, die Ignaz Graf Batthyány (gest.
1798), Bischof von Alba-Iulia (Karlsburg, früher Weißenburg), am
17. September 1785 u.a. dem Grafen Teleki sandte. Auch hier ist
das einleitende Exposé bemerkenswert: "Der Wunsch, Licht und Aufklärung zu verbreiten, durch das Alter ehrwürdig gewordene Vorurteile auszurotten, die Industrie zu beleben, junge Männer, deren Talente dem Vaterland nützlich werden können, aus dem Schlummer zu
wecken, dieser eines Patrioten und Menschenfreundes so lang würdi-
ge Wunsch war es, der in unserm Hochwürdigsten Bischof, Sr. Exzel-
lenz Herrn Grafen Ignaz von Bathyan, k.k. Staats- und Siebenbürgischen Gubernialrate den Gedanken rege machte, einige aufgeklärte
Männer und Freunde der Wissenschaften in einer Art von literarischer

Gesellschaft zu vereinigen." In dieser ausführlichen Einladung wird
auch darauf hingewiesen, daß es dem Initiator gelungen ist, für die
Literarische Gesellschaft einen Vereinigungspunkt zu sichern, wo
die zu edierenden "Schriften der Gesellschaft literarischer Freunde
in Hermannstadt" in deutscher und lateinischer Sprache dem Druck
übergeben werden sollten.

Als Hauptzweck der wissenschaftlichen Tätigkeit bezeichnete dieses Sendschreiben: "Verbreitung der Aufklärung, insbesondere aber
1. die Beleuchtung der ungarischen und siebenbürgischen diplomatischen Geschichte und Geographie, 2. die Bearbeitung der Naturgeschichte Siebenbürgens." Geplant war ausdrücklich eine Gemein-
schaftsarbeit, die zu einer "physikalisch-geographischen Beschreibung Siebenbürgens" und zu einer "vollständigen Geschichte dieses
Landes" führen sollte, worin - und das ist bemerkenswert - "nicht
das Leben der Fürsten, als die eigentliche Geschichte des Landes
wird angelegt sein".

Dieser Plan Batthánys und seiner Siebenbürger Freunde blieb auf
dem Papier. Joseph Karl Eder (gest.1810), Direktor der Normal-
schule von Hermannstadt, notierte auf einer Abschrift der "Einladung": "Ich hatte auch die Ehre, ein ordentliches Mitglied dieser Gesellschaft zu sein - aber sie war ein totgeborenes Kind."

Mit den Ideen Batthánys in bezug auf die Notwendigkeit landeskund-
licher Forschungen stimmt wohl nicht zufällig der Plan überein, den
die Hermannstädter Freimaurer am 14. Januar 1787 der übergeord-
neten schottischen Loge vorlegten: "Bearbeitung für unser Land nützlicher Kenntnisse und Wissenschaften.....In diesem Stücke können
wir Hand in Hand mit vereinigten Kräften viel tun und mehr, als ir-
gendein einzelnes Mitglied zu leisten imstande ist. Eine Geographie
von unserem Vaterland, die den Kenner befriedigt, haben wir noch
nicht, und eine diplomatisch, physisch, politisch, statistisch und
ökonomisch richtige und allgemein brauchbare Geschichte von Siebenbürgen ist nie und kann nie das Werk eines einzelnen Menschen
werden."

Die in diesem Elaborat nur gestreifte Verpflichtung für die Logenbrüder, "in öffentlichen und Familienarchiven" zu forschen, wird
vom Gubernialsekretär Johann Theodor von Herrmann (gest. 1790),
der sich von 1788 an intensiv als Freimaurer betätigt, in einer
handschriftlich erhaltenen Rede, die er entweder in der Loge oder
in der Lesegesellschaft gehalten hat, genau umschrieben. Hier heißt
es u.a.: "Ich lade Sie zu einem Bündnis ein, das zur Absicht haben
soll, wo nicht Urkunden, wenigstens Abschriften vorfindiger Urkunden, welche die sächsische Nation, ihren Anspruch, ihre Vorzüge,

Verdienste, Rechte und Freiheiten betreffen, zu sammeln, sie auf-
zubewahren und von Generation zu Generation der Nachkommenschaft
zu überliefern...."

Es erübrigt sich wohl, auf die tausend Fäden hinzuweisen, die diese komplexe Tätigkeit mit der Zielsetzung des erst im Vormärz zu-
standegekommenen Vereins für siebenbürgische Landeskunde ver-
weben.

Die 1784 erstmalig erwähnte Notwendigkeit, eine Bibliothek aufzubauen und ihr einen Lesezirkel zuzugesellen, wird im Elaborat vom
14. Januar 1787 erneut und etwas ausführlicher dargelegt, doch erst
in der Logensitzung vom 6. März 1789, in welcher der k.k. Hof-
kriegsrats-Konzipist Johann Valentin Günther an die "immer wieder
unterbrochene Zustandebringung der von der Loge beschlossenen Errichtung eines Lesekabinetts" erinnerte, nimmt der Plan konkrete
Formen an. Günther wurde beauftragt, bei der nächsten Zusammenkunft "seinen Vorschlag zur Errichtung und Einrichtung dieses von
allen Brüdern gutgeheißenen und sehnlichst gewünschten Lesekabinetts
einzureichen". Aus Günthers ausführlichem Plan sowie aus den spär-
lichen Notaten im Archiv des Lesekabinetts geht einiges in bezug auf
die Organisation und auf das Wirken dieser Gesellschaft hervor.

Der Lesezirkel hatte seinen Sitz in zwei Zimmern des Logenquar-
tiers im Hochmeisterschen Hause, von denen eines schon die Mineraliensammlung enthielt. Außer Bücherkästen, Lesetischen, Licht-
scheren waren für die Ausschmückung der Wände ein Schema der
Poststationen der k.k. Staaten, Karten des Banats, Bosniens und der
Walachei vorgesehen. Zur Wahrung absoluter Stille sollte das Lesen
unter Aufsicht erfolgen, das Nachhausenehmen der abonnierten Periodika unter keinem Umstand erlaubt sein, was auch für die Bücher
galt. Am Sonntagvormittag sollten mineralogische Vorlesungen erfolgen, Dienstag- und Donnerstagnachmittag gegen Ende der Lesezeit
Vorträge und Mitteilungen. Den Bitten der Logenbrüder Folge leistend,
verpflichtete sich Günther, im Rahmen des Lesekabinetts auch Fran-
zösischunterricht zu erteilen. Freilich wurde das paragraphenreiche
Programm Günthers nur bedingt in die Praxis umgesetzt, denn schon
am 11. Oktober 1789 beklagte sich J. Th. von Herrmann: "Wir haben
Gesetze und Regeln, allein niemand ist, der nachsieht, ob sie auch
befolgt werden."

Der Umstand, daß gewisse Bücher unter Verschluß gehalten und nur
den rezipierten Meistern zur Verfügung gestellt werden sollten, ist
wohl einerseits der an Initiationsstufen reichen Struktur der Freimaurerei zuzuschreiben, andererseits aber dem Faktum, daß dieses Lesekabinett auch Nichtfreimaurern zur Verfügung gestellt wurde, für

die am 21. Februar 1789 die Hermannstädter Lesegesellschaft als
"eine Anstalt zur Beförderung der wechselseitigen Mitteilung literarischer Kenntnisse" gegründet worden war. Die wesentlichen Initiatoren, Baron Buccow, J.Th. von Herrmann, J.A. Müller waren
dieselben Freimaurer, die das Lesekabinett der Loge ins Leben gerufen hatten.

Es ist demnach nicht verwunderlich, daß Georg Daniel Neugeboren
seine Inauguralrede recht allgemein "Bei Errichtung dieses Instituts"
überschriftet hat und mit Allgemeinplätzen vorlieb nimmt: "Nach meinem Gedenken soll unsre Absicht diese sein, teils den Freunden der
Wissenschaft die Kommunikation mit der deutschen Literatur durch
Bekanntmachung ihrer vorzüglichsten neuen Produkte zu erleichtern,
teils im allgemeinen unter dem Lesepublikum Aufklärung, vernünf-
tiges Denken und feinen Geschmack zu befördern, einzuführen und zu
verbreiten..."

Zwei Tage nach dem am 20. Februar 1790 erfolgten Tod Josephs II.
kamen die Hermannstädter Freimaurer zusammen, um das Andenken
des verblichenen Monarchen zu ehren und um "die Loge einstweilen
zu decken", d.h. in Erwartung einer erneuten Gutheißung durch Leopold II. ihre maurerische Tätigkeit einzustellen. Die wissenschaftliche Auswertung der Mineraliensammlung wurde J.K. Eder anvertraut, die Zeitungen dem Casino überantwortet, womit wahrscheinlich das Kaffeehaus gemeint ist, wo die als nicht freimaurerisch fir-
mierende Hermannstädter Lesegesellschaft vorübergehend tagen
sollte. Doch schon bald darauf räumte Samuel von Brukenthal, der
als Student in Leipzig schon den Meistergrad erworben hatte, dieser
Institution die notwendigen Zimmer in seinem Palais ein, wohl erst
nachdem die Gesellschaft vom Landesgubernium bestätigt worden war
und der Gouverneur Graf Banffi, ein ehemaliger Freimaurer, geruht
hatte, seinen Namen in die Liste der Mitglieder eintragen zu lassen.
Als Präsident der Hermannstädter Lesegesellschaft, die sich von
nun an immer als "patriotisch" bezeichnet, figuriert der Senator Martin von Rosenfeld, als Sekretär J.K. Eder und als Rechnungsführer
G.D. Neugeboren.

Von den 14 Zeitungen, die nun den Mitgliedern der Lesegesellschaft
zur Verfügung stehen, seien hier die "Jenaer Literaturzeitung", Wielands "Teutscher Merkur", Schlözers "Anzeiger" und der "Esprit des
journaux" erwähnt. Auf ausdrücklichen Wunsch Michael von Brukenthals wurden auch Vorlesungen zur vaterländischen Geschichte (am
Donnerstag und Samstag) und zu Problemen der Philosophie (meist
am Montag) eingeplant. Im Rahmen der Lesegesellschaft fand u.a.
Ende Juni 1790 eine Gedenksitzung in Erinnerung an den am 8. Juni

1790 verschiedenen und so verdienstvollen Johann Theodor von
Herrmann statt. Das damals vorgetragene Trauerlied ist erhalten.

Den Leistungen dieses Gremiums kann, wenn auch mittelbar, die
1790 erfolgte Herausgabe der "Siebenbürgischen Quartalschrift" zu-
gerechnet werden. Nichtdatierten Materialien aus dem Archiv der
Lesegesellschaft ist zu entnehmen, daß eine Publikation ins Auge gefaßt worden war, welcher man den Titel "Siebenbürgische gelehrte
Anzeigen" oder "Siebenbürgische literarische Anzeigen" zu geben
gedachte, oder auch "Dacisches Magazin, in dem so manche herr-
liche Produkte unserer inländischen Gelehrten ihren lehrbegierigen
Mitbürgern mitgeteilt" werden würden. Es wurde dazu bemerkt, daß
nicht nur Siebenbürgen, sondern auch die Walachei, die Moldau und
die Bukowina berücksichtigt werden sollten.

Im Rahmen der Hermannstädter Lesegesellschaft legte Johann
Filtsch 1792 den Plan einer Sozietät der Wissenschaften vor, die der
Zielsetzung nach eine Akademie mit einer naturwissenschaftlichen,
einer historischen und einer literarischen Klasse sein sollte. Darin
hätte eine logische Weiterentwicklung der hier behandelten Gesellschaften gelegen.

Auch sei in diesem Zusammenhang noch die "Gesellschaft zur Ausbreitung der Bildung unter der walachischen Geistlichkeit" erwähnt,
die am 26. Juni 1786 um die Genehmigung zur Herausgabe einer Zeitschrift für den walachischen Landmann bat.

Die relative Vielfalt der hier vorgestellten Organisationsformen
sollte jedoch nicht über die Tatsache hinwegtäuschen, daß die Anzahl
der aufgeklärten Professoren, Geistlichen, Ärzte und Beamte nicht
groß war. Vieles fußt auf "Personalunion": Man bedenke zum Beispiel, daß Martin Hochmeister d.Ä. (gest. 1789), der die Loge bei
sich beherbergte, 1784 die "Siebenbürger Zeitung" herausgab, für
die Bereicherung der Mineraliensammlung emsig warb, sich um den
Lesezirkel und die Periodika kümmerte, daß der katholische Abbé
J.K. Eder und der evangelische Theologe D.G. Neugeboren in allen
Leitungsgremien der Gesellschaft und Zirkel fungierten usw. Hervorgehoben muß noch werden, daß alle diese Gesellschaften - um eine
Formulierung C. Göllners zu benutzen - eindeutig "übervölkisch"
waren und daß alle diese Organisationsformen als Resultat der Bemühungen einer einträchtig wirkenden fortschrittlichen Intelligenz-
schicht angesehen werden können.

Quellen

Arhivele Statului Sibiu A 6-8; LL I; GG 3/16 Tomus A; HH 2
Honterus-Archiv der Schwarzen Kirche Kronstadt - Brașov Tq 166

Literatur

J.F.: Die Freimaurerloge.... in Hermannstadt. In: Siebenbürger Quartal-
     schrift 2, Nr. 5/1. III. 1860.
Carl Göllner: Überlegungen zur Aufklärung bei den Siebenbürger Sachsen. In:
     Forschungen zur Volks- und Landeskunde 14, Nr.1/1971.
Carl Göllner/Heinz Stanescu: Schrifttum der Siebenbürger Sachsen und Banater
     Schwaben. Bukarest 1974.
Julius Groß: Aus den Briefen des Gubernialsekretärs Johann Theodor von Herr-
     mann. In: Archiv des Vereins für siebenbürgische Landeskunde, N.F.
     23/1890-1891.
Franz Liebhard: Unbekanntes unserer Pressegeschichte. In: Neue Banater Zei-
     tung, 16, Nr. 3054/17.9.1972.
Ion Lupaș: Contribuții la istoria ziaristicii românești ardelene. Sibiu 1945.
D. Popovici: La littérature roumaine à l'époque des lumières. Sibiu 1945.
G.A. Schuller: Samuel von Brukenthal. Bd. 2, München 1969.
H. Stanescu: Verbreitung und Auswirkung der Aufklärung im Banat. In: Analele
     universității București. Limbi germanice, 20, 1971.
H. Stanescu: Eine geplante siebenbürgisch-literarische Gesellschaft. In: Kor-
     respondenzblatt des Arbeitskreises für siebenbürgische Landeskunde.
     III. Folge, 2, Nr.1-2/1972.
Fr. Zieglauer: Geschichte der Freimaurerloge St. Andreas zu den drei See-
     blättern in Hermannstadt 1767-1790. In: Archiv des Vereins für siebenbür-
     gische Landeskunde, N.F. 12, 1874-1875.

IGNAZ VON BORN ALS ORGANISATOR DER WISSENSCHAFTLICHEN BESTREBUNGEN IN DER HABSBURGER MONARCHIE

Von Mikuláš Teich

Obzwar Ignaz von Born zu den führenden Köpfen der Aufklärung in der Habsburger Monarchie gehörte, fehlt noch eine eingehende zusammenfassende Darstellung seines vielseitigen Wirkens und Denkens[1]. Der folgende Beitrag soll zur weiteren Erforschung des Strebens eines der interessantesten Aufklärer der von den Habsburgern beherrschten mitteleuropäischen Länder anregen.

Sein lebenslanges Bemühen um den Fortschritt der Wissenschaften und die Entfaltung der Technik entsprang seiner unmittelbaren Berührung mit der praktischen Seite des Berg- und Hüttenwesens in seiner engeren siebenbürgischen Heimat und in seiner amtlichen Tätigkeit bei den österreichischen Bergwerksbehörden zu Schemnitz (1769–1770), Prag (1770–1772) und Wien (seit 1779). Auf Reisen, die er dienstlich oder als Privatmann unternahm, wurde er mit den bergmännischen und metallurgischen Einrichtungen und Arbeitsmethoden in den staatlichen und Eigenbetrieben vertraut. Als den schwersten Nachteil erkannte er den Hang zur Geheimniskrämerei, verbunden mit mangelnder Bereitschaft zum technischen Wandel, die in einer ausgeprägten Neigung zur Empirie und in einem ungenügenden Verständnis für wissenschaftlichen Fortschritt wurzelte. Als Nikolaus Poda, der Inhaber des Lehrstuhls für Mathematik, Physik und Mechanik an der Schemnitzer Bergwerkhochschule, Schwierigkeiten mit dem Druck seiner Abhandlung "Kurzgefasste Beschreibung, der bei dem Bergbau zu Schemnitz in Nieder-Hungarn errichteten Maschinen" hatte, übernahm Born die Herausgabe. Die Schrift, die zu den bedeutendsten technischhistorischen Quellen über den mitteleuropäischen Bergbau im 18. Jahrhundert gehört, erschien im Herbst 1771 in Prag. In seinem Vorwort des dem Präsidenten der Hofkammer für Münz- und Bergwesen Graf Kolowrat gewidmeten Werkes faßte Born seine Ansicht über den Ausbau des österreichischen Bergwesens in folgende Sätze:

"Bey gegenwärtigen Einrichtungen einer ordentlichen Bergschule in Schemnitz kann man sich von den beruehmten Lehrern, und vielleicht in kurzem auch von ihren Schülern, von Zeit zu Zeit wichtige Beytraege zur Erweiterung der bergmaennischen Wissenschaften sicher versprechen besonders da man auch in dieser Gegend zu erkennen anfaengt, daß die bey dem Bergwesen bishero nur zu sehr gepflogene Geheimniskraemerey zur Aufnahme des Bergbaues nichts beytrage, sondern

vielmehr die Verbesserung desselben nur zu sehr hindere. Dem ein-
sichtsvollen Minister, der die Bergwerke der Oesterreichischen Staaten mit so unermuedeten Eifer besorget, muessen wir die Verscheu-
chung eines so nachtheiligen Vorurtheils danken, und von Ihm hoffen
wir mit Grunde, daß er durch Seinen Beyfall unsere Bergwerksver-
staendige aufmuntern werde, ihre gelehrten Ausarbeitungen, an denen
sie zur Verbreitung der Bergwerkswissenschaften gemeinschaftlich
arbeiten, bald oeffentlich bekannt zu machen."

Eindeutig brachte Born seine Meinung zum Ausdruck, zweifellos
veranlaßt durch das im Frühjahr erlassene Verbot (10. Mai 1771), das
Staatsbeamte verpflichtete, nichts Bergtechnisches zu veröffentlichen.
Seine Erwartungen erfüllten sich nicht; im Gegenteil, als eine unmit-
telbare Folge des Erscheinens der Abhandlung über das "Hungarische
Maschinenwesen" wurde die fragliche Verordnung am 20. März 1772
erneuert. Schon acht Tage später in einem Schreiben Borns an Daniel
Gottfried Schreber, den Leipziger Professor der Ökonomie und der
Polizei- und Kameralwissenschaften, heißt es: "Wir erhielten einen
neuen Hofkammerbefehl, der unter Straf der Dienstentsetzung allen
Bergbeamten, mit Einschluss der Bergräthen, verbiethet, etwas über
die Naturgeschichte, Bergwerksmanipulationen, Maschinenwesen,
Bergwerksfreiheiten und dergleichen zu schreiben und unter was immer für einen Vorwand drucken zu lassen." Darauf fragte Born seinen
Korrespondenten: "Können Sie glauben, daß in einem aufgeklärten Lande so was möglich ist?" [2]

Als er diese Worte schrieb, ahnte Born nicht, welche Unannehmlichkeiten ihm durch seine Teilnahme an der Veröffentlichung des Werkes
von Poda bevorstanden. Darüber werden wir in einem französischen
Dankbrief vom 12. Juli 1773 näher unterrichtet, den Born an Wargentin, den Sekretär der Akademie der Wissenschaften zu Stockholm, anläßlich seiner Wahl zu deren Mitglied schrieb. Er deutete diese Aus-
zeichnung als eine persönliche Ermutigung, die Naturgeschichte eines
Landes zu betreiben, welches dieses Studium sehr vernachlässige.
Dann setzte er bitter fort: "Sehr benötige ich diese Ermutigung. Die
Herausgabe der Beschreibung der Maschinen zu Schemnitz, die ich vor
zwei Jahren der Akademie überreichte, hatte für mich wirklich böse
Folgen. Ich erhielt einen Hofverweis wegen der Enthüllung von Geheim-
nissen und es fehlte wenig, daß ich des Hochverrats bezichtigt wäre."
Nach dem Zitat der vorher erwähnten Verordnung berichtete Born weiter: "Erbittert im Dienst, den man hier bei uns noch als ein Handwerk
betrachtet, bat ich um Entlassung. Zum Schluss wurde sie mir unter
der Bedingung gewährt, niemals irgendetwas über den Königlichen Bergbau veröffentlichen zu wagen." [3]

Borns Austritt aus dem Staatsdienst im Jahre 1772 wird meist dadurch erklärt, daß er sich seit seiner Reise nach Siebenbürgen vor
zwei Jahren in einem Zustand chronischer Krankheit befunden habe.
Damals hatte sich Born beim Befahren einer Grube wahrscheinlich
eine Polyneuritis zugezogen, die ihn dann sein ganzes Leben plagte.
Doch die Hauptursache war, daß er sich gegen die staatlich verordne-
te Geheimniskrämerei wandte.

Daß die Herausgabe des Werkes über die Schemnitzer Maschinen
ein solches Aufsehen bei den Wiener Behörden erregte, war in der Tat
schwer verständlich, denn Poda unterrichtete an der Bergwerksakade-
mie in Schemnitz, und die dortigen Lehrer hatten den amtlichen Auftrag, Lehrbücher zusammenzustellen, die notwendig wirtschaftstech-
nische Informationen über den Schemnitzer Bergbau enthalten mußten.
Born nützte auch diesen Umstand aus, das Druckverbot zu umgehen,
indem er mit Christian Traugott Delius, dem Professor für Bergbauwissenschaften in Schemnitz, in Verbindung trat. Delius arbeitete an
seinem klassischen Buch "Anleitung zu der Bergbaukunst", das 1773
in Wien erschien, als ihn Born von der Notwendigkeit überzeugte, sein
eigenes Abbauverfahren von reichen Flözen, d. h. Schichten von nutz-
baren Mineralien, dem Lehrbuch einzuverleiben[4].

In seinem wissenschaftlichen Freund, dem Schweden Johann Jacob
Ferber, fand Born einen besonders verständnisvollen Helfer in seinen
Anstrengungen, sich dem Druckverbot zu entziehen. Von Borns Reise
nach Siebenbürgen und anderen Bergbaugegenden der Monarchie, die
er zwischen Mai und September 1770 unternahm, war schon die Rede.
Es galt nun, eine reiche Ausbeute von wissenschaftlich-technisch und
sozialwirtschaftlichen Informationen der Öffentlichkeit zur Verfügung
zu stellen. Die fruchtbare Zusammenarbeit zwischen den beiden Mineralogen führte zur Vortäuschung einer wissenschaftlichen Korrespondenz zwischen ihnen, die Ferber in Deutschland drucken ließ, mit einer Einführung in der Form eines Briefes von Ferber an Born, aus
dem zu ersehen sein sollte, daß die Herausgabe ohne Borns Einwilli-
gung erfolgte. Den wirklichen Tatbestand beschrieb Born am 27. Mai
1773 in einem Brief an J.Chr.D. Schreber, den späteren Präsidenten
der "Leopoldina" folgendermaßen: "Ich musste die Einkleidung von
Briefen, welche ich damals an Ferber geschrieben zu haben vorgebe,
wählen, weil man bei meiner Entlassung von meinem Dienste mir solche nur mit der Bedingnis zugestanden hat, daß ich nie etwas, so die
Bergwerke oder Mineralgeschichte betrifft, drucken lassen solle.
Diese Briefe mussten also einen anderen Herausgeber haben."[5]

Unter dem Namen Ferbers erschien 1774 auch eine Abhandlung über
den Quecksilberbergbau in Idria, die schon zwei Jahre vorher druck-

reif war. Born äußerte sich damals: "Ich will einen kleinen Prolog
über die Geheimniskrämereien in den österreichischen Staaten vor-
setzen, aber meinen Namen sorgfältig verschweigen." [6]

In Borns Schreiben spürt man die Entrüstung eines Wissenschaftlers, der vergebens an den Staat appelliert hatte, den offenen Austausch von wissenschaftlich-technischen Kenntnissen im Interesse der
Verbesserung des Bergbaus und Hüttenwesens zu erlauben. Seit dem
Sommer 1772, nachdem er den Staatsdienst verlassen hatte, wohnte
er auf seinem Gute Alt-Zedlitz bei Tachau (Staré Sedlište u Tachova)
in Südböhmen, wo er sich seinem Lieblingsfache, der Mineralogie,
widmete, aber auch geologische und paläontologische Studien betrieb.
Seine erste größere Arbeit auf diesem Gebiet war die von 1772 bis
1775 herausgegebene systematische Beschreibung seiner eigenen Mineraliensammlung, die zu den vollkommensten ihrer Art zählte. Bezeichnend für Borns System war, daß die üblichen biologischen Vorstellungen mit chemischen Kenntnissen eng verbunden waren. Dieses
System versuchte den chemisch-metallurgischen Eigenschaften der
Mineralien mehr gerecht zu werden. Über diese sachliche Richtung
hinaus ging es Born darum klarzumachen, daß Privatsammlungen von
wissenschaftlich geordneten Naturgegenständen von viel größerem ge-
meinschaftlichen Nutzen sein könnten, wenn die interessierte Öffentlichkeit Zugang zu ihnen hätte [7].

Wiederum brachte Born seine Überzeugung zur Geltung, daß wissenschaftliche Kenntnisse nur dann der geistigen Aufklärung und materiellen Entwicklung dienten, wenn sie zum öffentlichen Besitztum
würden. Er begriff den Unterschied zwischen der Einstellung des
Handwerkers und wissenschaftlicher Naturerkenntnis, die in der Tat
"geistige Potenzen der Produktion" darstellten [8]. Der Handwerker betrachtete seine "Kniffe" als sein geistiges Eigentum, das er gegen
Mißbrauch durch Geheimhaltung zu schützen versuchte, und diesen
Weg verfolgten auf eine organisierte Weise auch die Zünfte und Gil-
den. Anders stand es auf dem Gebiet der Naturwissenschaften. Der
Gelehrte hatte ein Interesse daran, sein geistiges Eigentum, die Beobachtungen, Resultate der Experimente und Folgerungen möglichst
schnell zu veröffentlichen. Um das zu erreichen, gründeten Wissenschaftler - zuerst in Italien am Ende des 16. Jahrhunderts, und dann
in den beiden folgenden Jahrhunderten u.a. in Deutschland, England
und Frankreich - gelehrte Gesellschaften und Zeitschriften. Ihre
Errichtung bot ein öffentliches Forum für einen wissenschaftlichen
Gedankenaustausch. Damit wurde ein entscheidender Anstoß für die
Verbreitung der Wissenschaften in der Gesellschaft gegeben, die den
privaten Briefwechsel und private Zusammenkünfte ersetzte [9].

Die Weiterführung dieser Gedanken erlaubt es, den Beitrag Borns zur Herausbildung eines organisierten Wissenschaftslebens in der Habsburger Monarchie besser zu verstehen. Zuerst sei die von ihm herausgegebene Zeitschrift "Abhandlungen einer Privatgesellschaft in Böhmen, zur Aufnahme der Mathematik, der vaterländischen Geschichte und der Naturgeschichte" erwähnt. Sie erschien unter Borns Schriftleitung in Prag von 1775 bis 1784 in sechs Bänden. Trotz vieler Versuche bleibt das genaue Datum des Entstehens der Privatgesellschaft unbestimmt [10]. Feststellbar ist aber, daß Born zu ihren Gründern und ersten Förderern gehörte.

Nach seinen schlechten Erfahrungen mit dem Staat hatte sich Born an den böhmischen Adel gewandt. Er glaubte, daß er bei ihm die nötige finanzielle und ideelle Unterstützung für die Bestrebungen, das wissenschaftliche Leben in Böhmen und damit auch in der Monarchie zu wecken, finden würde. Die Erörterung dieses Problems bildete ein wichtiges Thema des Briefwechsels zwischen Born und Graf Franz Joseph Kinsky, der in seiner Schrift "Erinnerung über einen wichtigen Gegenstand, von einem Böhmen" (1773) einen interessanten nationalerzieherischen Beitrag zur Erweckung des tschechischen Nationalbewußtseins leistete. Born erhoffte zwar vom Adel Mäzenatentum, aber er hegte keine Illusionen über die wirklichen Verhältnisse. 1773 äußerte er sich in einem Brief an Kinsky kritisch über ihre gemeinsamen Standesgenossen:

"Wer aber unter unserm Adel hat wohl jemals auch nur daran gedacht Talente aufzumuntern, um die Schätze, welche die freygebigere Natur der weitläufigen österreichischen Staaten in so reichem Maase ausgetheilet hat, aufsuchen, zusammenbringen, und bekannt machen zu lassen? Wie erniedrigend ist es fuer uns, dass die Naturgeschichte von Oesterreich, Boehmen, Maehren, Kaernthen, Krain, Kroatien, Tyrol, Ungarn und Siebenbuergen weniger bearbeitet werden, als jene von Sibirien, Kamtschatka, Groenland, Lappland, Island, Pennsylvanien, Madagaskar und Otahiti; ja, dass man nicht einmal in dem grossen Bezirke dieser Laender auf die Errichtung einer gelehrten Gesellschaft, um die einzelnen Beobachtungen der Naturkundigen aufzusammeln, gedacht habe. Nicht als ob wir keine Naturforscher haetten, denen es an Fleisse und Geschicklichkeit mangelte." [11]

Borns Aufzählung der Namen wissenschaftlicher Persönlichkeiten und ihrer finanziellen Schwierigkeiten bei der Weiterentwicklung und Bereicherung von Wissenschaft und Technik kann hier nicht wiedergegeben werden. Was in seinem Schreiben klar zum Ausdruck kam, war seine Erkenntnis, daß die Erforschung der Naturschätze zu den erstrangigen Aufgaben der gelehrten Gesellschaften gehöre. Er bedauerte,

daß man in Österreich kein Verständnis für die Errichtung wissenschaftlicher Sozietäten habe, zeigte den Wert der Naturforschung in
Bezug auf Wirtschaft, Gesundheitswesen, Kirche und Kultur und versuchte, wie schon früher, auf die österreichische Staatsführung einzuwirken, weil es im eigensten Interesse des Staates läge, freien wissenschaftlichen Meinungsaustausch zu fördern. Er verwies dabei auf
Rußland als Vorbild für die Schaffung von angemessenen Bedingungen
für wissenschaftliche Tätigkeit zum praktischen Nutzen und meinte:
"Stellen Sie dem Staatsmanne den Einfluss, den die Kenntnis der Schätze der Natur auf die Handlung eines Landes hat, vor. Legen Sie ihm
Russland zum Beyspiel dar, welches mehrere Caravannen gelehrter
Maenner in alle, auch die unfruchtbarsten Theile dieses weitlaeuftigen
Reiches abgesandt hat, denen es die Emporbringung ihrer Bergwerke,
die Entdeckung neuer Tiere und Pflanzen, wodurch die Handlung Russ-
lands so sehr erweitert worden, verdanket." [12]
    An der Stellungnahme der russischen Behörden zum freien Meinungs-
austausch auf dem Gebiete des wissenschaftlichen Verkehrs zeigte
Born den überholten Standpunkt des österreichischen Hofes: "Weit entfernt aber, dass man da selbst unter dem Scheine von Staatsgeheim-
nissen die Bekanntmachung dieser neuen Entdeckungen hindern sollte,
liefert man von da her die ausführlichsten Beschreibungen aller einzelnen Beobachtungen, und geht auch dadurch andern, sich aufgeklärter duenkenden Nationen, durch ein ruehmliches Beyspiel alle den Wissenschaften schaedliche Geheimniskraemereyen abzuschaffen, vor." [13]
    Wie sich aus dem Schreiben Borns an Kinsky ergibt, existierte 1773
weder in Böhmen noch in den andern Ländern der Monarchie eine gelehrte Gesellschaft, aber 1775 gab er den ersten Band der "Abhandlungen einer Privatgesellschaft in Boehmen" heraus, wo er die Gründung dieses neuen wissenschaftlichen Gremiums mit folgenden Worten
schilderte: "Verschiedene meiner Freunde klagten oefters ueber den
Mangel der oeffentlichen Anstalten in unseren Gegenden, wodurch die
einzelnen Beobachtungen der Gelehrten auch gesammelt und dem Publikum auch mitgetheilet werden koennten. Wir sahen, wie nachtheilig
es dem Ruhme der Nation seyn muesse, dass - da fast jede kleine
Universitaet in Deutschland eigene gelehrte Gesellschaften errichtet
hat - man in unserem aufgeklaerten Jahrhundert bey uns ein aehnli-
ches zu bewerkstelligen unterlassen habe." [14] Nachdem Born auf Böh-
mens reiche Kulturtraditionen hingewiesen hatte, fuhr er fort: "und
wir fassten endlich muthig den Entschluss, diesem Beyspiele unserer
Vorfahrer zu folgen, uns unsere Arbeiten gemeinschaftlich mitzuthei-
len, und diejenigen, die wir fuer wichtig genug hielten, unter dem Namen: Abhandlungen einer Privatgesellschaft in Boehmen dem Publi-

kum vorzulegen. Dies ist die kurze Geschichte von der Entstehung
unsrer Gesellschaft." [15]

Offiziell wurde die Privatgesellschaft erst 1784 anerkannt und führte nun den Namen: Böhmische Gesellschaft der Wissenschaften. Zu
dieser Zeit weilte Born schon das sechste Jahr in Wien, wohin er dem
Ruf der Kaiserin Maria Theresia gefolgt war, um das k.k. Naturali-
enkabinett zu ordnen. 1784 erschien auch der sechste und letzte Band
der "Abhandlungen einer Privatgesellschaft in Böhmen". Er enthielt
nach Borns Worten "... meistens die aelteren Abhandlungen, so beynahe zwey Jahre schon zum Druck fertig waren. Ein Theil der neueren Aufsaetze, so die Naturkunde betreffen, sind indessen in den
physikalischen Arbeiten der Einträchtigen aufgenommen worden."

Um den Sinn dieser Sätze besser zu verstehen, müßte man den Einfluß der Freimaurerei auf Born und Borns Versuch, den Freimaurerorden als ein Zentrum der wissenschaftlichen Aufklärung zu betrachten, charakterisieren. Da das Thema noch viel zu wenig untersucht
worden ist, kann hier nur angedeutet werden, daß Born Mitte 1782
der Wiener Loge Zur wahren Eintracht beitrat [16] und an einem Arbeits-
programm von ihr führend beteiligt war, das er in einem Brief vom
9. Juni 1784 folgendermaßen beschrieb: "Noch immer arbeiten wir
nach unserm ersten Plane. Nach und nach schliesst sich immer ein
geschickter junger Mann nach dem andern an unserm Kreis; Eintracht
unter den helldenkenden Köpfen u. guten Schriftstellern Wiens ist noch
immer unser Streben, und die Verbreitung der Aufklärung unsre Arbeit." [17]

Auf Borns Vorschlag begann die Loge, in der er auch Meister vom
Stuhl wurde, 1783 eine streng wissenschaftliche Zeitschrift mit dem
Titel "Physikalische Arbeiten der eintraechtigen Freunde in Wien"
herauszugeben, in der die für die Prager "Abhandlungen" ursprünglich bestimmten wissenschaftlichen Aufsätze abgedruckt wurden. Der
zweite und letzte Band erschien 1786, als der Freimaurerorden auf
Kaiser Josephs Anordnung schon unter Staatsaufsicht gestellt worden
war. In diesem Jahr verließ auch Born die Loge, die sich auf Grund
der staatlich verordneten Reorganisation des Freimaurerwesens inzwischen mit zwei anderen Logen zusammenschloß. Anscheinend
konnte der ursprüngliche Plan der Arbeit unter den neuen Bedingungen nicht durchgeführt werden.

Etwa zu gleicher Zeit beschäftigte sich Born mit der Amalgamation,
d.h. mit der Methode, Silber mittels Quecksilber aus den Erzen zu
gewinnen. Im Vergleich mit der üblichen Schmelzarbeit schätzte die
Fachwelt die Möglichkeiten der schon in der Antike bekannten Amalgamierung nicht besonders hoch ein. Sie änderte das Urteil, nachdem

einige der erfahrensten Fachgenossen im September 1786 nach Glashütte bei Schemnitz (Skleno bei Banská Štiavnica) auf Einladung Borns
kamen, um sorgfältigere Versuche zu unternehmen [18]. Die dabei er-
zielten Ergebnisse bestätigten die Richtigkeit des von Born vorgeschlagenen Weges. Ferber berichtete von dem Arbeitstreffen folgendes: "Beynahe alle bergbauende Staaten Europens schickten die erfahrensten und beruehmtesten Berg- und Huettenvorsteher nach der Glashuette, um die Quickanstalten im Grossen zu sehen, zu beurtheilen
und sich bekannt zu machen. Einige derselben verweilten ein ganzes
Jahr lang daselbst. Jeder hielt sich wenigstens zwey bis drey Monate
dort auf, wohnte den Arbeiten taeglich bey, legte selbst Hand an. Die
Rechnungen, dieses bey den Schmelzhuetten sonst jedem Fremden so
unzugaengliche Heiligthum wurden jedermann ohne Zurueckhaltung zur
Einsicht vorgelegt, um alles pruefen und die Kosten berechnen zu
koennen." [19] Zweifellos praktizierte Born, was er predigte. Sein Verfahren wurde zum öffentlichen Eigentum, da im Zusammenhang mit
dem kaiserlichen Auftrag, die Beschreibung der Amalgamierung zu
veröffentlichen, das ehemalige Druckverbot aufgehoben wurde [20].

Von den meisten Wissenschaftshistorikern wird das Karlsruher Che-
miker-Treffen von 1860, das Klarheit über den Unterschied zwischen
Atom und Äquivalent brachte, als der erste internationale wissenschaftliche Kongreß angesehen. Aber er hat sicher schon Vorgänger
gehabt. So ist bekannt, daß einige Wissenschaftler aus Böhmen (unter
ihnen auch der später berühmt gewordene Physiologe Purkyně) zu den
elf Teilnehmern eines Treffens im Jahr 1822 gehörten, das zur Gründung der Gesellschaft deutscher Naturforscher und Ärzte führte. Vor
kurzem wies der englische Wissenschaftshistoriker Maurice Crosland
auf die wenig bekannte internationale Konferenz über das metrische
System hin, die in Paris 1798 bis 1799 in der Zeit der Revolutions-
kriege tagte [21]. Das Zusammenkommen von führenden Metallurgen aus
dem In- und Auslande in Glashütte 1786, um Borns verbesserte Methode der Amalgamation zu begutachten, stellt aber wahrscheinlich
die erste internationale wissenschaftliche Konferenz dar, wenn auch
die Diskussionen und Berichte nicht im Rahmen einer formal geführten Agenda in einem Sitzungssaal stattfanden. Die Zusammenkunft in
Glashütte markiert also den Beginn einer neuen Phase der Wissenschaftsorganisation, vor allem auch, weil sie zur Gründung einer internationalen gelehrten Zeitschrift der Bergbauwissenschaften führte.

Daß der Bergbau auch noch in den achtziger Jahren des 18. Jahrhunderts unter dem Mißbrauch der Geheimhaltung litt und daß darin
ein großer Mangel bestand, "sahen die unterzeichneten Liebhaber des
Bergbaus lebhaft ein, als ihnen die neu wiedergefundenen grossen Vor-

theile der Amalgamation, eine gluechliche Gelegenheit gegeben hatten,
sich in Ungarn zu Glashuette (oder Szkleno, welches in Schlawacki-
scher Sprache Glass heisst), ohnweit Schemnitz zusammenzufinden.
Sie glaubten ihm am besten dadurch abzuhelfen, wenn sie ihre Freunde, und zugleich Freunde und Beschuetzer des Bergbaus, in ein ganzes, zu einer Societät der Bergbaukunde zusammen zu verbinden suchten. Durch die, sahen sie ueberzeugend, koennten erlangte nuetzliche
Kenntnisse, am besten im geschwinden Umlauf gebracht; der Geheimniskraemerey im Dienste der Unwissenheit und Betruegerey, koennte
das Handwerk besser gelegt; dem Widerstand des wahren Guten kraef-
tiger entgegen gearbeitet; und jeder Vortheil, dem einzelnen Gliede,
oder allen bekannt, koennte durch Errichtung einer solchen Societaet
am sichersten aufbewahrt werden."[22]
Die Bedeutung der Gründung der wenn auch kurzlebigen Societät und
die Herausgabe der "Bergbaukunde" (zwei Bände erschienen 1789 und
1790) wurde von Wissenschafts- und Technikhistorikern bis jetzt wenig beachtet. Die Konstituierung der wissenschaftlichen Gesellschaften und Zeitschriften im 16., 17. und 18. Jahrhundert gehört in die
Entwicklung der Wissenschaft zu einem Mittel systematischer Naturerkenntnis und ist auch ein Ausdruck ihrer zunehmenden Gesellschafts-
bezogenheit. Die Errichtung der Societät für Bergbaukunde am Ende
des 18. Jahrhunderts ging der Gründung von spezialisierten wissenschaftlichen Fachorganisationen und Kongressen im 19. Jahrhundert
voraus. Die Tatsache, daß die Bergbauwissenschaftler auf einem
Treffen, das der Begutachtung eines Fachproblems gewidmet war, zur
Auffassung kamen, daß es von Nutzen wäre, ihre Kräfte innerhalb einer gemeinsamen internationalen gelehrten Vereinigung zusammenzu-
schließen, repräsentierte das Prinzip der Arbeitsteilung unter den
Wissenschaftlern und damit auch eine höhere Stufe der "Vergesell-
schaftung" der Wissenschaft.
Wenige verstanden es besser als Born, daß dies ein notwendiger
Schritt vorwärts sei, nicht nur in der Entwicklung der Wissenschaft,
sondern auch der menschlichen Gesellschaft. Er war tief überzeugt,
daß es im eigensten Interesse so der Wirtschaft, wie der Denkfrei-
heit wäre, die Resultate der wissenschaftlichen Kenntnisse und technischer Verbesserungen nicht geheim zu halten. Deshalb war er uner-
müdlich damit beschäftigt, durch Rat und Tat technischen Werken und
wissenschaftlicher Literatur zur Herausgabe zu verhelfen. Diesen Bedürfnissen entsprach auch Borns Bemühen um die Gründung wissenschaftlicher Gesellschaften und Zeitschriften. Er hat wie wenige zu
seiner Zeit in der Habsburger Monarchie erkannt, welche wechselsei-
tige materielle und geistige Wirkung die systematischen Veröffentli-

chungen und Besprechungen von Ergebnissen wissenschaftlicher Forschung hatten. Eine Gesamtdarstellung von Borns Schaffen und Denken müßte auch untersuchen, wie er seine Abneigung gegenüber der
Geheimniskrämerei mit seiner Tätigkeit als Freimaurer in Einklang
brachte. Die Errichtung der Societät der Bergbaukunde und die Herausgabe ihres wissenschaftlichen Organs ("Bergbaukunde") gehörte
zweifellos zu Borns historisch bedeutsamsten Leistungen in der Geschichte der wissenschaftlichen Organisationen. Der jahrelange Kampf,
den Born führte, um den Bergbau durch wissenschaftliche Kenntnisse
zu untermauern, den wissenschaftlichen Gedankenaustausch frei zu
gestalten und die gesellschaftliche Wirkung der Wissenschaft durch ihre Organisation zu verstärken, hat bedeutsame Früchte getragen.

Anmerkungen

[1] Ignaz von Born, geb. 1742 in Karlsburg (Siebenbürgen), gest. 1791 in
    Wien, hat leider noch nicht die ihm gebührende Beachtung gefunden. Das
    einzige Buch über Born von E. Zellwecker (Das Urbild des Sarastro Ignaz
    von Born, Wien 1953) hat nur begrenzten Wert. Die Dissertation von P.M.
    Hofer (Ignaz von Born. Leben - Leistung - Wertung. Wien 1956), die den
    Vorzug hat, daß sie auf archivalischen Untersuchungen beruht, blieb un-
    gedruckt. Vgl. ferner J. Haubelt: Studie o Ignáci Bornovi, in: Acta Uni-
    versitatis Carlinae Philosophica et Historica XXXIX, Prag 1971.
[2] J. Beran (Hrg.): Dopisy Ignáce Borna D.G. a J.Ch.D. Schreberum (Die
    Briefe Ignaz Borns an D.G. und Ch.D. Schreber). In: Fontes scientiarum
    in Bohemia florentium historiam illustrantes 1, Prag 1971, S. 94.
[3] Born an Wargentin, Schreiben vom 12.7.1773, Kungl. Vetenskapsakade-
    miens Bibliotek, Stockholm.
[4] Vgl. Born an Wargentin, Schreiben vom 10.1.1774, ebenda
[5] Siehe Beran, a.a.O., S. 104.
[6] Ebenda, S. 98.
[7] I. Born: Index Fossilium Lithophylacium Bormanum. Prag 1772-1775.
    Siehe Einleitung.
[8] K. Marx: Das Kapital, Bd. 1, Berlin 1947, S. 379.

9 Vgl. M. Teich: Tschirnhaus und der Akademiegedanke, in: Quellen und
Studien zur Geschichte Osteuropas, Bd. VII., S. 93-107.

10 Man nahm an, daß die Privatgesellschaft zwischen 1769 und 1774 entstand.
Vgl. M. Teich: Královská česká společnost nauk a počátky vědeckého
průzkumu přírody v Čechách, in: Rozpravy Československé akademie věd,
Řada společenských věd, Prag 1959, S. 1-2; dazu J. Beran: Osmdesátile-
tá diskuse o vzniku soukromé společnosti nauk, DVT 1 (1968), S. 232-250;
derselbe Nové příspěvky ke sporu o vznik Soukromé společnosti nauk,
DVT 4 (1971), S. 13-19. Die Einwände gegen die Daten vor 1774 scheinen
berechtigt zu sein.

11 Schreiben des Herrn Ignatz von Born ... an Herrn Franz Grafen von Kinsky, Ueber einen ausgebrannten Vulkan bey der Stadt Eger in Boehmen,
Prag 1773.

12 Ebenda, S. 13-14.

13 Ebenda, S. 14.

14 APG I (1775), S. 2.

15 Ebenda, S. 3.

16 Zum folgenden, G. Forster an S. Th. Sömmering, Schreiben vom 17.8.
1784, in: H. Hettner (Hrg.): Georg Forsters Briefwechsel mit S. Th.
Sömmering, Braunschweig 1877, S. 116-118; Fr. Graeffer: Josephinische
Curiosa, Wien 1848-50; L. Abafi: Geschichte der Freimaurerei, Bd. IV,
Budapest 1893, S. 284 ff.

17 Born an K. L. Reinhold, Schreiben vom 9.6.1784 in: R. Keil: Wiener
Freunde 1784-1808. Wien 1883, S. 35.

18 Dazu ausführlicher M. Teich: Born's Amalgamation Process and the International Metallurgic Gathering at Skleno in 1786. In: Annals of Science, 32
(1975), 305-340.

19 J.J. Ferber : Ist es vorteilhafter, die silberhaeltigen Erze und Schmelz-
huettenprodukte anzuquicken, als sie zu schmelzen?, Leipzig und Wien 1787,
S. 4-5.

20 I. von Born: Ueber das Anquicken der gold- und silberhaeltigen Erze, Roh-
steine, Schwarzkupfer und Huettenspeise. Wien 1786.

21 M. Crosland: The Congress on Definitive Metric Standards, 1798-1799;
The First International Scientific Conference? In: Isis 60 (1969), S. 226 bis
231.

22 Bergbaukunde Bd. 1 (1789), S. 1.

DIE BERGAKADEMIE IN BANSKÁ ŠTIAVNICA (SCHEMNITZ) IM 18. JAHRHUNDERT

Von Jozef Vlachovič

In Übereinstimmung mit der Entwicklung der Aufklärungsideen in der zweiten Hälfte des 18. Jahrhunderts nehmen die Bestrebungen zu, spezielle technische montanistische Hochschul-Bildungsstätten einzurichten. So wie die entstehenden Bergakademien das Ergebnis des allgemeinen Fortschritts der Naturwissenschaften und der Technik im 18. Jahrhundert waren, so kann auch umgekehrt der bedeutsame Einfluß der Hochschulen neuen Typs auf den Aufschwung der Wissenschaft und Technik und die Entwicklung des neuen technischen Schulwesens nicht geleugnet werden.

Nach der Übersiedlung der Tyrnauer Universität nach Pest im Jahr 1777 war die Bergakademie auf dem Territorium der heutigen Slowakei die einzige Hochschule, die - was ihre Bedeutung und Reichweite anbetrifft - weit die Grenzen der Slowakei und Ungarns, aber auch der Habsburger Monarchie überschritt. Sie wurde im Unterricht der Bergbauwissenschaften, der Chemie, Mineralogie und Metallurgie so berühmt wie die Pariser Sorbonne in der Theologie und Bologna in der Rechtswissenschaft.

Das Bergfachschulwesen hatte in der Slowakei schon vor der Entstehung der Bergakademie eine reiche Tradition. Zu Beginn des 17. Jahrhunderts gibt es im mittelslowakischen Bergbaugebiet die praktische Fachausbildung von "Exspectanten", die auch Praktikanten genannt werden, in der Bergbauwissenschaft [1]. Sie erreichte mit der Zeit eine immer größere Vollkommenheit, wobei neben der ausgesprochen praktischen Ausrichtung des Unterrichts auch die theoretische Vorbereitung der Exspektanten nicht zu kurz kam und stetig zunahm.

1735 wird diese Ausbildungsform in den Unterricht der Schule in Schemnitz aufgenommen, und zwar von Samuel Mikovíni [2], einem Professor, der ein System regelmäßiger theoretischer Vorträge hält. Das Hauptgewicht des Unterrichts lag aber noch immer in der unmittelbaren praktischen Instruktion durch Bergbaufachleute und Beamte. Diese Art der Erziehung des fachmännischen Bergbaunachwuchses erwies sich aber bald als ungenügend, und die wachsenden Anforderungen der Berg- und Hüttenpraxis nach qualifizierten Fachleuten zwangen zu Erwägungen und zu den Versuchen, neue und bessere Formen der Vorbereitung, in erster Linie von Fachpersonal mit höherer Quali-

fikation, zu entwickeln. Es tauchte der Gedanke auf, eine Bergschule
zu errichten, an der so unterrichtet werden sollte, wie das sonst an
Universitäten üblich war.

I

Im Zusammenhang mit der Bergschule und mit Mikovínis Vorträgen
wurde und wird erörtert, ob die Anfänge des höheren technischen mon-
tanistischen Schulwesens in Schemnitz nicht bereits vom Jahr 1735 an
zu datieren wären. Es handelt sich dabei um eine Frage, wie sie bei
der Entwicklung des technischen Schulwesens überhaupt auftritt. Für
die Bergschule in Schemnitz wie für die übrigen technischen Schulen
in Europa ist nämlich in der ersten Hälfte des 18. Jahrhunderts die
Trennung der Theorie von der Praxis und Erfahrung noch nicht charakteristisch. Die Theorie wird noch nicht zur selbständigen, die
Produktion umformenden Kraft, die Wissenschaft wirkt noch nicht
als Produktivkraft. Deshalb sind in der Entwicklung des technischen
Schulwesens ganz allgemein unter diesem Gesichtspunkt zwei Etappen
zu unterscheiden. Die neue Etappe, die den Impuls zur Entstehung
des modernen technischen Schulwesens gibt, beginnt aber erst in der
zweiten Hälfte des 18. Jahrhunderts.

Bei der Entstehung der Akademie zu Schemnitz spielte die Notwendigkeit, dringende Probleme des Hüttenwesens zu lösen, eine entscheidende Rolle. Die wichtigste Aufgabe war die effektivste hütten-
männische Verarbeitung der Erze, die bei ständig ansteigenden Kosten und sinkender Metallhaltigkeit noch gefördert wurden. Dieses
Problem konnte nur auf wissenschaftlicher Grundlage, durch das Studium der Chemie und durch die chemische wissenschaftliche Forschung
gelöst werden.

Der französische Montanist G. Jars, der die Slowakei im Jahr 1758
besuchte, stellte fest, daß das Niveau des Hüttenwesens in der Slowakei hoch sei und daß die Hütten von Schemnitz in Theorie und Praxis
ausgebildete Chemiker benötigten [3]. Er begriff, daß man mit bloßer
Erfahrung bei der Vervollkommnung der Hüttentechnologie nicht aus-
komme und sprach also indirekt aus, daß eine höhere Lehranstalt besonders für die Ausbildung auf dem Gebiete der Chemie und Metallurgie notwendig sei.

Der Gedanke, eine Bergakademie zu gründen, entwickelte sich fast
gleichzeitig in den beiden bedeutendsten Bergbaugebieten Europas im
18. Jahrhundert: in Sachsen und in der Habsburger Monarchie. Auch
wenn man den gegenseitigen Einfluß nicht ausschließen kann, läßt
sich eindeutig feststellen, daß sich das Bergschulwesen hier wie da

eigener Wege bediente. Es wurde durch die Entwicklung der Produk-
tivkräfte im Berg- und Hüttenwesen in den beiden genannten Gebieten
und durch den Fortschritt der Technik und der Naturwissenschaften
in der zweiten Hälfte des 18. Jahrhunderts hervorgerufen.

Anfang Mai 1762 unterbreitete Thaddäus Peithner, Registrator des
böhmischen Oberstamtes für Münz- und Bergwesen, Maria Theresia
den Entwurf einer Bergakademie [4]. Er bezeichnete die bisherige Art
der Ausbildung in Böhmen als ungenügend. Das rein mechanische
Instruieren entspräche nicht einmal der Ausbildung von unteren Berg-
baubeamten. Ein großer Mangel sei es, das der Absolvent nur das
beherrsche, was er gelernt habe, und er Vorgänge, die ihm fremd
seien, oder übliche Verfahren nicht verbessern könne. Zu derartigen Leistungen würden die Schüler nicht ausgebildet.

Nach einer Erklärung des böhmischen Oberstmünz- und Bergamtes
wurde dieser Vorschlag in Gegenwart der Hofkammer, der Hofkanzlei, Peithners und auch des kaiserlichen Protomedikus Freiherrn
van Swieten geprüft. Auf Grund der Erklärung dieser Kommission
entschloß sich Maria Theresia am 13. Dezember 1762, in Schemnitz eine praktische Lehrschule für die Habsburger Monarchie auf
Staatskosten zu errichten. Schemnitz wurde von der Kommission als
die geeignetste Bergstadt angesehen, in welcher alle Einrichtungen
für die praktischen Übungen der Frequentanten vorhanden waren. In
der Schule, die jedem unentgeltlich offenstand, sollte im ersten Jahrgang die mineralogische Wissenschaft vorgetragen und im zweiten
Jahr die Theorie in der Praxis angewandt werden.

Der Eintritt in die Schule sollte nur dem bewilligt werden, der mit
Erfolg die Prüfung in zwei "präliminaren Wissenschaften", Arithmetik und Geometrie, abgelegt hatte. Denen, die Lust und Fähigkeit,
aber keine Mittel für das Studium der Mineralogie besaßen, sollte
ein Stipendium in Höhe der Bezahlung von Praktikanten gewährt werden. Auch einige bisherige Praktikanten aus allen Bergbaugebieten
der Habsburger Monarchie wurden auf die neue Schule in Schemnitz
geschickt. Und von nun an durfte weder ein bezahlter noch ein unbe-
zahlter Praktikant und schon gar nicht ein Beamter in den Bergbau-
betrieb aufgenommen werden, wenn er nicht vorher mindestens zwei
Jahre die Schule in Schemnitz besucht und die öffentliche Prüfung abgelegt hatte. Außerdem ernannte die Monarchin Thaddäus Peithner
zum Professor aller Bergbauwissenschaften in Prag [5]. Sie ordnete
für alle philosophischen Fakultäten an, der Jugend größere Kenntnisse von der Bergbauwissenschaft zu vermitteln. Das sollte eine
Art Vorbereitung für ihr eigentliches Studium sein, da jetzt die philosophischen Wissenschaften auf einer ganz neuen Grundlage stünden

und mehr dem Nutzen und dem praktischen Gebrauch im Leben zu dienen hätten. An der philosophischen Fakultät der Prager Universität, die unter der Leitung der Jesuiten stand, sollten die Bergbauwissenschaften insofern vorgetragen werden, als sie zur Physik gehörten [6].

Die Berufung von Nikolaus Jacquin zum Professor nach Schemnitz bei Verleihung des Titels Bergbaurat und mit einem jährlichen Gehalt von 2000 fl. ist der beste Beweis dafür, wie ernst gemeint die Gründung einer Bergbauakademie in Schemnitz war. Im Dekret über die Errichtung des Lehrstuhls für Chemie und Mineralogie und die Ernennung Jacquins vom 13. Juni 1763 überließ man es ihm, ob die Schule am Windschacht - ungefähr vier Kilometer von Schemnitz entfernt, wo die größten und wichtigsten Bergwerke waren - oder in Schemnitz selbst eingerichtet werden solle. Für die benötigten Requisiten und die Materialien zu den Experimenten bewilligte ihm die Hofkammer 200 fl. Alle Bergbauzentren der Monarchie sollten ihre Praktikanten nach Schemnitz schicken.

1763 begann Jacquin noch nicht mit seinen Vorlesungen. Er verlangte eine einjährige Frist zur Errichtung eines chemischen Laboratoriums, einer mineralogischen Sammlung und zur Beschaffung des nötigen Geräts, weil die Theorie, wenn sie nicht gleichzeitig mit Experimenten verbunden sei, jeder Grundlage entbehre. Auch betonte er, daß er den slowakischen Bergbau genau kennenlernen müsse. Deswegen beabsichtige er, einige Monate in Neusohl (Banská Bystrica) und in Kremnitz (Kremnica) zu verbringen [7]. Am 1. September 1764 begann dann Jacquin mit seinen Vorlesungen über Chemie, Mineralogie und Hüttenwesen.

Schon ein Jahr später errichtete die Hofkammer durch das Dekret vom 13. August 1765 einen zweiten Lehrstuhl, und zwar für Mathematik und Mechanik. Zum Professor dieses Lehrstuhls wurde der Jesuit Nikolaus Poda, bisher Verwalter des Observatoriums (Museum physicum) in Graz, ernannt. Dadurch waren die Vorlesungen in den wichtigsten theoretischen Fächern gesichert [8]. Die Einrichtungen am Windschacht dienten dem Unterricht des Bergbaunachwuchses in der Probier- und Markscheidekunst und im Zeichnen. Er wurde von den bisherigen Instruktoren abgehalten [9]. Wenn das Studium auch weiterhin nur zwei Jahre dauerte, so erhielt doch der Unterricht jetzt Universitätscharakter. Ein Beweis dafür sind die Vorlesungen Jacquins im Schuljahr 1765/66, die uns erhalten sind und ein einzigartiges Zeugnis für die Neuerungen im Unterricht darstellen [10]. Nach dem Manuskript könnte man annehmen, daß diese Vorlesungen von mehreren Hörern nachgeschrieben worden sind. Sie bestehen jeweils

aus zwei Teilen, einem theoretischen und einem praktischen. In der
Einleitung bewertet Jacquin die chemische Literatur und stellt fest,
daß sie sehr umfangreich sei. Es gäbe über 5000 Handschriften und
unzählige gedruckte Werke. Die meisten verdienten aber überhaupt
nicht genannt zu werden. Aber auch die besseren älteren Werke ent-
sprächen nicht seinen Anforderungen, weil sie sich entweder mit der
Alchimie, vor allem der Herstellung von Gold oder einem "medica-
mentum universale", befaßten oder ausschließlich die Heilkunde be-
träfen. In dieser Weise sei die Chemie auch an den Universitäten
gelehrt worden. Die einzige Arbeit, die nach Meinung Jacquins modernen Anforderungen entsprach, war das Buch des Freiburger Berg-
baurates Gellert [11].

Auch wenn man die Zeitspanne von 1764 bis 1770 als Anfang und
deshalb als eine Zeit ansieht, die durch eine Reihe erheblicher Mängel und Unvollkommenheiten im System und in der Organisation der
Bergakademie gekennzeichnet ist, so muß man unter Berücksichtigung dessen, was bisher ausgeführt wurde, doch feststellen, daß hier
bereits eine technische Hochschule entstanden war.

II

Durch das Dekret der Hofkammer vom 14. April 1770 bekam die
Schemnitzer Bergakademie ihre endgültige Gestalt. Zu den zwei schon
vorhandenen Lehrstühlen kam ein dritter für Bergbaukunst. Dem Dekret war ein ausführlicher Lehrplan beigefügt [12]. In der Einleitung
wird festgestellt, daß der bisherige Inhalt und die Form des Unterrichts den wachsenden Anforderungen an die Qualifikation und die
Anzahl der Fachleute nicht entspreche. Damit die Absolventen der
Akademie bei allen Arbeiten im komplizierten Organismus der Produktion ihren Mann stehen, müsse das Studium in allen Fächern, die
durch die drei Lehrstühle vertreten sind, erfolgen.

In der Schemnitzer Bergakademie sollte die Ausbildung von Bergbau-
fachleuten aus der ganzen Habsburger Monarchie konzentriert und alle
anderen Formen der Schulung aufgelöst werden. Nur den Lehrstuhl
für Bergbauwissenschaft an der Prager Universität ließ man mit der
Begründung bestehen, daß dort schon ein Professor vorhanden sei
und daß man die Jugend, besonders aber die adelige, im böhmischen
Königreich theoretisch in den Bergbauwissenschaften ausbilden müsse, damit aus ihr gute und nützliche Gewerke würden. Die Reihenfolge der Jahrgänge und der zu lehrenden Gegenstände bestimmte der
Plan folgendermaßen: erster Jahrgang - Mathematik und Mechanik;
zweiter Jahrgang - Mineralogie und Metallurgie; dritter Jahrgang -

Bergbaukunst. Maria Theresia billigte den Lehrplan der Akademie, wies jedoch zugleich darauf hin, daß die Aufmerksamkeit auch auf den Unterricht in der Forstwirtschaft, welcher im Plan vergessen worden war, zu richten sei, weil diese für das Berg- und Hüttenwesen als unentbehrlich betrachtet werden müsse. Daraufhin wurde Forstwirtschaft im dritten Jahrgang im Rahmen der Bergbaukunst vorgetragen.

Den Lehrstuhl für Mathematik, Mechanik und Physik übernahm nach Nikolaus Poda der Jesuit Karl Tierenberger [13], der ihn in den Jahren 1771 bis 1779 leitete. Mathematik wurde von 1780 bis 1788 durch Johann Szeleczky gelesen [14]; ihm folgte für einige Monate Karl Haidinger, nach dessen Abgang nach Wien im Jahr 1792 Michael Patzier [15]. Dieser wurde von Andreas Prybilla [16] abgelöst, den 1798 Johann Möhling ersetzte.

Die mathematischen Vorlesungen begannen gewöhnlich mit einer kurzen Wiederholung des gesamten Rechnens, dann wurde Arithmetik, Logarithmen, Dezimalrechnung sowie Flächen- und Volumenrechnung vorgetragen; es folgte die Geometrie, Trigonometrie, Algebra und die Grundlagen der Physik, die für alle, die keine entsprechende Vorbildung hatten, notwendig für das Studium der Bergbauwissenschaften war. Außerdem wurden Experimentalphysik, Mechanik, Hydrostatik, Hydraulik und die Grundregeln der Optik vorgetragen, soweit sie für die Markscheiderei unentbehrlich sind.

Die Hofkammer in Wien bestimmte, daß den Hörern der mathematischen Vorlesungen nur solche Rechnungsarten vorgetragen wurden, die mit den praktischen Aufgaben und mit der Ausübung des Dienstes im Berg- und Hüttenwesen zusammenhingen. In den Instruktionen für die Mathematikprofessoren wird ausdrücklich betont, daß die Hörer nicht mit Randproblemen und überflüssig komplizierten mathematischen Fragen belastet werden sollen [17]. Höhere Mathematik wurde an den Akademien des 18. Jahrhunderts nicht gelesen. Zu einer Änderung kam es erst am Beginn des 19. Jahrhunderts, als die Hofkammer die Vorträge Prof. Schitkos über höhere Mathematik zuließ, ja sogar begrüßte, jedoch nur für Studenten, die sich dafür besonders interessierten [18].

Die theoretischen Vorträge über Mathematik waren also eng mit der Praxis verbunden, hauptsächlich mit Zeichenübungen und mit der Instruktion an den Übertag- und Bergbaueinrichtungen. Die Hörer waren verpflichtet, wenigstens alle vierzehn Tage in die Bergwerke einzufahren, und schon im ersten Jahrgang mußten sie an den Übungen zur Markscheidekunst teilnehmen. Über ihre praktische Tätigkeit hatten sie ihre Professoren allwöchentlich ausführlich zu unterrichten. Großer Wert wurde an der Akademie auf den Unterricht im Zeichnen gelegt. Von dessen Niveau zeugen die bis heute erhaltenen Arbeiten der Studenten [19].

Im zweiten Jahrgang wurde Mineralogie gelesen und in diesem Zusammenhang auch die innere Struktur der Erde (später die Geologie) behandelt, ferner Chemie, Probierkunst und praktisches Hüttenwesen. Auf die Chemie- und Mineralogievorlesungen wurde größter Nachdruck gelegt, wovon auch die Auswahl der Professoren zeugt. Sie wurden am besten bezahlt, und der Chemieprofessor hatte an der Akademie die größte Autorität. Auch in diesem Bereich sollten Theorie und praktische Übungen einander ergänzen. Dazu diente das Laboratorium, das gleich neben dem Hörsaal untergebracht war.

Als 1769 Jacquin einem Ruf nach Wien als Professor für Chemie folgte, übernahm Anton Scopoli aus Idria die Vorlesungen über Mineralogie und Chemie in Schemnitz [20]. Nach Scopolis Abgang nach Pavia im Jahr 1779 las hier Anton Ruprecht von Eggenberg [21] und seit 1792 Michael Patzier [22] das Fach Chemie.

Die große Zahl von Studenten führte zu einer Neuordnung beim Experimentieren und zur Einführung von Gehilfen. Die besten Studenten unterstützten den Professor bei der Vorführung der Versuche, und einige von ihnen experimentierten auch selbständig. Deshalb verpflichtete die Hofkammer am 3. Oktober 1801 den Chemieprofessor, in der Klassifikationstabelle genau anzuführen, welche seiner Hörer er bei den Experimenten selbst angeleitet und welche er seinen Gehilfen anvertraut habe. Auf der Akademie sollten nämlich sowohl Männer ausgebildet werden, die durch Analyse Erze beurteilen und mit ihnen umgehen können, als auch solche, die auf Grund chemischer Forschungen in der Lage waren, neue und bessere Produktionsmethoden in den "Fabriken" einzuführen [23].

Im Rahmen des Faches Chemie wurde seit 1777 auch Bergrecht und Forstwesen gelesen. Auf Grund einer Verordnung der Hofkammer vom 16. März 1784 hielt der Chemieprofessor am Ende eines jeden Schuljahres einige Vorträge über Elektrizität, vor allem über die sphärische Elektrizität und den Blitzableiter, damit die Absolventen der Akademie einen Blitzableiter installieren konnten [24].

Der Unterricht im dritten Jahrgang sollte die Kenntnisse von den bisher theoretisch behandelten Lehrgegenständen vertiefen und zeigen, wie sie in den Bergwerken, den Aufbereitungseinrichtungen und an den Maschinen anzuwenden sind. Außerdem wurde jetzt all das gelehrt, was der zukünftige Beamte bei seiner Arbeit brauchen würde.

Die Vorlesungen begannen mit der Berggeographie, Hydrographie, Hydraulik und Hydrostatik, aber ausschließlich unter dem Gesichts-

punkt der praktischen Applikation im Bergbau, also dem Schürfen,
Gewinnen und Verfolgen der Adern, der Grubenzimmerung usw. Den
Kern der Vorlesungen bildeten die Ausführungen über die Bergbau-
kunst (Gewinnungsmethoden, Förderung, Lüftung, Entwässerung,
Bohr- und Sprengarbeiten) und über die Aufbereitung, also das Schei-
den, die Aufbereitung der Erze auf trockenem und nassem Wege, die
Pochwerke usw.

Im Bereich der Bergbaukunst gewann das Bergbau-Maschinenwe-
sen eine relative Selbständigkeit. Beeinflußt durch die Erfindung
neuer Maschinen - als Stichwort sei hier nur der Name Joseph Karl
Hells genannt [25] - durch die Fortschritte in deren Konstruktion, trug
es zur Konsolidierung der Bergbaukunde auf wissenschaftlicher Grundlage bei. Wenngleich der Empirismus in der Bergbaukunde auch weiterhin dominierte - ihn auszuschließen ist ja auch gar nicht möglich -
kommt es zu einem qualitativen Wandel, und zwar vor allem im Un-
tersuchungsansatz und beim Studium dieses Fachgebiets, das ohne
Einbeziehung der theoretischen Fächer, der Mathematik und der
Physik, undenkbar ist. Ferner ist man bestrebt, ein System der
vorhandenen Kenntnisse und Erkenntnisse zu bilden, die in die neuen
Hand- und Lehrbücher und in den Unterricht einfließen.

Der Lehrstuhl für Bergbaukunde und die Akademie als Institution
regten zur Abfassung von Lehrbüchern an, vor allem zu der hervorragenden Bergbaukunde von Delius [26], einem Werk, das auch bedeutende didaktische Qualitäten hat. Dadurch wurden die Ergebnisse
der Arbeit in Schemnitz, die hier entwickelte Bergbautechnik, aber
auch die Ökonomie, die Organisation und die Administration des
Bergbaus zum Besitz aller daran Interessierten.

An einem Studium in Schemnitz bestand auch bei zahlreichen Ausländern ein lebhaftes Interesse. Durch die Einrichtung des Lehrstuhls für Bergbaukunde sowie wegen des demokratischen Grundsat-
zes, daß jedermann ohne Rücksicht auf Nationalität, Staatsangehö-
rigkeit sowie die politische bzw. religiöse Überzeugung zur Akademie Zutritt habe, konnten sich die neuesten Ergebnisse in Forschung
und Technik von hier aus nach den übrigen Bergbauzentren der Welt
verbreiten, was bisher durch die strenge Geheimhaltung der Hofkammer in Wien verhindert worden war [27]. Die Studenten lernten die Be-
legschaft kennen, ihre Kategorien, Lohnformen, ihre Arbeiten und
Pflichten, und andererseits die Beschaffung und Lagerhaltung von
Rohmaterialien, Geräten, Einrichtungen usw. [28].

Um die Professur an dem neuerrichteten Lehrstuhl bewarb sich
bei der Hofkammer erfolgreich Traugott von Delius [29]. Aber schon
1772 wurde er als Kommissionsrat nach Wien berufen, und an seine

Stelle kam Peithner [30]. Nach dem Abgang Peithners aus Schemnitz
im Jahr 1777 blieb der Lehrstuhl für Bergbauwesen bis zum Jahr
1812 unbesetzt. Der Lehrstoff wurde unter den beiden anderen Professoren verteilt, wobei die Hauptlast die Professoren für Mathematik und Mechanik zu tragen hatten.

In den dritten Jahrgang fiel auch das Studium der Markscheidekunst,
von welcher die Studenten im ersten Jahrgang nur die Grundlagen kennengelernt hatten. Der theoretische und praktische Unterricht der
Markscheidekunst war dem Adjunkten des Markscheiders auf dem
Windschacht bei 86 fl. als Zulage zu seinem Gehalt anvertraut worden [31]. Später wurde diese Aufgabe auf den Markscheider selbst übertragen. Außer praktischen Übungen veranstaltete er auch Vorlesungen über dieses Fach [32].

Außer den drei Jahren systematischen Unterrichts war in das Studium an der Akademie auch ein Jahr Pflichtpraxis eingegliedert. Ein
halbes Jahr lang hatten die Studenten praktische Übungen in den Bergwerken, der Markscheiderei und bei der Aufbereitung der Erde auf
dem Windschacht in Schemnitz. Erst wenn sie sich hier als fähig erwiesen hatten, gingen sie in die anderen mittelslowakischen Berg-
städte, oder auch in andere Gebiete der Habsburger Monarchie. Ins
Ausland kamen nur solche, die sich schon als Bergbaubeamte be-
währt hatten.

Über die Tätigkeit der Praktikanten wurde ein Tagebuch geführt.
Am Jahresende erfolgte eine praktische Prüfung, deren Ergebnis in
die Konduitenliste eingetragen wurde unter Angabe desjenigen Faches,
zu welchem sich der Absolvent am besten eignete. Über dieses Fach
schrieben dann die Praktikanten gewöhnlich ihre Pflichtarbeit. Einige schriftliche Diplomarbeiten der Hörer der Akademie aus den Jahren 1795 bis 1806 sind uns erhalten geblieben und zeugen von verhältnismäßig hohen Ansprüchen [33]. Das definitive Absolutorium bekam
der Studierende erst nach dem erfolgreichen Abschluß des vierten
Jahrganges, des Praktikums, und nach Abgabe der schriftlichen Arbeit.

Nach der Instruktion aus dem Jahre 1770 sollten vierteljährlich
Kolloquien stattfinden. Aber schon 1771 machte Delius dagegen Einwände, die die Hofkammer nicht akzeptierte [34]. Die Vierteljahres-
prüfungen fanden statt, und man fertigte Klassifikationstabellen aus.
Normale Prüfungen wurden am Ende eines jeden Semesters in Gegenwart von Beamten des Oberstkammergrafenamtes, die auch das Recht
hatten, Fragen zu stellen, abgehalten. Am 17. November 1770 erfolgte durch die Hofkammer eine besondere Regelung dieser Prüfungen, der Abfassung von Klassifikationstabellen und der Bericht-

erstattung über die Prüfungsergebnisse [35]. Am Ende des dritten Jahrganges hatten die Hörer auch eine Prüfung abzulegen, bei der sie
eine praktische Aufgabe lösen mußten, die meist aus dem Bereich
des Hüttenwesens gewählt war [36].

Die Studierenden der Akademie können in zwei grundverschiedene
Gruppen eingeteilt werden. Die Gruppe der normalen Hörer (Praktikanten) war genau evidiert, und ihr Studium wurde streng kontrolliert.
Zur zweiten Gruppe der - man könnte sagen - außerordentlichen Hörer gehörten die Fremden aus Ländern außerhalb der Habsburger
Monarchie und die sogenannten Bergschüler. Letztere stammten zwar
aus der Habsburger Monarchie, gehörten aber nicht zu den normalen Studenten, weil durch sie keine Bergämter besetzt wurden und
sie diese auch nicht beanspruchen durften.

Die normalen Hörer teilten sich in Stipendiaten und Freiwillige
(unbezahlte). Die Zahl der Stipendiaten war beschränkt. Am Ende
des 18. Jahrhunderts durfte sie nicht größer als 70 sein. Wegen
des Andranges befahl 1795 die Hofkammer, daß nicht mehr freiwillige Praktikanten als Stipendiaten aufgenommen werden dürften. Die
übrigen sollten Bergschüler sein, die unter keinen Umständen als
normale Hörer betrachtet werden dürften [37].

Die Stipendien, deren Höhe sich auf 156 bis 300 fl. belief, wurden
von 16 Berg- und Münzämtern der Habsburger Monarchie gestiftet,
die meisten von der Schemnitzer Kammer. Außer vom Staat wurden
auch Stipendien von privaten Gewerkschaften und seit 1794 auch vom
ungarischen Statthalterrat gegeben [38].

III

In der Zeit des Wirkens von Jacquin, Scopoli und vor allem Ruprecht wurde die Schemnitzer Akademie nicht nur als technische Hochschule weltberühmt, sondern auch als bedeutendes Zentrum der wissenschaftlichen Forschung in der Chemie und Metallurgie. Alle genannten Chemieprofessoren widmeten sich nicht nur ihrem Unterricht,
sondern auch der Forschungsarbeit. Deren Ergebnisse waren bei
den Chemikern allgemein bekannt und wurden zum Teil auch publiziert, so z.B. das "Examen chemicum", ein Werk, in dem man die
Grundlagen der Theorie der kinetischen Energie, den Gedanken der
Diskontinuität und den Reversibilitätsprozeß finden kann und das als
Ergebnis von Jacquins wissenschaftlicher Forschungsarbeit in Schemnitz anzusehen ist [39]. Auf diese Arbeit berief sich Lavoisier mehrfach und in seinem Werk "Opuscules physiques et chymiques" widmet er das 12. Kapitel des ersten Bandes Jacquins Buch und bezeich-

net es als Dissertation, die die Experimentalmethode eingeführt
habe [40]. Von 1782 bis 1785 befaßte sich Ruprecht intensiv mit dem
Problem des Tellurs und polemisierte darüber mit Franz Müller.
Große Verdienste erwarb er sich durch die Einführung, Vervollkommnung und Verbreitung der sogenannten europäischen Amalgamation.
Borns verbesserte Methode der Amalgamation, die zuerst in Wien
und dann in Sklené Teplice (Glashütte) ausprobiert worden war, wurde
unter seiner Leitung realisiert. Ruprechts Verbesserung bestand
vor allem darin, daß das Erz vor der Amalgamation feiner zermalmt
und zweimal gebrannt wurde, einmal mit und einmal ohne Salz. Ferner wurde der Erzstaub in einen Brei verwandelt, der sich leicht
amalgamisieren ließ. Ruprecht paßte auch die technischen Einrichtungen den neuen Erkenntnissen zweckmäßig an [41].

Diese im Hüttenwesen so umwälzende Erfindung lockte im Jahr
1786 Fachleute aus der ganzen Welt an, die sich an Ort und Stelle
von den Vorzügen dieses neuen Verfahrens überzeugen wollten. Sie
kamen nach Glashütte (Sklené Teplice), und diese erste Versammlung von Kapazitäten ging in die Geschichte als der erste Weltkon-
greß der Metallurgen ein. Damals wurde auch die Internationale Gesellschaft für Bergbauwissenschaften (Sozietät der Bergbaukunde)
gegründet. Daran beteiligt war neben Anton Ruprecht auch Nikolaus
Poda [42]. Zu den Verdiensten Ruprechts gehört ferner, daß er schon
1781 in Ungarn den Begriff "chemischer Prozeß" einführte und ihn
im Unterricht benutzte. Im Unterschied zu Bergmann benennt Ruprecht die Elemente und Prozesse, während Bergmann nur die Zeichen
benutzt [43].

Nach dem Abgang Ruprechts, der in Wien 1792 Nachfolger des
verstorbenen Ignaz von Born wurde, nahm Michael Ignatius Patzier,
der Autor des vierbändigen Werkes "Anleitung zur metallurgischen
Chemie" (1805), die Stelle des Professors für Chemie ein. Patzier
hatte seine Fähigkeiten schon 1791 bei der Beseitigung von Schwierigkeiten in der Amalgamation besonders der Kies-Golderze in dem
mittelslowakischen Bergbaugebiet bewiesen [44]. Er fand eine Methode, um den großen Goldverlust bei der Amalgamation zu verhindern.
Wichtig war auch die Verbesserung und Verbilligung der Methode
zur Goldreinigung, die überall eingeführt wurde [45].

Der Unterricht in der Mineralogie und Chemie rief im In- und Ausland Bewunderung hervor. Hacquet, der 1794 Schemnitz besuchte,
teilt mit, daß die Akademie zur Ausstattung ihres Laboratoriums
6000 rheinische Gulden im Jahr erhalte, damit jeder der 140 Studenten Experimente machen könne. Er schätzte die Kenntnisse der
Schüler hoch ein und meinte, daß es einige von ihnen verdienten,

selbst Lehrer zu werden [46]. Der Engländer Robert Townson, der
Schemnitz 1793 besuchte, stellte fest, daß die Bergakademie einen
guten Ruf habe und daß viele Ausländer kämen, um an ihr zu studieren. Die Hörer könnten in die Bergwerke gehen, wann sie wollten. Es stehe ihnen ein spezielles chemisches Laboratorium zur
Verfügung, wo sie nach Belieben Versuche machen könnten. Chemi-
kalien und Einrichtungen bekämen sie umsonst, alles bestreite der
Staat [47].

Ein überzeugendes Dokument der allgemeinen Anerkennung der Bergakademie in Schemnitz ist die Rede des französischen Chemikers
Fourcroy vor dem französischen Nationalkonvent am 28. September
1794. In ihr schug er vor, die Unterrichtsmethoden der Schemnitzer
Bergakademie für den Physik- und Chemieunterricht im Institut für
die Ausbildung der Ingenieure in Paris zu übernehmen [48]. Diese Wür-
digung ist umso bedeutungsvoller, als sie in einem Land erfolgte,
das eine reiche Tradition im technischen Schulwesen besaß. Das Pariser Polytechnikum war ja die erste Schule dieser Art überhaupt.
1794 gegründet, stellte sie das Beste dar, was es auf dem Gebiete
des technischen Schulwesens in Frankreich gab. Und dieses Pariser
Polytechnikum übernahm die Unterrichtsmethoden der Schemnitzer
Akademie, vor allem den Laboratoriumsunterricht in der Chemie
und Physik [49].

Das große und gut ausgestattete Laboratorium und die Forschungs-
tätigkeit lockten nicht nur Studenten aus der ganzen Welt, sondern
auch Fachleute nach Schemnitz. Hier arbeiteten Volta und die italienischen Physiker und Chemiker Savaresi, Tondi, Lippi, Melograni,
Faichio und Antoin [50]. 1786 ersuchte der spanische König den Wiener
Hof, vier spanische Mineralogen in der Amalgamation unterweisen
zu lassen. Die Hofkammer befahl, ihnen in Schemnitz ausführliche
Informationen zu geben [51]. Führer dieser Gruppe war Fausto d'Elhuyar. Seine drei Gefährten, Manuel del Rio, Torres und Recarte, besaßen aber trotz Vorstudien in Paris nicht genügend Kenntnisse, um
sich die neue Methode der Amalgamation aneignen zu können. Auf
Bitten des spanischen Botschafters wurde ihnen erlaubt, die theoretischen Vorlesungen zu besuchen [52].

Zu Beginn des 19. Jahrhunderts berief der türkische Sultan zwölf
diplomierte Akademiker aus Schemnitz in seine Dienste, von denen
Johann Knechtel Oberstbergwerkdirektor des türkischen Reiches
wurde. Ferner warb eine englische Bergwerks-Compagnie für ihre
amerikanischen Gruben mehrere Absolventen der Bergakademie an [53].
Ignaz Lindner und Franz Fischer, die 1788 an der Bergexpedition
nach Mexiko teilnahmen, hatten an der Schemnitzer Akademie stu-

diert. Lindner wurde Professor für Chemie und Metallurgie an der
Bergschule in Mexiko, Fischer Leiter des Kupferraffinierungs- Laboratoriums in Sa. Monica (Mexiko) [54]. Das sind nur einige Beispiele für die weltweite Bedeutung der Schemnitzer Akademie im 18. und
zu Beginn des 19. Jahrhunderts.

Aber seit dem Anfang des neuen Jahrhunderts büßte Schemnitz viel
von seiner allgemeinen Bedeutung ein. Im Zusammenhang mit der
industriellen Revolution und mit der Entfaltung der maschinellen Fa-
brikation wuchs der Bedarf an Fachleuten. So entstehen seit dieser
Zeit in allen technisch hochentwickelten Ländern Europas immer
mehr technische Schulen, die nicht den Bergbau betreffen. Als Fach-
hochschule behielt die Schemnitzer Akademie aber noch lange ihren
guten Ruf, obwohl sie durch die zunehmenden Magyarisierungstenden-
zen in der zweiten Hälfte des 19. Jahrhunderts und nach der Einführung der ungarischen Unterrichtssprache (1868-1872) ihre internationale Bedeutung endgültig verlor.

Anmerkungen

[1] Jozef Vlachovič: Dejiny banského školstva na Slovensku v 18. stor. (Die
   Geschichte des Bergbauschulwesens in der Slowakei im 18. Jh.) In: Z dejín
   bied a techniky na Slovensku (Aus der Geschichte der Wissenschaft und
   Technik in der Slowakei) Bd. 3, Bratislava 1964, S. 33-95.
[2] Vojtech Baker: Samuel Mikovíni, prvý profesor prvej baníckej školy v Eu-
   rópe (Samuel Mikovíni, der erste Professor der ersten Bergschule in Europa). Banská Štiavnica 1937. Anton Tarczy/Samuel Hornoch: Mikovíni, der
   erste Professor der Lehranstalt für technische Bergbeamte in Schemnitz
   in Ungarn. Sopron 1939.
[3] M.G. Jars: Voyages métallurgiques ou recherches et observations sur les
   mines..... Bd.2, Paris 1780, S. 120.
[4] Georg Walach: Historische Notizen über die Begründung des Bergakademi-
   schen Unterrichts in Österreich. In: Österreichische Zeitschrift für Berg-
   und Hüttenwesen XI (1863), S. 17-19, 26-28; vgl. ferner Johann Mihalovits:
   Die Entstehung der Bergakademie in Selmeczbánya (Schemnitz) und ihre
   Entwicklung bis 1846. Sopron 1938, S. 10-12.
[5] Peithner war "Professor des theoretischen Studii mineralis und der Berg-
   rechte".

6 Walach a.a.O., S. 27

7 Gedenkbuch zur hundertjährigen Gründung der königl. ungarischen Berg-
und Forstakademie in Schemnitz 1770-1870. Schemnitz 1871, S. 6

8 Ebenda S. 8 f.; HKA Wien, Fasz. rote, Nr. 48.

9 Mihalovits a.a.O. S. 29.

10 "Collegia chymica". Országos Szécsényi könyvtár, Budapest (Szécsényi
Landesbibliothek, Budapest). Quart, Germ. Handschrift, 237.

11 Anfangsgründe zur metallurgischen Chemie, Freiberg.

12 Systema Academiae Montanisticae. Vgl. Anton Franz Schmidt: Chronologisch-
systematische Sammlung der Berggesetze der Österreichischen Monarchie.
2. Abt. - Ungarn. Wien 1834-1838, XIII, 153-179.

13 Mihalovits a.a.O. S. 17.

14 Štátny Slovenský ústredný archív, banské oddelenie v Banskej Štiavnici,
Hlavné komorné grófstvo (Slowakisches Zentral- Staatsarchiv, Bergbauab-
teilung, Hochkammergrafenamt, Schemnitz - weiter ŠSÚA, BO, HKG)
Nr. 2668 und 3112.

15 ŠSÚA, BO, HKG, Nr. 5324.

16 ŠSÚA, BO, HKG Nr. 3650.

17 ŠSÚA, BO, HKG, Jahr 1805, Nr. 5937.

18 ŠSÚA, BO, HKG, Jahr 1821, Nr. 3371.

19 Viele dieser Schularbeiten, besonders Bergkarten, sind in ŠSÚA, BO, HKG
in Schemnitz, in dem Hofkammerarchiv in Wien und im Štátní ústrední archiv (Hauptstaatsarchiv - weiter SÚA) in Prag aufbewahrt.

20 Hofkammerarchiv Wien, Münz- und Bergwesen (weiter nur HKA Wien, M.
u. B.), Protokoll 1769, fol. 122.

21 ŠSÚA, BO, HKG, Prot. 1777, S. 387, 1219.

22 ŠSÚA, BO, HKG, Jahr 1792, Nr. 3650.

23 ŠSÚA, BO, HKG, Nr. 4167.

24 ŠSÚA, BO, HKG, ord. Schemnitz den 28. April 1784.

25 Josef Karl Hell konstruierte und baute in Schemnitz in der ersten Hälfte
des 18. Jahrhunderts die Wassersäulen-, Luft- und Hebemaschinen.

26 Anleitung zu der Bergbaukunst nach ihrer Theorie und Ausübung, nebst einer Abhandlung von den Grundsätzen der Bergkameralwissenschaft für die
k.k. Schemnitzer Bergakademie entworfen, mit 24 Kupfertafeln. Wien 1773.

27 Schmidt a.a.O., XIII, S. 348, 352, 358.

28 Ebenda S. 156-179.

29 HKA Wien, M. u. B. Fasz. rote, Nr. 2365, Reg. Nr. 3623/IX ex 1770,
fol. 587-601.

30 HKA Wien, M. u. B., Fasz. rote, Nr. 1481, 1900, 2180.

31 Schmidt a.a.O. XIII, S. 154.

32 ŠSÚA, BO, HKG, ord. Schemnitz, den 2. Mai 1776.

33 ŠSÚA, BO, Archiv der Bergakademie, Nr. 147.

34 HKA Wien, M. u. B., Fasz. rote, Nr. 419.

35 Schmidt a.a.O. XIII, 279-293.

36 Oft wird betont, daß die Studenten während ihres Praktikums in den Hütten
nicht nur in den Kanzleien arbeiten, sondern sich direkt an den Schmelz-
arbeiten als Arbeiter beteiligen sollen. ŠSÚA, BO, HKG, ord. Schemnitz,
den 29. März 1777.

[37] ŠSÚA, BO, HKG, Jahr 1795, Nr. 3471

[38] ŠSÚA, BO, HKG, Nr. 496.

[39] Examen chemicum doctrinae Mayerianae de acido piugui, et Blackianae de aere fixo respectu calcis. Vindobonae 1769.

[40] Proszt a.a.O., S. 15-20.

[41] Don Fausto d'Elhuyar: Theorie der Amalgamation. Bergbaukunde Bd. 2, Leipzig 1790, S. 250-252.

[42] Den Aufruf und die Statuten veröffentlichten sie im 1. Jahrgang (1789) der eigenen Zeitschrift "Bergbaukunde", die in Leipzig erschien, auf S. 1-8. Es erschienen nur zwei Jahrgänge. Die Gesellschaft hörte wahrscheinlich nach dem Tode ihres Hauptinitiators, Ignaz von Born, im Jahr 1792 zu existieren auf.

[43] Über die wissenschaftliche Tätigkeit Ruprechts vgl. Szatmáry László: A chémiai egyenletek jelölése a magyar föiskolákban a XVIII. század végén és a XIX. század elején. A magyar gyógyszertudományi társaság értesitöje (Die Bezeichnungen der chemischen Gleichungen an den ungarischen Hochschulen am Ende des 18. und am Anfang des 19. Jahrhunderts. Berichte der ungarischen pharmazeutischen Gesellschaft). IX (1933), S. 3-13.

[44] ŠSÚA, BO, HKG, Nr. 682 und Jahr 1793, Nr. 276.

[45] Ebenda, Jahr 1792, Nr. 3873, 4703.

[46] B. Hacquet a.a.O., S. 199.

[47] Robert Townson: Travels in Hungary with a short account of Vienna in the year 1793. London 1797, S. 422 f.

[48] École centrale des Travaus publiques, 1795 schon L'école polytechnique.

[49] Szabadváry Ferenc: A selmecbányai bányászati akadémia úttörö szerepe a kémiai laboratórium oktatás kialakításában. Technikatörténeti szemle I (1963) S. 195-203. (Die Pionierrolle der Schemnitzer Bergakademie bei der Einführung des chemischen Laboratoriumsunterrichts.)

[50] Szatmáry a.a.O. S. 5; ŠSÚA, BO, HKG, Inspektoriat, Smolnik, 886, 1936/1792.

[51] ŠSÚA, BO, HKG, Nr. 1068.

[52] Renée Gicklhorn: Die Bergexpedition des Freiherrn von Nordenflycht und die deutschen Bergleute in Peru. Leipzig 1963, S. 17, 132. Manuel del Rio wurde berühmt durch die Entdeckung des Vanadiums.

[53] Mihalovits a.a.O. S. 66.

[54] Gicklhorn a.a.O. S. 69.

DIE VERSTAATLICHUNG DER JESUITENUNIVERSITÄT OLMÜTZ UND IHRE FOLGEN FÜR WISSENSCHAFT UND LEHRE

Von Eduard Wondrák

Auf dem Gebiet der heutigen Tschechoslowakei hat Olmütz nach Prag (gegr. 1348) die zweitälteste Universität. Bereits im Jahre 1566 berief der Olmützer Bischof Prusinowsky einige Mitglieder des Jesuitenordens in seine Residenzstadt und gründete eine höhere Schule. Sie wird zum erstenmal im Breve des Papstes Gregor XIII. vom 22. Januar 1573 und im Erlaß des Kaisers Maximilian II. vom 22. Dezember 1573 als Universität mit Promotionsrecht bezeichnet, und zwar mit ausdrücklichem Hinweis darauf, daß die hier erteilten Grade die gleiche Geltung wie die einer jeden anderen westeuropäischen Universität haben [1].

Allerdings hatte diese Universität 200 Jahre lang als ein Institut des Jesuitenordens nur eine philosophische und eine theologische Fakultät. Erst nach der Auflösung dieses Ordens im Jahre 1773 wurde die Universität verstaatlicht. Diese tiefgreifende Änderung war jedoch ein bereits lange vorbereiteter, allmählich reifender Prozeß im Zusammenhang mit der europäischen Aufklärung, begleitet von einer Reihe dramatischer kulturgeschichtlicher Ereignisse.

In der Literatur heißt es, die Olmützer Universität wäre zunächst nur als Bildungsstätte für Priester und insbesondere für Missionare zur Bekehrung des Ostens und Nordostens Europas gegründet worden, jedoch stammten anfangs fast alle ihre Studenten aus Mähren, Schlesien und Polen. Und wenn auch in der Gründungurkunde des päpstlichen Seminars (1578) als Länder, aus denen Studenten aufgenommen werden sollten, "Moscovia" und "Russia seu Lituania" angeführt werden, so findet man doch nicht mehr als drei ruthenische Alumnen in der alten Matrikel [2]. Dagegen sind im Jahr 1580 zwölf Schweden im sogenannten nordischen Kolleg eingetragen, und Cardinal Como bringt gegenüber dem Rektor Perez seine Unzufriedenheit darüber zum Ausdruck, daß der Provinzial Possevino nicht die gewünschte Zahl von 50 schwedischen Alumnen erreicht hat [3]. Erst im 17. Jahrhundert finden wir im Alumnat einige Studenten aus Ungarn und aus der Lausitz, aus Polen, Litauen und Rußland, aber nur durchschnittlich vier im Jahr. Wenn auch die Kongregation De propaganda fide im Jahre 1625 zwei Freistellen für Unierte, besonders aus den Orden der Basilianer und Paulianer, sicherte, sahen die Jesuiten diese nicht gern in ihrem Seminar. Die Unierten weigerten

sich, an Prozessionen teilzunehmen, und es kam öfters zu polemischen Auseinandersetzungen in Glaubensfragen, was den Jesuiten
mehr als unerwünscht war.

Im allgemeinen hielt der Jesuitenorden seine Olmützer Universität tatsächlich vor allem für eine Ausbildungsstätte seiner Priester
und erst an zweiter Stelle von Nichttheologen, jungen Adligen und
Bürgern. Anders dachten aber die mährischen Stände und auch der
Olmützer Bischof. Die mährischen Stände brauchten eine hohe Schule zur Ausbildung der im Staatsdienst benötigten Beamten; und das
war nur an einer Universität mit allen Fakultäten möglich.

Bereits 1577 meinte der böhmische Unterkämmerer Haugwitz, in
Olmütz solle ein "Studium generale" mit vier Fakultäten entstehen,
und der Bischof Pawlowsky, der vierte Nachfolger Prusinowskys, bemühte sich um die Verwirklichung einer vollen Universität mit einer
juristischen und einer medizinischen Fakultät und erhielt 1588 sogar
hierzu die päpstliche und kaiserliche Genehmigung. Daß der Jesuitenorden seine Zustimmung zu einer solchen Erweiterung der Universität geben würde, kam aber nicht in Frage [4]. Die Gründe waren ganz
klar. Die Jesuiten konnten die juristischen und medizinischen Lehrkanzeln aus ihren Reihen nicht besetzen und wollten auf keinen Fall
weltliche Professoren zulassen, da diese bald in allen Angelegenheiten mitgesprochen und mitentschieden hätten. Deshalb blieb der Wunsch
Pawlowskys unerfüllt, und das Jahrzehnte, ja fast Jahrhunderte dau-
ernde Bemühen um eine Erweiterung der Universität, um die Verwirklichung eines juristischen und medizinischen Studienzweiges wurde
zum Streitpunkt zwischen den mährischen Ständen und dem Jesuitenorden und führte schließlich zum Kampf für die Verstaatlichung der
Universität.

Im Jahre 1668 errichteten die Jesuiten an ihrer Olmützer theologischen Fakultät einen Lehrstuhl für Kirchenrecht, und bereits 1669
wurde über Kirchenrecht disputiert; 1721 kam es zur Promotion des
Olmützer Kanonikus und für Königgrätz designierten Bischofs Wenzel
Baron von Kosinský zum Doktor des Kirchenrechts, doch wurde dieses Doktorat von den weltlichen Professoren für Jurisprudenz bald
angegriffen, und es kam zu Auseinandersetzungen, in deren Folge es
das einzige seiner Art blieb [5].

Der Unterricht in den Rechtswissenschaften begann in Olmütz erst
im Jahre 1679. Der aus dieser Stadt stammende Dr. Karl Ferdinand
Irmler las Rechtswissenschaften privat in Wien, bat jedoch in diesem
Jahr den Kaiser um die Erlaubnis, gegen ein Entgelt der mährischen
Stände seine Vorlesungen nach Olmütz verlegen zu dürfen. Zunächst
auf die Dauer von drei Jahren bewilligten ihm die Stände ein Jahres-

gehalt von 150 fl. mit der Bedingung, daß er keine anderen als die
an der Olmützer Universität immatrikulierten Studenten unterrich-
ten würde. Als es sehr bald zu Streitigkeiten zwischen ihm und dem
Rektor kam, wurde ihm von den Ständen untersagt, Vorlesungen über
Kirchenrecht zu halten, und nur solche über ziviles Recht bewilligt.
Der Druck und das Anschlagen von Thesen sollte für ihn von einer
Genehmigung des Rektors und des Konsistoriums abhängen.

Erst Irmlers Nachfolger, Georg Tobias Alberti, wurde 1691 von
den mährischen Ständen berufen und erhielt von Kaiser Leopold am
6. Oktober 1692 das Recht, seine Vorlesungen "tam publice quam
privatim docendi iura et tradendi"[6] unter dem Schutz des mährischen
Tribunals zu halten. Alberti wurde zwar als Mitglied der Akademie
aufgenommen und konnte seine Thesen "ad valvas publicas" anschlagen, mußte aber seine Vorlesungen in seiner Wohnung halten, denn
man stellte ihm keinen Hörsaal zur Verfügung. Diese und viele andere Schikanen der Jesuiten, die ihm das Leben verleideten, veranlaß-
ten Alberti, nach zwei Jahren auf sein Amt zu verzichten.

Sein Nachfolger wurde Christof Josef Holland, der von 1695 bis
1705 wirkte. Auch er kündigte Vorlesungen über Kirchenrecht an und
begann über die Dekretalien Gregors IX. zu lesen, bat aber zugleich
den Landeshauptmann um Schutz, falls es zu Schwierigkeiten kommen
sollte [7]. Tatsächlich reichten die Jesuiten beim Kaiser sofort einen
Protest ein und verboten das Anschlagen juristischer Thesen. Das
mährische Tribunal entschied in einem Dekret vom 3. Oktober 1696
mit Hinweis auf das Dekret aus dem Jahre 1692 zugunsten Hollands.
Nicht zuletzt dürften diese Streitigkeiten zur Zerrüttung seines Geistes beigetragen haben.

Sein Nachfolger wurde Bernard Heinrich Germeten. Da der Rektor gegen seine Ernennung protestierte, wurde er erst am 30. August 1708 installiert, nicht vom Rektor, sondern vom Kreishauptmann
Baron Anton Sack und nicht in der akademischen Aula, sondern im
Gebäude des Landrates, wo er angeblich auch seine Vorlesungen halten durfte [8]. Wir sehen, daß die staatlichen Organe bereits in die
Angelegenheiten der Universität eingriffen, der Professor für Jurisprudenz aber trotzdem den Boden der Universität als Lehrer nicht
betreten durfte.

Schon am 11. März 1709 wurde sein Nachfolger, Franz Langer,
ernannt. Hierbei betonte man ausdrücklich, daß die Ernennung dem
Kaiser zustehe und die Stände für das Gehalt aufkämen. Das Tribunal solle die Ernennung des Professors dem akademischen Senat mit-
teilen und der Professor sich beim akademischen Magistrat legiti-
mieren. Langer wurde dann im Rathaus installiert, da das Gebäude

des Landrats kurz zuvor ausgebrannt war. Auch er hielt die Strei-
tigkeiten nicht länger als drei Jahre aus und legte sein Amt nieder.
Bei dieser Gelegenheit wies das Tribunal bereits darauf hin, daß
die Schuld bei den Jesuiten liege [9] , und schlug vor, das juristische
Studium nach Brünn zu verlegen. Dieser Vorschlag wurde aber vom
Kaiser in einem Dekret vom 6. März 1713 abgelehnt.

Erst der nächste Professor, der aus Pilsen stammende Dr. Paul
Vodička (1713-1731), hatte genug Energie, um länger auszuhalten.
Es kam selbstverständlich wieder zu Unstimmigkeiten, aber das Dekret Kaiser Karls VI. vom 19.2.1714 bestimmte für Vodička als
"Doktor beider Rechte" den ihm zustehenden Rang bei allen Univer-
sitätsfeiern und -versammlungen, und da in Olmütz keine juristische
Fakultät bestand, sollte der Professor der Rechtswissenschaften
gleich hinter den Dekanen und Professoren der Theologie und vor
den Professoren und Doktoren der Philosophie gehen. Seine Hörer
hatten ihren Platz allerdings hinter dem Szepter der Philosophen.
Unter Irmler waren es nur sechs Studenten gewesen, im Jahre 1714
aber war deren Zahl schon 48; sie blieb dann über Jahre fast kon-
stant.

Da die Jesuiten es ablehnten, Hörer der Rechtswissenschaft in die
Matrikel einzutragen, mußte für sie von ihrem Professor eine eigene Matrikel angelegt und geführt werden [10]. Wie überall kam es auch
in Olmütz unter den Studenten zu Exzessen, Raufereien usw. Die Jesuiten wiesen immer wieder darauf hin, daß es die gelockerte Moral
der Rechtsstudenten sei, die zu diesen Exzessen führe. Allerdings
sind aber unter den Bestraften - wie überall und z.B. auch in Prag -
auch jesuitische Studenten zu finden [11] .

Ebenso wie seine Vorgänger hatte auch Vodička unter den alten
Streitigkeiten zu leiden, unter den Auseinandersetzungen über den
Raum für Disputationen, über den Zutritt zum Auditorium maximum,
über das Recht, Vorlesungen über Kirchenrecht zu halten, über die
geplanten Promotionen zum Doktor für Kirchenrecht usw. Den mährischen Ständen lag aber die Möglichkeit eines Rechtsstudiums für
die adlige Jugend des Landes sehr am Herzen, und deshalb schlug
der Kreishauptmann und spätere oberste Richter der Markgrafschaft
Mähren, Franz Michael Baron Šubíř, vor, bei der Olmützer Universität eine Akademie für Adlige zu gründen. Kaiser Karl VI. geneh-
migte am 26. März 1725 den Beschluß der Stände mit dem ausdrücklichen Wunsch, daß die Zöglinge der Akademie über Kirchen-, ziviles und öffentliches Recht an der Universität Vorlesungen hören
sollten. Wieder machten die Jesuiten Schwierigkeiten und erlaubten
den Zöglingen der Akademie nicht die Teilnahme an den "geistigen

Übungen". Am 24. Januar 1728 schlug Šubĩ nun dem Kaiser in einer
Denkschrift mit dem Titel "Patriotische Gedanken" vor, die Olmützer
Universität durch eine juristische und eine medizinische Fakultät zu
erweitern. Dieser Vorschlag wurde 1733, 1736 und 1740 wiederholt,
aber vergebens. Allerdings war das Rechtsstudium in Olmütz nun
schon zu einer Selbstverständlichkeit geworden. Und allmählich finden
wir an der Universität auch Mitglieder anderer Orden, Dominikaner,
Minoriten und Augustiner. Nach dem Tode Vodičkas wurden neben seinem Nachfolger Franz Šimkovský noch zwei weitere Professoren,
Franz Heintz und Gottfried Schweikhart, für die Jurisprudenz ernannt.
Šimkovský konnte bereits im Auditorium maximum der Universität
installiert werden, desgleichen sein Nachfolger Johann Anton Sommer.
Allmählich wurden auch die Gehälter der Professoren erhöht: von
150 fl., die Irmler bekommen hatte auf 500, 600 und 900 fl. [12]. Die
juristische Fakultät wurde jedoch nicht gegründet. Die Rolle der Professoren hing weitgehend von dem jesuitischen Rektor ab, und die
Vorlesungen fanden bis zur Auflösung des Jesuitenordens (1773) in den
Wohnungen der Professoren statt.

Als 1771 die Vorlesungen über Kirchenrecht einem weltlichen Lehrer, Prof. Ehrenzweig, übertragen worden waren, fanden sie an der
theologischen Fakultät statt. Über ziviles Recht las jedoch auch Ehrenzweig weiter in seiner Wohnung, ebenso wie später Prof. Monse.

Es wäre ungerecht, die Bedeutung der Olmützer Jesuiten auf bestimmten Gebieten der Wissenschaft, besonders den Realia, zu verschweigen. Abgesehen von den Philologen (Drachovský) und den Historikern (Balbín, Schmidl), brachte die Olmützer Universität einige namhafte Mathematiker hervor, wie z.B. Valentin Stanzl, der später in
Brasilien wirkte, Marcus Marci, später in Prag, Jakob Kresa, später
in Spanien, Christian Mayer, später in Petersburg, Jan Tesánek, Chri-
stophor Heinrich und Maximilian Jerg [13]. Astronomie und Mathematik,
in abstrakter Weise dargebracht, waren für die Jesuiten annehmbar.
Ein medizinisches Studium wollten sie jedoch nicht zulassen. Aber mit
dem Eindringen aufgeklärten Gedankengutes in die Staatsverwaltung
unter Maria Theresia, insbesondere mit den Reformgedanken Gerhard
van Swietens, verstärkte sich der Ruf nach einer Verbesserung des
Unterrichts an den höheren Schulen im allgemeinen und der Ausbildung
von Medizinern im speziellen.

Es scheint uns heute fast unglaublich, wenn wir die Eintragungen
über die fachliche Ausbildung von Wundärzten und Hebammen um die
Mitte des 18. Jahrhunderts vor Einführung der Landesgesundheitsord-
nung (1753) lesen. Sie lernten ihren Beruf als Lehrlinge und sollten
an den Universitäten nur geprüft werden. Als nach der neuen Landes-

gesundheitsordnung die bereits oft schon lange Jahre praktizierenden
Chirurgen und Hebammen zu Prüfungen vorgeladen wurden, stellte
man ein erschütterndes Unwissen fest, unter dem die Bevölkerung
leiden mußte. Davon legt ein in Prag befindliches Prüfungsprotokoll
Zeugnis ab [14]. Besonders schlimm stand es mit dem Unwissen der
Hebammen auf dem Lande. Oft handelte es sich um alte unbemittelte
Witwen, die zuweilen sogar gegen ihren Willen gezwungen wurden,
bei Geburten zu helfen. Die meisten von ihnen konnten weder lesen
noch schreiben; und auch ihre Bezahlung war nicht festgesetzt, so
daß diese fast nur aus Naturalien, Eiern, Linsen, Erbsen usw. oder
ein paar Groschen bestand. Erst nach 1753 wurden Kurse für Hebammen angeordnet, wobei es meist nutzlos war, diesen Frauen eines
der Lehrbücher (Valenzi, Steidele, Cranz, Wolf) zu geben, zumal
diese in einer ihnen fremden Sprache abgefaßt waren.

Der damalige Rektor der Universität Olmütz, Leopold Schulz, ein
aufgeklärter Mann, der später erster nichtadliger Kreishauptmann
von Brünn wurde, schreibt zu einem Prüfungsbericht: "Wir können
nicht ohne Erschütterung lesen, wie in unserer aufgeklärten Zeit noch
solche bösartigen Wesen existieren, die unter dem Schein öffentlicher
Wachsamkeit straflos Tod um sich säen. Es ist sonderbar, wie leicht-
sinnig man noch mit dem menschlichen Leben umgeht.... Wenn in
Mähren durch die Schuld dieser Hebammen in jedem Dorf in drei Jahren ein Kind sterben würde, so wären das bei 3000 mährischen Ortschaften in 9 Jahren 9000 Kinder, alle Opfer des Unwissens und ein
schwerer Verlust der Landbevölkerung." [15]

Schon der vorher erwähnte Vorschlag Šubířs im Jahr 1728 wies
auf die Möglichkeit und Notwendigkeit einer besseren Ausbildung hin,
kritisierte die unnützen Theatervorstellungen der Studenten bei den
Jesuiten, die spekulativen Vorlesungen, Prozessionen, Wallfahrten
und die langen Ferien. Šubířs Sohn Franz Anton dachte 1743 an die
finanziellen Quellen, die der Erweiterung der Universität dienen sollten, ja es wurden bereits die für eine medizinische Fakultät notwendigen Gebäude und die Möglichkeit des Unterrichts am Krankenbett
im Spital zu St. Job und Lazarus erwähnt. Als Lehrkräfte boten sich
die dort praktizierenden Ärzte an. So erklärte z.B. 1733 Dr. Joseph
Benedikt Kuhn in einem Gesuch, daß er bei Anstellung als Kreisphy-
sikus unentgeltlich an der Universität unterrichten wolle. Er erhielt
diese Stelle, wurde aber nicht an die Universität berufen. Ebenso
bot der spätere Stadtphysikus Dr. Johann Franz Corvin 1749 an, medizinische Vorlesungen unentgeltlich zu halten, wurde aber abgewiesen.

Maria Theresia ernannte 1746 eine Einrichtungskommission, die
die Lage in Olmütz prüfen sollte, damit an der Universität die Miß-

stände abgeschafft und sie erweitert werden könnte. Die Ausführung
des Beschlusses dieser Kommission wurde aber von den Jesuiten
hinausgezögert. In der Denkschrift eines Mitgliedes des mährischen
Landestribunals, Kranichstädt, wurde die Verkürzung des Philoso-
phiestudiums, die Erweiterung des Mathematik- und Physikstudiums,
vor allem aber die Errichtung einer selbständigen juristischen und
medizinischen Fakultät vorgeschlagen. Ständiger Kanzler der Universität sollte der Bischof von Olmütz sein. Außerdem sollte der Rektor
aus dem Lehrkörper aller Fakultäten gewählt werden. Die Vorschläge waren so radikal, daß sie fast einer gänzlichen Verstaatlichung
der Universität glichen; das aber wünschte die Kaiserin denn doch
nicht. Der bisherige Lehrkörper konnte nicht ersetzt und die tiefgreifenden Reformen nicht durchgeführt werden. Aber schon 1747
wurde im ganzen Reich das Philosophiestudium auf zwei Jahre ge-
kürzt und als obligatorisch für Theologen und Mediziner, nicht aber
für Juristen festgesetzt. Am 1. November 1752 erschien ein noch ra-
dikalerer Reformvorschlag, in den einige Forderungen Kranichstädts
eingegangen zu sein scheinen. Damit wurde eine fünfzehnjährige Periode staatlicher Einzelmaßnahmen eingeleitet.

Am 22. November 1760 kam es zu einem tiefen Eingriff in die Rechte der Jesuiten an der Universität. Die Kaiserin ernannte den Dominikaner Ignaz Světecký und den Prämonstratenser Bernard Purkyně
zu Theologieprofessoren und bald darauf noch zwei weitere, Evermond
Růžička und Johann Qualbert Reidinger. Wieder machten die Jesuiten
Schwierigkeiten, weil z.B. der Dominikaner nicht auf die unbefleckte
Empfängnis der Jungfrau Maria schwören mußte, wie es die Jesuiten
verlangten. Aber ihre Macht an der Universität war schon gebrochen,
und am 20.1.1770 wurde erlassen, daß der Provinzial ohne Erlaubnis aus Wien keinen Lehrer abberufen durfte [17].

Die Universität wurde jedoch nicht erweitert; und selbst der Bischof
Kardinal Troyer war gegen eine juristische Fakultät. Dazu kam noch
ein Erlaß vom 4.4.1755, nach dem niemand in Mähren und Schlesien
Advokat werden durfte, der nicht in Wien, Prag, Freiburg oder Inns-
bruck studiert hatte. Zwar bat der Olmützer Magistrat 1758 unter
Hinweis auf die Verdienste der Stadt bei der Verteidigung gegen die
Preußen noch einmal um die Erweiterung der Universität, aber die
Kaiserin wies auch diese Bitte zurück. Mit Abnahme der Macht der
Jesuiten wurde die Lage der Professoren für Rechtswissenschaften
an der Universität allmählich erträglicher: Die Professoren Bösensele und Sommer wurden Mitglieder der sogenannten Studienkommis-
sion, und seit 1766 wurden die Juristen auch in die gemeinsame Matrikel der Universität eingetragen.

Ein weiterer tiefer Eingriff in die fast noch mittelalterlichen Rechte der Universität war die Errichtung des Amtes eines Studiendirektors für die theologische und philosophische Fakultät am 4.9.1752. Die Direktoren rangierten nach dem Rektor aber vor den Dekanen und unterstanden unmittelbar der Kaiserin. Seit 1760 durften es keine Jesuiten sein. Die Dekane behielten aber die wirtschaftliche Leitung der Fakultäten. 1762 wurden der Augustiner Anton Lautsch und der Vikar Johann Jesinger die ersten nichtjesuitischen Dekane der theologischen bzw. philosophischen Fakultät.

Auch die Wahl des Rektors wurde nun an einen Vorschlag der Kaiserin gebunden: Am 4. November 1762 wurde der Jesuit Wenzel Krause mit der Stimmenmehrheit der theologischen (30) und philosophischen (46) Fakultät zum Rektor gewählt. Diese Wahl wiederholte sich dreimal. Trotzdem ernannte die Kaiserin (1764) den Prämonstratenser Arnold Ležák zum Rektor. Die Jesuiten beharrten aber auf ihrem Recht und wählten 1766 wieder Krause. Nun drohte die Kaiserin mit Entzug des Wahlrechts und ernannte am 18.1.1766 den Juristen Bösensele zum ersten weltlichen Rektor der Universität. Krause übergab ihm die Insignien, und die "Universitas Olomucensis Societatis Iesu", wie sie bis jetzt geheißen hatte, entfernte die letzten Worte aus ihrem Namen. Im Universitätssigel wurden die Buchstaben IHS durch den Doppeladler ersetzt, auf dessen Brust das Wappen des Olmützer Bischofs mit der Aufschrift "Sigillum episcopale universitatis Olomucensis" war. Die Studentenzahl dürfte nun wieder angewachsen sein: 1748 betrug sie 1323, 1760: 948 und 1770: 1647.

Die vollständige Verstaatlichung des Hochschulwesens stand bevor. Am Hofe war man sich darüber im Klaren, daß eine Reform des Schul- und Bildungswesens nicht möglich war, solange der Jesuitenorden das Bildungsmonopol hatte, über den Joseph II. sagte: "Ich kenne diese Leute so gut wie irgendeiner, weiß alle ihre Entwürfe, die sie durchgesetzt, ihre Bemühungen, Finsterniss über den Erdboden zu verbreiten und Europa vom Kap finis terrae bis an die Nordsee zu regieren und zu verwirren."[18] Wir wissen auch, daß G. van Swieten das Ende des Jesuitenordens "mit patriotischer Ungeduld" erwartete und die Ursache des Verfalls der Olmützer Universität bei diesem sah. Er schrieb an die Kaiserin: " ... au contraire toutes les universités, ou ils (les jesuites) ont occupé la domination, sont tombées totalement: Gratz, Olmütz, Tyrnau sont des preuves éclatantes."[19] Maria Theresia stimmte mit den anderen europäischen Herrschern, die die Auflösung des Jesuitenordens forderten, überein, und Papst Klemens XIV. hob in seinem Breve "Dominus ac redemptor noster" (21.7.1773) den Orden auf, was am 20.10.1773 in Ol-

mütz bekanntgegeben wurde. Van Swieten erlebte das allerding nicht
mehr. Er war im Jahr 1772 gestorben.

Mit dem Abgang der Jesuiten war die Situation nicht klarer geworden; die Universität hatte Krisen zu überstehen. Die neuen Mitglieder
des Lehrkörpers gaben später ihre Angst vor Verfolgungen durch die
Jesuiten zu. Die Unterrichtsmethoden blieben vorerst unverändert,
ebenso die Prüfungen. Professor Monse meldete diese Mißstände dem
Kreishauptmann Sinzendorf, aber durch Intrigen kam es zu keiner Untersuchung. Erst eine zweite von Gubernialrat Schrattenbach geleitete Kommission rügte die Unordnungen. Es kam zu Auseinandersetzungen zwischen dem Direktor des Theologiestudiums Slaviček und dem
Kanzler Šubíř. Am 1. Oktober 1774 wurde Šubíř von der Kaiserin zum
obersten Universitätsdirektor ernannt, wodurch er eine außerordent-
liche Machtfülle erhielt. Durch überstürzte Vorschläge und Reformen
erreichte er nur Unordnung und Streitigkeiten. Schließlich schlug er
der Kaiserin vor, alles selbst unentgeltlich leiten und ausführen zu
wollen. Als er 1777 starb, hinterließ er ein Chaos, das auf Grund
von Beschwerden schon einen Monat nach seinem Tod eine Untersuchung durch den Gubernialrat de Ville auslöste. Die Hofkanzlei hatte
aber gegen dessen Person und gegen die Visitation Bedenken und man
schob alle Schuld auf den verstorbenen Šubíř. Die Kaiserin verlangte
jedoch eine erneute Visitation und ernannte hierzu das Mitglied der
Hofstudienkommission, den Probst Marcus Antonius Wittola, und
den Hofrat Heincke. Beide führten vom 3. - 29. Dezember 1777 eine
gründliche Untersuchung durch, und ihr hundert Seiten langer Bericht
wurde in Wien drei Tage lang in der Hofstudienkommission (27.-31.
3.1778) behandelt und mehrfach den Mitgliedern vorgelegt; schließlich
aber schrieb die Kaiserin eigenhändig mit energischer Schrift hinzu,
sie sei mit der Untersuchung einverstanden und bestehe darauf, daß
die Universität nach Brünn übersiedele. Der Gedanke der Verlegung
war anscheinend schon im Herbst 1777 aufgetaucht, wie aus Randbe-
merkungen einiger Mitglieder der Hofstudienkommission, z.B. des
Grafen Clary, hervorgeht.

Šubíř hatte versagt, keine Protokolle geführt, Archiv und Prüfungen vernachlässigt; vor allem aber hatte er den Jesuiten, die die
kaiserlichen Dekrete nicht ausführten, zu große Macht eingeräumt.
Ja, es wurden sogar Bestechungen seines persönlichen Sekretärs in
Prüfungs- und Zeugnisangelegenheiten aufgedeckt. Einige Professoren (Slaviček, Schuppler, Zehnmark) wurden suspendiert, und man
erörterte die Ernennung eines neuen Kanzlers. Das alles aber wurde durch den Entschluß der Kaiserin gegenstandslos. Die Verlegung
nach Brünn wurde am 24. Mai 1778 beschlossen, am 1. November

sollte dort der Unterricht beginnen. Wenn der Beschluß der Kaiserin
auf die Dauer verwirklicht worden wäre, hätte das eine neue Epoche
in der Geschichte der Universität bedeutet [20]. In Brünn standen aber
weder Gebäude für den Unterricht noch Wohnungen für die Professoren bereit. 1780 wurde mit dem Bau eines Hauses begonnen, das aber
viel zu klein war. Als eine Notlösung gefunden worden war, stellte
man die Arbeit ein, und am 12. September 1782 wurde die Universität wieder nach Olmütz zurückverlegt, d.h. im Zuge der josephinischen Reformen wurde die Universität aufgehoben und ein Lyzeum
für die medizinisch-chirurgische Ausbildung mit einer Hebammenschule geschaffen.

Bereits in Brünn waren an der philosophischen Fakultät Vorlesungen über Anatomie und Chirurgie abgehalten und andere Neuerungen
eingeführt worden. Bei feierlichen Gelegenheiten wurde zwar noch
lateinisch gesprochen, aber die Installation der neuen Direktoren am
20. März 1777 erfolgte erstmalig in deutscher Sprache, und auch an
der theologischen Fakultät ging man zum Teil sogar auf die tschechische Unterrichtssprache über. Zum ersten Kanzler in Brünn wurde
der Generalvikar Johann Leopold Post gewählt, ihm folgten weitere
Brünner Geistliche. Disputationen wurden nicht mehr abgehalten, eine neue Prüfungsordnung eingeführt; aber erst vom 3. Juni 1782 an
mußten die Professoren bei der Installation nicht mehr auf die unbefleckte Empfängnis der Jungfrau Maria schwören. Die Zahl der Studenten sank 1778 auf 783 und 1780/81 sogar auf 528. In Olmütz stieg
sie dann wieder an, und 1805 erreichte sie 854.

Es war nicht leicht, das Lyzeum in Olmütz unterzubringen. Die
meisten Gebäude dienten inzwischen anderen Zwecken. Erst der Besuch Kaiser Josephs II. am 27. September 1783 regelte diese Frage. Noch heute erinnern zwei Gedenktafeln - an der alten Universität und am Kloster Hradisch - an diesen Eingriff des Kaisers. Die
Arbeit am Olmützer Lyzeum scheint gewissen Einschränkungen un-
terlegen zu haben. Es hatte zwar einen gewählten Rektor, aber keinen Rector magnificus, eine theologische, philosophische und juristische Fakultät, aber keine Studiendirektoren, keine eigene Juris-
diktion, keinen Kanzler, kein Notariat und keine so umfassende Selbstverwaltung wie die Universitäten.

Mehrere Reformen galten dem Studium. Die Studiendauer wurde ge-
kürzt, dann wieder verlängert: das theologische von drei auf vier Jahre, das philosophische von zwei auf drei Jahre (dann wieder zwei Jahre), das juristische Studium von zwei auf drei und dann auf vier Jahre, das chirurgische von zwei auf drei Jahre. Die Unterrichtssprache war deutsch, an der theologischen Fakultät z.T. lateinisch und

tschechisch. Die meisten sprachlichen Schwierigkeiten ergaben sich vor allem in der Hebammenschule, so daß hier später der Unterricht parallel in deutscher und tschechischer Sprache erfolgte. Die Zahl der Professoren verdoppelte sich von 12 auf 24. Das Promotionsrecht beschränkte sich auf die theologische und philosophische Fakultät, das Rechtsstudium war also davon ausgenommen. Die Absolventen des medizinisch-chirurgischen Studiums erhielten das Diplom eines "geprüften und wohlerfahrenen Wundarztes".

Das Olmützer Lyzeum entsprach den Erfordernissen der josephinischen Wissenschaftspolitik. Schon um die Mitte des 18. Jahrhunderts konnte der Bedarf an Beamten nicht mehr befriedigt werden, auch fehlte es an Landpfarrern. Die Zahl von 1000 Studenten an der Jesuitenuniversität Olmütz war bei einer Zahl von 800 000 Einwohnern in Mähren keineswegs klein, die Absolventen gingen aber zumeist nicht in den Staatsdienst oder als Seelsorger auf das Land, sondern zogen das bequemere Leben in den Klöstern vor. Die josephinische Wissenschaftspolitik diente also zunächst der Aufgabe, die Verwaltung, die Ökonomie und die medizinische Betreuung zu verbessern. Nur die Universitäten in Wien, Prag und Krakau sollten sich der Wissenschaft widmen, die anderen hohen Schulen aber brauchbare Bürger, Beamte, Geistliche und Wundärzte, ausbilden. Das Zweckmäßige und Praktische waren das Leitmotiv dieser Schulen, alles Unzweckmäßige und Unnütze war auszuscheiden. Man sollte also in diesen Schulen nicht theoretisieren, sondern auf den Beruf vorbereiten. Deshalb mußte auch nach vorgeschriebenen Lehrbüchern gelesen werden. Die Orientierung an praktischen Bedürfnissen führte dazu, daß Theologiestudenten Vorlesungen über Landwirtschaft und künftige Chirurgen Vorlesungen über Veterinärmedizin hören sollten.

Wenn man die Tätigkeit des Lyzeums und der medizinisch-chirurgischen Lehranstalt mit wissenschaftlichen Maßstäben messen würde, müßte man zugeben, daß die Hörer keine theoretisch-wissenschaftliche Grundlage erhielten. Es wurde sogar Kritik vom sozialen Standpunkt aus laut. Man sagte, der Landbevölkerung sei eine minderwertigere Gesundheitspflege zugedacht als den Städtern, vor allem den Großstädtern. Aber die Zustände im 18. und noch im 19. Jahrhundert waren auf dem Lande derart, daß eine schnelle und billige Ausbildung von Fachleuten dringend geboten war.

Das Olmützer Lyzeum wurde im Jahr 1827 zur sogenannten "Franzens-Universität" erhoben, die bis 1855 bestand. Die medizinisch-chirurgische Lehranstalt promovierte ihre Wundärzte bis 1875. Dann blieb nur noch die Hebammenschule und eine selbständige theologische Fakultät in Olmütz.

Anmerkungen

1 V. Nešpor: Dějiny university olomoucké. Olomouc 1947, S. 19.
2 B. Navrátil: Jesuité olomoučtí za protireformace. II, Brno 1916, S. 213.
3 Die Jesuiten hofften damals auf eine Rekatholisierung Schwedens. 1562 war
  Johann III. eine Ehe mit der Jagellonin Katharina eingegangen. 1580 bestand
  für deren Sohn Sigismund (1588 als Sigismund III. König von Polen) die siche-
  re Hoffnung auf den Thron. Die Anstrengungen der Jesuiten waren also ganz
  begründet.
4 V. Zapletal: Počátky lékařského studia na Moravě. In: Scripta medica, 30,
  1957, H. 6-8, S. 249 und 275.
5 Nešpor a.a.O. S. 40.
6 Ch. d'Elvert: Geschichte der Studien-, Schul- und Erziehungsanstalten in
  Mähren und Österreichisch- Schlesien. Brünn 1857, S. 2 f.
7 Landesarchiv, Francisceum 426/45, Fol. 200.
8 d'Elvert a.a.O. S. 5.
9 Ebenda S. 6.
10 J.P. Cerroni: Handschriften. Brünn, Staatsarchiv I, 65, Fol. 77.
11 Nešpor a.a.O. S. 48.
12 d'Elvert a.a.O. S. 14-27.
13 Nešpor a.a.O. S. 56 f.
14 E. Rozsívalová: Pražská lékařská fakulta a příprava k chirurgické a porod-
  nické péči po vydání prvního zemského zdravotnického řádu z roku 1753.
  In: Sborník lékařský 75, H. 4-5, 1973, S. 113 - 119.
15 Zapletal a.a.O. S. 269-270.
16 Zapletal a.a.O. S. 275.
17 Cerroni a.a.O. I-65, Fol. 143.
18 C. Namshorn: Kaiser Joseph und seine Zeit. Leipzig 1861, S. 115.
19 R. Kink: Geschichte der kaiserlichen Universität zu Wien. 1854.
20 H. Pirkheim: Die Entwicklung des mährischen Schulwesens unter Maria
  Theresia. In: Zeitschrift für die Geschichte Mährens und Schlesiens 1917,
  S. 369-385.

DIE VAN-SWIETEN-SCHÜLER IN OSTEUROPA

Von Karl Sablik

Unter den geistigen und sozialen Strömungen des Zeitalters der
Aufklärung in der zweiten Hälfte des 18. Jahrhunderts nehmen auch
in Österreich die Philanthropie und der Kameralismus hervorragende Plätze ein. Befaßt man sich mit den van Swieten-Schülern in Osteuropa, so treten diese Strömungen und ihre Auswirkungen - natürlich miteinander verquickt - deutlich hervor. Es soll also versucht
werden, dieses Thema von der Seite der Probleme dieser Zeit her
anzugehen, von den Fragen, die sich den Ärzten, den Verwaltern und
den Regierenden stellten, und von den Antworten, die gefunden wurden. Dies zum problemgeschichtlichen Ansatz. Bevor auf seine Schüler näher eingegangen wird, soll aber der Mann vorgestellt werden,
der als Lehrer und Reformer nach Kräften die Lösung der ihm gestellten Probleme anstrebte.
Gerhard van Swieten (1700-1772), Leibarzt Maria Theresias und
Reorganisator der Wiener Universität, Begründer der Ersten Wiener
Medizinischen Schule, läßt erwarten, daß man seinem Wirken überall im Reich und auch jenseits der Grenzen begegnet. Und diese Begegnungen finden tatsächlich statt, wenn auch nicht in jenem überrei-
chen Ausmaß, wie es bei Boerhaave[1] der Fall war. Hermann Boerhaave (1668-1738), der beherrschende Arzt seiner Zeit, hat in der
ersten Hälfte des 18. Jahrhunderts praktisch ganz Europa mit seinen
Schülern beschicken können, von St. Petersburg über Wien, Berlin
bis London. Eine derart mondiale Ausstrahlung war Boerhaaves
Schüler van Swieten nicht beschieden. Dennoch hatte dieser große Reformator und Lehrer viele Verbindungen zu berühmten Ärzten auch
Osteuropas, worauf vorwegnehmend hingewiesen werden soll: Wir
denken an den ungarischen Arzt Stefan Weszprémi (1723-1799), Physikus in Debrezin, der bei van Swieten in großer Achtung stand[2] und
der eine Geburtshilfe in ungarischer Sprache herausgab; dann an den
in Syrmien tätigen Martin Marikovsky (1728-1772)[3], der die medizinischen Übelstände im Heer kritisierte. Es mögen auch noch genannt
werden J.B.M. Sagar (1702-1778), 1752 Doktor der Medizin in Wien,
der sich mit der Errichtung eines Systems der Krankheiten beschäftigte, und Balthasar Hacquet (1740-1815)[4], der die Protektion van
Swietens genoß und 1788 Professor für Naturgeschichte und Medizin
in Lemberg war.

Gerhard van Swieten war 1745 von Maria Theresia nach Wien gerufen worden und ging als ihr Leibarzt an die Reorganisation des darniederliegenden medizinischen Unterrichts. Denkt man an seine Stellung als Direktor des Gesundheitswesens, so kann er als der "sanitäre Monarch" bezeichnet werden. Getragen von den philanthropischen, aber auch kameralistischen und absolutistischen Vorstellungen der Aufklärung ging er ans Werk. An erster Stelle stand natürlich die Reform der Wiener Medizinischen Fakultät vom Jahre 1749.

Zu Beginn des 18. Jahrhunderts gab es an der Medizinischen Fakultät der Universität Wien nur drei Professoren, erst 1735 kam eine Lehrkanzel für Anatomie dazu. Der medizinische Unterricht erschöpfte sich in theoretischen Vorträgen ohne Unterweisung am Krankenbett. Nur alle fünf bis sechs Jahre fanden Doktorpromotionen statt. Van Swieten, aus der Leidener Schule des Krankenbettunterrichtes hervorgegangen, erkannte diese wunden Punkte und legte am 17. Januar 1749 der Kaiserin seine Reformvorschläge vor, die kaum einen Monat später zum Gesetz erhoben wurden. Die wichtigsten Bestimmungen betrafen die Promotion: Die Absolventen waren in allen Teilen der Monarchie zur Ausübung der ärztlichen Praxis berechtigt. Den Studenten sollten alle Möglichkeiten zur Ausbildung geboten werden: Lehrkräfte ("der Grund eines soliden Studii beruhe hauptsächlich auf geschickten Professoren")[5] und Lehrmaterial. Van Swieten wurde zum Direktor des medizinisch-chirurgischen Studienwesens und zum Praeses der Medizinischen Fakultät ernannt. 1754 wurde Anton de Haen (1704-1776) von Leiden nach Wien berufen und die erste Klinik auf Wiener Boden im Bürgerspital eingerichtet. Der botanische Garten in Wien wurde angelegt und ein chemisches Laboratorium eingerichtet, eine Lehrkanzel für Chemie und Botanik begründet. Sie wurde mit Dr. Laugier aus Nancy besetzt, der allerdings wegen seiner Unfähigkeit durch Nicolaus Joseph Jacquin (1727-1817) ersetzt wurde. Dieser hervorragende Botaniker - gleichzeitig auch Chemiker (Chemie und Metallurgie) - war 1763 an der Bergschule zu Schemnitz in Ungarn tätig. Van Swieten, der ein Freund seiner Familie gewesen war, förderte ihn.

Van Swieten betätigte sich auch als medizinischer Lehrer im Vorsaal der Wiener Hofbibliothek. Ohne eine Professur innezuhaben, hielt er Vorträge über das gesamte Gebiet der Medizin. Er hoffte auf diese Art und Weise tüchtige junge Lehrer oder hervorragende Wissenschaftler heranzubilden. Seine Hoffnungen wurden auch nicht enttäuscht. Als Beweis seien nur zwei Namen angeführt: Leopold Auenbrugger (1722-1809), der Erfinder der Perkussion des menschlichen Brustkorbs (1761), und Anton Stoerck (1731-1803), der durch die Prüfung von Medikamenten an Gesunden und Kranken berühmt wurde.

1753 wurde van Swieten zum Vorsitzenden der Sanitätshofdeputation ernannt. Seine Stellung erlaubte es ihm, Vorschläge für die Besetzung von Physikaten und dem sonstigen Heilpersonal zu machen und in der öffentlichen Hygiene die entsprechenden Vorkehrungen zu treffen.

Die Reorganisation des medizinischen Unterrichts, durchgesetzt gegen den Widerstand der Fakultät, wurde im Prinzip auf die anderen Fakultäten der Universität angewandt und darüber hinaus auf die anderen Universitäten des Reichs (Graz, Innsbruck, Freiburg, Pavia, Prag und Tyrnau) übertragen.

Der Grund für alle diese Verfügungen war der Wunsch nach einer besseren Versorgung mit Ärzten, besonders auf dem flachen Lande. Diese Tendenz hatte drei Vorteile: Erstens konnte die Versorgung der Bevölkerung mit Ärzten die Krankheiten eindämmen und damit das Leid mildern. Zweitens konnte mit der Gesundheit der Bevölkerung ihr auch die Arbeitskraft wiedergegeben werden, was in der Ideenwelt des Kameralismus eine große Rolle spielte. Drittens wurden die Ärzte als Träger der Aufklärung verwendet, wie an einem Beispiel zu zeigen sein wird.

Angeführt sei noch, daß es im Österreich des 18. Jahrhunderts neben der Universität die medizinischen Lyzeen als Ausbildungsstätten gab. In dem uns hier besonders interessierenden Raum, sofern er zu der Habsburger Monarchie gehörte, gab es damals eine einzige derartige Anstalt in Laibach. Dort setzte 1753 van Swieten den von ihm hochgeschätzten Chirurgen und Geburtshelfer Franz Klopstein als Lehrer der Chirurgen und Hebammen ein [6].

Wie der ganze Südosten, war auch das Gebiet von Ungarn mit Ärzten schlecht versorgt [7]; es gab keine medizinische Fakultät, so daß es nahe lag, hier verändernd einzugreifen, was van Swieten auch tat, indem er fünf seiner Schüler, mit einem Normativ versorgt, nach Ungarn schickte. In der Stadt Tyrnau war 1635 eine Universität begründet worden; sie besaß jedoch keine medizinische Fakultät. Die oben erwähnte Reform sollte daher vorerst nur die anderen Fakultäten betreffen; van Swieten aber wollte anschließend gleich eine medizinische Fakultät begründen und konnte Maria Theresia leicht dazu überreden [8]. Neben sachlichen Motiven waren "auch gewisse Gefühlsmomente mit im Spiele": Die Königin wollte als gute Ungarin erscheinen. Am 14. Dezember 1769 wurde die Verordnung zur Neugestaltung erlassen [9], wobei Wien bzw. die Reform der Universität als Richtschnur dienen sollte ("... iuxta methodum et normam in Universitate Viennensi"). "Könnte denn Ungarn eine vorzüglichere Fakultät sich wünschen...?", fragte Tiberius von Györy, der Historiograph der Tyrnauer Medizinischen Fakultät enthusiastisch [10].

Der endgültige Plan wurde von Maria Theresia, van Swieten, dem ungarischen Hofkanzler Graf Franz Esterházy, dem Vizekanzler Graf Georg Fekete und anderen ungarischen Beratern entworfen. Die Zahl der Professoren sollte fünf betragen, für Anatomie, Botanik und Chemie, Chirurgie, Pathologie und praktische Medizin sowie Physiologie und materia medica. 1775 stimmte sogar der Stundenplan der Vorlesungen mit dem in der Wiener Universität überein. Später wurde jedoch bedauert, daß die Durchführung dieses Prinzips nicht mehr recht vorwärtsgehen wollte [11]. Tyrnau konnte nur für Ungarn gültige Diplome ausstellen; es war dies jedoch eine Einschränkung, die - außer Wien - die anderen Universitäten des Reiches für ihr Gebiet ebenso betraf.

Der tiefste staatspolitische Grund war also, daß man dem Ärztemangel in Ungarn steuern wollte; gleichzeitig aber galt es auch, die Jesuiten zurückzudrängen. Wie schon zuvor erwähnt, wollte man dazu wie in Wien gute Professoren haben, die van Swieten auswählen sollte. Er ließ sich diese Aufgabe denn auch nicht nehmen und gab den Auserwählten für ihre Lehraufgabe persönliche Instruktionen mit, zu denen auch die Einrichtung eines Krankenbettunterrichts im Tyrnauer Krankenhaus gehörte [12]. Die praktische Durchführung stieß allerdings nach dem Tode van Swietens auf Schwierigkeiten. "Wenn van Swieten gelebt hätte, wäre eine zwölfbettige Klinik längst eingerichtet worden," schreibt Györy [13]. In Prag hatte zum Beispiel der de Haen-Schüler Taddäus Bayer (1737 - 1808) im Auftrage van Swietens schon mit dem Krankenbettunterricht am Spital in der Hybernergasse begonnen.

Alle Männer, die als erste die fünf Lehrkanzeln in Tyrnau besetzt hielten, waren Absolventen der Wiener Medizinischen Fakultät [14] und hatten durch van Swieten genug Vorbereitung mitbekommen. Ihre eigentliche Wirksamkeit in Tyrnau begann im November 1770. Sie waren damals übrigens alle erst zwischen 28 und 32 Jahre alt und stammten aus verschiedenen Teilen des Reiches [15]: Trnka aus Tábor in Böhmen, Schoretics (Soretics) aus Veszprém, Prandt aus Peterwardein, Winterl aus dem steiermärkischen Eisenerz und Plenck aus Wien. Bei diesen fünf Männern [16], denen van Swieten die Erziehung der zukünftigen Ärztegeneration in Ungarn anvertraute, sollte es sich mit Ausnahme von Winterl und vielleicht auch Plenck herausstellen, daß sie gute Lehrer waren, großartige didaktische Leistungen boten, sich aber stets eng an die Verordnungen und auch konkreten medizinischen Lehrstoffe van Swietens hielten. Sie zählten mehr zu den Verbreitern des Wissens unter den zukünftigen Ärzten und weniger zu den Forschern auf medizinischem Gebiet.

Wenzel Trnka von Krzowitz (1739-1791) hatte an der neugegründeten Universität die Anatomie zu vertreten. Er stammte aus einer adeligen böhmischen Familie, begann seine medizinischen Studien in Prag, um sie in Wien fortzusetzen. 1769 kam er durch van Swietens Vermittlung an das Militärspital in Wien und erwarb im Februar 1770 durch eine Dissertation über das Hüftweh den Doktorgrad; schon im selben Jahr wurde er Professor der Anatomie in Tyrnau.

Wie schon erwähnt, konnte van Swieten, der im Juni 1772 starb, in den letzten Monaten seines Lebens die medizinische Fakultät an der Universität Tyrnau nicht mehr voll unterstützen, und in den folgenden Jahren war die Versorgung der Universität mit Lehrmaterial so schlecht, daß Trnka gemeinsam mit Plenck auf die nachteiligen Folgen des Mangels an Leichen hinweisen mußte [17]. Trnka erläuterte sogar in einem Reskript nach Wien, warum die Zootomie die menschliche Anatomie nicht zu ersetzen vermöge. Trnka blieb der Universität stets treu, übersiedelte mit ihr 1777 nach Ofen und 1784 nach Pest, wo er allerdings zwei Jahre später seine Professur mit der für Pathologie vertauschte, 1790 mit der für medizinische Praxis. Trnka war fachschriftstellerisch ungemein tätig, und Wurzbach [18] schreibt, daß er zu seiner Zeit als eine Autorität ersten Ranges galt.

Der Wiener Joseph Jakob Plenck (1739-1807) studierte Medizin an der Universität seiner Heimatstadt. Als Siebenundzwanzigjähriger veröffentlichte er ein Buch über eine "Neue leichte Art, den mit der Lustseuche angesteckten Kranken das Quecksilber zu geben". Mit diesem Thema hatte sich auch van Swieten beschäftigt und den liquor Swietenii empfohlen. 1769 schrieb Plenck die "Anfangsgründe der Geburtshilfe" und noch im selben Jahr die "Sammlung von Beobachtungen über einige Gegenstände der Wundarzneikunst". Zu dieser Zeit las er Anatomie, Chirurgie und Geburtshilfe an der Universität Basel, von wo ihn van Swieten an die Universität Tyrau holte. Gleich Trnka beklagte der neuernannte Professor dort den Mangel an Leichen und die daraus entspringende Erfolglosigkeit des medizinischen Unterrichts. Plenck ging mit der Universität nach Ofen, übersiedelte aber 1783 nach Wien, um an der medizinisch-chirurgischen Josephsakademie die Fächer Chemie und Botanik zu übernehmen. 1797 wurde er in den ungarischen Adelsstand erhoben. Seine Publikationstätigkeit ist gewaltig. Er war unter den genannten Tyrnauer Professoren wohl der fruchtbarste Schriftsteller.

Michael Schoretics (1741-1786) war Inhaber des Lehrstuhls für Pathologie und medizinische Praxis sowie Direktor der Philosophischen Fakultät der Universität Tyrnau, der er stets treu blieb. Er hatte in Wien studiert, wurde 1765 zum Doktor promoviert und arbeitete eini-

ge Zeit im Wiener Militärspital. Schoretics publizierte nicht sonderlich viel. Seine Bedeutung lag ganz eindeutig auf didaktischem Gebiet.
Er trug in einem zweijährigen Kurs außer der Physiologie alle Fächer
Boerhaaves vor, dazu die Kommentare van Swietens und betonte besonders, jenes Normativ auszuführen, das er in Wien auf privatem
Wege von van Swieten erhalten hatte [19]. Neben der Theorie wollte er
den praktischen Krankenbettunterricht einführen, hatte aber mit dem
Krankenhaus, das ihm die Stadt Tyrnau zur Verfügung stellen sollte,
kein Glück: 1773 erwartete er es "von Monat zu Monat".

Adam Ignaz Prandt (1739-1817) wurde in Peterwardein geboren,
studierte Medizin in Wien und wurde 1768 promoviert. 1770 erhielt er
den Lehrstuhl für Physiologie und materia medica (Pharmakologie).
Er hat außer seiner Dissertation kaum etwas veröffentlicht und lehrte
nach Boerhaaves Kommentaren mit den Ergänzungen, die er an der
Wiener Universität gehört hatte. Im übrigen hielt er sich besonders
eng an das Wiener Vorbild. Die "Materia medica et chirurgica iuxta
systema naturae cigesta" von Crantz (1. Aufl. Wien 1762) war eine
weitere Vorlage für sein didaktisches Wirken. Prandt starb 1817 in
Pest, im Studienjahr 1774/75 war er Rektor der Tyrnauer Universität
gewesen.

Zuletzt soll ein Mann aus der Tyrnauer Gruppe von Professoren
hervorgehoben werden, in dem sich viele Elemente der Aufklärung
vereinigen, fast möchte man sagen kristallisieren. Nicht nur, daß er
Wissenschaftler und - allgemein gesprochen - Aufklärer war, er
stellte seine Kenntnisse und Entdeckungen in den Dienst der Wirtschaft des Landes und half mit, die heimischen Bodenschätze und
Heilquellen in echt kameralistischem Sinn zu erschließen. Darüber
hinaus finden wir in ihm den Begründer einer wissenschaftlichen Gesellschaft, wenn auch diesem Unterfangen wenig Erfolg beschieden
war. Desgleichen wollte er auch sein Wissen den einfachen Menschen
des Landes zur Verfügung stellen. Dieser Mann war Jakob Joseph
Winterl (1739-1809) [20]. Er wurde in der Steiermark geboren und starb
in Pest. Vorerst für den geistlichen Stand bestimmt, wandte er sich
an der Wiener Universität der Medizin zu, wobei er wesentlich von
J.N. Crantz (1722-1797) gefördert wurde. Crantz selbst war eine hervorragende Persönlichkeit der Wiener Medizinischen Schule. Van
Swieten-Schüler und aus Luxemburg stammend, hatte er sich mit der
Geburtshilfe beschäftigt und wurde 1777 durch die Untersuchung der
Heilquellen der Monarchie bekannt und berühmt. Zusammen mit Winterl trieb er botanische Studien. Nach dem Doktorat widmete sich
Winterl der medizinischen Praxis, um dann Physikus in den nordun-
garischen Bergstädten zu werden. 1770 wurde er Professor für Bota-

nik und Chemie in Tyrnau, blieb also gleichsam in derselben Gegend,
konnte aber vorerst mangels eines botanischen Gartens wenig leisten.
Er mußte mit seinen Hörern zu Pferd nach ferngelegenen Orten reisen, um die Pflanzen nach dem Linnéschen System bestimmen zu
können. Trotz allem blieb Winterl an der Universität, obwohl er erst
in Ofen einen botanischen Garten zur Verfügung hatte. 1774 bis 1778
gab er trotz aller Schwierigkeiten die "Flora Tirnaviensis" heraus.

Winterl war der Vertreter eines "dualistischen Systems", das Einfluß auf die "romantischen" Chemiker der späteren Zeit ausübte [21].
Nach ihm bestehen die Dinge aus Elementen, die sich nur darin unterscheiden, daß sie Atome mit Säure- oder Base-Prinzip besitzen [22].
Viele der chemischen Arbeiten Winterls beziehen sich unmittelbar auf
Ungarn, so z. B. eine über einen Absud der Astralaguswurzel, die die
Frauen in Ungarn als Heilmittel gebrauchen, oder über die Zerlegung
eines schwarzen zähen Bergöls aus Ungarn. Er untersuchte und ana-
lysierte chemisch die Gesundbrunnen Ungarns im Anschluß an die
österreichische Arbeit von Crantz und förderte die Edelobstzucht in
diesem Lande.

"Winterl verschloß sich nie vor den Ansprüchen, die vom Gebiet
der Produktion kamen." [23] 1790 versuchte er, den verbreiteten Farb-
stoff der Blutlauge billiger herzustellen. Er arbeitete die Herstellung
der Cyanverbindungen aus der Steinkohle aus; diese Methode wurde
die Grundlage des heutigen Herstellungsverfahrens. "Es war nicht
seine Schuld, daß es im industriell so rückständigen damaligen Ungarn nur wenige gab, die seinen Rat hätten annehmen können."

1782 arbeitete Winterl ein Gutachten aus, wonach die Salze der Pa-
litschen Teiche - südlich von Szeged bei Subotica-Szabadka (jetzt Jugoslawien) - zur Sodagewinnung herangezogen werden konnten. Soda
mußte früher aus Spanien nach Ungarn eingeführt werden. Im selben
Jahr wurde die erste ungarische Aktiengesellschaft zur Ausbeutung
der obengenannten Teiche gegründet.

Winterl hat sich bemüht, 1784 eine Gelehrte Gesellschaft in Hungarn zu gründen, welche aber nicht lange bestand. In der ersten - und
offensichtlich auch einzigen - Sitzung legte er seine Vorstellung von
der Wissenschaft dar. Als Präsident stellte er in der Eröffnungsrede
fest, "daß die Natur ein einheitliches Ganzes und eine integrierende
Betrachtung und Untersuchung der einzelnen Disziplinen notwendig
sei: Für die Experimentalphysik oder Naturlehre fehlt uns gänzlich
ein Plan, der den Umfang der dahingehörigen Abhandlungen nach
Würde umfaßte: mir scheint die Ursache dieses Mangels darin
zu liegen, daß man diese Wissenschaft bisher unter dem Namen der
allgemeinen, besonders in Experimental-Physik, Chemie, Halurgie,

Mineralogie, Metallurgie, Physiologie und dergleichen durch mancherlei darin einfließende Köpfe erbärmlich zerrissen und gestückt
bearbeitet hat" [24].

Dieser Eröffnungsbeitrag mit dem Titel "Die elektrische Materie
chymisch geprüft" stellt ein wertvolles Dokument für die Vorgeschichte der Elektrochemie dar und zeigt den Zusammenhang der verschiedenen Disziplinen.

In Wurzbachs Biographischem Lexikon zählt Winterl zu den "bedeutendsten Männern" seiner Zeit; er war Mitglied von den wissenschaftlichen Gesellschaften und Akademien in Göttingen, Heidelberg und Jena, und Szökefalvi-Nagy nannte ihn einen "Wissenschaftler von deutscher Muttersprache und ungarischem Herzen".

Standen bei den Tyrnauer Professoren und bei Winterl im besonderen aufklärerische Aspekte im Vordergrund, so ist Jean-Baptiste Lalangue, gleichfalls van Swietens Schüler, ein Aufklärer "reinsten
Wassers". Als Arzt setzte er alle seine Fähigkeiten dafür ein, breite,
man kann auch sagen die ärmsten, Schichten der Bevölkerung zu erreichen und für medizinische Verbesserungen aufgeschlossen zu machen. Darüber hinaus bemühte er sich um die Lebensgrundlagen, vor
allem die Ernährung. Sein Wirken wird besonders durch Verwendung
der kroatischen Sprache in einigen seiner Schriften gekennzeichnet.
Sie war nicht seine Muttersprache, aber er bediente sich ihrer, um
der Bevölkerung helfen zu können.

Jean-Baptiste Lalangue (1743-1799) [25] war Luxemburger von Geburt
und ging zum Studium der Medizin nach Wien. Seine guten Prüfungen
und sein Fleiß zogen die Aufmerksamkeit van Swietens auf sich, und
er wurde dessen Lieblingsschüler und Sekretär. Lalangue hatte einen
Index zu den Boerhaave-Kommentaren van Swietens ausgearbeitet.
1770 promovierte er und war danach am Spanischen Spital in Wien tätig.

Als sich 1771 eine große Typhusepidemie von Böhmen bis nach
Wien ausbreitete, übernahm Lalangue die Fürsorge für 350 Typhus-
kranke, erkrankte aber bald selbst an dieser gefährlichen Seuche. Er
erhielt die beste Pflege; sogar der spätere Kaiser Joseph II. und van
Swieten interessierten sich besorgt für seinen Zustand.

Um diese Zeit wandte sich Graf Franz Nádasdy, Banus von Kroatien, also der oberste Vertreter der Regierungsmacht, an den kaiserlichen Hof und an van Swieten mit der Bitte um Empfehlung eines
besonders guten und tüchtigen Arztes. Man dachte an Lalangue, der
noch schnell die Prüfungen für den "magister obstetriciae" ablegte
und sich 1772 nach Kroatien begab. Am 30. März dieses Jahres wurde er zum Komitatsphysikus von Warasdin ernannt. Er trat bald nach

seiner Ankunft in die Freimaurerloge ein - wieder eine Verbindung
zu van Swieten, war doch der große Reformator selbst Freimaurer
gewesen [26].

Lalangue entdeckte sein Herz für Kroatien, das Land und die Bevölkerung; er bezeichnete es als sein "neues Vaterland". Tissots
"Avis au peuple sur sa santé" als Vorbild, entschloß er sich, für
die kroatischen Bauern ein Buch zu schreiben: eine medicina ruralis, also eine Dorfmedizin zum Gebrauch der Bauern und Armen
des Königreichs und der umgebenden Länder. Das Buch erschien
1776 in kroatischer Übersetzung bei Trattner. So tat Lalangue von
"unten" her, was sein Lehrer van Swieten von "oben" anstrebte:
der armen Bevölkerung medizinisch zu helfen. Das Buch ist das erste medizinische Originalwerk auf diesem Gebiet in Kroatien, und
sogar in der Sprache des Landes abgefaßt. Damit wurde er zum Begründer des kroatisch-medizinischen Schrifttums [27].

Unter dem Einfluß von Quesnays Ideen wendet sich Lalangue direkt
an die Bauern. Als Hauptquelle der Krankheiten führt er die schwere
Arbeit an, die Armut, schlechte Nahrung und den Alkoholmißbrauch.
Er warnt die Herren, die Bauern zu schwerer Arbeit zu zwingen, sie
würden sich dadurch nur selbst schädigen. Lalangue appelierte an
alle, die den Bauern helfen wollten, zu ihm nach Warasdin zu kommen, wo er ihnen vieles erklären wolle.

1776 wurde Lalangue Bürger von Warasdin und blieb dieser Stadt
bis zu seinem Tode (1799) treu. 1777, kaum ein Jahr nach seiner
"Medicina ruralis", veröffentlichte er ein Buch über die Hebammen-
kunst für den Gebrauch der Bäuerinnen und armen Dorffrauen Kroatiens und der umgebenden Länder: "Kratek navuk od meztrie pupko-
rezne", Agram 1779. Das lateinisch geschriebene Manuskript erschien als Buch in der kroatischen Übersetzung eines Franziskaners,
E. Klimpacher. Der Inhalt entspricht dem damaligen Stand der ge-
burtshilflichen Kenntnisse. Anton Rechberger und Raphael Johann
Steidele waren Lalangues Lehrer gewesen. Als drittes Buch erschien
1779 eine Beschreibung der Heilwässer in Kroatien und Slawonien:
"Izpisavanje vračtvenih vod horvatskoga i slavonskoga orsaga i od
nacina nje uživati", Agram 1779. Denken wir an die Arbeiten von
Winterl und Crantz, so steht dieses Buch in einer Reihe von Beschreibungen der Heilquellen, wie sie damals üblich waren. Für sein Werk
erhielt übrigens Crantz die Wasserproben aus Kroatien von Lalangue,
was er dankbar vermerkte. Lalangues kroatisch geschriebenes Buch
half, die lokale Bedeutung der Heilbäder zu erfassen. Es erfuhr 1783
eine ungarische Bearbeitung, die durch eine Darstellung der ungarischen Gesundbrunnen erweitert worden war.

Handelte es sich bei den drei zuvor benannten Büchern um Übersetzungen lateinischer Manuskripte, so wagte sich Lalangue 1788
selbst an die Abfassung eines kroatischen Textes heran und schrieb
"Naćin jabuke zemeljske saditi", Agram 1787 (Die Art, wie man die
Erdäpfel züchtet und gebraucht, für das Wohl der Bauern Kroatiens
herausgegeben). Mit diesem Buch überschritt er seine medizinische
Kompetenz und wandte sich der Verbesserung der materiellen Grundlagen des menschlichen Lebens zu. Die Nahrungsmittelknappheit der
Jahre 1784 und 1786 im Gebiet von Warasdin sollte sich nicht mehr
wiederholen können.

Lalangues Bücher und – wenn man so will – seine Theorie waren
stets begleitet von seinem praktischen Wirken, aus dem er ja auch
vor allem sein Wissen schöpfte. Als Chef des Gesundheitswesens in
Kroatien hatte er die Möglichkeit, Krankheiten verhüten zu helfen,
sei es durch die Sanierung von Kanälen und Friedhöfen oder durch
amtliche Verlautbarungen. Der Schutz der Bevölkerung vor Krankheiten war ein altes Anliegen in Österreich, wo man sich gegen aus
dem Osten einbrechende Pestepidemien zu wehren hatte. Diesem
Zweck diente auch die Pest- und Militärgrenze [28]. Die Vorbeugungs-
maßnahmen und besonders die Quarantänebestimmungen unterlagen
den jeweiligen Vorschriften, die wiederum auf staatspolitisch-wirt-
schaftlichen und wissenschaftlichen Erfahrungen beruhten. Das Wirken von Adam Chenot stellt ein gutes Beispiel für die Geschichte dieser Entwicklung dar. Auf der einen Seite standen die Erfahrungen,
die Chenot an der Pestgrenze gemacht hatte, und die kameralistisch-
wirtschaftlichen Überlegungen des Handels, auf der anderen Seite die
Furcht vor dieser Krankheit, das Schutzbedürfnis und der tatsächli-
che Schutz, den der Staat der Bevölkerung gewähren wollte.

Adam Chenot (1721-1789)[29] kam aus Luxemburg funfundzwanzigjäh-
rig nach Wien und wurde der Schüler van Swietens, "bald sein Günstling", wie F.R. Seligmann[30] schreibt. Über ihn während dieser Zeit
in Wien ist wenig bekannt, und auch im Universitätsarchiv in Wien
liegt nur eine Nachricht vor [31], nach der Chenot sein Doktorexamen
abgelegt habe und nach Siebenbürgen geschickt worden sei, "wegen
inmittels daselbst sich geäußerter Contagion". Van Swieten selber
hatte ihn geschickt, da in Siebenbürgen die einheimischen Ärzte wieder einmal die Pest nicht erkennen wollten. Chenot ging in Kronstadt
und Hermannstadt mit der ihm eigenen Energie ans Werk und konnte
nach zwei Jahren vom Erlöschen der Seuche berichten. Die Pest und
alle sie begleitenden Umstände ließen ihn in der Folgezeit aber nicht
los. 1764 wandte er sich in einem Bericht an die Sanitäts-Hofdeputa-
tion und schlug eine Verkürzung der bisher üblichen Kontumazfristen

für Personen und Waren vor [32]. Er konnte hierbei auf seine Erfahrungen zurückgreifen und auf die Nöte verweisen, die der Grenzbevölke-
rung aus dem bisherigen Kontumazsystem erwuchsen: Die lange Grenze mit ihren Quarantäne- und Wachstationen war ein Hindernis für den
Handel. Chenot setzte sich vor allem mit der Dauer der Quarantäne
intensiv auseinander. 1766 trat er mit seinem Tractatus de peste an
die Öffentlichkeit, nachdem sein Bericht von 1764 bei der Sanitäts-
Hofdeputation, bei van Swieten und der Medizinischen Fakultät ernste
Überlegungen und langwierige Debatten ausgelöst hatte. Man blieb
aber bei den alten Kontumazvorschriften, was vielleicht auch durch
den Generationsgegensatz zwischen van Swieten und Chenot zu erklären ist.

Die strengen Vorschriften gingen sogar in das Sanitätsnormativ von
1770 ein: 21 Tage in gesunden Zeiten, 28 Tage bei verdächtigen Nachrichten und 42 Tage bei unmittelbarer Gefahr. Schon Seligmann stellte fest [33], daß kaum etwas von Chenots Ideen in dem unter van Swietens Mitwirkung erlassenen Pest-Normative von 1770 Eingang gefunden habe. Eine andere Anregung Chenots, die der "Sanitätsspione",
also der Kundschafter des Gesundheitszustandes in den Nachbar-
gebieten, wurde hingegen angenommen. Erst in der Ausfertigung des
Befehls vom 5. Mai 1785 an alle Generalkommandos der Militärgrenze [34], also unter Joseph II., fanden nach langen Auseinandersetzungen
zwischen der Wiener Medizinischen Fakultät und dem Reformer einige von Chenot vorgeschlagene Neuerungen Eingang, wenn auch der
Kaiser keineswegs von den Qualitäten des Wissenschaftlers unbedingt
überzeugt war: Verkürzung der Quarantänefrist zu Zeiten der Epide-
mie auf die Hälfte, zu pestfreien Zeiten freier Durchgang bei den
Grenzstationen. Außerdem zog Chenot die Waschung der Waren mit
Wasser der Lüftung und anderen Maßnahmen vor. Die genaue Befol-
gung des Normativs von 1785 wurde - außer in den Seehäfen - in allen
Quarantänen nachdrücklichst empfohlen. Damit war den Siebenbürger
Handwerkern und Kaufleuten geholfen, der freie Handel mit der Moldau und Walachei neu belebt. Chenots wissenschaftliches Werk hat
der Erforschung der Pest neuen Auftrieb gegeben. Es kann als ein
Höhepunkt in der Geschichte der Loimologie bezeichnet werden.

Das Wirken der van Swieten-Schüler in Osteuropa wurde hier unter
problemgeschichtlichen Gesichtspunkten dargestellt. Dabei zeigte es
sich, daß es in Österreich gelang, mit Hilfe aufklärerisch gesinnter
Männer und Verwaltungsmaßnahmen einige Probleme, wie etwa die
medizinische Versorgung der Bevölkerung und den Schutz vor der
Pest, einer Lösung näherzubringen. Doch ging van Swietens Einfluß
über die Grenzen des Habsburger Reiches hinaus. Als Beispiel dafür

sei Andrzej Badurski (1740-1789)[35] genannt, der van Swietens Ideen in Polen in die Tat umsetzte, womit gleichsam die Ausstrahlungskraft der Aufklärung und im besonderen die des großen österreichischen Reformers dokumentiert wird. Badurski hatte in Wien unter van Swieten und de Haen zwei Jahre lang studiert und gearbeitet und kehrte als Dreißigjähriger nach Krakau zurück, um dort bald die Leitung der Medizinischen Fakultät zu übernehmen. Er führte den Krankenbettunterricht ein, was auf die Handschrift seiner Lehrer schließen läßt, und kann als Reorganisator der Medizinischen Fakultät in Krakau gelten. Auch die Apotheken Krakaus wurden unter seiner Oberaufsicht einer Revision unterzogen. Bei Badurski und in Krakau wiederholte sich gleichsam van Swietens Schicksal als Reformer einer medizinischen Fakultät und in der Auseinandersetzung mit den Jesuiten.

Anmerkungen

[1] Erwin Ackerknecht: Boerhaave-Schüler als Medizinalpolitiker. In: Erna Lesky und Adam Wandruszka (Hrsg.): Gerard van Swieten und seine Zeit. Wien-Graz-Köln, 1973. S. 121-127.

[2] Constant von Wurzbach: Biographisches Lexicon des Kaiserthums Österreich. Bd. 55. Wien, 1887. S. 182.

[3] Wurzbach, a. a. O., Bd. 16, Wien, 1867. S. 444.

[4] Erna Lesky: Arbeitsmedizin im 18. Jahrhundert. Werksarzt und Arbeiter im Quecksilberbergwerk Idria. De morbis artificum scripta. Wien, 1956. S. 31.

[5] Anton Rosas: Kurzgefaßte Geschichte der Wiener Hochschule im Allgemeinen und der medizinischen Fakultät derselben insbesondere. In: Med. Jahrbücher d. kk. österr. Staates. Bd. 57 (1846), S. 83.

[6] Isidor Fischer: Medizinische Lyzeen. Ein Beitrag zur Geschichte des medizinischen Unterrichtes in Österreich. Wien und Leipzig, 1915. S. 27.

[7] Fritz Valjavec: Geschichte der deutschen Kulturbeziehungen in Südosteuropa. Bd. 3. Aufklärung und Absolutismus. München, 1958. S. 29 f. (= Südosteuropäische Arbeiten Nr. 43)

[8] Tiberius von Györy: Die ersten Jahre der medizinischen Fakultät in Nagyszombat (Tyrnau). In: Sudhoffs Archiv für Geschichte der Medizin, Bd. 25 (1932), S. 225. Idem: Besetzung der Lehrstühle an der in Nagyszombat (Tyrnau) errichteten medizinischen Fakultät im ersten Jahrhundert ihres Bestehens. In: Sudhoffs Archiv für Geschichte der Medizin, Bd. 27 (1935),

S. 323-369. Idem: Die Durchführung des "Conformatur"-Prinzipes an der in Nagyszombat (Tyrnau) errichteten Medizinischen Fakultät. In: Wiener Med. Wochenschrift, Bd. 85 (1935), S. 321-324.

9 Franciscus Xaver Linzbauer: Codex sanitario-medicinalis Hungariae. Buda, 1852. Bd. 2, S. 508-511.

10 Györy, Die ersten Jahre, a. a. O., S. 227.

11 Györy, Die Durchführung, a. a. O., S. 321.

12 Erna Lesky: Wiener Krankenbettunterricht, van Swieten und die Begründung der Medizinischen Fakultät Tyrnau. In: Communicationes de historia artis medicinae. Bd. 57-59 (1971), S. 37. Györy, Die ersten Jahre, a. a. O., S. 227 f. Linzbauer, Codex, a. a. O., Bd. 2, S. 581.

13 Györy, Die ersten Jahre, a. a. O., S. 241.

14 Mária Bokesová-Uherová: Lekárska Fakulta Trnavskej Univerzity. Bratislava, 1962, S. 25.

15 Lesky, Wiener Krankenbettunterricht, a. a. O., S. 36.

16 Die Literatur über sie ist relativ gering: außer Bokesová-Uherová, Lekárska Fakulta; Endre Högyes: Emlékkönyv a Budapesti királyi magyar tudomány egyetem orvosi karának multjáról és jelenéröl. Budapest. 1896. S. 136-140; Györy, Die ersten Jahre, a. a. O., S. 214-248; Wurzbach, Biographisches Lexicon, a. a. O. (genaues Zitat an den entsprechenden Stellen); Norbert Duka: Ärztebildung an der Medizinischen Fakultät der Tyrnauer Universität. In: Communicationes de historia artis medicinae, Bd. 51-53 (1969), S. 33-50; Theodor Puschmann: Die Medizin in Wien während der letzten 100 Jahre. Wien 1884. J. F. C. Hecker: Geschichte der neueren Heilkunde. Berlin 1839. Hier finden sich kaum weitere Angaben, ganz zu schweigen von ausführlichen Biographien.

17 Györy, Die ersten Jahre, a. a. O., S. 239.

18 Wurzbach, Biographisches Lexicon, a. a. O., Bd. 47, Wien, 1883, S. 222.

19 Györy, Die ersten Jahre, a. a. O., S. 238.

20 Zoltán Szökefalvi-Nagy: Leben und Werk von J. J. Winterl (1732-1809). In: Schriftenreihe für Geschichte der Naturwissenschaften, Technik und Medizin (NTM), Bd. 8 (1971), S. 37-45.

21 H. A. M. Snelders: The Influence of the Dualistic System of Jacob Joseph Winterl (1732-1809) on the German Romantic Era. In: Isis, Bd. 61 (1970), S. 231.

22 Szökefalvi-Nagy, a. a. O., S. 41.

23 Idem, S. 45.

24 Wurzbach, a. a. O., Bd. 57, Wien, 1889, S. 91; Szökefalvi-Nagy, a. a. O., S. 38, zitiert nach: Jakob Joseph Winterl: Die elektrische Materie chymisch geprüfet. Monatliche Früchte einer Gelehrten Gesellschaft in Hungarn. 1784, S. 8.

25 Wurzbach, a. a. O., Bd. 14, Wien, 1865, S. 13; Mirko Drazen Grmek: Jean Baptiste Lalangue. Ein Luxemburger Begründer der medizinischen Literatur in kroatischer Sprache. Luxemburg, 1952; Idem: Die Medizin in den jugoslawischen Ländern im Zeitalter des Rationalismus. In: Sudhoffs Archiv, Bd. 47 (1963), S. 237-246; Lujo Thaller: Jean Baptiste Lalangue. In: Wiener Med. Wochenschrift, Bd. 78 (1928), S. 1585-1588.

26 Eugen Lennhoff und Oskar Posner: Internationales Freimaurerlexikon.

Unveränderter Nachdruck der Ausgabe 1932. München, Zürich, Wien o.J.
    S. 1539.

[27] Grmek a.a.O., S. 4, vgl. auch den Beitrag in diesem Band, S. 255, Anm.5
    Die in kroatischer Sprache abgefaßten Schriften wurden in der von Wurzbach
    angegebenen Form zitiert.

[28] Erna Lesky: Die österreichische Pestfront an der k.k. Militärgrenze. In:
    Saeculum, Bd. 8 (1957), S.82-106.

[29] Edmond Knaff: Adam Chenot (Chenotus). Luxembourg, 1921; Idem: Adam
    Chenot et deux autres médecins luxembourgeois. Luxembourg, 1930; Er-
    na Lesky: Österreichisches Gesundheitswesen im Zeitalter des aufgeklär-
    ten Absolutismus. In: Archiv für österreichische Geschichte, Bd.112,
    Wien, 1959, S.61-64, 121-140; Idem: Die österreichische Pestfront:
    Franz Romeo Seligmann: Adam Chenot und seine Zeit. In: Österreichi-
    sche Zeitschrift für praktische Heilkunde, Bd.7 (1861), Nr.24, Beilage;
    Iosif Spielmann: Über den Einfluß der Chenotschen Seuchenordnung auf
    Siebenbürgen. In: Medizinhistorisches Journal 6 (1971), S.200-206; G. Z.
    Petrescu: Adam Chenot (1721-1789), Academie Română Memoriile Secți-
    unii Ştiinţifice, 3/3/Mem.9. Bukarest, 1926.

[30] Seligmann, a.a.O., S.6.

[31] Knaff, Chenot (1930), S.230 ff.

[32] Lesky, Österreichisches Gesundheitswesen, a.a.O., S. 62, 139.

[33] Seligmann, a.a.O., S.7.

[34] Lesky, Österreichisches Gesundheitswesen, a.a.O., S.64.

[35] Leon Tochowicz: Outline of the Cracow School of Medicine. Krakau, 1962,
    S. 42 ff.; Károly Kapronczay: Die polnische Aufklärung und die Reform an
    der Medizinischen Fakultät Krakau. In: Die Waage, Bd.11 (1972), S.173 f.

ZU DEN WIRKUNGEN VON TISSOTS SCHRIFT "AVIS AU PEUPLE SUR SA SANTÉ" IN NORDOSTEUROPA

Von Heinz Ischreyt

Am 7. November 1768 schrieb der aus Pommern stammende Arzt Peter Ernst Wilde auf Schloß Oberpahlen in Livland an den Berliner Buchhändler Friedrich Nicolai einen Brief [1], in dem folgende Sätze stehen: "Das Schicksal hat mich zu einem liefländischen Schriftsteller gemacht. Ich habe der hiesigen Welt verschiedene Schriften vorgeleget welche mit Beyfall sind aufgenommen worden. Der Landarzt war die erste Geburth meines gelehrten Kopfes. Ich weiß nicht durch welche Wege einige Exemplare nach Deutschland gekommen sind, da ich selbst Autor und Verleger dieses Wercks gewesen bin, auch nicht mehrere Exemplare als ich Abnehmer gehabt habe sind, so viel ich weis, gedruckt worden. In der neuen Auflage des Tißotischen Werckes, welches die Hamburgische Typographische Gesellschaft herausgegeben hat, habe ich unverhoft den Beyfall zu dieser Schrift gelesen. Ich habe auch bereits 3 Quartale von der Fortsetzung derselben unter dem Titel Liefl. Abhandlungen von der Arzneywissenschaft geliefert. Ich habe auch eine Lief- und Curländische oekonom. Gesellschaft gestiftet, welche ihre Probe bereits in dem ersten Quartal der Lief- und Curländ. oekonom. Abhandlungen geliefert hat..."

Im weiteren Verlauf des Briefes klagt Wilde darüber, daß die ganze Last und Mühe, welche er zur Verbreitung der Wissenschaften "in diesen Gegenden" aufwende, auf ihn allein zurückfalle, daß er Schriftsteller, Buchdrucker und Verleger in einer Person sein müsse und daß der "Cirkel, worin ich die Wissenschaften verbreite", viel zu klein und der Preis seiner Schriften also zu hoch sei. Schließlich schlägt er drei verschiedene Formen der Kooperation vor, auf die aber Nicolai nicht eingegangen sein dürfte, da es nicht mit ihm sondern mit Johann Friedrich Hartknoch in Riga zu einer partiellen Zusammenarbeit kam.

Wilde bezieht sich im obigen Zitat ausdrücklich auf die Übersetzung eines Buches des Lausanner Arztes S.A.D. Tissot durch den Hamburger Juristen und Literaten Johann Ulrich Pauli, das in seiner französischen Urfassung den Titel "Avis au peuple sur sa santé" trug. In dieser zweiten deutschen Übersetzung - die erste hatte ein Kollege des Autors, der berühmte Schweizer Verfasser des "Philosophischen Bauern" (1771) Hans Caspar Hirzel, angefertigt - steht eine Vorrede mit folgendem Titel: Von der Unvollkommenheit der

meisten deutschen praktischen Handbücher und den Vorzügen des
Tissotischen. In ihr wird auch auf medizinische Wochenschriften,
so Unzers "Arzt" und Wildes "Landarzt", hingewiesen. Unter diesen glaubt der Verfasser Unzers Periodikum "mit Recht den Rang"
zusprechen zu können, "welchen der englische Zuschauer unter den
Sittenschriften schon über ein halbes Jahrhundert behalten hat" [2].
Von Wildes Zeitschrift sagt er, sie gehöre "unstreitig zu den glück-
lichsten Nachfolgern des berühmten Hn. D. Unzers. Ihre Betrachtungen sind hauptsächlich zum Vortheile der Bewohner von Curland
und Liefland geschrieben." (S.49)

Durch diese Bemerkungen wird die Genealogie von Wildes "Landarzt", der 1765/66 in Mitau gedruckt wurde, angedeutet. Johann August Unzers "Arzt" war nämlich einige Jahre zuvor, von 1759-1764,
in Lüneburg und Hamburg erschienen und zu einem großen Erfolg geworden. Die Zeitschrift erlebte drei Auflagen, wurde ins Holländische,
Schwedische und Dänische übersetzt und erfuhr Zustimmung, die Wilde sicher teilte, als er an seinem "Landarzt" zu arbeiten begann [3].

Dürfte die periodische Erscheinungsform und die Variationsbreite
des Inhalts von Unzers Wochenschrift Wilde angeregt haben, so bei
Tissots Werk der sozialmedizinische Aspekt, unter dem der Lausanner Arzt ebenso wie Wilde seine Betrachtungen im Hinblick auf die
damals vieldiskutierte Population anstellt. Tissots Buch wurde übrigens zu einem noch weit größeren Erfolg als Unzers "Arzt", es wurde ein Bestseller, dessen Auflagezahlen schon fast an Rochows "Kin-
derfreund" oder Beckers "Noth- und Hülfsbüchlein" erinnern. Der
Verfasser, der seine Schrift nur für "einen kleinen Bezirk Landes
und nur für eine geringe Zahl Menschen bestimmt" hatte, war höchst
erstaunt, als er fünf oder sechs Monate nach Erscheinen im August
1761 erfuhr, "daß es eines von denen medizinischen Büchern sey,
welches in allen Ständen der Menschen die meisten Leser gefunden" [4].

Vom Erscheinen des Buchs bis 1765, als Wildes "Landarzt" in Mitau herauskam, können nicht weniger als 16 rechtmäßige und unrecht-
mäßige Ausgaben sowie Übersetzungen nachgewiesen werden. Dazu
gehören zwei vom Autor betreute Texte, die - gleichsam autorisiert -
von C.H. Hirzel ins Deutsche übertragen wurden, zwei Pariser Nachdrucke sowie weitere fünf französische Ausgaben, die in Lüttich,
Lyon, Rouen, Genf und Lausanne erschienen, ein Nachdruck der deutschen Übersetzung in Kopenhagen, sowie weitere Übersetzungen ins
Holländische, Flämische, Schwedische und Englische. 1766 und
1767 folgten eine dritte vom Autor erweiterte Auflage, zwei deutsche
Übersetzungen von Hirzel und Pauli, zwei Nachdrucke der deutschen
Fassung und eine Übersetzung ins Italienische. Der Erfolg des Werks

hielt also an. Er mag in Wirklichkeit noch größer als durch diese
Daten charakterisiert gewesen sein. Pauli spricht von insgesamt
mehr als sechzig Ausgaben in sieben Jahren. In diesem Zusammenhang sei auch die kroatische Bearbeitung durch den Van-Swieten-
Schüler Jean Baptiste Lalangue in dessen "Medicina ruralis" (1776)
erwähnt [5].

Die geistesgeschichtlichen Hintergründe dieses Erfolgs sollen hier
nicht näher erörtert werden. Aber auf den philanthropischen und den
ökonomischen Faktor sei wenigstens am Rande hingewiesen. In den
sechziger Jahren des Jahrhunderts wurde zwar in verschiedenem Maße, jedoch überall in Europa die Bauernfrage zu einem für die Wirtschaft des Staates und das Gewissen der Menschen wichtigen Problem.
Ihm widmet man sich in der Tagespublizistik wie auch in der Arbeit
gelehrter Gesellschaften.

Philanthropische und ökonomische Gedankengänge vereinigen sich
nun in Tissots Werk auf eine für das "aufgeklärte Publikum" offensichtlich attraktive Weise. An diese allgemeine Disposition knüpft
Wilde an, greift Tissots Fragestellung auf und formt sie seiner individuellen Situation entsprechend um. Das Schicksal hat ihn nach seinen eigenen Worten zu einem "liefländischen Schriftsteller" gemacht,
so steht er zwar in einer bestimmten wissenschaftlich-publizistischen
Tradition, jedoch auf dem Grund individueller Bedingungen.

Diese Tradition läßt sich über Tissot hinaus noch weiter zurückver-
folgen. Der Schweizer Arzt nennt nämlich unter seinen "Vorgängern"
mit Ehrfurcht den ersten Leibarzt des Schwedischen Königs Rosén
von Rosenstein, "welcher von vielen Jahren her, sein Ansehen ange-
wendet, dem gemeinen Volk die größten Wohlthaten zu schenken",
wobei der Hamburger Übersetzer in einer Fußnote an seine "Anweisung zur Kenntniß und Cur der Kinderkrankheiten" erinnert, und den
Freiherrn van Swieten, "ersten Leibarzt Ihro Kaiserlichen Majestät,
welcher sich vor zwey Jahren die Mühe geben wollen für die Armeen
dasjenige auszuführen, was ich nunmehro für die Landleute ausführe".
Tissot meint weiter, daß bei Übereinstimmung vor allem auch der medizinischen Grundsätze, van Swieten "über verschiedene Artikul, die
ich sehr umständlich abgehandelt, gar nichts gesagt, da er verschiedene Krankheiten abgehandelt, die nicht in meinen Plan einlaufen, da
er von einigen andern nichts gesagt, welche ich abzuhandeln verpflichtet war, so sind unsere zwey Werke, von den Vorzügen des seinigen
nichts zu reden, in Absicht auf den Grund der Materien sehr verschieden" [6].
Tissot zählt sich also in bestimmter Hinsicht zu den "Schülern" van
Swietens, mindestens im Hinblick auf eine Spezifizierung der Frage-

stellung. Ebenso dürfen wir trotz wichtiger Unterschiede Wilde zu
den Schülern Tissots zählen. Freilich handelt es sich um eine Art
geistiger Genealogie und um eine andere Art von "Schule", als sie
Karl Sablik in seinem Aufsatz herausarbeitet. Dieses Verhältnis
enthält Momente kommunikationsabhängiger Strukturen, die sowohl
in der individuellen als auch der institutionellen wissenschaftlichen
Tätigkeit aufzuspüren wären [7]. Die Veränderung der Konzeptionen
läßt sich vermutlich z.T. durch Faktoren erklären, die diese Strukturen bestimmen.

Tissot orientierte sich an der Fragestellung Roséns und van Swietens, bezog sich aber auf die bäuerliche Bevölkerung der Schweiz;
Wilde nimmt nun diese schon speziellere Fragestellung auf und wendet sie auf die Probleme eines bestimmten Territoriums mit anderen
Voraussetzungen an. Ob das bei ihm mehr ideologisch-philanthro-
pisch oder mehr persönlich motiviert ist - er befindet sich damals
in ungesicherten Verhältnissen und sucht ein Wirkungsfeld - läßt
sich kaum klären [8].

Wichtiger ist auch das Ergebnis: Weil Wilde es mit leibeigenen
Bauern zu tun hat, die einem anderen Volk als die Herrschaften angehören und eine andere Sprache sprechen als diese, entstehen einerseits zwei Zeitschriften, die viel stärkere sozialkritische Züge
enthalten als das Buch Tissots oder die Zeitschrift Unzers, nämlich
"Der Landarzt" (Mitau 1765/66) und "Der praktische Landarzt" (Mitau 1773/74), andererseits aber auch zwei Periodika in estnischer
und in lettischer Sprache, "Lühhike Öppetus..."(Oberpahlen 1766)
und "Latweeschu Ahrste...." (Oberpahlen 1768), durch die das Zeitschriftenwesen in diesen Literaturen begründet wird [9].

So erhält auch die Frage nach dem Leser für die Art und Weise,
wie die vorgeprägten Gesichtspunkte und Gedanken rezipiert und z.T.
durchaus originell modifiziert werden, eine erhebliche Bedeutung.
Tissot wendet sich an die Herren Prediger, die Gutsherrschaften, an
die Schulmeister, Wundärzte und Wehmütter auf dem Lande. Aber
er schreibt auch für die Bauern. "Ich zweifle nicht, daß nicht selbst
unter den Landleuten viele sich finden sollten, dergleichen ich einige
kenne, welche voll Verstand, Beurtheilungskraft und guten Willen,
dies Buch mit Vergnügen lesen, die Vorschriften desselbigen begreifen, und sie begierig ausbreiten werden." [10] Van Swieten richtet sich
an die Offiziere und Militärärzte, Rosén in seinem Werk über die
Kinderkrankheiten in erster Linie an die Eltern.

Wilde greift Tissots spezifizierte Fragestellung auf, bezieht sich
aber auf Bauern mit einem anderen materiellen und sozialen Status
und wohl auch mit geringeren Lesefähigkeiten. An wen richtet er also

seine Schriften? "Der Landarzt" wendet sich in erster Linie an die
"Erbbesitzer der Güther" und die Pastoren. Wilde denkt aber auch
an einen weiteren Kreis. Er schlägt nämlich vor, "nüchternen ordentlichen Menschen, die ein jeder Herr aus seinen Leuten auswählen" solle, die Besorgung der Kranken im Gutsbereich anzuvertrau-
en. "Wir werden zu dem Unterrichte derselben in den folgenden Blättern eine leichte und deutliche Anweisung mittheilen, die auch der
einfältigste ohne großes Nachsinnen wird begreifen können." [11]

Es handelt sich um einen etwas weiteren Adressatenkreis, als ein
Vorgänger von ihm in Livland ansprechen wollte. Peter Friedrich
Körber wandte sich nämlich in seinem "Versuch die gewöhnlichen
Krankheiten bey dem gemeinen Mann und besonders denen Liefländischen Bauren auf eine leichte und wohlfeile Art zu heilen" (Revall, gedruckt mit Kölerschen Schriften. 1761. Zu bekommen bey dem hiesigen Buchhändler Herrn J.J.Illig) nur an den Erbherr und Hausvater.
Von Tissots Schrift dürfte Körber nichts gewußt haben, als er an seinem Buch arbeitete. Beide Publikationen erschienen 1761, und zwar
die des Lausanner Arztes im August und die seines Revaler Kollegen
schon so früh, daß er im selben Jahr nach Stockholm reiste, wo er
von der Akademie der Wissenschaften auf Grund dieser Schrift zum
korrespondierenden Mitglied ernannt wurde [12].

Das Verhältnis dieses Werks von Körber zur ersten Zeitschrift Wildes gibt allerdings Rätsel auf. Letzterer behauptet nämlich, daß er
in seiner Absicht, "von der Lebensart der Bewohner einzelner Länder,
von ihren Krankheiten, von der Heilung derselben zu schreiben", keinen Vorgänger gehabt habe [13], und dennoch ist eben dieses auch das
Thema Körbers, der ferner gleich Wilde "die armseligen Umstände
des Landmannes" berücksichtigt und eine wenn auch nur partielle Übersetzung ins Estnische und Lettische als wünschenswert hervorhebt.
Eine unmittelbare Abhängigkeit kann nicht nachgewiesen werden; jedenfalls wird aber durch die Duplizität die allgemeine Aktualität der
Fragestellung bewiesen.

Gegenüber allen anderen hier bisher besprochenen Schriften erhält
Wildes "Landarzt" durch das Pathos der Diktion, die gelegentliche
Schärfe des Urteils und einige originale Vorschläge, wie z.B. die Einrichtung von Krankenstuben auf den Gütern, ein individuelles Gesicht.
Wildes Zeitschrift steht in der Ahnenreihe der livländischen Bauern-
publizistik, zu deren bedeutendsten Vertretern Petri und Merkel werden sollten. Sicher ist Wildes Überzeugung von der Gleichheit der Menschen vor Gott, von der er immer wieder mahnend spricht, ein Grund
für die Art und Weise, wie er seinen Stoff vorträgt, daneben aber spiegelt sich darin die Funktion des publizistischen Vorhabens, die Tatsa-

che, daß er sich an die Mächtigen in einem Land wendet, in dem die
Hörigkeit das Leben der Bauern bestimmt. Mit deutlicher pädagogi-
scher Absicht schildert Wilde ohne erhebliche Beschönigung und in
düsteren Farben die Lage der Bauern und appelliert an die Humanität und wirtschaftliche Vernunft der Grundherren. Eine echte "Haus-
vatergesinnung" der Gutsherrschaft einerseits und vernünftige Lebens-
führung der Bauern andererseits sollen durch gütliches Zureden erreicht und auf diese Weise eine Verbesserung der Zustände bewirkt
werden. Das medizinische Programm wird zu einem Bestandteil des
moralischen und ökonomischen Konzepts.

Die pädagogische Absicht ist die treibende Kraft aller publizistischen
Bemühungen Wildes. Zu heilen und zu lehren hält er für seine wichtigsten Aufgaben. So darf diese pädagogische Absicht auch für die in estnischer und lettischer Sprache abgefaßten Wochenschriften von vorne
herein angenommen werden. Beide übrigens außerordentlich seltenen
Schriften[14] gehen auf ein deutsches Manuskript von Wilde als Vorlage zurück, das von August Wilhelm Hupel (1737-1819) und Jakob Lange (1711-1777), zwei guten Kennern dieser Sprachen[15], ins Estnische
und ins Lettische übertragen wurden.

Die Übersetzung ist frei, der lettische Text erheblich kürzer als
der estnische. Den 41 Stücken von "Lühhike Öppetus" stehen nur 25
von "Latweeschu Ahrste" gegenüber. Hupel ist etwas weitschweifig,
appelliert an das Gefühl, neigt zu "lyrischen" Passagen, während Lange in lapidaren Sätzen scharf zu pointieren liebt. Wie weit die inhaltlichen Abweichungen zwischen der estnischen und lettischen Fassung
auf einer Umarbeitung des Manuskripts durch den Autor beruhen oder
nur auf den Übersetzer zurückgehen, läßt sich nicht feststellen, da
diese Vorlage nicht vorhanden ist[16].

Es fällt auf, daß einige Passagen in der späteren, also der lettischen
Fassung (1768) fehlen oder anders formuliert werden. Während z.B.
in "Lühhike Öppetus" neben dem Motiv der Gleichheit aller Menschen
vor Gott der Standesunterschied zwischen dem Autor und seinen Lesern unter ausdrücklichem Hinweis auf den Sklaven-Status der Bauern
in aller Schärfe herausgearbeitet wird, begnügt sich "Latweeschu Ahrste" damit, diesen Standesunterschied zu konstatieren.

Anders als der "Landarzt" wenden sich die estnische und die lettische Zeitschrift expressis verbis an die bäuerliche Bevölkerung. Das
hat dann auch seine Folgen für die Textgestalt, was an zwei Beispie-
len erläutert werden soll, an den Unterschieden in der Schilderung
der Gutsherren und der Bauern. Im "Landarzt" schwankt das Bild
des ersten zwischen den Extremen des guten Hausvaters, der seine
Untertanen mit Sanftmut, Liebe und Strenge leitet, und des "fühllosen

Tyrannen", der noch nicht einmal hinhört, wenn ihm die Pflichten
der Menschenliebe erklärt werden, während seine Bauern - abgema-
gert bis auf das Skelett - ohne ausreichende Lebensmittel die schwer-
ste Arbeit verrichten müssen. Der Landmann hingegen wird als stumpf,
ohne "Kenntnisse der Wirthschaftskunst", ohne klare Vorstellungen
"von Gott und seinen Glaubenssätzen", dem Aberglauben und der Trunk-
sucht verfallen, dargestellt. Der Autor meint, daß Aufklärung, Er-
leichterung der Dienste, eine bessere medizinische Versorgung und
größere Strebsamkeit seine Lage verbessern würden.

"Lühhike Öppetus" zeichnet diese Bilder mit denselben Umrissen,
koloriert sie aber in anderer Weise, und zwar den bäuerlichen Adressaten entsprechend. Das Porträt des Gutsherrn verblaßt zu einer sche-
menhaften Vaterfigur, was wohl Ausdruck dessen ist, daß Autor und
Übersetzer die bestehenden sozialen Spannungen nicht verschärfen
wollen. Aber auch die negativen Seiten des Bauernbildes erscheinen
weniger drastisch. Nicht mehr an Brueghel erinnernde Gemälde von
Saufgelagen, wie sie "Der Landarzt" enthält, werden entworfen, sondern der Autor beschränkt sich auf die eindringliche Mahnung, die
moralischen, wirtschaftlichen und medizinischen Folgen solchen Tuns
zu bedenken. Roheit und Dummheit werden getadelt, die drückende
Last der Leibeigenschaft mit der angeblich noch schlechteren Lage
des Landmannes im "Ausland", vor allem Deutschland, konfrontiert.
Tüchtigkeit und Fleiß erscheinen als Allheilmittel.

Besonders wichtig aber sehr schwer interpretierbar ist das 31.
Stück von "Lühhike Öppetus", das leider keine Entsprechung in "Latweeschu Ahrste" hat, weil - wie bereits erwähnt - die lettische Zeitschrift mit dem 25. Stück endet. Hier appelliert Wilde an die Fähigkeiten und Talente der Bauern, was als pädagogische Parallele zu
dem Appell an die moralische Verantwortung der Gutsherren im "Landarzt" aufgefaßt werden darf. Auch der Landmann sei ein von Natur ver-
nünftiges Wesen, schreibt er, ihm fehle nur die richtige Ausbildung.
Ungenügend nütze er die Ausbildungsmöglichkeit durch vorhandene
Schulen, und es fehle an guten Büchern. Bei richtiger Belehrung würden die Bauern ein Handwerk ebenso gut oder noch besser beherrschen
als die "deutschen Meister". Es gebe ja auch Landleute, die "Kriegs-
hauptleute" (söa peälik) gewesen seien und verschiedene Ämter bekleideten. Manche hätten in Deutschland in "großen Schulen" Gottes
Wort und seine Deutung mit so großem Erfolg gelernt, daß sie, in
"unser Land" zurückgekehrt, zu Pastoren (kiriku öppetaja) eingesetzt
worden seien. Wenn die Bauern fröhlich wären, machten sie auch Lieder. Diese seien zwar dumm, aber sie könnten auch gute und hübsche
Lieder machen, wenn sie richtig angeleitet werden würden [17].

Der pragmatische Aspekt der Publizistik, der hier vor allem in
der "pädagogischen Absicht" erscheint, erweist sich im Zusammen-
spiel mit dem unterschiedlichen Adressaten als Ursache formaler
(sprachlicher) und inhaltlicher Modifikationen, die sogar den historischen Informationswert der Aussagen in Frage stellen. Der Adres-
sat (einerseits Gutsherr und Hausvater, andererseits Landmann) erscheint als wichtige Bedingung für die Art und Weise, wie der Autor,
hier also Wilde, Anregungen durch Tissot und Unzer aufnimmt und
abwandelnd verarbeitet. Freilich ist mit dieser Feststellung noch
nicht die Frage beantwortet, ob die Adressaten mit diesen Schriften
auch erreicht wurden. War die Lesefähigkeit der Bauern derart, daß
sie diese Zeitschriften "verstehen" konnten? Handelte es sich bei
der direkten Anrede der Landleute durch den Autor vielleicht nur um
eine rhethorische Figur, und er meinte gar nicht die Bauern sondern
die Pastoren, denen er ein gut aufbereitetes Schulungsmaterial an
die Hand geben wollte [18]?

Auch diese Frage läßt sich nicht eindeutig beantworten. 1786 teilt
Hupel mit, man finde "genug hiesige Bauernkinder", die "fertig lesen", und nur wenige, die gar nicht lesen lernen [19]. Wenngleich damals zur Zeit der russischen Schulreform Grund dafür bestanden haben mag, die livländischen Verhältnisse nicht zu negativ zu schildern,
so ist es doch unwahrscheinlich, daß ein so engagierter Aufklärer wie
Hupel, der die Verhältnisse vortrefflich kannte, absichtlich oder irr-
tümlich ganz falsche Angaben macht.

Daß Wilde und die Übersetzer tatsächlich annahmen, die Bauern
würden sich dieser Schriften bedienen, daß sie also voraussetzten,
viele von ihnen könnten sie lesen und verstehen, dürfte auch aus einigen Bemerkungen hervorgehen, die sonst ganz unbegreiflich wären.
So fordert der Autor zum Beispiel seine Leser auf, die "Briefe", also
die Stücke der Zeitschrift, den Kindern zu geben und sie zu deren
wiederholter Lektüre anzuhalten, damit sie die Sündhaftigkeit und die
Verderblichkeit eines ausschweifenden Lebenswandels erkennen [20],
oder er rät dem Kranken, der ein kompliziertes Medikament benö-
tigt, diese Arznei, die er im "deutschen Arztbuch herzustellen gelehrt" habe, auf dem Gut zu erbitten [21]. Das alles dürfte beweisen,
daß Wilde, Hupel und Lange den Bauern zutrauten, Schriften dieser
Art zu lesen. Freilich rechneten sie aber auch damit, daß die Gutsherren und Pastoren sich an ihrer Verbreitung beteiligen würden, wie
aus den "Rigischen Anzeigen von allerhand Sachen" vom 3. November
1768 hervorgeht, in der für "Latweeschu Ahrste" geworben wird, denn
diese deutsche Zeitung wurde natürlich nicht von den Bauern, sondern
vom Adel, den Kaufleuten und Literaten gelesen.

Wenn also auch angenommen werden kann, daß bei einem Teil der
Bauern tatsächlich eine ausreichende "technische" Lesefähigkeit bestand, so ist damit doch nicht gesagt, daß diese Texte "angenommen"
und rezipiert wurden. Dieser Einwand gilt übrigens prinzipiell nicht
nur für den bäuerlichen, sondern auch für den adeligen Adressatenkreis, wenn vielleicht auch nicht in demselben Maße. In dem schon
mehrfach zitierten 31. Stück von "Lühhike Öppetus" klagt der Verfasser darüber, daß mancher Landmann die Kopeken, die er für diese Briefe gut anlegen würde, lieber für den Schnaps ausgebe, doch
meint er andererseits, daß viele Bauern seine Zeitschrift gerne lesen, nach den Anweisungen, die in ihr gegeben werden, Kräuter
sammeln, daraus Arzneien zubereiten und damit ihren Nächsten
helfen. Um diesen Menschen gute Ratschläge zu geben, würde er
weiterschreiben. Schließlich ist bei unseren Überlegungen zu berücksichtigen, daß von der estnischen Fassung in einem Jahr immerhin über vierzig Folgen erschienen und zwei Jahre später die lettische Ausgabe folgte, die denselben Adressatenkreis ansprach. Ein
völliger Fehlschlag dürfte die sich an die estnischen und lettischen
Bauern wendende Zeitschrift also nicht gewesen sein.

Rückblickend hat sich Wilde selbst zu einigen Aspekten dieser Frage geäußert. Im Vorwort zu seiner letzten populärmedizinischen
Schrift, der zweiten stark vermehrten und verbesserten Auflage der
"Liefländischen Abhandlungen von der Arzneywissenschaft" (Schloß
Ober-Pahlen 1782), auf deren Titelblatt er nun auch als Verfasser
erscheint, nennt er einige Probleme seiner über fünfzehn Jahre lang
währenden publizistischen Arbeit. "Der erste Plan, welcher sich auf
ein noch nie betretenes Feld erstreckt, wird selten so glücklich ausgeführt, als der Urheber sich schmeichelt. Er zeichnet den Grundriß mit einer schüchternen Behutsamkeit, er stellt sich schon zum
voraus das entzückende Vergnügen recht lebhaft vor, dem er sich
am Ende seiner ruhmwürdigen Ausführung überlassen will. Kaum
aber hat er sich seinem Ziel einige Schritte genähert, so entdeckt
sein forschendes Auge, Fehler und Hindernisse, die seine Vorsichtigkeit vorher vergebens suchte. Er siehet oft zu spät, daß der Um-
riß zu weit ausgedehnt, und die Grundstriche zu matt entworfen
sind. Ein ähnliches Schicksal hat mich bey der Anlage meiner Werke
überrascht. Die Schreibart ist zu weitläufig, der Unterricht zu kurz
gerathen. So aufrichtig bin ich meine Fehler öffentlich zu bekennen.
Ein Unzer kann in Deutschland viele Jahrgänge zum Vergnügen und
zur Belustigung schreiben, es wird ihm in diesem Welttheile niemals
an einer Menge Verehrer fehlen, die seine Schriften mit unermüdeter
Begierde lesen. In unserm Land hingegen verlangt man von einem me-

dicinischen Buche nichts mehr, als daß es kurz abgefaßt sey, deutliche Merkmale der Krankheiten und bewerthe Mittel enthalte. Diesen Vorwurf habe ich mir bey den ehstnischen und lettischen Blättern
zugezogen, welche erstere der Herr Pastor Hupel zu Ober-Pahlen,
und letztere der Herr Probst Lange zu Smilten, aus Liebe zum allgemeinen Besten übersetzt haben. Der Ehste und Lette ist noch mit einem Kinde zu vergleichen, dem man nur die Anfangsgründe einer
Kunst vorlegen muß, ohne ihn dabey auf Nebenwege zu führen. Ich
kann meine Fehler nicht glücklicher verbessern, als wenn ich künftig ein deutliches und kurz abgefaßtes Handbuch entwerfe; den Letten
und Ehsten aber ein medicinisches ABC-Buch liefere."

Aus dieser Vorrede ergibt sich nicht, wann sie geschrieben wurde
und ob sie schon in der ersten Auflage von 1770, die mir nicht vorlag,
diesen Text hatte. Wäre das der Fall, so müßte man in "Arsti ramat"
(1771) das medizinische ABC-Buch für die Esten sehen und in dem
"Auszug aus dem Landarzt und den Liefländischen Abhandlungen von
der Arzneywissenschaft oder Anweisung wie man die Krankheiten des
gemeinen Mannes erkennen, und theils mit Hausmitteln, theils mit
wohlfeilen Arzneyen curiren könne" (Schloß Ober-Pahlen 1770) das
deutliche und kurz abgefaßte Handbuch für das deutsche Publikum.
Aber wenn Wilde auch diese Überlegungen erst nachträglich angestellt haben sollte, so hat er doch die Mentalität seines deutschen
bzw. estnischen und lettischen Lesers mit diesen Worten als wirksame Komponente im Rezeptionsprozeß fixiert. Über die Aufnahme
der Kurzform ("Arsti ramat") kann allerdings nichts gesagt werden,
weil, wie eine handschriftliche Eintragung im Exemplar der Göttinger Universitätsbibliothek mitteilt, ein Teil der Auflage beim Brand
der Druckerei im Jahr 1771 vernichtet wurde.

Ferner führt Wilde in dieser Vorrede aus, daß Livland "in Rücksicht der Wissenschaften nicht so finster" sei, als viele Auswärtige
annehmen. Und er ruft aus: "Wie viele nützliche Entdeckungen ....
hätte nicht die gelehrte Replique aus unserem Himmelsstrich zu
erwarten. Allein ... der Trieb zu den Wissenschaften erstirbt in
unserer Seele, wenn der Muth durch keine Unterstützung und Aufmunterung zu gelehrten Unternehmungen gereitzet wird." Durch diese Worte wird der Hintergrund beschrieben, vor dem sowohl die wissenschaftlichen Gesellschaften entstehen als auch Anregungen aufgenommen und in der wissenschaftlichen Publizistik verwandelt werden. Die Gemeinsamkeit einer allgemeinen Konzeption in einer "gelehrten Replique" und die spezifischen Anforderungen in einer bestimmten Situation erweisen sich als Faktoren im Bereich literarischer Wirkungen.

Anmerkungen

1 Dieser Brief befindet sich in der Handschriftenabteilung der Staatsbibliothek Preußischer Kulturbesitz, Berlin- Dahlem (Nachlaß Nicolai).

2 Der vollständige Buchtitel von Paulis Übersetzung lautet: Anleitung für den geringen Mann in Städten und auf dem Lande, in Absicht auf seine Gesundheit von Herrn Tissot. Hamburg, im Verlage der typographischen Gesellschaft, 1767. Wahrscheinlich aus Vertriebsgründen wird hier also der Benutzerkreis weiter gezogen als in der Originalausgabe und auch in der ersten deutschen Übersetzung von Hans Caspar Hirzel: "Anleitung für das Landvolk in Absicht auf seine Gesundheit". Dieses Buch erschien 1762 in Zürich, also in demselben Jahr, als Hirzel gemeinsam mit Iselin die Helvetische Gesellschaft gründete, deren erster Präsident er wurde.

3 In der ersten Auflage seiner "Liefländischen Abhandlungen von der Arzneywissenschaft" (Ober-Pahlen 1770) zitiert P.E. Wilde Tissot. In Königsberg, wo Wilde studiert hatte und längere Zeit tätig war, dürfte Tissots Werk rasch bekannt geworden sein. 1767 konnte z.B. der Autor einer Rezension in Johann Jacob Kanters "Gelehrten und politischen Zeitungen" ohne jede weitere Erklärung von der "Stimme Tissots an das Volk" sprechen. Im Vorwort zur zweiten erweiterten Auflage der "Liefländischen Abhandlungen" (1782) weist Wilde in einer Selbstkritik, von der später noch näher gesprochen werden wird, auf Unzer und das Vorbild seiner Zeitschrift hin.

4 Vorrede der Ausgabe von 1767 in der Übersetzung von Pauli "Anleitung für den geringen Mann..." a.a.O. S. LXX.

5 Joannis Bapt. Lalangue... Medicina ruralis illiti vrachtva ladanyszka za potrebochu musev y sziromakov horvatskoga orszaga y okolu nyega blissesseh meszt. Vu Varasdinu stampana po Ivanu Thomassu Plem ad Trattnern 1776. Vgl. dazu Dr. Mirko Drazen Grmek: Jean-Baptiste Lalangue. Ein Luxemburger Begründer der medizinischen Literatur in kroatischer Sprache. Luxemburg 1952.

6 Anleitung für den geringen Mann a.a.O. S. 14 ff.

7 Bei einer entsprechenden Analyse müßten auch die wissenssoziologischen Aspekte gebührend berücksichtigt werden.

8 Zur Biographie von Peter Ernst Wilde vgl. L. Stieda: Die Buchdruckerei in Ober-Pahlen. In: Sitzungsberichte der Gelehrten Estnischen Gesellschaft zu Dorpat, 1885, S. 70-79. Vor allem die Zeit, die er als Hauslehrer in Riga und Kurland verbrachte, liegt allerdings im Dunkel. 1755 sollte er vermutlich der Nachfolger Johann Georg Hamanns in Grünhof werden, doch lehnte man ihn ab, "weil man sich fürchtet, daß er die Praxin anstatt der Schule treiben möchte." So in einem Brief v. 17.3.1755 von Hamann an Johann Gotthelf Lindner, vgl. Johann Georg Hamann: Briefwechsel, hrsg. von Walther Ziesemer und Arthur Henkel, Bd. 1, Wiesbaden 1955, S. 94. "Der Landarzt" erschien im Selbstverlag und wurde in Mitau bei Liedtke gedruckt. Den Vertrieb in Riga übernahm Johann Friedrich Hartknoch, der sich hier gerade niedergelassen hatte. Den immer wieder in Bibliographien genannten Nachdruck in Frankfurt konnte ich nicht ausfindig machen. Mindestens zwei Exemplare, darunter ein noch nicht aufgeschnittenes, befinden sich in Bibliotheken der Bundesrepublik Deutschland.

⁹ Der vollständige Titel der estnischen Zeitschrift lautet: Lühhike Öppetus
mis sees monned head rohhud täeda antakse, ni hästi innimeste kui ka weiste
haigusse ning wiggaduste wasto, et se kellel tarwis on, woib moista, kuida
temma peab nou otsima ning mis tulleb tähhele panna igga haigusse jures.
Selle körwas on weel muud head nouud, öppetussed ning maenitsussed leida,
keik meie Eesti ma rahwa kassuks ning siggidusseks üllespantud essimenne
tük. Trükkitakse Poltsamal 1766.
Der vollständige Titel der lettischen Zeitschrift lautet: Latweeschu Ahrste
jeb ihsa mahziba no tham Wahjibahm, un no schahs Semmes Sahlehm, ar
kurrahm Zilwekus un Lohpus warr ahrsteht un issahloht. Ar daschu zittu
labbu Sinnu un Padohmu, teem Widsemneekeem un Kursemneekeem par labbu
sarakstihts, un Drikkos isdohts. Ober-Pahlen, 1768.
An Literatur sei hier genannt: Ilo Käbin: Esimene eestikeelne arstiteaduslik
ajakiri 200-aastane. In: Tulimuld 1967, XVIII, S. 14 ff. Hier befinden sich
auch Angaben über ältere Literatur.
K. Karulis: "Latviešu Ārstes" divsimt gadu. In: Karogs, Riga 1968 H. 12,
S. 134 ff.

¹⁰ Anleitung für den geringen Mann a.a.O. S. 20.

¹¹ Der Landarzt a.a.O. S. 15

¹² vgl. hierzu I. Brennsohn: Die Ärzte Estlands, Riga 1922, S. 242

¹³ Der Landarzt a.a.O. S. 8

¹⁴ Liebenswürdiger Weise wurde mir der Text auf Mikrofilm zur Verfügung
gestellt: von "Lühhike Öppetus" von Eesti NSV Teaduste Akadeemia Fr. R.
Kreutzwaldi-nimeline Kirjandusmuuseum; von "Latweeschu Ahrste" von
Latvijas PSR Zinātnu akadēmijas Fundamentālajā biblioteka.

¹⁵ Zu dieser Zeit war Hupel einer der besten Kenner der estnischen Sprache.
Unter anderem verfaßte er auch eine estnische Sprachlehre. Diese Übersetzung dürfte eine der ersten schriftstellerischen Arbeiten des später so über-
aus fruchtbaren livländischen Aufklärungsschriftstellers gewesen sein. Er
wohnte in unmittelbarer Nachbarschaft Wildes.
Ebenso wie Hupel war Lange Geistlicher und als er Wildes Manuskript übersetzte, Probst in Smilten . Durch sein lettisches Wörterbuch, das zunächst
auch in der Druckerei in Ober-Pahlen veröffentlicht werden sollte, jedoch
dann nach deren Zerstörung durch Feuer im Jahr 1771 in Mitau erschien, erlangte er besondere Bedeutung. Eine hohe Bewertung seiner Lettischkennt-
nisse finden wir in: Daina Zemzare: Latviešu vārdnīcas, Riga 1961, S. 130

¹⁶ vgl. Karulis a.a.O. S. 137.

¹⁷ Lühhike Öppetus a.a.O. S. 118 ff.

¹⁸ Zum Problem der Lesefähigkeit vgl. Reinhard Wittmann: Der lesende Landmann. In: Der Bauer Mittel- und Osteuropas im sozioökonomischen Wandel
des 18. und 19. Jahrhunderts. Köln, Wien 1973, S. 142-196.

¹⁹ Vgl. Nordische Miscellaneen. Riga 1786, Bd. 12, S. 343 und Riga 1787 Bd.14,
S. 501.

²⁰ Lühhike Öppetus a.a.O. S. 113 ff.

²¹ Vgl. Arsti ramat nende juhhatamisseks kes tahtwad többed ärraarwada ning
parrandada, trükkitud Poltsamal 1771 Aastal, S. 20

DIE GRÜNDUNG GELEHRTER GESELLSCHAFTEN IN RUSSLAND UNTER KATHARINA II.

Von Erik Amburger

Mit der Gründung der Akademie der Wissenschaften in St. Petersburg durch Peter den Großen und mit ihrer Eröffnung durch seine Witwe und Nachfolgerin im Jahre 1725 hatte Rußland auf dem Gebiet der Formierung moderner gelehrter Korporationen im Zeichen der Frühaufklärung den Anschluß an die europäische Entwicklung vollzogen. Aber obwohl es sich bei der neuen Akademie um eine Versammlung von Gelehrten handelte, von denen ein großer Teil internationalen Ruf genoß, unterlag die neue Institution doch einer oftmals drückenden Lenkung und Gängelung durch die staatlichen Organe und die Bürokraten der akademischen Verwaltung. Erst spätere Jahrzehnte der Aufklärung fanden zu freieren Formen wissenschaftlichen Zusammenschlusses. Für Rußland ist hierbei das Jahr 1765 mit der Gründung der Freien Ökonomischen Gesellschaft unter der Ägide Katharinas II. entscheidend. In der Regierungszeit und mit dem Wohlwollen derselben Kaiserin wurde dann noch ein weiteres Gremium gebildet, nun aber wieder in den älteren Formen einer staatlich gelenkten Akademie: die Russische Akademie von 1783.

Katharina II. war unter den europäischen Herrschern ihrer Zeit wohl diejenige, die es am besten verstanden hat, für sich und ihr staatsmännisches Wirken Aufmerksamkeit zu wecken, aller Augen auf sich zu lenken, kurz, für sich das zu schaffen, was man heute ein "Image" nennen würde. Da sie Wert darauf legte, als das Muster einer aufgeklärten Herrscherin zu gelten, versteht es sich von selbst, daß alles das in Rußland eingeführt werden sollte, was zum Bild einer solchen gehörte. Ihr schriftlicher und z.T. auch persönlicher Kontakt mit führenden Geistern der französischen Aufklärung brachte ihr über die durch Lektüre erworbenen Kenntnisse hinaus Einblicke in die Gedankenwelt der Aufklärung und auch des Physiokratismus. Sie bemühte sich, Grundgedanken der Aufklärung in ihre Instruktion für die Gesetzgebende Kommission von 1767 einzuarbeiten und diese der Reform der Lokalverwaltung, den Erziehungsprojekten und der Verbesserung der medizinischen Versorgung zugrundezulegen. Während es die Kaiserin in Heer und Verwaltung recht wohl verstand, durch die Bevorzugung von Russen ihre ausländische Herkunft vergessen zu machen, fand sie zu den russischen Schriftstellern und Gelehrten, die ihr wohl noch zu ungeschliffen

erschienen, kein rechtes Verhältnis. Lomonosov hat bei ihr nicht
in dem gewünschten Grade Förderung erfahren, zumal sie das Ge-
lehrtengezänk, in das er oft verwickelt war, verabscheute. Lomonosovs akademische Universität verfiel nach seinem Tode bald, und
auch das Akademische Gymnasium hat viele Krisen durchlebt. An
der Akademie der Wissenschaften, für die Katharina weitgehend
Leonhard Eulers Ratschlägen folgte, interessierte sie außer dem
Ruhm, den ihr eine solche Versammlung von Gelehrten europäischen Ranges eintrug, vor allem der praktische Nutzen, den schon
Peter der Große von ihr erhofft hatte. Über den Einsatz der Akademie bei der Erforschung des Reichs berichtet ein anderer Beitrag
dieses Bandes (S. 271 ff.).

In jenen Jahren sind in Europa drei Möglichkeiten der Förderung
praktischer Wissenschaft im Gespräch: die Akademie, das behör-
denartige Kollegium und die freie Vereinigung in einer "Societät".
Die ältere Literatur begnügt sich stets mit der Annahme, die Anregung für die Gründung einer Ökonomischen Gesellschaft in Rußland
sei von der Kaiserin gekommen [1]. Ihr Bibliothekar Taubert war es,
der dreizehn weitere interessierte Personen am 15. Juni 1765 zu
einer Gründungssitzung einlud; sechs Tage später trat ein im Sta-
tutenentwurf vorgesehenes 15. Mitglied bei. Unter diesen Gründungsmitgliedern finden wir neben dem Günstling der Kaiserin,
Graf Grigorij Orlov, die beiden kaiserlichen Sekretäre Teplov und
Olsuf'ev, und letzterer wurde auch der erste, für einige Monate
gwählte Präsident. Das alles spricht für den starken Anteil Katharinas an der Entstehung der Gesellschaft.

Nun war aber Johann Kaspar v. Taubert, der - in Petersburg in
einfachen Verhältnissen geboren - einer der ersten Schüler des
Akademischen Gymnasiums gewesen war, kein selbständiger Forscher und Denker, sondern ein ehrgeiziger Bürokrat und als lang-
jähriger Rat der Akademiekanzlei eher ein erfahrener Organisator
wissenschaftlicher Arbeit [2]. Er war, so darf man annehmen, wesentlich nur Ausführender für einen kaiserlichen Wunsch. Bei der
Gewinnung der hohen Herren für den Gründungsgedanken hatte ihn,
nach dem Zeugnis des zwei Jahre später beigetretenen Andrej Bo-
lotov [3], Andrej Nartov unterstützt, der auch der erste russische
Sekretär der Gesellschaft wurde [4]; Nartov war in seiner Vielsei-
tigkeit ein Lomonosov ähnelnder Mann, wenn auch wohl ohne dessen
Genialität. Er betätigte sich als Dichter und Übersetzer, kannte
sich im Bergbau und im Münzwesen aus - auf beiden Gebieten bekleidete er später leitende Stellungen - und erfand mit Vorliebe
allerlei Maschinen und technische Verbesserungen [5].

Aus den Papieren des vielseitigen Akademieprofessors Jakob
Stählin geht hervor, daß dieser schon 1764 den Plan einer Gesellschaft von Freunden des Feld- und Gartenbaus, von Theoretikern,
Praktikern und bloßen Liebhabern entworfen hatte; er sah dabei u.a.
ein Musterlandgut und ein Versuchsfeld auf Ödland vor [6]. Aus diesem und einem zweiten Entwurf soll Taubert den endgültigen Plan
zusammengestellt haben; diese Nachricht ist dem letzten sowjetischen Historiographen der Gesellschaft unbekannt geblieben. Nahe-
liegend ist auch die Anteilnahme des Gouverneurs von Novgorod,
Jak. Joh. v. Sievers, an dem Projekt. Sein Verwaltungsbereich
diente als Versuchsobjekt für alle Reformpläne, und er gewann mit
verschiedenen Vorhaben und Vorschlägen auf die Kaiserin Einfluß.
Sein Anteil an der sogenannten Statthalterschaftsverfassung, der
Reform der Lokalverwaltung von 1775, ist unbestritten. Stählin und
Sievers wurden 1766 in die Gesellschaft aufgenommen [7].

Dann gibt es noch die Meinung des lettischen Forschers J. Zutis,
der den livländischen Pastor Eisen zum Vater der Idee einer ökonomischen Gesellschaft machen wollte [8]. Johann Georg Eisen, gen.
v. Schwarzenberg, stammte aus dem Fürstentum Ansbach, war Pastor zu Torma in Livland und verkörperte den Typ des Landpastors
der Aufklärung [9]. Der letzte sowjetische Historiograph der Freien
Ökonomischen Gesellschaft, V.V. Oreškin, kritisierte Zutis mit
dem Hinweis, Pastor Eisen sei erst 1772 Mitglied der Gesellschaft
geworden, was doch für den angeblichen Initiator derselben erstaunlich sei [10]. Die Aufnahme in diesem Jahr wurde wohl durch Eisens
Erfindung von Konservierungsmaßnahmen für "Küchenkräuter" und
Gemüse veranlaßt, von der man sich für die Verpflegung auf Schif-
fen viel versprach. Der Pastor hielt sich in der Zeit von 1771 bis
1773 wiederholt in Petersburg auf und hat seine Erfindung dort
selbst bekannt gemacht. Sie brachte ihm Ehrungen und Medaillen
durch den Grafen Wilhelm von Schaumburg-Lippe, den König Sta-
nislaus August von Polen und König Friedrich II. von Preußen ein [11].

Pastor Eisen war bereits 1762 in Verbindung zu Kaiser Peter III.
gekommen und seit 1763 auch mit der Kaiserin Katharina II. persönlich bekannt. Nachdem er schon 1750 zur Leibeigenschaft kritisch Stellung genommen hatte, konnte er jetzt in der Hauptstadt für
seine Ideen werben. Katharina beauftragte ihn 1764, eine Musterko-
lonie freier Leute in Bronnaja bei Oranienbaum einzurichten; und
1765 übertrug ihm Graf G.G. Orlov die Ausarbeitung eines Koloni-
sationsprojekts für seinen Güterkomplex in Ingermanland, Ropša,
Kipen' und Šungorovo, eines der großzügigen Geschenke der Kaiserin an ihn. Eisen entwarf zu diesem Zweck ein Pachtvertragsmu-

ster für die Bauern. Diese Kolonisationspläne standen in einem Zusammenhang mit der Ankunft deutscher Siedler, deren Hauptmasse
für die untere Wolga bestimmt war, von denen aber die Kaiserin
kleine Gruppen zur Ansiedlung in Ingermanland und in Livland bestimmte.

Ökonomische Fragen interessierten die Kaiserin gleich zu Beginn
ihrer Regierung. Einen Ukas Peters III. ergänzend, tat sie einen
wichtigen Schritt von der Monopolwirtschaft zur Wirtschaftsfreiheit.
Am 3. September 1763 trat eine akademische Kommission zusammen, um über Katharinas Vorschlag zur Gründung einer Klasse der
Agrikultur in der Akademie zu beraten. Zu ihr gehörten Taubert
und Lomonosov, der den Plan für ein Reichskollegium der ländlichen Hauswirtschaft (zemskago domovodstva) entwarf, was im russischen Sprachgebrauch alle Zweige der Landwirtschaft einschließlich der Technologie umfaßt [12]. Lomonosovs Entwurf wurde erst
1871 veröffentlicht [13], hat aber sicher der Kommission und auch
der Kaiserin vorgelegen. Der Verfasser propagierte im Sinne der
Bevormundung durch den aufgeklärten Staatslenker eine neue Zentralbehörde, die über Filialen und Korrespondenten in den Provinzen verfügte und eng mit der Akademie der Wissenschaften, dem
Medizinalkolleg und ähnlichen Einrichtungen im Ausland zusammenwirken sollte.

Die vorgeschlagene Lösung in Form einer Behörde knüpfte an
Gedanken einer früheren Epoche an. Peter der Große hatte im
schwedischen Behördensystem, an das er sich bei seinen Reformen
eng anlehnte, keine Ökonomiebehörde vorgefunden. Aber die Vorschläge, die ihm Leibniz für ein System von Kollegialbehörden vorlegte, sahen ein dann nicht verwirklichtes Polizeikollegium vor,
wobei Polizei in dem damals und noch später gültigen Sinne des
Wortes als Zusammenfassung nicht nur von Aufsichtsfunktionen,
sondern auch von allen fürsorgerischen Aufgaben des Staates, also
auch einer Wirtschaftspolizei, verstanden werden muß. Die Schaffung einer speziellen Wirtschafts- oder gar Landwirtschaftsbehörde
war damals noch nicht aktuell gewesen, und als 1726 Rußland eine
Behörde mit dem Namen Ökonomiekollegium bekommen hatte, bestand deren Aufgabe in der Verwaltung des Kirchengutes. Auch bei
der Neubildung des Ökonomiekollegiums durch Katharina II. im Jahre 1763 hatte es noch dieselben Aufgaben, und so erhielten die Bauern dieses Bereiches mit der endgültigen Säkularisierung dieser
Güter die Bezeichnung Ökonomiebauern. Inzwischen hatte aber die
Diskussion ökonomischer Fragen wesentliche Fortschritte gemacht,
wofür der Entwurf Lomonosovs zeugt, der vermutlich unter Be

rücksichtigung einer 1752 in Leipzig gedruckten Schrift mit dem Titel "Vorschlag einer ökonomischen Akademie, Societät oder eines
Collegiums" verfaßt worden ist.

Ein Jahr später, im September 1764, beauftragte Katharina Lomonosov, die neuen Saatzuchtversuche des Hofgärtners Eckleben
im Petersburger Sommergarten zu begutachten, worüber, der Gelehrte in der russischen St. Petersburger Zeitung berichtete [14]. Im
Januar 1765 schlug er der akademischen Konferenz vor, anstatt
der von G.F. Müller herausgegebenen Monatsschriften (Ežemesjač-
nye sočinenija) - Müller verließ damals Petersburg - ökonomisch-
physikalische Schriften herauszugeben [15]. Im April desselben Jahres
starb Lomonosov, aber es erscheint mehr als wahrscheinlich, daß
auch seine Vorschläge in abgewandelter Form der im Juni ins Leben
tretenden Gesellschaft zugrundelagen. Sie sollte zunächst "Freiwillige Ökonomische und Patriotische Gesellschaft" heißen und erhielt
erst im Anzeigeschreiben an die Kaiserin und in der kaiserlichen Bestätigung [16] ihren späteren Namen "Freie Ökonomische Gesellschaft
zur Anspornung von Landwirtschaft und Hausbau in Rußland" (Vol'-
noe ėkonomičeskoe obščestvo k pooščreniju v Rossii zemledelija i
domostroitel'stva).

In ganz Europa war mit den Lehren Quesnays das Interesse am
Landbau in den Vordergrund gerückt: Ökonomie bedeutete vor allem
Agrikultur und nicht so sehr Manufakturen. Verschiedenenorts entstanden ökonomische Gesellschaften, unter den ersten die zu Zü-
rich 1747, sodann in den fünfziger Jahren Florenz ("Agrofili") 1752,
London 1754, Rennes 1757 und Bern 1759; es folgten Paris 1761,
1763 die Thüringische, 1764 die Cellische, 1765 Kassel und Leipzig.
Professor Schreber entwarf in Erlangen 1763 den Plan einer Akademie der ökonomischen Wissenschaften, Vorschläge für ökonomische
Gesellschaften erschienen im Druck 1765 in Frankfurt und in Wien,
letztere von den Niederösterreichischen Landständen formuliert.
In Breslau wurden 1760 "Gedanken über eine zu gründende Patriotische Societät" gedruckt, die dann auch unter diesem Namen zusam-
mentrat, und in Hamburg war es Joh.Ulrich Pauli, der 1765 zur
Gründung einer Patriotischen Gesellschaft aufrief "zur Aufnahme
der Handlung, der Künste, der Manufakturen und des Ackerbaus,
wie sie zu London und zu Paris ist". Auch eine schwedische, 1767 gegründete Sozietät nannte sich Patriotische Gesellschaft. Man entsprach
also mit der Petersburger Gründung dem "Zeitgeist", und der Kaiserin erschien es zweifellos wichtig, nicht hinter anderen, oft kleinen
Gemeinwesen zurückzustehen. So wird man wahrscheinlich keinen
einzelnen Initiator für die Gründung verantwortlich machen können.

Katharina gewährte der Gesellschaft außer Geldgeschenken den kostenlosen Druck ihrer Schriften, den ihr Kabinett bezahlte; sie unterstützte die Wirtschaftsenqueten der Gesellschaft, und von ihr kam auch die aufsehenerregende Preisfrage von 1765, die im folgenden Jahr wiederholt und präzisiert wurde: "Was ist für die Gesellschaft nützlicher, daß der Bauer Land als Eigentum besitze oder nur bewegliches Inventar, und wie weit seine Rechte auf das eine oder andere Eigentum reichen sollen."

Aus den Anfängen der Diskussion zur Bauernfrage in Rußland sei hier nur erwähnt, daß man angenommen hat, der Kaiserin sei besonders an Antworten auf die genannte Preisfrage im Hinblick auf ihre Pläne mit der Gesetzgebenden Kommission und auf die Niederschrift einer Instruktion für dieselbe gelegen gewesen. Eine erregende Herausforderung war die Antwort des Göttinger Studenten A. Ja. Polenov [17] ; den ersten Preis erhielt jedoch nicht er, sondern der Physiokrat Béardé de l'Abbaye in Aachen für seine gemäßigte, der Kaiserin huldigende Schrift. Insgesamt wurden 160 Arbeiten eingeschickt.

Von den Gründungsmitgliedern der Gesellschaft waren nur fünf Gelehrte oder Ärzte; dazu kommt der schon genannte Gärtner Eckleben. Klingstädt war Jurist [18], Taubert kaiserl. Bibliothekar und Rat der Akademischen Kanzlei. Die übrigen sieben Mitglieder standen in hohen Staats- und Hofstellungen. Noch im gleichen Jahr kamen drei Mitglieder hinzu, unter ihnen der hochverdiente Erforscher des russischen Südostens, Petr Ryčkov, der allein 29 Abhandlungen und eine Preisschrift beigesteuert hat [19]. Der Präsident wechselte alle vier bis sieben Monate und war keineswegs immer ein hoher Würdenträger: 1766 war es der Hofapotheker Model, 1770 der Physiker Aepinus, 1771 und 1778 der Leibarzt Kruse, 1776 Professor Stählin und der Mathematiker Leonhard Euler. Seit 1782 wurden die Amtszeiten länger. Der Posten des ständigen russischen Sekretärs wurde mit einer Unterbrechung 24 Jahre lang von Andrej Nartov bekleidet, woraus seine große Bedeutung für die Tätigkeit der Gesellschaft hervorgeht; anschließend war er 17 Jahre lang Präsident. Ständiger deutscher Sekretär war ein Jahr lang der Mineraloge Lehmann, dem Jakob Stählin und 1786 der Chirurg J.H. Kelchen folgten. Letzterer gründete das Mediko-chirurgische Institut in St. Petersburg, an dem in deutscher Sprache unterrichtet wurde [20]. 1792-1800 bekleidete J.A. Euler, Leonhard Eulers Sohn und Fachgenosse, diesen Posten.

Hier sei eine den Geist und die Bedeutung der Gesellschaft spiegelnde Grabschrift für den fünften Präsidenten dieser Gesellschaft,

Aleksej Olešev, eingefügt. Auf seinem Grabstein steht an erster
Stelle, daß er Mitglied der Freien Ökonomischen Gesellschaft gewesen sei; erst dann sein Amt als Adelsmarschall der Statthalter-
schaft Vologda [21]. In deutscher Übersetzung lauten die folgenden
Verse:
"Die vergänglichen Reste jenes Mannes sind hier begraben,
der ewig leben wird durch das, was er auf der Welt getan;
womit auch Spalding, Dumoulin und Young Ruhm erwarben,
das hat Olešev seinen Landsleuten hinterlassen,
war Krieger, Richter, Weiser und Ökonom,
erwarb sich Ehre mit Pflug, Degen und Feder,
lebte wohltätig und endete sein Leben ohne Furcht."
In den ersten fünf Jahren traten der Gesellschaft weitere 53 Mitglieder bei, davon 37 Russen, 28 in Rußland tätige Nichtrussen und
drei Ausländer. Letztere waren 1768 der schon genannte Preisträ-
ger Béardé de l'Abbaye, der spätere preußische Minister Wöllner
und der Physiokrat Graslin in Nantes, der auch zu den frühesten
Hörern und Anhängern von Adam Smith gehört. Bis 1790 folgten rd.
50 weitere Ausländer. Damals nannte man sie nicht korrespondierende Mitglieder, vielmehr hatte die Gesellschaft seit 1790 zwei Korrespondenten im Inland, nämlich die beiden Vorsteher der Herrnhuter
Brüdergemeinde Sarepta an der Wolga, die von der Gesellschaft ih-
rerseits mit Rat und praktischer Hilfe unterstützt wurde [22].
Sieht man die lange Reihe der "Physikalisch-ökonomischen Bibliothek" des Göttinger Professors Johann Beckmann durch, des
Schöpfers des Begriffs Technologie und früheren Lehrers an der
Petrischule in St. Petersburg [23], so findet man dort Anzeigen von
Schriften der meisten ausländischen Mitglieder der Gesellschaft so-
wie auch der in deutscher Sprache erschienenen Reiseberichte aka-
demischer Expeditionen in Rußland. Offensichtlich war diese Reihe
ein wichtiges Kommunikationsmittel für Rußland. Beckmann selbst
wurde übrigens 1780 Mitglied, zusammen mit dem Präsidenten der
Leopoldinischen Akademie, Joh. Chr. D. Schreber in Erlangen, und
Johann Anton Scopoli, Professor in Pavia, der vorher in Laibach
und Schemnitz gewirkt hatte und dessen Buch über die Fossilien in
Riga 1769 in deutscher Übersetzung erschien. Bald nachdem 1773
die Berlinische Gesellschaft naturforschender Freunde gegründet
wurde, kam es zu einem regen Austausch zwischen ihr und der Frei-
en Ökonomischen Gesellschaft. Während man in Berlin die Akade-
mieprofessoren Güldenstädt, Pallas, Georgi, Laxmann und Lepechin
zu Mitgliedern wählte, nahm man in St. Petersburg den Bergrat
Karl Abraham Gerhard, den Botaniker Gleditsch, den Sekretär der

Naturforschenden Freunde, Dr. Martini, und den ökonomischen Schriftsteller Krünitz auf, bekannt als Verfasser der gigantischen ökonomischen Enzyklopädie. Auch später waren die meisten der in Berlin als Mitglieder aufgenommenen Bewohner Rußlands auch Mitglieder der Freien Ökonomischen Gesellschaft zu St. Petersburg [24].

Die auffallendste Tätigkeit der Gesellschaft bestand in der Verkündung von Preisaufgaben, für welche prominente Mitglieder Geldpreise oder Medaillen stifteten. Bis zur Bauernbefreiung 1861 wurden 243 solcher Aufgaben gestellt. Eine auf Wunsch Alexanders I. 1804 aufgenommene Frage betraf die Flurbereinigung auf dem Dorf und gab den Anstoß zur 1819 erneuerten Diskussion über die Frage des bäuerlichen Eigentums.

Vielleicht noch wichtiger als die theoretischen Erörterungen waren die Bemühungen um die Sammlung landeskundlichen Materials aus den Provinzen, die mit einem Fragebogen an die Gouverneure 1765 begonnen wurden; man kann sie als den Beginn der Statistik in Rußland bezeichnen. Auch Privatleute beteiligten sich, und zu den ersten, die Material einsandten - solches aus Ingermanland -, gehörte der 1766 eingetretene Baron Friedrich von Wolff, der neben seinen livländischen Gütern das Gut Lisino in Ingermanland bewirtschaftete und zu einem Musterbetrieb zu machen versuchte. 1784 wurde die Wirtschaftsenquete wieder aufgenommen, da das erste Ergebnis mehr als mager geblieben war, diesmal mit einer Umfrage bei den Kameralhöfen, und 1790 entwarf man, da die Antworten nur spärlich einliefen, ein neues Programm.

Zum ersten Mal gab es in Rußland eine Institution, die dem Gutsbesitzer bei der Bewirtschaftung seiner Güter zu helfen versuchte und ihn anleiten wollte, sich selbst um seine Wirtschaft zu kümmern, was umso wichtiger war, als nach der Aufhebung der Verpflichtung des Adels zum Staatsdienst durch Peter III. mehr Gutsbesitzer auf dem Lande lebten und sich diesen Fragen gegenübergestellt sahen. Unter diesem Gesichtspunkt gewann auch die Diskussion über die Lage der Bauern sowie die Frage an Bedeutung, ob durch Frohn oder Zins, barščina oder obrok, die bäuerliche Arbeitskraft besser ausgenutzt werden könne. Sie wurde in Rußland bis zur Bauernbefreiung von Gegend zu Gegend oder gar von Gut zu Gut je nach den Bodenverhältnissen und dem Umfang des zu bearbeitenden Gutslandes unterschiedlich geregelt.

Auch der Wettbewerb der Freien Ökonomischen Gesellschaft für die beste Instruktion an einen Gutsverwalter gehört hierher, wobei es nicht zuletzt um die Erhaltung von Zucht und Ordnung unter den Bauern ging. Wer für eine stramme Zucht eintrat, konnte mit gün-

stiger Beurteilung rechnen, und wohl deshalb trug Baron Wolff den
ersten Preis davon. Bei dem Umfang, den diese Fragen in den Bemühungen der Gesellschaft einnahmen, ist es verständlich, wenn
die sowjetischen Historiker die Gesellschaft zu einem Instrument
der adligen Gutsherrenschicht stempeln. Erst im 19. Jahrhundert
kamen allmählich progressivere Tendenzen in ihr zur Geltung.

Die Veröffentlichungstätigkeit war rege; in den regelmäßig erscheinenden Schriften (Trudy), die durch eine deutsche Auswahlver-
öffentlichung ergänzt wurden, erschienen Preisaufgaben, praktische
Ratschläge, Ökonomieberichte über Kreise und Provinzen. Daneben
wurden Einzelschriften gedruckt, z.T. Übersetzungen ausländischer
Werke. 1768 schlug man die Herausgabe eines "Bauernspiegels" vor,
1796 plante man ein allgemeines Volksbuch, zu dem der Mineraloge Severgin ein Manuskript einreichte, das Ähnlichkeit mit Rudolf
Zacharias Beckers "Noth- und Hülfsbüchlein" hat. Es wurde in den
Jahren 1798/99 in drei Teilen gedruckt.

Unter den praktischen Aufgaben steht die Sammlung und Erprobung
von Samen an erster Stelle. Jährlich wurden bis zu 50 Rubeln für Sa-
menkäufe ausgegeben. Ein eigenes Versuchsfeld legte die Gesellschaft
allerdings erst 1801 auf Petrovskij ostrov in Petersburg an. Kartof-
felsamen verteilte die Regierung, und seit 1766 ließ Gouverneur von
Sievers bei Novgorod Versuche damit anstellen: auch er war ein Mitglied der Freien Ökonomischen Gesellschaft. Weiter bemühte sich
diese um Obst- und Weinbau, um Bienenzucht - in dieser Hinsicht
stand man mit Pastor Schirach und Amtmann Riem, zwei deutschen
Fachleuten, in Verbindung - , um Schafzucht, um die Bekämpfung
von Tierseuchen und Schädlingen und um die Konservierung von Le-
bensmitteln. Auch die Ausbreitung der Pockenimpfung, die die Kaiserin in Rußland einführte, ließ man sich angelegen sein, und hierbei war Pastor Eisen in Livland besonders aktiv.

Eine wichtige Aufgabe in Nord- und Zentralrußland war die Trok-
kenlegung von Sümpfen und, damit zusammenhängend, die Verwertung von Torf; hierzu wurden allein 1780 vier Preisfragen gestellt.
Man interessierte sich für landwirtschaftliche Geräte und ihre Verbesserung und förderte Erfindungen. Eine eigene Werkstatt besaß
die Gesellschaft allerdings erst seit 1829. Aber schon früher sam-
melte man Geräte und Maschinen im Original und Modell und verfügte bald über ein regelrechtes Museum, das seit 1803 öffentlich
zugänglich war. Ferner entstand eine mineralogische Sammlung
und eine Sammlung von Bodenproben, die aber erst im 19. Jahrhundert Bedeutung gewann. Durch den regen Austausch mit dem Ausland wuchs die Bibliothek der Gesellschaft, für die 1798 ein erster

Katalog angefertigt wurde. Sie bildet bis in unsere Tage, zusammen mit der Literatur über das Zemstvo, die lokale Selbstverwaltung, eine getrennt untergebrachte Abteilung der Öffentlichen Staatsbibliothek in Leningrad.

Alles in allem hat die Freie Ökonomische Gesellschaft die bei der Gründung bestehenden Erwartungen durchaus erfüllen können, wenn ihre Arbeit auch erst mit Verbreiterung der allgemeinen Bildungsgrundlagen, der Verbesserung der Verkehrsverhältnisse, der Befreiung der Bauern und der zunehmenden Liberalisierung im Verlauf des 19. Jahrhunderts wirksamer werden konnte. Vor allem hat sie aber schon in den Anfangsjahren ihren Anteil an der Intensivierung des geistigen Austauschs mit den Ländern Europas und an der Rezipierung des von dort stammenden Gedankenguts gehabt.

Nun seien noch einige Worte über die zweite Neugründung unter Katharina II. gesagt. Es ist das die Russische Akademie (Rossijskaja akademija), die 1783 nach dem Vorbild der Académie Française geschaffen wurde. 1786 folgte ihr der so gern mit seiner östlichen Nachbarin wetteifernde Gustav III. mit seiner Svenska Akademien. Die Russische Akademie, deren erste Präsidentin die der Kaiserin nahestehende Fürstin Ekaterina Daškova wurde - sie war zugleich Direktorin der Akademie der Wissenschaften -, und deren erster ständiger Sekretär der Naturforscher und Forschungsreisende Ivan Lepechin war, erhielt die Aufgabe, sich um Pflege und Weiterentwicklung der russischen Sprache und Literatur zu bemühen. In Erfüllung dieser Verpflichtung hat sie sich schon in der Anfangszeit große Verdienste um die Reinigung der Sprache von der Überfülle völlig unnötiger Fremdwörter erworben, die seit Peter dem Großen und besonders auch unter ihm eingedrungen waren. Mitglied konnte werden, wer sich für Literatur interessierte oder sich gar selbst aktiv auf diesem Gebiet betätigte, aber im Unterschied von der Form der "Societät" sollte hier der staatliche Einfluß, die Lenkung, stärker sein. Es fehlen in der Reihe der Mitglieder die fortschrittlichsten Geister aus Katharinas Spätjahren, der aggressive Kritiker der sozialen Zustände Radiščev und der Moskauer Freigeist und bedeutendste Verleger russischen Schrifttums zu jener Zeit Novikov. Im Unterschied zur Schwedischen Akademie, die bis heute ein Gremium von nur 18 Mitgliedern bildet, war die Mitgliederzahl der Russischen Akademie weit höher, zu Beginn des 19. Jahrhunderts z.B. 60. Sie verlor 1841 ihre selbständige Stellung und wurde zu einer Abteilung für russische Sprache und Literatur der Akademie der Wissenschaften, aus der alle Laien ausscheiden mußten. Es blieben lediglich 16 Planstellen für gelehrte ordentli-

che Mitglieder und vier für Adjunkten. Unter den Aufgaben traten
die rein philologischen stärker in den Vordergrund [25].

Während die Slawistik bis heute in der Akademie der Wissenschaften der Sowjetunion ihren festen Platz hat, mußte die Freie Ökonomische Gesellschaft nach der Oktober-Revolution ihre Tätigkeit
alsbald einstellen. Ihre Sammlungen gingen in anderen Bibliotheken und Museen auf. Ihre Schriften aber sind für die Forschung
eine wahre Fundgrube geblieben [26], die als Quelle noch lange nicht
ausgeschöpft ist.

Anmerkungen

[1] So vor allem die grundlegende Geschichte der Gesellschaft von A.I.Chod-
nev: Istorija Imp. Vol'nago ėkonomičeskago obščestva. St. Peterburg 1865.
E. Donnert, der den jüngsten deutschsprachigen Beitrag zur Geschichte der
Freien Ökonomischen Gesellschaft lieferte, stellt S. 164 die ältere und die
sowjetische Literatur zusammen: Jb. f. Geschichte der sozialistischen Länder Europas 17,1, 1973, S. 161-183.

[2] J.K. Taubert (1717-1771), seit 1738 Adjunkt für Geschichte an der Akademie, 1757-60 Sekretär bzw. Rat der Akadem. Kanzlei, Redakteur der St.
Petersburger Zeitung, Bibliothekar der Kaiserinnen Elisabeth und Katharina. Vgl. P. Pekarskij: Istorija Imp. akademii nauk v Peterburge. Bd. 1
St. Peterburg 1870, S. 637-670; Russkij biografičeskij slovar'. Band: Su-
vorova - Tkačev (1912), S. 366.

[3] A.T. Bolotovs Versuch über die Anfänge der Gesellschaft blieb ungedruckt,
das Manuskript befindet sich in der Öffentlichen Staatsbibliothek, Leningrad.

[4] E. Donnert, a.a.O. S. 170, nennt Nartov den eigentlichen Initiator.

[5] Über A.A. Nartov vgl. Russkij biografičeskij slovar', Band: Naake - Nikolaj Nikolaevič (1914), S. 68.

[6] K. Stählin: Aus den Papieren Jacob v. Stählins. Königsberg, Berlin 1926,
S. 322.

[7] R.E. Jones: The Emancipation of the Russian Nobility 1762-1785. Princeton
1973, S. 178 ff., 214 ff.

[8] J.J. Zutis: Ostzejskij vopros v XVIII v. Riga 1946, S. 338.

[9] Deutschbaltisches biographisches Lexikon 1710-1960. Köln, Wien 1970,
S. 185; H. Neuschäffer: Der livländische Pastor und Kameralist Johann Ge-
org Eisen von Schwarzenberg. In: Rußland und Deutschland (Festschrift für
Georg von Rauch) = Kieler Historische Studien Bd. 22, Stuttgart 1974,
S. 120-143.

[10] V.V. Oreškin: Vol'noe ėkonomičeskoe obščestvo v Rossii 1765-1917. Istoriko-ėkonomičeskij očerk. Moskva 1963. S. 17.

[11] Neuschäffer a.a.O. S. 137 f.

[12] Letopis' žizni i tvorčestva M.V. Lomonosova. Red. A.V. Topičev, N.A. Figurovskij, V.L. Čenakal. Moskva, Leningrad 1961, S. 393.

[13] A.S. Budilovič: Lomonosov kak pisatel'. S.-Peterburg 1871, S. 313 f.

[14] Letopis a.a.O. S. 411.

[15] Ebenda S. 416.

[16] Zitate bei E. Donnert a.a.O. S. 167, 169, 171.

[17] Vgl. E. Donnert: Aleksej Ja. Polenov und die russischen Preisschriften der Petersburger FÖG der Jahre 1766-1768. In: Jb. für Geschichte der sozialistischen Länder, Bd. 17,2, 1973, S. 195-206.

[18] Timotheus Merzahn von Klingstädt (1710-1786), im Siebenjährigen Krieg Chef der Kameralverwaltung im besetzten Preußen, 1763 Mitglied der Kommerzkommission, 1764-1771 Vizepräsident des Justizkollegiums; er verfaßte den Artikel "Rußland" in Savarys Lexikon von 1765. Russkij biografičeskij slovar', Band: Ibak - Ključarev, 1897, S. 741.

[19] P.I. Ryčkov (1712-1777). Russkij biografičeskij slovar', Band: Romanova bis Rjasovskij, 1918, S. 710.

[20] H. Müller-Dietz: Das Kalinkin-Institut, eine deutsche medizinische Schule in St.Petersburg, in: Med.-hist. Jb. 3, 1968, S.310-327.

[21] Peterburgskij nekropol', izd. vel.kn. Nikolaja Michajloviča, Bd.3, St.Petersburg 1912, S.304 f. Über Olešev vgl. E. Donnert, a.a.O., Bd.17,1, S.181.

[22] H. Mohrmann: Studien über russisch-deutsche Begegnungen in der Wirtschaftswissenschaft (1750-1825). Berlin 1959, S.110-119.

[23] Über J. Beckmann (1739-1811), 1763-65 in St.Petersburg, seit 1766 in Göttingen tätig, zuletzt A. Timm: Kleine Geschichte der Technologie. Stuttgart 1964, S.43 ff.

[24] E. Amburger: Beiträge zur Geschichte der deutsch-russischen kulturellen Beziehungen. Gießen 1961, S.133.

[25] M.I. Suchomlinov: Istorija Rossijskoj akademii. Lfg. 1-8, St.Petersburg 1874-1888.

[26] Die erste gründliche Auswertung der Schriften außerhalb Rußlands und der Sowjetunion stammt von M. Confino: Domaines et seigneurs en Russie vers la fin du XVIIIe siècle. Étude de structures agraires et de mentalités économiques. Paris 1963.

Während des Drucks erschienen:
Erich Donnert: Die Petersburger Freie Ökonomische Gesellschaft und die Preisschriften von 1766. In: Russisch-deutsche Beziehungen von der Kiever Rus' bis zur Oktoberrevolution. = Quellen und Studien zur Geschichte Osteuropas XIX, 1976.

DIE SIBIRIENEXPEDITIONEN UND DAS DEUTSCHE RUSSLANDBILD IM 18. JAHRHUNDERT

Bemerkungen zur Rezeption von Forschungsergebnissen

Von Gert Robel

Dem Problem der Interdependenz von Politik und öffentlicher Meinung, so schwierig es zu fassen ist, hat die Forschung, insbesondere die Publizistikwissenschaft in letzter Zeit im Zusammenhang mit der Frage der Informationspolitik vermehrte Beachtung geschenkt. Dabei ist die Intentionalität der gesteuerten Informationsgebung zur Beeinflussung der öffentlichen Meinung relativ einfach zu fassen, das Maß des Rezipierten, d.h. der Wirkungsgrad der Informationsgebung, und die durch sie hervorgerufene Bewußtseinsveränderung bei den Rezipienten jedoch sehr schwer qualifizierbar - eine Frage, die bereits verschiedentlich angesprochen wurde [1].

Die Rezeption sogenannter objektiver, nicht mit den Fragen der Tagespolitik verknüpfter wissenschaftlicher Information ist zumindest bei der Primärgruppe der Rezipienten, den Wissenschaftlern, leichter nachweisbar, insbesondere dann, wenn es sich um die Rezeption von neuen Entdeckungen handelt. Inwieweit jedoch - und wann - sie in das Bewußtsein der Sekundärgruppe, der in der Kommunikationswissenschaft "Multiplikatoren" genannten Gruppe von Literaten und Skribenten, und der Tertiärgruppe der Rezipienten dringt, für die im untersuchten Zeitraum der der Terminologie der Zeit entnommene Begriff des "gebildeten Lesers" stehen möge, kann infolge der Fülle der hier wirksamen und häufig divergierenden Vektoren bislang kaum angedeutet werden. Auch im Bereich der Grundlagenforschung stehen noch zu viele Fragen offen. Die folgenden Ausführungen sind daher als bloße Hinweise [2] zu dieser Fragestellung gedacht, und zwar in Form einer Fallstudie anhand der Informationen über die wissenschaftlichen Ergebnisse der großen russischen Expeditionen in Sibirien während des 18. Jahrhunderts, der "Großen Nordischen Expedition" und der Akademieexpeditionen der Jahre 1768-1774. Angesichts der erst jüngst von Heinz Fischer konstatierten "außerordentlichen Zeitaufwendigkeit" derartiger Untersuchungen [3] müssen sie fragmentarisch bleiben und können günstigstenfalls auf die Probleme hinweisen.

*

Die gezielte Informationsgebung zur Beeinflussung des Rußlandbildes im Ausland und dessen Bedeutung für die russische Politik ist in Rußland zuerst unter Peter dem Großen wirksam eingesetzt worden; der weitgehend von Huyssen gesteuerte publizistische Kampf gegen Schweden während des Nordischen Krieges zeigt dies ebenso wie die spätere publizistische Unterstützung der russischen Ziele im norddeutschen Raum [4].

Wenn Peter und seine Mitarbeiter es sich angelegen sein ließen, das Bild der Macht und Größe Rußlands auf verschiedenen Wegen zu verbreiten, so kam ihnen das seit der spektakulären Einnahme von Azov gesteigerte Interesse der europäischen Öffentlichkeit - dieser Begriff recht verstanden nach den Maßstäben der Zeit - an dem ehedem exotischen Moskovien entgegen. Die Gründung der Akademie und die Entsendung der Kamčatka-Expeditionen ist freilich nicht durch diese Erwägungen bestimmt worden. Ihr propagandistischer Effekt im westlichen Ausland fügt sich jedoch trefflich in diese vorgezeichnete Linie ein. Die Bedeutung der Wissenschaft, ihre Pflege und Förderung war in dem szientistischen 18. Jahrhundert, das der Wissenschaft eine geradezu eschatologische Funktion beimaß, dem Ansehen des Staates unter der geistigen Führungsschicht Europas äußerst förderlich, jener Schicht, die die öffentliche Meinung maßgeblich bestimmte und damit auch eine - indirekte - politische Funktion ausübte, deren Wirkung in der zweiten Hälfte des Jahrhunderts offenkundig wurde, freilich aber noch nicht jenes Ausmaß annahm wie im ausgehenden 19. und im 20. Jahrhundert, als die öffentliche Meinung großen Einfluß auf die politischen Entscheidungen gewann und damit die Informationspolitik zu einem wichtigen Teil der Arbeit politischer Gruppen und Organisationen wurde.

Die beiden Kamčatka-Expeditionen, deren zweite (1733-1744) besser als die "Große Nordische Expedition" zu bezeichnen ist, sind ein Werk der Petrinischen Zeit. Die Anregungen von Leibniz [5] und anderen [6] zu diesen echten Entdeckungsreisen, die die Kenntnis von Nordasien und Alaska entscheidend förderten und auch das Wissen über Nordostasien auf eine neue und exakte Grundlage stellten, sind in der Literatur oft gewürdigt worden. Daß diese Anregungen auf einen fruchtbaren Boden fielen, verdanken sie dem neuen, auf das bonum commune gerichteten rationalistischen Staatsdenken der Petrinischen Epoche [7]. Die Gründung des Karthographische Amtes 1719 [8] kennzeichnet die Bemühungen, sich im Dienste der Landeserschließung einen zuverlässigen Überblick über das Land, die verfügbaren wirtschaftlichen Ressourcen und über die Bevölkerung zu verschaffen, um sie zum Besten des allgemeinen Wohls nutzen und fördern zu können.

Zwar besaß die russische Administration eine Vielzahl von Rapporten der sibirischen Voevoden und Exploratoren und detaillierte Berichte der jazačnye sborščiki [9], auch die Gesandtschaftsberichte enthielten manches, was zur Kenntnis von Land und Leuten beitrug, doch fehlte es an jeglicher Systematik. Die Beobachtungen waren meist vom Zufall abhängig, von der besonderen Aufgabe des Berichterstatters beherrscht und in den Angaben unvollständig und widersprüchlich. Sie von kundigen Leuten, die durch keine anderen Interessen beeinflußt waren, zu präzisieren, war Aufgabe der Landdetachements der zweiten Kamčatkaexpedition, während die Schaffung einer genauen Seekarte und die Aufnahme des Küstenverlaufs an erster Stelle in der von Peter I. am 26. Januar 1725 unterzeichneten Instruktion für Vitus Bering stand [10]. Die Arbeit der Seeabteilung hatte vor allem die Frage der Nordostpassage zu klären, denn die ob der langen Reisedauer sehr kostenintensiven Landtransporte im Chinahandel hätten sich durch die Schiffstransporte sehr verbilligt [11].

Blieb das Ergebnis der ersten Expedition unbefriedigend und gab den Anlaß zur Entsendung der Großen Nordischen Expedition, so brachte letztere einen Ertrag, der ihre Leistungen an den Reisen des Entdeckungszeitalters zu messen nahelegt. Als die Expedition 1744 beendet wurde, war nicht nur der Verlauf der Küste von Jugorskij šar bis südlich Ochotsk mit der für die damalige Zeit größten Genauigkeit aufgenommen, die Trennung Nordostasiens von Nordamerika festgestellt, die Aleuten entdeckt und der Seeweg nach Alaska erschlossen, der der russischen Wirtschaft den Zugang zu dessen ertragreichen Pelztiergebieten eröffnete, sondern es lag auch eine Fülle von Materialien zur Geographie, Ethnologie und Geschichte Sibiriens und zur Sprachwissenschaft seiner Völker vor.

Als die Petersburger Akademie in den Jahren 1768-1774 erneut große Expeditionen in den Osten und Südosten des Reichs entsandte, hatte sie nicht Neuentdeckungen sondern die Erforschung des bereits Bekannten zur Aufgabe. Der Anstoß zu diesen Forschungsexpeditionen, die im Zusammenhang mit den Reformbestrebungen Katharinas II. zu sehen sind, war ein zweifacher: Zum einen hatten die Beobachtungen des französischen Astronomen Chappe d'Auteroche, der auf Weisung Ludwigs XV. 1761 in Tobol'sk den Venusdurchgang verfolgt hatte, nicht nur bei der Petersburger, sondern auch bei der Pariser Akademie Zweifel erweckt [12]. Der bevorstehende Venusdurchgang des Jahres 1769 bot Gelegenheit, sie zu überprüfen und dabei das hohe Niveau, das die russische Astronomie erreicht hatte, vor Augen zu führen - ein Aspekt, der bei Katharinas ausgeprägtem Sinn für die Darstellung von Grandeur und Gloire die wissenschaftlichen

Ziele förderte. In ihrem Brief an V.G. Orlov vom 30. März 1767
schrieb denn auch die Kaiserin, das Unternehmen sei angetan, Rußland zum "Gegenstand der Aufmerksamkeit der Kulturwelt" zu machen [13].

Zum anderen hatte Orlov anläßlich Katharinas sogenannter Asien-
reise im Mai/Juni 1767 einen Abstecher nach Astrachan' unternommen, um Handel und Gewerbe in Augenschein zu nehmen [14]. Dabei
ergab sich, daß die Berichte des dorthin entsandten Detachements
der Großen Nordischen Expedition der Wirklichkeit nicht - oder
nicht mehr - gerecht wurden. Sie auf den neuesten Stand der wirtschaftlichen und wissenschaftlichen Entwicklung zu bringen, schien
aus Gründen der Ökonomie geboten. Da Astrachan' und Orenburg als
Beobachtungspunkte für die Astronomen vorgesehen waren, sollten
diesen "physikalische" Begleiter zur Erforschung der "drei Naturreiche"[15] beigegeben werden. Im Verlauf der Vorbereitungen wurden dann jedoch die astronomischen von den physikalischen Expeditionen getrennt; die Orenburger Expedition mit den Detachements
Pallas, Lepechin und Falk und die Astrachaner mit den Abteilungen
Güldenstädt und Gmelin reisten unabhängig von den astronomischen
Abteilungen [16].

Die Instruktionen für die Naturwissenschaftler stützten sich auf
jene der zweiten Kamčatka-Expedition. Pallas, eben erst nach Rußland gekommen, überarbeitete sie nach den neuesten Erkenntnissen,
und die Konferenz der Akademie billigte seine Vorschläge unter dem
23. Mai 1768 [17]. Zwei Ziele waren den Expeditionen gesteckt: Sie hatten dem allgemeinen Wohl des Staates und der Förderung der Wissenschaften zu dienen [18]. Für das erstere wurden die Aufgaben in
neun Punkten präzisiert: Die Beschaffenheit der Böden und Gewäs-
ser war festzustellen, zu erkunden, wo sich neue Siedlungen anlegen
und welche Kulturen sich anbauen ließen. Ferner war der Zustand
der bäuerlichen Wirtschaften zu beachten und Vorschläge für ihre
Förderung einzubringen, zu eruieren, welche Epidemien Mensch
und Tier bedrohten, wie der nomadischen Viehzucht aufzuhelfen sei
und wie Bienen- und Seidenraupenzucht gefördert werden könnten.
Der Fischerei und Jagd hatte die Aufmerksamkeit ebenso zu gelten
wie bereits bestehenden Manufakturen und Gewerben, und schließlich waren Bodenschätze aller Art sowie in Medizin, Wirtschaft und
Handel nutzbare Kräuter zu beachten.

Sehr viel weniger Präzision besaß die Formulierung des zweiten
Ziels, die Förderung der Wissenschaften. Hier findet sich keine Auf-
stellung einzelner Punkte, die zu beachten waren. Neben Geographie,
Klimatologie, Ethnologie und Geschichte sollte auch die Sprachwis-

senschaft berücksichtigt werden, ferner waren mündliche Überlieferungen der Bevölkerung festzuhalten und schließlich für das Kaiserliche Naturalien-Kabinett "... alle merkwürdigen Gegenstände .... Tiere, Vögel, Fische, Insekten, Pflanzen und aus dem Boden gegrabene Gegenstände, die der Beachtung wert und für einige Orte charakteristisch oder in vorerwähntem Kabinett sich noch nicht finden", zu sammeln, zu beschreiben, zu zeichnen und nach Petersburg zu senden - ein Punkt, der an Ausführlichkeit die eigentlichen wissenschaftlichen Aufgabenstellungen bei weitem übertrifft.

Die Berichte, die die Akademie während der Expedition von den Detachements empfing, zeigen deutlich, daß man den Instruktionen sorgfältig nachzukommen suchte. Die Regierung durfte mit ihrer Arbeit ebenso zufrieden sein wie die Akademie. Und die Billigung von Pallas' eigenmächtiger Änderung der Reiseroute, seine nicht vorgesehene Exkursion bis nach Ostsibirien, ist hierfür der deutlichste Beweis [19].

*

Der wissenschaftliche Ertrag der Großen Nordischen Expedition ist, ungleich demjenigen der Forschungsreise D.G. Messerschmidts, der bis auf unsere Tage in den Archiven der Akademie verborgen lag - auch das von Gerhard Friedrich Müller während der Großen Nordischen Expedition gesammelte Material ist nur zu einem geringen Teil wissenschaftlich durch Publikation zugänglich gemacht worden - von den Expeditionsmitgliedern in der Folgezeit veröffentlicht worden; und angesichts des "gewissen Abschlusses" [20], den die großen Entdeckungsreisen um die Mitte des 17. Jahrhunderts gefunden hatten, durften sie sich der Beachtung ihrer Arbeiten in der gelehrten Welt Europas gewiß sein. Wenn sich die Publikation über einen längeren Zeitraum erstreckte, so ist dies nicht nur den bekannten Schwierigkeiten der Akademie zuzuschreiben [21], sondern vor allem der Informationspolitik der russischen Regierung, die bis zum Regierungsantritt Katharinas II. bemüht war, möglichst wenig Nachrichten über Rußland, seine Hilfsmittel und Machtquellen ins Ausland dringen zu lassen.

J.G. Gmelin konnte zwar bereits in den Jahren 1747 bis 1749 die vier Bände seiner aus Regierungssicht unverfänglichen "Flora Sibirica sive historia plantarum Sibiriae" [22] vorlegen, die ebenfalls vierbändige "Reise durch Sibirien von dem Jahr 1733 bis 1744" folgte 1751 bis 1752 [23] allerdings erst nach seiner Rückkehr nach Deutschland und in Göttingen; Krašeninnikovs "Opisanie zemli Kamčatki" erschien 1755 in zwei Bänden [24]. Dieses Werk fand jedoch infolge kaum vorhandener russischer Sprachkenntnisse in der Fachwelt erst eingehendere Berücksichtigung, als 1763 und 1764 englische Übersetzungen [25] erschienen waren, denen die deutsche des Jahres 1766 folgt [26]. G. F. Müller, der durch vielfältige Aufgaben stark in Anspruch genommen war [27], veröffentlichte seine Geschichte Sibiriens in fünf Folgen in der "Sammlung russischer Geschichten". Ihr letzter Teil erschien 1764 [28].

Die Arbeit Stellers wurde, da der Verfasser sich der Edition nicht mehr annehmen konnte, erst dreißig Jahre nach Abschluß der Expedition veröffentlicht. Die "Beschreibung des Landes Kamtschatka" erschien 1774 in Leipzig [29], in Petersburg erst 1783 [30], zwei Jahre nach seiner "Topographischen und physikalischen Beschreibung der Berings-Insel" [31], wobei die Petersburger Ausgabe unter dem Eindruck der Weltreise Cooks erfolgte.

Die Ergebnisse der Akademie-Expeditionen der Jahre 1768-1774, deren propagandistischer Effekt ja bereits bei der Planung mit in Rechnung gesetzt wurde, sind der Öffentlichkeit unverzüglich zugänglich gemacht worden. Die Astronomen Rumovskij, Mayer, Pictet, Mallet, Christoph Euler, W. L. Krafft und I. Islen'ev veröffentlichten noch im Jahre 1769 kurze Berichte über ihre Beobachtungen [32]. Mayer legte seine erste zusammenfassende Darstellung im gleichen Jahre vor [33], und 1770 erschien der Bericht von Lowitz [34] sowie eine 607 Seiten starke Zusammenfassung der Beobachtungen aller Stationen [35]. Ähnliche Unterstützung fanden die Werke der Naturwissenschaftler. Auch deren rasche Verbreitung ließ man sich in Petersburg angelegen sein. Schon 1770 wurde der erste Teil von Samuel Gottlieb Gmelins "Reise durch Rußland zur Untersuchung der drey Naturreiche" veröffentlicht, die 1774 mit dem vierten Band, der auch "Bemerkungen auf einer Reise durch die persische Landschaft Ghilan" von Hablitz enthielt, abgeschlossen wurde [36]. 1771 erschien der erste Band von Pallas "Reise durch verschiedene Provinzen des russischen Reiches" mit den Beobachtungen der Jahre 1768/69, während der Verfasser seine Reise in Sibirien noch fortsetzte; 1776 wurde ihr letzter Teil [37] (Band 3) ausgeliefert. Ryčkovs Werk über seine Forschungen im Kama-Gebiet, Westsibirien und in der Kirgisensteppe, das in russischer Sprache 1770-1772 veröffentlicht wurde [38], erschien in der Übersetzung von Christian Heinrich Hase 1774 in Riga [39]. Vom gleichen Übersetzer stammt die deutsche Ausgabe des seit 1771 in russischer Sprache erschienenen "Tagebuchs der Reise durch verschiedene Provinzen des russischen Reichs" von Lepechin, die 1774 in Altenburg verlegt wurde. Auch Johann Gottlieb Georgi, der 1772 Falks Aufgabe übernahm [40], konnte schon 1775 seine zweibändige Reisebeschreibung vorlegen [41]. Falks dreibändige "Beyträge zur topographischen Kenntniss des Russischen Reichs" gab Johann Gottlieb Georgi 1785/86 heraus [42].

Ihre Veröffentlichung verzögerte sich infolge des tragischen Endes
des Verfassers. Johann Anton Güldenstädt veröffentlichte seine Gedanken über den russischen Schwarzmeerhandel [43], ebenso wie seine
naturwissenschaftlichen Untersuchungen, seit 1776 in einer Reihe
von Aufsätzen. Nach seinem Tode gab Pallas 1787-1791 seine zwei-
bändigen "Reisen durch Rußland und im Caucasischen Gebürge" [44]
heraus.

Sieht man von Güldenstädt und dem Sonderfall Falk ab, so war die
Veröffentlichung der Forschungsergebnisse der Akademie-Expedition
zwei Jahre nach deren Beendigung abgeschlossen, ein Zeichen nicht
nur der großen Arbeitskraft der beteiligten Wissenschaftler, sondern
auch einer zielstrebigen Öffentlichkeitsarbeit der Regierung Katharinas II.

Die Kaiserin dürfte an der raschen Veröffentlichung der Reiseberichte ein besonderes Interesse gehabt haben. 1768 war in Paris
Chappe d'Auteroches Buch "Voyage en Sibérie" erschienen [45], das
in ihren Augen ein dem Ansehen Rußlands abträgliches Bild vermit-
telte und Katharina veranlaßte, den 1770 in Petersburg herausgekom-
menen "Antidote, ou examen du mauvais livre, superbement imprimé,
intitulé: 'Voyage en Sibérie'" im folgenden Jahr auch in Amsterdam
und 1772 in London auf Englisch auf den Markt zu bringen [46]. Berichte
aus der Feder von Wissenschaftlern waren jedoch geeigneter, Chappe
d'Auteroches Darstellung zu begegnen als der anonyme "Antidote".

Bei der Frage nach der Rezeption der Ergebnisse nehmen die geodätischen Resultate eine Sonderstellung ein, waren doch Schiffahrt
und Handel an der Klärung der Küstenlinie und damit der Frage der
Nordostpassage nachdrücklich interessiert. Die zu Beginn des 18.
Jahrhunderts im westlichen Europa verfügbaren Karten Nordasiens
beruhten vor allem auf den Karten Godunovs (1667), Isbrand Ides
(1692) [47] und Remezovs [48]. Insbesondere über den Küstenverlauf
östlich der Lenamündung vermittelten sie nur vage, oft fabulöse
Kenntnisse. Remezovs Karte aus dem Jahre 1700, die Kamčatka nach
Atlasovs Bericht erstmals enthielt [49], scheint jedoch nicht zur Kenntnis der westeuropäischen Kartographen gelangt zu sein; Guillaume
Delisle, der berühmte französische Geograph und Bahnbrecher der
mathematischen Kartographie, bringt es auf seiner 1707 erschienenen Karte nicht. Erst die Übersendung der auf der Karte von L'vov
(1711) beruhenden neuen russischen Karte durch Peter I. führte zur
Aufnahme Kamčatkas in die Pariser Karte (nach 1721). Unklar blieb
aber auch hier weiterhin, ob eine freie Passage möglich sei. Östlich
Anadyr findet sich das bereits bei Witsen als "Ys Caap" erscheinende [50], bei Remezov "Nos neobchodimyj" [51], verschiedentlich auch

"Svjatoj nos"[52] genannte Kap, das sich der Passage entgegenstellte. Nach der in der ersten Jahrhunderthälfte üblichen Praxis der unkritischen Übernahme findet es sich auch in den Karten von Weber aus dem Jahr 1723[53], Strahlenberg (1730)[54] u.a.

Die beiden großen deutschen kartographischen Offizine, das Nürnberger Johann Baptista Homanns und das Augsburger Matthäus Seutters[55], folgten den Delisleschen Karten, was die "mathematische" Gestalt, d.h. den Verzicht auf Tier- und Menschenbilder anbelangt, nur zögernd. Seutters Karte "Imperium Russiae Magnae juxta recentissimas observationes"[56], deren Erscheinungsjahr unsicher ist, bringt wie Homanns Karte aus dem Jahre 1712[57] weder Kamčatka noch die Čukčenhalbinsel. Die Küste streicht in einem großen nach Südwesten gewölbten Bogen zur Amurmündung, und im äußersten Nordosten findet sich Witsens "Ys Caap" als "Caput Glaciale, Hollandis Ys Caep, incerti seu indeterminati situs"[58]. Homann korrigierte jedoch auf der ca. 1721-1723 erschienenen Karte "Maris Caspii et Kamtzadaliae tabulae"[59] den Küstenverlauf anhand von russischen Unterlagen, die ihm auf Anweisung Peters I. 1721 zugesandt worden waren[60] und auf den ergänzten Karten Remezovs (1700) und L'vovs beruhten.

Auch die von Homanns Nachfolgern 1737 und 1743-1746 herausgegebenen Kontinentalkarten von Asien folgten den neuesten Vorlagen. Die Karte Nr. 88, vermutlich aus dem Jahr 1755, zu der die Unterlagen aus St. Petersburg geschickt wurden, war die erste kartographische Konzeption Kamčatkas mit der Čukčen-Halbinsel und wurde im folgenden Jahr von der Petersburger wie auch Pariser Akademie nachgedruckt. Damit war die kartographische Rezeption der Beringexpedition abgeschlossen. Die Seuttersche Offizin hingegen brachte erst im Jahr 1775 unter Seutters Nachfolger Lotter eine neue den damaligen Kenntnissen entsprechende Karte heraus[61].

Diese Verzögerung der Rezeption beruht zweifellos auf wirtschaftlichen Gründen: Eine Offizin, die auf kommerzieller Basis arbeitete, zögerte so lange als möglich, neue Karten anfertigen zu lassen. Angesichts der seit den zwanziger Jahren vorhandenen exakteren Karten wäre dies für die allgemeinere Kenntnis der geographischen Gegebenheiten Nordasiens belanglos geblieben, hätten nicht Homann und Seutter die Preise der französischen, englischen und niederländischen Karten zum Teil beträchtlich unterboten[62], was, wie anzunehmen ist, ihren Absatz und ihre Verbreitung vergrößerten[63].

Die Unsicherheiten, die durch das Nebeneinander derart divergierender Karten entstanden, sind im übrigen nicht auf Deutschland beschränkt geblieben. Die Vorstellungen vom Eiskap und einer möglichen Landverbindung nach Nordamerika oder von einem nördlichen

Kontinent haben, ungeachtet der Fahrt Čeljuskins im Jahr 1742, noch
die ministeriellen Instruktionen für die Wrangellsche Expedition der
Jahre 1820-1824 beeinflußt [64], ein Zeichen dafür, daß auch in Rußland
selbst die Ergebnisse wissenschaftlicher Arbeit nur ungenügend beachtet wurden.

Außerordentlich rasch wurden hingegen die Ergebnisse der Vermes-
sung des Kaspischen Meeres rezipiert, die van Verden 1719 im Auftrag Peters I. durchführte. Homann brachte sie zusammen mit seiner Kamčatka-Karte (1722-1723). Der bis dahin rund gezeichnete
Kaspi, erscheint hier erstmals in seiner bekannten Form. Auch in
dieser Beziehung wurden die Unterlagen von St. Petersburg nach
Nürnberg und auch nach Paris gesandt [65].

Die zum Teil erheblichen Ungenauigkeiten, die die Karten der ersten Jahrhunderthälfte in der Lage von Städten und bei Flußläufen und
Gebirgszügen enthielten, konnten erst durch die sich allmählich durch-
setzende neue geodätische Methode berichtigt werden, die vor allem
Jean Nicolas Delisle in Rußland verbreitete, durch die mathematische
Geographie auf der Basis astronomischer Ortsbestimmungen [66]. Aber
noch Kirillovs Atlas von 1734 beruht fast ganz auf der alten Methode,
die sich nach Flüssen und Bergen orientiert, und auch das unter De-
lisles Namen 1745 erschienene Kartenwerk konnte sich nur auf wenige astronomische Ortsbestimmungen stützen [67]. An seiner Verbesserung wurde jedoch laufend gearbeitet, und die Zusammenarbeit mit
Homann und französichen Gelehrten brachte dann den auch den russischen Atlas von 1756 benutzenden Atlas von d'Anville aus dem Jahre
1761, der auch für das Nordasienbild der deutschen Kartographie der
Zeit zur Grundlage wurde [68]. Die 1787 in Wien bei F.A. Schraembl
erschienene zweiteilige Nordasienkarte, die bis auf unbedeutende Abweichungen d'Anville folgt, macht die Wandlung des kartographischen
Sibirienbildes augenfällig. Sieht man von Ungenauigkeiten in der Darstellung der Tajmyr- und Čukčenhalbinsel ab, so gibt sie ein recht
treffendes Bild dieses riesigen Raumes [69], dessen Korrektur auch
von einer weiteren Verbesserung der geodätischen Instrumente und
Methoden abhängig war.

Das komerzielle Interesse, das der Rezeption der geodätischen Ergebnisse der Großen Nordischen Expedition förderlich war, kam dem
übrigen wissenschaftlichen Ertrag der Expedition nicht zugute. Wie
der Druck der Reisebeschreibungen nicht gefördert worden war, so
zeigte die russische Regierung nicht nur kein Interesse an der Verbreitung der Werke, sondern suchte die Erkenntnisse dem Ausland
sorgsam vorzuenthalten. Nach Peters Tod war die während des Nordischen Krieges nachdrücklich betriebene publizistische Auslands-

arbeit verkümmert, die umso notwendiger gewesen wäre, als der
Rückgang deutscher Russica-Veröffentlichungen ein Nachlassen des
Interesses an Rußland in Deutschland zeigt, das durch das stark re-
duzierte Engagement Rußlands auf der europäischen politischen Sze-
ne bis zu den österreichischen Erbfolgekriegen mitbestimmt sein
dürfte.

Soweit es die Akademie betraf, war die ofizielle Verbreitung ihrer
Schriften dem Sekretariat überlassen und den Agenten, mit denen es
zusammenarbeitete, eine Kooperation, die von der Nachfrage bestimmt wurde und unter den Mängeln der Verbindung zu leiden hatte.
Insbesondere war Deutschland in der ersten Jahrhunderthälfte kein
Markt für Bücher in russischer Sprache. Die beiden größten Sorti-
menter des im deutschen Buchhandel führenden Leipzig, die jährlich
2200 Titel anboten und zu denen Gleditsch gehörte, der als Agent der
Akademie fungierte, verzeichnen in ihrem Angebot kein russisch-
sprachiges Buch [70]. Das fiel angesichts der geringen wissenschaftlichen Buchproduktion in russischer Sprache nicht ins Gewicht. Die
Akademiker bedienten sich des Lateins oder, vor allem in späterer
Zeit, ihrer Muttersprache. Die Verbreitung der Petersburger wissenschaftlichen Literatur läßt sich als solche zwar feststellen - etwa
durch die Kataloge der Bibliotheken [71] - , doch fehlen bislang quanti-
tative Analysen, die sich nur anhand von Geschäftsbüchern der Sorti-
menter, mit begrenzter Gültigkeit auch der Akademie erstellen ließen.

Mehr jedoch als das Akademie-Sekretariat sorgten die Autoren
selbst dafür, daß ihre wissenschaftliche Arbeit in Deutschland bekannt
wurde. Die engen Verbindungen, die mit ihren Kollegen in Deutschland bestanden und die sie in einem regen Briefwechsel pflegten [72],
trugen zu einer eingehenden Unterrichtung bei, zumal die Petersburger Gelehrten, die aus Deutschland stammten, in ihrer Heimat weiterhin als Deutsche betrachtet wurden, wovon etwa Jöchers "Allgemeines Gelehrten-Lexikon" [73] der fünfziger Jahre und später Hamber-
gers von Meusel fortgesetztes "Gelehrtes Teutschland oder Lexikon
der jetzt lebenden teutschen Schriftsteller" [74] zeugen.

Die Vermittlerrolle der deutschen Akademiemitglieder in Petersburg geht auch aus der Berichterstattung der gelehrten Zeitschriften
hervor, von denen etwa Menckes "Acta eruditorum", die seit 1712
mit deutscher Ausgabe erschienen [75], und seine Leipziger "Neuen
Zeitungen von gelehrten Sachen" regelmäßig vom wissenschaftlichen
Leben in Rußland [76] - und das hieß in seiner ersten Phase vorwiegend
über die Arbeit deutscher Gelehrter - berichten. Die in Amsterdam
erscheinende "Bibliothèque Germanique", die der Stettiner Mauclerc
ebenso wie B. Mencke in engem Kontakt mit der Petersburger Akade-

mie[77] herausgab, widmete Rußland hingegen weniger Aufmerksamkeit. Die Nachricht von der Entsendung der Großen Nordischen Expedition erschien erst 1734 und erweist sich als eine Übernahme aus den "Neuen Zeitungen von gelehrten Sachen"[78]. Ihre Kenntnisse bezog die Leipziger Zeitschrift aus Briefen wissenschaftlicher Korrespondenten in Petersburg; eine Übernahme von Nachrichten etwa aus den "Sankt Peterburgskija vedomosti" ist zumindest für die erste Hälfte des Jahrhunderts nicht belegt. Die Schwierigkeiten der postalischen Verbindung sind dabei gut überwunden worden. Etwa ein halbes Jahr nach den Ereignissen wurden schon die Leser informiert, was angesichts des für Redaktions- und Druckarbeiten benötigten Zeitraumes eine erstaunliche Leistung ist. Schon im Herbst 1733 berichteten die "Neuen Zeitungen" ausführlich über die Entsendung der Großen Nordischen Expedition und über die teilnehmenden Wissenschaftler, und nicht ohne (in den Worten ihres Korrespondenten?) höchstes Lob:"Mit einem Wort, nur der Vorschlag zu einer solchen Expedition verdient schon an und für sich bewundert zu werden, aber die Ausführung dieses Vorhabens hat an Kostbarkeit und Vorsichtigkeit noch nicht ihresgleichen gehabt"[79]. Auch in der Folgezeit finden sich Berichte über den Verlauf der Expedition, insbesondere über G. F. Müllers Arbeiten[80]. Daß man in Deutschland daran sehr interessiert war, geht auch daraus hervor, daß die Olmützer "Monathlichen Auszüge Alt- und neuer Gelehrten Sachen" bereits im ersten Jahr ihres Erscheinens (1747) sich ausführlich der Expedition widmeten und eingehend über Berings und Stellers Schicksal berichteten[81]. Für dieses Interesse spricht auch, daß 1748 in Frankfurt eine erste Biographie Stellers und 1749 in Göttingen die "Kurtze Nachricht von dem Leben und Reisen Herrn Johann Georg Gmelins" veröffentlicht wurden. Auf diese Weise erhielten auch jene Gelehrten, die nicht über persönliche Kontakte nach Petersburg verfügten, vom Verlauf der Expedition Kenntnis.

Aber nicht nur die gelehrten Zeitungen, auch populärwissenschaftliche Periodika informierten ihre Leser. Das vorwiegend medizinisch orientierte "Hamburgische Magazin", das u.a. G. F. Müller, Krafft, Güldenstädt und Büsching als Autoren ausweist[82], brachte 1750 aus der Feder des nach Deutschland zurückgekehrten Gmelin, der ein zuverlässiger Korrespondent des Blattes war, eine kurzgefaßte Darstellung der Expedition[83] und drei Jahre später Stellers Arbeit über die Seesäuger[84]. Auf diesem Weg fanden die wichtigsten zoologischen und, da Gmelins "Flora Sibirica" seit 1747 erschien, auch botanischen Entdeckungen der Expedition rasche Verbreitung. Dazu kam dann noch, daß Gmelin wissenschaftlicher Korrespondent Carl von Linnés war.

Seine Mitteilungen wurden also in das überall in Europa anerkannte
Standardwerk dieser Wissenschaft aufgenommen.

Erheblich langsamer fanden die in den Reisebschreibungen enthaltenen landeskundlichen, die sozialen und wirtschaftlichen Verhältnisse in den bereisten Gebieten betreffenden Ausführungen Eingang
in die wissenschaftliche Literatur. Achenwalls berühmtes staatswis-
senschaftliches Kompendium, die "Geschichte der heutigen vornehmsten europäischen Staaten im Grundriß", das sich hoher Wertschät-
zung und weiter Verbreitung erfreute und nach dem an den Universitäten Kiel, Ingolstadt und Prag - neben Göttingen - vorgelesen wurde [85], nahm noch in seiner verbesserten vierten Auflage (1766) keine
Kenntnis davon. Erst durch Schlözers Bearbeitung (1768) wurden
die bis dahin an Witsen, Schleusing, Weber und Strahlenberg orientierten , Sibirien betreffenden Abschnitte auf den neuesten Stand gebracht [86]. Auch andere in den sechziger Jahren publizierte Standard-
werke wie Zopfs "Neueste Geographie nach allen vier Theilen der
Welt", dessen zweiter 1763 erschienener Band Rußland enthält [87], ja
selbst Spezialwerke wie Ranfts 1767 veröffentlichte "Vollständige Beschreibung des Russischen Reichs und aller dazu gehörigen Lande,
Völker und Örter" [88], die ihren Lesern im Titel versicherte, daß sie
nach "... den zuverlässigsten Nachrichten mit Zuziehung der besten
Landkarten und neuesten Reisebeschreibungen..." verfaßt sei, ver-
harrten bei dem herkömmlichen Sibirienbild der zwanziger und dreißiger Jahre.

Schlözers Klagen sind angesichts dieser Situation verständlich, selbst
wenn man seine persönlichen Interessen dabei in Anschlag bringt: "Unsre und aller Ausländer Dürftigkeit in Ansehung der Kenntnis von Rußland sind kläglich. Noch jede Messe lassen wir ganze Alphabete voll Un-
wahrheiten von diesem Reiche drucken," schrieb er 1768 [89].

Für die Aufnahme und Beachtung der Ergebnisse der Expeditionen
der Jahre 1768-1774 war während der Regierungszeit Katharinas II.
ungleich mehr Vorsorge getroffen, wobei sich in Deutschland der nach
Göttingen zurückgekehrte Schlözer nachdrücklich für die Rezeption ein-
zusetzen wußte. Seine Rezensionen, die er u.a. in den "Göttingischen
Anzeigen", im "Hannoverschen Magazin" und in der "Allgemeinen
deutschen Bibliothek" veröffentlichte [90], haben maßgeblich zur Verbreitung der "russischen" Publikationen beigetragen. In die gleiche
Richtung wirkte auch Euler, der eng mit der Haude & Spenerschen
Verlagsbuchhandlung in Berlin zusammenarbeitete [91]. In Leipzig war
Breitkopf inzwischen Agent der Petersburger Akademie geworden, in
Berlin die Haude & Spenersche Verlagsbuchhandlung [92], und der rüh-
rige Johann Friedrich Hartknoch, in dessen Verlag u.a. die deutsche

Übersetzung von Lepechins Werk erschienen war und für den Rodde,
Hase und später Bacmeister als Übersetzer arbeiteten [93], hat sich
ebenso wie Büsching mit seinen Periodika [94] und Nicolai mit der
"Allgemeinen deutschen Bibliothek" [95] beträchtliche Verdienste um
die Verbreitung der Literatur aus Rußland erworben. Welche Bedeutung man den Rezensionen beimaß und welche Erwartungen man in
Petersburg in die Rezensenten setzte, verrät ein Brief Schlözers an
Euler vom 29. Oktober 1769: "Ew. Wohlgeborn scheinen mir die
Schuld zu geben, daß die astronomischen Observationen noch nicht
rezensiert sind und mich gar im Verdacht zu haben, als wenn ich
sie unterschlagen hätte. Dadurch tun mir Dieselben aber um ein so
viel empfindlicheres Unrecht, da ich die Rezensionen nicht nur betrieben, sondern so nachdrücklich betrieben, daß ich beinahe Ver-
druß darüber bekommen." [96] Bedenkt man, daß der Venusdurchgang
im Mai des gleichen Jahres stattfand, so wird sichtbar, wie sehr
man sich die Verbreitung der Beobachtungsergebnisse angelegen sein
ließ. Die Rezensionen erschienen in den "Göttingischen Anzeigen" am
23. und 28. Oktober 1769.

Eine so prompte Rezensentenarbeit war freilich eine Ausnahme,
wie auch Hupels Rezension der 1774 erschienenen deutschen Reisebeschreibung Stellers im gleichen Jahr [97]. Bei der starken Konkurrenz auf dem Zeitschriftensektor bemühten sich die Verleger jedoch,
auch im Rezensionsteil möglichst aktuell zu bleiben, so daß zumeist
innerhalb von einem bis zwei Jahren die Neuerscheinungen den Lesern zur Kenntnis gebracht wurden, wie etwa die 1779 erscheinende
Übersetzung von Lepechins Werk durch eine Rezension Hupels in
Nicolais "Allgemeiner deutscher Bibliothek" im Jahr 1780 [98], oder
Pallas' Expeditionsbericht durch Merck in den "Frankfurter Gelehrten Anzeigen" 1777 und 1778 [99]. Da die "Göttingischen Anzeigen" u.a.
Müller, Güldenstädt und Pallas zu ihren Mitarbeitern zählten, wurden sie bald zum führenden Organ für die Vermittlung von Russica
in Deutschland, hatten doch die Petersburger Mitarbeiter einen vor-
züglichen Überblick und raschen Zugang zu den Neuerscheinungen.

Das gesteigerte Interesse, das man in Deutschland am Rußland
Katharinas nahm und das von Petersburg aus auf verschiedenen Wegen sorglich gehegt wurde, hat zu einer raschen Berücksichtigung
der Forschungsergebnisse der Expedition von 1768-1774 in der deutschen wissenschaftlichen Literatur geführt. J.H. Meyer, der in
seinen "Briefen über Rußland" im Jahr 1779 [100] auch die nichtrussi-
schen Völker des russischen Reiches eingehend behandelte, folgt
vorwiegend Lepechins Darstellung nach der Altenburger Übersetzung (aus den Jahren 1774-1775, Bd. 1 und 2). Das Buch des Main-

zer Akademiemitgliedes A. F. W. Crome "Über den gegenwärtigen
blühenden Zustand des Russischen Reichs" (1784) [101], das dem asiatischen Teil Rußlands besondere Beachtung schenkt, benutzt neben
älteren Arbeiten, darunter von Müller und Krašeninnikov, die Berichte der Expeditionsteilnehmer Pallas, Gmelin, Lepechin, Georgi,
Ryčkov und Güldenstädt. "Auf diese Weise ist eine Sammlung von
Nachrichten zu Stande gekommen, die sehr interessant und für jene
Zeit vollkommen neu ist." [102]   Zu Beginn der achtziger Jahre ist
die Rezeption der Forschungsergebnisse der Akademieexpedition in
Deutschland auf dem wissenschaftlichen Sektor weitgehend abgeschlossen und das Bild Russisch-Asiens von den Stereotypen der älteren Literatur befreit. Die Veränderungen, die sich seit Ende des
Jahrhunderts in der sozialen und wirtschaftlichen Struktur dieses Gebietes ereignet hatten - es sei hier etwa an das Manufakturwesen und
die Hüttenwerke erinnert [103] -, waren in die deutsche Wissenschaft
eingegangen.

Sehr viel schwieriger läßt sich die Frage beantworten, inwieweit
die "gebildeten Leser" sich die neuen Erkenntnisse zu eigen machten.
Wie die wachsende Zahl der Russica in den achtziger Jahren zeigt,
haben die politischen Ereignisse der Zeit das Informationsbedürfnis
über das riesige Reich im Osten geweckt - mindestens so weit, daß
die Verlage sich den Absatz einschlägiger Werke versprachen und dabei, wie die Zunahme der Russica zeigt, auch auf einen aufnahmebe-
reiten Markt trafen.

Das breite Spektrum der Autorenintentionen, die von der Bewunderung der Erfolge der russischen Waffen im Kampf gegen die Türken
und der Politik der aufgeklärten Monarchin bis hin zu den pamphlet-
artige Züge annehmenden satirischen Schriften Albrechts [104] reicht
und in ihren Extremen die Scheidung russophil - russophob des 19.
Jahrhunderts vorwegnimmt, bestätigt das Interesse breiter Kreise,
ebenso die Tatsache, daß sich bloße Geschäftemacher und Scharlatane
wie E.C.C. Müller, der sich "königlich polnischer Hofrath und der
freyen ökonomischen Sozietät zu St. Petersburg Mitarbeiter" nannte
und dessen "Ökonomisch-politische Hefte für den Norden, vielleicht
auch für den Süden brauchbar" [105] von keiner Kenntnis Rußlands ge-
trübt waren,des aktuellen Themas bemächtigten und mit ihren Mach-
werken wohl mancherlei Verwirrung stifteten. Daß zumindest zu Beginn der achtziger Jahre die gebildete Leserschaft Kenntnisse von
Sibirien besaß, wenn diese auch offenbar recht begrenzt waren, zeigt
etwa Schillers "Anthologie auf das Jahr 1782" [106]. Ihre zweite Vorrede ist datiert "Tobolsko [107], den 2. Februar", "Blumen aus Sibirien"
werden in ihr verheißen. Außer "hundertjährigem Schnee" und Zobel-

fang - seit Witsens Werk in Europa als Charakteristika Sibiriens zu
Gemeinplätzen geworden - findet sich jedoch keine weitere Erwähnung von sibirischen Besonderheiten, obwohl gerade die Verbannung
nach Sibirien sich den Intentionen Schillers angeboten hätte [108]. Danilevskij hat jüngst darauf hingewiesen, daß Schiller durch Büschings
"Neue Erdbeschreibung", die auf der Karlsschule als Lehrbuch benutzt wurde, Kenntnis von Sibirien erhalten habe, desgleichen vielleicht durch Chr. F. Gellerts 1757 erschienenen Roman "Das Leben
des schwedischen Grafen von G*** ", der u. a. dessen Aufenthalt als
kriegsgefangener schwedischer Offizier des Nordischen Krieges in
Tobol'sk schildert und sich auf die einschlägige Literatur stützt [109].
Anzeichen, daß Schiller das neue Sibirienbild zur Kenntnis genommen
habe, finden sich jedoch nicht. Allerdings durften die Schriftsteller
bei ihren Lesern voraussetzen, daß diese über bescheidene Kenntnisse von Sibirien verfügten. In Jean Pauls Vorrede zum zweiten Bänd-
chen seiner "Grönländischen Prozesse" (1783) heißt es im Hinblick
auf die Rezensenten: "Mein Gebet zu diesem Gott Momus hab' ich von
gewissen Tataren in Sibirien entlehnt, die es als das einzige an den ih-
rigen abschicken. 'Schlag mich nicht tot!' bet ich nämlich." [110]
Einen weitaus besseren Index dessen, was in das Bewußtsein der
Konsumentengruppe der gebildeten Leser eingegangen war, bilden die
Conversations-Lexika der Zeit [111]. Als Maßstab darf die im Leipziger
Verlag Brockhaus erschienene "Allgemeine deutsche Real-Enzyklopä-
die für die gebildeten Stände" angesehen werden, von der seit dem Erscheinen der ersten Auflage im Jahr 1769 bis zum Ende des Jahres
1820 (5. Aufl.) insgesamt 52 000 Exemplare abgesetzt wurden [112] und
dessen Russisch-Asien betreffende Ausführungen sich in diesem Zeitraum nicht wesentlich änderten. Während Pierers "Universal-Lexi-
kon der Gegenwart und Vergangenheit oder neuestes encyklopädisches
Wörterbuch der Wissenschaften, Künste und Gewerbe", das seit 1821
in 28 Bänden auf den Markt kam [113], nicht nur Stichworte wie "Kamtschatka", "Tschukotien", "Lena", "Ob", "Jenissei", sondern auch
sehr spezielle wie "Anadyr" und "Indigirka", sowie die Namen der
Forschungsreisenden (außer G. F. Müller) [114] enthält und also wenigstens einen Teil dieser Wörter und Namen als den Benutzern bekannt
oder in der Lektüre vorkommend voraussetzt, finden sich im 10-bän-
digen "Conversations-Lexicon" von Brockhaus lediglich die Stichworte
"Sibirien" und "Kamtschatka". Der Abschnitt über Sibirien ist jedoch
sehr ausführlich gehalten. Die Angaben füllen zehn Spalten und verraten, etwa im Hinweis auf die Silberbergwerke von Kolywan, die Rezeption der Reiseberichte durch den Verfasser. Stichworte wie "Ob",
"Lena" usw. und die Namen der Forschungsreisenden fehlen ebenso

wie "Kaukasus" und "Kaspisches Meer", was den Schluß erlaubt,
daß die Herausgeber nicht erwarteten, die Leser würden ein solches Stichwort - die Namen der Flüsse finden sich in der geographischen Beschreibung Sibiriens - vermissen. Was die Aufnahme
des Wortes "Kamtschatka" anbelangt, so gibt der Artikel mit Erwähnung des Namens Beniowski einen Hinweis. Die Geschichte seiner
Flucht aus der Verbannung war, um einen Begriff unserer Zeit zu
verwenden, ein ausgesprochener Bestseller. Zwischen 1790 und
1797 erschienen allein in Deutschland sieben Ausgaben in Berlin,
Leipzig, Tübingen, Hamburg, Wien, Reutlingen und nochmals Hamburg, 1806 eine achte in Berlin [115]. So ist anzunehmen, daß Kamčatka dem "gebildeten Publico" mehr durch sein Buch als durch die
Forschungen Stellers zum Begriff geworden ist, eine Art Bewußt-
seinserweiterung, die freilich nicht als zeittypisch angesehen werden kann.

Derartige Hinweise, wie sie hier auf das Sibirienbild in Deutschland gegeben werden, sind allzu vage, um gültig sein zu können. Die
Rezeption der Forschungsergebnisse bzw. der darüber erschienenen
Veröffentlichungen ist seit langem Gegenstand der Forschung gewesen, und wenn auch noch genügend Fragen offen geblieben sind, so
ist doch der Nachweis erbracht, daß die deutschen Wissenschaftler
der Zeit sich rasch mit den neuen Erkenntnissen vertraut zu machen
suchten, desgleichen, daß ihnen hierzu in der Zeit Katharinas II.
genügend Möglichkeiten geboten wurden und daß die Forschungsergebnisse in der deutschen wissenschaftlichen Literatur rasch ihren
Niederschlag fanden. Damit ist jedoch lediglich ein Beitrag zu der
histoire des mentalités der wissenschaftlichen Eliten erbracht.
Außer einigen Hinweisen [116] ist die Frage nach der mentalité der
"Multiplikatoren", hier also der Literaten, die für das breite Publikum schrieben, bislang ebensowenig geklärt wie die der mentalité
dieser Leserschaft selbst. Sie ist ohne Zweifel "à la fois extrême-
ment séduisante et affreusement difficile" [117], doch sollte sie im
Hinblick auf die seit dem ausgehenden 18. Jahrhundert zunehmende
Einflußnahme immer breiterer Gruppen der Bevölkerung auf die politischen Entscheidungen gestellt und, so weit als irgend möglich,
beantwortet werden.

Anmerkungen

1 Vgl. dazu Anm. 117. Ferner Reinhard Wittmann: Der lesende Landmann.
Zur Rezeption aufklärerischer Bemühungen durch die bäuerliche Bevölkerung im 18. Jahrhundert. In: Der Bauer Mittel- und Osteuropas im sozio-
ökonomischen Wandel des 18. und 19. Jahrhunderts. Hrsg. Dan Berindei
u.a. Köln, Wien 1973, S. 142-196; Norbert Angermann: Die erste böhmische
Zeitschrift für den Landmann. Ebenda S. 274-280; Heinz Ischreyt: Zu den
Wirkungen von Tissots Schrift "Avis au peuple sur sa santé" in Nordosteu-
ropa. In diesem Band S. 247-258.

2 Der Verfasser hat sich darauf beschränkt, einige wenige Literaturhinweise
zu geben. Die einschlägige Literatur über die Rezeption durch Primärgrup-
pen der Rezipienten ist umfangreich. An grundlegenden Werken seien hervorgehoben: M.P. Alekseev: Sibir' v izvestijach inostrannych puteŝestvennikov i pisatelej. Irkutsk 1941; É.P. Zinner: Sibir' v izvestijach zapadno-
evropejskich puteŝestvennikov i uĉenych 18 veka. Irkutsk 1968; A.I. Andre-
ev: Oĉerki po istoĉnikovedeniju Sibiri. Vyp. 1-2. Moskva, Leningrad 1960
bis 1965 (hier bes. vyp. 2. 18 vek, pervaja polovina).

3 Heinz Fischer: Die Zeitung als Forschungsproblem. In: Deutsche Zeitungen
des 17. bis 20. Jahrhunderts. Pullach 1972, S. 21.

4 Eine befriedigende Untersuchung der russischen Auslandspropaganda unter
Peter dem Großen steht noch aus.

5 Zum Verhältnis von Leibniz zu Peter dem Großen vgl. Ernst Benz: Leibniz
und Peter der Große. Berlin 1947. Vgl. auch Erik Amburger: Beiträge zur
Geschichte der deutsch-russischen kulturellen Beziehungen. Gießen 1961.

6 A.V. Efimov: Iz istorii russkich geografiĉeskich otkrytij. Moskva 1971,
S. 125 ff. Vgl. auch K.E. von Baer: Peters des Großen Verdienste um die
Erweiterung der geographischen Kenntnisse. St. Petersburg 1872.

7 Robert Stupperich: Staatsgedanke und Religionspolitik Peters des Großen.
Königsberg/Pr., Berlin 1936, S. 23 ff. = Osteurop. Forschungen N.F. 22.

8 Efimov a.a.O. S. 126, 128.

9 Etwa: Pelztribut-Einnehmer. Über die Fülle der darin enthaltenen Informationen vermittelt ein eindrucksvolles Bild: Materialy po istorii Jakutii 17
veka. (Dokumenty jasaĉnogo sbora). Teil 1-3, Moskva 1970.

10 Vgl. Efimov a.a.O. S. 140.

11 Paul Jacob Marperger (Moscowitischer Kauffmann. 2. Aufl. Lübeck 1724,
S. 127) wendet sich an den Zaren mit der Bitte:"...wenn je ein solcher
Weg im Norden nach Japan und China zu Wasser offen stünde, solchen durch
seine Unterthanen weiter zu untersuchen und entdecken zu lassen."

12 Vgl. B. von Bilbassoff: Katharina II., Kayserin von Russland, im Urtheile
der Weltliteratur. Bd. 1 Berlin 1897, S. 99.

13 V.I. Grekov: Iz istorii organizacii akademiĉeskich ékspedicij 1768-1774 gg.
In: Izvestija Akademii nauk SSSR. Serija geografiĉeskaja (1971) H. 4, S.136.

14 Ebenda S. 135 ff.

15 Die alchimistische Einteilung (Regnum minerale, animale und vegetabile)
wurde von Linné übernommen.

16 Vgl. dazu neben Grekov S. 135 ff. auch F.A. Gnuĉeva: Materialy dlja istorii ékspedicij Akademii nauk v 18 i 19 vv., Moskva 1940, S. 95 f.

17 M.I. Suchomlinov: Istorija Rossijskoj Akademii. Vyp. 2. Sanktpeterburg 1875, S. 302 f. Vgl. auch Grekov a.a.O. S. 138, 140.

18 Die Instruktion wurde von N.G. Fradkin 1950 erstmals publiziert (Instrukcija dlja Akademičeskich ėkspedicij 1768-1774 gg. In: Voprosy geografii 17 (1950), S. 213-218. Sie sind auch enthalten in N.G. Fradkin: Akademik I.I. Lepechin i ego putešestvie po Rossii v 1768-1773 gg. Moskva 1953.

19 Grekov a.a.O. S. 140.

20 Alfred Hettner: Die Geographie. Ihre Geschichte, ihr Wesen und ihre Methoden. Breslau 1927, S. 60.

21 Vgl. dazu auch P. Pekarskij: Istorija Imperatorskoj Akademii nauk v Peterburge. Bd. 2. Sanktpeterburg 1870, S. 532 ff. Zu den Schwierigkeiten der Akademie vgl. Protokoly zasedanij konferencii Imperatorskoj Akademii nauk s 1725 po 1803 g. Bd. 2, S. Peterburg 1899.

22 Erschienen in St. Petersburg.

23 Erschienen in Göttingen als Bd. 4-7 der "Sammlung neuer und merkwürdiger Reisen".

24 Erschienen in St. Petersburg.

25 The History of Kamtschatka and the Kurilsky Islands, with the Countries adjacent, illustrated with maps. Published in the Russian Language by order of His Imperial Majesty, and translated into English by James Grieve. London 1763.

26 Beschreibung des Landes Kamtschatka... In einem Auszug in englischer Sprache bekannt gemacht von Jacob Grieve und 1764 herausgegeben von T. Jefferies, nun ins Deutsche übersetzt und mit Anmerkungen erläutert von Johann Tobias Köhler. Lemgo 1766.

27 Vgl. auch P. Hoffmann: Die Bedeutung Gerhard Friedrich Müllers für die Entwicklung des geographischen Rußlandbildes in Deutschland im 18. Jahrhundert. Berlin 1959, S. 28 ff. (Masch.). Eine Biographie des verdienten Gelehrten steht noch aus.

28 Theil 1-9, Sankt Petersburg 1732-1764. Enthalten in: Theil 1, S. 495-515; Theil 2, S. 293-448; Theil 3, S. 413-612; Theil 6, Stück 2-7; Theil 8, St.1-5.

29 Herausgegeben von J.B. Steller.

30 Von Pallas im Bd.5 seiner "Neuen Nordischen Beyträge" veröffentlicht. Die "Fortsetzung von Steller's Reise nach Amerika" erschien in St. Petersburg 1793 als Bd. 6 der "Neuen Nordischen Beyträge". Bd. 5-7 auch unter dem Titel "Neueste Nordische Beyträge zur physikalischen und geographischen Erd- und Völkerbeschreibung, Naturgeschichte und Ökonomie", Bd. 1 u. 2 St. Petersburg, Leipzig 1793-1796. Stellers Reisebericht in Bd.1, S. 129 bis 236, Bd. 2, S. 1-26.

31 Band 2 der "Neuen Nordischen Beyträge".

32 Stephanus Rumovsky: Observationes, spectantes transitum veneris per discum solis et eclipsin solarem die 23. Maii/3. Junii 1769. Kolae in Lapponia institutae. Petropoli 1769; Christianus Mayer: Expositio utriusque observationis et veneris et eclipsis solaris factae in secula astronomica die 23. Maii 1769. Petropoli 1769; Jean Louis Pictet: Extrait du journal d'observations faites à l'occassion du passage de vénus devant le disque du soleil à Oumba en Lapponie. Saint Pétersbourg 1769; Jacques André Mallet: Observation du passage de Vénus devant le disque du soleil faite à Ponnoi en Lapponie.

Saint Pétersbourg 1769; Christoph Euler: Auszug aus den Beobachtungen, welche zu Orsk bey Gelegenheit des Durchgangs der Venus vorbey der Sonnenscheibe angestellt worden sind. St. Petersburg 1769; Wolfgang Ludwig Krafft: Auszug aus den Beobachtungen, welche zu Orenburg bey Gelegenheit des Durchgangs der Venus vorbey der Sonnenscheibe angestellt worden sind. St. Petersburg 1769; Ivan Islenieff: Extrait du journal d'observations faites à l'occasion du passage de vénus devant le disque du soleil à Yakoutsk. St. Pétersbourg 1769.

³³ Christianus Mayer: Ad augustissimum Russiarum omnium Imperatricem Chatharinam II. Alexiewnam expositio de transitu veneris ante discum solis d. 23. Maii 1769. Petropoli 1769.

³⁴ Georg Moritz Lowitz: Auszug aus den Beobachtungen, welche zu Orenburg bey Gelegenheit des Durchgangs der Venus vorbey der Sonnenscheibe angestellt worden sind. St. Petersburg 1770.

³⁵ Collectio omnium observationum, quae occassione transitu veneris per solem a. 1769 iussu Augustae per imperium Russicum institutae fuerunt, una cum theoria indeque deductis conclusionibus. Petropoli 1770.

³⁶ Der von Pallas edierte 4. Teil enthält auch dessen Biographie von Gmelin.

³⁷ Die russische Übersetzung erschien in Petersburg von 1773 bis 1778 in fünf Teilen.

³⁸ Erschienen in St. Petersburg.

³⁹ Herrn Nikolaus Rytschkow kaiserl. russischen Captains Tagebuch über seine Reise durch verschiedene Provinzen des russischen Reichs in den Jahren 1769, 1770 und 1771.

⁴⁰ Vgl. Grekov a.a.O. S. 137.

⁴¹ Bemerkungen einer Reise im Russischen Reich im Jahre 1772 (Bd.1). Bemerkungen einer Reise im Russischen Reich im Jahre 1773 und 1774 (Bd.2). Sankt Petersburg 1775 - 1795. Neuauflage in Königsberg.

⁴² Johann Peter Falk: Beyträge zur topographischen Kenntnis des Rußischen Reichs. Herausgegeben von Johann Gottlieb Georgi. Bd. 1-3, St. Petersburg 1785-1786.

⁴³ Von den Häfen am asowschen, schwarzen und weißen Marmara-Meere. In: St. Petersburgisches Journal 1 (1776) May, S. 3-22, Juni, S. 18-30; Discours academique sur les produits de Russie, propres pour soutenir la balance du commerce exterieur toujours favorable, prononcé ce 29. Dec. 1776, dans l'Assamblée publique de l'Academie Imperiale des Sciences à l'occassion de son jubilé demi-séculaire. St. Pétersbourg 1776; Von den Häfen am Caspischen Meer. In: St. Petersburgisches Journal 3 (1777) April, S. 243-246; Gedanken über eine zwischen Rußland und Deutschland auf der Donau und dem Schwarzen Meer zu eröffnende Handlung. In: St. Petersburgisches Journal 10 (1780), September, S. 155-170.

⁴⁴ Erschienen in St. Petersburg.

⁴⁵ Jean Chappe d'Auteroche: Voyage en Sibérie, fait par l'ordre du roi en 1761, contenant les mouers, les usages et l'état actuel de cette puissance. 2 Bde. Paris 1768.

⁴⁶ Bilbassoff (Bd.1, S. 94-98) spricht sich gegen Katharinas Beteiligung an dem "Antidote" aus, die P. Ščebal'skij (in Zarja, Juni 1869) erklärt hatte. Dagegen widerlegt Pypin überzeugend die Argumente von Bilbasov. Vgl.

Aleksandr Nikolaevič Pypin: Sočinenija Imperatricy Ekateriny II., Band 7,
S.-Peterburg 1907.

[47] Vgl. Efimov a.a.O. S. 125 ff. Ein Überblick auch bei M.G. Novljanskaja:
Filip Jogan Stralenberg. Ego raboty po issledovaniju Sibiri. Moskva, Leningrad 1966, S. 47 ff.

[48] Zu Remezovs Arbeiten vgl. L.A. Gol'denberg: Semen Uljanovič Remezov.
Sibirskij kartograf i geograf. 1642 - posle 1720. Moskva 1965, S. 83 ff.;
über seinen Beitrag zur Kartographie ebenda S.132 ff.

[49] Leo Bagrow: Geschichte der Kartographie. Berlin (1951), S. 178.

[50] Nicolaus Witsen: Nord en Oost Tatarye. Amsterdam 1705.

[51] Efimov a.a.O., S. 127.

[52] So u.a. in der Karte John Perrys (The State of Russia under the Present
Czar. London 1716) als "Swetoinos or Holy Cap". Vgl. F.A. Goulder: Russi-
an expansion on the Pacific, 1641-1850. Cleveland/Ohio 1914, S. 89; Ferner
Efimov a.a.O., S. 134.

[53] F.H. Weber: The Present State of Russia. The Whole Being a Journal of a
Foreign Minister who Resided in Russia at that Time, 1714-1722. Translated from the High Dutsh. London 1723.

[54] Zu Strahlenberg vgl. Novljanskaja a.a.O., S. 47 ff.

[55] Vgl. Chr. Sandler: Johann Baptista Homann, Matthäus Seutter und ihre Landkarten. Ein Beitrag zur Geschichte der Kartographie. Amsterdam o.J.

[56] Ebenda S. 10.

[57] Ebenda S. 59.

[58] Ebenda S. 28.

[59] Ebenda S. 60; vgl. auch S.E. Fel': Kartografija Rossii 18 veka. Moskva
1960, S. 150 f.

[60] Efimov a.a.O., S. 158. - Im Nürnberger Rathsverlaß des Jahres 1722/23
wird Homann als "Moscovitischer Agent" geführt (Sandler a.a.O., S. 49).
Vgl. Fel' a.a.O. S. 130 f. über Homanns Beziehungen zu Rußland, hier
auch ein Verzeichnis der Karten (S. 151, Anm.)

[61] Sandler a.a.O. S. 33; Fel' a.a.O. S. 189.

[62] Sandler a.a.O. S. 53 und Anm. 75 (dort auch die Preise).

[63] Angaben über die Verkaufszahlen liegen bislang leider nicht vor.

[64] Efimov a.a.O., S. 134.

[65] Bagrow a.a.O., S. 178; Fel' a.a.O. S. 53.

[66] Hettner a.a.O. S. 61 f. - Zu den astronomischen Ortsbestimmungen in Rußland vgl. die Tabellen bei Fel' a.a.O. S. 27-30.

[67] Fel' a.a.O. S. 30 gibt die Zahl mit 62 an; vgl. auch Bagrow a.a.O. S. 179.

[68] Hettner a.a.O. S. 63. - Zu d'Anvilles Verbindungen nach Rußland vgl. u.a.
V.I. Grekov: Očerki iz istorii russkich geografičeskich issledovanij v
1725-1765 gg. Moskva 1960, S. 265.

[69] Dritter Theil der Karte von Asien, welcher Sibirien und einige andere Theile der Tartarey enthält. Verfasst von Herrn d'Anville. Verbessert und herausgegeben von Herrn F.A. Schraembl. MDCCLXXXVII. Zu finden in eigenem Verlag in Wien (2 Bl. Nr. 15-16, Format 54 mal 50 cm).

[70] Vgl. dazu J. Tetzner: Verkauf russischer Bücher in Leipzig am Anfang des
18. Jahrhunderts. In: Zeitschrift für Slawistik 2 (1957), S. 604 f. Die Frage
der Distribution russischer Bücher ist noch weitgehend unerforscht.

71 O. Feyl: Zur slawistischen Geschichte der Universitätsbibliothek Jena bis zu ihrer Reform durch Goethe. In: Zeitschrift für Slawistik 5 (1960), S. 35-57.

72 Vgl. dazu Leonhard Euler: Die Berliner und die Petersburger Akademie der Wissenschaften im Briefwechsel Leonhard Eulers. Teil 1-2. Berlin 1959 bis 1961 = Quellen und Studien zur Geschichte Osteuropas 3. Eine Vielzahl von privaten Korrespondenzen wird sichtbar in: Die deutsch-russische Begegnung und Leonhard Euler. Beiträge zu den Beziehungen zwischen der deutschen und russischen Wissenschaft und Kultur im 18. Jahrhundert. Hrsg.... von E. Winter. Berlin 1958 = Quellen und Studien zur Geschichte Osteuropas Band 1; August Ludwig von Schlözer und Rußland. Eingeleitet und unter Mitarbeit von L. Richter und L. Zeil hrsg. von E. Winter. Berlin 1959. = Quellen und Studien zur Geschichte Osteuropas 9; ferner sei hingewiesen auf die Untersuchungen E. Amburgers.

73 Allgemeines Gelehrten-Lexicon, Darinne die Gelehrten aller Stände sowohl männ- als weiblichen Geschlechts, welche vom Anfange der Welt bis auf jetzige Zeit gelebt, und sich der gelehrten Welt bekannt gemacht, Nach ihrer Geburt, Leben merckwürdigen Geschichten, Absterben und Schrifften aus den glaubwürdigsten Scribenten in alphabetischer Ordnung beschrieben werden. Theil 1 - Band 7. Herausgegeben von Christian Gottlieb Jöcher. Leipzig 1750. - Die "Fortsetzung und Ergänzung" (Bd. 1 und 2, Leipzig 1784 bis 1787) besorgte Johann Christoph Adelung. Jöcher gab auch ein "Allgemeines Gelehrtenlexikon" (T. 1-2, Leipzig 1750-1751) heraus.

74 Das gelehrte Teutschland oder Lexicon der jetzt lebenden teutschen Schriftsteller. Angefangen von Georg Christoph Hamberger. Fortgeführt von Johann Georg Meusel, 5. Aufl. Lemgo 1797.

75 1682 von Otto Mencke (1644-1707) gegründet, erschienen sie in Leipzig bis 1782, fortgeführt nach dem Tode des Gründers von seinem Sohn Johann Burkhard Mencke (1675-1732) und seinem Enkel Friedrich Otto Mencke.

76 Dazu J. Tetzner: Die Leipziger Neuen Zeitungen von gelehrten Sachen über die Anfänge der Petersburger Akademie. In: Zeitschrift für Slawistik 1 (1956) H. 2, S. 93-120. Hier befindet sich eine Fülle weiterführender Informationen auch zur Frage der Korrespondenz der Wissenschaftler.

77 Tetzner a.a.O. S. 94.

78 Ebenda S. 106

79 Nach Tetzner a.a.O. S. 99.

80 Vgl. ebenda S. 108 ff.

81 Monatliche Auszüge alt- und neuer gelehrter Sachen 1 (1747), Nr. 6. Vgl. dazu J. Vávra: Die Olmützer Societas incognitorum und die Petersburger Akademie der Wissenschaften, in: Ost und West in der Geschichte des Denkens und der kulturellen Beziehungen. Festschrift für Eduard Winter. Berlin 1966, S. 278-289 = Quellen und Studien zur Geschichte Osteuropas 15.

82 U. Lehmann: Lomonosov und Abraham Gotthelf Kästner. In: Zeitschrift für Slawistik 6 (1961) S. 512.

83 Hamburgisches Magazin 5 (1750) S. 225 ff.

84 Ebenda 11 (1753) S. 162 ff.

85 Hans-Günther Wenk: Die Geschichte der Geographie und der geographischen Landeserforschung an der Universität Kiel von 1665 bis 1879. Kiel 1966, S. 91

[86] August Ludwig von Schlözer und Rußland a.a.O., S. 204. Rapport Schlözers vom 31.1./10.2. 1768 aus Göttingen.

[87] Erschienen in Leipzig.

[88] Erschienen in Leipzig.

[89] Nach G. Ziegengeist: Deutschland als Zentrum der Vermittlung slawistischer Literatur in Europa im ausgehenden 18. und frühen 19. Jahrhundert. In: Zeitschrift für Slawistik 13 (1968) S. 470.

[90] August Ludwig von Schlözer und Rußland a.a.O. S. 221.

[91] U. Lehmann: Der Verlag Breitkopf in Leipzig und die Petersburger Akademie in den 60er und 70er Jahren des 18. Jahrhunderts. In: Zeitschrift für Slawistik 8 (1963) S. 28.

[92] Ebenda S. 27 f.

[93] Ulf Lehmann: Johann Friedrich Hartknochs Beitrag zur deutschen Rußlandkenntnis im 18. Jahrhundert. In: Zeitschrift für Slawistik 15 (1970) S. 323 bis 330; A. Lauch: H.L.Ch. Bacmeister und die russische Literatur. Die "Russische Bibliothek" als Vermittlerin der russischen Literatur im Deutschland des 18. Jahrhunderts. In: Zeitschrift für Slawistik 9 (1964), S.375 ff.

[94] P. Hoffmann: Anton Friedrich Büschings "Wöchentliche Nachrichten" als Bibliographie der Rußlandliteratur der siebziger und achtziger Jahre des 18. Jh. In: Ost und West in der Geschichte des Denkens a.a.O., S.312-320.

[95] A. Lauch: Russische Wissenschaft und Kultur im Spiegel der "Allgemeinen deutschen Bibliothek". Aus der Korrespondenz A.W. Hupels und F. Nicolais in den Jahren 1772-1792. In: Zeitschrift für Slawistik 10 (1965) S. 737 bis 746. Wichtige zusammenfassende Darstellungen, in denen die Rezeption russischer Literatur im deutschsprachigen Raum erörtert wird: Helmut Grasshoff: Russische Literatur in Deutschland im Zeitalter der Aufklärung. Die Propagierung russischer Literatur im 18. Jahrhundert durch deutsche Schriftsteller und Publizisten. Berlin (O) 1973; Anneliese Lauch: Wissenschaft und kulturelle Beziehungen in der russischen Aufklärung. Zum Wirken H.L.Ch. Bacmeisters. Berlin 1969.

[96] August Ludwig von Schlözer und Rußland a.a.O. S. 268.

[97] Vgl. Lauch (1965) a.a.O. S. 742.

[98] In Allgemeine deutsche Bibliothek 41 (1780) S. 567-570.

[99] Frankfurter Gelehrte Anzeigen 1777, S. 248, 1778, S. 187.

[100] Bd. 1-2 Göttingen 1778-1779.

[101] Erschienen in Leipzig. - Die hierin enthaltenen Nachrichten fanden auch Eingang in andere Werke Cromes, so in die "Abhandlungen aus dem Handelsgebiet" (Leipzig 1786) und in "Europens Produkte" (3. Aufl. Hamburg 1784, 4. Aufl. Tübingen 1805).

[102] Bilbassoff a.a.O. Bd. 1, S. 379.

[103] V.A. Holobuckyj: Güldenstädts "Reisen durch Rußland" und ihre Bedeutung für die Erforschung der sozialökonomischen Verhältnisse der Linksufrigen Ukraine im 18. Jh.. In: Ost und West in der Geschichte des Denkens a.a.O. S. 406-416; ders. (V.A. Golobuckij): Die "Reise" von Pallas als Quelle für das Studium der sozialökonomischen Verhältnisse in Rußland. In: Lomonosov, Schlözer, Pallas. Deutsch-russische Wissenschaftsbeziehungen im 18. Jahrhundert. Hrsg. in Zusammenarbeit mit C. Grau, P. Hoffmann und H. Lemke von E. Winter. Berlin 1962, S. 258-262. = Quellen und Studien

zur Geschichte Osteuropas 11; R. Portal: Pallas im Ural (Mai bis August 1770). In: ebenda S. 276-286.

[104] Der Arzt, Buchhändler und Theaterdirektor Johann Friedrich Albrecht, der meist anonym oder unter Pseudonymen Schlüsselromane schrieb, hatte 1776 als Leibarzt des Grafen Manteuffel Rußland bereist. Von den in diesem Zusammenhang wichtigen Büchern, in denen Potemkin (Pansalvin), Katharina II. (Miranda), Suvorov und Kaiser Paul I. erscheinen, sind zu nennen: Uraniens Leben. Hamburg 1790; Pansalvin, Fürst der Finsternis und seine Geliebte, so gut wie geschehen. Germanien 1794 (auch unter dem Titel: Geheime Liebesgeschichte eines Günstlings. Frankfurt, Leipzig 1795); Seltenheiten aus der Menschen- und Geisterwelt. Vom Verfasser des Pansalvin. Leipzig 1796; Neueste Reise ins Thierreich, fabelhaften Inhalts. Vom Verfasser des Pansalvin. Germanien 1796; Miranda, Königin im Norden, Geliebte Pansalvins. Germanien 1797; Der mächtige Parrunkowitsch, nebst einigen Miniaturgottheiten. 2 Bde. St. Petersburg, Deutschland 1800; Kakodämon der Schreckliche, Pansalvins und Mirandas Donnerkeil, Revisor des Codex der Menschenrechte. Pyropolis 1800 (auch unter dem Titel: Der neue Todten-Tanz bey Ismael. Geschichte einer Bluthochzeit nebst dem Leben des Bräutigams. St. Petersburg 1803); Staub der Erste, Kayser der Unterwelt. o.O. 1802. Mit fingiertem Druckort erschienene Bücher wurden zumeist von Verlegern in Gera und Erfurt herausgegeben.

[105] Leipzig 1789.

[106] R. Ju. Danilevskij: Tema Sibiri v predislovie F. Šillera k "Antologii na 1782 god". In: Rossija i zapad. Iz istorii literaturnych otnošenij. Leningrad 1973, S. 20.

[107] Danilevskij a.a.O. (S. 21 f.) folgt É.P. Zinner (Nemeckij pisatel'-prosvetitel' o Sibiri. In Učenye zapiski Irkutskogo pedagogičeskogo instituta 1941, vyp. 7, S. 75), der "Tobolsko" als eine Abkürzung von "Tobolskoy", wie sich der Stadtname noch in Gellerts Roman "Das Leben des schwedischen Grafen von G***" (1757) findet, ansehen möchte. Eher dürfte es sich wohl um den Lokativ einer latinisierten Form handeln.

[108] Vgl. hierzu Katharina Mommsen: Nachwort. In: Anthologie auf das Jahr 1782. Herausgegeben von Friedrich Schiller. Stuttgart 1973, S. 6 ff.

[109] Danilevskij a.a.O. S. 21.

[110] Mommsen a.a.O. S. 22.

[111] Vgl. dazu W. Bernhagen: Das deutsche Rußlandbild in Hübners "Reales Staats-, Zeitungs- und Conversationslexicon" am Anfang des 18. Jahrhunderts. In: Zeitschrift für Slawistik 7 (1962), S. 382-385 (anhand der 6. Aufl. Leipzig 1713). - Zu Hübners Rußlandkenntnissen vgl. C. Grau: Der Wirtschaftsorganisator, Staatsmann und Wissenschaftler Vasilij N. Tatiščev (1686-1750). Berlin 1960, S. 173 = Quellen und Studien zur Geschichte Osteuropas 13. - Der Sibirien-Artikel in Zedlers Universallexikon (Band 17, Leipzig 1743 Sp. 852 ff.) nennt als neueste Quelle neben Schleussing u.a. das Buch Strahlenbergs von 1730.

[112] Allgemeine deutsche Real-Encyclopädie für die gebildeten Stände. (Conversations-Lexicon). Band 1-10. 5. Aufl. Leipzig 1822 bringt in Band 10 (S. XXXIV ff.) Angaben über Auflagenhöhe und Absatz der ersten vier Auflagen des Werkes.

[113] Erschienen in Altenburg 1821 ff. Pierer (Zweite, völlig umgearbeitete Auflage. Band 1-34. Supplement Band 1-2. Altenburg 1840-1851) Band 1, S. I f.
Das Vorwort Pierers zu dieser zweiten Auflage bringt einen guten Überblick
über die einschlägigen deutschen Lexika seit Zedler (Bd.1, S. XXXIX ff.),
desgleichen Angaben über die Kosten des Piererschen Werkes.

[114] Das Fehlen von Müllers Namen dürfte darauf zurückzuführen sein, daß er
keinen Reisebericht veröffentlichte. In: Christian Gottlieb Jöcher: Allgemeines Gelehrten-Lexicon. Fortsetzung Bd. 5, Leipzig 1816, Sp. 49 f., wird
Müller eingehend gewürdigt. - Wie aus Schlözers Rapport II/1 vom 25.11./
6.12.1767 aus Göttingen hervorgeht (vgl. August Ludwig von Schlözer und
Rußland a.a.O. S. 194), stand Hamberger über ihn in Verbindung mit der
Petersburger Akademie.

[115] Reisen durch Sibirien und Kamtschatka. Aus dem Englischen übersetzt. Mit
Anmerkungen von Johann Reinhold Forster. Berlin 1790. - Die Berliner
Ausgaben sind von Ebbeling übersetzt. - Die von Forster benutzte englische
Übersetzung ist nach Bil'basov (Bilbassoff a.a.O. Bd. 1, S. 536 f.) der ge-
kürzten französischen Originalausgabe vorzuziehen (Paris 1791).

[116] I.G. Rozners Erklärung für die bei Karl v. Plotho (Die Kosaken, Berlin
1813, S. 76) erwähnten "roten Fische" im Jaik, aus deren Rogen Kaviar
gewonnen werde, durch eine Bemerkung von Pallas über den Namen Kras-
naja Ryba (roter oder schöner Fisch), worunter man alle großen und teuren
Störarten verstehe (Band 1, S. 284), bezeichnet nur einen Aspekt und nicht
das schwierigste Problem, das bei der Untersuchung der Rezeption wissenschaftlicher Literatur durch die "Multiplikatoren" auftritt. Vgl. I.G. Rozner:
Die "Reise" von Pallas und die "Beschreibung" von Georgi als Quellen für
das Studium der Geschichte des Kosakentums am Jaik (Ural) am Vorabend
des Bauernkrieges unter der Führung von E. Pugačev. In: Lomonosov,
Schlözer, Pallas a.a.O. S. 265.

[117] Lucien Febvre. In: Combats pour l'histoire. Paris 1953; hier zitiert nach
Günther Stöckl: Das Bild des Abendlandes in den altrussischen Chroniken.
Köln, Opladen (1965), S. 9.

KATHARINA II. IM RAHMEN HUGENOTTISCHER BILDUNGSBEMÜHUNGEN

Von Jürgen Kämmerer

Der östlichste Ausläufer der hugenottischen Emigration, die nach der Revokation des Edikts von Nantes (1598) durch das Edikt von Fontainebleau (1685) unter Ludwig XIV. in verstärktem Maße einsetzte und in Europa einen bis dahin Frankreich vorbehaltenen kulturellen Aufschwung auslöste, erreichte um die Jahrhundertwende auch das Russische Reich. Mit der auf Grund einer diplomatischen Aktion Brandenburg- Preußens noch unter der Regentschaft Sofijas erlassenen "milostivaja gramota" vom 21. Januar 1689 "O dozvolenii priezžat' v Rossiju i selit'sja Francuzskim Émigrantam Evangeličeskoj very" [1], verband sich zunächst die Hoffnung auf dringend benötigte Spezialisten für den militärischen Bereich. Aber schon bald darauf finden wir Hugenotten im Medizinalwesen, Handwerk und Gewerbe, in der Industrie und Verwaltung, Kunst und Architektur, in den Natur- und Geisteswissenschaften sowie auf dem Gebiet des Erziehungswesens überhaupt. Von den Réfugiés versprach sich die westlich orientierte russische Aristokratie auf dem Wege nach Europa bei der Rezeption der dort bereits zur Vorherrschaft gelangten französischen Sprache und Gesittung eine wirksame Schützenhilfe. Im Unterschied zur Schweiz, zu den deutschen Staaten, den Generalstaaten, Dänemark und England, den protestantischen Hauptaufnahmeländern der französischen Flüchtlinge, haben wir es im orthodoxen Rußland seit Peter I. nur mit einer individuellen und - von wenigen Ausnahmen abgesehen - mittelbaren Einwanderung zu tun. Dafür brachten jedoch die Réfugiés, die in der ersten oder zweiten Generation nach Rußland weiterwanderten, ihre in den Zwischengastländern dazuerworbenen Kenntnisse und Erfahrungen sowie glänzende internationale Beziehungen mit. Somit wurden sie für das Russische Reich zu Mittlern gesamteuropäischen Gedankengutes auf der Grundlage der französischen Klassik und Aufklärung.

Die Hugenotten-Forschung hat die für sie in diesem Zusammenhang peripheren russischen Verhältnisse bislang nur am Rande berücksichtigt. "Alle Aufmerksamkeit der Historiker war gerichtet auf die französischen Flüchtlinge in den verschiedenen Ländern Europas, ausgenommen Rußland," stellte Tastevin in einem 1910 zugleich in den "Feuilles d'Histoire" und im "Russkij Archiv" erschienenen Aufsatz fest [2]. Dem ist bis heute außer der eine sehr wert-

volle Voraussetzung bildenden genealogischen Studie Erik Amburgers über "Hugenottenfamilien in Rußland" [3] nur wenig hinzuzufügen. Auch im weiteren Rahmen, wie beispielsweise dem des viel-
erörterten französischen philosophisch- literarischen Einflusses
auf die russische Kultur, vermißt man die Fragestellung nach dem
spezifisch calvinistischen Beitrag, wenn wir einmal von der allerdings weit darüber hinausstrahlenden und unter diesem Aspekt nicht
einzugrenzenden Wirkung Jean Jacques Rousseaus [4] absehen wollen.

Die Rolle der hugenottischen Emigration als Trägerin einer bis
nach Rußland hinein wirkenden aufgeklärten europäischen Geistes-
haltung wird am Beispiel Katharinas II. besonders deutlich, so daß
hier der Versuch unternommen werden soll, drei Spuren zu verfolgen, die von unterschiedlichen Punkten ausgehend ihren Weg kreuz-
ten, indem sie einem gemeinsamen Ziel zustrebten.

                              *

Der Eindruck ihrer hugenottischen Erziehung war so nachhaltig,
daß die russische Kaiserin darauf mehrfach noch vierzig Jahre später in der 1771 begonnenen Niederschrift des ersten Stückes ihrer
Memoiren [5] ebenso zurückkommt, wie in ihrem Briefwechsel mit
dem Diplomaten und Publizisten Baron von Grimm in Paris [6]. Die
der Prinzessin von Anhalt- Zerbst, Sophie Friederike Auguste, am
engsten verbundene Persönlichkeit der Stettiner Mädchenjahre war
die aus einer Rouener Réfugiantenfamilie stammende Elisabeth
Cardel [7], der sie ein Leben lang ein "ruhmreiches Andenken" (glo-
rieuse mémoire) [8] bewahrte und als deren Schülerin (l'élève) sie
sich betrachtete [9]. Das lebendige Bild, das Katharina von ihrer Gou-
vernante gezeichnet hat, gewinnt kontrastreiche Konturen vor allem
durch den Vergleich mit deren älterer Schwester Magdalene Cardel,
der sie im Alter von zwei Jahren 1731 zuerst anvertraut worden
war [10]. Diese hatte ein "einnehmendes und schmeichelndes Wesen,
galt aber für ein wenig falsch. Sie trug große Sorge, mich vor meinem Vater und meiner Mutter immer so erscheinen zu lassen, daß
ich, und sie auch, ihnen gefallen konnte. So kam es, daß ich für
meine jungen Jahre schon recht versteckt war" [11]. Babet dagegen,
der die Prinzessin zwei Jahre später übergeben wurde, mißfiel ihr
anfangs sehr. "Sie liebkoste mich nicht und schmeichelte mir nicht,
wie ihre Schwester. Jene hatte mir durch Schenken und Versprechen
von Zuckerwerk und Konfekt zwar die Zähne verdorben, aber doch
erreicht, mich leidlich lesen zu lehren, ohne daß ich buchstabieren
konnte. Babet Cardel, die den falschen Glanz weniger liebte als ihre
Schwester, setzte mich wieder hinter das Abc und ließ mich so lange

buchstabieren, bis sie glaubte, ich hätte es nicht mehr nötig."[12] Geradezu panegyrisch klingt es, wenn Babet als "Muster von Tugend
und Klugheit"[13] geschildert wird. "Sie besaß Seelenadel, Geistes-
bildung, ein ausgezeichnetes Herz; sie war geduldig, sanft, heiter,
gerecht, beständig, kurzum so, daß man nur allen Kindern jemand
wie sie wünschen könnte."[14]. Diese Hugenottin war es auch, die
der Prinzessin wegen mangelnden Autoritätsglaubens einen "esprit
gauche" bescheinigt hat[15].

Bemerkenswert ist in diesem Zusammenhang eine zurückproji-
zierte Überlegung der russischen Kaiserin, wonach ihr "schiefer
Geist" damals geglaubt hatte, "um etwas in dieser Welt zu sein,
muß man die für dieses Etwas nötigen Eigenschaften besitzen; sehen wir also in unserer kleinen Seele ernsthaft nach, ob wir die haben? wenn nicht, dann wollen wir sie entwickeln"[16]. Besonders
schätzte es Katharina, wenn die Cardel ihren kritischen Fragen mit
größter Freundlichkeit begegnete und Gründe anführte, denen sie
nicht widerstehen konnte. "Ich muß zugeben, daß ich mein ganzes
Leben diese Art behalten habe, nur auf Gründe und Freundlichkeit
zu hören. Jedem Widerstand habe ich immer Widerstand entgegengesetzt."[17]

Auf das Konto der Cardel, die Katharina elf Jahre lang bis zur Ab-
reise nach Rußland (1744) betreute, geht insbesondere das Interesse
ihres Zöglings an der Lektüre, womit sie eine der grundlegenden
Voraussetzungen für den späteren Ruhm der aufgeklärten Herrscherin auf dem Zarenthron schuf. Zunächst waren es die Komödien
Molières und die Fabeln Lafontaines, die ihre Schülerin auswendig
lernen und aufsagen mußte[18]. Die Liebe zu den Büchern verstand
die Cardel so zu entwickeln, daß es Katharina als "Schmerz" empfand, nicht in ihnen lesen zu dürfen[19]. Als sie im November 1753
in Moskau von einem Feuer überrascht wurde, galt die "größte Unruhe" ihren Büchern[20]. Sie hatte damals gerade den vierten Band
des "Dictionnaire" von Bayle gelesen, dieses Wortführers des französischen Calvinismus im holländischen Exil und Mitbegründers der
"République des lettres", mit dessen kritischem Wörterbuch sie
sich zwei Jahre lang beschäftigte[21].

Der Hugenotte Jean Armand L'Estocq (1692-1767)[22], bis zu seiner
Verbannung der Leibarzt und einflußreichste Ratgeber der Kaiserin
Elisabeth, hatte Katharina, die seine Freundschaft und sein Vertrau-
en zu schätzen wußte[23], am Petersburger Hof auf das epochemachen-
de Werk der Aufklärung hingewiesen[24]. "Le comte Lestocq, homme
d'esprit, fut le premier à deviner Catherine, il l'engagea à s'instru-
ire. Cette proposition fut accueillie avec empressement et il lui

donna pour première lecture le Dictionnaire de Bayle", heißt es in
den "Souvenirs de la comtesse Golovine" [25].

Katharina ist sicherlich nicht unvorbereitet an das Studium dieser schwierigen Arbeit herangegangen, denn schon in Stettin, zu
jener Zeit ein Kristallisationspunkt hugenottischen Geisteslebens,
fühlte sie sich auch von der literarisch-philosophischen Umgebung
der Cardel angezogen. Diese empfing hauptsächlich sonntags den
Besuch des Predigers der dortigen Schloßkirche Paul-Émile Mauclerc (1698-1742) [26]. Dieser Pariser Réfugié, Mitglied der Berliner Akademie der Wissenschaften und Oberintendant der französischen Kirche Pommerns und der Marche-Ukraine (Uckermark),
war Mitherausgeber der führenden calvinistischen Zeitschrift in
Deutschland, der "Bibliothèque Germanique" [27], und zwar seit 1734
zusammen mit dem späteren Sekretär der Berliner und korrespondierenden Mitglied der Petersburger Akademie, dem Hugenotten
Jean Samuel Formey (1711-1797), der 1776 Katharinas Sohn, den
Großfürsten Paul, mit einer Akademierede feierte [28]. Ihre gelehrte
Zeitschrift informierte die Leser in Abhandlungen und Rezensionen
über das wissenschaftliche und literarische Leben. Das richtung-
weisende Verdienst Mauclercs bestand u.a. darin, daß seine geistigen Bemühungen ebenso wie die Formeys auch Rußland und Polen
galten. So stand er mit der Petersburger Akademie der Wissenschaften in Verbindung, die er mit Neuerscheinungen vor allem aus Holland versorgte, wobei er aber auch die polnische Buchproduktion
nicht aus den Augen verlor [29].

Merkwürdigerweise findet sich bei Katharina kein Hinweis auf den
Stettiner Hofprediger Jacques Pérard (1713-1766), der in der Nachfolge Mauclercs als Mitherausgeber der Zeitschrift dessen Verbindungen zu den Brüdern Załuski als den katholischen Vertretern der
polnischen Frühaufklärung ausbaute [30]. Auch er betätigte sich als
Vermittler der Berliner Akademie, deren außerordentliches Mitglied
er war, und der Petersburger Akademie, wo er im Grafen L'Estocq
einen guten Freund besaß [31]. Von Pérard wird gesagt, daß er "aus
innerer Überzeugung tolerant war und den Wissenschaften bei der
Überbrückung der konfessionellen und nationalen Gegensätze eine
große Rolle beimaß" [32]. Dieser Pariser Réfugié, selbst ein Schüler
von Lacroze am Collège français in Berlin, das übrigens auch von
einigen Russen besucht wurde [33], war Katharina mit Sicherheit bekannt, wenn nicht gar einer ihrer Lehrer [34]. Dafür erinnert sie sich
umso mehr an Pérards Mitstreiter Mauclerc, denn dieser "war also der Ratgeber von Mademoiselle Cardel", der Schwiegersohn des
Historikers Rapin Thoiras [35], dessen Englische Geschichte er her-

ausgab und dessen Sohn ebenfalls in Stettin als Regierungsrat tätig
war, "und sie lebten alle in enger Freundschaft mit Mademoiselle
Cardel und interessierten sich sehr für ihre Schülerin" [36].

Niemand in diesem weltaufgeschlossenen Stettiner Hugenotten-
kreise konnte damals ahnen, daß sich in seiner Obhut die später als
Katharina die Große von Rußland gefeierte Herrscherin des aufgeklärten Absolutismus befand, die mit den tonangebenden Philosophen
ihrer Zeit korrespondierte, am wenigsten wohl ihr Kalligraphieleh-
rer Laurent, der den geringsten Anteil daran gehabt haben dürfte [37].

*

Als engagierter Vertreter von Katharinas Edukationsbestrebungen
erwies sich der aus einer nach England geflohenen Hugenottenfamilie
stammende Daniel Dumaresq, der nach seinem Studium am Pembroke
College in Oxford von 1747 bis 1762 als Kaplan einer britischen Han-
delsgesellschaft (Russia Company) in Petersburg tätig war [38]. In dieser Zeit unterstützte er sie bei ihren Studien für die Zusammenstellung eines vergleichenden Wörterbuchs der östlichen Sprachen [39].
Zwei Jahre, nachdem er zum Ehrenmitglied der Petersburger Akademie der Wissenschaften ernannt worden war [40], berief ihn die Kaiserin 1764 in eine von ihr gegründete Schulreform-Kommission, in
der er sich mit den Reformprojekten des russischen Aufklärers Beckij auseinandersetzte [41]. In G. F. Müllers Unterlagen, mit dem er eng
zusammenarbeitete, findet sich ein Hinweis auf Dumaresqs "Grundlegende Bemerkungen über die Hauptrolle der Wissenschaften beim
Beginn der Erziehung" [42]. Er und Müller lehnten sich bei ihren Vorstellungen an ausländische Vorbilder an, wie aus einer Beurteilung
des Kommissionsmitgliedes Teplov hervorgeht, der vor allem gegen
die Einführung des Latein- und Griechischunterrichts polemisiert [43].

Ein Ansatz zu weitausgreifenden Plänen bot sich in der über Dumaresq gemachten Bekanntschaft Katharinas mit den Werken des Vi-
kars von St. Nicholas in Newcastle, John Brown, die in England aufsehen erregt hatten, worauf N. Hans hinweist [44]. Dabei handelt es
sich um die "Thoughts on civil Liberty, Licentiousness, and Taste"
und eine Abhandlung über weibliche Erziehung. Im Juli 1765 unterrichtete Dumaresq seinerseits Brown über die Probleme der russischen Schulreform-Kommission, woraufhin ihm dieser drei Monate später mit einer Reihe von grundlegenden und umfassenden, aber
im wesentlichen allzu theoretisch-programmatischen Vorschlägen
für eine nützliche Erziehung im Interesse Rußlands antwortete [45].
Dumaresq übersetzte diesen Brief der Kaiserin ins Französische.
Brown sah hier in der "unlimited Souveregnity and Power" und in

der Griechischen Kirche die beiden Eckpfeiler für die Reformvor-
haben der Herrscherin. Er bestätigte ihre Auffassung, daß eine
sehr frühe Erziehung ("even from the infant state") die einzige solide Grundlage für den moralischen und religiösen Fortschritt bil-
de. Dabei hielt er im Staatsinteresse drei Prinzipien für unabding-
bar: "Utility, Connection and Permanency".

Dumaresq erreichte, daß Brown, dessen Reflexionen weit über
seine konkreten Fragestellungen hinausführten, von Katharina nach
Rußland eingeladen wurde [46], wo der Engländer hoffte, seine gran-
diose Vision mit ihrer Unterstützung realisieren zu können: "I fancy
that I can see civilization and a rational system of Christianity ex-
tending themselves quite across the immense continent, from Petersburg to Kamschatka. I can fancy that I see them striking further
into the more southern regions of Tartary and China, and spreading
their influence even over the nations of Europe." [47] Dieser Gedanke
blieb auf dem Papier und Brown auf der Insel [48].

Immerhin hatte Dumaresq den Blick der Kaiserin nach England
gelenkt, wohin sie nun auf Einladung Browns eine Anzahl russischer
Studenten schickte [49], während er selbst, gewiß vom schleppenden
Fortgang der sich immer stärker in Richtungskämpfe verwickelnden
Reformbemühungen enttäuscht, nach London zurückkehrte, wo er
erst 1805 starb. Es ist indessen anzunehmen, daß Katharina in den
ihr durch Dumaresq übermittelten Ansichten Browns darüber, "that
a proper an effectual education of the female sex is one of the very
first steps to be taken for the effectual improvement and civilization
of the whole empire" [50], eine ermutigende Bestätigung für den Sinn
und Zweck der ein Jahr zuvor von ihr ins Leben gerufenen "Kaiserlichen Gesellschaft zur Erziehung adliger Fräulein" (Imperatorskoe
Vospitatel'noe obščestvo blagorodnych devic) gefunden hat.

*

Das Jahr 1764, in dem im fernen Zerbst die Cardel starb, war im
Hinblick auf den hugenottischen Beitrag zum russischen Bildungs-
und Erziehungsproblem nicht nur durch die Berufung von Dumaresq
von Bedeutung. Vielmehr ernannte die Kaiserin am 5. Mai durch
ihren Erlaß "O vospitanii blagorodnych devic v Sanktpeterburge pri
Voskresenskom monastyre" [51] die verwitwete Refugiantin Sophie de
Lafont [52] zur Regentin (pravitel'nica) dieser neuen Lehranstalt beim
sogenannten Smol'nyj- Kloster. Über dreißig Jahre lang stand diese Hugenottin an der Spitze der Erziehungsgesellschaft für adlige
Fräulein [53], wobei sie sich in der gebildeten russischen Öffentlichkeit weit über ihre Zeit hinaus ein ehrenvolles Andenken erworben

hat. Gleich zweimal würdigt das "Russische Biographische Lexikon" ihre Persönlichkeit [54]; eine Monographie dieser Erzieherin, die im weiblichen Bildungswesen im letzten Drittel des Jahrhunderts eine so überragende Rolle spielte, bleibt indessen ein Desideratum. Obwohl die de Lafont der kaiserlichen Familie eng verbunden war, gibt bisher kein Zeugnis über die persönlichen Beziehungen zwischen ihr und Katharina Auskunft. Die Kaiserin war jedoch häufig im Smol'nyj-Institut zu Gast, wo sie jede Schülerin beim Namen gekannt haben soll [55].

Vorbild für diese Lehranstalt war das seit 1686 bestehende Mädchen-Pensionat des französischen Adels Saint-Cyr bei Versailles, eine Schöpfung der vom reformierten Glauben zum Katholizismus konvertierten Marquise Françoise d'Aubigné de Maintenon, der zweiten Gemahlin Ludwigs XIV., der diese Einrichtung auch bis zu ihrem Tode 1719 unterstand [56]. Beide Mädchenschulen hatten jedoch - von der Kleiderordnung abgesehen - kaum etwas miteinander gemeinsam. Während in Saint-Cyr der klösterliche Geist der Augustinerinnen vorherrschte, bildete das Smol'nyj-Kloster nur den baulichen Rahmen einer weltlichen Institution, aus der gebildete Hofdamen hervorgehen sollten. Es "war der Lehrcursus und insbesondere die Richtung dieser Schulen nicht nur verschieden, sondern sogar einander entgegengesetzt" [57]. Beschäftigte man sich in Saint-Cyr neben der französischen Sprache, der Mythologie und Musik vornehmlich mit biblischer Geschichte und dem Katechismus, so widmete man sich im Smol'nyj-Institut neben der christlichen Morallehre hauptsächlich der russischen und den fremden Sprachen, der Geographie, Arithmetik, Architektur und Heraldik.

Einer Überlieferung, daß die am 8. August 1717 geborene de Lafont ihre Ausbildung in Saint-Cyr erhalten habe [58], stehen die weit größere Zuverlässigkeit für sich beanspruchenden Angaben von G. I. Rževskaja (geb. Alymova) entgegen. Sie gehörte zum ersten Jahrgang des Smol'nyj-Instituts, das sie elf Jahre lang besuchte [59], und erinnerte sich voller Dankbarkeit ihrer Schulleiterin: "Frau Lafont, die mit seltenem Verstand die Anstalt im Verlaufe von 30 Jahren leitete, befestigte das auf soliden Grundlagen beschlossene System der Erziehung. Sie widmete sich völlig dieser Aufgabe. Mit Weitsicht auf die allgemeine Ordnung achtend, war sie besonders tätig, wenn es um einzelne Verfügungen ging. Mit der ihr eigenen Umsicht beugte sie Mißbräuchen vor. Streng und wachsam darauf bedacht, daß alle Personen, die zum Erfolg ihres Unternehmens beizutragen hatten, ihre Verpflichtungen gewissenhaft erfüllten, erzog sie sie gleichsam vor allem dazu, ihr Vertrauen zu würdigen.

Strenge Sorgfalt ließ sie bei der Auswahl des Dienstpersonals wal-
ten, was so wichtig in einer Anstalt war, in der die Reinheit der
Sitten für die Garantie aller Tugenden gehalten wurde." [60] Nach diesem Lob der de Lafont schildert die Fürstin Rževskaja den schwer-
geprüften Lebenslauf ihrer vorbildlichen Schulleiterin, deren Eltern aus religiösen Gründen Frankreich verlassen mußten und in
Rußland eine Zuflucht fanden. Nachdem sie sich in Petersburg niedergelassen hatten, setzten sie hier den Weinhandel fort und eröffneten ein Gasthaus in der Stadt, das von namhaften Persönlichkeiten
aufgesucht wurde. Mit ihrem dabei erworbenen Vermögen ließen sie
ihrer einzigen Tochter eine solide häusliche Bildung zukommen.
Hierbei handelte es sich um eine Domäne der Réfugiés, denn "diese sittenstrengen Calvinisten waren als Erzieher gesucht" [61], und
vor allem in den Reihen der Franzosen wurde die Forderung nach
einer systematischen Bildung des weiblichen Geschlechts in Rußland erhoben, wobei sie auch die ersten Schritte zu deren Verwirklichung unternahmen [62].

Nach unglücklicher Ehe mit einem französischen Generalmajor in
russischen Diensten, dem Réfugié Guillaume de Lafont [63], der sie
zwingen wollte, mit ihm wieder zum katholischen Glauben überzutre-
ten, um in Frankreich die Erbschaft seiner Eltern antreten zu können, lernte Sophie nach seinem Tode (1754) in Paris Beckij kennen,
der hier im Salon der Madame Geoffrin mit Rousseau, Diderot, Grimm
und anderen Enzyklopädisten verkehrte [64]. Er ermöglichte der de Lafont die Rückkehr nach Rußland, wo er sie auf Grund ihrer Erfahrungen für seine Erziehungspläne benötigte. Da er sie bereits im Vorbe-
reitungsstadium der Erziehungsgesellschaft stets konsultierte und in
seine Absichten eingeweiht hatte, blühte das Smol'nyj-Institut unter
ihrer Leitung schnell auf. Sieben Monate später, am 31. Januar 1765,
erhielt diese Lehranstalt im Auferstehungs-Kloster auch eine bürgerliche Abteilung unter derselben Direktion zur Erziehung von ebenfalls
240 in vier Altersklassen eingeteilten Schülerinnen [65].

Der de Lafont wurden die ersten beiden Jahre ihrer Arbeit durch
ihre unmittelbare Vorgesetzte (načal'nica), die Fürstin Anna Dolgo-
rukova, äußerst schwer gemacht, die sich ihr gegenüber trotz er-
wiesener Unfähigkeit stets auf Rang und Herkunft berief, bis sie von
Katharina schließlich entlassen wurde [66]. Durch dieses ihr gegenüber zum Ausdruck gebrachte Standesbewußtsein fühlte sich die de
Lafont zurückgesetzt [67], obwohl es nicht den Ausschlag gegeben hatte und ihr schließlich die Leitung der Mädchen-Pensionate allein
überlassen blieb. Aufschlußreich in diesem Zusammenhang sind
auch die Aufzeichnungen des Fürsten I.M. Dolgorukov, weil sie die

Angaben der Řzevskaja bestätigen. Seine Frau Natalja Alekseevna
hätte wie alle Schülerinnen Sophie de Lafont ein grenzenloses Vertrauen und Hochachtung entgegengebracht. "Durch diese Ehrerbie-
tung, welche ihr meine Frau bis zum letzten Atemzuge erwies, kann
ich Frau Lafont selbst nicht vergessen, obwohl ich übrigens ... niemals unmittelbar mit ihr in Beziehung trat, aber zweimal mit Schülerinnen [des Smol'nyj-Instituts] verheiratet, war ich gewöhnt, ihren
Namen mit solcher Ehrfurcht aussprechen zu hören" [68].

Das äußere Zeichen der Anerkennung bei Hofe ließ jedoch lange
auf sich warten. "Notre bonne vieille Maman", wie Marija Feodorovna die de Lafont in ihren Briefen nannte [69], wurde erst am 22.
November 1796 von Kaiser Paul zur Staatsdame (dame de portrait)
ernannt und am Tage seiner Krönung mit dem Orden der Heiligen
Katharina zweiter Klasse ausgezeichnet [70]. Wenige Monate später,
am 11. August 1797, starb die de Lafont im Alter von achtzig Jahren. Ihr Trauerzug führte am Smol'nyj-Institut vorüber, an das
auch die Worte auf ihrem Grabstein erinnern: "Supérieure de la
Communauté Impériale des Demoiselles nobles, elle a organisé
cet institut et l'a dirigé pendant 33 ans, avec autant de zèle, que
de succès." [71] Drei Schülergenerationen sind unter ihrer Ägide aus
dieser Lehranstalt hervorgegangen, darunter namhafte Persönlichkeiten des russischen Kulturlebens [72].

Am Beispiel dieser drei Gestalten des Réfuge, der Cardel, Dumaresqs und der de Lafont wurden stellvertretend die indirekt auf Rußland ausgerichteten Bildungsbemühungen im Zusammenhang mit Katharina II. dargestellt, weil in der Geistesgeschichte dieser Aspekt
des Hugenottentums in seinen Auswirkungen mehr Beachtung verdient als ihm bisher zuteil geworden ist.

Anmerkungen

1 Polnoe sobranie zakonov Rossijskoj imperii s 1649 goda (zitiert: PSZ) 40 Bde.
  S.-Peterburg 1830 ff., hier Bd.3, S. 8 f., Nr. 1331. Vgl. R. Stupperich:
  Brandenburgisch-russische Verhandlungen über Aufnahme der Hugenotten
  in Rußland. In: Ztschr. f. osteurop. Gesch. 4 (1934) S. 56-76.
2 Felix Tastevin: Les calvinistes français en Russie. In: Feuilles d'Histoire
  du XVIIe au XXe siècle 2,4 (1910), S. 197-206, 295-304, hier S. 199; und
  F.I. Tasteven: Francuzy-kal'vinisty v Rossii. In: Russkij Archiv 48, 1910,
  S.629-644.
3 Erik Amburger: Hugenottenfamilien in Rußland. In: Der Herold 5 (1963/65)
  S. 125-135.
4 Vgl. E. et E. Haag: La France protestante ou vies des protestants français
  qui se sont fait un nom dans l'histoire. 10 Bde., Paris 1846-1859, Bd.9,S.25 ff.
5 Der Verf. stützt sich auf: Memoiren der Kaiserin Katharina II. Nach den von
  der Kaiserl. Russ. Akademie d. Wiss. veröffentlichten Manuskripten übers.
  u. hrsg. von Erich Boehme. 2 Bde. Leipzig 1913.
6 Sbornik (Imp.) Russkago istoričeskago obščestva (zitiert: SIRIO). 148 Bde.
  S.-Peterburg 1867-1916, hier Bd. 23. Da Boehme die Memoiren Katharinas durch ihre Korrespondenz mit F.M. von Grimm kommentierend ergänzt
  hat, folgen wir seinen Anmerkungen. - Auf die Bedeutung der hugenottischen
  Erziehung für die lutherische Prinzessin sind - obzwar sie erwähnend - weder Jakov Karlovič Grot: Vospitanie Ekateriny II. In: Drevnjaja i novaja Rossija (1875) Nr.2, S. 110-125; noch zuletzt Peter Petschauer: Catherine the
  Great's Conversion of 1744, in: Jbb. f. Gesch. Osteuropas 20 (1972) S. 179
  bis 193, näher eingegangen. Hier (S. 179 Anm. 1) befindet sich weitere Literatur über Katharina. Auf die Tatsache, daß das französische Element "vorherrschend" war, weist nur B. von Bilbassoff (Geschichte Katharinas II.,
  2 Bände, aus dem Russischen von M. von Pezold und P. von R., Berlin
  1893; hier Bd. 1,1, S. 7) hin.
7 Als Tochter des Direktors und Juge der französischen Gemeinde in Frankfurt a.d.O. am 25. Februar 1712 geboren, heiratete sie 1749 den Zerb-
  ster Stadtrichter und Bürgermeister Christian August Schmidt. Sie starb
  am 24. Sept. 1764. Vgl. E. Müsebeck: Fünf Briefe der Kaiserin Katharina II. von Rußland an ihre Erzieherin Elisabeth Cardel aus den Jahren
  1744-1749. In: Mitt. d. Ver. f. Anhaltische Gesch. u. Altertumskunde 7,
  (Dessau 1898), S. 662-670, hier S. 662 f. In diesen Briefen herrscht ein
  vertraulicher Ton zwischen Katharina und der Cardel.
8 Katharina an Grimm v. 1.7.1779, 1.11.1785; Katharina: Memoiren a.a.O.
  Bd.1, S. 34 (SIRIO Bd. 23, S. 146, 367).
9 Katharina an Grimm v. 30.6.1775, 29.11.1775, ebda. S.35 (SIRIO Bd.23,
  S.27,38). Von Bilbassoff wird der Einfluß der Cardel einseitig dargestellt
  (Geschichte a.a.O. S.7). Sie "wußte alles, ohne etwas gelernt zu haben; sie
  kannte alle Komödien und Tragödien wie ihre fünf Finger und war sehr un-
  terhaltend". Darauf beruft sich Müsebeck a.a.O. S.662, der der Cardel das
  Talent abspricht, Katharina eine gediegene Bildung geben zu können, wobei
  er den Maßstab der Zeit ignoriert. Vgl. Katharina an Grimm v. 27.2.1775;
  Katharina: Memoiren a.a.O., Bd.1,S.34 (SIRIO Bd. 23, S. 18).

10 Magdalena Cardel (1700-1770) heiratete 1733 den Advokaten und seit diesem
   Jahr Bürgermeister von Demmin Samuel Colhard (Kohlhardt). Vgl. Katharina II. in ihren Memoiren. Hrsg. H. Fleischhacker. Frankfurt a.M. 1972,
   S. 421 = Suhrkamp Taschenbuch 25.
11 Katharina: Memoiren a.a.O. Bd. 1, S.26.
12 Ebenda S. 27.
13 Ebenda S. 26.
14 Ebenda S. 26.
15 Katharina an Grimm v. 30.11.1778 und 11.4.1779; Katharina: Memoiren
   Bd. 1, S.34 (SIRIO Bd. 23, S. 113,133). Katharina bemerkt hier, daß ihr
   "schiefer Geist" alles, was man ihm sagte, verkehrt anwandte.
16 Katharina an Grimm v. 21. 12. 1774; ebenda (SIRIO Bd. 23, S.12). In diesem
   Zusammenhang meint Katharina, daß die Cardel aus dem 17. Jahrhundert
   stammen könne, so sehr hätte sie "das Beste" gewollt, "daß der 'schiefe
   Geist' ausgezogen ist, 'das Beste allerwärts wo es zu finden ist' zu suchen".
   Katharina an Grimm v. 8.7.1781, ebenda S. 34 f. (SIRIO Bd. 23, S.212).
17 Katharina: Memoiren a.a.O. Bd. 1, S. 33.
18 Vgl. ebenda S. 31; Katharina an Grimm v. 19.11.1778 (SIRIO Bd. 23, S.111).
19 Vgl. Katharina: Memoiren a.a.O. Bd.1 S. 34
20 Ebenda Bd. 2, S.162.
21 Siehe ebenda. Pierre Bayle: Dictionnaire historique et critique. 2 Bde, Rotterdam 1695-1697 (8.Aufl. Bd. 1-4, Amsterdam 1740). Alexander Brückner
   (Katharina II. Berlin 1883, S. 37) meint, daß diese Lektüre schon 1747 bis
   1749 erfolgte; dazu im Gegensatz Bilbassoff (Geschichte a.a.O., Bd. 1,1,
   S. 324-328).
22 Die abenteuerlichste Persönlichkeit des Réfuge in Rußland war der Graf
   L'Estocq. Er diente unter sieben Zaren, verhalf Elisabeth auf den Thron,
   wurde von Peter I. und ihr nach Sibirien verschickt, war dann Leiter des
   russischen Medizinalwesens. Vgl. Russkij biografičeskij slovar' (zitiert:
   RBS). 25 Bde., S.-Peterburg 1896-1918 (Reprint New York 1962), hier Band
   10, S. 323-346; ferner Haag a.a.O. Bd. 7, S. 42-44. Eine Biographie fehlt.
23 Vgl. Katharina: Memoiren Bd.1, S. 201.
24 Vgl. Bilbassoff: Geschichte a.a.O. Bd. 1,1, S. 311.
25 Zitiert ebenda.
26 Vgl. Haag a.a.O. Bd. 7, S. 334 f.
27 Die "Bibliothèque germanique, ou Histoire littéraire de l'Allemagne, de la
   Swisse et des pays du Nord" begann 1720 in Holland zu erscheinen. Mit Abschluß des 50. Bandes nannte sie sich "Journal Littéraire de l'Allemagne"
   (4 Bde. 1741-1743) und nach dem 54. Band "Nouvelle Bibliothèque germanique"
   (25 Bde. 1746-1759). In Band 1 (1746) und Band 25 (1759) befinden sich Nachrichten über die Geschichte der Zeitschrift.
28 Diese Rede erschien 1776 in Berlin. Formey übersetzte auch das Tagebuch
   Peters des Großen (Berlin 1773). Über diesen Gelehrten vgl. Haag a.a.O.
   Bd. 5, S. 141-149. - Hinweise auf die Beziehungen Formeys und der "Nouvelle Bibliothèque germanique", die er seit 1750 allein redigierte, zur russischen Gelehrtenwelt in: Die Berliner und die Petersburger Akademie der
   Wissenschaften im Briefwechsel Leonhard Eulers. Teil 1-2. Hrsg. und
   eingeleitet von A.P.Juškevič und E. Winter, Berlin 1959-1961 = Quellen

und Studien zur Geschichte Osteuropas Bd. 3. - Der Großfürst Paul wurde
von François-Armand Lafermière (1737-1796), einem französischen Protestanten, in die französische Literatur eingeführt. Vgl. RBS Bd. 10, S.91;
Erik Amburger: Beiträge zur Geschichte der deutsch-russischen kulturellen Beziehungen. Gießen 1961, S. 162. = Gießener Abhandlungen zur Agrar-
und Wirtschaftsforschung des europäischen Ostens Bd. 14. Katharina hatte
diese Aufgabe dem in Kopenhagen lehrenden Professor Paul-Henri Mallet
zugedacht, den sie jedoch nicht dafür gewinnen konnte. Vgl. Haag a.a.O.
Bd. 7, S. 192-194. - Zur Mitgliedschaft Mauclercs und Formeys bei der
Berliner Akademie vgl. Erik Amburger: Die Mitglieder der Deutschen Akademie der Wissenschaften zu Berlin 1700-1950. Berlin 1950, S. 7 u. 70.

[29] Vgl. Heinz Lemke: Die Brüder Załuski und ihre Beziehungen zu Gelehrten
in Deutschland und Danzig. Berlin 1958, S. 120-122 = Quellen und Studien
zur Geschichte Osteuropas 2; Protokoly zasedanij konferencij Imperatorskoj Akademii nauk s 1725 po 1803 goda. Bd. 1, S.-Peterburg 1897, S. 246,
401, 634.

[30] Vgl. Lemke a.a.O. S. 119-134.

[31] Vgl. ebenda S. 133; ferner Amburger: Mitglieder a.a.O. S. 74.

[32] Ebenda S. 124. Pérard hat viel zur Verbreitung der deutschen Aufklärungsphilosophie beigetragen, selbständige Schriften hat er jedoch nicht verfaßt.
Auf seinen lebhaften Briefwechsel stützt sich Lemke.

[33] Pérard an J.A. Załuski v. 11.7.1747, ebenda S. 123. - Die Russen bildeten die zweitstärkste Ausländergruppe in dieser hugenottischen Lehranstalt.
Vgl. Helmut Erbe: Die Hugenotten in Deutschland. Essen 1937, S. 274, Anlage 8. = Volkslehre und Nationalitätenrecht in Geschichte und Gegenwart
2. Reihe: Geschichte des nationalen Gedankens und des Nationalitätenrechts
Band 1.

[34] Vgl. Grot: Vospitanie a.a.O. S. 114, der sich auf Joh. Reinh. Forster
(Kurze Übersicht der Geschichte Katharina der Zweiten, Kaiserin von
Rußland, Halle 1797) beruft; ferner Bilbassoff: Geschichte a.a.O. Bd. 1,1
S. 7; kein Anhaltspunkt bei Haag a.a.O. Bd. 8, S. 186.

[35] Paul de Rapin (1661-1725), Sohn eines reformierten Advokaten in Toulouse,
flüchtete nach der Aufhebung des Edikts von Nantes nach England, wo er seine "Histoire d'Angleterre" (Haag 1724) verfaßte; vgl. J.H. Zedler: Großes
vollständiges Universallexikon. Bd. 30, Leipzig, Halle 1741 (Reprint Graz
1961) Sp. 861 f.; Raoul de Cazenove: Rapin-Thoyras. Sa famille et ses
oeuvres. Etude historique suivie de généalogies. Paris 1866.

[36] Katharina an Grimm v. 2.2.1778, Katharina: Memoiren a.a.O. Bd. 1, S.46
(SIRIO Bd. 23, S. 78).

[37] Vgl. Katharina an Grimm v. 29.6.1776, ebenda S. 25 (SIRIO Bd. 23, S. 50).
Er war ein "kalvinistischer Schulmeister, der die Tischreden von Luther
nicht lesen konnte" und "deutsch sprach, wie eine spanische Kuh". Vgl. Katharina an Grimm v. 20.u.30. 1.1776, ebda. S.45,27 (SIRIO Bd.23, S. 41,43).

[38] Vgl. N. Hans: Dumaresq, Brown and Some Early Educational Projects of
Catherine II. In: The Slavonic and East European Review 40 (1961/1962)
S. 229-235; Tasteven: Francuzy-kal'vinisty a.a.O. S. 642.

[39] Vgl. dazu Fr. Adelung: Catherinens der Großen Verdienste um die vergleichende Sprachenkunde. St. Petersburg 1815, S. 22 f. "A comparative

vocabulary of Eastern languages" wurde vermutlich nur in sehr begrenzter Auflage gedruckt, denn er fand keine Spur in den Bibliotheken, bedauert Jakov Karlovič Grot: Filologičeskija zanjatija Ekateriny II-j. In: Russkij Archiv 15 (1877) Sp. 425-442.

40 24.5.1762. B.L. Modzalevskij: Spisok členov Imperatorskoj Akademii Nauk 1725-1907. S.-Peterburg 1908, S. 128.

41 Zu Ivan Ivanovič Beckoj vgl. RBS Bd. 3, S. 5-12. - Die Bearbeitung der Schulreformen hat zahlreiche Fragen offengelassen, vor allem auch was den Anteil einzelner Mitarbeiter betrifft. Grundlegend ist S.V. Roždestvenskij: Materialy dlja istorii učebnych reform v Rossii v XVIII-XIX vekach. S.-Peterburg 1910.

42 Mitgeteilt von S.V. Roždestvenskij: Proekty učebnych reform v carstvovanie imperatricy Ekateriny II do učreždenija komissii o narodnych učiliščach. In: Žurnal Ministerstva Narodnogo Prosveščenija 12 (1907) S. 173-228, hier S. 185; vgl. allgemein dazu: Očerki istorii školy i pedagogičeskoj mysli narodov SSSR XVIII v. - pervaja polovina XIX v. Moskva 1973, S. 119-122.

43 Vgl. Roždestvenskij: Proekty a.a.O. S. 183.

44 Seine Quelle ist A. Kippis: Biographia Britannica. Second edition. Bd. 2, London 1780, S. 663-672.

45 Der Brief ist auszugsweise abgedruckt bei Kippis a.a.O. Bd. 2, S. 664 f.; vgl. Hans: Dumaresq a.a.O. S. 230.

46 Vgl. Hans: Dumaresq a.a.O. S. 233.

47 Kippis a.a.O. Bd. 2, S. 666 f.; zitiert ebenda.

48 Brown konnte die Reise nach Petersburg aus Krankheitsgründen nicht antreten und nahm sich am 23. September 1766 das Leben; vgl. Hans: Dumaresq a.a.O. S. 234. Die Schulreform geriet mit Beginn der achtziger Jahre unter österreichischen Einfluß; vgl. hierzu Peter Polz: Theodor Janković und die Schulreform in Rußland. In: Die Aufklärung in Ost- und Südosteuropa. Hrsg. E. Lesky, St. K. Kostić, J. Matl und G. v. Rauch. Köln, Wien 1972, Seite 119-174.

49 Vgl. Hans: Dumaresq a.a.O. S. 234 f.

50 Kippis a.a.O. Bd. 2, S. 664; zitiert ebenda S. 231.

51 PSZ Bd. 16, S. 742-755, Nr. 12154.

52 Vgl. Amburger: Hugenottenfamilien a.a.O., S. 128.

53 Zu der ersten Einrichtung dieser Art in Rußland, die schnell Schule machen sollte, vgl. N.P. Čerepnin: Imperatorskoe Vospitatel'noe obščestvo blagorodnych devic. Bd. 1, S.-Peterburg 1914; V.N. Ljadov: Istoričeskij očerk stoletnej žizni Imperatorskago Vospitatel'nago obščestva blagorodnych devic i Sankt-Peterburgskago Aleksandrovskago učilišča. S.-Peterburg 1864.

54 RBS Bd. 6, S. 184-186 (Delafon, Sof'ja Ivanovna) und Band 10, S. 91 (Lafon-de); vgl. auch Knjaz' Nikolaj Michajlovič (Hrsg.): Russkie portrety XVIII i XIX st. Bd. 4, S.-Peterburg 1907, Nr. 209.

55 D.A. Tolstoi: Ein Blick auf das Unterrichtswesen Rußlands im 18. Jahrhundert bis 1782. Aus dem Russischen übersetzt von P. v. Kügelgen. St. Petersburg 1884, S. 62. = Beiträge zur Kenntnis des Russischen Reiches und der angrenzenden Länder Asiens 2. Folge.

56 Vgl. Théophile Lavallée: Madame de Maintenon et la maison royale de Saint-Cyr. Paris 1862.

[57] Tolstoi: Unterrichtswesen a.a.O. S. 65. Zur Charakteristik der Fräulein vom Smol'nyj-Institut trägt ein Brief Katharinas an Voltaire aus dem Jahr 1772 bei: "Ich weiß nicht, ob dieses Mädchen-Bataillon, wie Sie es nennen, Amazonen hervorbringen wird; aber wir sind sehr fern von dem Gedanken, aus ihnen Nonnen zu machen; im Gegenteil, wir erziehen sie so, daß sie die Freude der Familien werden, in die sie treten, wir wünschen, daß sie weder unnütz schüchtern, noch kokett, sondern liebenswürdig und im Stande sind, selbst ihre Kinder zu erziehen und ihre Hauswirtschaft zu führen." SIRIO Bd. 13, S. 226; zitiert bei Tolstoi: Unterrichtswesen a.a.O., S. 61 f.

[58] Vgl. RBS Bd. 6, S. 184.

[59] Pamjatnyja zapiski Glafiry Ivanovny Rževskoj (zitiert: Zapiski). In: Russkij Archiv 9 (1871) Sp. 1-52; hier das Kapitel: Odinadcatiletnee prebyvanie moe v smol'nom monastyre (Sp. 4-33).

[60] Ebenda Sp. 9 f.

[61] Amburger: Beiträge a.a.O. S. 169.

[62] S.M. Solov'ev: Istorija Rossii s drevnejšich vremen. Buch 13, Bd. 25 u. 26, Moskva 1965, S. 564 f.

[63] Vgl. Zapiski S. 10 f.; zur Person vgl. Amburger: Hugenottenfamilien a.a.O. S. 128.

[64] Vgl. Solov'ev: Istorija a.a.O. Buch 13, Bd. 25. u. 26, S. 564-568.

[65] "Učreždenie osoblivago učilišča pri Voskresenskom Novodevič'em monastyre dlja vospitanija maloletnych devušek", PSZ, Bd. 17, S. 18-20, Nr. 12323.

[66] Über diesen Konflikt berichtet auch die Rževskaja in: Zapiski, S. 6-9, 11; vgl. dazu RBS Bd. 6, S. 495.

[67] Bezeichnend dafür war die Enttäuschung darüber, bei Feierlichkeiten des Hofes nicht zugelassen zu sein. Ein Beispiel bei Ivan Michajlovič Dolgorukij: Kapišče moego serdca ili slovar' vsech tech lic s koimi ja byl v raznych otnošenijach v tečenii moej žizni. Moskva 1874. S. 51. = Ctenija v Imperatorskom Obščestve Istorii i Drevnostej Rossijskich pri Moskovskom Universitete 1872-1873 gg.

[68] Ebenda.

[69] RBS Bd. 6, S. 186.

[70] Vgl. auch P.F. Karabanov: Stats-damy russkago dvora v XVIII stoletii.

[71] Biografičeskie spiski. In: Russkaja Starina 3 (1871), S. 39-48, hier S. 45. Zitiert bei V.V. Timoščuk: Imperatrica Marija Feodorovna v eja zabotach o Smol'nom Monastyre 1797-1802. In: Russkaja Starina 65 (1890) S. 809-832, hier S. 821; vgl. Peterburgskij Nekropol'. Bd. 2, S.-Peterburg 1912, S.24.

[72] Während der Regierungszeit Katharinas haben die adlige Abteilung 440 und die bürgerliche Abteilung 410 Mädchen erfolgreich absolviert; vgl. Tolstoi: Unterrichtswesen a.a.O. S. 68; und Očerki a.a.O. S. 138. Hier sucht man den Namen der de Lafont vergeblich.

DIE ERSTEN WISSENSCHAFTLICHEN GESELLSCHAFTEN IN POLEN UND IHRE BEDEUTUNG FÜR DIE ENTWICKLUNG DER AUFKLÄRUNG

Von Jacek Staszewski

Die Epoche der politischen Union zwischen Polen und Sachsen (1697 bis 1763) wurde lange Zeit hindurch negativ beurteilt. Ihr Name wurde als Synonym für die Bezeichnung von grenzenloser gesellschaftlicher Rückständigkeit, politischem Verfall und kultureller Bedeutungslosigkeit gebraucht. Man stellte diese Zeit als Epoche dar, in der allgemeine Unwissenheit, religiöser Fanatismus, Verfall der Sitten und Wissenschaften sowie Niedergang des Schulwesens vorherrschten. Ein solches Bild von der Kultur der sächsischen Epoche entsprach dem Wissen in der zweiten Hälfte des 19. Jahrhunderts und fußte u.a. auf der Schrift von Hugo Kołłątaj über den "Stand der Aufklärung in Polen zur Regierungszeit Augusts III.". Die Autorität Kołłątajs, der für die Entwicklung der Wissenschaft und Bildung in der 1773 gegründeten Kommission für die Nationale Erziehung Bedeutendes geleistet hatte, war so groß, daß noch in den dreißiger Jahren unseres Jahrhunderts seine Argumentation von einem so bekannten Erforscher der polnischen Kultur wie Alexander Brückner zur Charakteristik des Verfalls der Kultur in der sächsischen Epoche gebraucht wurde.

So war der Stand der Forschung auch noch in den ersten Jahren nach dem Zweiten Weltkrieg. Eine Meinungsänderung erfolgte nur langsam in den Diskussionen über die Beurteilung der politischen, gesellschaftlichen, wirtschaftlichen und kulturellen Vergangenheit, nachdem die Methode des historischen Materialismus in die Geschichtswissenschaft eingeführt wurde. In den Erörterungen über die Einschätzung und Festlegung einer neuen chronologischen Einteilung der Geschichte wurden Argumente beigebracht, die - was zu betonen ist - auf Forschungsergebnissen aus der Zeit vor 1939 (besonders von J. Krzyżanowski und R. Pollak) basierten und die bislang nicht auf das politische und kulturelle Bild der sächsischen Epoche einzuwirken vermochten. Den Wendepunkt stellten die wissenschaftlichen Konferenzen am Anfang der fünfziger Jahre in Polen dar, auf denen der Anfang der Aufklärungsepoche in der Kulturgeschichte nicht seit 1764 datiert, sondern in die vierziger Jahre des 18. Jahrhunderts verlegt wurde, obwohl man nicht bestimmte, wie der Zeitabschnitt von 1740 bis 1764 zu bezeichnen wäre. Einige nannten ihn die Zeit der Vorläufer, andere viel vorsichtiger die Zeit der Rezeption, in-

dem sie sich von der Auffassung leiten ließen, daß die Schöpfer und
Organisatoren der Aufklärung vom Ausland her inspiriert worden
seien.

Diese Diskussion und neue Epochenbegrenzung weckten auch etwas
mehr Interesse für die Kultur in der sächsischen Epoche, aber erst
um 1960 wurden die Forschungen zur Kultur des Barock wirklich intensiviert. Ihre größte Leistung war die Aufdeckung bisher unter-
schätzter Werte dieser Zeit im Bereich der Literatur, der bildenden
Kunst und Architektur sowie viele neue Tatsachen. Auf diese Weise
wurde, wie der Kenner dieser Probleme Czesław Hernas feststellte,
das Vakuum zwischen der Renaissance und der Aufklärung, wie es
sich im allgemeinen Bild von der polnischen Kultur seit zweihundert
Jahren erhalten hatte, weitgehend aufgefüllt. Die Kultur in der Epoche der polnisch-sächsischen Union wurde in die Erörterungen über
die Kultur des Barock als Ganzes eingeschlossen, wodurch man die
entsprechenden Proportionen in der Bewertung und Einschätzung
dieser Zeit innerhalb der polnischen Kultur leichter finden konnte.
Es entstand ein an Kulturerscheinungen reicheres und komplizierte-
res Bild dieser Epoche.

Für die Kunsthistoriker dauert das Barock in Polen bis 1760; die
sächsische Epoche enthält seine Endphase, in welcher das seit 1730
datierte Rokoko als Unterabschnitt abgesondert wird. Die Literaturhistoriker vertreten ebenfalls die These von der Absonderung der
Epoche der polnisch-sächsischen Union im Rahmen des Barock, aber
sie neigen dazu, die Anfänge der Aufklärung in die vierziger Jahre
des 18. Jahrhunderts zu verlegen.

Mit einem völlig neuen Vorschlag der Abgrenzung von Barock und
Aufklärung traten die Wissenschaftshistoriker hervor. Die Verfasser
der Geschichte der polnischen Wissenschaft beenden im zweiten Band
dieses Werkes ihre Betrachtungen über das Barock mit den letzten
Jahren der Regierungszeit von Jan III. Sobieski (Henryk Barycz) und
verlegen die Anfänge der Wissenschaftsgeschichte in der Aufklärung
(Kazimierz Opałek) auf das Jahr 1700, so daß die ganze Epoche der
polnisch-sächsischen Union als Vorbereitungszeit, die die Fundamen-
te für die Entwicklung der Wissenschaft in der Aufklärung gelegt
hat [1], angesehen wird.

Kazimierz Opałek stützt seine Meinung auf die Entwicklung der Wissenschaft im nordwestlichen (preußischen) Teil des Königreichs Polen, und zwar wegen der Tätigkeit von Gelehrten in den größeren
Städten dieser Provinz. Als Beispiel nennt er die Wirksamkeit der
wissenschaftlichen Gesellschaften in Gdańsk/Danzig, Elbląg/Elbing
und Toruń/Thorn.

Dieser Beitrag sollte die These von K. Opałek durch Mitteilungen
über die Mitglieder dieser Gesellschaften und ihre wissenschaftliche Tätigkeit erweitern. Jedoch ergaben sich bei der Arbeit einige
Zweifel, die zu der Absicht führten, auch abweichende Anschauungen über die Anfänge der Aufklärung in Polen zu verifizieren.

I

Im Herbst 1720 berieten Friedrich Engelke, Franz Morgener, Karl
Ehler, Gottfried Penski und Gottfried Lengnich in Danzig ein Statut
für eine gelehrte Gesellschaft [2], die den Namen Societas litteraria
cuius symbolum virtutis et scientiarum incrementa erhielt. Das Statut, das am 23. Oktober 1720 bekanntgegeben wurde, legte vor allem
die Organisationsformen fest. Es bestimmte die Leitung der Gesellschaft durch zwei Personen und die Pflichten. Die Mitglieder sollten
sich jeden Montag versammeln, im Sommer um 4 Uhr nachmittags,
im Herbst und im Winter von 5 bis 9 oder 10 Uhr abends. Die Anwe-
senheit verpflichtete zur Teilnahme an der Diskussion. Nach Auffor-
derung durch den Vorsitzenden mußte jedes Mitglied ein Referat vorbereiten. Wenn dieser Auftrag nicht ausgeführt wurde, war Strafe
zu zahlen [3].
Die wichtigste Aufgabe der Gesellschaft bestand in Betrachtungen
über moralische Fragen, weil man glaubte, daß das Fehlen von Sit-
tengesetzen "eine Quelle unglückseliger Zeiten" ist [4]; wichtige historische Ereignisse und juristische Probleme boten ferner den Anlaß von Diskussionen. Aber ein so begrenztes Interessengebiet und
eine so kleine, nur fünf Personen zählende Gruppe führten schnell
zur Ermattung. Man beschloß, neue Mitglieder zu suchen, und begann Gäste einzuladen [5]. Die 1722 eingeführte Veränderung trug tatsächlich dazu bei, die Interessengebiete zu erweitern. Die neuen
Mitglieder und Gäste ersetzten die historischen und juristischen Beiträge durch Verhandlungen über naturwissenschaftliche Entdeckungen. Diese Entwicklung entmutigte durch ihre neue Problematik die
Gründungsmitglieder der Gesellschaft. Zuerst trat Penski aus, 1725
wurde Engelke wegen seiner einjährigen Abwesenheit aus dem Mitgliederverzeichnis gestrichen. Dasselbe geschah dann auch mit Borckmann, der 1722 Mitglied geworden war. Die letzte Sitzung fand am
20. Oktober 1727 statt, und seitdem existierte die Gesellschaft nicht
mehr.
Ein Jahr nach Gründung der Societas litteraria in Danzig entstand
auch in Elbing (1721) eine gelehrte Gesellschaft. Sie wurde vom
Konrektor und Professor des dortigen Akademischen Gymnasiums

Georg Daniel Seyler gegründet, der vor einigen Monaten aus Danzig,
wo ihm die Tätigkeit der Societas litteraria sicher bekanntgeworden
war, gekommen war. Diese Gesellschaft knüpfte auch durch ihren
Namen (Societas litteraria) an das Danziger Vorbild an und wollte
die Gelehrten, also die geistige Elite der Stadt, zum Austausch von
Meinungen und Forschungen in den Natur- und Geisteswissenschaften - wie wir sagen würden - anregen. Der Sitz der Gesellschaft
war das Haus von Seyler, der Teilnehmerkreis der Zusammenkünfte
seine ortsansässigen Freunde. Die Schlüsselfigur scheint der Naturwissenschaftler Johann Philipp Breyne aus Danzig gewesen zu
sein. Er nahm an den Zusammenkünften bei Seyler teil und stellte
wohl auch den Kontakt zu der Danziger Gesellschaft her. Um die
Mitte des Jahres 1727 hörte die Elbinger Gesellschaft zu arbeiten
auf [6].

Damit war die erste Etappe der Entwicklung beendet. Erst 1742,
also nach fünfzehn Jahren, wurde durch Daniel Gralath in Danzig
wieder der Versuch gemacht, eine wissenschaftliche Gesellschaft
zu gründen. Im Januar 1743 begann die Tätigkeit der Societas Physicae experimentalis [7]. Ihr Name weist schon darauf hin, daß sie
sich von den vorher erwähnten Gesellschaften unterschied. Als Muster diente ihr die Pariser Akademie: Die Gesellschaft wurde in
Sektionen gegliedert, die den wissenschaftlichen Interessen der Mitglieder angepaßt waren. Im ersten Jahrzehnt ihres Bestehens setzte
man sich das Ziel, die Arbeiten im Sinne Christian Wolffs zu führen.
1747 erschien der erste Band ihrer Veröffentlichungen, nämlich der
"Versuche und Abhandlungen der Naturforschenden Gesellschaft in
Danzig", wie die Gesellschaft jetzt genannt wurde. Trotz vorüber-
gehender Schwierigkeiten konnte sie sich behaupten und Anerkennung
auch außerhalb Danzigs erringen.

Die erste gelehrte Gesellschaft in Thorn entstand 1752; ihr Gründer war Andreas Christlieb Dittmann, der ebenso wie Seyler in Elbing sein Haus zum Sitz der Gesellschaft machte [8]. Zur Mitarbeit
wurden ortsansässige, aber auch außerhalb Thorns lebende Gelehrte eingeladen. Ebenso wie in Danzig wurden Themen zur Diskussion
gestellt; als Einführung diente das Referat eines Mitgliedes der Gesellschaft oder eine eingeschickte schriftliche Arbeit. Fehlte ein
Thema oder war das Referat unzureichend vorbereitet, so wurden
in den Versammlungen Experimente mit Apparaturen des Gastge-
bers vorgeführt. Neben dem Gründer beteiligte sich Johann Georg
Elsner besonders aktiv an den Sitzungen und regte viele Arbeiten an.
Seine Bedeutung für die Gesellschaft war so groß, daß sie sich nach
seinem Tode im Jahre 1753 aufzulösen begann.

Die Arbeiten dieser gelehrten Gesellschaft konzentrierten sich auf vier Fachgebiete: Geschichte, auf welchen Gegenstand sich die meisten Erörterungen bezogen, Philosophie, die auch stark vertreten war, Mathematik und Philologie, wobei die Mitarbeit am polnischen phylogenetischen Wörterbuch besonders hervorgehoben zu werden verdient. Obgleich die Gesellschaft in Thorn 1754 in Verfall geriet, also nur zwei Jahre bestand, wurden auf ihren Sitzungen 23 Themen behandelt und die erwähnte Wörterbucharbeit geleistet, was von der beträchtlichen Aktivität der Mitglieder zeugt.

II

Die Bewertung der Tätigkeit der ersten wissenschaftlichen Gesellschaften in Polen beruht gewöhnlich auf der Analyse der Mitgliederbiographien. Ihr Studium an den Universitäten in Deutschland, besonders in Halle, und in Holland, ihre Kenntnis der Werke Christian Wolffs und Thomasius' und ihre wissenschaftliche Tätigkeit galten bisher als ausreichender Beweis dafür, daß sie Aufklärer waren, und deswegen rechnete man die Gesellschaften, denen sie angehörten, der Aufklärung zu [9]. Doch scheint es, daß man dadurch den Standort der wissenschaftlichen Gesellschaften nicht scharf genug bestimmen kann, besonders wenn man festzustellen bemüht ist, welcher Entwicklungsphase der Aufklärung sie jeweils angehören. Am Beispiel der Societas litteraria, der ersten wissenschaftlichen Gesellschaft in Danzig, soll versucht werden, diese Frage näher zu beleuchten.

Professor Cieślak hat in seiner Arbeit über die politischen und sozialen Auseinandersetzungen in Danzig in der Mitte des 18. Jahrhunderts [10] die gesellschaftliche Struktur des Rates und der Schöppenbank in Danzig dargestellt. Von der zweiten Hälfte des 17. Jahrhunderts an entstand hier eine Gruppe von Menschen, die die Regierungsämter als Beruf ansahen. Weder das Handels- noch das Bankgeschäft, sondern ein städtisches Amt bot den Angehörigen bestimmter Familien während mehrerer Generationen den Lebensunterhalt. Während vieljähriger Bildungsreisen, Studien und durch die praktische Erfahrung in verschiedenen Ländern Europas, vor allem in den Städten Deutschlands, Hollands und Frankreichs, seltener in denen Englands und der Schweiz, erhielten sie eine gründliche und vielseitige Bildung. So erlangten sie auch ihre Qualifikation für die Amtsverrichtungen. Die Ausbildung befähigte diese Menschen, die man "litterati" oder "Gelehrte" nannte, aus niedrigeren Volksschichten aufzusteigen und die sozialen Schranken zu überwinden. Durch die

Ehe mit der Tochter eines Beamten konnten sie dann in die Gruppe
der Stadt-Regierenden aufsteigen. In der ersten Hälfte des 18. Jahrhunderts spielten sie in der Sozialstruktur der Stadt eine große
Rolle.

Von ihrer Bedeutung zeugen folgende Angaben: In den Jahren 1699
bis 1705 gehörte im Hauptrat der Stadt Danzig nur einer von den 18
Ratsherren nicht den "Gelehrten" an. Dieses Verhältnis trifft auch
für die Schöppenbank zu. Im Jahr 1735 entstammten alle Ratsherren
der Gruppe der "litterati". So bestand in Danzig eine enge Verbindung zwischen den intellektuellen Eliten und der Machtelite, weil
die regierende Gruppe den höchsten intellektuellen Ansprüchen genügen mußte. Ihr entstammten nun auch die Gründer und ersten Mitglieder der Societas litteraria in Danzig. Friedrich Engelke kam aus
einer Ratsherrenfamilie, der Vorsitzende Franz Morgener war Ge-
richtsschreiber, Ehler Stadtsekretär. Gottfried Lengnich, das be-
kannteste und verdienstvollste Mitglied, hatte schon vor der Gründung der Gesellschaft seinen Rang dadurch ausgewiesen, daß er seit
1718 die erste wissenschaftliche Zeitschrift in Polen, die "Polnische
Bibliothek", herausgab. Dank seiner Gelehrsamkeit und seines Ein-
tretens für die Interessen des Rates in Danzig erhielt er später das
einträgliche Amt des Stadtsyndikus. Alle hier erwähnten Personen
hatten eine gründliche juristische und historische Vorbildung.

Nach anderthalbjähriger Wirksamkeit erweiterte die Gesellschaft
die Anzahl ihrer Mitglieder auf neun. Es kamen hinzu der Ratsherr
Konstantin Hecker, der Kaufmann Valentin Borckmann, der Stadtsekretär Christian Schröder und der Schöppe Christian Daberhudt.
Fast alle von ihnen stammten also aus der Gruppe der "litterati"
und repräsentierten denselben intellektuellen und sozialen Bereich.
Wie schon erwähnt wurde, hatte die Societas litteraria nicht wissenschaftliche Ziele im engeren Sinne, sondern in ihr wurden Betrachtungen angestellt, die philosophischen Fragen und vor allem der Tugend galten. Die Diskussionen fanden im Rahmen eines geselligen
Beisammenseins nacheinander bei den Mitgliedern der Gesellschaft
statt. Der Gastgeber hatte Kuchen, Kaffee, Tee oder Wein anzubieten.
Die Societas litteraria war also ein geselliger Verein von Menschen
mit dem gleichen sozialen Status und anderen Gesellschaftsschichten
offenbar nicht zugänglich, weil deren Interessen den Anforderungen
nicht entsprachen. Deswegen geriet die Arbeit auch in eine Krise,
als versucht wurde, den Teilnehmerkreis auszuweiten.

Seit Januar 1722 lud man zu den Sitzungen Gäste ein; die Ärzte
Johann Philipp Breyne und David Kade sowie der Naturwissenschaftler Jakob Klein, in Danzig eine Berühmtheit, brachten in die Ver-

handlungen eine neue Thematik, Fragen aus dem Bereich der Natur: Naturkunde, Mathematik und Physik. Das veränderte weitgehend den Charakter der Sitzungen, so daß Gottfried Penski aus Protest, unmittelbar darauf Lengnich und kurz darauf auch Engelke und Borckmann aus der Gesellschaft ausschieden. Trotz der Bemühungen des Vorsitzenden Morgener, der für die Sitzungen ein Zimmer in seinem Haus am Langen Markt einrichtete, trotz der Verdienste der Mitglieder der Gesellschaft, die auch außerhalb Danzigs bekannt waren, kann 1726 als das letzte Jahr ihrer regen Tätigkeit bezeichnet werden. Vom April bis zum Oktober 1727 fanden nur noch zwei Sitzungen statt, die letzte am 20. Oktober dieses Jahres.

Th. Hirsch, E. Schumann und Ł. Kurdybacha, die sich mit der Geschichte der Societas litteraria befaßten, haben festgestellt, daß diese Vereinigung zu den ersten wissenschaftlichen Gesellschaften der Aufklärung gehörte. Sie wiesen auf die Verbindung zu der Lehre Christian Wolffs hin und äußerten die Vermutung, daß die Gesellschaft sich aufgelöst habe, weil dieser Philosoph durch die Kirche und den preußischen Staat verdammt worden sei. Doch dürften auch andere Ursachen der Überlegungen wert sein. Die Societas litteraria war die letzte in der Reihe der wissenschaftlichen Gesellschaften - besser spricht man von literarischen Societäten - die bis in die Renaissance zurückreicht. Die Ausbildung und das Wirken der Gründer entsprach den Vorstellungen der Barockzeit, und es handelte sich um einen engen Kreis von Personen, die durch den gleichen sozialen Status und die gleichen Interessen verbunden waren. Der Zwiespalt, der zum Untergang der Gesellschaft führte, wurde wahrscheinlich auch durch die neue Diskussionsproblematik verursacht, die den Anschluß an die sich entwickelnde Aufklärung erstrebte. Es mußten fünfzehn Jahre vergehen, damit die Voraussetzungen für eine Organisation gegeben waren, die diese Aufgaben der neuen Epoche bewältigen konnte. Wichtig ist dabei, daß die Mitglieder der Societas litteraria, die durch ihre Tätigkeit in ihr den Zerfall der Gesellschaft beschleunigt hatten, die Gründer der Societas Physicae experimentalis wurden.

Diese Deutung für den Zerfall der ersten wissenschaftlichen Gesellschaft in Danzig wird auch durch das Schicksal der wenig bekannten Gesellschaft in Elbing bestätigt. Seyler gründete sie nach dem Vorbild der Danziger Societas litteraria, und auch ihre innere Struktur entsprach derjenigen von Gesellschaften der vorhergehenden Epoche. Nach dem Vorbild der italienischen Renaissance-Akademien [11] wählten die Mitglieder Decknamen: Der Gründer Seyler nannte sich Chiron, Johann Georg Brackenhausen Aristander, die anderen Mitglieder trugen die Namen Peirazon, Aletophilos, Aristarchus und Parthenius. Obwohl nicht nachgewiesen werden kann, daß sie, ebenso wie die Mitglieder der Danziger Gesellschaft, der die Stadt regierenden Elite angehörten, kann man doch auf einen ähnlichen sozialen Status schließen.

Der Danziger und der Elbinger Gesellschaft gemeinsam ist auch, daß ihre Mitglieder nicht den örtlichen wissenschaftlichen Institutionen, also den Akademischen Gymnasien, angehörten, obwohl gerade während dieser Zeit an den bekannten Schulen in Danzig, Elbing und Thorn Professoren wirkten, die sich nicht nur im Geiste der Aufklärung zu bilden suchten, sondern auch die Prinzipien des Rationalismus vertraten.

Wenn auch zwischen dem Niedergang der Societas litteraria in Danzig und in Elbing sowie der Gründung der Societas Physicae experimentalis nur eine verhältnismäßig kurze Zeitspanne lag, so trennte sie im Grunde eine ganze Epoche. Die aufklärerischen Tendenzen, die in den zwanziger Jahren des 18. Jahrhunderts auftauchten, erstarkten entscheidend in den folgenden zwanzig Jahren und entwickelten sich in Danzig unter veränderten und günstigen Voraussetzungen. Vor allem wuchs die Zahl derjenigen Personen, die sich den Wissenschaften zugewandt hatten. Viele von ihnen entstammten der Gruppe der "litterati", wie z.B. der Schwiegersohn Jakob Kleins, Daniel Gralath. Beide gehörten dem ersten Vorstand der Societas Physicae experimentalis an. Aus ihren Reihen kamen auch Gottfried Reyger und andere. Die bekanntesten Mitglieder aber, wie David Kade und Johann Scheffler, gehörten nicht zu der Gruppe, die Danzig regierte. Auch die Professoren des Akademischen Gymnasiums begannen nun eine führende Rolle zu spielen, so Michael Christoph Hanow, Heinrich Kühn und Christian Sendel [12]. Eine Analyse der Mitglieder in bezug auf ihre soziale Schicht ergibt eine Art Demokratisierung während der ersten Jahre der Gesellschaft. Angehörige verschiedener sozialer Schichten, Kenner verschiedener Wissenschaftszweige, vor allem aber Vertreter verschiedener Anschauungen konnten offenbar aufgenommen werden.

Außerdem fand diese Gesellschaft, die am 2.1.1743 gegründet worden war, günstige politische Voraussetzungen für ihre Tätigkeit. Danzig befand sich damals in einer schwierigen Wirtschaftslage. Der Getreidehandel, durch Jahrhunderte die Grundlage des Wohlstandes der Stadt, befand sich in einer Krise. In den zwanziger Jahren des 18. Jahrhunderts hatte der Getreidehandel immerhin noch zwei Drittel des Umfangs vom Ende des 17. Jahrhunderts. In den dreißiger

Jahren aber sank er von 40 000 Lasten jährlich in den Jahren 1720 bis 1725 auf 14 800 Lasten jährlich in den Jahren 1735 bis 1740 und auf 14 000 Lasten jährlich in den Jahren 1740 bis 1745 [13]. Die Krise des Getreidehandels wirkte sich nicht nur auf diejenigen aus, die unmittelbar damit zu tun hatten, sondern auf alle Bürger der Stadt. Die Versuche, einen Ausweg zu finden, blieben ergebnislos. So erhielten die Grundsätze der Aufklärung eine besondere Anziehungskraft: Die Wissenschaft erhielt ja den neuen Rang der Nützlichkeit, sie versprach, dem Wohl der Menschen und ihren Lebensbedürfnissen zu dienen. Dadurch entstand eine neue Atmosphäre für die wissenschaftliche Arbeit. Ein Zeichen dafür ist der Erfolg der wissenschaftlichen und moralischen Zeitschriften, die in den dreißiger und vierziger Jahren des 18. Jahrhunderts in Danzig herausgegeben wurden [14] und sicher dazu beigetragen haben, daß dieser neue Geist in der Zeit von 1743 bis 1756 vor allem in der Naturforschenden Gesellschaft fruchtbar wurde. Das ist besonders hervorzuheben, weil zu jener Zeit die Ideen der Aufklärung nur auf diese Weise und in kleinen Kreisen Verbreitung fanden.

Die Naturforschende Gesellschaft war das Sammelbecken für die hervorragenden Geister Danzigs und das Zentrum für die Verbreitung der Aufklärungsideen. Sie vereinigte in sich nicht nur "Naturforscher", sondern auch diejenigen, für die die Ideen der Aufklärung - der Rationalismus, der Kritizismus und der Forscherdrang - Maximen ihres Strebens waren. Ihr Wegweiser war Christian Wolffs Buch "Experimenta physica, oder allerhand nützliche Versuche, dadurch zu genauer Erkenntniss der Natur und Kunst der Weg gebahnet wird", ihr Ziel war nicht nur die Diskussion, sondern vor allem auch die Forschung und die Veröffentlichung von deren Ergebnissen. Zieht man diese Merkmale in Betracht, so entspricht die Naturforschende Gesellschaft den Kriterien der Aufklärung.

Schwieriger ist es, die erste wissenschaftliche Gesellschaft in Thorn einzuordnen. Obgleich sie viel später und unter dem Einfluß der Naturforschenden Gesellschaft entstand, muß sie anders eingestuft werden. Die innere Organisation und die Formen ihrer Tätigkeit ähneln denen der Societas litteraria in Danzig und Elbing. Der Initiator der Gesellschaft, Dittmann, äußerte sich über ihre Haupttätigkeit, die Diskussionen, folgendermaßen: Auf den Versammlungen habe "man den Stoff aus den drei Gebieten der Natur" gewählt, "dabei bewunderte man die Allmacht und Weisheit des Schöpfers". Freilich muß hinzugefügt werden, daß Dittmann Pastor war und diesen Bericht an seinen Schwiegervater, den Pastor Bobrik in Marienburg, sandte. Im allgemeinen mieden die wissenschaftlichen

Gesellschaften dieser Zeit theologische Probleme. So könnte Ditt-
manns Bericht den Charakter einer Verteidigung gegen Vorwürfe,
die von Seiten konservativer Geistlicher erhoben worden sein dürften, erhalten.

Die Gründung der wissenschaftlichen Gesellschaft in Thorn fiel
in eine ungünstige Zeit. Die hervorragenden Gelehrten an diesem
Ort, Jaenichius, Schultz, Zabler, Zernecke, lebten nicht mehr.
Ihre Nachfolger, wie z.B. Johann Daniel Hoffmann und Johann Georg Elsner, erreichten nicht ihren Rang. Das war wohl entscheidend für den Mangel an Initiative und den raschen Zerfall. In den
mündlichen Verhandlungen und in den Schriften herrschte die geschichtliche, juristische und moralische Thematik vor, die für die
Frühaufklärung bezeichnend ist. So darf man wohl die wissenschaftliche Gesellschaft in Thorn als typisch für die Übergangsperiode
vom Barock zur Aufklärung ansehen.

                                III

Auf Grund der Analyse der ersten wissenschaftlichen Gesellschaften können bei der Periodisierung der Frühaufklärung in Polen zwei
Entwicklungsphasen unterschieden werden, wobei die erste vom Anfang des 18. Jahrhunderts bis etwa 1740 und die zweite von 1740 bis
zum Ende der sechziger Jahre währt. Die erste Periode kann als
"Phase der aufgeklärten Individualitäten" bezeichnet werden. Diese
"aufgeklärten Individualitäten" sind während dieser Zeit überall in
Polen vorhanden, jedoch befanden sie sich wegen der besonderen materiellen und kulturellen Bedingungen vor allem im preußischen Teil,
und dort in den großen Städten dieses Gebietes. Die ersten Gelehrten der Aufklärung stammten aus den führenden Schichten, und ihre
Bildung trug noch den Charakter der Barockzeit. Sie arbeiteten in
der Isolation, und obwohl die Ergebnisse ihrer Tätigkeit bekannt
sind, ist es oft schwierig, die für die Barockzeit typischen Formen
von denen für die Aufklärungszeit bezeichnenden - vor allem im Bereich der Historie, des Rechts, der Bibliographie usw. - zu unterscheiden. Die ersten Versuche zur Gründung wissenschaftlicher Gesellschaften mußten unter diesen Umständen auf unüberwindliche
Hindernisse stoßen.

Die zweite Epoche kann "Phase der intellektuellen Eliten" genannt
werden. Dabei war die Stellung und Macht der Elite differenziert
und von der konkreten Situation, in der sie wirkte, abhängig. Die
Naturforschende Gesellschaft in Danzig nahm auf Grund ihrer Ar-
beitsergebnisse nicht nur die erste Stelle in Polen, sondern auch

einen führenden Platz in Europa ein. In anderen Städten fehlten diese günstigen Voraussetzungen. Man gründete zwar Gesellschaften,
sie konnten die Krisen aber nicht überstehen. Sowohl die gelehrte
Gesellschaft in Thorn, als auch der Versuch der Brüder Załuski,
die Marianische Akademie in Warschau zu gründen, sind Beispiele
dafür [15]. Allerdings entstanden andere Formen der Zusammenarbeit
von Gelehrten. In diesem Zusammenhang sei an die "Thornischen
Nachrichten von Gelehrten Sachen" und deren Herausgeber Willamo-
vius erinnert [16]. In der ersten Hälfte der sechziger Jahre des 18.
Jahrhunderts erschienen hier Aufsätze über wissenschaftliche Arbeiten inner- und außerhalb Polens. So wurden sie zu einem Forum des
Gedankenaustauschs und regten zu wissenschaftlicher Tätigkeit an [17].

Abschließend sei noch der Versuch gemacht, das Wirken der Naturforschenden Gesellschaft in Danzig und die ephemere Tätigkeit
anderer Gesellschaften in Verbindung mit ihrer materiellen Unterstützung zu bringen. In der polnischen Geschichtswissenschaft unterscheidet man zwei Formen des Mäzenatentums: das bürgerliche und
das der Magnaten. Dazu kommt noch das königliche Mäzenatentum,
z.B. während der Regierungszeit Stanisław August Poniatowskis.
Die materielle Lage der Danziger gelehrten Gesellschaft läßt sich
dadurch charakterisieren, daß ein Teil ihrer Mitglieder wohlhabend
war und die wissenschaftliche Tätigkeit selbst finanzieren konnte.
Eine zweite Gruppe, die Ärzte und Kaufleute, hatten eine ähnliche
Bildung wie diese "litterati" und verfügten gleichfalls über Mittel.
Die Professoren des Akademischen Gymnasiums hingegen fanden in
der wissenschaftlichen Gesellschaft die materielle Grundlage für
ihre wissenschaftliche Tätigkeit, denn dank mancherlei Stiftungen
verfügte diese über ein Vermögen und über Sammlungen.

Das Mäzenatentum der Magnaten unterschied sich von dem der
Bürger, da es trotz seiner Verdienste um die Kultur die Arbeit oft
von dem Willen des Mäzens, von seiner Bildung, seiner Persönlichkeit und von vielen anderen Faktoren abhängig machte. Als Beispiel
können die bekannten Auseinandersetzungen zwischen der Naturforschenden Gesellschaft in Danzig und dem Fürsten Jablonowski genannt werden, die dann zu der Verlegung seiner Stiftung nach Leipzig führten, wo diese sich unter veränderten Verhältnissen zu der
berühmten Societas Jablonoviana wandelte.

Anmerkungen

[1] Kazimierz Opałek: Oświecenie. In: Historia nauki polskiej. Bd.2, Wrocław 1970, S.233 ff.; Ryszard W. Wołoszyński: Pokolenie oświeconych. Warszawa 1967, passim.

[2] Theodor Hirsch: Literarische Gesellschaften in Danzig während des 18. Jahrhunderts. In: Mitt. d. Westpreußischen Geschichtsvereins 1905, Jg.4, Nr.3, S. 52 ff.; Łukasz Kurdybacha: Stosunki kulturalne polsko-gdańskie w XVIII wieku. Gdańsk 1937, S. 16 ff.

[3] Hirsch a.a.O. S. 52 f.

[4] Constitutio Societatis Litterariae § 10 (vgl. Kurdybacha a.a.O., S. 38)

[5] Als Gäste wurden eingeladen: die Ärzte J. Ph. Breyne, G. Remus, D. Kade, ein Ratsherr, K.G. Hecker, der sich mit Physik und Mechanik befaßte, und der Stadtsekretär J. Th. Klein, der Gründer eines botanischen Gartens. Vgl. Hirsch a.a.O. S. 53 f.

[6] Marian Pawlak: Dzieje Gimnazjum Elbląskiego. Olsztyn 1970; Stanisław Gierszewski: Elbląg. Przeszłość - teraźniejszość. Gdańsk 1970, S. 145 ff.; Edward Carstenn: Geschichte der Hansestadt Elbing. Elbing 1937, S. 403; Breyne:Journal unserer Elbinger Reise 1743. In:Elbinger Jahrb. 1926,S.44.

[7] Eduard Schumann: Geschichte der Naturforschenden Gesellschaft in Danzig 1743-1792 = Schriften der Naturforschenden Gesellschaft Bd.8, Danzig 1893; Kazimierz Kubik: Współpraca Gimnazjum Akademickiego z Towarzystwem Przyrodniczym w Gdańsku. In:Gdańskie Gimnazjum Akademickie. Gdynia 1959, S. 153.

[8] Irena Voisé-Maćkiewicz: Andrzej Christlieb Dittmann o toruńskim Towarzystwie Uczonym. In: Kwartalnik Historii Nauki i Techniki 1959, 4, Nr. 3

[9] So z.B. K. Opałek a.a.O., S. 266 ff.

[10] Edmund Cieślak: Konflikty polityczne i społeczne w Gdańsku w połowie XVIII w. Gdańsk 1972; ders.: Einige Probleme der politischen und sozialen Auseinandersetzungen in Danzig in der Mitte des 18. Jhs. In: Neue Hansische Studien. Berlin 1970.

[11] Nicht, wie Carstenn S.403 meint, nach dem Vorbild deutscher Dichterorden.

[12] Kubik a.a.O. S. 182 ff.

[13] Cieślak: Konflikty a.a.O. S. 14.

[14] Jerzy Kasprzyk: Gdańskie czasopiśmiennictwo naukowe i moralne w pierwszej połowie XVIII wieku. = Rocznik Gdański Bd. XXVII, 1968.

[15] Vgl. H. Lemke: Die Brüder Załuski und ihre Beziehungen zu Gelehrten in Deutschland und Danzig. Berlin 1958; Władysław Smoleński: Towarzystwa naukowe i literackie w Polsce w XVIII wieku. In: Pisma Bd.2, Kraków 1901.

[16] Stanisław Salmonowicz: Lata toruńskie Johanna Gottlieba Willamowa (1736 - 1777), poety z Morąga. In: Komunikaty Warmińsko-Mazurskie 1973, Nr. 1,2.

[17] Maria Dunajówna: Z dziejów toruńskiego czasopisma "Thornische Wöchentliche Nachrichten und Anzeigen" (1760-1772). Toruń 1960; dieselbe: Pierwsze toruńskie czasopismo naukowe w XVIII w. "Das Gelehrte Preussen". In: Księga Pamiątkowa 400-lecia Toruńskiego Gimnazjum Akademickiego. Toruń 1972, S. 241 ff.

AUFGEKLÄRTES GEDANKENGUT IN DER TÄTIGKEIT DER DEUTSCHEN GESELLSCHAFT IN KÖNIGSBERG

Von Gerard Koziełek

Im Jahr 1726 wurde Johann Christoph Gottsched zum Senior der Deutschübenden poetischen Gesellschaft in Leipzig gewählt, einer jener Vereinigungen, die noch im 17. Jahrhundert zur Pflege der deutschen Sprache, Dichtkunst und Kultur entstanden waren. Erfüllt von dem Gedanken, der deutschen Literatur ein internationales Ansehen zu verleihen, machte er sich bald daran, die Gesellschaft nach dem Vorbild der Académie Française zu reorganisieren. Von 1727 an lautete ihr offizieller Name Deutsche Gesellschaft, womit anstelle des bisherigen lokalen Charakters ihr nationales Gepräge hervorgehoben werden sollte. In der Tat war es Gottscheds Absicht, mit der Leipziger Gesellschaft eine Instanz für ganz Deutschland zu schaffen, wo Literatur- und Sprachstreitigkeiten ausgetragen werden konnten. Um ihren Einfluß über die regionalen Grenzen hinaus auszudehnen, wurden auf seine Anregung hin zahlreiche Schwestergesellschaften gegründet, wie etwa in Jena (1728), Weimar (1733), Halle (1736), Göttingen (1738) und in anderen Kulturzentren Deutschlands.

Mittler zwischen Königsberg und Leipzig wurde Cölestin Christian Flottwell, nachmaliger Professor für deutsche Beredsamkeit an der Albertina sowie Rektor der Kneiphöfschen Domschule. Bereits während seines Studiums in Jena begeisterte er sich für die Aufklärung. Seitdem er 1736 zusammen mit dem Königsberger Oberhofprediger Johann Jakob Quandt den "Literaturpapst" Gottsched in Leipzig besucht hatte, trug er sich mit dem Gedanken, in Königsberg eine Deutsche Gesellschaft [1] zu gründen. Ihre ersten Statuten wurden am 15. November 1741 unterschrieben, vierzehn Tage darauf hielt Flottwell die Eröffnungsrede. Die eigentliche Tätigkeit begann jedoch erst zwei Jahre später, nachdem die Gesellschaft am 18. August 1743 ein königliches Privileg erhalten hatte und am 21. November desselben Jahres eingeweiht worden war. Dieses letzte Datum ist ihr formeller Gründungstag.

Außer dem Prädikat "königlich" durfte die Deutsche Gesellschaft ein eigenes Siegel führen, bekam ein Zimmer im königlichen Schloß und "eine Quantität Brennholz" bewilligt. Neben diesen zwar recht prosaischen, doch für das weitere Gedeihen sehr wichtigen Zusagen erlangte sie auch die "Vollmacht, einen Protektor aus der Königlichen Regierung und einen Präsidenten und Direktor [2] zu wählen,

Ehren- und ordentliche Mitglieder zu ernennen und ihnen Diplome
auszufertigen" [3] . Sie war der königlichen Regierung unmittelbar un-
terstellt; ihren Schriften wurde Zensurfreiheit zugesichert, ein Vor-
recht, mit dem sich die Universität, die damals die Zensur ausübte,
nicht immer abfinden wollte.

Ihre Versammlungen fanden anfangs zweimal wöchentlich statt,
desgleichen am Stiftungstag, am Geburtstag des Königs und am
Karfreitag; an anderen Gedenktagen und aus besonderen Anlässen
wurden Sondersitzungen einberufen. Die Gesellschaft verfügte bald
über eine eigene Bibliothek und nahm Verbindungen zu anderen ähnlichen Vereinigungen auf. Eine besonders rege Korrespondenz entwickelte sich dank persönlicher Kontakte Flottwells mit Greifswald
und Jena, vor allem aber mit "dem damaligen Dictator in der deutschen Philologie, Gottsched ... Dieser nahm sich vorzüglich der
neuen Gesellschaft an, interessierte sich für die Verbreitung ihrer
Schriften, censirte diese auch bisweilen, beschenkte die Gesell-
schaftsbibliothek, aber vorzüglich war er geschäftig in der Empfehlung neuer Mitglieder, und ängstlich besorgt, daß sich nicht irgend ein falscher Bruder, der es mit den Schweizern oder Göttin-
gern hielte, einschliche" [4] . Dieser Hinweis Samuel Gottfried Walds
ist bezeichnend, zeigt er doch, daß Gottsched durch individuelle Anteilnahme und nicht zuletzt auch durch Einmischung in die Arbeit
der Königsberger Gesellschaft - und gewiß nicht nur dieser - seinen
Machtanspruch auf dem Gebiete der Sprache und Literatur auszudehnen und zu festigen wußte. Das machte sowohl ihre Stärke als auch
ihre Schwäche aus. Einerseits verlieh ihr die Persönlichkeit Gottscheds ein Profil, das deutlich seinem Erneuerungsprogramm angepaßt war, andererseits jedoch verschloß sie sich anderen befruch-
tenden Einflüssen.

Die Ziele, die die Gesellschaft anstrebte, waren "kritische Berichtigung und sorgfältige Ausbildung der deutschen Sprache durch
eigene Abhandlungen und vorzüglich durch gute Übersetzungen ausländischer Meisterwerke"; hinzu kam die Kultivierung der schönen
Wissenschaften mit besonderer Berücksichtigung der Beredsamkeit
und Dichtkunst [5] . Wie sehr aber alle diese Vereinigungen des 18.
Jahrhunderts trotz der veränderten Zeitumstände immer noch den
ehemaligen Sprachgesellschaften verpflichtet waren, dafür zeugt
das Amt des Zensors, der bei Beurteilung der Reden "in Ansehung
der Reinlichkeit der Sprache" unter anderem darauf zu achten hatte, "damit Kein provincialwort, Kein pöbelmässiger oder gemeiner
Ausdruck, ja Kein fremdes Wort ohne Noth gebraucht werde" [6] , ein
Amt, das es auch noch in der Königsberger Gesellschaft gab.

Abgesehen von der fortschrittlichen wissenschaftlichen Zielsetzung der Gesellschaft und der Tatsache, daß sie gerade im 18. Jahrhundert zum geistigen Aufschwung Königsbergs entschieden beigetragen hat, darf auch ihre progressive Struktur nicht übersehen werden. Da im Unterschied zur elitären Freien Gesellschaft [7] die Anzahl der Mitglieder unbeschränkt war, konnten alle geeigneten Männer in ihr ein Betätigungsfeld finden. Mit Recht konstatiert F. Gause: "Sie war nicht eine ständische Korporation ... , sondern die erste freie bürgerliche Vereinigung in der Geschichte Königsbergs [8]." Diese Organisationsgrundlage muß als typisches Signum des aufgeklärten Zeitalters gewertet werden.

Ein Sproß der Königsberger Deutschen Gesellschaft war die sogenannte Frauenzimmerakademie. Sie entstand im Geiste Gottscheds, dessen Bemühungen um die Bildung des weiblichen Geschlechts auch in der Leipziger Wochenschrift "Vernünftige Tadlerinnen" ihren Ausdruck fanden, und unter den direkten Auspizien seiner Frau. Während eines Besuchs des Ehepaars in der Pregelstadt versammelte Flottwell Frauen und Mädchen aus den gebildeten Kreisen im Hause des Juristen Reinhold Friedrich Sahme, wo sie fortan zur Pflege der Literatur und Musik zusammentrafen.

In der ersten Phase ihrer Tätigkeit, d.h. unter dem Direktorat Flottwells konzentrierte sich die Gesellschaft auf die Pflege der deutschen Sprache. Und dieser Zweck wird in allen Stiftungsurkunden und Eröffnungsreden immer wieder hervorgehoben [9]. Gottsched selbst förderte auch eifrig den Plan, ein deutsches Wörterbuch zu erarbeiten, zu dem im Laufe des Jahres 1744 mehrere Beiträge geliefert wurden. Doch nach anfänglichem Eifer geriet das Unternehmen bald ins Stocken.

Ersatz hierfür sollte wohl ein Lexikon der preußischen Provinzialwörter sein, das kurz darauf in Angriff genommen, aber nicht so bald fertiggestellt wurde. Erst nachdem der Professor der Poesie J.G. Bock das "Idioticon Prussicum" (Königsberg 1759) herausgegeben hatte, das jedoch große Mängel aufwies, wurde unter dem Direktorat Johann Gotthelf Lindners die eigentliche Arbeit wieder aufgenommen und von Georg Ernst Sigismund Hennig zu Ende geführt. Dieser konnte 1785 im Namen der Gesellschaft das "Preussische Wörterbuch" veröffentlichen.

Ein drittes nützliches Unternehmen dieser Art war ein Versuch, die deutsche Rechtschreibung zu regeln. Die Anregung hierzu ging vom Direktor der Deutschen Gesellschaft in Jena, dem Professor Karl Gotthelf Müller, aus, der eine Zusammenarbeit mit Königsberg anstrebte. Anscheinend blieben aber die diesbezüglichen Ar-

beiten auf Königsberg beschränkt. Sie können nicht sehr tiefgrei-
fend gewesen sein, denn schon in einem Protokoll unter dem 15.
Mai 1743 heißt es: "Heute wurde der Originalentwurf der Deutschen Rechtschreibung vorgelesen und von den sämmtlichen Mitgliedern gebilliget und als ein Gesetz auf künftige Zeiten angenommen." [10] Immerhin erschienen 1754 die zweieinhalb Druckbogen umfassenden "Kurzgefaßten Grundregeln der deutschen Rechtschreibung".

Vom wissenschaftlichen Standpunkt aus sind alle diese Bestrebungen nicht allzuhoch einzuschätzen. Sie drücken aber ein ehrli-
ches Bemühen aus, den vorherrschenden Tendenzen Rechnung zu
tragen. Das zeigt vor allem die große Zahl der Vorträge, die sich
für die Zeit von 1751 bis 1757 auf 462 "ordentliche Arbeiten" be-
läuft. Allerdings stellt nach knapp 150 Jahren G. Krause fest: "Freilich, die schriftstellerischen Leistungen sind für unseren jetzigen
Geschmack ungenießbar. Gleich Wesen, die aus einem langen und
tiefen Schlaf aufgerüttelt werden, schauen uns diese litterarischen
Machwerke mit verstörten und verwunderten Augen an. Ein völlig
überwundener Geschmack herrscht in ihnen. Der Stil ist zopfig
und steif, die Gedanken sind oft weit hergeholt oder trivial. Schwung
und Phantasie fehlen fast durchweg. Schon die Themata machen zum
Teil einen wunderlichen und seltsamen Eindruck." [11]

Ein weiteres Ergebnis der schriftstellerischen Tätigkeit war
"Der Königlichen deutschen Gesellschaft in Königsberg eigene Schriften in ungebundener und gebundener Schreibart. Erste Sammlung"
(Königsberg 1754), für deren Erscheinen sich Gottsched mehrfach
persönlich eingesetzt hatte. Er ließ es sich auch nicht nehmen, eine
Widmung an Friedrich II. von Preußen hinzuzufügen. Die Sammlung
enthält insgesamt dreiundfünfzig Stücke, die durchweg anonym veröffentlicht wurden. "Der Inhalt dieser Gedichte, Reden, Sendschreiben und Aufsätze ist sehr mannigfaltig; im ganzen umfaßt er die Gebiete, welche von den Herausgebern selbst in dem Vorbericht angedeutet werden: 'die Ehre der Religion, die Ehrfurcht' gegen den
Stifter der Gesellschaft, 'die Hochschätzung des Vaterlandes, die
Reinigkeit der Sittenlehre, und die gereinigte Menschenliebe'." [12]

Der Siebenjährige Krieg wirkte sich auf die Königsberger Deutsche Gesellschaft sehr ungünstig aus. Während der russischen Be-
satzungszeit wurde sie vom zuständigen Gouverneur aufgelöst. Nach
Flottwells Tod im Jahre 1758 wählte man daher zunächst auch keinen neuen Direktor. Die Wiedereröffnung fand am 24. Januar 1766
statt [13]. Mit den aus diesem Anlaß publizierten Reden und Gedichten trat die Gesellschaft wieder in die Öffentlichkeit. 1771 folgte

ein weiterer Band "Abhandlungen und Poesien" [14]. Im Vorbericht
werden die Ziele der Gesellschaft folgendermaßen präzisiert: "Diese Abhandlungen und Poesien sollen Zeugniße der Beschäftigungen
eines Instituts seyn, das unter dem Gnadenbrief Friedrichs in frei-
en Künsten und schönen Wissenschaften arbeitet, und dessen Hauptzweck die Verbindung der Cultur der deutschen Sprache und der
Aesthetik mit der Gelehrsamkeit und ihren Disciplinen ist." [15] Des
weiteren erschienen noch 1773 und 1776 zwei Sammlungen "Char-
freitagsreden".

Seit Lindners Tod trat ein erneuter Stillstand ein, der bis 1783
andauerte. Schließlich wurde auf Veranlassung des damaligen Pro-
tektors, des Kanzlers Friedrich Alexander von Korff, G.E.S Hennig zum Direktor gewählt.

Die fruchtbarste Periode der Königlichen Deutschen Gesellschaft
in Königsberg fällt in die Zeit, als Samuel Gottfried Wald das Direktorat innehatte. Am 25. September 1788 löste sich die Freie Gesellschaft auf, und ihre Mitglieder traten der Deutschen Gesellschaft
bei. Die mitunter recht unerquickliche Rivalität beider Institutionen
fand dadurch ihr Ende. Auf Grund einer Statutenveränderung entstanden vier Wissenschaftsklassen: eine philologische, eine historische, eine ästhetische und eine philosophische. Es wurde beschlossen, die Zeitschrift "Preußisches Archiv" herauszugeben
und ein Museum einzurichten. Alle diese Maßnahmen bewirkten,
daß sich der Ausstrahlungsradius der Gesellschaft erweiterte; sie
hörte auf, "blos ein Uebungs-Institut für akademische Bürger zu
seyn" [16].

Einen nicht zu unterschätzenden Einfluß auf die Volksbildung hatte das Organ der Gesellschaft "Preußisches Archiv" (1790-1798).
In den achtziger Jahren waren in Königsberg zwar mehrfach Versuche unternommen worden, eine Literaturzeitung ins Leben zu rufen, doch weder das "Preußische Tempe" noch das "Preußische Magazin" oder die "Preußische Monatsschrift" kamen über bescheidene Anfänge hinaus. Als mit dem neunten Jahrgang das Erscheinen
der neuen Zeitschrift eingestellt werden mußte, konnten die Herausgeber mit Recht behaupten, "daß dieses Preußische Archiv die erste Monatsschrift war, die sich in Preußen so viele Jahre noch erhalten konnte" [17]. Fügt man hinzu, daß jeder Jahrgang einen Umfang
von acht- bis neunhundert Seiten hatte, so darf von einem für jene
Zeiten durchschlagenden Erfolg gesprochen werden.

Die Herausgeber Hennig und Wald beabsichtigten, eine Zeitschrift
zu schaffen, "welche die Einwohner dieses Landes mit seinem politischen und gelehrten Zustande, in älteren und neueren Zeiten" be-

kannt machen und das vollbringen würde, "was das Journal von und
für Deutschland, die Schlesischen Provinzialblätter, das Pommer-
sche Archiv, die Annalen der Braunschweig-Lüneburgschen Chur-
lande etc. für ihre Provinz leisteten."[18] Mit dieser Erklärung wird
zugleich auf den lokalen Charakter des "Preußischen Archivs" hingewiesen, was bei seiner Bewertung nicht unberücksichtigt bleiben
darf. Wenn die Redaktion in der Folgezeit über das eingangs ange-
kündigte Programm hinausging, dann wolte sie dadurch gewiß dem
Interesse breiterer Volkskreise an allgemeinbildenden Themen wie
auch an Neuigkeiten jeglicher Art Rechnung tragen.

Ungeachtet des verhältnismäßig zahlreichen Mitarbeiterkreises,
ist im "Preußischen Archiv" kein Name von allgemeindeutschem
Rang vertreten. Vergeblich sucht man einen Theodor Gottlieb Hippel, den Verfasser der "Lebensläufe nach aufsteigender Linie",
oder Johann George Scheffner. Lediglich der junge Zacharias Werner veröffentlichte einige Beiträge, E.T.A. Hoffmann jedoch stand
abseits. Weder Kant noch Hamann gehörten der Gesellschaft an.
Herder wurde zusammen mit Goethe und Wieland anläßlich des fünf-
zigjährigen Jubiläums die Ehrenmitgliedschaft verliehen. Der Name Schillers wird nirgends genannt, obgleich die Gesellschaft mit
ihren Diplomen recht freigebig umging.

Im "Preußischen Archiv" wurden die mannigfaltigsten Themen
berührt. Die einheimische Literatur[19] war vor allem mit patriotischen Gesängen sowie Gelegenheitsgedichten politischen und persönlichen Gepräges vertreten. Weniger zahlreich sind die Übersetzungen aus fremden Sprachen; es sind dies vor allem einige Neula-
teiner und Auszüge aus Virgils "Georgica". Über die außerpreußi-
sche Literatur wird fast nur in einem Aufsatz von K.G. Bock[20] etwas gesagt, demgegenüber werden sprachliche Fragen öfter behandelt[21]. Stärker ist das Interesse an der Geschichte - besonders
Preußens - und der Mythologie der Urbewohner des Landes. Nicht
selten werden Urkunden und Abbildungen von Siegeln abgedruckt; es
wird über Gräberfunde berichtet oder über dem Museum zugegan-
gene Spenden. Großer Aufmerksamkeit erfreuen sich die Stadtchro-
niken und Biographien verdienter Männer. Ein beliebtes Thema sind
Reisebeschreibungen.

Von zeitgenössischen Problemen nimmt die Erörterung des Schulwesens in (Ost-)Preußen den ersten Platz ein. Mitgeteilt werden
ferner neue Erkenntnisse auf dem Gebiete der Agronomie, der Veterinärmedizin und der Naturwissenschaften, denn "ein großer Teil
des Aberglaubens gründet sich augenscheinlich auf solche Phänome-
ne, die der gemeine Mann zufällig sieht, und nach seiner Weise

deutet, und die der Naturforscher nicht kennt, weil er noch immer
zu wenig in und mit der Natur lebt"[22]. Es finden sich hier auch einige Notizen über technische Erfindungen. In aller Kürze werden die
neuesten Publikationen angezeigt wie auch die in der Gesellschaft
gehaltenen Vorträge. Eine ständige Rubrik bilden genealogische Nachrichten über preußische Adelsfamilien und eine Art Familienchronik
für Königsberg, die über Geburten, Heiraten und Todesfälle informiert.

Stand auch der größte Teil der Dichtungen, Abhandlungen und Informationen im Dienste einer - im weitesten Sinne zu verstehenden -
Volksaufklärung, so können in den folgenden Ausführungen doch nur
diejenigen Arbeiten berücksichtigt werden, in denen das Gedankengut des "philosophischen Zeitalters" einen deutlichen Niederschlag
gefunden hat.

Wie bereits angedeutet, erachteten es viele Mitglieder der Deutschen Gesellschaft als ihre wichtigste Aufgabe, Geschichtsforschung
zu betreiben. Diese Priorität der historischen Untersuchungen gegenüber anderen Wissenschaftszweigen, besonders der Philosophie,
basiert auf einem Grundsatz des "bedeutendsten Vorkämpfers der
protestantischen Theologie in der zweiten Hälfte des achtzehnten Jahrhunderts"[23] Johann Salomo Semler. Er lautet: "Durch Geschichte ist
die Welt aufgeklärt worden."[24] In der "Abhandlung von freier Untersuchung des Kanons" (Halle 1771-1775), einer der wichtigsten Schriften seiner Zeit, beansprucht Semler auch in bezug auf die Bibel das
Recht einer genauen Textkritik, denn nur auf einer einwandfreien
Textgrundlage könne zum richtigen Verständnis der Tatsachen vor-
gedrungen und eine allgemeingültige Interpretation vorgenommen
werden. S.G. Wald, der obige Maximen bezeichnenderweise im ersten Jahrgang des "Preußischen Archivs" zitiert, unterstreicht sie
noch durch die Forderung seines Lehrmeisters, "mehr Geschichte
als Philosophie zu studieren, indem ein jedes philosophisches System
so allgemein wahr und allein seligmachend seyn wolle, als das Katholische Glaubenssystem, ohnerachtet ein philosophisches System nach
dem anderen einstürzt, historische Wahrheiten aber ewig fest stehen". (S.337)

Aus dieser Äußerung ist ersichtlich, daß sich Semler zu der Lehre Wolffs von der Teilung der Wissenschaften in philosophische oder
rationale und historische oder empirische bekennt. Wenn er - wie
auch die Königsberger Gelehrten in dem "Preußischen Archiv" -
den letzteren den Vorzug gibt, so deswegen, weil die geschichtlichen
Tatsachen für die Rechtswissenschaft und die Philosophie authenti-
sches Beweismaterial hergeben, auf Grund dessen deren Hypothesen

glaubwürdig gemacht werden. So sagt auch der Universitätsprofes-
sor Theodor Schmalz in seiner Abhandlung "Über den Ursprung des
Adels"[25] : "Jede Untersuchung über Verfassung der Staaten sollte
die Philosophie nie anders, als an der Hand der Geschichte unternehmen." (S. 38).

Semlers Einfluß war im Königsberger Kreis besonders im Bereich
der Religions- und Kirchengeschichte wirksam. Aber im Gegensatz
zu seiner und der von den meisten deutschen Neologen repräsentierten historisch-kritischen Methode bei der Erforschung des Christentums begnügten sich die professionellen und dilettierenden Historiker der Gesellschaft lediglich mit einer polemischen Deutung, wie
sie u.a. von den englischen und französischen Deisten praktiziert
wurde. Bekanntlich war es in erster Linie Voltaire, der in seinen
geistvollen Schriften die Kirche als Träger von Aberglaube und Igno-
ranz darstellte und der mit beißender Ironie ihr Fanatismus und Unterdrückung vorwarf. Dementsprechend verlangte man auch in Königsberg, "daß die Pflicht eines Geschichtsschreibers es schlech-
terdings erfordert, alle die Fabeln zu übergehen ... Denn der Geschichtsschreiber ist nicht Sammler von Volkssagen"[26].

Ein typisches Beispiel für die französische Denkart liefert Graf
von Lehndorffs Abhandlung "Über Europa im Mittelalter"[27]. Wie der
Verfasser selbst bemerkt, legte er ihr "ein kleines französisches
Werkchen mit sehr vielem gesunden Menschenverstande" zugrunde.
(S. 327). Während Lehndorff das eigentliche Thema sehr oberfläch-
lich behandelt, kann er sich nicht genug tun in Witzeleien und spötti-
schen Ausfällen gegen die katholische Kirche. Sie hatte seiner Meinung nach noch eine gewisse Berechtigung im 10. Jahrhundert, denn
da "blühte die Gelehrsamkeit ... , man las griechisch, und selbst
Mönche thaten mehr als singen und essen!!" (S.340). Aber schon im
11. Jahrhundert habe die Kirche begonnen, Europa zu beherrschen,
und das 12. Jahrhundert "war die Zeit des Fanatismus vom heiligen
Bernhard, der Kreuzzüge, vom heiligen Thomas Becket ... Zer-
schmettert war alle Denkkraft", lautet sein Schluß; Europa war "im
Schlummer der Unwissenheit erstarrt". (S.459 f.). Die Ursache
dieses Zustandes erklärt Lehndorff ganz im Sinne der Enzyklopädisten: "Selten hatten die größten Päbste nur gesunden Menschenverstand; von mehr denn 270 die man bis zum heutigen Tage zählt, glänz-
ten wenige durch gute Werke; der höchste Grad menschlicher Thor-
heit gab hier den Ausschlag, und nun sah man, nicht daß Geist und
Wissenschaften, sondern daß Gewalt der Leidenschaft die Quelle der
Macht wurde. Auch war das päbstliche Reich der Urstoff wahrer Barbarey. Je mehr in tiefes Dunkel die schwarze Nacht sich webte, je

mehr verhüllte der Schleyer, der sich über verschiedene Reiche
zusammenzog, den Geist des Menschen; je mehr der vaticanische
Donner, fürchterlich rollend, die Sterblichen schreckte: um so
mehr verdoppelte sich die Unermeßlichkeit der Finsterniß." (S.458).
Die Abhandlung Lehndorffs zeigt eine verblüffende Übereinstimmung mit einer Arbeit von Zacharias Werner [28], die dieser 1787
der Königlichen Deutschen Gesellschaft vorgelegt hatte. Sie handelte "Über die Entstehung und die Folgen der Kreuzzüge in Rücksicht
auf GeistesAufklärung und Staatsverfassung von Europa" [29]. Bezeichnenderweise findet sich in seinem Aufnahmegesuch ebenfalls jene
charakteristische Formulierung, die den Standpunkt der Königsberger Gesellschaft prägnant umreißt: "Gedrungen durch die Begierde,
an einem Institut Theil zu nehmen, das so sehr fähig ist, den Kopf
aufzuklären, und den Verstand zu veredeln; wage ich es, eine Königliche Deutsche Gesellschaft, um Aufnahme zu einem ordentlichen
Mitgliede derselben, gantz gehorsamst zu bitten." [30]
Wie schon der Titel des Kreuzzug-Aufsatzes besagt, interessiert
Werner weniger der Verlauf der einzelnen Kreuzzüge; er skizziert
ihn nur kurz, da die Tatsachen als bekannt vorausgesetzt werden
dürfen. Wichtiger erscheint es ihm, die Motive aufzudecken, "wie
das Geschrey eines einzigen Bettelmönchs gantze Völcker in Enthu-
siasmus, gantz Europa in Flammen setzen konnte". Die Gründe für
dieses kolossale, zwei Jahrhunderte hindurch andauernde Unternehmen sieht der Verfasser vor allem in der "schändlichen Politick
des damals noch überall würcksamen päbstlichen Hofes, und der
damals im politischen System aller Staaten Europens herrschenden
Verwirrung". Priesterdespotismus und Vorurteil, Aberglaube und
Fanatismus, Zusicherung von Privilegien und Ablässen hätten ein
weiteres getan. Religiöse Unaufgeklärtheit und wirtschaftliche Vorteile der Kreuzfahrer, besonders der Vasallen, wären die treibende Kraft gewesen. Geopolitische Probleme sowie demographische
und soziale Elemente, wie sie aus der Blickrichtung der Aufklärung
bereits angedeutet wurden, blieben bei Werner unberücksichtigt.
So unhuman und verabscheuungswürdig die Kreuzzüge im Grunde
gewesen seien, so hätten sie doch eine "wohlthätige Verkettung der
guten und bösen Folgen" gezeigt. Handel und Verkehr blühten auf,
die Mittelmeerstädte gelangten zu einer noch nie dagewesenen politischen Macht, in Deutschland entstand die Hanse; die Entwicklung des Bürgertums machte große Fortschritte, Sitte und Kultur
verfeinerten, Kunst und Literatur erfuhren anregende Beeinflussung aus dem Orient. So überwogen viele vorteilhafte Nachwirkun-
gen die negativen. Diese Schlußfolgerung ist besonderer Beachtung

wert. Die historische Entwicklung als einen fortwährend in aufsteigender Linie begriffenen Vorgang anzusehen, gehörte zu der Ei-
genart der rationalistischen Geschichtsinterpretation jener Zeit.
Es ist das Verdienst des Schweizer Historikers Isaac Iselin, die
Idee einer ständigen Aufwärtsentwicklung im Leben der Völker in
die Geschichtswissenschaft der Aufklärung eingeführt zu haben. Indem er sich in seinen "Philosophischen Mutmaßungen über die Geschichte der Menschheit" (1764), die 1768 in erweiterter Form mit
dem Titel "Über die Geschichte der Menschheit" erschienen sind,
den Ansichten Rousseaus widersetzte, erklärte er, die Geschichte
"sei der Fortgang von der äußersten Einfalt zu einem immer höheren Grade von Licht. Das Ziel sei die allgemeine Glückseligkeit,
die späte, aber kostbare Frucht der Tugend und Weisheit" [31]. Es
dürfte Karl Ehregott Mangelsdorff, der Nachfolger Jakob Friedrich
Werners auf dem Lehrstuhl für Beredsamkeit und Geschichte an der
Albertina gewesen sein, der Iselins Historiosophie in Königsberg
popularisierte.

Auf der Universität hatte Zacharias Werner aber noch einen anderen und viel berühmteren Lehrer, Immanuel Kant. Dessen "Be-
antwortung der Frage: Was ist Aufklärung?" ist der im Kreuzzug-
Aufsatz enthaltene Gedanke von der selbstverschuldeten Unmündigkeit entnommen, die es dem mittelalterlichen Menschen unmöglich
gemacht habe, das Ränkespiel des römischen Hofes zu durchschau-
en. Die daraus erwachsende Verblendung habe den Papst befähigt,
eine skrupellose Machtpolitik zu betreiben und Millionen unschuldi-
ger Kämpfer zu opfern, "um ein Grab zu erobern". Im Zusammenhang mit der Auffassung von der Progressivität des Geschichtspro-
zesses ist überdies Werners Feststellung wichtig, daß "die allwei-
se Vorsehung ... , die Menschen-Schicksal immer so gut verket-
tet, und selbst in die vernunftlosesten Thaten Keime legt, aus denen früher oder später die herrlichsten Würckungen entsprießen." [32]
Auch in dieser Formulierung kann der Einfluß des großen Königsberger Philosophen erkannt werden, der in der Entwicklung des menschlichen Geschlechts "die Anordnung eines weisen Schöpfers" sieht [33].

Der Kontinuitätsgedanke hat nicht nur in der Geschichtswissenschaft des 18. Jahrhunderts seinen Niederschlag gefunden. Ein Titel wie etwa "Über das allmähliche Emporsteigen des menschlichen
Geistes zur wahren Kenntnis des Weltgebäudes" [34] legt beredtes
Zeugnis ab von einer ähnlichen Blickrichtung im Bereich der ma-
thematisch-physischen Wissenschaften.

Dieselbe antikirchliche Tendenz, die Werners Kreuzzug-Aufsatz
bestimmt, findet man auch in seinen "Vaterländischen Sagen" [35].

Von den beiden Erzählungen ist "Die verwünschte Christburg" besonders kennzeichnend für die Antipathie der aufgeklärten Schicht gegen alle kirchlichen Kongregationen. Frivol werden die "Kreuzherrn, diese kriegerischen geistlichen Amphybien", mit den heutigen "Freudenknaben" verglichen. Sie hätten sich nicht im geringsten um die Anathemata des Papstes gekümmert; "sie ließen ihn einen guten Mann seyn, und schmeckten im Schooß rascher Mädchen Vergnügungen, die ihnen der Seelenumgang mit ihrer heiligen Beschützerin gewiß nie gewähren konnte." (S. 522 f.).

Die von Zacharias Werner geschilderte Vision des ausgelassenen Treibens in der Kreuzritterburg ist ein getreues Abbild dessen, wie sich das aufgeklärte Zeitalter das Leben der Geistlichkeit vorstellte. Er bedient sich hierbei einer Fiktion, indem er einen Schmied, der "als frommer Christ vor fünf Jahren nach Rom gewallfahret, um dort ... sich durch tausend Mühen und Gefahren das Vergnügen zu erringen, einen Lappen zu küssen!", durch die ganze Burg ziehen läßt: "Ein Pfaff stand besoffen am Altar und plerrte sein oremus ... die ganze Brüder Schaar sizt gelagert um einen runden Tisch, in einem schwarzen Zimmer, das durch ein zweideutiges magisches Licht erleuchtet war. Einige würfeln mit Knochen, andere fluchen, andere singen, und überall ist ein Lärm, als sey der jüngste Tag im Anzuge ... eine gedekte Tafel mit Creuzherrn und Dirnen umgeben. Bacchantisches Lärmen, lärmender als das vorige erfüllt den Saal. Immer voll geht der Humpen von Hand zu Hand. Hier sauft eine Menge, indeß die andere brüllt, jener sich des Übermaaßes von Wonne entledigt und dieser den schwarzbekreuzten Mantel zur Unterlage braucht ... Trompeten und Pauken tönen von allen Seiten. Der ganze Saal von tausend Kerzen erhellet, wimmelt von Tanzenden. Halb berauscht führt der rothbärtige Comptur mit der Großmagd den Reihentanz auf, paarweise folgen mit den Bauerndirnen die Creuzherrn, die geistlichen Herren blasen den Dudelsak, und der dikke Dechant wälzt sich mit dem Brumbaß auf der Erde ... zwischen zwei Ruhebetten, der Comptur in einem Winkel zu den Füßen der Schaffnerin, der Dechant schnarchend im Schoos der Großmagd, der Cappellan im zweiten Ruhebettchen gerade im tête à tête und - doch ein Schleier dekke das Heiligthum - Vielleicht sagte ich schon zu viel, gewiß aber noch nicht ein Hundertstel von dem, was unsern Helden, der selbst in Rom so etwas nicht sah, zusehends zur Salzsäule machte." (S. 537 ff.).

Lehndorff und Werner stehen in ihren Bemühungen, den rückschrittlichen Charakter der katholischen Kirche hervorzuheben, nicht allein da. Auch S. G. Wald verlacht in seinem oben erwähn-

ten Aufsatz über die Bekehrungstätigkeit der Missionare in Schlesien und Polen ungesunde Auswüchse, wie etwa die abnormen Lebensgewohnheiten der heiligen Hedwig [36]. Gleichzeitig prangert er
die geistige Knechtung durch die Kirche wie auch die Sittenlosigkeit und Unwissenheit der Priester an. Er will damit nachweisen,
daß "der in Polen und Schlesien herrschende Aberglaube nicht sowohl ein Überrest des Heidenthums ist, wie man gewöhnlich annimmt, als eine Folge des schlechten Religionsunterrichts, den
die Missionarien und ihre Nachfolger ertheilten." (S.345).

Dieselben Gedanken wiederholen sich noch mehrmals, so z.B.
bei dem schriftstellerisch sehr fruchtbaren August Samuel Gerber,
Lehrer und Prediger am Collegium Friedericianum. Das Gedicht
"Preußen, eine Vision" [37] steht obigen Abhandlungen an satirischer
Schärfe nicht nach:

"Schwarz und weiß und braunbekuttet schlich sich ein Halbmensch
    Lüsternen gierigen Augs rund in dem Lande umher;
Siedelte hier und nistelte dort, und predigte Ehrfurcht
    Dingen, die nächtlich der Molch Aberglauben ersann.
Nährte sich von dem Schweiß der verdummten, und ließ zur
                                Belohnung
Neigen die Freien sich knechtisch dem Priester in Rom. "

Den nichtswürdigen Praktiken des katholischen Klerus stellt Gerber
die hehre Tat Martin Luthers entgegen:

"Ha! da wandt ich unwillig den Blick, und wischte des Unmuths
    Thräne, der Ohnmach bewußt, mir von den Wangen hinweg.
Aber die Gottheit gebot. Von der Elbe friedlichen Ufern
    Leuchtete plötzlich ein Licht göttlich und daurend umher,
Und es erblindeten in dem hellen Lichte die Molche.
    Und in der Dummheit Schooß zog sich der Wahnglaube hin."

Luthers Persönlichkeit und Lehre werden ganz für die Aufklärung
in Anspruch genommen. Liest man den Aufsatz des unermüdlichen
Wald "Über Luthers Charakter" [38], so kann man neben den üblichen
Angriffen auch deutliche Anklänge an Kants Schrift über die Aufklärung feststellen. Wiederum sind es nämlich dessen Gedanken über
die selbstverschuldete Unmündigkeit der Menschen, die bei ihm,
wie auch bei Zacharias Werner, explicite zum Ausdruck kommen:
"Nacht deckte die Völker Europens, als Luther zu würken anfing.
Sie hatten die Freiheit selbst zu denken und nach ihrer Überzeugung
zu handeln - ein angeborenes Recht vernünftiger Wesen - aufgegeben. Trunkne Pfaffen entschieden, was ihre Mitbrüder glauben;
geldgierige Castraten befahlen, was fromme Laien denen zahlen
sollten, die an ihrer Statt denken, beten und Gott versöhnen wür

den. Der Oberbischof in Rom trieb den anstößlichsten Alleinhandel mit der Sünden Vergebung." (S. 457).

In dem Bestreben nach einer natürlichen Religion, wie ihn der Deismus propagierte, sah auch Wald in Luthers Lehre einen Kampf "für die Vernunft gegen die Anmaßung der Hierarchen" (S. 458). Und unter den vier "Entdeckungen", die Luther in bezug auf die Glaubenswahrheiten gemacht habe, stellt er an die erste Stelle die Vernunft als "das oberste Princip aller Religion; weil nur die Vernunft die ächte Offenbarung von der unächten, wahre Wunder von Schein oder falschen Wundern unterscheiden kann". (S. 460).

Es scheint, daß eine solche Formulierung gleichfalls gegen die in Deutschland herrschende lutherische Orthodoxie gerichtet ist, die den Protestantismus zu einem Dogmenglauben erstarren ließ. Wie starke Auswirkungen er gerade in Königsberg hatte, wo noch bis zur Mitte des 18. Jahrhunderts die Pietisten alle Gebiete des gesellschaftlichen und kulturellen Lebens beherrschten, ist bekannt. Bekannt ist ebenfalls, daß Friedrich II. ihren Einfluß eingedämmt und den Gedanken der Aufklärung Vorschub geleistet hat. So preist denn auch Wald den Preußischen König überschwenglich und mißt seinen Taten "in der politischen Weltgeschichte" die gleiche Bedeutung zu wie der Reformation.

Muß also die radikale, wenn auch oft ins Vulgäre ausartende Kritik der Kirche im Hinblick auf die Beförderung der Aufklärung positiv beurteilt werden, so trägt eine andere Tendenz, nämlich die mit den religiösen Erwägungen eng verbundene Anerkennung des monarchischen Absolutismus preußischer Prägung eminent regressive Merkmale. Solch eine affirmative Haltung war jedoch nicht weiter verwunderlich, denn die damaligen politischen wie auch sozialen Verhältnisse in Deutschland erlaubten es den Aufklärern im allgemeinen nicht, sich des fürstlichen Mäzenats zu entziehen; noch Goethe, Herder und Schiller waren bekanntlich darauf angewiesen. Umso weniger verzichtete eine privilegierte Königliche Deutsche Gesellschaft darauf, patriotischen Geist und Gesinnung zu pflegen. Charakteristisch ist hierbei die Tatsache, daß man über die Huldigung des regierenden Herrscherhauses kaum hinauskam und daß der Blickwinkel der Panegyriker allein auf (Ost-)Preußen beschränkt blieb - ein bezeichnendes Symptom dafür, wie weit man noch von einem allgemein-deutschen Denken entfernt war. Es erübrigt sich, die zahlreichen Lobeshymnen zu analysieren, die pflichtgemäß am Krönungs- und am Geburtstag des Königs verfaßt und laut Statuten in entsprechenden Festveranstaltungen verlesen wurden. Sie reichen über das Niveau ähnlicher Gelegenheitsgedichte nicht hinaus.

Dennoch sei im Zusammenhang mit jener oben angedeuteten re-
gressiven Tendenz noch kurz auf A.S. Gerbers "Rede am Krönungs-
fest" hingewiesen, deren Titel schon recht vielsagend ist. Er lautet:
"Über die Frage: Können die Französischen Maximen in gut organisierten monarchischen Staaten gebilligt werden?" [39] Es versteht sich,
daß die Antwort negativ ausfällt: "Zwar Mängel kann auch ein gut or-
ganisierter monarchischer Staat haben, aber wer gegen diesen sich
auflehnt, ohne berufen zu seyn, und ohne Mittel in Händen zu haben
ihnen abzuhelfen, lehnt sich gegen den Willen der ewigen Vorsehung
auf. Diese schuf den Menschen für eine unvollkommene Welt, um
durch nützliche Anwendung seiner Kräfte, durch geduldiges Aushar-
ren in dem, das nicht zu ändern steht, ihn für den Genuß einer besseren Welt zu läutern." (S.107). Das Besondere, um nicht zu sagen
Absonderliche, dieser Argumentation beruht darauf, daß derselbe
Gerber, der in Luther den Vorkämpfer für geistigen Fortschritt sieht,
hier Gründe angibt, die aus dem Arsenal der mittelalterlichen Buß-
prediger stammen. Ton und Beweisführung ähnlicher Aufsätze bleiben
sich gleich, ein Zeugnis dafür, daß dieses Thema in Preußen tabu
war.

Es war aber auch das einzige Thema, das sich einer selbständi-
gen Beurteilung durch die Mitglieder der Königsberger Deutschen
Gesellschaft entzieht. Sonst waren sie neuen Ideen immer zugänglich,
und das sogar noch zu einer Zeit, als in Frankreich Stimmen der Kritik an den führenden Köpfen der Aufklärung laut zu werden begannen.
Ein Beispiel hierfür ist der Nachdruck aus Rigoley de Juvignys Werk
"Über den Verfall der Wissenschaften und Sitten von der Zeit der
Griechen und Römer bis zu unseren Tagen". Wenn Georg Friedrich
John, der sich in Königsberg vor allem als Rezensent und Theater-
kritiker einen Namen gemacht hat, gerade den Abschnitt über Voltaire in das "Preußische Archiv" einrückte [40], so beabsichtigte er
damit eine Ehrenrettung des Hauptvertreters der französischen Aufklärung. Juvigny kann nicht umhin, ihm von "allen so genannten Philosophen unserer Zeit ... den mehrsten Geist" zuzuerkennen, zugleich wirft er ihm aber vor, mit seinen Schriften das Volk "am mehrsten getäuscht" zu haben. (S.252). Dem widerspricht John. Obwohl er
Voltaires Übermut rügt wie auch "seinen so ganz sein Herz entehren-
den Undank gegen seinen erhabnen und treuen Freund, unsern Friedrich", so muß er dennoch "seinen seltnen Talenten die letzte Ehre
erweisen, und Blumen aufs Grab des Mannes streuen, der den Muth
hatte, wider die Ungerechtigkeit der Gerichtshöfe den Privatmann
Calas in Schuz zu nehmen, Aufklärung überall hin zu verbreiten, und
- so intolerant er selbst als Schriftsteller war - Duldung den Fürsten

und Völkern so kräftig zu predigen." (S.263). Nicht anders verhält es sich mit Rousseau. Die Grundlage der Polemik bildet ein "Kritisches Fragment über Rousseaus schriftstellerisches Verdienst aus dem Französischen des Herrn Rigoley de Juvigny" [41]. Der Übersetzer und Herausgeber war der Kriegs- und Domänenrat Friedrich Wilhelm Wagner, der ebenfalls die Übertragung des Aufsatzes über Voltaire besorgt hatte. Ohne auf eine gelehrte Diskussion der abwertenden Äußerungen Juvignys [42] einzugehen, beschränkt sich Wagner ebenso wie John auf einen kurzen Kommentar, in dem er die Abneigung Juvignys gegen Rousseau durch ihre unterschiedliche Weltanschauung erklärt. Bezeichnend ist überdies, daß er auch Juvignys Ausführungen über Voltaire in eine "Huldigung seiner Verdienste" (S.757) uminterpretiert.

Diese Einstellung hat seine tiefere Begründung in der allgemeinen geistigen Atmosphäre Königsbergs. Seit langem waren die Anschauungen der französischen Aufklärer hier auf fruchtbaren Boden gefallen. Besonderer Hochachtung erfreute sich Rousseau. Bald nachdem er seine Ansichten über den Einfluß der Wissenschaften und Künste auf die Entartung der Sitten verkündet hatte, wurde er auch in Königsberg bekannt. Bereits in den Jahren 1754/55 trat Johann Gotthelf Lindner in seiner Vorrede zu Lausons "Zweetem Versuch in Gedichten" und in seiner "Anweisung zur guten Schreibart überhaupt und zur Beredsamkeit insonderheit" für den Genfer Philosophen ein [43]. Und auch Kant hat Rousseau von der Überschätzung der Zivilisationsfortschritte "zurechtgebracht". Wie tief Kant von Rousseau beeindruckt war, zeigt die Anekdote, nach der er 1762 über der Lektüre des soeben erschienenen "Émile" zum ersten Mal seiner gewohnten Tageseinteilung untreu geworden sei und zum Erstaunen seiner Mitbürger den Nachmittagsspaziergang unterlassen habe. Der nachhaltige Einfluß des Königsberger Lehrers von Herder auf dessen Rousseau-Rezeption ist zur Genüge bekannt. Rousseau wurde für ihn zu einem "Heiligen, Propheten", den er fast anbetete [44].

Eine andere Persönlichkeit, die sich eingehend mit Rousseau befaßte, war Johann Georg Hamann. Schon in seinen "Chimärischen Einfällen" persiflierte er die engherzige Anschauung, die der Rationalist Mendelssohn in seiner Besprechung der "Neuen Heloise" kundgegeben hatte. Als 1767 eine Gesamtdarstellung von Rousseaus Lehre mit dem Titel "Remarks on the Writings and Conduct of J.J. Rousseau" erschienen war, rezensierte er sie und brachte einen Teilabdruck in den "Königsbergschen Gelehrten und Politischen Zeitungen" [45]. Ein weiterer Aufsatz befindet sich im "Preußischen Tem-

pe"[46]. Gleichfalls ein Verehrer Rousseaus war Theodor Gottlieb
Hippel. In seiner Bilderkollektion hatte er "den Rousseau in Pa-
stell", den er gewöhnlich seinen Gästen "zum Besehn hinunterbrin-
gen ließ"[47]. Hier mag auch Zacharias Werners Begeisterung er-
wacht sein, die einer Anbetung des "heiligen Rousseau" gleichkam.
Zwischen sich und ihm entdeckte er eine Wesensverwandtschaft,
nannte sich gar einen "anderen Rousseau" und feierte Neujahr nicht
am 1. Januar, sondern an Rousseaus Sterbetag, dem 2. Juli.

Angesichts eines so allgemeinen Kultes konnte man nicht umhin,
sich immer wieder auf ihn zu berufen, ihn auch dann als Gewährs-
mann anzuführen, wenn die verkündeten Anschauungen den seinigen
sogar entgegengesetzt waren. Ein Beispiel hierfür bietet der Aufsatz
"Über den Ursprung des Adels"[48] des Professors Theodor Schmalz,
der später als "Demagogenriecher" verschrien war. In Übereinstimmung mit den historischen Tatsachen erklärt er eingangs, daß es zunächst in Deutschland keinen Adel gegeben habe, "das ist keine Classe von Geschlechtern welche durch erbliche persönliche Vorzüge
über die übrigen Bürger unterschieden gewesen wären". (S.43). Und
wenn er über den Ursprung der Staaten handelt, stützt er sich auf
den Contrat social. Dann aber setzt er hinzu, daß er ein "Vertrag
der Akkerbesizzer oder Grundeigenthümer" gewesen sei. "Denn es
war im Entstehen der Staaten niemand unter der Nation ohne Grund-
eigenthum". (S.761). Mit Hilfe dieser Spitzfindigkeit kann er dann
zu dem Schluß kommen, "daß der Adel nichts anderes sey, als die
ursprüngliche Nation, die ersten Besizzer des Grundes und Bodens,
daß nur der kleinere Theil desselben in spätern Zeiten in gleiche
Rechte mit der Urnation aufgenommen, das heißt, geadelt worden
sey. Genug, das Recht der Menschheit selbst entscheidet die Frage:
wer im Staat entscheidende Stimme habe? für den Gutsbesizzer."
(S. 766).

Ausführungen dieser Art beweisen, wie sehr gewisse reaktionäre
Kreise darum bemüht waren, das Gedankengut der Aufklärung zugunsten der herrschenden Klasse umzudeuten, um revolutionären Aus-
schreitungen vorzubeugen. Es ließ sich aber nicht verhindern, daß
die Losungen der Aufklärung auch in die niederen, ungebildeten und
unterdrückten Schichten des Volkes drangen. So versuchte man wenigstens, deren fortschrittlichen Charakter abzuschwächen. Diese
Tendenz zeigte sich natürlich nicht nur in Königsberg und nicht
erst in der Revolutionsära. Schon 1777 stellte die Berliner Akademie der Wissenschaften ihren Mitgliedern die Preisaufgabe "Ob und
in wie ferne irgend eine Art von Täuschung dem großen Haufen zu-
träglich seyn könne?" Und von dieser Frage ausgehend, meinte der

Konsistorialrat Gräf, ein Ehrenmitglied der Königsberger Gesellschaft, in seinem Aufsatz "Über die nöthige Vorsicht bei Versuchen zur Aufklärung würklicher oder vermeinter Irrthümer und Vorurtheile"[49], "es sey nicht rathsam, Jedermann ohne Unterschied mit der reinen Wahrheit gewisser zum Glück der Menschheit bis jetzt noch unbekannter oder verkannter sowohl politischer als bürgerlicher und religiöser Grundsäzze bekannt zu machen; und es käme hier nur hauptsächlich auf die Frage an, ob, wenn sich wider Dank und Willen die Wahrheit dennoch zum Volke schliche, es nicht nützlicher sey, demselben solche wieder auszureden, ihm wo möglich noch mehr neue ihm vortheilhafte Vorurtheile einzureden, oder wenigstens in gewissen heilsamen Irrthümern zu erhalten, und zu bestärken." (S.623). Auf die detaillierte Wiedergabe der weiteren Ausführungen kann verzichtet werden, und die Schlußfolgerungen angesichts eines solchen Standpunktes ergeben sich von selbst.

Nicht so deutlich wie in den kritischen Abhandlungen tritt der Aufklärungsgedanke aus den von den Mitgliedern der Deutschen Gesellschaft veröffentlichten Literaturbeiträgen hervor. Wie J. Sembritzki treffend feststellt, "kann man eben in dieser Periode nicht mehr von einer ostpreußischen Dichtung, sondern blos von ostpreußischen Dichtern sprechen, deren keiner hervorragend genug war, um der Periode sein Siegel aufzudrücken."[50] Wenn hier dennoch Christian Friedrich Kaatzky, seit 1785 Schulrektor in Libau, genannt wird, so deswegen, weil er sich in seinen poetischen und prosaischen Arbeiten als konsequenter Anhänger der Aufklärung zu erkennen gibt, was allerdings eine regressive politische Einstellung nicht ausschließt, wie dies die "Ode auf den Tod Ludwigs des Sechzehnten"[51] beweist.

Nicht ohne Reiz ist sein Bänkelsängerlied "Das Glück der Aufklärung"[52], in dem er alle Wesenszüge des neuen Zeitalters hervorhebt, die im geistigen und gesellschaftlichen Leben zu einem Fortschritt geführt haben. Er freut sich, daß "der ganze Offenbarungskram,/ das leid'ge Bibelwesen,/ durch sie ein glücklich Ende nahm." Dank dessen habe sich eine neue Literatur angebahnt; an die Stelle der "Religionsalfanserey" sei nun die Moral getreten. "Die finstere Theologie/ hat nun ihr End' genommen;/ hingegen die Philosophie/ ist nun ans Brett gekommen./ Die hat nun alles aufgeklärt,/ uns Recht und Wahrheit treu gelehrt,/ das wir vorher nicht wußten." Er vertraut auf den Edelmut der Fürsten, hofft auf ein baldiges Ende des Kriegs, glaubt an Gerechtigkeit und Menschenliebe, rühmt den Fortschritt in der Volksbildung. Für alle diese Errungenschaften sei der Mensch zur Dankbarkeit verpflichtet. "Drum fall, mein Christ, auf deine Knie / und thu den Himmel preisen,/ Daß er das

Licht der Aufklärung/ zur Lehre und zur Besserung/ dir gnädig
aufgestekket!"

Die naiv anmutende Gedankenfolge, eine übertrieben simple Ausdrucksweise, die einfache Art der Darbietung, hervorgerufen durch
den monotonen Rhythmus und unkomplizierte Reimstellung, könnten
den Anschein erwecken, als habe sich der Verfasser über bestimmte Tendenzen lustig gemacht. Das ist aber keineswegs der Fall. Von
der ernsten und lehrhaften Absicht zeugt am besten die letzte Stro-
phe, in der er an alle appeliert, an der Aufklärung mitzuwirken.

Kaatzky war übrigens immer bemüht, ihre Ideen zu verbreiten.
Beweis dafür sind u. a. seine "Gespräche im Reiche der Lebendigen
und der Todten" [53]. Sie sind den sowohl in der französischen als
auch deutschen Aufklärungsliteratur auftretenden Totengesprächen
nachgebildet. Besonders nach der Übersetzung von Fénelons "Dia-
logues des Morts" durch Gottsched bediente man sich in Deutschland dieser Form bei der Erörterung von Zeitfragen oder zu polemischen Zwecken. Kaatzky verfolgt in seinen Dialogen eine didaktische Tendenz. In jedem Gespräch wirft er ein Problem auf, wobei
die "Lebendigen" immer seine Meinung vertreten, d. h. die Überlegenheit der aufgeklärten Weltanschuung gegenüber älteren philosophischen Vorstellungen aufzeigen.

Wie sehr er von diesem Gedanken durchdrungen war, zeigt seine
Polemik gegen alle neuen Erkenntnisse, sogar gegen die Philosophie Kants. Als ein Pendent zum ersten Gespräch, in dem er sich
als Anhänger des Sensualismus ausweist, können die fiktiven "Fragmente von Briefen aus dem 19ten Jahrhundert" [54] angesehen werden,
wo es unter dem 7. März 1834 heißt: "Männer von scharfem Blik,
mein Theuerster, sahen es der K**ischen Philosophie bald an, daß
sie sich nicht lange erhalten würde. Sie ist zu hyperphysisch, und
die Kategorieen des reinen Verstandes sind nicht für den Gemein-
sinn des Menschen, der sich über die Sphäre der Sinnlichkeit nicht
gerne gar zu weit heben läßt." (S. 280). Ausgesprochen satirisch
ist sein Gedicht "Der transcendentale Schneider" [55], in dem er seine Ansichten weder unter dem Deckmantel der Vergangenheit noch
der Zukunft zu verbergen sucht:

"Hört Brüder! Gott soll mich verdammen,
Ich sehe, daß ihr weit und breit
in eurer Kunst gar zu empirisch seyd.
Ich will nächst vielen andern neuen Sachen,
euch lehren nach Vernunftkategorie'n
transcendentale Kleider machen."
(S. 424)

Wenn auch die Herausgeber des "Preußischen Archivs" die Aussagekraft des Gedichts durch die Anmerkung abzuschwächen versuchten, daß der Verfasser "seine Geissel eigentlich gegen diejenigen geschwungen hat, welche die Grundsäzze der kritischen Philosophie auf eine überspannte Art überall anzubringen suchen" (S. 423), mußte so ein öffentlicher Angriff im offiziellen Organ der Deutschen Gesellschaft für Kant beleidigend sein.

Von den anderen literarischen Beiträgen ostpreußischer Autoren im "Preußischen Archiv" sei nur noch auf Zacharias Werners Gedichte "An die Freiheit" und "Albertinens-Feyer d. 9. Jun. 1791" [56] aufmerksam gemacht. Die Freiheits-Ode ist ein kraftvoll-revolutionäres Bekenntnis zur Französischen Revolution, in der der Autor eine geschichtliche Notwendigkeit sieht, die nicht aufgehalten werden kann:

"Auch der Gallier fühlt seiner Bestimmung Werth,
In der Bastille Schutt modert die Tyrannei."

Werner besaß damals noch nicht den umfassenden Blick eines Historikers; er sah weder den wirtschaftlichen Niedergang Frankreichs, noch die verschwenderische Hofhaltung Ludwigs XV. Bei der Beurteilung der Revolution ging er lediglich von philosophischen Prämissen aus, d.h. von den Ideen der Aufklärung:

"Nicht des Volkes Gebrüll stürzte den Königsthron,
Brach den Scepter, der einst Galliens Ruthe war,
Rousseau, der Mensch, belehrte
Seine Brüder vom Menschenwerth."

In Rousseau sah also der Dichter - und nicht nur er allein - den Schöpfer der Republik, denjenigen, der diese weltgeschichtliche Tat vorbereitet hatte. "Auf ihn beruft sich die Französische Revolution", stellt Romain Rolland fest. "Auf dem höchsten Gipfel des Konvents fand seine Apotheose statt. Es war Robespierre, der die Überführung seiner Asche in das Panthéon verfügte." [57] Es ist selbstverständlich, daß der Jünger Rousseaus seinem Meister folgte und die Revolution bejahte.

Ein Hymnus auf die Aufklärung ist auch das zweite Gedicht, das Zacharias Werner anläßlich von Lehndorffs Doktorpromotion verfaßte. Wenn auch weitschweifige Vergleiche und Lobpreisungen des Grafen den Inhalt bilden, wird die Grundstimmung dieses Gedichts ebenfalls von durchaus rationalistischen Gedankengängen beherrscht. Befreiung aus geistiger und seelischer Bevormundung verbunden mit echter Humanität weisen auf Werners Zugehörigkeit zum Lager der Aufklärung hin. Es sind Zielvorstellungen, die damals immer wieder von ihm geäußert werden.

Eine gewisse Ausnahmestellung nehmen im "Preußischen Archiv"
die Werke des polnischen Dichters Ignacy Graf von Krasicki (1735
bis 1801)[58] ein, waren doch Übersetzungen aus der zeitgenössischen
Literatur nicht allzu häufig. Fürstbischof von Ermland und seit
1795 Erzbischof von Gnesen, wurde Krasicki nach der ersten polnischen Teilung (1772) preußischer Staatsbürger und weilte als der
Gast Friedrichs II. mehrmals in Potsdam. Im Schloß Sanssouci -
im Zimmer, das einst Voltaire bewohnt hatte - soll sein "Mönchskrieg", entstanden sein.

Krasickis Epen, Romane und Satiren wurden bald nach ihrem Erscheinen ins Deutsche übersetzt. Auch in Königsberg bemühte man
sich, sein Werk bekannt zu machen. Ludwig von Baczko veröffentlichte in seiner Zeitschrift "Preußisches Tempe" Fragmente aus
dem "Mönchskrieg" sowie acht Fabeln [59]. Im "Preußischen Magazin" erschienen, von einem Unbekannten übersetzt, der erste bis
dritte Gesang des Heldenepos "Der Chozimische Krieg" [60]. In der
gleichen Nummer dieser Zeitschrift wird über eine Gedenkmedaille
berichtet, die 1780 zu Ehren des Fürstbischofs geprägt wurde. Von
ihm selbst heißt es, daß er "sich durch vorzügliche Eigenschaften
allgemeine Liebe und Hochachtung erworben und iezt sicher der erste Schriftsteller seiner Nazion ist. Er hat seinen Landsleuten die
ersten Muster guter Romane geliefert, durch treffende Satire und
komische Heldengedichte voll unerschöpflicher Laune Nationalvor-
urtheile und Torheiten bekämpft, in Fabeln Wiz und Moral mit Leich-
tigkeit verbunden, und in der Epopee sich ebenfalls als Original gezeigt" [61].

Im "Preußischen Archiv" brachte der spätere Pfarrer der polnischen Kirche auf dem Steindamm George Ollech einige Satiren [62]
und Fabeln in Prosaübersetzung zum Abdruck. In den meisten seiner Satiren geißelt Krasicki allgemeinmenschliche Torheiten. Sie
eigneten sich vorzüglich, die auch in Preußen herrschenden Mißstände und Unsitten anzuprangern. Einen anderen Charakter hat das
den Satiren vorangestellte Gedicht "An den König". Der Verfasser,
ein Anhänger der konstitutionellen Monarchie, zeigt darin auf iro-
nische Weise den Unterschied zwischen einem milden und einem
despotischen Herrscher auf: "Die Güte des Herzens ziert, meines
Erachtens, ganz und gar die Monarchen nicht. Das ist mir ein König, dessen Blik das Innerste mit Furcht und Schrekken erfüllt! -
Das Volk wird gemeinhin trozig, wenn es der Güte seines Regen-
ten gewohnt wird; es sezt Ihm schuldige Achtung bei Seite; wird im
Wohlstande übermüthig, und gehorsam - wenn ihm hart begegnet
wird." (S.717). Es ist nicht ausgeschlossen, daß Ollech mit seiner

Übersetzung auch einen politischen Zweck verfolgte, d.h. daß er
beabsichtigte, das polnische Herrschaftsmodell dem preußischen
Absolutismus gegenüberzustellen. Das Gedicht unterscheidet sich
nämlich in seiner deutlichen Bezogenheit auf die polnischen Verhältnisse von den eigentlichen Satiren.

Zeitkritische und lehrhafte Momente treten ebenfalls in den Fabeln [63] auf. Krasicki verbindet nämlich mit der Haltung des Morali-
sten die Lebensanschuungen eines aufgeklärten Rationalisten. Seine
kleinepischen Werke sind dank Anwendung einfachster stilistischer
Mittel und bildhaftem Ausdruck für jedermann verständlich, epi-
grammatisch zugespitzt, und sie besitzen genau umrissene Konturen.
Auf diese Weise gelang es dem Dichter, das prodesse mit dem delectare zu verbinden, und das in der Dichtform, die Gottsched dafür am geeignetsten fand. Ollech übersetzte den "Eingang zu den
Fabeln" sowie siebenundzwanzig Stücke; allerdings wurde die poin-
tierte Aussage des Originals im Deutschen durch die Prosaform mitunter stark abgeschwächt.

Es darf angenommen werden, daß bei der Veröffentlichung der
polnischen - und ebenfalls litauischen - Literatur nicht nur die kul-
turvermittelnde Aufgabe vorschwebte, sondern auch der Abbau von
"nationalen Vorurteilen", was wegen der unmittelbaren Nachbarschaft von Deutschen, Polen und Litauern in Preußen durchaus akut
war. In diesem Zusammenhang muß auf einen sonst nicht erwähnten
Aufsatz aufmerksam gemacht werden, der in den "Abhandlungen und
Poesien" von 1771 erschienen ist. Sein Titel lautet "Betrachtungen
über die drey im Königreich Preußen üblichen Sprachen" [64]. Der
anonyme Verfasser sieht die Ursache für eine Geringschätzung Polens darin, daß "man mit dieser Nation keinen gelehrten Umgang
unterhält; weil nach ihrem Lande keine Reisen angestellt werden,
ihre Sprache den meisten unbekannt ist, und die daselbst an das
Licht tretenden Schriften selten anderwärts verführet, oder, wenn
in der Landessprache geschrieben sind, anderen Gelehrten unbrauchbar werden". (S.108). Er, der sich für einen Kenner der polnischen
Kultur hält, versucht diesem Übelstand zu steuern, indem er feststellt: "Wer aber nur eine mittelmäßige Kenntniß von der Gelehrtengeschichte dieses Reiches besitzet; wer auch nur die Nachrichten
eines Starovolscius und Janotzki gelesen hat, wird mit Verwunde-
rung gewahr, was für geschickte Männer sich in Polen zu allen Zeiten hervorgethan; wie besonders viele vortreffliche Poeten in diesem großen Reiche die Dichtkunst in ihrer Sprache schon zur Vollkommenheit gebracht haben, ehe noch Malherbe in Frankreich, und
Opitz in Deutschland geboren waren; und was für eine Menge ge-

lehrter Schriften in mancherley Wissenschaften und Sprachen schon
am Ende des fünfzehnten und Anfang des sechzehnten Jahrhunderts,
da Preussen noch mit einer tiefen Barbarey bedecket war, daselbst
aus der Presse getreten ist." (S. 108).

Diese Worte atmen schon den Geist, der die "Stimmen der Völker
in Liedern" hervorbrachte und am Ende des aufgeklärten Zeitalters
in Herders "Briefen zur Beförderung der Humanität" seinen vollkommensten Ausdruck finden sollte. Denn gerade Herder war es, "der
mit den Gedanken der freien und einheitlichen nationalen Entwicklung
Deutschlands unauflöslich den Gedanken der Freundschaft zu allen
Völkern - auf der Grundlage der Anerkennung ihres Rechts auf freie
Entwicklung und Ablehnung aller nationalen und Rassenvorurteile -
vertreten hat" [65].

In einer Zeit, als in den literaturtheoretischen Erwägungen die
Ästhetik mehr und mehr in den Vordergrund rückte, fehlte es auch
im Kreise der Königsberger Deutschen Gesellschaft nicht an Beiträgen zu der Diskussion, die überall in Deutschland stärkstes Interesse
erweckte. Den Gedanken des prodesse et delectare, wie er in den Poe-
tiken der Aufklärung vertreten wurde, erörtert in seinem Aufsatz
"Natur und Kunst" [66] der Schauspieler Christoph Sigismund Grüner.
Von der Voraussetzung ausgehend, die schönen Künste beförderten
"die Veredelung der Menschheit" (S. 513), kommt er zu dem Schluß,
"daß ein Vergnügen, wie es die Schauspielkunst hervorbringt, durchaus auf moralischen Bedingungen und Grundsäzzen beruht, und daß
die ganze sittliche Natur des Menschen dabei tätig ist. Die Hervor-
bringung des Vergnügens ist ein Zwek, der nur durch moralische
Mittel erreicht werden kann - folglich kann die Kunst, deren Zwek
das vollkommenste Vergnügen ist, nur durch die Moralität ihren Weg
nehmen." (S. 515). Wenn der Verfasser auf "unsre scharfsinnigen
Denker" (S.513) hinweist, so dachte er gewiß in erster Linie an
Schillers programmatische Schrift "Die Schaubühne als moralische
Anstalt betrachtet" [67]. Bekanntlich versucht Schiller darin, "das
Verdienst der bessern Bühne um die sittliche Bildung" und "Aufklä-
rung des Verstandes" nachzuweisen [68].

In denselben Bereich fällt auch die frühere Abhandlung "Untersuchungen über das Erlaubte des Selbstmords und die Sittlichkeit der
Gebete auf der Schaubühne" [69]. "Wann wir den Selbstmord auf dem
Theater aus dem Gesichtspunkt des Vergnügens beurtheilen", meint
der unbekannte Autor, "so scheinen verschiedene Umstände ihn daselbst zu rechtfertigen." (S.3). Doch ist er mitunter schon hier ver-
dächtig, so erfüllt er den Sinn "nach dem moralischen Endzwek der
Tragödie" ganz und gar nicht; im Gegenteil, er habe "einen diesem

Endzweck ganz entgegengesetzte Wirkung auf unser Herz". (S. 8 f.).
"Außer dem Selbstmord haben auch noch die Gebete auf dem Theater einen sehr zweifelhaften Werth. Sie sind hier nicht nur entbehr-
lich, sondern öfters gar anstößig. Sie tragen nichts zu dem Tragischen einer Handlung bey." (S. 16).
Theoretische und literaturhistorische Nachrichten enthält auch ein
für seine Zeit recht informativer Aufsatz des ersten Kant-Biographen
Ludwig Ernst Borowski mit dem Titel "Über die allmählichen Fortschritte der gelehrten Cultur in Preussen bis zur Kantischen Epoche.
Eine Vorlesung" [70]. Viele seiner Angaben aus der ostpreußischen
Geistesgeschichte sind heute gewiß überholt, doch liegt seine Bedeutung vor allem darin, daß er die auch von uns als Grundkonzeption
der aufklärerischen Vorstellungen in der Deutschen Gesellschaft zu
Königsberg herausgearbeitete Geschichtsauffassung noch einmal in
überzeugender Weise formuliert. Wissen sei nicht mehr Stückwerk,
schreibt Borowski, "sondern fester, unaufhörlicher Gang von Licht
zu Lichte, und ... ewiger hoher Sonnenschein der Wahrheit." (S.166).

Anmerkungen

1 Wald: Geschichte der Königlichen Deutschen Gesellschaft zu Königsberg in
Preußen. In: Preußisches Archiv IV, 1793, S. 852-892. F.W. Schubert:
Nachrichten über die königliche deutsche Gesellschaft zu Königsberg. In:
Historische und litterarische Abhandlungen der königlichen deutschen Gesellschaft zu Königsberg I, 1830, S. 1-16; II, 1832, S. V-XVI; III, 1834,
S. 15-27; IV, 1838, S. V-XII. Gottlieb Krause: Gottsched und Flottwell, die
Begründer der Deutschen Gesellschaft in Königsberg. Festschrift zur Erinnerung an das 150jährige Bestehen der Königlichen Deutschen Gesellschaft
zu Königsberg in Preußen. Leipzig 1893. Philipp Zorn: Die Königliche Deutsche Gesellschaft zu Königsberg i. Pr. In: Ph. Zorn: Im neuen Reich. Bonn
1902, S. 296-318. Johannes Müller: Die wissenschaftlichen Vereine und Gesellschaften Deutschlands im 19. Jahrhundert. Bibliographie ihrer Veröffentlichungen seit ihrer Begründung bis auf die Gegenwart. Bd.1 Berlin 1883
bis 1887, S. 302-313, 718-719.

2 Folgende Personen hatten in dem hier behandelten Zeitabschnitt die entsprechenden Ämter inne:
Protektoren
1. 1743 - 1766 Obermarschall Ernst von Wallenrodt
2. 1767 - 1785 Minister und Kanzler Friedrich Alexander von Korff
3. 1785 - 1788 Minister und Oberburggraf Graf von Schlieben
4. seit   1788 Minister K.F.C.A. Graf Finck von Finckenstein
Präsidenten
1. 1743 - 1772 Oberhofprediger Johann Jacob Quandt
2. 1772 - 1775 Oberhofprediger Daniel Heinrich Arnoldt
3. seit   1788 Georg Ernst Sigismund Hennig, Kirchen- und Schulrat sowie
   Bibliothekar der Wallenrodtschen Bibliothek
Direktoren
1. 1743 - 1758 Professor Cölestin Christian Flottwell
2. 1758 - 1766 Georg Christoph Pisanski (als Vizedirektor), Konsistorialrat und Direktor der Domschule
3. 1766 - 1776 Johann Gotthelf Lindner, Kirchenrat und Professor
4. 1783 - 1788 Georg Ernst Sigismund Hennig
5. seit   1788 Samuel Gottfried Wald, Professor und Direktor des Fried-
   richskollegs
3 Wald a.a.O., S. 854.
4 Ebenda S. 858 f.
5 Ebenda S. 856 f.
6 Krause a.a.O. S. 103.
7 K. Ph. Dieffenbach: Geschichte der ehemaligen freien Gesellschaft zu Königsberg in Preußen von ihrem Ursprung an bis zu ihrer Vereinigung mit der Königlichen Deutschen Gesellschaft. Vom Jahre 1743 - 1788. In: Preußisches Archiv V, 1794, S. 130-143.
8 Fritz Gause: Die Geschichte der Stadt Königsberg in Preußen. 3 Bde. Köln, Graz, Wien 1965 bis 1971. Hier Bd. 2, S. 137.
9 Zorn a.a.O. S. 297 ff.
10 Krause a.a.O. S. 111.
11 Ebenda S. 105.
12 Ebenda S. 114.
13 Vgl. Feyer des Königl. hohen Geburtstages und der erneuerten Stiftung bey der Königl. deutschen Gesellschaft zu Königsberg in Preußen. Königsberg 1767.
14 Der Niedersächsischen Staats- und Universitätsbibliothek Göttingen danke ich für die mir übersandten Mikrofilmaufnahmen dieser Schrift.
15 Abhandlungen und Poesien. Königsberg 1771, S. 7.
16 Wald a.a.O. S. 889.
17 Abschied vom Leser. In: Preußisches Archiv IX, 1798, S. 840.
18 Vorrede zum ersten Jahrgang des Preußischen Archivs (1790), unpaginiert.
19 Eugen Reichel: Die Ostpreußen in der deutschen Literatur. Leipzig 1892.
Georg Christoph Pisanski: Entwurf eine preußischen Litterärgeschichte (1790), herausgegeben von R. Philippi. Königsberg 1886. Johannes Sembritzki: Die ostpreußische Dichtung. 1770 - 1800. In: Altpreußische Monatsschrift XLV, 1908, S. 217-335, 361-435; XLVIII, 1911, S. 493-527. Gottlieb Krause: Aus

dem literarischen Leben Königsbergs um die Mitte des 18. Jahrhunderts.
Sitzungsbericht des Vereins für Geschichte von Ost- und Westpreußen, H. 8,
1909 - 1912, S. 284 f.

20 Über die Gleichgültigkeit der Deutschen gegen ihre älteren vortrefflichen
Schriftsteller, besonders in Werken des Geschmacks. In: Preußische Monatsschrift IV, 1793, S. 26-40.

21 Vgl. u.a. Hasse: Über die Mängel der deutschen Sprache. In: Preußisches
Archiv I, 1790, S. 560-583. Georg Ludwig Herold: Über Verunglimpfung der
Popularität durch Plattheit der Sprache. In: Preußisches Archiv VI, 1795,
S. 321-339. N.: Von den Vorzügen und Mängeln der deutschen Sprache, in
Vergleichung der französischen. Eine Vorlesung. In: Abhandlungen und
Poesien. Königsberg 1771, S. 20-32.

22 Johann Gottfried Hoffmann: Eine merkwürdige Naturerscheinung in Preußen.
In: Preußisches Archiv I, 1790, S. 94.

23 Herrmann Hettner: Geschichte der deutschen Literatur im achtzehnten Jahrhundert. Leipzig 1929, T. II, S. 173.

24 S.G. Wald: Über die Bekehrung der Polen und Schlesier durch Römische
Missionarien und den Einfluß dieser Bekehrung auf die Sitten und Rechte
beider Völker. In: Preußisches Archiv I, 1790, S. 334-347, hier S. 337.
Die weiteren Seitenangaben von Zitaten aus dem Preußischen Archiv befinden sich im Text.

25 Preußisches Archiv II, 1791, S. 38-48; III, 1792, S. 756-767.

26 Zitiert aus einer anonymen Rezension. In: Preußisches Archiv I, 1790,
S. 148; vgl. hierzu Lehmann: Über Ammenmährchen in den Kinderjahren.
In: Preußisches Archiv VII, 1796, S. 717-737.

27 Preußisches Archiv II, 1791, S. 327-340; 456-468.

28 Vgl. Gerard Koziełek: Friedrich Ludwig Zacharias Werner. Sein Weg zur
Romantik. Wrocław 1963. Derselbe: Das dramatische Werk Zacharias Werners. Wrocław 1967.

29 Euphorion XXXIV, S. 413-437.

30 Arthur Warda: Zacharias Werner in der Königlichen Deutschen Gesellschaft.
In: Königsberger Hartungsche Zeitung, Nr. 47, Sonntagsbeilage vom 25.
Februar 1923.

31 Hettner a.a.O. Teil 2, S. 240.

32 Alle Zitate aus Euphorion XXXIV, 1933, S. 421 ff.

33 Immanuel Kants Werke. Herausgegeben von Ernst Cassirer. 10 Bände,
Berlin 1922/23. Hier Bd. IV, S. 156.

34 Preußisches Archiv III, 1792, S. 579-591. Verfasser ist Johann Schultz.

35 Preußisches Archiv I, 1790, S. 513-541.

36 "Ihre Verehrung gegen Religiose gieng so weit, daß sie ... bei Gewittern
sich von einem Mönche die Hand auf den Kopf legen ließ, weil sie solch
einen heiligen Mann - wahrscheinlich - für einen Blitzableiter ansahe. Dafür soll sie denn aber auch nach ihrem Tode Wunder gewürkt und sogar einen Esel vernünftig gemacht haben." (S. 344 f.). In dieselbe Gruppe von
Abhandlungen fallen u.a. G.E.S. Hennig: Fragmente aus dem Leben der
Anna Sophia Woydkin, einer Preußischen Schwärmerin, aus dem Geschlecht
der Klugen, zu Ende des vorigen und Anfange des jezzigen Jahrhunderts. In:
Preußisches Archiv VII, 1796, S. 148-171.

37 Preußisches Archiv VII, 1796, S. 65-85.
38 Preußisches Archiv I, 1790, S. 455-473.
39 Preußisches Archiv V, 1794, S. 88-110.
40 Etwas über Voltaire aus dem Französischen des Herrn Rigoley de Juvigny. In: Preußisches Archiv I, 1790, S. 241-263.
41 Preußisches Archiv I, 1790, S. 741-757.
42 Vgl. etwa folgenden Passus: "Von Kindheit an Schüler des Irrthums; unaufhörlich zwischen Schein und Realität schwankend; aufgeblasen von übertriebnem Hochmuth; stolz auf seine falschen Einsichten; andre verführend, indem er sich selbst verirrt, scheint Johann Jakob ein vielseitiges Wesen, bald reizend bald empört zu seyn. Er that wie Voltaire den Sitten viel Schaden." (S. 755).
43 Rudolf Unger: Hamann und die Aufklärung. Studien zur Vorgeschichte des romantischen Geistes im 18. Jahrhundert. 2 Bände, 2. Aufl. Halle 1925, hier Bd. 1, S. 199.
44 Karl S. Guthke: Zur Frühgeschichte des Rousseauismus in Deutschland. In: Zeitschrift für Deutsche Philologie LXXVII, 1958, S. 387.
45 Unger a.a.O. Bd. 2, S. 872-878.
46 Rousseau. Noch etwas über sich selbst. Prosopopöie des Fabrizius. Des Marquis von Gerardin Bericht von Rousseau's letzten Augenblicken. In: Das Preußische Tempe, 1781, S. 614-628.
47 E.T.A. Hoffmann: Dichtungen und Schriften sowie Briefe und Tagebücher. Gesamtausgabe in 15 Bänden. Herausgegeben und mit Nachworten versehen von Walter Harich. Weimar 1924. Hier Bd. 14, S. 4. Den einzigen Schmuck von Kants Wohnung bildete ebenfalls ein Bild J.J. Rousseaus.
48 Preußisches Archiv III, 1792, S. 38-47, 756-767.
49 Preußisches Archiv I, 1790, S. 621-634; II, 1791, S. 520-528. Eine gewisse Behutsamkeit bei der Verbreitung der Ideen der Aufklärung empfiehlt übrigens auch Moses Mendelssohn in seinem Aufsatz "Über die Frage: Was heißt aufklären?" In: Berliner Monatsschrift 1784, 9. Stück, S. 193-200.
50 J. Sembritzki a.a.O. XLV, 1908, S. 414.
51 Preußisches Archiv IV, 1793, S. 273-276.
52 Preußisches Archiv VIII, 1797, S. 481-490.
53 Alle veröffentlicht im Preußischen Archiv:
Demokritus und Herschel. IV, 1793, S. 88-95.
Apollonius von Tyana und Cagliostro. IV, 1793, S. 203-210.
Philipp II. und Lavater. IV, 1793, S. 449-456.
Aristippus und Schröder. IV, 1793, S. 755-767.
Albertus Magnus und Wieland. VI, 1795, S. 373-380.
Pythagoras und Schlosser. VII, 1796, S. 4-11.
Simon Stilites und Bahrdt. VIII, 1797, S. 134-143.
Cicero und Meiners VIII, 1797, S. 639-648.
54 Preußisches Archiv IV, 1793, S. 276-286.
55 Preußisches Archiv IX, 1798, S. 423-425.
56 Preußisches Archiv I, 1790, S. 677-684; II, 1791, S. 389-398.
57 Jean Jacques Rousseau: Der Gesellschaftsvertrag oder Grundlagen des Staatsrechts. Mit einer Einführung von Romain Rolland. Rudolstadt 1953, Seite 5 f.

[58] Vgl. u.a. Juliusz Kleiner: Zarys dziejów literatury polskiej. Wrocław, Warszawa, Kraków 1964, S. 155-169. Mieczysław Klimowicz: Oświecenie. Warszawa 1972, S. 121-147. Karel Krejči: Geschichte der polnischen Literatur. Halle a.d. Saale 1958, S. 145-152.

[59] Sembritzki a.a.O. XLV, 1908, S. 396.

[60] Heft 2, 1783, S. 42-64. Die Übersetzung ist mit den Buchstaben F-y unterzeichnet.

[61] Ebenda S. 192.

[62] Einleitung an den König von Polen. I, 1790, S. 711-718.
Die verderbte Welt. II, 1791, S. 421-427.
Heimliche und offenbare Bosheit. III, 1792, S. 317-324.
Das Glük der Kunstverständigen Betrüger. IV, 1793, S. 435-443.
Die Trunkenheit. IX, 1798, S. 22-29.

[63] Preußisches Archiv IX, 1798, S. 15-22, 762-768.

[64] Ebenda S. 94-111.

[65] Paul Reimann: Hauptströmungen der deutschen Literatur. 1750-1848. Beiträge zu ihrer Geschichte und Kritik. Berlin 1963, S. 315.

[66] Preußisches Archiv VI, 1795, S. 438-458, 513-527.

[67] 1785 erschienen unter dem Titel "Was kann eine gute stehende Schaubühne eigentlich wirken?" - In den Zeitungen wurde der Vortrag, den Schiller im Juni 1784 in der Kurpfälzischen Deutschen Gesellschaft in Mannheim gehalten hatte, angekündigt als "Die Wirkung der Schaubühne auf das Volk".

[68] Schillers Werke in fünf Bänden. Berlin und Weimar 1965, Bd. 1, S. 234.

[69] Abhandlungen und Poesien. Königsberg 1771, S. 1-19.

[70] Preußisches Archiv IV, 1793, S. 95-166.

DIE POLNISCHE HOCHSCHULREFORM DER
SIEBZIGER UND ACHTZIGER JAHRE DES 18. JAHRHUNDERTS

Von Michał Cieśla

Das Jahr 1773 ist ein wichtiges Datum für das Schulwesen in Polen. Zum erstenmal in der Geschichte des Landes und auch Europas wurde ein Unterrichtsministerium gebildet, das das gesamte Schulwesen in einem Reich zentral verwalten sollte, die Staatskommission für die nationale Erziehung. Mit der Auflösung des alten Schulsystems setzten sich die Ideen, die von den Naturwissenschaften und der neuen Philosophie angeregt worden waren, auch in den polnischen Schulen allmählich durch, besonders in den beiden Universitäten.

Aufsichtsorgane über das gesamte Schulwesen waren nach französischem Muster (B. Rolland) die zwei wichtigsten Hochschulen: die Krakauer Universität im Kronland und die Wilnaer Universität im Großherzogtum Litauen. Außerdem sollten beide Hochschulen den Anforderungen der neuen Zeit entsprechend auch die Bedürfnisse von Verwaltung und Mittelschulwesen berücksichtigen und junge Fachkräfte ausbilden: Beamte, Ärzte und Lehrer. Deswegen mußten sie nach einer langjährigen Stagnation umorganisiert und reformiert werden. Seit dem Humanismus war die Krakauer Universität eine bedeutungslose, fast verödete Lehranstalt, ihre Bildungsart durchweg scholastisch. Um so dringender war ihre Reform. Dieses Vorhabens nahm sich die neugegründete Kommission an. Maßgebend war dabei auf dem Gebiet der Hochschulreform der Krakauer Kanonikus, der, in Italien ausgebildet, als einer der bedeutendsten Vertreter der Aufklärung in Polen gelten kann, Hugo Kołłątaj. Er reformierte die Krakauer Universität etappenweise in den Jahren 1777 bis 1783, in denen er die Studienpläne ausarbeitete, und in seiner Rektoratszeit von 1782 bis 1786, als er seine Pläne realisierte. Die Krönung dieser Arbeit waren die Reformpläne von 1780 und 1783. An der Wilnaer Universität wirkte etwa zur selben Zeit der Astronom Martin Poczobut, der diese Hochschule in den Jahren 1780-1781 im Geiste der Aufklärung gründlich umgestaltete.

Die Hauptaufgabe, die sich Kołłątaj stellte, war die Ausbildung von Lehramtskandidaten, Angehörigen des sogenannten akademischen Standes, also von weltlichen Lehrern, die dann nach Abschluß ihrer Studien an den Wojewodschafts- und Kreisschulen unterrichten sollten. Zu diesem Zweck schuf er bei der Krakauer Universität ein Lehrerseminar. Sowohl den Lehramtskandidaten als auch allen Studierenden lag nicht mehr bloßes Lernen vorgelegter Lehren von Autoritäten ob, wie es bisher der Fall gewesen war; ihr Verstand sollte zu selbständiger Arbeit erzogen werden, um die Wahrheit zu suchen, systematisches Wissen durch Denk- und Lehrfreiheit zu erlangen. Die so ausgebildeten Lehrer hatten die Aufgabe, als Vermittler neuer Lehrinhalte und -methoden in ihrem späteren Wirkungskreis das Erlernte weiterzugeben. Auch neue Lehrgegenstände wurden eingeführt und Dozenten im Ausland ausgebildet. Die Ergebnisse dieser Reformen wirkten auch nach der Auflösung des polnischen Staates zu Beginn des 19. Jahrhunderts nach, besonders in Wilna.

*

Zu den tüchtigsten und fortschrittlichsten Mitarbeitern der vorerwähnten zwei Männer gehörten folgende Professoren der Hochschule in Krakau: Jan Jaśkiewicz (Chemie und Naturwissenschaften), Franz à Paula Scheidt (Naturwissenschaft), Anton Popławski (Naturrecht), Jan Śniadecki (Mathematik und Astronomie), Paweł Czenpiński und Andreas Badurski (Medizin), Rafael Czerwiakowski (Chirurgie), und der Hochschule in Wilna: Hieronymus Stroynowski (Naturrecht und Ökonomie), Jędrzej Śniadecki (Chemie), August Bécu, ein naturalisierter Franzose (Physiologie) und zwei Ausländer, Jean Gilibert (Botanik und Medizin) und Johann Georg Forster (Naturwissenschaft). Die meisten von ihnen hatten in Frankreich, Italien, in Wien oder Göttingen studiert. Zu den bedeutendsten Rektoren in Wilna gehörte der schon genannte Martin Poczobut, ein in Italien ausgebildeter ehemaliger Jesuit [1].

Schon in der ersten Hälfte des 18. Jahrhunderts klagte Andreas Stanisław Załuski, der zu den frühesten Verfechtern der Aufklärungsideen in Polen zählte, darüber, daß hier im Vergleich mit Westeuropa die Wissenschaften weit zurückstünden oder manche überhaupt fehlten: "Ius naturae, ius belli et pacis, ius publicum et civile sind bei uns fast völlig unbekannt. Die Mathematik, ein Wissenschaftszweig, dem generi et societati humanae so wichtig, schwebt bei uns hoch in den Lüften und gibt uns außer Jahreskalendern keinerlei Nutzen. Die physica experimentalis, eine der schönsten und interessantesten Erfindungen Mutter, ist bei uns in Polen bisher unbekannt und wäre besonders zu empfehlen." [2]

Um die Mitte des 18. Jahrhunderts, besonders aber nach der ersten Teilung Polens, kam es infolge einer allgemeinen sozialen und wirtschaftlich-politischen Krise und Erschütterung der feudalen Struktur zu Versuchen, die Landwirtschaft zu heben, die Industrie zu entwickeln und das Städtewesen zu sanieren. In Westeuropa war im Zeital-

ter des aufgeklärten Absolutismus der Merkantilismus als Protest
gegen die Überschätzung des Ackerbaues zur Geltung gekommen.
Weil die Gewerbe für einträglicher gehalten wurden als der Ackerbau, förderte die geldbedürftige Staatsgewalt das Aufblühen von Manufakturen, und es kamen neue Industrien auf.

In Polen, das mit jeder Teilung reiche Territorien verlor, war
eine wirtschaftliche Belebung besonders dringend. Die wichtigsten
Quellen des Reichtums waren traditionsgemäß der Ackerbau und die
Forstwirtschaft. Der Hauptteil der Bevölkerung lebte auf dem Lande,
und nur ein geringer Teil beschäftigte sich mit Gewerbe, Handel und
anderen städtischen Berufen. Noch war der internationale Getreidehandel mit so großen Schwierigkeiten und Kosten verbunden, daß jedes Land danach trachten mußte, den Brotbedarf soweit wie möglich
durch eigenen Anbau zu decken. Der Ackerbau war noch lange die
Grundlage der ganzen Wirtschaft und des Exports in Polen. Daher
galt es also, in erster Linie die Landwirtschaft zu heben, den Ackerbau zu intensivieren. Diesen Tendenzen kam eine ökonomische Doktrin, die allerdings teilweise schon unter dem Einfluß der den Merkantilismus ablösenden Lehre der Physiokraten entstanden war, entgegen. Ihre produktionssteigernden Maßnahmen wurden vor allen Dingen von dem polnischen Großgrundbesitz begrüßt. Man versprach sich
von ihr große Vorteile. Solche Maßnahmen bezogen sich z. B. auf die
Einführung neuer Pflanzenarten oder neuer Viehrassen, auf die Trok-
kenlegung von Sümpfen und nicht zuletzt auf die Förderung von Boden-
schätzen.

Einige polnische Magnaten, die diese neue Wirtschaftsform auf ihren Gütern einführen wollten, ließen bedeutende Vertreter dieser Doktrin als praktische Berater aus Frankreich holen. Die Anhänger der
Lehren Quesnays folgten seinen Ratschlägen nicht kritiklos, sondern
paßten sie den örtlichen Bedingungen an [3]. Freilich muß bemerkt werden, daß in der zweiten Hälfte des Jahrhunderts neben dem Physiokratismus sich auch merkantilistische Tendenzen in Theorie (Wybicki,
Nax) und in der Praxis (Manufakturen) durchzusetzen begannen. Im Unterschied zu den Franzosen schätzten die polnischen Physiokraten den
Einsatz der Bauern in der landwirtschaftlichen Produktion, und manche Aristokraten nahmen sie sogar in Schutz. Die erste große Verbesserung galt dem Zustande der Landbevölkerung, die bisher noch größtenteils in mittelalterlicher Unfreiheit lebte. Unter dem Einfluß der
französischen Konstituante arbeitete man an dem Entwurf einer neuen
Verfassung [4]. Zu gleicher Zeit ließen einige Großgrundbesitzer auf
ihren Gütern Manufakturen entstehen, und immer mehr Stimmen wurden Laut, Handwerk und Handel intensiver zu entfalten und Schutzzöl-

le einzuführen. Selbst der bedeutendste polnische Physiokrat, Anton Popławski, sah im Programmvorschlag zu seiner politischen Ökonomie folgende Rangordnung der Wirtschaftszweige vor: an erster Stelle Ackerbau, an zweiter Handwerk, weiter Handel usw. [5]

Eine wirtschaftliche Umgestaltung war nur durch Ausbildung entsprechender Fachleute möglich. Das machte wiederum Reformen der Schulen, besonders der Hochschulen, und zwar in praktischer Hinsicht, erforderlich. Das Bild, das die Hochschulen boten, war nicht sehr erfreulich: Die Art der Bildung an beiden Universitäten war traditionell, und man hielt an der althergebrachten Scholastik fest. Niemand hatte in das innere Gefüge der Universitäten eingegriffen, um Lehre und Forschung den Forderungen der Zeit anzupassen. Erst durch die Bildung der Staatskommission für die nationale Erziehung wurde es möglich, das zu tun. Sie war ermächtigt, das Bestehende zu ändern. Durch die Schaffung dieses Organs wurde auch die territoriale Aufsplitterung der Verwaltung beseitigt. Alle Schulen, d.h. die Elementar- und Mittelschulen sowie die Universitäten, also das gesamte Erziehungswesen, wurden zentral geleitet. Aus der organisatorischen Vereinheitlichung des Schulwesens konnte sich überhaupt erst die Möglichkeit einer inhaltlichen Verbesserung ergeben.

Wie bereits gesagt, war es vor allem die Aufgabe der Hochschulen, Lehrer auszubilden, die - von aufklärerischem Geist beseelt - die neuen Ideen in den Elementar- und Mittelschulen zu verbreiten hatten. Der Wissenschaft und der Schule fiel in der Aufklärungszeit die Rolle zu, dem Fortschritt auf sozialem und wirtschaftlichem Gebiet als Instrument zu dienen. Die Wissenschaft wurde nur dann als vollwertig angesehen, wenn sie auf das Nützliche gerichtet war. Dieser Utilitarismus äußerte sich vor allem in der Bevorzugung der Naturwissenschaften, der Nationalökonomie sowie des technischen Wissens. Diese "sciences appliquées" bewirkten, daß das Erziehungswesen eine so wichtige Rolle zu spielen begann: "C'est l'éducation qui gouverne le monde", wurde damals zur Losung [6].

Gleich nach der Bildung der Staatskommission erhielt der Krakauer Kanonikus Hugo Kołłątaj die Aufgabe, die alte und ehrwürdige Krakauer Alma Mater zu reformieren. Kołłątaj hat in der Tat die Verehrung, die man ihm in Polen zollt, durch das Feuer seiner Überzeugung, die Lauterkeit und Beständigkeit seiner Absichten und die Größe seines Charakters völlig verdient. Es unterliegt keinem Zweifel, daß er den Anstoß zu den Maßnahmen gab, die die Umbildung des Hochschulstudiums vorbereiteten. Zu ihm gesellten sich einige im Ausland ausgebildete Gelehrte, die ihm beim Entwurf und der Durchführung der Reform behilflich waren. Alle Mitarbeiter und Mitstreiter Kołłatajs besaßen eine seltene Übereinstimmung in Theorie und Praxis. Er selbst verfügte über etwas, das kostbarer war als Wissen, Bildung und Ideale, nämlich über einen Charakter, wie ihn ein Reformator in seiner Zeit haben mußte. In manchen Zügen erinnert er an den Leipziger Gelehrten Thomasius: kühn durchgreifend mit großer Willenskraft, streng bis zur Härte gegen alles Verkehrte, zäh ausdauernd im Kampfe mit dem Unverstand und der Bosheit seiner Gegner (z.B. des Bischofs von Krakau K. Sołtyk) in den konservativen Kreisen, ein zorniger und starker Eiferer gegen die Mißstände, die er auf der Krakauer Hochschule vorfand, ein kluger Erfinder und bedachtsamer Pfleger des Besseren, des Fortschrittlichen.

Mit außerordentlicher Vollmacht zur Umgestaltung des Universitätsstudiums betraut, ergriff er ähnliche Maßnahmen wie Gerhard van Swieten an der Wiener Universität bei der Reform der medizinischen Fakultät. Für sein großes Werk fand Kołłątaj auch treffliche Gehilfen. Es gab unter den jungen Professoren einige tüchtige Männer. Sie waren bisher nur nicht zu gehöriger Geltung und Verwendung gekommen. Kołłątaj wußte sie zu würdigen, und sie arbeiteten ihm sofort aufs beste in die Hände. Sie kannten längst die notwendigen Reformen und hatten vieles davon zur Sprache oder zu Papier gebracht, aber einiges war Wunsch, anderes Entwurf geblieben. Manches davon bekam nun Leben und Wirklichkeit, denn Kołłątaj konnte durchsetzen, was er wollte, er stand fest am Steuer trotz einiger Widerstände, die man ihm seitens der Kurie von Krakau und der Traditionalisten aus den Professorenkreisen entgegensetzte.

Das erste Reformprojekt geht auf die Zeit zurück, als Kołłątaj, von Studien im Ausland heimgekehrt, die Priesterweihe empfing. Schon damals dürfte er mit den Krakauer Professoren zusammengetroffen sein, die darüber klagten, daß die Staatskommission ihre Reformvorschläge zurückgewiesen hätte. 1776 legte er Michael Poniatowski, dem Präsidenten der Kommission, den Reformentwurf vor, worin er den Stand der Wissenschaften in Polen schilderte und sich über die Mängel an der Universität äußerte [7]. Bei dieser Gelegenheit forderte er die Beseitigung unnötiger Lehrgegenstände und verschiedener Mißstände in Lehre und Forschung. Die reformierte Universität solle, so schlug Kołłątaj vor [8], den Namen des Königs, Athenäum Augusti, tragen, fünf Fakultäten besitzen und die folgenden Wissenschaftszweige repräsentieren:

1. Die schönen Wissenschaften. Die Sprachwissenschaft sollte sich bemühen, neue polnische Fachausdrücke zu schaffen; Fremd-

sprachen, vor allem das Deutsche und Französische, sollten als
Pflichtfächer unterrichtet werden. Latein war als Unterrichtssspra-
che zugelassen, aber nur ausnahmsweise und nur dann, wenn ausländische Professoren dozierten

2. Philosophie. Diese Fakultät, Akademie der Philosophen genannt, sollte an die Professoren höchste Anforderungen stellen. Folgenden Disziplinen wurde der Vorrang eingeräumt: innerhalb der Philosophie der Vernunft - Metaphysik, Ethik, Politik; in der Philosophie
der Sinne - Physik und Mathematik. Die Metaphysik hätte die Grundlage für andere Wissenschaften, besonders für das Naturrecht, ja
sogar für die Theologie zu legen. Die Professoren sollten alle Irr-
tümer erforschen, die als Ursachen von Atheismus, Polytheismus,
Deismus und Epikureismus zu betrachten wären. Die Politik solle
lehren, wie man sich dem Staate gegenüber zu verhalten habe und
wie man diesen verwalte. Gute Kenntnisse in Physik, Handelslehre,
Landwirtschaft, Mathematik und Morallehre seien notwendig. Der
Physikunterricht müsse sich auf Experimente stützen, und zu diesem
Zwecke sollten Instrumente in Holland eingekauft werden. Die Gelehrten hätten die Pflicht, die einheimische Tier- und Pflanzenwelt wissenschaftlich zu erforschen und botanische und zoologische Gärten
anzulegen. Als Physiokrat maß Kołłątaj dem Lehrstuhl für Agrikultur eine besondere Bedeutung bei: Es sei notwendig, die ausländische
Bodenkultur zu studieren und entsprechende Maßnahmen im Lande zu
treffen. Dafür sollten Versuchsfelder und Laboratorien eingerichtet
werden. Darüberhinaus sollten die Physikprofessoren verpflichtet
werden, sonntags Vorträge mit Experimenten vor Handwerkern zu
halten, um das Produktionsniveau zu heben. Auch an die Astronomie
und die Schaffung einer Sternwarte wurde gedacht. Die Vorlesungen
sollten nur in polnischer Sprache gehalten werden.

3. Medizin. Die Fakultät wurde "Ärztliche Akademie" genannt. Sie
sollte sich als Hauptaufgabe die Hebung und Verbesserung des Gesund-
heits- und Sanitätswesens im Lande stellen [9] und eine Verknüpfung
von Theorie und Praxis in der Heilkunst anstreben. Zu diesem Zwek-
ke sei eine Gesellschaft der Medizinprofessoren zu bilden.

4. Rechtswissenschaft. Der juristischen Fakultät dürften keinerlei
Schwierigkeiten gemacht werden. Neben den bereits bestehenden Disziplinen sei das Naturrecht und Völkerrecht zu pflegen. Als praktische Aufgabe wurde der Fakultät die Verbesserung der Landesgesetz-
gebung aufgetragen.

5. Theologie. Keine Fakultät war von Neuerungen ausgenommen.
Das galt auch für die Theologische Fakultät, in die das Prinzip der
freien Forschung im Begriff war, seinen Einzug zu halten. Die Theo-

logische Akademie, wie die Fakultät nun heißen sollte, sei nicht nur
für Geistliche, sondern für alle, die ein tieferes Religionswissen erstrebten, bestimmt. Ihre erste Aufgabe sollte die Befreiung von der
aristotelischen Metaphysik und von der spitzfindigen und spekulativen Philosophie sein [10].

Zur Ausbildung des "akademischen Standes" der Lehrer wurde ein
Lehrerseminar vorgeschlagen und als das früheste Reformwerk tatsächlich realisiert. Den Studenten dieser Anstalt stand freie Kost und
Wohnung, die sogenannte Bursa, zu. Um die Aufnahme durften sich
begabte Schüler der Wojewodschaftsschulen aus sämtlichen Provinzen
bewerben. Außer Lehrveranstaltungen des Seminars durften die Lehramtskandidaten Vorlesungen in allen Fakultäten nach eigener Wahl besuchen. Besondere Tutoren waren verpflichtet, das Wissen der Studierenden zu prüfen und ihnen mit Rat und Tat beizustehen [11]. Das
Studium dauerte fünf Jahre (fünf Klassen); die Absolventen durften
promovieren und sich sogar auch um die Professur an den Hochschulen bewerben. In den letzten Jahren des Bestehens der Adelsrepublik
lieferte die Krakauer Universität viele Kandidaten des akademischen
Standes, die mit neuen Kenntnissen ausgerüstet und voll Begeisterung
für aufklärerische Ideen in den Wojewodschafts- und Kreisschulen
ans Werk gingen und sich in der Forschung auszeichneten [12]. Gleich
nach seiner Gründung wurde das Seminar von Anton Popławski geleitet, der am Collegium Nobilium in Warschau tätig gewesen war. Er
ist ein bedeutender Anhänger und Verbreiter des Physiokratismus in
Polen, Verfasser von einigen Lehrbüchern für die Nationalschulen
und Mitverfasser des Reformentwurfs.

Das Reformwerk Kołłątajs stieß auf Widerstände, die ihm seine
Gegner, die Herren vom Domkapitel und manche alten Professoren,
machten. Es kam zu Zerwürfnissen, und der Streit dauerte fünf Jahre lang bis 1782 [13]. Am 1. April 1777 erhielt Kołłątaj von der Staatskommission eine Vollmacht, die Visitation der Universität in Krakau
zu beginnen. Er visitierte zunächst das Nowodworscianum, das Uni-
versitätsgymnasium, was für ihn die Vorstufe zur Besichtigung der
ganzen Universität wurde. Während der Jahresprüfungen stellte er
fest, daß die Lehrmethoden veraltet und der Lehrstoff, der den Schülern angeboten wurde, unbrauchbar war. Es wurden zahlreiche Maßnahmen getroffen, um den Unterrichtsbetrieb zu verbessern. Das
neue Rahmenprogramm für das Nowodworscianum war zugleich maßgebend für alle Wojewodschaften im Lande. In diesem Programm
wandte Kołłątaj das Nützlichkeitsprinzip an, die Verbindung von Theorie und Praxis, die Verknüpfung der Sittenlehre mit dem Naturrecht.
Wie Gregor Piramowicz, Mitarbeiter der Kommission, feststellte

und Jan Śniadecki bestätigte, bemühten sich die Professoren des
Nowodworscianum, in Geometrie, Physik und Mechanik polnische
Fachausdrücke zu gebrauchen (1778) [14].
Darauf folgte die Visitation der Fakultäten. Ein Bericht darüber
wurde 1778 vor der Staatskommission verlesen. Kołłątaj kritisierte den Stand von Lehre und Forschung und beanstandete die Stagnation im Vergleich mit der Humanistenzeit, als klassische Philologie,
Astronomie und Mathematik in Krakau blühten und überall in Europa
in hohem Ansehen standen.

Nach längeren Diskussionen und Überlegungen in der Kommission
wurde 1780 ein neues Reformprojekt für Krakau und Wilna verfaßt,
doch konnte es an den beiden Universitäten nicht gleichmäßig realisiert werden. Die Bevorzugung der "nützlichen Wissenschaften",
also der Mathematik und der Naturwissenschaften, setzte sich in
Krakau reibungslos durch, neue Laboratorien und Lehrstühle wurden
geschaffen und entsprechend ausgestattet. Demgegenüber litten in
Wilna die Reformversuche innerhalb der Fakultäten an dem Mangel
einheimischer Dozenten. Man war dort gezwungen, ausländische
Fachgelehrte heranzuziehen [15]. In Krakau hingegen gab es genug eigene Fachleute, und man konnte auf die Hilfe von Ausländern verzichten [16]. Von der vorgeschlagenen Errichtung einer neuen Universität,
z.B. in Warschau, wurde Abstand genommen.

Da den beiden Hochschulen das gesamte elementare und mittlere
Schulwesen untergeordnet war, übernahm Krakau die Schulaufsicht
im Königreich Polen und Wilna diejenige im Großherzogtum Litauen.
Die Rektoren und Universitätsprofessoren wurden verpflichtet, die
Mittelschulen zu visitieren. Die Rektoren der Wojewodschaftsschulen hatten die Aufsicht über die Pfarrschulen; sie mußten darüber an
ihre vorgesetzten Stellen Bericht erstatten.

Von den Universitäten aus strahlten die neuen Gedanken in viele
Schulen. An manchen Mittelschulen hatte es neben dem Unterricht
in den alten Sprachen auch moderne Lehrfächer wie Mathematik,
Physik, Geographie, Geschichte und Fremdsprachen gegeben. Diese
an den einzelnen Wojewodschaftsschulen in sehr verschiedenem Umfang gegebenen Fächer ließen sich zwar wenig in den bisherigen Unterrichtsbetrieb eingliedern, kamen aber doch schon häufig vor. Manche Schulen waren bahnbrechend auf dem Gebiet der Verbesserung
der Lehrmethoden und -mittel, aber deren gab es noch sehr wenige.
Zu ihnen gehörte das bereits erwähnte Nowodworscianum wie auch
einige Ordensschulen, vor allem die der Piaristen.

Das Hochschulsystem erfuhr eine neue Einteilung. Im Rahmen
der Universität entstanden Kollegien, die wiederum in sogenannte

Schulen unterteilt wurden. So hatte das Collegium Physicum zwei
Schulen, die physikalische und die mathematische, das Collegium
Medicum drei: die chirurgische, ärztliche und Apothekerschule.
Dann wurden noch das Collegium Iuridicum und das Collegium
Theologicum geschaffen.

Vergleicht man das Projekt vom Jahre 1776 mit dem des Jahres
1780, so bemerkt man einen Rückgang der Geisteswissenschaften
zugunsten der praktischen Fächer. Erst im letzten Projekt aus dem
Jahre 1783 wurde bei der Vereinigung des Collegium Theologicum
mit dem Collegium Iuridicum zu einem gemeinsamen Collegium Morale auch wieder der Literaturen und Sprachen gedacht. Bei der Niederschrift der Reformpläne von 1780 berief sich Kołłątaj auf die Enzyklopädisten [17], und die ganze Einrichtung der Schulen erinnert an
die Leistungen des Parlamentspräsidenten von Paris Barthélémy
Rolland d'Erceville. Chamcówna hebt aber Kołłątajs Selbständigkeit
hervor [18].

1782 erhielt Kołłątaj von der oberen Schulbehörde seine Ernennung
zum Rektor der Krakauer Universität. Ein Jahr später (1783) wurden
die "Grundgesetze der Staatskommission den akademischen Stand
und das Schulwesen der Republik betreffend", die Reformurkunde,
veröffentlicht.

Damit begann ein neues Kapitel in der Geschichte der altehrwür-
digen Alma Mater Cracoviensis. Dem Rektor standen die Präsidenten der Kollegien zur Seite, jedoch hatte der Rat der Hochschule die
Hauptgewalt, etwa wie heute der Senat. In der Praxis wurden sämtliche Entscheidungen zu dritt getroffen, nämlich durch das Trium-
virat: Kołłątaj, Śniadecki, Jaśkiewicz. Als Rektor wirkte Kołłątaj
in drei Richtungen: 1. Organisation der Lehrveranstaltungen und
Forschungsvorhaben, Errichtung neuer Lehrstühle und deren Besetzung; 2. Aufsicht über Schulen niedrigerer Grade; 3. Beschaffung
von Finanzen [19]. Besonderer Pflege erfreuten sich zu Kołłątajs Rektoratszeit die exakten Wissenschaften, was für die neuen Wirtschafts-
reformen und für einen langsamen Übergang vom Feudalismus zum
Kapitalismus nicht ohne Bedeutung war [20].

Der Unterrichtsbetrieb konnte modernisiert werden, wenn entsprechende Lehrkräfte und Lehrmittel vorhanden waren. Die Besetzung
der Lehrstühle mit hochqualifizierten Professoren und die materielle Ausstattung der Laboratorien und Kliniken waren die größte Sorge des Rektors. Kołłątaj berief für das Collegium Physicum einige
Professoren, die im Ausland ausgebildet und vom neuen Geist beseelt waren: Jan Śniadecki, der in Göttingen und Paris studiert hatte, für Mathematik und Astronomie; Jan Jaśkiewicz, der in Wien

Medizin studiert hatte, zum Professor der Naturwissenschaften und Medizin; Feliks Radwański zum Professor der Mathematik; Andrzej Trzciński, der in Göttingen und Straßburg naturwissenschaftliche und medizinische Studien betrieben hatte zum Professor für Physik; den Krakauer Vinzenz Szaster nach medizinischen Studien in Bologna zum Professor der Arzneikunst; Rafael Czerwiakowski zum Professor der Chirurgie; Franz à Paula Scheidt, der 1790 Goethe in Krakau über die Mineralien in Polen unterrichtete [21], zum Professor für Chemie und Mineralogie.

Es mußten Laboratorien für Physik und Chemie, eine Sternwarte und ein botanischer Garten, Sammlungen aus der Tier- und Pflanzenwelt und dergleichen mehr entstehen. Jaśkiewicz richtete ein chemisches Laboratorium ein und verschaffte der medizinischen Abteilung ein Theatrum Anatomicum; Śniadecki kaufte in Wien und England astronomische Instrumente [22]. Sowohl Śniadecki und Jaśkiewicz als auch Scheidt unterhielten enge Beziehungen zur Wiener Universität, wo sie zu manchen Neuerungen inspiriert worden waren [23]. Es gab zahlreiche Experimente, die man öffentlich vorführte, z.B. Luftballonversuche [24]. Radwański und Krusiński hielten sonntags Vorträge für Handwerker und experimentierten mit physikalischen Instrumenten. Im Collegium Morale machte Anton Popławski, Inhaber des Lehrstuhls für Naturrecht, die Studenten mit der physiokratischen Doktrin bekannt, wobei er sich mit dem Stand der Ackerbaukultur im Lande auseinandersetzte. An der Wilnaer Universität tat der bekannte Physiokrat Hieronymus Stroynowski ein Gleiches. Das Jahr 1783 - vielleicht unter dem Einfluß des Neuhumanismus - brachte die Wiederbelebung philologischer Studien im Collegium Morale der Krakauer Universität. Es entstand ein Lehrstuhl für Gräzistik, und es wurde Fremdsprachenunterricht (Deutsch, Französisch) erteilt. Die Sprachlehrer waren vorwiegend Ausländer.

Im Januar 1786 endete die Rektoratszeit Kołłątajs, der dann nach Warschau übersiedelte. Die Leistungen dieses Mannes waren gewaltig. Das ganze Hochschulsystem, die Entwicklung des modernen Unterrichts, besonders in den Naturwissenschaften, wären nicht denkbar ohne die Arbeit jener Generation, der Kołłątaj, Śniadecki, Jaśkiewicz, Scheidt u.a. angehörten. Mochten ihre Reformpläne auch nicht in vollem Umfang verwirklicht worden sein, so gelang es doch mit ihrer Hilfe, die Geistesknebelung durch rückschrittliche Elemente zurückzudrängen und ein eigenes Bildungssystem aufzubauen.

Anmerkungen

1 J. Bieliński: Uniwersytet Wileński (1579-1831) = Fontes et commentationes scholarum superiorum in Polonia illustrantes. Kraków 1899-1900, Bd.3, S.40.

2 Zitiert nach B. Leśniodorski, K. Opałek: Nauka polskiego oświecenia w walce o postęp. wyd. 2, Czytelnik 1951, S. 30. Die Übersetzung stammt von dem Verf. dieses Aufsatzes.

3 E. Lipiński: Studia nad historią polskiej myśli ekonomicznej. Warszawa 1956, S. 429.

4 B. Leśnodorski: Dzieło Sejmu Czteroletniego. Wrocław 1951, S. 80.

5 E. Lipiński a.a.O. S. 446.

6 K. Opałek: Nauka w Polsce okresu oświecenia. In: Polska w epoce oświecenia ... pod red. B. Leśnodorskiego. Warszawa. S. 243.

7 Ł. Kurdybacha: Kuria rzymska wobec Komisji Edukacji Narodowej w latach 1773-1783. Kraków 1949, S. 68-87.

8 M. Chamcówna: Uniwersytet Jagielloński w dobie Komisji Edukacji Narodowej. Szkoła Główna Koronna w okresie wizyty i rektoratu Hugona Kołłątaja (1777-1786). Wrocław, Warszawa 1957, S. 67.

9 Ł. Kurdybacha a.a.O. S. 77.

10 Ebenda S. 89.

11 M. Chamcówna, a.a.O., S.74.

12 K. Opałek: Nauka w Polsce okresu oświecenia, a.a.O., S.262; M. Cieśla: Kształcenie ekonomiczne w szkołach średnich Komisji Edukacji Narodowej; in: Studia z historii myśli społeczno-ekonomicznej, Nr.7/1963, S.9 ff.

13 W. Tokarz: Zatarg o sprawę reformy Akademii Krakowskiej w latach 1777-1782, Sprawozdania PAU 1910.

14 J. Śniadecki: Korespondencja, listy z Krakowa, wyd.L. Kamykowski, Kraków 1932, T.I, S.40 ff.; M. Chamcówna, a.a.O., S.82.

15 K. Opałek: Nauka w Polsce okresu oświecenia, a.a.O., S.263.

16 M. Chamcówna, a.a.O., S.121.

17 E. Rzadkowska: Encyklopedia i Diderot w polskim oświeceniu, Wrocław 1955, S.59.

18 M. Chamcówna, a.a.O., S.127.

19 Ebenda, S.156.

20 vgl. K. Opałek: Nauka polskiego oświecenia, a.a.O., S.56 ff.

21 M. Cieśla: Goethe a pruska polityka germanizacyjna w Polsce; in: Przegląd Humanistyczny, Nr.2/1962, S.144.

22 J. Śniadecki: Korespondencja, a.a.O., S.45, 46 u. 61, 71.

23 H. Barycz: Uniwersytet Wiedeński w życiu umysłowym Polski; in: Przegląd Historyczno-Oświatowy, 4/1965, S.651 ff.

24 M. Cieśla: Nauczanie poglądowe w szkołach Komisji Edukacji Narodowej; in: Zeszyty Naukowe SGPiS 52/1964, S.174; M. Chamcówna, a.a.O., S.181.

PERSONENREGISTER

Zanotti, Francesco Maria 45
Zapletal, V. 232
Zebrowski, P.Th. 94
Zedler, J.H. 293, 306
Zehnmark, Ludwig 229
Zeil, L. 291
Zellwecker, E. 70, 204
Zemzare, Daina 258
Zentner, Georg Friedrich v. 82
Zernecke, J.H. 318
Zibermayr, Ignaz 83
Ziegengeist, G. 292
Zieglauer, Fr. 189, 194

Ziesemer, Walther 257
Zimmermann, H. 77
Zinner, E.P. 287, 293
Zirngibl, Roman 55
Živković, M. 137
Zlabinger, Eleonore 47, 49, 52, 96
Zopf, Johann Heinrich 282
Zorn, Philipp 343
Zorn, Wolfgang 55
Zoupan, K. 121
Zoupanou, D.K. 128
Zubov, V.P. 39 f., 75
Zutis, J. 261, 269

ORTSREGISTER

Adria 114, 122
Adrianopel 176
Alaska 272 f.
Alba-Julia = Karlsburg
Albanien 114, 126
Aleuten 273
Altdorf 63
Altenburg 276, 283, 294
Alt-Ofen 153
Alt-Zedlitz 198
Amerika, Vereinigte Staaten von
    15 f., 18, 62 f., 67, 273, 278
Amiens 45
Ammer 64
Ammersee 64
Ampelakia 114
Amsterdam 67, 277, 280
Amur 278
Anadyr 277, 285
Andalusien 19

Angers 45
Antwerpen 53
Arad 151, 181 f.
Arcueil 36, 82
Arras 34, 45, 81
Astrachan' 274
Asowsches Meer 272, 289
Athen 119
Athos 116, 119
Augsburg 79, 278
Auxerre 45
Baden 31, 59
Bahia 63
Banat 138, 187-194
Banská Bystrica = Neusohl
Banská Štiavnica = Schemnitz
Basel 29, 74
Bas-Languedoc 45
Batavia 18
Bath 61, 64